ADVOCACIA PÚBLICA
E O NOVO CÓDIGO DE PROCESSO CIVIL

ALZEMERI MARTINS RIBEIRO DE BRITTO

RODRIGO OTÁVIO BARIONI

Coordenadores

ADVOCACIA PÚBLICA E O NOVO CÓDIGO DE PROCESSO CIVIL

Belo Horizonte

2016

© 2016 Editora Fórum Ltda.

É proibida a reprodução total ou parcial desta obra, por qualquer meio eletrônico, inclusive por processos xerográficos, sem autorização expressa do Editor.

Conselho Editorial

Adilson Abreu Dallari
Alécia Paolucci Nogueira Bicalho
Alexandre Coutinho Pagliarini
André Ramos Tavares
Carlos Ayres Britto
Carlos Mário da Silva Velloso
Cármen Lúcia Antunes Rocha
Cesar Augusto Guimarães Pereira
Clovis Beznos
Cristiana Fortini
Dinorá Adelaide Musetti Grotti
Diogo de Figueiredo Moreira Neto
Egon Bockmann Moreira
Emerson Gabardo
Fabrício Motta
Fernando Rossi

Flávio Henrique Unes Pereira
Floriano de Azevedo Marques Neto
Gustavo Justino de Oliveira
Inês Virgínia Prado Soares
Jorge Ulisses Jacoby Fernandes
Juarez Freitas
Luciano Ferraz
Lúcio Delfino
Marcia Carla Pereira Ribeiro
Márcio Cammarosano
Marcos Ehrhardt Jr.
Maria Sylvia Zanella Di Pietro
Ney José de Freitas
Oswaldo Othon de Pontes Saraiva Filho
Paulo Modesto
Romeu Felipe Bacellar Filho
Sérgio Guerra

Luís Cláudio Rodrigues Ferreira
Presidente e Editor

Coordenação editorial: Leonardo Eustáquio Siqueira Araújo

Av. Afonso Pena, 2770 – 15º andar – Savassi – CEP 30130-012
Belo Horizonte – Minas Gerais – Tel.: (31) 2121.4900 / 2121.4949
www.editoraforum.com.br – editoraforum@editoraforum.com.br

A189	Advocacia pública e o novo código de processo civil / Alzemeri Martins Ribeiro de Britto, Rodrigo Otávio Barioni (Coords.). – Belo Horizonte : Fórum, 2016. XXX p. ISBN: 978-85-450-0173-7 1. Direito Público. 2. Direito Processual Civil. 3. Advocacia Pública. I. Britto, Alzemeri Martins Ribeiro de. II. Barioni, Rodrigo Otávio. III. Título. CDD 347 CDU 347.9

Informação bibliográfica deste livro, conforme a NBR 6023:2002 da Associação Brasileira de Normas Técnicas (ABNT):

BRITTO, Alzemeri Martins Ribeiro de; BARIONI, Rodrigo Otávio (Coords.). *Advocacia pública e o novo código de processo civil*. Belo Horizonte: Fórum, 2016. XXX p. ISBN 978-85-450-0173-7.

À Procuradoria Geral do Estado da Bahia, cuja atuação tem honrado o Estado e a sociedade baiana em todos os seus cinquenta anos de existência.

Agradecemos aos nossos familiares, os quais nos estimulam, ajudam e inspiram e que, pelo seu amor, contribuem para que sejamos pessoas e profissionais sempre em aprimoramento.

SUMÁRIO

APRESENTAÇÃO 19

A VALORIZAÇÃO DOS PRINCÍPIOS CONSTITUCIONAIS NO NOVO CPC
CLÁUDIA MAGALHÃES GUERRA ATTINÃ
PAULA FERNANDA SILVA FERNANDES
FABIANA MARIA FARIAS SANTOS BARRETTO
ISABELA MOREIRA DE CARVALHO
MÁRCIA SALES VIEIRA
ANTÔNIO CÉSAR MAGALDI 21

1 Introdução 21
2 Princípio do contraditório 25
3 Princípio da duração razoável do processo 28
4 Princípio da publicidade 33
5 Princípio da igualdade 36
6 Conclusão 38
    Referências 40

DIREITO TRANSITÓRIO E REGRAS DE TRANSIÇÃO: DO CPC/1973 AO CPC/2015
ELISA LOPES BARRETO
FRANCISCO BERTINO BEZERRA DE CARVALHO
FREDERICO MAGALHÃES COSTA
GEORGE ANTÔNIO VILAS BOAS SANTIAGO
MORGANA BELLAZZI DE CARVALHO
ROGÉRIO LEAL PINTO DE CARVALHO 43

1 Introdução 43
2 A aplicação do Direito no tempo e o novo CPC 44
3 A produção de prova e o NCPC 50
4 O processo eletrônico e as normas de transição 51
5 As decisões e impugnações no direito transitório 53
6 Normas de transição e tutela provisória contra a Fazenda Pública 56
7 Os impactos das normas processuais de transição nos juizados especiais 58
8 Considerações finais 61
    Referências 62

HONORÁRIOS ADVOCATÍCIOS E ADVOCACIA PÚBLICA NO NOVO CÓDIGO DE PROCESSO CIVIL
ANTENÓGENES FARIAS CONCEIÇÃO
CLÁUDIO CAIRO GONÇALVES
CRISTIANE GUIMARÃES
DERALDO DIAS MORAES NETO 65

1	Introdução	65
2	Linhas preliminares	65
2.1	Histórico, definição e classificações	65
2.2	Honorários de sucumbência – Natureza jurídica	67
3	Honorários advocatícios e principais alterações no NCPC	70
4	Honorários advocatícios devidos pela Fazenda Pública no NCPC	74
5	Honorários advocatícios devidos à fazenda pública no NCPC	80
5.1	Tratamento normativo constitucional atual da advocacia pública	80
5.2	Os honorários da advocacia pública e o NCPC	82
5.3	A competência suplementar dos entes federados	84
5.4	Do caráter alimentar dos honorários advocatícios devidos à advocacia pública	85
5.5	Da não sujeição dos honorários a teto constitucional	86
6	Conclusão	89
	Referências	89

A IMPORTÂNCIA DO *AMICUS CURIAE* NO NOVO CPC
EDMILSON SANTOS GALIZA
EUGÊNIO KRUSCHEWSKY
FÁBIO ROGÉRIO FRANÇA SOUZA
GUILHERME SANTANA DE BRITO
UESLEI MICHAEL ARAÚJO MARQUES DE SOUZA
WENDEL RÉGIS RAMOS 91

1	O *amicus curiae* e sua história	91
1.2	Direito romano	91
1.3	Direito inglês	92
1.4	Direito americano	93
2	Fundamento constitucional	94
3	Natureza da atuação	96
4	Hipóteses de admissão do *amicus curiae*: regra geral	97
4.1	Requisito objetivo	98
4.2	Requisito subjetivo	98
4.3	Processos em que se admite a intervenção do *amicus curiae*	100
4.4	Procedimento	101
5	Hipóteses de cabimento: regras especiais	101
6	Poderes e limites de atuação do *amicus curiae*	104
7	Conclusão	105
	Referências	106

PRERROGATIVAS PROCESSUAIS DA FAZENDA PÚBLICA
CARLOS AHRINGSMAN
DANIELLE CINTRA
LEILA RAMALHO
RODRIGO MOURA
ROSANA PASSOS
SISSI VEGA 109
1   Introdução 109
2   Fixação de honorários 110
3   Regime de custas – dispensa do adiantamento para a Fazenda Pública 113
4   Reexame necessário 115
5   Prazos processuais diferenciados para a Fazenda Pública 118
6   Intimação pessoal dos advogados públicos 120
7   Execução contra a Fazenda Pública 120
8   Considerações Finais - Panorama analítico das alterações veiculadas pelo novo CPC 124
       Referências 126

A TUTELA DE URGÊNCIA NO NCPC
ANDRÉA MARIA BATISTA BURGOS
EDUARDO MAIA CARNEIRO
HUGO COELHO RÉGIS
JOSÉ EDUARDO CHAVES REBOUÇAS
MÁRIO CÉSAR LIMA
RICARDO JOSÉ COSTA VILLAÇA 127
1   Introdução 127
1.1   Antecedentes históricos das tutelas de urgência 127
1.2   Tutela de Urgência no Código de Processo Civil de 1973 128
2   Desenvolvimento 131
2.1   A tutela antecipada no novo Código de Processo Civil 131
2.2   Tutela cautelar no novo CPC 133
2.3   Tutela de urgência x Tutela de Evidência 137
3   Conclusão 140
       Referências 142

TUTELA DE EVIDÊNCIA NO NOVO CÓDIGO DE PROCESSO CIVIL
AURIVALDO JOSÉ MOREIRA DE CARVALHO FILHO
CÂNDICE LUDWIG ROMANO
LERROY BARROS TOMAZ DOS SANTOS
LÍLIAN PEREIRA GOMES MORAES
LUIZA LEAL LAGE
SIMONE SILVANY DE SOUZA PAMPONET 145
1   Introdução 145
2   Tutela de evidência no código atual e o novo CPC (Hipóteses art. 311) 146
3   Atenuação do efeito suspensivo da apelação 149

4	Tutela de evidência e a Fazenda Pública – Enunciados 34 e 35 do Fórum Permanente de Processualistas	150
5	As hipóteses de tutela de evidência podem também revelar conduta de má fé do réu?	153
5.1	O princípio da boa-fé	153
5.2	A tutela de evidência e a boa-fé no novo CPC	154
6	As hipóteses de decisão liminar na tutela de evidência relativa aos incisos II e III e a constitucionalidade	155
	Referências	157

NEGÓCIOS JURÍDICOS PROCESSUAIS E A FAZENDA PÚBLICA
CÉLI GUIMARÃES MARQUES
JULIANA LIMA DAMASCENO
MANUELA PORTUGAL CORREIA MEIRA
MARIANA TANNUS FREIRAS
PAULA MORRIS MATOS
VERÔNICA S. DE NOVAES MENEZES 159

1	Introdução	159
2	Negócio jurídico processual: aspectos gerais	160
3	Negócio jurídico processual e Fazenda Pública	162
4	Negócios jurídicos processuais e licitações públicas	169
5	Conclusão	175
	Referências	176

AS NOVIDADES REFERENTES À REVELIA NO NOVO CÓDIGO DE PROCESSO CIVIL - NCPC
ALMERINDA LIZ FERNANDES
ANA CRISTINA BARBOSA DE PAULA OLIVEIRA
ANTÔNIA OLIVEIRA BOAVENTURA MARTINS
ANDRÉA SENTO-SÉ VALVERDE
ÉRICA OLIVEIRA
SELMA REICHE BACELAR 179

1	Introdução	179
2	Revelia: conceito	180
3	Breve análise acerca das alterações sobre o instituto da revelia no CPC de 2015	181
3.1	Supressão no CPC de 2015 dos termos do art. 321 do CPC de 1973	181
3.2	Análise do art. 344 do CPC de 2015	182
3.3	Análise do art. 345 do CPC de 2015	182
3.4	Análise do art. 346, 347 e 348 do CPC de 2015	183
3.5	Análise do art. 349 do CPC de 2015	184
3.6	Análise do art. 350 do CPC de 2015	184
3.7	Análise do art. 351 e 352 do CPC de 2015	184
4	Princípios norteadores	185
5	Da resposta do réu	187

5.1	Contestação e reconvenção	187
5.2	Litisconsórcio	193
6	Consequências e efeitos processuais e materiais da revelia	195
6.1	Julgamento antecipado da lide	195
6.2	Direitos indisponíveis. Direito público	196
7	Considerações finais	197
	Referências	198

FUNDAMENTAÇÃO DA SENTENÇA NO NOVO CÓDIGO DE PROCESSO CIVIL
ÂNGELA SORAYA BEZERRA DE MELLO NASCIMENTO
FERNANDO JOSÉ SILVA TELLES
GIANI SANTOS CEZIMBRA
JÚLIA QUEROL BOTO MAGALHÃES
LEONARDO SÉRGIO PONTES GAUDENZI
MARIA ELOY ALLEGRO ANDRADE..201

1	Introdução	201
2	Do dever de fundamentação e das alterações trazidas pelo novo CPC	202
2.1	Breve histórico e dimensão do conceito de sentença	202
2.2	Fundamentação e alterações trazidas pelo novo CPC	203
3	Ausência e deficiência da fundamentação	208
3.1	Decisões consideradas não fundamentadas no novo Código	208
4	Da necessidade de fundamentação analítica no novo CPC	210
5	Utilização da técnica da ponderação na solução de conflitos entre princípios e/ou normas no novo Código	212
6	Da interpretação da decisão judicial e o princípio da boa-fé	213
7	Considerações finais	214
	Referências	215

BREVE ANÁLISE DA COISA JULGADA À LUZ DO NOVO CPC
ANDRÉA GUSMÃO
CLÁUDIA SOUZA ARAGÃO
DANIEL SILVA COSTA
DEYSE DEDA CATHARINO GORDILHO
LÍLIAN DE NOVAES COUTINHO FIUZA
NACHA GUERREIRO SOUZA AVENA..217

1	Introdução	217
2	Conceito legal	218
2.1	Coisa julgada formal e material	219
3	Formação da coisa julgada. Pressupostos	220
3.1	Regimes de formação da coisa julgada	222
4	Conceito de limites objetivos e subjetivos da coisa julgada	223
5	Questões prejudiciais e coisa julgada. Modificações do novo CPC	224
5.1	Polêmica que envolve a mudança legislativa	226

6	Coisa julgada e seu limite temporal	228
7	Conclusão	230
	Referências	231

A NOVA AÇÃO MONITÓRIA
LUIZ CLÁUDIO GUIMARÃES
CRISTIANE NOLASCO MONTEIRO DO REGO
ANDRÉ MONTEIRO DO REGO
MARCOS VINÍCIUS CAMINHA
MARIA AMÉLIA MACIEL MACHADO
ANDRÉ LUIZ RODRIGUES LIMA 233

1	Introdução	233
2	O perfil da nova ação monitória. Definição. Estudo comparativo com o CPC de 1973	234
2.1	Definição/cabimento	234
2.2	Natureza jurídica	235
2.3	Antecedentes	236
2.4	Estudo comparativo	238
3	Vantagens da ação monitória sobre o procedimento comum. Visão crítica	239
4	Cabimento da ação monitória contra a Fazenda Pública. Pontos críticos	241
5	Efeito suspensivo dos embargos monitórios. Reexame necessário e efeitos da apelação	244
6	Conversão do mandado monitório em título executivo judicial e os embargos da Fazenda Pública	246
7	Prova escrita constituída por prova oral e seu enfrentamento nos embargos monitórios	248
8	Conclusões	250
	Referências	252

INOVAÇÕES TRAZIDAS PELO NOVO CÓDIGO DE PROCESSO CIVIL AO CUMPRIMENTO, PELA FAZENDA PÚBLICA, DAS OBRIGAÇÕES DE PAGAR QUANTIA CERTA DECORRENTE DE TÍTULO EXECUTIVO JUDICIAL
AYRTON BITTENCOURT
GILBERTO BAHIA
HÉLIO VEIGA
JORGE SALOMÃO O. DOS SANTOS
RAIMUNDO L. DE ANDRADE
VICENTE BURATTO 255

1	Introdução	255
2	O direito como sistema jurídico – Supremacia da Constituição	256
3	Dos princípios constitucionais processuais e dos princípios processuais	260
4	Do procedimento relativo ao cumprimento de sentença	262
5	Do cumprimento de sentença que reconheça a exigibilidade da obrigação de pagar quantia certa pela Fazenda Pública, segundo o novo CPC	263
5.1	Dos requisitos para o cumprimento da sentença	263

5.1.1	Da execução invertida	263
5.1.2	Discriminando o demonstrativo do débito	264
5.1.3	Da multa pela mora no cumprimento de obrigação de pagar	265
6	Dos meios de defesa da Fazenda Pública no cumprimento de sentença por quantia certa	265
6.1	Da inexigibilidade do título por decisão do STF em controle difuso ou concentrado de inconstitucionalidade	266
6.2	Litisconsórcio ativo	269
7	Do cumprimento provisório de sentença condenatória em obrigação de pagar contra a Fazenda Pública	269
8	Regime de precatório. Condicionamentos ao procedimento de cumprimento de sentença contra a Fazenda Pública. Regras de pagamento de obrigações de pequeno valor	271
9	Das conclusões	272
	Referências	273

MEIOS DE DEFESA DO EXECUTADO NO NOVO CPC
ALINE SOLANO SOUZA CASALI BAHIA
CINTHYA VIANA FINGERGUT
CRISTINA SACRAMENTO BARROS SILVA
JULIANA MENDES SIMÕES
ROSANA JEZLER GALVÃO 275

1	Introdução	275
2	Das defesas típicas	276
2.1	Do cumprimento de sentença	276
2.1.1	Noções gerais	276
2.1.2	Início da execução do cumprimento de sentença	277
2.1.3	Documentação obrigatória na execução do cumprimento da decisão	278
2.1.4	Impugnação do devedor	279
2.1.5	Efeitos da impugnação	281
2.1.6	Coisa julgada inconstitucional na impugnação de sentença	281
2.1.7	Cumprimento de sentença que reconhece a exigibilidade de obrigação de pagar quantia certa pela Fazenda Pública	282
2.1.8	Cumprimento de sentença que reconheça a exigibilidade de obrigação de fazer, de não fazer ou de entregar coisa	282
2.2	Dos embargos do executado no novo Código de Processo Civil	283
3	Das defesas atípicas	286
3.1	Da impugnação para validade e adequação da penhora e da avaliação	287
3.2	Da impugnação à indisponibilidade dos ativos financeiros	288
3.3	Da impugnação à arrematação	289
3.4	Ações autônomas	290
3.5	Exceção de pré-executividade	291
4	Conclusão	293
	Referencias	294

FRAUDE CONTRA CREDORES
ADILSON BRITO AGAPITO
MARIA DAS GRAÇAS FARIAS
NAILDES RIOS ALVES
PAULO CÉSAR RIBEIRO DOS SANTOS
ZULEIK CARVALHO OLIVEIRA 297

1	Introdução	297
2	Das definições e dos conceitos	298
2.1	Conceitos de fraude e generalidades	298
2.2	Fraude e figuras afins. Dolo e má-fé, simulação e fraude à lei	299
2.2.1	Dolo e má-fé. Dolo	299
2.2.2	A simulação	299
2.2.3	A fraude à lei	301
3	Fraude contra credores X fraude à execução. Diferenças e proximidades	301
3.1	Similitudes e diferenças entre fraude contra credores e fraude contra a execução	303
4	Hipóteses de cabimento. O atual art. 593, I a III do CPC. Sua alteração pelo novo CPC. Quando ocorre? Critério objetivo de reconhecimento da fraude à execução	305
4.1	Hipótese de cabimento: O atual art. 792 do NCPC. Quando ocorre?	305
4.2	Quais são as possibilidades, previstas no CPC, para se levar ao conhecimento de terceiro a existência de demanda em curso contra o devedor, para que o direito deduzido em juízo também produza efeitos em relação a eles (oponibilidade) como de prevenção à fraude? Da publicidade	306
4.3	Critério objetivo de reconhecimento da fraude à execução. Terceiros de boa-fé	307
5	Construção jurisprudencial acerca do tema. Casuísticas envolvendo as hipóteses de fraude à execução	309
5.1	Casuísticas atuais envolvendo as hipóteses de fraude à execução - Hipóteses de não cabimento contemplada pelos tribunais	310
5.2	Fraude à execução antes da citação válida, é possível?	314
5.3	Alegação de ser bem de família pelo adquirente fraudulento	318
6	O CPC criou uma teoria de fraude aplicável ao processo, já que há dificuldade de se estabelecer quais fatos podem, ou não, ser determinados como fraudulentos em face de lacunas legais. Como o novo CPC a disciplina?	321
7	Conclusão	325
	Referências	326

AÇÃO RESCISÓRIA NO NCPC
MAURÍCIO LUIZ BRITTO DA MOTA
LILIANE MATOS FERREIRA ALBIANI ALVES
MARIA LAURA CALMON DE OLIVEIRA
JAILTON AZEVEDO CÂNCIO
LUÍS GERALDO MARTINS DA SILVA
DANIEL VIANA DE CASTRO OLIVEIRA 327

1	Introdução	327
2	Noções fundamentais sobre a ação rescisória	328

2.1	Natureza jurídica, pressupostos e objeto	328
3	Hipóteses de cabimento da rescisória no novo CPC	332
4	Prazo da ação rescisória no novo CPC	338
5	Competência, legitimidade e aspectos procedimentais	341
	Referências	345

PRINCIPAIS INOVAÇÕES DO NOVO CÓDIGO DE PROCESSO CIVIL NO ÂMBITO RECURSAL
ADRIANO FERREIRA DA SILVA
CRISTIANE DE ARAÚJO GÓES MAGALHÃES
FABIANA ARAÚJO ANDRADE COSTA
FERNANDO PEREIRA LIMA
MARIA DA CONCEIÇÃO GANTOIS ROSADO
VERÔNICA SILVA BRITO 347

1	Introdução	347
2	Novidades no âmbito recursal: aspectos gerais	348
3	Apelação	350
4	Agravo de instrumento	352
5	Embargos de declaração	355
6	Recursos especial e extraordinário	358
7	A "supressão" dos embargos infringentes	361
8	Conclusão	363
	Referências	364

INCIDENTE DE RESOLUÇÃO DE DEMANDAS REPETITIVAS: UMA APRESENTAÇÃO
ANA CELESTE BRITO DO LAGO
FERNANDA DE SANTANA VILLA
JOSÉ CARLOS WASCONCELLOS JÚNIOR
LORENA MIRANDA SANTOS BARREIROS
PALOMA TEIXEIRA REY
PAULO EMÍLIO NADIER LISBÔA 365

1	Introdução	365
2	A evolução das demandas de massa e o sistema processual civil brasileiro. Instituição de microssistema para tratamento de casos repetitivos no CPC/2015	365
3	A constitucionalidade do incidente de resolução de demandas repetitivas (IRDR)	369
4	Aspectos formais para a propositura do incidente de resolução de demandas repetitivas: requisitos, legitimidade e competência	370
4.1	Requisitos para utilização do IRDR	370
4.2	Legitimidade para instauração do incidente	372
4.3	Competência para processamento e julgamento do IRDR	372
5	Procedimento do incidente de resolução de demandas repetitivas (IRDR)	374
5.1	O juízo de admissibilidade do IRDR	374
5.2	O processamento do IRDR	375

6	A aplicação do precedente decorrente do julgamento do IRDR	377
7	Conclusão	379
	Referências	379

O NOVO CÓDIGO DE PROCESSO CIVIL E O PROCESSO DO TRABALHO
ANA PAULA TOMAZ MARTINS
GUSTAVO LANAT PEDREIRA DE CERQUEIRA FILHO

1	Introdução	381
2	Das normas processuais civis	382
3	Dos sujeitos do processo	383
4	Dos atos processuais	384
5	Da tutela provisória	385
6	Do processo de conhecimento e do cumprimento de sentença. Do processo de execução	386
7	Dos processos nos tribunais	388
8	Incidente de assunção de competência	389
9	Incidente de resolução de demandas repetitivas (IRDR)	391
10	Recursos repetitivos na justiça do trabalho. Recursos de revista repetitivos	394
11	Conclusão	397
	Referências	397

SOBRE OS AUTORES 399

APRESENTAÇÃO

Advocacia Pública e o Novo Código de Processo Civil consiste numa coletânea de artigos que apresentam as inovações mais marcantes da Lei Federal nº 13.105, de 16 de março de 2015, Diploma Legal que rege o processo civil brasileiro e que é inaugurado com ênfase nos valores e nas normas fundamentais estabelecidos na Constituição da República Federativa do Brasil.

E é a Constituição Federal que consagra a Advocacia Pública como Função Essencial à Justiça (Capítulo IV, Seção II, art. 131 e 132), competindo à Advocacia Geral da União e aos Procuradores do Estado e do Distrito Federal, a tarefa de realizar a representação judicial dos entes aos quais se vinculam, função esta que imprescinde do hábil manejo das ferramentas do Direito Processual Civil.

Por conta disso, imbuída da necessidade de aperfeiçoar a atuação dos Procuradores e dos servidores integrantes do seu quadro, a Procuradoria Geral do Estado da Bahia, às vésperas do seu cinquentenário, celebrou parceria com a Pontifícia Universidade Católica de São Paulo, uma das instituições acadêmicas de referência em Direito Processual Civil, para realização de um projeto de capacitação e produção científica que contou com a participação de seu corpo funcional especializado (Procuradores do Estado e servidores da área jurídica), Juízes (Federais e de Direito), membros da Advocacia Geral da União, Procuradores do Município de Salvador, Procuradores Jurídicos e Assessores Técnico-Jurídicos do Tribunal de Contas do Estado.

Tal inédita conjunção de esforços resultou nesta obra que pretende, de modo aprofundado e, ao mesmo tempo, dinâmico, tanto discutir as novas perspectivas trazidas pelo Código de Processo Civil para temas gerais de interesse de todos os profissionais do direito, quanto temas de maior interesse para os advogados públicos.

Como se pode evidenciar, o momento da publicação deste trabalho revela-se propício. O Novo Código de Processo Civil veiculou modificações relevantes e novidades que necessitam de divulgação, compreensão e debates. Não se trata pura e simplesmente de aplicar novas regras. Na verdade, é preciso reexaminar os institutos processuais com as luzes irradiadas pelo novo sistema. Nesse contexto, revelam-se de grande valia os trabalhos ora apresentados.

As inovações têm início com a estrutura em que se dividiu o novo Código, em partes geral e especial. Na parte geral, receberam especial atenção os princípios constitucionais, como o contraditório e a igualdade, cujos desdobramentos ficaram mais claros. Também foram valorizados os princípios da cooperação e da eficiência, de maneira a prestigiar soluções mais rápidas, menos custosas e de melhor qualidade e adequação.

Um dos temas que tem recebido grande atenção a partir do novo Código de Processo Civil são os denominados negócios jurídicos processuais. A possibilidade de as partes alterarem o procedimento, para ajustá-lo às especificidades da causa. A inovação é importante por potencializar negociações e ajustes entre as partes, sobre ônus, poderes, faculdades e deveres processuais, antes ou durante o processo.

Os precedentes guardam papel relevantíssimo no sistema do Novo Código de Processo Civil. A racionalização do trabalho, a segurança jurídica e a igualdade são objetivos buscados pelo modelo adotado. Há alterações profundas no uso das decisões judiciais anteriores, com a criação de precedentes vinculantes que impactam, de maneira significativa, a prática jurídica.

Há inúmeros outros assuntos relevantes, muitos dos quais são tratados nos artigos que compõem a presente obra.

Nosso intuito é que, assim como o estudo e a elaboração dos trabalhos foram de grande utilidade para os seus coordenadores e coautores, sua leitura também o seja para toda a comunidade jurídica brasileira.

A VALORIZAÇÃO DOS PRINCÍPIOS CONSTITUCIONAIS NO NOVO CPC

CLÁUDIA MAGALHÃES GUERRA ATTINÃ
PAULA FERNANDA SILVA FERNANDES
FABIANA MARIA FARIAS SANTOS BARRETTO
ISABELA MOREIRA DE CARVALHO
MÁRCIA SALES VIEIRA
ANTÔNIO CÉSAR MAGALDI

1 Introdução

As inovações constantes do texto da Lei nº 13.105, de 16.03.15 – Novo Código de Processo Civil –, trouxeram à discussão inúmeros aspectos até então adormecidos quando se propunha estudar a legislação processual, a exemplo da aplicação dos princípios constitucionais a ela relacionados.

Em verdade, o NCPC, ao sistematizar a matéria e abrir o texto com o capítulo próprio denominado "Das Normas Fundamentais do Processo Civil", estabelecendo estreita relação com as normas constitucionais que tratam dos princípios, acabou por formalizar algo que já era – ou deveria ser – o norte da interpretação da integralidade das normas processuais.

Desse modo, verifica-se que a regra constante do art. 1º possui teor fundamentalmente educativo, uma vez que seria desnecessário prever que "o processo civil será ordenado, disciplinado e interpretado conforme os valores e as normas fundamentais estabelecidos na Constituição da República Federativa do Brasil, observando-se as disposições deste Código".

Em virtude disso é que Teresa Arruda Alvim Wambier,[1] ao tecer comentários sobre este artigo do NCPC, registra que:

---

[1] WAMBIER, Teresa Arruda Alvim. et al. *Primeiros Comentários ao Novo Código de Processo Civil:* artigo por artigo. São Paulo: Editora Revista dos Tribunais, 2015. p. 56.

O dispositivo anuncia a linha mestra fundamental da construção do novo sistema processual civil brasileiro. Um dos objetivos que se teve ao se elaborar esse novo Código foi o de situá-lo, expressa e explicitamente, num contexto normativo mais amplo, em que a Constituição Federal ocupa o principal papel.

Dito isto, a mesma autora conclui que:

> Esta contextualização tem uma função quase didática. Não é a partir deste artigo, obviamente, que o CPC deverá passar a submeter-se à Constituição Federal. Trata-se de um dispositivo que deve ser lido antes de todo e qualquer outro dispositivo que integra o Código, que deve ser compreendido a partir dos princípios constitucionais fundamentais. Está aí para ser visto, para que o intérprete não o deixe de lado, porque não teria sido 'lembrado'.

No mesmo sentido, e igualmente atento ao importante papel dos princípios constitucionais na aplicação das normas processuais, Fredie Diddier Jr. leciona que

> do ponto de vista normativo, o enunciado reproduz uma obviedade: qualquer norma jurídica brasileira somente poderá ser construída e interpretada de acordo com a Constituição Federal. A ausência de dispositivo semelhante no CPC não significaria, obviamente, que o CPC pudesse ser interpretado em desconformidade com a Constituição.[2]

Assim, conforme foi ressaltado pelos ilustres processualistas e, reprisando o caráter educativo do citado art. 1º, observa-se que é extremamente salutar sua expressa previsão, na medida em que proporciona relevância aos princípios constitucionais na interpretação e, consequentemente, na aplicação de todas as normas processuais.

Nesta oportunidade, não é demais aqui registrar a acepção do que se entende por princípios, sobretudo princípios constitucionais, consubstanciados em regras positivadas gerais e abstratas como quaisquer outras, e que, pelo seu forte conteúdo axiológico, é capaz de influenciar a interpretação das demais normas jurídicas de menor peso hermenêutico.

Igualmente não é demasiado pontuar que o direito é um objeto cultural, cuja finalidade é a regulação das condutas humanas nas suas relações de intersubjetividade. Por força disso é que todas as deficiências encontradas no sistema do direito positivo, a exemplo das contradições, ambiguidades e vaguidades, são afastadas no campo da interpretação, momento em que o aplicador do direito afasta as impropriedades das regras jurídicas inerentes à linguagem técnica do legislador e constrói seu conteúdo normativo.

É neste passo que se deflui a importância da análise acurada dos princípios constitucionais na intepretação e na construção do direito positivo, sem olvidar da importância da ideologia do hermeneuta neste processo. Em atenção a este lado, sobretudo no que diz respeito à necessidade de coerência do discurso do jurista, Lenio Luiz Streck anota que:

---

[2] DIDIER JR., Fredie. *Introdução ao Direito Processual Civil*: Parte Geral e Processo de Conhecimento. 17. ed. Salvador: Juspodivm, 2015. p. 48.

As contradições do direto e da dogmática jurídica que o instrumentaliza não 'aparecem' aos olhos do jurista, uma vez que há um processo de justificação/fundamentação da 'coerência' do seu próprio discurso. Esse processo de justificação não prescinde, para sua elucidação, do entendimento acerca do funcionamento da ideologia.[3]

Em sendo assim, a referência expressa no NCPC aos princípios constitucionais como normas processuais tem o condão de conferir maior sistematização à interpretação da legislação processual, porquanto, repita-se, a supremacia das normas constitucionais, especialmente as principiológicas, sempre orientou a condução do rito instrumental do processo civil pátrio.

Por outro lado, a inclusão de princípios no rol das normas processuais e a apontada sistematização outorgam ao ente julgador maior tranquilidade ao decidir uma lide com base nesta espécie de normas, agora processuais. Trata-se do que Fredie Diddier Jr. observa ser a adoção pelo NCPC da *teoria da força normativa dos princípios jurídicos*. O autor esclarece que, ao não simplesmente reproduzir o art. 126 do CPC/1973, foi afastada a obsoleta concepção que tomava os princípios gerais do direito como última fonte de integração de lacunas legislativas. Assim ressalta que

> o juiz não decide a 'lide' com base na lei; o juiz decide a 'lide' conforme o 'Direito', que se compõe de todo o conjunto de espécies normativas: regras e princípios. Os princípios não estão 'fora' da legalidade, entendida essa como o Direito positivo: os princípios a compõem.[4]

Observado esse aspecto, também merece registro que, pelo teor de toda a estrutura, instrumentos e inovações do NCPC, a nova disciplina legal tem como norte precípuo o princípio democrático, determinando a ampla participação das partes processuais e, até mesmo, a participação popular na condução de determinados ritos processuais. Não obstante, não se pode ignorar a existência dos chamados sobreprincípios, que são aqueles que norteiam a interpretação de todas as normas jurídicas, inclusive dos demais princípios, a exemplo dos princípios da legalidade e da segurança jurídica.

Apesar da relevância e da correlação entre os princípios constitucionais aplicados ao processo civil, a extensa enumeração de normas desta natureza consignadas no NCPC nos impede de, em uma única oportunidade, apreciar sua integralidade, razão pela qual foi imperativo, como corte metodológico, a eleição de alguns deles que, pela sua importância, merecem destaque. São eles: (i) contraditório; (ii) razoável duração do processo, (iii) publicidade e (iv) igualdade, os quais serão objeto de abordagem mais detalhadas nas linhas subsequentes.

Todavia, ressalte-se que tais princípios encontram-se intrinsecamente relacionados entre si e, também, com outros princípios de igual relevo, dispostos em todo o corpo do texto normativo e não apenas nos específicos artigos 1º a 15 do NCPC. Em razão disso, não poderíamos deixar de pontuar, ainda que de forma sintética, a influência dos princípios do devido processo legal, motivação, impessoalidade, eficiência, dentre outros, na interpretação das normas processuais que traduzem os princípios tratados no presente estudo.

---

[3] STRECK, Lenio Luiz. *Hermenêutica Jurídica e(m) Crise*. Porto Alegre: Livraria do Advogado, 2001. p. 72.
[4] *Op. cit.*, p. 50.

Com efeito. Como foi dito, o princípio democrático revela-se como o grande norte das normas processuais constantes do NCPC e, por força disso, a corrente participação dos particulares, sejam partes ou terceiros interessados, prevista em diversos artigos, demonstra a essência do novo rito a ser aplicado.

Tome-se como exemplo o inovador "Incidente de Resolução de Demandas Repetitivas" disposto nos artigos 976 a 987, que, expressamente, previu a participação da sociedade como elemento motivador do julgamento da tese jurídica a ser definitivamente fixada, possibilitando a realização de audiência pública e a oitiva de pessoas com experiência na matéria em exame, como elemento instrutório do incidente.[5] Observa-se, então, que esta previsão denota o intuito da nova legislação processual no sentido de ampliar ao máximo possível o contraditório em questões de elevado interesse público.

Ainda quanto às garantias conferidas ao cidadão, sobretudo aos partícipes da relação processual, não poderíamos deixar de pontuar o extremo relevo que a nova disciplina processual conferiu ao princípio da motivação.

Sabe-se que a motivação nada mais é do que a enunciação formal, constante da manifestação do órgão julgador, acerca dos motivos de fato que justificaram o ato decisório, bem como a declaração, também formal, de que esses mesmos pressupostos de fato se subsomem à descrição hipotética da norma geral e abstrata que lhe serviu de fundamento.

Este relevante aspecto não passou despercebido pelo legislador ao inserir, no inciso II, do art. 489, os fundamentos de fato e de direito que determinaram o convencimento do juiz como um dos elementos essenciais da sentença e, em seguida, no §1º,[6] relacionou situações que são ordinariamente utilizadas na motivação dos julgados e que não mais se prestarão a suprir este importante requisito de validade do ato julgador.

Confirma-se, desse modo, que a expressa referência aos princípios fundamentais aplicáveis ao processo civil, não apenas no capítulo inicial, mas em diversos artigos distribuídos ao longo do texto, revela o anseio que se estabeleçam relações jurídicas mais participativas e que, em última analise, sejam afastadas indesejáveis decisões pautadas em discricionariedade, tornando-as, por conseguinte, mais legítimas.

Assim, conforme será apreciado mais detidamente nos itens a seguir expostos, os princípios constitucionais merecem atenção do aplicador do direito desde o momento inicial da intepretação da norma a ser aplicada até a fundamentação legal expressamente declarada no ato decisório.

---

[5] O §1º, do art. 983 estabelece que: "Para instruir o incidente, o relator poderá designar data para, em audiência pública, ouvir depoimentos de pessoas com experiência e conhecimento na matéria".

[6] Art. 489. São elementos essenciais da sentença:
[...]
II – os fundamentos, em que o juiz resolverá as questões principais que as partes lhe submeterem.
§1º. Não se considera fundamentada qualquer decisão judicial, seja ela interlocutória, sentença ou acordão, que:
I – se limitar à indicação, à reprodução ou à paráfrase de ato normativo, sem explicar sua relação com a causa ou a questão decidida;
II – empregar conceitos jurídicos indeterminados, sem explicar o motivo concreto de sua incidência no caso;
III – invocar motivos que se prestariam a justificar qualquer outra decisão;
IV – não enfrentar todos os argumentos deduzidos no processo capazes de, em tese, infirmar a conclusão adotada pelo julgador;
V – se limitar a invocar precedente ou enunciado de súmula, sem identificar seus fundamentos determinantes nem demonstrar que o caso sob julgamento se ajusta àqueles fundamentos;
VI – deixar de seguir enunciado ou súmula, jurisprudência ou precedente invocado pela parte, sem demonstrar a existência de distinção no caso em julgamento ou a superação do entendimento.

2 Princípio do contraditório

Seguindo na análise da inovação trazida pelo NCPC em sua Parte Geral – a sistematização das "Normas Fundamentais de Direito Processual" –, tem-se o pedagógico princípio do contraditório (e intrinsecamente a ampla defesa) erigido à norma processual fundamental expressa, extraída do princípio constitucional do devido processo legal (art. 5º, LIV e LV, CF/88), com vistas a efetivar, juntamente com as demais regras ali dispostas, o pleno acesso à justiça numa perspectiva mais próxima da realidade, como orienta o pensamento jurídico contemporâneo, consagrando o direito de ser ouvido e de ver apreciados pelo julgador todos os argumentos deduzidos (participação com influência), e o de não ter uma decisão com argumentos sobre os quais não fora oportunizada manifestação (não surpresa), como garantia contra o exercício abusivo do poder.

Com sua disciplina esmiuçada no NCPC, fica definitivamente ultrapassada a garantia meramente formal do contraditório (direito de falar), numa visão até então equivocada de aplicação dos princípios constitucionais consagrados na Constituição Federal de 1988, passando a ser agora positivado no seu aspecto substancial (direito de ser ouvido e ter apreciado os seus argumentos), como deve ser.

Conforme ainda se extrai da exposição de motivos,[7] da formulação dessa nova sistemática adotada no NCPC buscou-se extirpar qualquer dúvida de que o Estado Democrático de Direito somente é atingido com o pleno acesso à justiça, mediante um processo em que seja garantida a efetiva participação do jurisdicionado (participação com influência e não surpresa), dentre outros, através do contraditório substancial, portanto, como instrumento de concretização de direitos, impondo uma postura efetivamente democrática, em especial, do Poder Judiciário, restando também extirpada a chamada industrialização de decisões.[8]

A metodologia jurídica adotada na elaboração do NCPC visa atender às necessidades das situações jurídicas contemporâneas numa postura de realce da dignidade da pessoa humana, a ser concretizada através do processo (instrumento de efetiva participação democrática), com o pleno acesso à justiça.

Portanto, apesar de um certo ceticismo quanto à efetividade do acesso democrático à justiça diante da barreira da desigualdade social que antecede o processo, que regras jurídicas não são capazes de por si só suplantar, não se pode deixar de reconhecer que as novas regras derredor do contraditório introduzidas no Código de Processo Civil surtirão efeito positivo na busca da justiça de forma mais igualitária entre as partes,

---

[7] "Um sistema processual civil que não proporcione à sociedade o reconhecimento e a realização dos direitos, ameaçados ou violados, que têm cada um dos jurisdicionados, não se harmoniza com as garantias constitucionais de um Estado Democrático de Direito [...]. A necessidade de que fique evidente a harmonia da lei ordinária em relação à Constituição Federal da República fez com que se incluíssem no Código, expressamente, princípios constitucionais, na sua versão processual. Por outro lado, muitas regras foram concebidas, dando concreção a princípios constitucionais, como, por exemplo, as que preveem um procedimento, com contraditório e produção de provas, prévio à decisão que desconsidera da pessoa jurídica, em sua versão tradicional, ou "às avessas". Está expressamente formulada a regra no sentido de que o fato de o juiz estar diante de matéria de ordem pública não dispensa a obediência ao princípio do contraditório". (Comissão de Juristas instituída pelo Ato do Presidente do Senado Federal nº 379, de 2009, destinada a elaborar Anteprojeto de Novo Código de Processo Civil).

[8] GRECO, Leonardo. Garantias Fundamentais do Processo: o Processo Justo. In: DUARTE, Antônio Aurélio Abi Ramia. Os Princípios no Projeto do Novo Código de Processo Civil: Visão Panorâmica. *Revista EMERJ*, Rio de Janeiro, v. 16, n. 61, p. 47-71, jan-fev-mar. 2013.

bem ainda que, seguramente, nenhum julgador poderá mais decidir sem considerar os argumentos das partes, afastando de vez a tacanha ideia de que o magistrado não está obrigado a manifestar-se sobre todos os fundamentos deduzidos pelas partes, como bem delineado por Alexandre Feitas Câmara:

> Ocorre que os Tribunais brasileiros consagram a ideia – que se tornou verdadeiro lugar-comum – de que o juiz não está obrigado a se manifestar sobre todos os fundamentos deduzidos pela parte, o que com todas as vênias devidas, viola frontalmente a garantia do contraditório substancial, exigência de um processo democrático. E não é por outra razão que o novo CPC, em seu art. 489, §1º, IV, afirma a nulidade, por vício de fundamentação, da decisão judicial que não apreciar todos os argumentos deduzidos no processo pela parte e que se revelem, em tese, capazes de infirmar a conclusão alcançada pelo julgador.[9]

Assim, conforme destacado por Arruda Alvim,[10] o contraditório, antes citado apenas uma vez no CPC/1973, ao tratar dos embargos de declaração (art. 536) e no seu sentido meramente formal, agora tem pelo menos sete situações diretas, além de inúmeras decorrentes da regra geral, todas, registre-se, no sentido não mais apenas de oportunizar a defesa do jurisdicionado, e sim, de poder participar, influenciando na decisão e não ter mais decisão-surpresa, numa tentativa, repise-se, de democratizar o processo e, em consequência, o acesso à justiça (realização do direito material através do processo).

Importante registrar que as denominadas normas processuais fundamentais não estão apenas nos dispositivos que integram a Parte Geral do Código de Processo Civil.

Com efeito, mais especificamente no pertinente ao contraditório e seus consectários, além dos artigos 7º, 9º e 10 (Parte Geral), aparecem no art. 98, §1º, VIII (gratuidade da justiça); art. 115 (efeitos da sentença sem a integração do contraditório); art. 329, II (aditamento da inicial); art. 372 (prova emprestada); art. 503, §1º, II (coisa julgada); art. 962, §2º (execução de decisão estrangeira) de forma mais direta, e indiretamente no art. 64, art. 77, §1º; art. 262, §1º; art. 314; art. 359, §2º; art. 373, §1º; art. 469, parágrafo único; art. 475, parágrafo único; art. 493, parágrafo único; art. 772, II e art. 933, dentre outros.

Da leitura atenta dos mencionados dispositivos legais pode-se afirmar que, de fato, fora afastada a concepção tradicional do contraditório, sendo exigido que os jurisdicionados sejam efetivamente ouvidos e considerados os seus argumentos nos atos decisórios, além de vedar decisão com fundamento sobre o qual não houve manifestação das partes, ainda que se trate de matéria de ordem pública.

Nesta esteira é que determina o art. 489, §1º, IV a nulidade, por vício de fundamentação da decisão judicial que não apreciar todos os argumentos deduzidos pelas partes.

Fica vedada também a decisão com fundamento não suscitado pelas partes, e mesmo que se cuide de matéria que deva ser conhecida de ofício, deve o juiz ouvir previamente as partes, como forma de democratizar a decisão, evitando decisão-surpresa.

Acerca da impossibilidade de decisão com fundamento não deduzido pelas partes, é esclarecedora a hipótese vislumbrada por Fredie Didier Jr.:

---

[9] CÂMARA, Alexandre Freitas. *O Novo CPC e o princípio do contraditório*. Disponível em: <http://justificando.com/2015/03/27/o-novo-cpc-e-a-duracao-dos-processos/>. Acesso em: 23 dez. 2015.

[10] ALVIM, Rafael. *O Princípio do Contraditório no Novo CPC*. Disponível em: <http://www.cpcnovo.com.br/blog>. Acesso em: 21 dez. 2015.

[...] o órgão jurisdicional, por exemplo, verifica que a lei é inconstitucional. Ninguém alegou que a lei é inconstitucional. O autor pediu com base em uma determinada lei, a outra parte alega que essa lei não se aplicava ao caso. O juiz entende de outra maneira, ainda não aventada pelas partes: 'Essa lei apontada pelo autor como fundamento do seu pedido é inconstitucional. Portanto, julgo improcedente a demanda'. O órgão jurisdicional pode fazer isso, mas deve antes submeter essa nova abordagem à discussão das partes.[11]

Por outro viés, destaque-se ainda com o NCPC que, se após a propositura da ação algum fato constitutivo, modificativo ou extintivo do direito influir no julgamento do mérito, caberá ao juiz tomá-lo em consideração, de ofício ou a requerimento das partes, no momento de proferir a decisão; porém, se constatar o fato novo de ofício, deverá ouvir as partes antes de decidir (parágrafo único do art. 493) e, sendo alegado por uma das partes, também deverá oportunizar a manifestação, como o determina o art. 9º.

Como visto, não restou afastada a atuação do órgão jurisdicional diante de fatos ainda não trazidos aos autos. A novidade está em não se poder mais decidir com base em fato sobre o qual não se manifestou a parte interessada, ainda que esteja provado nos autos. Assim, pode-se afirmar que entre a livre fundamentação das decisões do órgão jurisdicional e o contraditório, este deve preponderar, resguardando os valores do Estado Democrático de Direito.

Vale registrar, também, pela importância prática, a disciplina do contraditório nessa dimensão substancial disposta no art. 77 do NCPC, que cuida dos deveres das partes, de seus procuradores e de todos aqueles que de qualquer forma participem do processo; e, após enumerar os deveres respectivos nos incisos I a VI, no seu parágrafo primeiro enuncia que, antes de aplicação de multa (art. 77, §2º), quanto ao não cumprimento de decisão judicial definitiva ou provisória ou a criação de embaraços para tal (inciso IV) e a prática de inovação ilegal no estado de fato de bem ou direito litigioso (inciso VI), deverá o órgão jurisdicional advertir a parte que o seu ato constitui atentado à dignidade da justiça, facultando-lhe apresentar justificativa, se houver, ou demonstrar que não deixou de cumprir a decisão ou que não criou embaraços para tal. Portanto, nos termos do art. 77, §1º, do NCPC, sem essa advertência prévia, a multa aplicada será inválida por ofensa ao contraditório.

Destaca-se, ainda, importantíssima observação feita por Fredie Didier Jr., citando Carlos Alberto Álvaro de Oliveira, derredor do alcance do enunciado do art. 9º do NCPC, segundo o qual não será proferida decisão contra umas das partes sem que ela seja previamente ouvida, no sentido de que a regra impõe a audiência da parte apenas se a decisão a ser adotada lhe for contrária. Assim, se a decisão for favorável à parte, não há necessidade de ser ouvida, razão pela qual se admite o indeferimento da petição inicial (art. 330) e a improcedência liminar do pedido (art. 332), decisões que são favoráveis ao réu, bem como o relator somente precisa ouvir o recorrido se for dar provimento ao recurso (art. 932, III, IV e V) e, nos embargos de declaração, se a decisão implicar modificação da decisão embargada (art. 1.023, §2º).

Outra decorrência lógica do contraditório no NCPC é o dever de motivar as decisões judiciais, única forma de se controlar sua observância; ou seja, o direito de influenciar na decisão é garantido pelo dever de fundamentar do órgão jurisdicional.

---

[11] *Op. cit.*, p. 81.

Atente-se, no entanto, que em situações excepcionais o contraditório poderá ser postergado para dar prevalência à concessão da providência de urgência.

É o que se vê do rol exemplificativo do parágrafo único do art. 9º, do NCPC, que dispõe sobre a possibilidade de ser proferida decisão sem a oitiva prévia da parte contrária quando se tratar de tutela provisória de urgência (art. 300, §2º), nas hipóteses de tutela da evidência previstas no art. 311, incisos II e III, e na decisão que determina a expedição de mandato monitório (art. 701).

Por fim, sem pretender esgotar todas as nuances dos inúmeros dispositivos inseridos no NCPC que garantem aos jurisdicionados a efetiva participação na decisão judicial e a manifestação prévia sobre fundamentos e fatos novos que orientam a decisão, numa consolidação do contraditório na sua dimensão substancial como elemento imperioso à realização do Estado Democrático de Direito, sua aplicação, tal qual concebido pela Lei nº 13.115/15, certamente trará uma nova visão do processo como instrumento de efetiva concretização do direito material de forma igualitária. É o que se espera.

3 Princípio da duração razoável do processo

O princípio da duração razoável do processo é uma garantia constitucional preceituada no art. 5º, inciso LXXVIII da Carta Magna: "a todos, no âmbito judicial e administrativo, são assegurados a razoável duração do processo e os meios que garantam a celeridade de sua tramitação".

A despeito de ter sido formalmente inserido no texto constitucional com a EC nº 45/2005, este preceito já tinha status de norma constitucional desde que o Brasil, no ano de 1992, promulgou o Decreto nº 678 e incorporou ao Ordenamento Jurídico brasileiro o Pacto de São José da Costa Rica,[12] do qual se tornou signatário em 1978.

Como as garantias constitucionais disciplinadas no art. 5º da CF/88 são normas de eficácia plena e aplicação imediata, a celeridade da tramitação e a duração razoável de um processo são direitos imediatamente exigíveis.

Agora, o aludido princípio é tratado expressamente como norma fundamental do NCPC, que dispôs no seu art. 4º: "As partes têm direito de obter em prazo razoável a solução integral do mérito, incluída a atividade satisfativa".

Observa-se que o Código de Ritos que entrará em vigor está consentâneo com a "teoria do direito processual constitucional",[13] revelando a atual fase do pensamento jurídico, chamada de "constitucionalização do processo civil"[14] ou "neoprocessualismo",[15]

---

[12] O Pacto de São José da Costa Rica estabelece no Art. 8º, 1 que "Toda pessoa tem o direito a ser ouvida com as devidas garantias e dentro de um prazo razoável, por um juiz ou tribunal competente, independente e imparcial, estabelecido anteriormente por lei, na apuração de qualquer acusação penal formulada contra ela, ou para que se determinem os seus direitos ou obrigação de natureza civil, trabalhista, fiscal ou de qualquer outra natureza". Disponível em: <http://www.planalto.gov.br/ccivil_03/decreto/D0678.htm>.

[13] DUARTE, Antônio Aurélio Abi Ramia. Os Princípios no Projeto do Novo Código de Processo Civil: Visão Panorâmica. *Revista EMERJ*, Rio de Janeiro, v. 16, n. 61, p. 47-71, jan-fev-mar. 2013.

[14] PAES, Maria Luísa Coelho. MENDES. Maria Schmit Siqueira. A morosidade do poder judiciário brasileiro e as modificações do novo CPC com relação à duração razoável do processo. *Revista Eletrônica de Iniciação Científica*. Itajaí, Centro de Ciências Sociais e Jurídicas da UNIVALI. v. 4, n. 3. p. 781-799, 3º trimestre. Disponível em: <www.univali.br/ricc-ISSN 2236-5044>. Acesso em: 23 dez. 2015.

[15] *Op. cit.*, p. 95.

fase que apregoa a interpretação dos institutos processuais à luz da Constituição Federal, o que já deveria ocorrer, em face do modelo hierárquico no qual estão estruturadas as normas do Ordenamento Jurídico brasileiro.

A previsão deste preceito como norma fundamental do NCPC ressalta a força normativa do princípio, que atua como orientador para compressão de todas as normas processuais civis.

Da leitura do supracitado art. 4º, depreende-se que o legislador orientou não somente para a necessidade de rapidez no desfecho do processo, mas que, em tempo razoável, haja decisão analisando integralmente o mérito e a satisfação do direito objeto da tutela jurisdicional. Não basta, portanto, que o Judiciário se atenha a cumprimento de metas que almejam apenas uma grande quantidade de feitos extintos se os processos findos não tenham sido efetivos e rápidos na solução dos conflitos, com observância do *due process of law*.

Da análise do estatuto que entrará em vigor, observa-se que o NCPC não se limitou apenas a dispor sobre o princípio da duração razoável como norma fundamental e orientadora na interpretação dos seus dispositivos, porquanto trouxe comandos expressos para aqueles que atuam ou podem interferir no andamento do processo,[16] estabelecendo também regras com vistas a dar concretude à garantia constitucional em comento.

De certo, por se tratar de garantia constitucional elencada no art. 5º da Carta Política, não há dúvidas de que, independentemente do teor da norma fundamental contida no art. 4º em voga, os magistrados, em qualquer instância, já deveriam observar o direito das partes de obter, em prazo razoável, a solução da lide. Contudo, o NCPC explicitou este dever do juiz no art. 139, inciso II, ao estabelecer que lhe incumbe "velar pela duração razoável do processo". Reconhece-se que o juiz é o gestor do processo e, por conseguinte, deve garantir que se cumpra regularmente a marcha processual, sem dilações protelatórias das partes e ineficiência dos auxiliares da Justiça.

De igual modo, seguindo os objetivos basilares adotados na elaboração do novo Código de Ritos, conforme indicado na Exposição dos Motivos do Anteprojeto,[17] verifica-se que as partes igualmente estão submetidas a este comando, na medida em que o art. 6º, ao tratar do princípio da cooperação, estabeleceu: "Todos os sujeitos do processo devem cooperar entre si, a fim de que se obtenha, em tempo razoável, decisão

---

[16] "O direito fundamental à duração razoável do processo constitui *princípio* redigido como *cláusula geral*. Ele impõe um *estado de coisas que deve ser promovido* pelo Estado – a duração razoável do processo. Ele prevê no seu porte fático *termo indeterminado* – duração razoável – e *não comina consequências jurídicas* ao seu não atendimento. Seu *conteúdo mínimo* está em determinar: (i) ao *legislador*, a adoção de *técnicas processuais* que viabilizem a prestação da tutela jurisdicional dos diretos em prazo razoável (por exemplo, a previsão de tutela definitiva da parcela incontroversa da demanda no curso do processo), a edição de legislação que reprima o *comportamento inadequado das partes* em juízo (litigância de má-fé *e contempt of court*) e regulamente minimamente a responsabilidade do Estado por duração não razoável do processo (ii) ao *administrador judiciário*, a adoção de técnicas gerenciais capazes de viabilizar o adequado fluxo dos atos processuais, bem como de *organizar* os órgãos judiciários de forma idônea (número de juízes e funcionários, infraestrutura e meios tecnológicos); (iii) ao *juiz*, a *condição do processo* de modo a prestar a tutela jurisdicional em prazo razoável (ARENHART, Sérgio Cruz; MARINONI, Luíz Alberto; MITIDIERO, Daniel. *Novo Curso de Processo Civil*: Teoria do Processo Civil. São Paulo: Editora dos Tribunais, 2015. v. 1, p. 263-264).

[17] Na elaboração do Anteprojeto, a Comissão responsável elencou cinco objetivos fundamentais deste Novo Código, entre os quais se destacam o propósito de "dar todo o rendimento possível a cada processo em si mesmo considerado". Disponível em: <http://www.osconstitucionalistas.com.br/novo-codigo-de-processo-civil>. Acesso em: 10 jan. 2016.

de mérito justa e efetiva". Essa cooperação também exige que as partes procedam com lealdade e boa-fé, tal como preconizado nos artigos 5º e 77 do novo diploma.

Todavia, existiria dificuldade na densificação deste princípio, visto que o legislador pátrio não definiu o que seria "duração razoável", conceito jurídico indeterminado.

Para superar este problema, Fredie Didier Jr. defende que é possível adotar o entendimento estabelecido pela Corte Europeia dos Direitos do Homem, no sentido de que, verificadas as peculiaridades de cada caso concreto, devem ser considerados os seguintes critérios para verificar se a duração do processo foi razoável ou não: a) complexidade do assunto; b) comportamento dos litigantes e de seus procuradores ou da acusação e defesa no processo; c) atuação do órgão jurisdicional. O referido autor acrescenta como quarto critério a ser considerado a estrutura do órgão judiciário.[18]

Hodiernamente, a referida Corte estaria também considerando o critério da *posta in gioco*,[19] que leva em conta a relevância do direito reclamado em juízo para a vida do litigante prejudicado pela duração do processo.[20]

A análise da duração do processo civil não poderá estar dissociada da razoabilidade, porquanto é indiscutível que as peculiaridades de cada caso devem ser sopesadas para verificar se foi desproporcional o tempo que durou o processo.

No que diz respeito às regras trazidas pelo legislador para concretização da finalidade estabelecida pelo princípio em estudo, é possível destacar algumas novidades:

- previsão de regras específicas para o processo por meio eletrônico, a exemplo da prática eletrônica de alguns atos processuais (petição, interposição de recurso), atos de comunicação (citação e intimação), com vedação da contagem do prazo em dobro em caso de litisconsórcio, medidas que poderão imprimir celeridade na tramitação do feito;
- criação de um rito único a ser adotado, com redução do número de testemunhas arroladas para o limite máximo de cinco pessoas (art. 167), o que diminuiria o tempo de duração da instrução probatória;
- extinção de alguns incidentes processuais, como a impugnação ao valor da causa (art. 293) e exceção de incompetência relativa (art. 340), que serão matérias arguidas na contestação, não suspendendo o trâmite do feito;
- previsão expressa de julgamento parcial do mérito (art. 356), o que agilizaria a solução do conflito;
- estabilização da tutela antecipada (art. 304, §6º), dispensando a necessidade da sentença quando a tutela for suficiente para solucionar o conflito entre as partes;
- obrigatoriedade de realização de audiência de conciliação e mediação (art. 334), o que poderá facilitar o encerramento prematuro da lide, no caso de composição;
- observância, preferencialmente,[21] da ordem cronológica de conclusão para prolação de sentença e de acórdão pelos magistrados (art. 12) e também da

---

[18] *Op. cit.*, p. 95.
[19] Em tradução livre: "que está em jogo"; "desafio".
[20] ARENHART, Sérgio Cruz; MARINONI, Luíz Alberto; MITIDIERO, Daniel. *Novo Curso de Processo Civil:* Teoria do Processo Civil. São Paulo: Editora dos Tribunais, 2015. v. 1, p. 265-266.
[21] Através da Lei nº 13.256/16, entre outras matérias, alterou-se a redação do art. 12 e do art. 153, para incluir no texto destes dispositivos a expressão "preferencialmente". Esta modificação esvaziou um pouco o caráter imperativo que existia no texto original dos referidos artigos, pois a inclusão de tal expressão devolveu aos juízes e desembargadores o poder de gestão do julgamento dos seus processos, bem como aos Chefes de Secretárias

ordem cronológica de recebimento do processo para publicação e efetivação dos provimentos jurisdicionais pelo escrivão/chefes de secretária (art. 153), regras que contribuem para que os processos mais antigos, ainda que complexos, obtenham o provimento jurisdicional e a sua efetivação sem preterição injustificada em relação aos expedientes mais novos;
- extinção do agravo retido entre as espécies recursais (art. 994), com limitação das hipóteses de agravo de instrumento (art. 1015), evitando o manejo dos recursos com o intuito de procrastinar o feito;
- supressão dos embargos infringentes como espécie recursal (art. 994), recurso que normalmente era utilizado com o propósito de protelar o trânsito em julgado da decisão;
- imposição de multa ao litigante de má-fé, sem prejuízo da responsabilização por perdas e danos (art. 81), sendo considerada litigância de má-fé a oposição de resistência injustificada à tramitação do processo e a interposição de recurso com intuito manifestamente protelatório (art. 80, incisos IV e VII, respectivamente);
- criação do Incidente de Resolução de Demandas Repetitivas (art. 976), o que poderá imprimir celeridade ao julgamento do processo, se bem manejado, na medida em que se reduz o prazo que seria dispensado a pratica de atos judiciais;
- realização de citação e penhora em férias forenses ou feriados e nos dias úteis fora do horário normal de realização dos atos processuais – de 6 (seis) a 20 (vinte) horas (art. 212, §2º), agilizando o tempo de duração da fase de execução da tutela.

No que concerne aos prazos trazidos pelo NCPC, convém destacar que os prazos das partes e dos intervenientes continuam essencialmente preclusivos, chamados de prazos próprios, pois a sua não observância acarreta consequências jurídicas para aquele que não o praticou no tempo estipulado na norma, interferindo no julgamento da lide.

O Código que entrará em vigor pouco avançou em relação aos prazos não preclusivos, que são aqueles estabelecidos para os juízes, membros do Ministério Público e auxiliares da Justiça.

O art. 226 do NCPC, tal como o art. 189 do CPC/1973, estabelece prazos para o magistrado proferir suas decisões (despachos, decisões interlocutórias e sentenças), embora ampliados em relação aos atuais. Defende-se que o NCPC teria inovado no art. 227, ao criar a possibilidade de prorrogação desses prazos por tempo igual, havendo motivo justificado, pois, ao estabelecer uma prorrogação restrita – mesmo interregno inicialmente fixado – isto consubstanciaria uma limitação do prazo em que o *decisum* deve ser proferido.[22]

Também merecem destaque em relação ao descumprimento de prazos impróprios os artigos 233 e 235 do NCPC, este último dispositivo alertando, de forma expressa,

---

em relação à publicação e à efetivação dos provimentos jurisdicionais. Mas este poder de gestão não seria mais absoluto como no CPC/73, pois é possível defender que, se não houver justificativa para a não observância da ordem cronológica, com preterição dos processos mais antigos, existiria fundamento para responsabilização do agente público, eis que os dispositivos supracitados continuam orientando para que a referida ordem cronológica seja, sempre que possível, obedecida.

[22] Este é o entendimento defendido por: RORIZ, Rodrigo Matos. *O tempo do processo e o prazo do juiz*. Disponível em: <https://jus.com.br/artigos/26231/o-tempo-do-processo-e-o-prazo-do-juiz>. Acesso em: 23 dez. 2015.

sobre a possibilidade de adoção de medidas disciplinares, mediante representação à Corregedoria do Tribunal ou ao Conselho Nacional de Justiça, contra o juiz ou o relator que, injustificadamente, exceder os prazos previstos na norma.

Conquanto a inobservância dos prazos impróprios não produza efeitos processuais sobre o desfecho da causa, o NCPC determina que seu descumprimento injustificado deverá ser objeto de apuração e poderá acarretar consequências de natureza disciplinar para os agentes públicos que deveriam observá-los, o que é bastante salutar. Será preciso, então, que os órgãos correcionais competentes atuem para que esta regra se torne efetiva na prática.

Ainda no que concerne aos prazos processuais, a nova regra constante no art. 219 do novo Código de Ritos provavelmente não imprimiu rapidez na tramitação do feito, na medida em que, pelo texto proposto, serão excluídos da contagem os dias não úteis, ou seja, sábados, domingos e feriados.

Critica-se a fluência do prazo somente nos dias úteis, regra aplicável a todos, indistintamente, visto que isto contaminaria o comportamento de todos aqueles que atuam no processo: partes, com seus patronos; magistrados; membros do Ministério Público e auxiliares da Justiça. Esta foi a conclusão de Francisco Glauber Pessoa Alves, cujo estudo comparativo da contagem dos prazos no CPC/1973 com os prazos trazidos pelo NCPC demonstrou que o tempo de tramitação do processo aumentaria aproximadamente mais de 10 meses, em contrariedade ao que é apregoado pelo princípio da duração razoável do processo.[23]

Entretanto, embora a nova forma de cômputo do prazo possa afetar a celebridade da sua conclusão, a menos que haja litigância de má-fé, supõe-se que as partes não atuarão para postergar o julgamento da lide. Não se pode atribuir à forma de contagem dos prazos processuais a causa exclusiva da morosidade do Judiciário, embora, neste aspecto, tenha ocorrido um retrocesso no NCPC quanto à celeridade na marcha do feito.

Todavia, não é possível confundir o direito à duração razoável com celeridade processual, sendo oportuna a transcrição dos comentários de Luíz Alberto Marinoni:

> O direito à duração razoável do processo não constitui e não implica direito a processo rápido ou célere. As expressões não são sinônimas. A própria ideia de processo repele a instantaneidade e remete ao tempo como algo inerente à fisiologia processual. A natureza necessariamente temporal do processo constitui imposição democrática, oriunda do direito das partes de nele participarem de forma adequada, de onde o direito ao contraditório e os demais direitos que confluem para a organização do processo justo ceifam qualquer possibilidade de compreensão do direito ao processo de duração razoável simplesmente como direito a um processo célere. O que a Constituição determina é a eliminação do tempo patológico – a desproporcionalidade entre a duração do processo e a complexidade do debate da causa que nele tem lugar. Neste sentido, a expressão processo sem dilações indevidas, utilizada pela Constituição Espanhola (art. 24, segunda parte), é muito expressiva. O direito a processo justo implica sua duração em 'tempo justo'.[24]

---

[23] ALVES, Francisco Glauber Pessoa. *Cômputo dos prazos processuais no novo CPC é um desserviço à duração razoável do processo*. Disponível em: <http://www.conjur.com.br/2015-out-06/computo-prazos-cpc-desservico-duracao-razoavel>. Acesso em: 21 dez. 2015.

[24] *Op. cit.*, p. 264-265.

Nesse mesmo sentido, Fredie Didier Jr. alerta que não existe um princípio da celeridade, pois o processo "deve demorar o tempo necessário e adequado à solução do caso submetido ao órgão jurisdicional".[25]

De fato, a duração razoável do processo é indissociável da observância do devido processo legal, posto que não se não concebe um processo justo sem respeito ao direito à ampla defesa e ao contraditório, com produção de todas as provas e o manejo de todos os recursos disponíveis. Um processo que não se conclui em tempo hábil retira a efetividade da prestação da tutela jurisdicional, já que a demora poderá implicar em perecimento do direito ao qual se buscou a tutela.

Por outro lado, havendo demora excessiva e injustificável na duração do processo, imputável ao Poder Judiciário como órgão estatal, entende-se perfeitamente cabível o direito à indenização, por danos morais e patrimoniais, da parte lesada, já que, como dito alhures, a duração razoável do processo, como garantia constitucional, é norma de eficácia plena.[26]

A tempestividade do provimento jurisdicional é essencial para a efetividade do processo como instrumento de acesso à justiça, direito fundamental preconizado no art. 5º, inciso XXXV, da CF/88. Logo, a duração razoável do feito deve ser perseguida por todos os atores, não bastando a existência de normas processuais mais eficazes trazidas pelo NCPC, conforme exposto anteriormente, para a concretização desta garantia constitucional, atualmente preceituada como norma fundamental no art. 4º do CPC/1973.

Nas palavras de Alexandre Freitas Câmara,

> [...] o novo CPC pode, sim, contribuir para a diminuição do tempo médio de duração do processo civil brasileiro. Mas não será ele capaz de resolver todos os problemas. Nem é ele bálsamo miraculoso capaz de produzir seus resultados na semana seguinte à sua entrada em vigor. Mas ele poderá ser – se bem aplicado, em conformidade com o modelo constitucional de processo – um importante mecanismo de construção de resultados democraticamente legítimos, em tempo razoável.[27]

4 Princípio da publicidade

O princípio da publicidade é mais um exemplo de direitos e de garantias fundamentais incorporadas ao novo diploma processual, destacado na sua Parte Geral, refletindo a intenção do legislador de máxima sintonia do novo Código com a Constituição Federal de 1988.

A publicidade dos atos processuais é indispensável à democracia e ao Estado de Direito, sendo instrumento eficaz de controle dos atos judiciais e proteção das partes, como ficou bem registrado pelo processualista Fredie Didier Jr.:

---

[25] *Op. cit.*, p. 95.
[26] Neste sentido, NERY JR., Nelson Nery; NERY, Rosa Maria de Andrade. *Comentários ao Código de Processo Civil.* São Paulo: Editora Revista dos Tribunais, 2015. p. 205.
[27] CÂMARA, Alexandre Freitas. *O novo CPC e a duração dos processos.* Disponível em: <http://justificando.com/2015/03/27/o-novo-cpc-e-a-duracao-dos-processos/>. Acesso em: 10 jan. 2016.

Trata-se de direito fundamental que tem, basicamente, duas funções: a) proteger as partes contra juízos arbitrários e secretos (e, nesse sentido, é conteúdo do devido processo legal, como instrumento a favor da imparcialidade e da independência do órgão jurisdicional); b) permitir o controle da opinião pública sobre os serviços da justiça, principalmente sobre o exercício da atividade jurisdicional.[28]

Por essa razão, a CF/88 consagrou a publicidade dos atos processuais como direito individual, ressalvada a possibilidade de restrição quando a defesa da intimidade ou o interesse social preponderante assim exigir, conforme o art. 5º, inciso LX.[29] Do mesmo modo, a Emenda Constitucional nº 45/2004 ratificou a exigência de publicidade dos atos provenientes do Judiciário, conforme a redação conferida aos incisos IX e X do art. 93.[30]

O NCPC, no rol das Normas Fundamentais do Processo Civil (Capítulo I, da Parte Geral) e em diversos dispositivos esparsos, reafirmou a exigência constitucional da publicidade dos atos processuais, consoante previsão expressa dos artigos 8º[31] e 11.[32]

Na forma do art. 11 do Novo Código, refletindo o art. 93, inciso IX, da Constituição Federal, a inobservância da publicidade implica na nulidade do julgamento (tal como na hipótese de ausência de motivação), excepcionados os casos em que, pela natureza da causa, o segredo de justiça se imponha como garantia das partes.

O art. 189 do NCPC determina a tramitação em segredo de justiça de processos:

I - em que exija o interesse público ou social;
II - que versem sobre casamento, separação de corpos, divórcio, separação, união estável, filiação, alimentos e guarda de crianças e adolescentes;
III - em que constem dados protegidos pelo direito constitucional à intimidade;
IV - que versem sobre arbitragem, inclusive sobre cumprimento de carta arbitral, desde que a confidencialidade estipulada na arbitragem seja comprovada perante o juízo.

O aparente conflito do direito à informação e do direito à vida privada deverá ser resolvido por meio da ponderação dos interesses envolvidos no caso concreto, observado o princípio da proporcionalidade.

Diversos outros dispositivos esparsos do NCPC também asseguram a publicidade do processo, a exemplo das regras que disciplinam a comunicação dos atos processuais (citação, intimações - Título II do Livro IV); previsão de cooperação jurídica internacional

---

[28] *Op. cit.*, p. 86.
[29] Art. 5º - LX - a lei só poderá restringir a publicidade dos atos processuais quando a defesa da intimidade ou o interesse social o exigirem;
[30] Art. 93 – IX - todos os julgamentos dos órgãos do Poder Judiciário serão públicos, e fundamentadas todas as decisões, sob pena de nulidade, podendo a lei limitar a presença, em determinados atos, às próprias partes e a seus advogados, ou somente a estes, em casos nos quais a preservação do direito à intimidade do interessado no sigilo não prejudique o interesse público à informação;
X – as decisões administrativas dos tribunais serão motivadas e em sessão pública, sendo as disciplinares tomadas pelo voto da maioria absoluta de seus membros.
[31] Art. 8º – Ao aplicar o ordenamento jurídico, o juiz atenderá aos fins sociais e às exigências do bem comum, resguardando e promovendo a dignidade da pessoa humana e observando a proporcionalidade, a razoabilidade, a legalidade, a publicidade e a eficiência.
[32] Art. 11 – Todos os julgamentos dos órgãos do Poder Judiciário serão públicos, e fundamentadas todas as decisões, sob pena de nulidade.
Parágrafo único. Nos casos de segredo de justiça, pode ser autorizada a presença somente das partes, de seus advogados, de defensores públicos ou do Ministério Público.

regida por tratado, desde que observada a publicidade processual (art. 26, III); garantia de respeito à publicidade dos atos nos sistemas de automação processual nos processos digitais (art. 194); citação por edital por meio de publicação na rede mundial de computadores ou em jornal de ampla circulação (art. 257); necessidade de ampla publicidade da existência de ação possessória (art. 554, §3º); requisito de ampla publicidade na alienação judicial por meio eletrônico (art. 882, §2º); publicidade da distribuição dos recursos nos Tribunais (art. 930); dentre outros.

Merece destaque a norma que impõe aos Tribunais conferir ampla publicidade aos precedentes fixados (art. 927, §5º),[33] assim como a que determina a divulgação da instauração e o julgamento dos incidentes de resolução de demandas repetitivas, de recursos repetitivos e de repercussão geral em recurso extraordinário por meio do Conselho Nacional de Justiça (art. 979),[34] considerando-se que o sistema de precedentes obrigatórios pressupõe a eficaz divulgação das teses jurídicas já enfrentadas e que podem ser utilizadas em casos análogos.

Registre-se, ainda, como faceta do princípio da publicidade, a previsão de elaboração de lista da ordem cronológica dos processos conclusos para julgamento, a qual deverá estar permanentemente à disposição para consulta pública em cartório e na rede mundial de computadores, a teor do art. 12, §1º, do NCPC,[35] medida que visa assegurar a transparência da atividade judicial e seu controle pelos jurisdicionados.[36]

Na regra trazida originalmente pelo art. 945 do NCPC, com a finalidade de permitir o julgamento de recursos e de processos de competência originária de Tribunais por meio eletrônico, tinha-se clara hipótese de restrição à publicidade da sessão, haja vista a previsão de julgamento conduzido por meio de troca de mensagens eletrônicas entre os integrantes da turma julgadora, as quais as partes não teriam acesso, inclusive no que diz respeito a eventual voto divergente, em flagrante afronta ao art. 93, inciso IX, da CF/1988. Contudo, a Lei nº 13.256/2016, no seu art. 3º, I, revogou o referido dispositivo do NCPC, extinguindo a autorização de julgamento eletrônico.

Expressão máxima do princípio da publicidade revela-se, ainda, na transmissão dos julgamentos do Supremo Tribunal Federal ao vivo pela "TV Justiça", o que auxilia a disseminação da informação jurídica e traz transparência ao exercício da função

---

[33] Art. 927. Os juízes e os tribunais observarão:
§5º. Os tribunais darão publicidade a seus precedentes, organizando-os por questão jurídica decidida e divulgando-os, preferencialmente, na rede mundial de computadores.

[34] Art. 979. A instauração e o julgamento do incidente serão sucedidos da mais ampla e específica divulgação e publicidade, por meio de registro eletrônico no Conselho Nacional de Justiça.
§1º. Os tribunais manterão banco eletrônico de dados atualizado com informações específicas sobre questões de direito submetidas ao incidente, comunicando-o imediatamente ao Conselho Nacional de Justiça para inclusão no cadastro.
§2º. Para possibilitar a identificação dos processos abrangidos pela decisão do incidente, o registro eletrônico das teses jurídicas constantes do cadastro conterá, no mínimo, os fundamentos determinantes da decisão e os dispositivos normativos a ela relacionados.
§3º. Aplica-se o disposto neste artigo ao julgamento de recursos repetitivos e da repercussão geral em recurso extraordinário.

[35] Art. 12. Os juízes e os tribunais atenderão, preferencialmente, à ordem cronológica de conclusão para proferir sentença ou acórdão (redação dada pela Lei nº 13.256, de 04 de fevereiro de 2016).
§1º. A lista de processos aptos a julgamento deverá estar permanentemente à disposição para consulta pública em cartório e na rede mundial de computadores.

[36] Destaca-se a aprovação da recente Lei nº 13.256/2016, que estabelece o julgamento prioritário pela ordem cronológica, não mais obrigatório.

jurisdicional da Suprema Corte, embora por vezes suas sessões acabem se transformando em palco para promoção pessoal. Espera-se, entretanto, que a espetacularização dos julgamentos deixe de ocorrer a partir do amadurecimento institucional.

A publicidade dos atos processuais e dos julgamentos, portanto, não é garantia apenas das partes, mas ferramenta de fiscalização popular da atividade jurisdicional, razão pela qual a busca pela celeridade/efetividade processual não pode se afastar de um dos pilares do Estado Democrático de Direito.

O NCPC, refletindo o espírito da Constituição de 1988, fortalece a garantia de publicidade dos julgamentos e dos atos processuais, avançando, portanto, na incorporação do princípio às normas de seu texto.

5 Princípio da igualdade

A Constituição Federal dispõe em seu artigo 5º, *caput*, sobre o princípio da igualdade nos seguintes termos:

> Art. 5º. Todos são iguais perante a lei, sem distinção de qualquer natureza, garantindo-se aos brasileiros e aos estrangeiros residentes no País a inviolabilidade do direito à vida, à liberdade, à igualdade, à segurança e à prosperidade [...].

O direito à igualdade perante o Estado Constitucional é pressuposto básico de toda e qualquer concepção jurídica de Estado. Estado Constitucional é Estado em que há juridicidade e segurança jurídica.

Desse princípio deriva a igualdade de aptidões e de possibilidades virtuais dos cidadãos de gozarem de tratamento isonômico conforme a lei. Do mesmo modo, são com ele incompatíveis diferenciações arbitrárias e não justificáveis à luz dos valores esposados pela Constituição Federal.

Atua esse princípio em duas vertentes: na lei e perante a lei; de um lado, frente ao legislador ou ao próprio Poder Executivo, na edição de leis, atos normativos, medidas provisórias, impedindo que se imponham tratamento abusivamente diferenciado para pessoas que se encontram em situações idênticas; em outro plano, na obrigatoriedade imposta ao intérprete, autoridade pública, de aplicar a lei e os atos normativos de modo igualitário e sem estabelecimento de diferenciações em razão de sexo, religião, convicções filosóficas ou políticas, raça e classe social.

Como é curial, não pode o legislador editar normas que se afastem do princípio da igualdade, sob pena de flagrante inconstitucionalidade, como o intérprete, autoridade pública, não pode aplicar a lei aos casos concretos de modo a criar ou a aumentar desigualdades.

A igualdade que a lei assegura às partes no campo processual constitui direito fundamental que, nada obstante não esteja expressamente previsto na Constituição Federal, decorre naturalmente da ideia de Estado Constitucional e do direito fundamental à igualdade perante a ordem jurídica como um todo.

A igualdade das partes perante o juiz constitui, assim, corolário principiológico da garantia constitucional indissoluvelmente ligada à democracia. Os litigantes devem receber do juiz tratamento idêntico, isonômico; vale dizer, o juiz deve tratar igualmente os iguais e desigualmente os desiguais, na exata medida de suas desigualdades.

O direito à igualdade e à paridade das armas, para além de vincular o legislador, vincula o juiz na condução do processo. O processo tem que se estruturar com técnicas capazes de promover a igualdade dos litigantes perante a ordem jurídica.

Nesse sentido, a Constituição Federal e a legislação processual contemplam distinções e atribuem tratamento diferenciado aos indivíduos segundo juízos e critérios valorativos razoáveis e justificáveis, com a finalidade de assegurar tratamento isonômico entre desiguais e assim conferir concretude ao princípio constitucional.

Enfim, as partes devem ter garantidas as mesmas oportunidades ao longo do processo.

O NCPC é visto à luz da Constituição Federal e nele se buscam os valores e os princípios consagrados na Carta Magna visando à concretização de direitos e garantias fundamentais, ao contrário do que dispõe o CPC/1973, essencialmente pautado no direito codificado – daí o novo estatuto processual apresentar em sua Parte Geral, destacadamente, 12 artigos dedicados às Normas Fundamentais do Processo Civil.

O artigo 5º, *caput*, da CF/1988 é a fonte normativa do princípio da igualdade processual, do qual decorre, diretamente, no plano infraconstitucional, o disposto no art. 7º do NCPC: "É assegurada às partes paridade de tratamento em relação ao exercício de direitos e faculdades processuais, aos meios de defesa, aos ônus, aos deveres e à aplicação de sanções processuais, competindo ao juiz zelar pelo efetivo contraditório".

O processo justo está em plena consonância com o direito à igualdade e ao contraditório participativo. Desse modo, deve ser garantida a plena "participação em contraditório mediante paridade de armas", conforme leciona Marinoni.[37]

A todos devem ser avalizadas as oportunidades de agir e de defender-se em absoluta igualdade de condições, de modo que desfrutem das mesmas oportunidades, guardadas suas peculiaridades. É o que o NCPC denomina "paridade de tratamento".

Assim, considerando-se o dever de imparcialidade do juiz e o direito de acesso à justiça sem distinção de sexo, cor, idade, raça, orientação religiosa, etc., deve o magistrado atuar de modo a garantir e assegurar a isonomia e, consequentemente, a paridade entre os litigantes, viabilizando em idênticas condições o contraditório e a ampla defesa para assegurar um processo economicamente justo.

Vale registrar que o princípio da igualdade no processo civil revela-se com mais clareza nos casos em que se adotam regras para tratamento diferenciado: por mais paradoxal que pareça, o tratamento distinto é, em alguns casos, o principal meio de assegurar um tratamento igualitário às partes.

Em casos excepcionais (art. 284), por exemplo, como o de hipossuficiente em evidente situação de risco, em que há a concessão de medida de urgência de ofício, a atuação jurisdicional se torna legítima à vista da fragilidade e da vulnerabilidade de uma das partes. Esta medida, todavia, denota alto comprometimento e imparcialidade do juiz; o valor dos "casos excepcionais" é altamente subjetivo e sujeito às mais diversas formas de interpretações e valoração.

O processo justo tem como referencial a dignidade da pessoa humana, respeitados o devido processo legal, o contraditório participativo e as demais garantias de igualdade, publicidade e duração razoável.

---

[37] MARINONI, Luiz Guilherme. *Novas Linhas do processo civil – o acesso à justiça e os institutos fundamentais do direito processual*. São Paulo: RT, 1993. p. 165-167.

A diversidade de prazo para determinados entes públicos justifica-se na exata medida da garantia da sua defesa em juízo. A função protetiva que a Fazenda Pública exerce sobre o interesse da coletividade justifica, sem dúvida, que tenha a seu favor mecanismos que a auxiliem na defesa e na garantia da supremacia do interesse público, sendo descabida, portanto, qualquer pretensão de tratá-la de maneira igual ao particular, sob pena de violar-se o princípio da isonomia – da paridade das armas.

Assim, as prerrogativas conferidas à Fazenda Pública não podem ser tratadas como privilégios, mas como forma de se garantir a igualdade processual.

Cumpre não perder de vista que isonomia não significa tratar a todos de maneira idêntica, mas evitar que diferenciações injustas e infundadas sejam legitimadas.

Numa visão mais substancial, o princípio da igualdade pode confundir-se com a garantia do devido processo legal.

A paridade das armas decorre do princípio do contraditório. As partes, bem como todos os intervenientes, devem ter garantidas as mesmas oportunidades de atuação no processo, com os mesmos instrumentos de ataque e defesa, para que o juiz possa, ao final, proclamar a solução mais justa e equânime da causa.

Nelson Nery Júnior afirma em sua obra "Princípios do Processo Civil na Constituição Federal",[38] que apenas o princípio do devido processo legal seria suficiente para respaldar e orientar todo o sistema jurídico brasileiro. Nesse sentido, todos os demais princípios seriam uma derivação de sua essência.

O art. 926 do NCPC, por exemplo, que impõe aos tribunais o dever de uniformizar sua jurisprudência e observá-la, traz uma visão substancial do princípio da igualdade, confundindo-o com o princípio do devido processo legal substancial. Da autoridade do julgado ali proferido estarão vinculados outros casos idênticos.

Em suma, deve haver igualdade nas respostas fornecidas àqueles que se encontrarem na mesma situação jurídica, gerando a necessidade de se combater a divergência para garantir a segurança jurídica e, por conseguinte, a igualdade no tratamento entre as partes.

O processo justo visa à decisão justa e à formação de precedentes. E não há justiça se não há igualdade – unidade – na aplicação do Direito pelo processo.

A igualdade pelo processo é a igualdade diante dos resultados produzidos pelo processo. Desse modo, é imperiosa a adoção de um sistema de precedentes obrigatórios, do modo previsto pelo legislador infraconstitucional processual (artigos 926 a 928).

Restaria dizer que o meio serve ao fim e ambos devem ser pensados na perspectiva da igualdade. Só há sentido em preocupar-se com a igualdade no processo se nos preocuparmos igualmente com a igualdade pelo processo.

6 Conclusão

O NCPC externaliza o pensamento jurídico neoconstitucionalista, na esteira do quanto preconizado pelo Código Civil de 2002 – e foi mais além, posto que não propõe singela releitura de suas normas à luz da Constituição Federal de 1988, mas a própria concretização do princípio da Força Normativa da Constituição.

---

[38] NERY JUNIOR, Nelson. Princípios do Processo Civil na Constituição Federal. In: CANIZARES, Felipe Garcia. *Princípios à luz do Novo Código de Processo Civil*. Disponível em: <http://fcanizares.jusbrasil.com.br/artigos/246483866/principios-a-luz-do-novo-codigo-de-processo-civil>. Acesso em: 19 dez. 2015.

O neoconstitucionalismo impõe que o processo se estruture de acordo com os valores básicos consagrados na ordem jurídica, os quais deverão orientar a produção, a interpretação e a aplicação das normas da legislação infraconstitucional, bem como servir à sua efetiva tutela. Nessa esteira, a nova carta processual congrega o arcabouço teórico da Teoria dos Direitos Fundamentais, sob a compreensão de que o ordenamento jurídico processualista deve albergar regras e princípios com iguais normatividade e imperatividade, distinguindo-se, tão somente, quanto à sua densificação e espectro de incidência.

A passos largos, a ciência processual evoluiu do praxismo forense e dos rudimentos do instrumentalismo processual, para se alçar ao paradigma jurídico do neoprocessualismo e do formalismo-valorativo, confluindo o repertório teórico neoconstitucionalista com o reforço dos aspectos éticos do processo, ao qual busca conferir conteúdo valorativo.

Nesse cenário, o presente estudo buscou analisar as inovações do NCPC a partir de um corte metodológico proposto com base na intrincada rede de princípios concretizadores do Estado Democrático de Direito, sendo possível tecer as seguintes conclusões parciais:

1. As novas regras ao derredor do direito ao contraditório surtirão efeito positivo na busca da justiça de força igualitária entre as partes, restando ultrapassada a garantia meramente formal do contraditório calcada no direito de falar, para positivar seu aspecto substancial, assegurando-se o direito do sujeito de ser ouvido e de ter apreciados os seus argumentos;
2. A incorporação do princípio da duração razoável do processo, presente no art. 5º, inciso LXXVIII, da CF/88 ao NCPC, ressalta a força normativa da norma, que orienta a compreensão de todas as demais normas processuais civis e a atuação dos sujeitos do processo em torno da presteza do provimento jurisdicional, atributo essencial para a efetividade do processo como instrumento de acesso à justiça;
3. A publicidade dos atos processuais é indispensável à democracia e ao Estado de Direito como meio eficaz de fiscalização popular da atividade jurisdicional, motivo pelo qual foi consagrada no NCPC como princípio fundamental cuja inobservância conduz à nulidade do julgamento;
4. O princípio da igualdade também consubstancia pressuposto básico do Estado Constitucional de Direito, estando atrelado à juridicidade e à segurança jurídica para garantia de plena participação em contraditório, mediante paridade de oportunidades asseguradas às partes no processo, distinguindo os diferentes na medida de suas diversidades;
5. O processo justo visa à decisão justa e à formação de precedentes para que se assegure a unidade na aplicação do Direito, não se vislumbrando justiça na ausência de "igualdade pelo processo", que se revela na identidade dos resultados produzidos a partir do processo;

Relacionadas tais premissas, observa-se que o direito processual civil contemporâneo será melhor compreendido como uma resultante das relações entre o processo e o direito material; o processo e a teoria do direito; e o processo e o direito constitucional.

O intérprete do direito, imerso no arcabouço teórico fundante do NCPC, tem, enfim, diante de si, a missão de assegurar efetividade aos preceitos democráticos que o permeiam, com o fito de concretizar os direitos fundamentais dos sujeitos processuais, dignificando a busca da sociedade por justiça.

Referências

ALVIM, Rafael. *O Princípio do Contraditório no Novo CPC*. Disponível em: <http://www.cpcnovo.com.br/blog>. Acesso em: 21 dez. 2015.

ALVES, Francisco Glauber Pessoa. *Cômputo dos prazos processuais no novo CPC é um desserviço à duração razoável do processo*. Disponível em: <http://www.conjur.com.br/2015-out-06/computo-prazos-cpc-desservico-duracao-razoavel>. Acesso em: 21 dez. 2015.

ARENHART, Sérgio Cruz; MARINONI, Luiz Alberto; MITIDIERO, Daniel. *Novo Curso de Processo Civil: Teoria do Processo Civil*. São Paulo: Editora dos Tribunais, 2015.

CÂMARA, Alexandre Freitas. *O novo CPC e a duração dos processos*. Disponível em: <http://justificando.com/2015/03/27/o-novo-cpc-e-a-duracao-dos-processos/>. Acesso em: 10 jan. 2016.

CÂMARA, Alexandre Freitas. *O Novo CPC e o princípio do contraditório*. Disponível em: <http://justificando.com/2015/03/27/o-novo-cpc-e-a-duracao-dos-processos/>. Acesso em: 23 dez. 2015.

CANIZARES, Felipe Garcia. *Princípios à luz do Novo Código de Processo Civil*. Disponível em: <http://fcanizares.jusbrasil.com.br/artigos/246483866/principios-a-luz-do-novo-codigo-de-processo-civil>. Acesso em: 19 dez. 2015.

CRUZ E TUCCI, José Rogério. *Supremacia da garantia do contraditório no Novo Código de Processo Civil*. Disponível em: <http://www.conjur.com.br>. Acesso em: 21 dez. 2015.

DIDIER JR., Fredie. *Introdução ao Direito Processual Civil*: Parte Geral e Processo de Conhecimento. 17. ed. Salvador: Juspodivm, 2015.

DUARTE, Antônio Aurélio Abi Ramia. Os Princípios no Projeto do Novo Código de Processo Civil: Visão Panorâmica. *Revista EMERJ*, Rio de Janeiro, v. 16, n. 61, p. 47-71, jan-fev-mar. 2013.

GRECO, Leonardo. Garantias Fundamentais do Processo: o Processo Justo. In: DUARTE, Antônio Aurélio Abi Ramia. Os Princípios no Projeto do Novo Código de Processo Civil: Visão Panorâmica. *Revista EMERJ*, Rio de Janeiro, v. 16, n. 61, p. 47-71, jan-fev-mar. 2013.

MARINONI, Luiz Guilherme. *Novas Linhas do processo civil* – o acesso à justiça e os institutos fundamentais do direito processual. RT, 1993.

NERY JR., Nelson Nery; NERY, Rosa Maria de Andrade. *Comentários ao Código de Processo Civil*. São Paulo: Editora Revista dos Tribunais, 2015.

NERY JUNIOR, Nelson. Princípios do Processo Civil na Constituição Federal. In: CANIZARES, Felipe Garcia. *Princípios à luz do Novo Código de Processo Civil*. Disponível em: <http://fcanizares.jusbrasil.com.br/artigos/246483866/principios-a-luz-do-novo-codigo-de-processo-civil>. Acesso em: 19 dez. 2015.

PAES, Maria Luísa Coelho. MENDES. Maria Schmit Siqueira. A morosidade do poder judiciário brasileiro e as modificações do novo CPC com relação a duração razoável do processo. *Revista Eletrônica de Iniciação Científica*. Itajaí, Centro de Ciências Sociais e Jurídicas da UNIVALI, v. 4, n. 3. p. 781-799, 3º trimestre. Disponível em: <www.univali.br/ricc-ISSN 2236-5044>. Acesso em: 23 dez. 2015.

RORIZ, Rodrigo Matos. *O tempo do processo e o prazo do juiz*. Disponível em: <https://jus.com.br/artigos/26231/o-tempo-do-processo-e-o-prazo-do-juiz>. Acesso em: 23 dez. 2015.

STRECK, Lenio Luiz. *Hermenêutica Jurídica e(m) Crise*. Porto Alegre: Livraria do Advogado, 2001.

WAMBIER, Luiz R., *O contraditório e o projeto do novo CPC*. Disponível em: <http://luizrodrigueswambier.jusbrasil.com.br/artigos/>. Acesso em: 21 dez. 2015.

WAMBIER, Teresa Arruda Alvim. et al. *Primeiros Comentários ao Novo Código de Processo Civil:* artigo por artigo. São Paulo: Editora Revista dos Tribunais, 2015.

Informação bibliográfica deste texto, conforme a NBR 6023:2002 da Associação Brasileira de Normas Técnicas (ABNT):

ATTINÃ, Cláudia Magalhães Guerra. et al. A valorização dos princípios constitucionais no novo CPC. In: BRITTO, Alzemeri Martins Ribeiro de; BARIONI, Rodrigo Otávio (Coords.). *Advocacia pública e o novo código de processo civil.* Belo Horizonte: Fórum, 2016. p. 21-41. ISBN 978-85-450-0173-7.

DIREITO TRANSITÓRIO E REGRAS DE TRANSIÇÃO: DO CPC/1973 AO CPC/2015

ELISA LOPES BARRETO
FRANCISCO BERTINO BEZERRA DE CARVALHO
FREDERICO MAGALHÃES COSTA
GEORGE ANTÔNIO VILAS BOAS SANTIAGO
MORGANA BELLAZZI DE CARVALHO
ROGÉRIO LEAL PINTO DE CARVALHO

1 Introdução

O presente artigo trata do problema da aplicação do Direito no tempo, o que remete aos estudos produzidos pela Teoria Geral do Direito, relacionados com a retroatividade e com a irretroatividade dos textos normativos.[1]

Cuida-se, em suma, de perguntar, se o CPC de 2015: a) será aplicado aos processos iniciados antes e depois de sua vigência; b) terá efeitos sobre os atos praticados sob a égide do Código de Processo Civil de 1973 e; c) admitirá a aplicação de normas do Código de Processo Civil de 1973 a atos praticados após entrar em vigor.

Para responder a tais perguntas será também necessário desvelar qual valor jurídico deve ser protegido: se justiça ou segurança jurídica.

Com efeito, em termos gerais, as teses que apontam para a retroatividade ou para a aplicação imediata do texto normativo desejam regular a convivência de forma eficiente e justa, afinal, a legislação só veio a ser alterada para que os efeitos jurídicos deletérios

---

[1] Para efeitos do presente artigo, importa diferenciar *texto de norma*. Trata-se de distinção atribuída a Eros Roberto Grau, ex-ministro do Supremo Tribunal Federal, que, em sua obra "Ensaio e Discurso sobre Interpretação/Aplicação do Direito", afirmou figurarem os dispositivos contidos em um diploma normativo como meros *textos*, ao passo que a decisão que consubstancia um sentido jurídico decorrente de um ou mais dispositivos legais figura como interpretação jurídica a constituir uma *norma*. Ou seja, os *textos* são entes que aplicados aos fatos, mediante a interpretação, constituem *normas*. As *normas* resultam, pois, da interpretação dos fatos e dos *textos*. Cf. GRAU, Eros Roberto. *Ensaio e discurso sobre a interpretação/aplicação do direito*. 4. ed. São Paulo: Malheiro, 2006. p. 84-89.

do passado fossem modificados, motivo pelo qual representa a palavra final quanto ao modo com que o entendimento societário resguarda os valores jurídicos, regulando de forma eficiente e justa relações jurídicas que estavam pautadas até então na iniquidade.[2]

Já as teses que defendem a irretroatividade dos novos diplomas normativos pressupõem que os cidadãos que compõem uma determinada comunidade não podem modular as suas condutas e obedecer às leis que ainda não foram sequer publicadas, motivo pelo qual seria tormentoso estabelecer negócios jurídicos e entabular as demais relações sociais sob a insegurança de que uma regulamentação futura viesse a proibir o que era permitido, permitir o que era proibido; ou obrigar o que era facultado e facultar o que era obrigado.[3]

O contexto desse embate paira sobre a questão de saber como se dará a aplicação no tempo da Lei Federal nº 13.105/15, o Novo Código de Processo Civil (NCPC), isto quando a opção do legislador não já estiver patente no texto.

Assim, analisa-se a aplicação das regras de transição constantes no Livro Complementar das Disposições Finais e Transitórias do NCPC, com base na doutrina intertemporal processual, cuja importância no Direito brasileiro foi acentuada desde a edição do Código de Processo Civil de 1973 e tende a tornar-se ainda mais relevante[4] com a edição do Novo Código de Processo Civil em função do especial cuidado que o tema recebeu.

Com efeito, não obstante a doutrina reconheça três alternativas para a resolução do conflito entre normas processuais com relação à sua aplicação sobre processos e a clara opção do legislador de 1973 pela teoria dos atos processuais ter sido mais uma vez feita, verificar-se-á que a questão foi objeto também de normas específicas no NCPC, muitas das quais criando exceções à regra geral.

2 A aplicação do Direito no tempo e o novo CPC

Para traçar uma opinião sobre o tema da aplicação do Direito no tempo, notadamente em relação à aplicação do NCPC, necessário se faz compreender os conceitos de vigência e eficácia delineados pela Teoria Geral do Direito.

É sabido que, em regra, exceto disposição expressa em sentido diverso, as leis começam a vigorar no Brasil quarenta e cinco dias depois de oficialmente publicadas, conforme dispõe o artigo 1º da Lei de Introdução às Normas de Direito Brasileiro (LINDB).[5]

No caso específico, o legislador determinou, no art. 1.045 do NCPC, que tal diploma normativo começaria a viger após um ano da data oficial de sua publicação oficial (17.03.2015), ou seja, em 18 de março de 2016.

Em geral, a estipulação de prazos mais alongados para que um diploma normativo venha a produzir seus efeitos encontra razão no amplo conhecimento e na adaptação da

---

[2] Cf. MACHADO NETO, Antônio Luiz. *Compêndio de Introdução à Ciência do Direito*. 6. ed. São Paulo: Saraiva, 1988. p. 227.
[3] *Idem*, p. 228.
[4] Cf. ROSAS, Roberto. Direito Intertemporal Processual. *Revista dos Tribunais*, ano 71, v. 559, p. 639, mai. 1982.
[5] Art. 1º - Salvo disposição contrária, a lei começa a vigorar em todo o país quarenta e cinco dias depois de oficialmente publicada.

comunidade, dos cidadãos e das autoridades estatais àquilo que vem a ser positivado, como preceitua expressamente o art. 8º da Lei Complementar nº 95/98, reservando a imediata aplicação para aqueles diplomas legais de pequena repercussão social.[6]

Nesse sentido, Tércio Sampaio Ferraz Jr. aduz que "uma norma se diz socialmente eficaz quando encontra na realidade condições adequadas para produzir os seus efeitos".[7]

Mas o que vem a ser vigência de um texto normativo?

A vigência, pertencente ao mundo deontológico, do *dever-ser*, está relacionada com a aptidão que um diploma normativo tem de produzir seus efeitos naquele espaço e tempo logo após ter sido publicado.

Na concepção de Kelsen, interpretada por Machado Neto, trata-se a vigência de um dos âmbitos da validez, notadamente o âmbito temporal, o qual determina "[...] o prazo que vai da publicação [de uma lei] até que formalmente seja revogada pela entrada em vigor de outra lei".[8]

Desta sorte, a norma será vigente quando puder ser exigida. Sob essa perspectiva, os diplomas normativos que estão sob *vacatio legis*, conquanto válidos, ainda não podem produzir efeitos, afinal, não se iniciou o seu prazo de vigência. É o caso do NCPC,[9] que se encontra no período de vacância, entre a data de sua publicação (17 de março de 2015) e aquela que determina a sua entrada em vigor, como visto, um ano após a publicação (18 de março de 2016), como prevê a norma geral do §1º do art. 8º da Lei Complementar nº 95/98,[10] que estabelece que a entrada em vigor será no dia subsequente ao fim do prazo de vacância.

Logo, o NCPC terá sua vigência iniciada em 18 de março de 2016 e não no dia 17 de março de 2016, não obstante a divergência doutrinária sobre o tema.[11]

Com o início da vigência do NCPC, operar-se-á a revogação do CPC/1973 (Lei Federal nº 5.869/1973), como dispõe o *caput* do art. 1.046,[12] não mais se aplicando qualquer dispositivo deste diploma normativo, mesmo após a perda da vigência do NCPC, salvo

---

[6] Art. 8º - A vigência da lei será indicada de forma expressa e de modo a contemplar prazo razoável para que dela se tenha amplo conhecimento, reservada a cláusula "entra em vigor na data de sua publicação" para as leis de pequena repercussão.

[7] Sobre a adaptação social dos textos normativos, Tércio afirma, ainda, que "[...] se uma norma prescreve a obrigatoriedade do uso de determinado aparelho para a proteção do trabalhador, mas esse aparelho não existe no mercado nem há previsão para sua produção em quantidade adequada, a norma será ineficaz nesse sentido" (FERRAZ JÚNIOR, Tércio Sampaio. *Introdução ao estudo do direito*: técnica, decisão e dominação. 6. ed. São Paulo: Atlas, 2010. p. 167).

[8] Cf. MACHADO NETO, Antônio Luiz. *Compêndio de Introdução à Ciência do Direito*. 6. ed. São Paulo: Saraiva, 1988. p. 142.

[9] Em sentido contrário, DIDIER JR., Fredie. Eficácia do Novo CPC antes do término do período de vacância da Lei. In: DIDIER JR., Fredie (Coord.); MACÊDO, Lucas Buril; PEIXOTO, Ravi; FREIRE, Alexandre (Orgs.). *Novo CPC doutrina selecionada*: procedimentos especiais, tutela provisória e direito transitório. Salvador: Juspodivm, 2015. v. 4, p. 695-703.

[10] Art. 8º - A vigência da lei será indicada de forma expressa e de modo a contemplar prazo razoável para que dela se tenha amplo conhecimento, reservada a cláusula "entra em vigor na data de sua publicação" para as leis de pequena repercussão. §1º - A contagem do prazo para entrada em vigor das leis que estabeleçam período de vacância far-se-á com a inclusão da data da publicação e do último dia do prazo, entrando em vigor no dia subsequente à sua consumação integral.

[11] Há, também, quem, com ainda menos razão, sustente que a vigência se inicia em 16.03.2016.

[12] Art. 1.046 - Ao entrar em vigor este Código, suas disposições se aplicarão desde logo aos processos pendentes, ficando revogada a Lei nº 5.869, de 11 de janeiro de 1973.

disposição expressa em sentido contrário, sob pena da ocorrência de ultratividade dos textos normativos, hipótese proibida pela LINDB no §3º do art. 2º.[13]

E o que vem a ser eficácia?

A eficácia está relacionada ao mundo ontológico, do *ser*, e consiste, segundo Kelsen "[...] no fato de que os homens são levados a observar a conduta requerida por uma norma, pela ideia que têm dessa norma".[14]

Tércio Sampaio Ferraz Jr. aduz que há três tipos de eficácia. A eficácia social, a eficácia técnica e a eficácia jurídica. A respeito dessa classificação, Aurora Carvalho afirma que:

> A primeira, a eficácia técnica, é a qualidade que a norma ostenta no sentido de descrever fatos que, uma vez ocorridos, tenham aptidão de irradiar efeitos, já removidos os obstáculos materiais ou as impropriedades sintáticas. Tal ângulo proporciona a análise dos efeitos relacionados à norma jurídica. A segunda, a eficácia jurídica, é predicado dos fatos jurídicos de desencadearem as consequências que o ordenamento prevê, permite o estudo dos efeitos relacionados ao fato jurídico. A terceira, a eficácia social, é a produção concreta de resultado na ordem dos fatos sociais, permite-nos especulações sobre os efeitos da norma no plano social. Os dois primeiros enfoques são jurídicos. Interessam à Dogmática, ao passo que o último é direcionado ao plano das condutas intersubjetivas, interessam à Sociologia Jurídica, fugindo do campo de delimitações da ciência do direito *stricto sensu*.[15]

Ao contrário do que parece, o conceito jurídico de eficácia consagrado por Kelsen não diz respeito à aptidão de o texto jurídico poder produzir seus efeitos – consequência da vigência, conforme usualmente utilizado pelo senso comum teórico dos juristas.[16] Trata-se, em verdade, de uma categoria jurídica que se refere a um problema sociológico, do mundo do *ser* e não do *dever-ser*, que diz respeito à produção concreta dos efeitos jurídicos no âmbito dos fatos sociais, o que permite investigações de cunho sociológico.[17]

Dessa forma, é possível perceber que vigência e eficácia não se confundem.

Quanto à eficácia do NCPC, é possível afirmar que a efetividade de seu texto normativo, no sentido kelseniano, só poderá ser aferida se houver aplicação de suas regras e princípios pelas autoridades, notadamente os juízes, bem como pela utilização pelas partes e advogados dos dispositivos expressos nesse novo diploma normativo processual.

Dessa forma, para saber se este novo texto processual será eficaz, será necessário buscar critérios para mensurar se as partes e os advogados, e, sobretudo, os juízes,

---

[13] Art. 2º - Não se destinando à vigência temporária, a lei terá vigor até que outra a modifique ou revogue. [...] §3º - Salvo disposição em contrário, a lei revogada não se restaura por ter a lei revogadora perdido a vigência.

[14] Cf. KELSEN, Hans. *Teoria geral do direito e do Estado*. 4. ed. São Paulo: Martins Fontes, 2005. p. 55-56.

[15] Cf. CARVALHO, Aurora Tomazini de. *Curso de teoria geral do direito*: o construtivismo lógico-semântico. São Paulo: Noeses, 2013. p. 764.

[16] WARAT, Luís Alberto. *Introdução geral ao direito*. Porto Alegre: Fabris, 1994. p. 57.

[17] Aurora destaca que "a palavra eficácia, no âmbito jurídico, está relacionada à produção de efeitos normativos, isto é, à efetiva irradiação das consequências próprias à norma. Muitos juristas a utilizam como sinônimo de vigência, denotando a qualidade da norma de produzir efeitos, mas, vigência e eficácia não se confundem. Uma coisa é a norma estar apta a produzir as consequências que lhe são próprias, outra coisa é a produção dessas consequências. Existem regras jurídicas que gozam de tal aptidão, mas efetivamente não produzem qualquer efeito na ordem do direito, nem na ordem social, porque não incidem, ou porque não são cumpridas por seus destinatários" (CARVALHO, Aurora Tomazini de. *Curso de teoria geral do direito*: o construtivismo lógico-semântico. São Paulo: Noeses, 2013. p. 763-764).

passaram a se conduzir conforme a disciplina deste novo código, investigação que desborda dos limites do presente trabalho.

A respeito da aplicação das leis no período de vacância, especialmente do NCPC, Fredie Didier Jr.[18] aponta para a classificação de três tipos de texto normativo a se investigar sobre a possibilidade de produção de efeitos jurídicos daquele diploma normativo, antes mesmo da sua entrada em vigor. São eles: i) *normas jurídicas novas*; ii) *pseudonovidades normativa*; iii) *normas simbólicas*.

Segundo o processualista baiano, no caso da primeira hipótese, relativa às *normas jurídicas novas*, tais textos normativos não podem produzir seus efeitos no período de vacância do novo Código de Processo Civil. Isso porque não podem regular as relações jurídicas antigas, afinal, a vigência é condição para a eficácia do texto normativo. Nesse sentido, é possível observar que ele adere à tese da irretroatividade desse tipo de texto normativo.

Nesse aspecto, há de se concordar com o doutrinador, uma vez que os novos textos normativos inovam no ordenamento jurídico, de modo que os juristas e os cidadãos não podem se valer dos mesmos para regular suas relações jurídicas ou resguardar direitos que lhe sejam anteriores, devendo, pois, esperar até que venham a produzir regularmente seus efeitos, com a vigência das novas regras e dos princípios positivados.

Porém, conquanto defenda tal posição em relação às "normas jurídicas novas", Fredie Didier Jr. aduz que, em termos argumentativos, seria possível citar o novo diploma normativo como referência persuasiva.

Quanto a esta linha de entendimento, deve-se dizer que a argumentação jurídica não é lugar para estratégias que desbordem dos valores insertos na comunidade (jurídica), notadamente o princípio democrático e a segurança jurídica, motivo pelo qual o respeito ao lapso temporal para que um diploma normativo venha a produzir seus efeitos regularmente figura como reverência à ordem democrática, que estipulou prazos para a produção de efeitos das leis por ela promulgadas, e àqueles que entabularam suas relações jurídicas (processuais) de acordo com a lei que perderá a sua validade (e vigência).[19]

No que tange às *pseudonovidades normativas*, conceituadas por Fredie Didier Jr. como "[...] enunciados normativos que, embora novos, nada inovam normativamente no Direito Processual Civil brasileiro. São textos novos, mas que não decorrem normas jurídicas novas",[20] a proibição à decisão-surpresa seria um exemplo, trazido expressamente no art. 10, do NCPC, decorrência do princípio do contraditório, amplamente aceito pelo pensamento jurídico processual brasileiro.

---

[18] DIDIER JR., Fredie. Eficácia do Novo CPC antes do Término do Período de Vacância da Lei. In: DIDIER JR., Fredie (Coord.); MACÊDO, Lucas Buril; PEIXOTO, Ravi; FREIRE, Alexandre (Orgs.). *Novo CPC doutrina selecionada*: procedimentos especiais, tutela provisória e direito transitório. Salvador: Juspodivm, 2015. v. 4, p. 696-699.

[19] Ademais, deve-se destacar que a função de persuadir o magistrado por meio de textos normativos que, embora válidos, não podem produzir regularmente os seus efeitos, pode se igualar a invocação de um outro texto normativo que deixou de viger no ordenamento jurídico, como o Código de Processo Civil de 1939, afinal, ambos os diplomas normativos perderam a vigência.

[20] DIDIER JR., Fredie. Eficácia do Novo CPC antes do Término do Período de Vacância da Lei. In: DIDIER JR, Fredie (Coord.); MACÊDO, Lucas Buril; PEIXOTO, Ravi; FREIRE, Alexandre (Orgs.). *Novo CPC doutrina selecionada*: procedimentos especiais, tutela provisória e direito transitório. Salvador: Juspodivm, 2015. v. 4. p. 698.

Nesse sentido, para o referido processualista, tais normas seriam plenamente aplicáveis. Neste ponto, assiste razão em parte a Fredie Didier, posto que as *pseudonovidades normativas* não passam de uma repetição de enunciado normativo já consagrado pelo texto do CPC vigente ou de entendimento jurisprudencial a respeito de determinada matéria.

Com efeito, não inovam no ordenamento jurídico, motivo pelo qual podem ser utilizados como mero reforço argumentativo, desde que sejam citados os textos normativos ou os precedentes em que foram lastreados, posto que, estes sim, têm aptidão para produzir regularmente efeitos jurídicos.

Trata-se aí da ratificação do postulado da segurança jurídica pelo jurista baiano, afinal, não se verifica, *in casu*, qualquer novidade no ordenamento jurídico, motivo pelo qual a nova lei não poderá regular situações jurídicas entabuladas sob a vigência do atual código de processo civil, tão somente servirá como elemento de ratificação de argumentação empreendida com base em regras, princípios ou precedentes que têm aptidão para produzir seus efeitos regularmente.

Ainda segundo Fredie Didier, a terceira hipótese do enunciado normativo do NCPC diz respeito às *normas simbólicas*. Tais espécies decorrem da *legislação simbólica*, construção teórica do jurista pernambucano Marcelo Neves,[21] cujo "sentido político prepondera sobre o sentido normativo-jurídico do texto legislado".[22]

Como exemplo de texto normativo que explicita uma *norma simbólica*, o processualista baiano cita o art. 3º, §2º, do NCPC, que dispõe que "o Estado promoverá, sempre que possível, a solução consensual dos conflitos". A seguir destaca que este dispositivo consagra a política pública inerente à resolução das lides por meio consensual, o que ratifica o quanto disposto pelo Conselho Nacional de Justiça na Resolução nº 125/2010 ao prever a implementação dessa prática.

Após citar tal exemplo e os diplomas normativos referidos, Fredie Didier Jr. indaga se tais enunciados normativos são ineficazes no período de *vacatio legis*, ao que responde que "o sentido político desses enunciados, que se sobrepõe ao sentido normativo-jurídico, revela uma escolha politica já feita – não se trata de uma escolha política condicionada ao início da vigência do CPC".

Observar-se que, à semelhança do tratamento dado por Fredie Didier Jr. às *pseudonovidades normativas*, também as *normas simbólicas* do CPC encontram sustentáculo em precedentes ou em textos normativos vigentes do ordenamento jurídico brasileiro, motivo pelo qual não é possível se falar, a rigor, da eficácia do NCPC no período de *vacatio legis*, mas da mera aplicação de precedentes, regras ou princípios vigentes como fundamento para uma decisão judicial, administrativa ou política.

Ou seja, nenhum enunciado normativo do NCPC se aplica durante a *vacatio legis*, ainda que como argumento, posto que neste último caso, dependerão de substrato normativo que será encontrado em regras e princípios jurídicos vigentes ou em precedentes.

---

[21] NEVES, Marcelo. *A constitucionalização simbólica*. 3. ed. São Paulo: Martins Fontes, 2011.
[22] DIDIER JR., Fredie. Eficácia do Novo CPC antes do Término do Período de Vacância da Lei. In: DIDIER JR, Fredie (Coord.); MACÊDO, Lucas Buril; PEIXOTO, Ravi; FREIRE, Alexandre (Orgs.). *Novo CPC doutrina selecionada*: procedimentos especiais, tutela provisória e direito transitório. Salvador: Juspodivm, 2015. v. 4. p. 699.

Consagra-se, dessa forma, a segurança jurídica e, como suposto, a irretroatividade das leis novas, bem como a impossibilidade de sua aplicação enquanto não estiverem no período de *vacatio legis*.

Todos esses relevantes questionamentos terão sua utilidade prática testada diariamente, como, por exemplo, no caso das regras objetivas sobre fundamentação das decisões judiciais, que, apesar de seu conteúdo prescritivo detalhado ser novo, fazem referência a um princípio constitucional presente desde a redação original da Carta Magna (art. 93, inc. IX) de forma que não se pode entender que o dever de fundamentar as decisões surgiu com o NCPC. Esta situação, capaz, por si, de permitir ampla discussão acerca da exigibilidade imediata dos requisitos objetivados pelos §§ do art. 489 do NCPC, é suficiente para revelar a complexidade do desafio de tratar do tema da vigência temporal das normas processuais, sem atentar para os princípios que regem a disciplina.

Não obstante tal complexidade, o NCPC teve a sabedoria de aderir, de forma explícita, uma regra geral a ser aplicada aos conflitos entre leis no tempo, e o fez por meio da prescrição do art. 1.046:

> Art. 1.046. Ao entrar em vigor este Código, suas disposições se aplicarão desde logo aos processos pendentes, ficando revogada a Lei nº 5.869, de 11 de janeiro de 1973.

A redação, que reproduz a do art. 1.211 do CPC de 1973, implica na opção pela teoria do isolamento dos atos processuais, confirmada de forma ainda mais explícita pelo artigo 14 do NCPC, situado no Capítulo II do Livro I, cujo tema é a "aplicação das normas processuais":

> Art. 14. A norma processual não retroagirá e será aplicável imediatamente aos processos em curso, respeitados os atos processuais praticados e as situações jurídicas consolidadas sob a vigência da norma revogada.

No dizer de Ronaldo Cramer: "A rigor, a teoria do isolamento dos atos processuais é corolário da garantia prevista no inc. XXXVI do art. 5º da CF, que impede a retroatividade da lei nova para garantir o ato jurídico perfeito e o direito adquirido".[23]

Tal dispositivo (art. 14 do NCPC) é mais completo do que o *caput* do art. 1.046, pois não só determina que a nova norma deve incidir nos processos em curso, mas, também, ressalva que devem ser respeitados os atos processuais praticados e as situações jurídicas consolidadas sob a vigência do Código anterior.

A ausência de determinação precisa da expressão "situações jurídicas consolidadas" no contexto do conflito intertemporal de normas não impede que seja confirmada a adoção pelo legislador brasileiro da concepção de que a nova regra processual se aplica aos processos em curso, portanto, regulará a relação jurídica processual iniciada à luz de uma normatividade revogada, mas respeitará os atos já praticados, ainda que a legislação nova venha a lhes dar tratamento diferenciado.

---

[23] CRAMER, Ronaldo. Livro Complementar – das disposições finais e transitórias. In: WAMBIER, Teresa Arruda Alvim; DIDIER JR, Fredie; TALAMINI, Eduardo; DANTAS, Bruno (Coord). *Breves comentários ao Novo Código de Processo Civil*. São Paulo: Revista dos Tribunais, 2015. p. 2360.

Atos praticados, portanto, não perderão validade ou eficácia, assim como situações consolidadas, como é o caso de um prazo iniciado e ainda não findo que, em vindo a ser reduzido na nova sistemática, assegura a sua fluência integral pela regra anterior.

A existência de uma regra geral, porém, não impediu que o legislador a excepcionasse em casos específicos, como se verá a seguir.

3 A produção de prova e o NCPC

Como visto, em nome da garantia da segurança jurídica e da irretroatividade das leis novas, o novo CPC deverá ser aplicado de imediato aos processos em curso (*caput* do art. 1046 c/c art. 14), sendo que os parágrafos do artigo 1.046 regularão as questões de direito intertemporal com a preservação, em algumas situações, da disciplina legislativa anterior.

As regras do NCPC não atingirão, portanto, os processos já findos, mas incidirão plenamente nos processos que se iniciem após a sua entrada em vigor.

Os problemas surgem com processos que ainda estarão em andamento quando do início de sua vigência. Nesse sentido, Ana Beatriz Presgrave afirma que: "Com a entrada em vigor de um novo Código de Processo Civil, o impacto num processo em andamento é imenso, gerando inúmeros transtornos, sem contar a insegurança jurídica decorrente da incerteza acerca de qual norma deverá regular determinada relação jurídica".[24]

Com efeito, apesar de necessária a atualização e a adequação das normas do sistema jurídico, seja ele natural ou positivo, às necessidades da sociedade, adaptando o direito aos fatos e às transformações sociais, não se pode negar a insegurança que causa, principalmente nos processos em curso.

Por esta razão, as normas de transição são necessárias. Elas devem garantir a segurança jurídica como um dos pilares do sistema jurídico, assegurado ao lado do sistema normativo novo, o passado jurídico estabelecido à luz das normas revogadas.

Neste aspecto, especificamente quanto às provas, tem-se a norma de transição contida no art. 1.047 do NCPC, que dispõe que: "As disposições de direito probatório adotadas neste Código aplicam-se apenas às provas requeridas ou determinadas de ofício a partir da data de início de sua vigência".

Tal norma implica que as alterações processuais na produção de prova constantes do Capítulo XII da CPC/2015 não alcançarão as provas requeridas (pelas partes ou eventuais intervenientes) ou determinadas de ofício (pelo próprio magistrado) durante o CPC/73, mesmo que estas sejam produzidas após a entrada em vigor do NCPC, permitindo que não se instaure o caos nos processos cujas provas foram requeridas e/ou determinadas sob a disciplina do código revogado. Isso, por exemplo, elimina a possibilidade de aplicação da carga probatória dinâmica a processos nos quais, mesmo sendo instruído o processo durante a vigência da Lei nº 13.105/2015, a prova tenha sido requerida ou determinada de ofício até 17 de março de 2016.

Nesse sentido, é indiferente que o processo tenha tido início antes da entrada em vigor do novo CPC ou até que a fase instrutória já tenha ocorrido. O que importa

---

[24] PRESGRAVE, Ana Beatriz Rebello. Direito Intertemporal Processual. In: DIDIER JR., Fredie (Coord.); MACÊDO, Lucas Buril; PEIXOTO, Ravi; FREIRE, Alexandre (Orgs.). *Novo CPC doutrina selecionada*: procedimentos especiais, tutela provisória e direito transitório. Salvador: Juspodivm, 2015. v. 4, p. 649.

é que a atividade probatória específica tenha início sob a égide do NPCP,[25] o que, por exemplo, permitiria a utilização de regras novas em caso de reabertura de instrução.

A repercussão e a importância desta regra de transição são enormes, porque trata-se de uma exceção à regra geral da produção de prova. Afinal, de acordo com a regra geral processual, a prova é produzida segundo a lei em vigor ao tempo de sua produção, sendo esta a lei que dita os meios idôneos de produzi-la.

Ocorre que, quando se altera a norma processual, a aplicação desta regra geral de produção de prova pode se tornar demasiado onerosa para as partes que a requereram ou que a tiveram determinada pelo juiz sob a égide das normas do sistema processual pretérito.

Assim, o legislador criou a regra de transição entre o CPC/73 e o CPC/15, que atenua os efeitos das novidades em relação à produção de provas, preservando o direito adquirido processual e o princípio da irretroatividade, postulados máximos do direito transitório e do direito processual intertemporal.

De fato, não obstante as normas de direito processual aplicarem-se aos processos em andamento, como indicam o art. 1.211, CPC/73 e o art. 1.046, NCPC, podendo regular relações ocorridas em processos pendentes, iniciados antes da vigência da nova norma, deve-se assegurar que tal aplicabilidade não atinja situações já consolidadas anteriormente, posto que, segundo a CF/88, art. 5º, inciso XXXVI, "a lei não prejudicará o direito adquirido, o ato jurídico perfeito e a coisa julgada". Valendo destacar que tal artigo é cláusula pétrea e garantia fundamental.

Em conclusão, pode-se sustentar que a aplicabilidade imediata das normas processuais no que tange à produção de provas deve respeitar os princípios do devido processo legal, da segurança jurídica e da previsibilidade (não surpresa), sob pena de "suplantar-se o direito adquirido, inverter-se toda a ordem jurídica e até mesmo se ferir o Estado de Direito", como leciona Presgrave.[26]

4 O processo eletrônico e as normas de transição

Logo que o NCPC entrar em vigor, as normas que regem o processo civil mudarão significativamente, visto que não se trata de uma reforma pontual em um diploma legal, mas, sim, de um novo código que contém uma proposta doutrinária, metodológica e filosófica diferentes do anterior.

Nessa perspectiva, e ainda ao considerar que o mundo fático, ao contrário do normativo, não é regido pelo início e pelo fim da vigência abstrata, mas sim, pelo *"devir"*, isto é, um fluxo constante de fatos, é preciso pensar em dispositivos legais que contemplem regras de transição para reduzir ou suprimir choques entre os contextos fáticos e normativos.

E tal medida torna-se ainda mais importante no momento em que não só vivencia-se uma alteração significativa das normas processuais, mas, também, um fluxo de migração do processo judicial em meio físico para o eletrônico, mudança esta que exige tempo de adaptação por parte dos sujeitos do processo (advogados, juízes, partes, etc.).

---

[25] O Enunciado nº 366 do Fórum Permanente de Processualistas Civis destaca: "O protesto genérico por provas, realizado na petição inicial ou na contestação ofertada antes da vigência do NCPC, não implica requerimento de prova para fins do art. 1.047 do novo CPC".

[26] *Idem*, p. 651.

No processo eletrônico, o aparato tecnológico que garante a validade do ato processual é o certificado digital, pois somente por meio deste é viabilizada a assinatura digital de documentos por uma pessoa no mundo eletrônico.

Conforme esclarece José Carlos Almeida Filho: "a assinatura digital é processo de encriptação de dados, ao passo que a assinatura digitalizada é aquela obtida por processo de digitalização material, através de um *scanner* ou aparelho similar".[27]

Somente por meio do certificado digital é possível identificar a validade jurídica do ato processual e garantir a segurança tecnológica mínima antifraude. Por isso, a mera imagem de assinatura em documento digitalizado ou a utilização de *"login"* de usuário e senha, por si só, não são suficientes para produção de atos processuais, por não permitir a realização de perícia grafotécnica ou de qualquer outro meio de validação.

Com efeito, é sabido, principalmente pelos profissionais da área de tecnologia da informação (TI), que a simples utilização de *"login"* de usuário e senha não garante autenticidade, integridade, temporalidade, não repúdio e conservação do ato praticado, pois é um procedimento frágil, de baixa segurança e que está sujeito a fraudes.

Nessa perspectiva, o NCPC, em diversas passagens, regulamenta os atos processuais realizados por meio eletrônico, em especial no art. 195, que prevê que o registro de ato processual eletrônico deverá ser feito em padrões abertos, que atenderão aos requisitos de autenticidade, integridade, temporalidade, não repúdio, conservação; e, nos casos de processos que tramitam em segredo de justiça, atenderão, também, à confidencialidade, observada a infraestrutura de chaves públicas, unificada nacionalmente nos termos da lei.

Como se observa, o NCPC atribuiu, como suporte tecnológico para garantir a validade do documento eletrônico, a utilização de certificado digital que preenche os requisitos da Infraestrutura de Chaves Públicas Brasileira (ICP), que é regulamentada pelo Instituto Nacional de Tecnologia da Informação, instituído pela Medida Provisória nº 2.200-2/2001.

Ciente da necessidade de adotar um aparato tecnológico seguro para gerenciar o processo eletrônico, o Conselho Nacional de Justiça, antes mesmo da aprovação no Congresso Nacional do novo CPC, ao estabelecer a utilização do sistema PJe em todas as instâncias e esferas judiciais do país, definiu, por meio da Resolução nº 185/2013, que os atos processuais produzidos em meio eletrônico devem ser assinados digitalmente por meio de certificados digitais de acordo com Infraestrutura de Chaves Públicas.

Todavia, antes do advento do PJe, os tribunais estaduais e federais experimentaram diversos sistemas de processo eletrônico, muitos dos quais não utilizavam certificado digital para produzir atos no processo eletrônico. Tal situação levou o legislador, de forma prudente, a editar o art. 1.053, com vistas a salvaguardar os atos processuais produzidos em processos eletrônicos, nos quais foram utilizados, exclusivamente, *"login"* de usuário e senha, sem o incremento do certificado digital.

Com efeito, o art. 1053 estabelece que os atos processuais praticados por meio eletrônico, até a transição definitiva para certificação digital, ficam convalidados, ainda que não tenham observado os requisitos mínimos estabelecidos no Código, desde que

---

[27] ALMEIDA FILHO, José Carlos de Araújo. *Processo Eletrônico de Teoria Geral do Processo Eletrônico*. 3. ed. Rio de Janeiro: Editora Forense, 2010. p. 140.

tenham atingido sua finalidade (garantia do princípio da instrumentalidade) e que não tenha havido prejuízo à defesa de qualquer das partes.[28]

Sobre o tema, Carlos Scarpinella Bueno afirma: "O art. 1.053 é salutar e preserva a substância do ato em detrimento de erro de forma em período de transição de um sistema (em papel) para outro (eletrônico). Sua inspiração está no art. 19 da Lei nº 11.419/2006".[29]

Ainda na seara do processo eletrônico e das normas de transição, chama a atenção o intuito do novel legislador em empregar maior celeridade aos atos de comunicação processual. Nesse sentido, o novo legislador processual autoriza, no art. 246, V, e art. 270 do CPC/2015, a comunicação dos atos processuais (citação e intimação) por meio eletrônico.

Para isso, o NCPC estabelece, nos arts. 1.050 e 1.051, o prazo de 30 dias, a contar da data da entrada em vigor do novo CPC, para que a União, os Estados, o Distrito Federal, os Municípios, as empresas públicas e as empresas privadas, salvas as microempresas e as empresas de pequeno porte, cadastrem-se nos sistemas de processos eletrônicos dos tribunais em que atuem.

A mesma regra também se aplica ao Ministério Público, à Defensoria Pública e à Advocacia Pública, conforme dispõe o art. 270, parágrafo único.

Assim, o novo diploma legal normatiza uma prática que já ocorria em alguns tribunais estaduais e federais que realizavam citações via correio eletrônico, após firmar termo de cooperação com grandes litigantes do setor bancário, de telecomunicação, previdenciário, etc. Porém, a partir da entrada em vigor do NCPC, a celebração desses termos de cooperação para promover a citação eletrônica será desnecessária.

Entretanto, embora o NCPC imponha a obrigação com prazo de cumprimento – de 30 dias para o cadastramento nos sistemas – não foi apontada expressamente nenhuma sanção para o caso de descumprimento do comando legal, diferentemente do que ocorre na adoção do Domicílio Tributário Eletrônico (DT-e),[30] que alguns Estados, a exemplo do Estado da Bahia,[31] já adota.[32]

5 As decisões e impugnações no direito transitório

O artigo 1.054 do Novo Código de Processo Civil se preocupa com as questões de direito intertemporal derivadas da extinção da ação declaratória incidental (art. 503, §1º) e da formação da coisa julgada sobre as questões prejudiciais.

---

[28] Se a parte alegar e provar o prejuízo, seria o caso de nulidade relativa do ato.
[29] BUENO, Cássio Scarpinella. *Novo Código de Processo Civil anotado*. São Paulo: Saraiva, 2015. p. 695.
[30] O Domicílio Tributário Eletrônico (DT-e) é instituído para encaminhamento, por meio eletrônico, de avisos, intimações e notificações aos contribuintes, de informações sobre atos administrativos e sobre outros dados personalizados da vida fiscal de uma empresa, como eventuais pendências fiscais, processos em andamento, extrato de débitos, cadastro completo e documentos de arrecadação pagos; o que antes só era possível conseguir presencialmente.
[31] BAHIA, Secretaria da Fazenda do Estado da Bahia. *Mais de 7 mil empresas de pequeno porte já se cadastraram no DT-e*. Disponível em: <http://www.sefaz.ba.gov.br/scripts/noticias/noticia.asp?LCOD_NOTICIA=7674> Acesso em: 23 fev. 2016.
[32] Na legislação baiana que institui Domicílio Tributário Eletrônico (DT-e), há sanção para o caso de descumprimento da obrigação de cadastramento, podendo a empresa descumpridora ficar com sua inscrição no ICMS inapta, restando, assim, inabilitada e impedida de operar.

O referido artigo excepciona a regra do *caput* do artigo 1.046 e determina a manutenção do disposto nos artigos 5º, 325 e 470 do Código de Processo Civil anterior.

Exige-se, assim, a iniciativa expressa do réu ou do autor para que a questão prejudicial seja alcançada pela coisa julgada material. Este é mais um exemplo de concomitância dos dois sistemas processuais: o atual e o novo.

Destaque-se que a norma prima pela preservação do princípio da segurança jurídica, uma vez que a parte não pode ser surpreendida com alterações no instituto da coisa julgada, face à relevância dessa matéria, que cuida da indiscutibilidade e da imutabilidade das decisões judiciais.

Desse modo, para a definição sobre a aplicação das regras do Novo Código de Processo Civil, deve-se observar a data de distribuição do processo.[33]

Outra importante questão concernente às decisões e impugnações no Direito Transitório é a constante no artigo 1.057 do Novo Código de Processo Civil, que estabelece:

> Art. 1.057. O disposto no art. 525, §§14 e 15, e no art. 535, §§7º e 8º, aplica-se às decisões transitadas em julgado após a entrada em vigor deste Código, e, às decisões transitadas em julgado anteriormente, aplica-se o disposto no art. 475-L, §1º, e no art. 741, parágrafo único, da Lei nº 5.869, de 11 de janeiro de 1973.

O dispositivo transcrito consiste em regra de transição para as decisões transitadas em julgado após a entrada em vigor do Novo Código de Processo Civil. Ele também restringe a incidência imediata do NCPC aos processos em curso. Em síntese, se o título executivo judicial transitou em julgado após a entrada em vigor do novo diploma legal, o incidente de impugnação ao cumprimento de sentença se rege por suas disposições.

Por outro lado, na hipótese do trânsito em julgado do título executivo judicial ter ocorrido em data anterior, a impugnação ao cumprimento de sentença deverá observar as regras do Código de Processo Civil anterior, mais especificamente as disposições do artigo 475-L, §1º, e do artigo 741, parágrafo único, esta última quando se tratar de Execução Contra a Fazenda Pública.

Ressalte-se que somente poderá ser suscitada em sede de impugnação ao cumprimento de sentença, a inexigibilidade de decisões transitadas em julgado, com fundamento em decisão de inconstitucionalidade do Colendo Supremo Tribunal Federal (STF), caso o respectivo pronunciamento seja anterior ao trânsito em julgado da decisão impugnada.

Na hipótese do pronunciamento do Colendo Supremo Tribunal Federal (STF) ser posterior ao trânsito em jugado da decisão que se pretende impugnar, deve ser ajuizada a competente Ação Rescisória.

Ainda de acordo com a norma de transição apontada, para as decisões já transitadas em julgado sob o Código de Processo Civil anterior, mantêm-se a possibilidade de impugnação ao cumprimento de sentença, independentemente da data de pronunciamento do Colendo Supremo Tribunal Federal (STF).

A par das considerações anteriores, insta registrar que no Novo Código de Processo Civil existe uma série de dispositivos que determinam a aplicação ou tratam

---

[33] O Enunciado nº 367 do Fórum Permanente de Processualistas Civis destaca: "Para fins de interpretação do art. 1.068, entende-se como início do processo a data do protocolo da petição inicial (art. 1.054 do novo CPC)".

da revogação de dispositivos de leis extravagantes. Dentre eles, o artigo 1.067 do Novo Código de Processo Civil, que dispõe que o art. 275 da Lei nº 4.737, de 15 de julho de 1965 (Código Eleitoral), passa a vigorar com a seguinte redação:

> Art. 275. São admissíveis embargos de declaração nas hipóteses previstas no Código de Processo Civil.
> §1º. Os embargos de declaração serão opostos no prazo de 3 (três) dias, contados da data de publicação da decisão embargada, em petição dirigida ao juiz ou ao relator, com a indicação do ponto que lhes deu causa.
> §2º. Os embargos de declaração não estão sujeitos a preparo.
> §3º. O juiz julgará os embargos em 5 (cinco) dias.
> §4º. Nos tribunais:
> I - o relator apresentará os embargos em mesa na sessão subsequente, proferindo voto;
> II - não havendo julgamento na sessão referida no inciso I, será o recurso incluído em pauta;
> III - vencido o relator, outro será designado para lavrar o acórdão.
> §5º. Os embargos de declaração interrompem o prazo para a interposição de recurso.
> §6º. Quando manifestamente protelatórios os embargos de declaração, o juiz ou o tribunal, em decisão fundamentada, condenará o embargante a pagar ao embargado multa não excedente a 2 (dois) salários-mínimos.
> §7º. Na reiteração de embargos de declaração manifestamente protelatórios, a multa será elevada a até 10 (dez) salários-mínimos.

Infere-se do dispositivo transcrito que ele regula a oposição de Embargos de Declaração, previstos no Código Eleitoral, dispondo sobre sua admissibilidade, prazo para interposição, formalidades, a exemplo de não exigência de preparo e procedimento para julgamento pelos Tribunais competentes, além de dispor sobre os efeitos de sua oposição e sobre a aplicação de penalidades para a hipótese de sua utilização com caráter meramente protelatório.

Já o artigo 1.068 do Novo Código de Processo Civil altera as disposições do Código Civil, mais especificamente o artigo 274, que trata da solidariedade ativa, e o artigo 2.027, que regula a anulabilidade da partilha por vícios e defeitos comuns aos atos e negócios jurídicos.

A redação dos citados artigos é a seguinte:

> Art. 1.068. O art. 274 e o *caput* do art. 2.027 da Lei nº 10.406, de 10 de janeiro de 2002 (Código Civil), passam a vigorar com a seguinte redação:
> Art. 274. O julgamento contrário a um dos credores solidários não atinge os demais, mas o julgamento favorável aproveita-lhes, sem prejuízo de exceção pessoal que o devedor tenha direito de invocar em relação a qualquer deles". (NR)
> Art. 2.027. A partilha é anulável pelos vícios e defeitos que invalidam, em geral, os negócios jurídicos.

Depreende-se que foi alterado o artigo 274 do Código Civil, para se estabelecer que o julgamento contrário contra um dos credores solidários não atinge os demais, ressalvando-se que o julgamento favorável os aproveita, devendo-se observar, contudo, a possibilidade de exceção pessoal que o devedor possa invocar com relação a qualquer deles. Constata-se que a norma visa, portanto, esclarecer os efeitos de decisões em processos onde exista solidariedade ativa.

Sob outro prisma, alterou-se, também, o artigo 2.027 do Código Civil para se fixar que a partilha é anulável pelos vícios e defeitos que invalidam, em geral, os negócios jurídicos.

Finalmente, o artigo 1.070 do Novo Código de Processo Civil traz previsão de que é de 15 (quinze) dias o prazo para interposição de qualquer agravo, previsto em leis extravagantes ou em regimentos internos de tribunais, contra decisão de relator ou outra decisão unipessoal proferida.

Diante dessa nova previsão deverão os Tribunais, caso necessário, promover os devidos ajustes em seus respectivos Regimentos Internos, para atender à novel disposição processual, uniformizando o prazo do agravo interno.

6 Normas de transição e tutela provisória contra a Fazenda Pública

Os processos envolvendo a Fazenda Pública, via de regra, observam as mesmas regras que os demais, tanto no aspecto geral, pela previsão do art. 14 do NCPC, quanto nas regras excepcionais, como a do art. 1.047, que disciplina o direito probatório, e a do art. 1.053, que regula a convalidação dos atos processuais eletrônicos até a transição definitiva para a certificação digital. O mesmo se diga a respeito da fixação por regra específica – art. 1.056 – do termo inicial da prescrição prevista no art. 924, V (intercorrente) na data de início da vigência do NCPC (18.03.16).

É de se registrar a modulação legal pelo art. 1.057 apenas para as decisões judiciais transitadas em julgado após o início da vigência do Código, dos §§7º e 8º do art. 535, relacionados, pela ordem, à inexigibilidade de obrigação reconhecida em título executivo judicial executado contra a Fazenda Pública, fundado em lei ou ato normativo conflitante com a Constituição Federal pelo STF ou sua desconstituição por rescisória.

À Fazenda Pública também se aplicarão regras excepcionais de ultratividade, como a prorrogação do CPC de 1973 nos procedimentos sumários não sentenciados (art. 1.046, §1º), a execução contra devedores insolventes até a edição de lei específica (art. 1.052) e a impossibilidade de trânsito em julgado das questões prejudiciais decididas em ações iniciadas antes da vigência do NCPC (art. 1.054).

Há, porém, regras específicas redigidas para os entes públicos, como a previsão do art. 1.050 de os entes federados, inclusive, respectivas entidades da Administração Indireta, cadastrarem-se no prazo de 30 dias perante a administração dos tribunais nos quais atuem em cumprimento ao disposto nos arts. 246, §2º e 270, parágrafo único, referentes, respectivamente, à manutenção de cadastro nos sistemas de autos eletrônicos para efeito de recebimento de citações e intimações e à preferência da realização de intimações por meio eletrônico, inclusive, para a Advocacia Pública.

Em relação às tutelas provisórias requeridas contra a Fazenda Pública, o NCPC estabeleceu tratamento particular (art. 1.059).

Com efeito, o art. 1.059 do novo CPC incorpora, para a tutela provisória deferida contra o Poder Público, expressamente as limitações previstas nas Leis nº 8.437/92, que trata da medida liminar em processo cautelar e 12.016/09, que versa sobre a medida liminar em mandado de segurança, senão vejamos:

Art. 1.059. À tutela provisória requerida contra a Fazenda Pública aplica-se o disposto nos arts. 1º a 4º da Lei nº 8.437, de 30 de junho de 1992, e no art. 7º, §2º, da Lei nº 12.016, de 7 de agosto de 2009.

De acordo com as lições de Cássio Scarpinella Bueno,[34] este dispositivo imuniza a Fazenda Pública das novidades que o próprio novo CPC traz em relação à tutela provisória (arts. 294 a 311), na medida em que acata, sem limitação de prazo, as restrições legais já existentes, tais como:

a) Não cabimento de medida liminar quando tal providência puder ser obtida em mandado de segurança, em razão de vedação legal; quando for impugnado ato de autoridade sujeito à competência originária de tribunal; quando a liminar satisfaça no todo ou em parte o pedido final; quando a liminar conceda compensação de créditos tributários ou previdenciários.

b) Necessidade de imediata intimação do órgão ou entidade pública, assim como de seu representante judicial, quando do deferimento da liminar.

c) Oitiva do representante judicial da pessoa jurídica de direito público, que deverá se manifestar em setenta e duas horas.

d) Previsão do instituto da suspensão de liminar (mais conhecido como suspensão de segurança), para permitir ao presidente do tribunal a que caiba o julgamento do recurso, suspender a execução da liminar contra a Fazenda Pública, em caso de manifesto interesse público ou de flagrante ilegitimidade, e para evitar grave lesão à ordem, à saúde, à segurança e à economia públicas.

Acerca da constitucionalidade dessas restrições, o Supremo Tribunal Federal julgou constitucional o art. 1º, da Lei nº 9.494/1997, que fazia remissão às leis que impunham limitações ao deferimento de tutela provisória contra o Poder Público. Nesse julgamento (ADC4/DF), o STF consignou que tais restrições não ofendiam a Constituição Federal, e justificavam-se em razão do interesse público subjacente.

A despeito da posição do STF, parte da doutrina considera odiosas as limitações, em tese, das tutelas provisórias contra a Fazenda Pública, e defendem tais restrições como relativas, devendo o juiz ponderar, no caso concreto, sobre sua aplicação, bem como sobre a concessão ou não da tutela provisória em face do Poder Público.

Nesse sentido, Marinoni, Arenhart e Mitidiero asseguram que é necessário o juízo de ponderação para aplicação das limitações de concessão de tutela provisória contra a Fazenda Pública:

> As limitações à concessão de tutela provisória contra a Fazenda Pública sujeitam-se a juízo de ponderação no caso concreto. Afinal, diante de efetiva urgência na medida antecipatória ou cautelar, não se justifica a vedação apriorística e absoluta à outorga da proteção liminar, sob pena de se violar a garantia de acesso à Justiça (art. 5º, XXXV, CF) e da duração razoável do processo (art. 5º, LXXVIII, CF). Nesse sentido, STF, pleno, ADI 4451-REF/DF, rel. Min Ayres Brito. DJe 30.06.11; STF, Pleno, ADI 223-MC/DF, rel. Min Paulo Brossard. DJU 29.06.90.[35]

---

[34] BUENO, Cássio Scarpinella. *Novo Código de Processo Civil anotado*. São Paulo: Saraiva, 2015. p. 698-699.

[35] MARINONI, Luiz Guilherme; ARENHART, Sérgio Cruz; MITIDIERO, Daniel. *Novo código de processo civil comentado*. São Paulo: Revista dos Tribunais, 2015.

De fato, o tratamento diferenciado dispensado às tutelas provisórias envolvendo o Poder Público é terreno fértil para profundas discussões jurídicas envolvendo o princípio da inafastabilidade do controle jurisdicional[36] e da proporcionalidade, mas que extrapolam a limitação temática e o corte metodológico deste artigo.

7 Os impactos das normas processuais de transição nos juizados especiais

As normas que regulam os procedimentos nos juizados especiais cíveis estaduais (Lei nº 9.099/95) e federais (Lei nº 10.259/2001) compõem um microssistema jurídico com suas próprias regras, ao qual se aplicam de forma subsidiária as normas gerais de direito processual.[37]

As leis dos juizados especiais referem-se não apenas a procedimentos cíveis, mas também aos criminais, o que leva à aplicação subsidiária das previsões normativas de codificações civis e penais.

No caso em tela, a relação entre o microssistema dos juizados com o Código de Processo Civil é relevante, tendo em vista o início da vigência do NCPC em data próxima e seu potencial modificativo.

No que concerne à aplicação do Novo Código de Processo Civil ao procedimento e à rotina dos juizados especiais cíveis, sendo indubitável a subsidiariedade de um sistema ao outro, e devendo o Código respeitar a especialidade das leis referentes aos juizados especiais, resta claro que a entrada em vigor do NCPC não alterará essa relação. Ora, se a edição da nova lei (NCPC) não revoga as leis dos juizados especiais, continua a existir relação de natureza similar à anterior: um microssistema jurídico (o dos juizados especiais cíveis) que se vale, de forma subsidiária, das normas do Código de Processo Civil.

Nesse contexto, eventuais mudanças e inovações conceituais e principiológicas trazidas pelo novo diploma não precisam expressamente referir-se aos juizados para que sejam a eles aplicáveis. De forma exemplificativa, pode-se citar a norma que prevê a proibição de decisões surpresa que, embora já fosse defendida por violar o contraditório e a ampla defesa, vem agora transcrita no art. 10[38] e, independentemente de expresso direcionamento aos juizados especiais, deve ser plenamente incorporado na sua dinâmica procedimental.

Assim, nota-se que o NCPC, como deveria ser, respeita a especialidade das leis regulamentadoras dos procedimentos especiais. De fato, o NCPC traz, em seu Livro Complementar – Disposições Finais e Transitórias, apenas cinco artigos que direta e expressamente se voltam ao procedimento especial dos juizados, são eles: os artigos 1.062 a 1.066, dos quais apenas três modificam a redação de outras leis ordinárias (em todos os casos, a Lei nº 9.099/95).

---

[36] De acordo com o art. 5º, XXXV da CF/88, nenhuma lei poderá excluir do Poder Judiciário lesão ou ameaça de lesão a direito.

[37] CÂMARA, Alexandre Freitas. *Juizados especiais cíveis estaduais e federais:* uma abordagem crítica. Rio de Janeiro: Lumen Juris, 2004. p. 7.

[38] Art. 10. O juiz não pode decidir, em grau algum de jurisdição, com base em fundamento a respeito do qual não se tenha dado às partes oportunidade de se manifestar, ainda que se trate de matéria sobre a qual deva decidir de ofício.

Invertendo a ordem na qual os artigos aparecem no novo Código, cite-se inicialmente o art. 1.063[39] que, basicamente, mantém a competência dos juizados especiais cíveis em conformidade com aquilo que prevê o Código de 1973 em seu art. 275, II.[40] A fim de compreender a importância deste, faz-se necessário tecer breves comentários sobre a estrutura procedimental no Processo Civil.

No bojo do CPC/73 são tutelados dois procedimentos comuns, o ordinário e o sumário, e ainda procedimentos especiais. Enquanto isso, os juizados seguem procedimento especial distinto, previsto nas próprias leis que compõem o microssistema. Ocorre que, a Lei nº 9.099/95, em seu art. 3º, II,[41] estipula como sendo da competência dos juizados, além de outras demandas, aquelas causas que seguiriam pelo rito comum sumário do CPC/73 (art. 275, II), ou seja, as mesmas ações que dão ensejo ao rito sumário na justiça comum podem ser propostas no juizado e tramitar conforme seu procedimento especial.[42]

O novo Código, porém, não distingue espécies de procedimento comum, não existe, desta feita, um equivalente processual ao art. 275, II, no NCPC. Com o início da vigência do novo diploma, haverá revogação da legislação anterior, e, com o intuito de resguardar o subsídio legal do art. 3º, II, da Lei nº 9.099/95, que determina a competência dos juizados, fez-se constar no NCPC o art. 1.063.

Embora seja essencial a preservação do subsídio legal para determinação da competência dos juizados, a relevância do artigo pode não ser a continuidade da distribuição de competências entre justiça comum e especial em si, mas a indicação de possível mudança dessa distribuição diante da existência de nova norma processual. Essa, inclusive, é a primeira parte do dispositivo, que prevê uma eventual edição de lei específica para cuidar dos casos que antes se submetiam ao rito comum sumário, agora inexistente no NCPC, podendo a lei vir a retirar essas causas da competência do juizado.

O art. 1.062,[43] por sua vez, não chega a trazer uma mudança ao ordenamento, pelo contrário, atesta e formaliza uma prática que já vinha sendo aplicada nos processos em trâmite nos juizados: utilizar o instituto da desconsideração da personalidade jurídica.

Conforme esclarecido, o Código de Processo é utilizado de forma subsidiária no procedimento especial, motivo pelo qual a desconsideração já era aplicada, ainda que não estivesse especificamente indicada tal possibilidade.

---

[39] Art. 1.063. Até a edição de lei específica, os juizados especiais cíveis previstos na Lei nº 9.099, de 26 de setembro de 1995, continuam competentes para o processamento e o julgamento das causas previstas no art. 275, inciso II, da Lei nº 5.869, de 11 de janeiro de 1973.

[40] Art. 275. Observar-se-á o procedimento sumário: [...] II - nas causas, qualquer que seja o valor a) de arrendamento rural e de parceria agrícola; b) de cobrança ao condômino de quaisquer quantias devidas ao condomínio; c) de ressarcimento por danos em prédio urbano ou rústico; d) de ressarcimento por danos causados em acidente de veículo de via terrestre; e) de cobrança de seguro, relativamente aos danos causados em acidente de veículo, ressalvados os casos de processo de execução; f) de cobrança de honorários dos profissionais liberais, ressalvado o disposto em legislação especial; g) que versem sobre revogação de doação; h) nos demais casos previstos em lei.

[41] Art. 3º - O Juizado Especial Cível tem competência para conciliação, processo e julgamento das causas cíveis de menor complexidade, assim consideradas: [...] II - as enumeradas no art. 275, inciso II, do Código de Processo Civil; [...]

[42] CÂMARA, Alexandre Freitas. *Juizados especiais cíveis estaduais e federais*: uma abordagem crítica. Rio de Janeiro: Lumen Juris, 2004. p. 30-31.

[43] Art. 1.062. O incidente de desconsideração da personalidade jurídica aplica-se ao processo de competência dos juizados especiais.

A previsão como consta do art. 1.062 do NPCP é útil na medida em que afasta quaisquer dúvidas sobre a possibilidade de utilização do instituto nos juizados, porque conflitaria com os princípios regentes desse sistema (como simplicidade, celeridade e economia processual) e ainda porque deixa clara a necessidade de seguir o procedimento e os critérios do NCPC na oportunidade em que se realizar a desconsideração, ou seja, mesmo nos juizados deve-se atentar para os critérios dos arts. 133 a 137 do NCPC.[44]

Os artigos seguintes (1.063 e 1.066) tratam dos embargos de declaração no processo civil. O CPC/73 previa, basicamente, três hipóteses justificadoras à interposição de embargos de declaração: obscuridade, contradição ou omissão (art. 535, I e II),[45] esta, no entanto, não era a redação original do artigo que somente foi modificado com o advento da Lei nº 8.950/94.[46] De início, o CPC/73 incluía dentre estas hipóteses também a dúvida, o que gerava discussão no ambiente jurídico, tendo em vista a imprecisão e a abrangência do termo, levando à insegurança e à divergência na utilização, conhecimento e (im)provimento dos embargos de declaração.[47]

Embora a Lei nº 9.099/95 seja posterior à alteração no CPC/73, ela traz em seu bojo incluída, além das pacíficas situações de obscuridade, contradição ou omissão, a possibilidade de embargar a decisão que gerasse dúvida.[48] O novo diploma processual, em seu art. 1.064,[49] busca uniformizar as hipóteses de cabimento, alterando o *caput* do art. 48 da lei dos juizados especiais estaduais para que se adote no procedimento especial as mesmas possibilidades do (novo) Código de Processo Civil. Ficam uniformes, portanto, os casos que geram possibilidade de embargar de declaração, sendo elas as previstas no art. 1.022 do NCPC[50] (obscuridade, contradição, omissão e erro material).

O art. 1.065[51] modifica o art. 50 da Lei nº 9.099/95,[52] novamente para fazer uma uniformização no tratamento dos embargos de declaração. Já no CPC/73, a interposição de embargos interrompia o prazo recursal (art. 538, *caput*),[53] entretanto, de forma similar ao que ocorreu com as hipóteses de cabimento, esse entendimento prevalece apenas após a alteração da Lei nº 8.950/94, posto que antes a oposição de embargos

---

[44] MARINONI, Luiz Guilherme; ARENHART, Sérgio Cruz; MITIDIERO, Daniel. *Novo Código de Processo Civil comentado.* São Paulo: Revista dos Tribunais, 2015. p. 998.

[45] Art. 535. Cabem embargos de declaração quando: I - houver, na sentença ou no acórdão, obscuridade ou contradição; II - for omitido ponto sobre o qual devia pronunciar-se o juiz ou o tribunal. (Redação dada pela Lei nº 8.950, de 13.12.1994).

[46] Redação original: "Art. 535. Cabem embargos de declaração quando: I - há no acórdão obscuridade, *dúvida* ou contradição; II - for omitido ponto sobre que devia pronunciar-se o tribunal".

[47] ROCHA, Felippe Borring. Os impactos do Novo CPC nos Juizados Especiais. In: DIDIER JR., Fredie (Coord.); MACEDO, Lucas Buril de; PEIXOTO, Ravi; FREIRE, Alexandre (Org). *Novo CPC doutrina selecionada*: processo de conhecimento e disposições finais e transitórias. Salvador: Juspodivm, 2015. v. 2, p. 877-888.

[48] Art. 48. Caberão embargos de declaração quando, na sentença ou acórdão, houver obscuridade, contradição, omissão ou *dúvida*.

[49] Art. 1.064. O *caput* do art. 48 da Lei nº 9.099, de 26 de setembro de 1995, passa a vigorar com a seguinte redação: "Art. 48. Caberão embargos de declaração contra sentença ou acórdão nos casos previstos no Código de Processo Civil [...]". (NR)

[50] Art. 1.022. Cabem embargos de declaração contra qualquer decisão judicial para: I - esclarecer obscuridade ou eliminar contradição; II - suprir omissão de ponto ou questão sobre o qual devia se pronunciar o juiz de ofício ou a requerimento; III - corrigir erro material [...].

[51] Art. 1.065. O art. 50 da Lei nº 9.099, de 26 de setembro de 1995, passa a vigorar com a seguinte redação: "Art. 50. Os embargos de declaração interrompem o prazo para a interposição de recurso". (NR)

[52] Idem nota anterior.

[53] Art. 538. Os embargos de declaração interrompem o prazo para a interposição de outros recursos, por qualquer das partes.

de declaração gerava mera suspensão dos prazos recursais.[54] Novamente a lei especial traz a previsão antiga e superada, determinando a suspensão do prazo em vez de a sua interrupção. O NCPC busca uniformizar, em qualquer justiça (especial ou comum), os embargos de declaração, os quais têm como consequência, a interrupção do prazo para os demais recursos.

Finalmente, o art. 1.066[55] cuida das mesmas uniformizações para os embargos de declaração indicadas nos arts. 1.064 e 1.065 (hipóteses de cabimento e interrupção do prazo para recurso). Nesse caso, contudo, a mudança refere-se à parte criminal da Lei nº 9.099/95 (art. 83),[56] que, conforme esclarecido, não se apresenta como foco no presente momento, considerando o objetivo geral de análise do novo Código de Processo Civil (Lei nº 13.105/2015).

Contudo, vale ressaltar que as possibilidades de interferência do NCPC no procedimento dos juizados não se restringem aos aspectos indicados nos artigos 1.062 a 1.066, observando-se a sua repercussão nos juizados em outros assuntos trazidos no bojo do Código, mas que transcendem o interesse do presente artigo, o qual pretende discutir em especial o conteúdo afeto às Disposições Finais e Transitórias.

Destaque-se que, conforme esclarecido no início deste artigo, as normas processuais aplicam-se imediatamente, inclusive aos processos em curso, em conformidade com a teoria do isolamento dos atos processuais, já adotada no sistema processual brasileiro através do CPC/73.

Assim, os referidos artigos 1.062 a 1.066, os quais revelam conteúdo processual, se aplicam aos novos processos iniciados nos juizados especiais, bem como àqueles em trâmite desde o princípio da vigência do NCPC (18 de março de 2016) sempre que for praticado ato processual tutelado por um desses artigos (embargos de declaração, desconsideração da personalidade jurídica, etc.).

8 Considerações finais

A análise das regras trazidas pelo NCPC revela que a opção pela teoria do isolamento dos atos processuais foi feita com maior clareza por força da redação do art. 14 da Lei nº 13.105/15.

Esta circunstância, entretanto, não impediu o legislador de criar exceções e contornos específicos em diversas situações, de forma que, não obstante na redação combinada dos artigos 14 e 1.046 do Novo Código de Ritos encontram-se dispositivos que contemplam a ultratividade de normas processuais do CPC de 1973, como: a) aplicação das normas do CPC de 1973 relativas ao procedimento sumário e aos procedimentos especiais nas ações propostas e não sentenciadas até 17.03.2016; b) aplicação das normas do CPC de 1973 sobre direito probatório às provas requeridas ou determinadas de

---

[54] Redação original: "Art. 538. Os embargos de declaração suspendem o prazo para a interposição de outros recursos".

[55] Art. 1.066. O art. 83 da Lei nº 9.099, de 26 de setembro de 1995, passa a vigorar com a seguinte redação: "Art. 83. Cabem embargos de declaração quando, em sentença ou acórdão, houver obscuridade, contradição ou omissão. [...] §2º Os embargos de declaração interrompem o prazo para a interposição de recurso [...]". (NR)

[56] Art. 83. Caberão embargos de declaração quando, em sentença ou acórdão, houver obscuridade, contradição, omissão ou dúvida. [...] §2º Quando opostos contra sentença, os embargos de declaração suspenderão o prazo para o recurso [...].

ofício até 17.03.16; c) aplicação do Livro II, Título IV, do CPC de 1973, até a edição de lei específica sobre a execução contra devedor insolvente; d) aplicação dos artigos 5º, 325 e 470 do CPC de 1973, relativos à ação declaratória incidental, aos processos iniciados até 17.03.2016; e) aplicação dos artigos 475-L, §1º e art. 741, parágrafo único, do CPC de 1973 às decisões transitadas em julgado antes e até 17.03.2016; f) aplicação à tutela provisória requerida contra a Fazenda Pública dos artigos 1º a 4º da Lei nº 8.437, de 30 de junho de 1992, e do art. 7º, §2º, da Lei nº 12.016, de 7 de agosto de 2009.

Por outro lado, o NCPC também estipula (art. 1056) que se considerará como termo inicial do prazo da prescrição intercorrente prevista no art. 924, inciso V, inclusive para as execuções em curso, a data de 18.03.2016.

Por fim, em termos de vigência, o NCPC revoga taxativamente também: a) o art. 22 do Decreto-Lei nº 25, de 30.11.37; b) os arts. 227, *caput*, 229, 230, 456, 1.482, 1.483 e 1.768 a 1.773 do Código Civil; c) os arts. 2º, 3º, 4º, 6º, 7º, 11, 12 e 17 da Lei nº 1.060, de 5 de fevereiro de 1950; d) os arts. 13 a 18, 26 a 29 e 38, da Lei nº 8.038, de 28 de maio de 1990; e) os arts. 16 a 18, da Lei nº 5.478, de 25 de julho de 1968; f) o art. 98, §4º, da Lei nº 12.529, de 30 de novembro de 2011.

Assim, a adoção, como regra geral, da teoria do isolamento dos atos processuais, que determina a vigência da novel norma processual aos atos que vierem a ser praticados sob sua égide, não impediu situações de retroatividade das normas do NCPC ou ultratividade das normas do CPC/73, disciplinadas nas disposições finais e transitórias do NCPC.

Contudo, apesar da aplicação dessas situações poder causar certa incerteza nos primeiros dias da entrada em vigência do Novo Código, com a consolidação das novas normas, tais questões sobre a aplicação do direito intertemporal serão naturalmente dirimidas.

Referências

ALMEIDA FILHO, José Carlos de Araújo. *Processo Eletrônico de Teoria Geral do Processo Eletrônico*. 3. ed. Rio de Janeiro: Editora Forense, 2010.

ALVIM, J. E. Carreira. *Teoria geral do processo*. 8. ed. Rio de Janeiro: Forense, 2002.

BUENO, Cassio Scarpinella. *Novo código de processo civil anotado*. São Paulo: Saraiva, 2015.

BAHIA. Secretaria da Fazenda do Estado da Bahia. *Mais de 7 mil empresas de pequeno porte já se cadastraram no DT-e*. Disponível em: <http://www.sefaz.ba.gov.br/scripts/noticias/noticia.asp?LCOD_NOTICIA=7674> Acesso em: 23 fev. 2016.

CÂMARA, Alexandre Freitas. *Juizados especiais cíveis estaduais e federais:* uma abordagem crítica. Rio de Janeiro: Lúmen Juris, 2004.

CARVALHO, Aurora Tomazini de. *Curso de teoria geral do direito:* o construtivismo lógico-semântico. São Paulo: Noeses, 2013.

CINTRA, Antonio Carlos de Araújo; GRINOVER, Ada Pellegrini Grinover; DINAMARCO, Cândido Rangel. *Teoria geral do processo*. 26. ed. São Paulo: Malheiros, 2010.

CUNHA, Leonardo Carneiro. *A fazenda pública em juízo*. 11. ed. São Paulo: Dialética, 2013.

CRAMER, Ronaldo. Livro Complementar – das disposições finais e transitórias. In: WAMBIER, Teresa Arruda Alvim; DIDIER JR, Fredie; TALAMINI, Eduardo; DANTAS, Bruno (Coord). *Breves comentários ao novo código de processo civil*. São Paulo: Revista dos Tribunais, 2015.

DIDIER JR. Fredie. Eficácia do Novo CPC antes do Término do Período de Vacância da Lei. In: DIDIER JR, Fredie (Coord.); MACÊDO, Lucas Buril; PEIXOTO, Ravi; FREIRE, Alexandre (Orgs.). *Novo CPC doutrina selecionada:* procedimentos especiais, tutela provisória e direito transitório. Salvador: Juspodivm, 2015. v. 4.

DIDIER JR., Fredie; PEIXOTO, Ravi. *Novo código de processo civil:* comparativo com o código de 1973. Salvador: JusPodium, 2015.

FERRAZ JÚNIOR, Tercio Sampaio. *Introdução ao estudo do direito:* técnica, decisão e dominação. 6. ed. São Paulo: Atlas, 2010.

GONÇALVES, Marcus Vinícius Rios. *Novo curso de direito processual civil.* 10. ed. São Paulo: Saraiva, 2014.

GRAU, Eros Roberto. *Ensaio e discurso sobre a interpretação/aplicação do direito.* 4. ed. São Paulo: Malheiros, 2006.

KELSEN, Hans. *Teoria geral do direito e do Estado.* 4. ed. São Paulo: Martins Fontes, 2005.

LIMA, Fernando Antonio Negreiros. *Teoria geral do processo judicial.* São Paulo: Atlas, 2013.

MACHADO NETO, Antônio Luiz. *Compêndio de Introdução à Ciência do Direito.* 6. ed. São Paulo: Saraiva, 1988.

MARINONI, Luiz Guilherme; ARENHART, Sérgio Cruz. *Prova.* São Paulo: Revista dos Tribunais, 2009.

MARINONI, Luiz Guilherme; ARENHART, Sérgio Cruz; MITIDIERO, Daniel. *Novo código de processo civil comentado.* São Paulo: Revista dos Tribunais, 2015.

MENDES, Aluísio Gonçalves de Castro. *Teoria geral do processo.* Rio de Janeiro: Lúmen Juris, 2009. v. 1.

NERY JUNIOR, Nelson; NERY, Rosa Maria de Andrade. *Comentários ao código de processo civil.* São Paulo: Revista dos Tribunais, 2015.

NEVES, Marcelo. *A constitucionalização simbólica.* 3. ed. São Paulo: Martins Fontes, 2011.

PEREIRA, Hélio do Valle. *Manual da fazenda pública em juízo.* Rio de Janeiro: Renovar, 2003.

PINHO, Humberto Dalla Bernardina. *Teoria geral do processo civil contemporâneo.* 3. ed. Rio de Janeiro: Lúmen Juris, 2010.

PRESGRAVE, Ana Beatriz Rebello. Direito Intertemporal Processual. In: DIDIER JR, Fredie (Coord.); MACÊDO, Lucas Buril; PEIXOTO, Ravi; FREIRE, Alexandre (Orgs.). *Novo CPC doutrina selecionada:* procedimentos especiais, tutela provisória e direito transitório. Salvador: Juspodivm, 2015. v. 4.

ROCHA, Felippe Borring. Os impactos do Novo CPC nos Juizados Especiais. In: DIDIER JR., Fredie (Coord.); MACEDO, Lucas Buril de; PEIXOTO, Ravi; FREIRE, Alexandre (Org). *Novo CPC doutrina selecionada:* processo de conhecimento e disposições finais e transitórias. Salvador: Juspodivm, 2015. v. 2.

ROSAS, Roberto. Direito Intertemporal Processual. *Revista dos Tribunais,* ano 71, v. 559, maio de 1982.

SOARES, André Mattos. O Direito Intertemporal e o Novo Código de Processo Civil. In: DIDIER JR, Fredie (Coord.); MACÊDO, Lucas Buril; PEIXOTO, Ravi; FREIRE, Alexandre (Orgs.). *Novo CPC doutrina selecionada:* procedimentos especiais, tutela provisória e direito transitório. Salvador: Juspodivm, 2015. v. 4.

TARTUCE, Flávio. *O novo CPC e o direito civil:* impactos, diálogos e interações. São Paulo: Método, 2015.

THEODORO JÚNIOR, Humberto; OLIVEIRA, Fernanda Alvim Ribeiro; REZENDE, Ester Camila Gomes Norato (Cood.). *Primeiras lições sobre o novo direito processual civil brasileiro.* Rio de Janeiro: Forense, 2015.

WAMBIER, Teresa Arruda Alvim; DIDIER JR., Fredie; TALAMINI, Eduardo; DANTAS, Bruno (Coord.). *Breves comentários ao novo código de processo civil.* São Paulo: Revista dos Tribunais, 2015.

WAMBIER, Teresa Arruda Alvim; CONCEIÇÃO, Maria Lúcia Lins; RIBEIRO, Leonardo Ferres da Silva; MELLO, Rogério Licastro Torres de (Coord). *Primeiros comentários ao novo código de processo civil artigo por artigo.* São Paulo: Revista dos Tribunais, 2015.

WARAT, Luis Alberto. *Introdução geral ao direito.* Porto Alegre: Fabris, 1994.

YOSHIKAWA, Eduardo Henrique de Oliveira. Segurança Jurídica, Direito Processual Intertemporal e as Regras de Transição do Novo CPC. In: DIDIER JR, Fredie (Coord.); MACÊDO, Lucas Buril; PEIXOTO, Ravi; FREIRE, Alexandre (Orgs.). *Novo CPC doutrina selecionada:* procedimentos especiais, tutela provisória e direito transitório. Salvador: Juspodivm, 2015. v. 4.

Informação bibliográfica deste texto, conforme a NBR 6023:2002 da Associação Brasileira de Normas Técnicas (ABNT):

BARRETO, Elisa Lopes. et al. Direito transitório e regras de transição: do CPC/1973 ao CPC/2015. In: BRITTO, Alzemeri Martins Ribeiro de; BARIONI, Rodrigo Otávio (Coords.). *Advocacia pública e o Novo Código de Processo Civil*. Belo Horizonte: Fórum, 2016. p. 43-64. ISBN 978-85-450-0173-7.

HONORÁRIOS ADVOCATÍCIOS E ADVOCACIA PÚBLICA NO NOVO CÓDIGO DE PROCESSO CIVIL

ANTENÓGENES FARIAS CONCEIÇÃO
CLÁUDIO CAIRO GONÇALVES
CRISTIANE GUIMARÃES
DERALDO DIAS MORAES NETO

1 Introdução

Mesmo durante os anos de vigência do Código de Processo Civil de 1973 (Lei nº 5.869, de 11 de janeiro de 1973), a disciplina jurídica de honorários advocatícios sofreu modificações, tanto na doutrina, quanto na jurisprudência, levando a diversas reflexões sobre o instituto jurídico. O novel Código de Processo Civil de 2015 (Lei nº 13.105, de 16 de março de 2015), fruto do amadurecimento das discussões e da necessidade de escorreita disciplina, convergiu diversos novos elementos ao instituto jurídico, não só incorporando algumas dessas reflexões, como também trazendo preceitos ainda não inseridos no ordenamento jurídico.

Mas, a partir das recentes modificações da lei processual brasileira, diversas questões ainda precisarão ser enfrentadas pela doutrina e pela jurisprudência, tais como a não cumulatividade das condenações recíprocas, a graduação das condenações, a condenação em grau de recurso, assim como, a condenação da Fazenda Pública.

Noutro diapasão, uma grande inovação foi a expressividade textual do direito dos advogados públicos serem titulares da verba de sucumbência (art. 85, §19 do NCPC), o que certamente deverá ser objeto de grandes esforços de compreensão hermenêutica para a sua regulamentação pelas unidades federativas.

2 Linhas preliminares

2.1 Histórico, definição e classificações

A palavra 'honorários' decorre do latim *honorariu*, que em sentido adjetivo significa "o que dá honras sem vencimento ou proventos materiais", e também, em sentido subjetivo, a "remuneração devida a quem exerce profissão liberal".[1] Pereira e Souza define honorário como "a remuneração dada à pessoa que exerce profissão liberal de qualificação honrosa, como prêmio de seus serviços".[2]

Daí pode-se afirmar que honorário, em sentido amplo, é toda verba devida ou paga pela prestação de um serviço realizado por um profissional liberal, enquanto que honorários advocatícios são o prêmio pago ao advogado pelo exercício de seus conhecimentos técnico-jurídicos postos à disposição da sociedade para a administração da justiça.

Prêmio e não simples verba remuneratória. Prêmio, este que se dá pela honra do serviço prestado, por ser a advocacia um dever social, na perfeita acepção trazida pelo artigo 133 da Constituição da República Federativa do Brasil.

Calha anotar que os honorários podem ser classificados sob diversos enfoques, de acordo com a utilidade a ser empregada, como alguns que adiante podem ser trazidos:

1. *Quanto à estipulação:* Quanto à estipulação classificam-se os honorários advocatícios em: contratuais ou convencionais, por arbitramento judicial, sucumbenciais e indenizatórios. São contratuais aqueles firmados pelo contrato *intuitu personae* com escopo de representação ativa ou passiva, judicial ou extrajudicial; enquanto que os arbitrados são resultado de pronunciamento judicial, na falta de avença entre cliente e advogado, conforme dispõe o artigo 26, §2º, da Lei nº 8.906, de 04 de julho de 1994 (EAOAB).[3] Já os sucumbenciais são aqueles cominados em sentença ou acórdão, obrigando o vencido a arcar com os honorários em favor do advogado da parte vencedora. O fato é que a sistemática se tornou assente, especialmente no âmbito privado.

Em relação à forma de estipulação, será convencional, quando emanar de contrato, e arbitrado, quando decorrer de decisão judicial, arbitral ou de decisão administrativa.

Por sua vez, os honorários arbitrados são comumente considerados como de sucumbência, uma vez que decorrem da perda da demanda pelo vencido ou do reconhecimento do direito pelo administrado.

Assim, os honorários arbitrados[4] ou de sucumbência, sempre de caráter contencioso, decorrendo de decisão judicial, arbitral ou de decisão administrativa, são estritamente processuais ou regulamentares.

São regulamentares, por exemplo, os honorários da dívida ativa, decorrentes do exercício do controle da legalidade e da cobrança judicial na execução fiscal (tributária ou não tributária). A Dívida Ativa Tributária é constituída pelo crédito da Fazenda Pública dessa natureza, proveniente de obrigação legal relativa a tributos e a respectivos adicionais e multas; e Dívida Ativa

---

[1] DIDIER JÚNIOR, Fredie. *Curso de Direito Processual Civil*. Introdução ao Direito Processual Civil, Parte Geral e Processo de Conhecimento. 17. ed. Salvador: Juspodium, 2015. v. 1, p. 1041.

[2] ACQUAVIVA, Marcus Cláudio. *Dicionário jurídico brasileiro Acquaviva*. Imprenta: São Paulo, Jurídica brasileira, 1995. p. 747.

[3] DIDIER JÚNIOR, Fredie. *Curso de Direito Processual Civil*. Introdução ao Direito Processual Civil, Parte Geral e Processo de Conhecimento. 17. ed. Salvador: Juspodium, 2015. v. 1, p. 924.

[4] Entende-se por honorários arbitrados todo aquele fixado pelo juiz, em razão da inexistência de contrato firmado entre o profissional e seu cliente – não podendo ser inferior à tabela fixada pelo Conselho Seccional da OAB (art. 22, §2º, da Lei nº 8.906/94).

não tributária são os demais créditos da Fazenda Pública, tais como os provenientes de multas de qualquer origem ou natureza, exceto as tributárias, foros, laudêmios, aluguéis ou taxas de ocupação, preços de serviços prestados por estabelecimentos públicos, indenizações, reposições, restituições, alcances dos responsáveis definitivamente julgados, bem como os créditos decorrentes de obrigações em moeda estrangeira, de sub-rogação de hipoteca, fiança, aval ou outra garantia, de contratos em geral ou de outras obrigações legais não tributárias.

Válido destacar que, com a inscrição em Dívida Ativa, que abrange atualização monetária, juros e multa de mora e demais encargos previstos em lei ou contrato, o Estado realiza o ato de controle administrativo da legalidade.

2. *Quanto à fonte de custeio:* Quanto à fonte de custeio, quando a verba provier do orçamento público, dir-se-á público, e quando resultar de atuação do particular (pessoa jurídica ou pessoa física) será privado.

3. *Quanto ao tipo de trabalho advocatício:* Na forma como prevê o EOAB (Lei nº 8.906/1994), a atividade advocatícia envolve a postulação em Juízo, o desenvolvimento de consultoria, assessoria e direção jurídicas. Classificam-se, portanto, os honorários advocatícios em judiciais ou extrajudiciais. O chamamento do profissional se dá na órbita judicial ou fora dela, sendo imperioso o mister do profissional para ambos os casos – daí classificarem-se os honorários em *judiciais*, como aqueles decorrentes da atuação perante o foro em geral; e extrajudiciais, como aqueles que advêm do exercício da consultoria, assessoramento e direção jurídicas. Convém explicitar que a consultoria jurídica é a atividade de aconselhamento jurídico para a adoção de posturas jurídicas em relação a determinadas situações jurídicas, normalmente na forma de parecer ou diagnóstico, enquanto que o assessoramento jurídico, para além da atividade de aconselhamento jurídico, revela o acompanhamento imediato e a participação direta do profissional nas discussões que envolvem determinadas situações jurídicas, sendo que a direção jurídica é a atividade de coordenação das atividades jurídicas desenvolvidas pelo tomador do serviço.

2.2 Honorários de sucumbência – Natureza jurídica

Definir a natureza de um instituto implica na necessidade de explicitar a raiz de que promana na teoria geral do direito. Como visto em sua origem, os honorários sempre se desenharam em prêmio, como forma de prestigiar e incentivar que o advogado se esmere em sua atuação profissional; seja na defesa processual, seja na consultoria jurídica ou na assessoria, convencionou-se estipular uma verba proporcionalmente incidente sobre o montante econômico da causa em testilha, para remuneração do profissional incumbido de promover a representação judicial ou extra do constituinte.

No processo, quando da fundação de Roma (753-453 a.C.),[5] a atividade da advocacia era remunerada ou não. Era para alguns, enquanto outros exerciam, sem

---

[5] SILVA, Regina Beatriz Tavares da. Honorários Advocatícios nas Ações de Família. In: COELHO, Marcus Vinícius Furtado; CAMARGO, Luiz Henrique Volpe (Coords.). *Honorários Advocatícios*. Salvador: Juspodivm, 2015. p. 1042.

remuneração, como meio de galgar a magistratura. Anote-se que, apesar de ser obrigatório o depósito, cujo perdedor perdia em favor dos sacerdotes ou do erário público. Quando se chega ao período formular, os honorários que originalmente tinham natureza de sanção passaram, gradativamente, a se firmar como indenização, devido à evolução do direito processual, como também pelo aspecto dispendioso para as partes com o curso do processo.

Durante estes séculos de debates, destacam-se as teorias:
1. Ressarcimento – anunciado por Adolph Weber, que negava a natureza punitiva dos honorários, apesar de manter em seu teor "a existência de culpa, se baseando na culpa aquiliana e na equidade";[6]
2. Pena – defendida por Hennemann, este entedia que as partes quando vêm a juízo exercem um direito, não merecendo, portanto, serem reembolsadas das despesas, salvo em caso do direito do vencedor ser a *priori* flagrante, o que configuraria má-fé do vencedor em contestá-lo;
3. Sucumbência – exteriorizada para o mundo jurídico por Chiovenda, a teoria consagrava que "tendo se sagrado vencedora, se não fosse ressarcida das despesas incorridas ao longo do processo, seu direito não restaria plenamente satisfeito",[7] pois se assim o fosse, a parte vencedora estaria sendo onerada;
4. Causalidade – difere da teoria da sucumbência por extrair os aspectos objetivos daquela, para dar relevância "à relação de causa e efeito entre os atos praticados por uma das partes e a necessidade de se propor a demanda";[8]
5. Titularidade – como decorrente do múnus público, que encerra a atuação advocatícia, na qualidade de agente responsável por uma função relevante e essencial à administração da Justiça, o advogado é titular do direito aos honorários.

A doutrina debruçou-se sobre o tema e como todos os institutos jurídicos, os honorários advocatícios passaram por diversas evoluções doutrinárias, tendo o Direito Positivo no Brasil adotado as seguintes:
a) Penalidade – trazida pelo Código de Processo Civil de 1939 (art. 64), "quando a ação resultasse culpa ou dolo, contratual ou extracontratual, a sentença que julgasse procedente condenaria o réu ao pagamento dos honorários advocatícios";[9]
b) Indenizatória – introduzida pela Lei nº 4.632/1965, estabeleceu que "a sentença condenaria o vencido ao pagamento da honorária do vencedor, com recomendação da moderação e da motivação, mas com supressão da culpa e do dolo",[10] encontrando plena ratificação pelo Código de Buzaid,[11] em seus

---

[6] DIDIER JÚNIOR, Fredie. *Curso de Direito Processual Civil*. Introdução ao Direito Processual Civil, Parte Geral e Processo de Conhecimento. 17. ed. Salvador: Juspodivm, 2015. v. 1, p. 823.
[7] *Ibidem*, p. 824.
[8] *Ibidem*, p. 825.
[9] *Ibidem*, p. 1042.
[10] DIDIER JÚNIOR, Fredie. *Curso de Direito Processual Civil*. Introdução ao Direito Processual Civil, Parte Geral e Processo de Conhecimento. 17. ed. Salvador: Juspodivm, 2015. v. 1, p. 1042.
[11] "O projeto adota o princípio do sucumbimento, pelo qual o vencido responde por custas e honorários advocatícios em benefício do vencedor (art. 23). 'O fundamento desta condenação', como escreveu Chiovenda, 'é o fato objetivo da derrota, e a justificação deste instituto está em que a atuação da lei não deve representar uma diminuição patrimonial para a parte a cujo favor se efetiva; por ser interesse do Estado que o emprego do

artigos 20 e seguintes. Logo a seguir, a Lei nº 6.355/1976 garante o direito aos honorários, mesmo que o advogado atue em causa própria.

c) Alimentar - adentrada pela Lei nº 8.906/1994 (EOAB), os artigos 23 e 24 expressam o direito autônomo do advogado de executar a sentença, bem como de requerer precatório – afastando as controvérsias existentes mediante a redação da Lei nº 4.125/1963.

Jorge *apud* Didier Jr.:

> Exatamente neste sentido externou Yussef Cahali, ao concluir que 'perdeu sentido toda a discussão que se estabelecerá no direito anterior, quanto a saber se o pretenso direito autônomo do advogado aos honorários da sucumbência seria um direito originário da sentença ou um direito derivado do direito do cliente; se ocorreria, no caso, uma transferência, uma *cessio juris* ou uma sub-rogação de direito'
> Em síntese, a partir de então, a natureza jurídica dos honorários advocatícios restou modificada, deixaram de ser uma 'verba de ressarcimento' e passaram a ser uma 'verba remuneratória'.[12]

Nas palavras de Marcello Terto e Silva, a síntese sobre a natureza jurídica da verba honorária é a seguinte:

> Assim, notamos a evolução histórica dos honorários de sucumbência, primeiro, como sanção ao litigante de má-fé, tendo como destino o Poder Público; depois, como verba compensatória causal destinada à parte vencedora; mais adiante, como verba alimentícia de titularidade do advogado, na qualidade de agente responsável por uma função relevante e essencial à administração da Justiça no processo.[13]

Sobre este ponto, a Comissão Nacional da Advocacia Pública do CFOAB aprovou a Súmula nº 8, cujo teor é o seguinte:

> Súmula 8 - Os honorários constituem direito autônomo do advogado, *seja ele público ou privado. A apropriação dos valores pagos a título de honorários sucumbenciais como se fosse verba pública pelos entes federados configura apropriação indevida.*[14]

Por isso, nos tempos que correm, o melhor entendimento é aquele que valoriza a teoria da titularidade, porque melhor evidencia o caráter alimentar da verba honorária, visto que a persecução da verba honorária no processo se distingue diante da relevância do trabalho do advogado, tão difícil e trabalhoso quanto dignificante,

---

processo não se resolva em prejuízo de quem tem razão e por ser, de outro turno, que os direitos tenham um valor tanto quanto possível nítido e constante'" (exposição de motivos). (CHIOVENDA, Giuseppe. *Instituição de Direito Processual Civil*. Tradução de J. Guimarães Menegale. 2. ed. São Paulo: Saraiva, 1965. v. 3).

[12] JORGE, Flávio Cheim. Os honorários advocatícios e o recurso de apelação: um enfoque especial nos honorários recursais. In: COELHO, Marcus Vinícius Furtado; CAMARGO, Luiz Henrique Volpe (Coord.). *Honorários Advocatícios*. Salvador: Juspodivm, 2015.

[13] SILVA, Marcello Terto. Honorários advocatícios nas causas em que a Fazenda Pública é parte. In: COELHO, Marcus Vinícius Furtado; CAMARGO, Luiz Henrique Volpe (Coord.). *Honorários Advocatícios*. Salvador: Juspodivm, 2015. p. 418. (Coleção Grandes Temas do Novo CPC, v. 2. Coordenador geral: Fredie Didier Jr.).

[14] Conforme publicado pela OAB em 06.11.2012. Disponível em: <http://www.oab.org.br/noticia/24762/conselho-federal-traca-diretriz-em-defesa-da-advocacia-publica>. Acesso em: 30 jan. 2015.

porque é da exata observância das leis e do respeito inviolável ao direito que depende a evolução da democracia, do direito e do Estado.[15] Realmente, o tormentoso trabalho advocatício, na manutenção da relação profissional e ética com o cliente, com o seu ex adverso, com a parte contraria e com os demais membros da Justiça, como elo de propulsionamento e edificação da jurisdição, precisa estar em consonância com um necessário reconhecimento econômico.

Foi, pois, sob a égide deste preceito jurídico que a doutrina sustentou o caráter alimentar dos honorários advocatícios, tendo o Supremo Tribunal Federal batido o martelo em presença dos julgados exteriorizados e, em especial, pelo julgado de repercussão geral, cujo teor deixa imperioso tal atributo do instituto:

> *Súmula Vinculante 47:* Os honorários advocatícios incluídos na condenação ou destacados do montante principal devido ao credor consubstanciam verba de natureza alimentar cuja satisfação ocorrerá com a expedição de precatório ou requisição de pequeno valor, observada ordem especial restrita aos créditos dessa natureza.

Portanto, infere-se a necessidade e a preocupação social em que se porte o profissional com dignidade – donde extrai: com saúde, bons costumes, conhecimento jurídico, vasta cultura, bem afeiçoado e socialmente aceito – sendo um dever moral a aplicação dos honorários para aqueles fins.

Doutra forma, não poderia o novo regramento dar aos honorários, natureza jurídica diversa. Desse modo, tem os honorários a natureza jurídica de alimentos, não havendo quaisquer dúvidas ou reste doutrina que formule embargos de oposição, ante a disposição expressa do novo Código de Processo Civil: "Os honorários constituem direito do advogado e têm natureza alimentar, com os mesmos privilégios dos créditos oriundos da legislação do trabalho, sendo vedada a compensação em caso de sucumbência parcial" (ver artigo 85, §14, do CPC).

Soberbo, o dispositivo deu-lhes os privilégios da legislação do trabalho. Significa que são: impenhoráveis (art. 833, inciso IV, c/c §3º, do CPC); prefere ao crédito tributário (art. 187, *caput* c/c inciso II, do CTN); recai imposto de renda, tanto os percebidos, quanto pessoa física ou jurídica; e, na falência, é o primeiro crédito na linha vertical preferencial (art. 83, inciso I, da Lei nº 11.10, de 09.02.2005). Estes privilégios, por seu turno, não ferem disposições constitucionais de igualdade, somente asseguram e protegem a natureza alimentar dos honorários, abrigada de forma sábia pelo legislador processual.

3 Honorários advocatícios e principais alterações no NCPC

Com a vigência da Lei nº 13.105/2015, o novo Código de Processo Civil restou muito mais evidente a natureza privada dos honorários, discussão esgotada em capítulo anterior, e que demanda da Advocacia um esforço crescente na compreensão da nova regulamentação, dado que o NCPC destinou uma Seção específica para tratar das despesas, dos honorários e das multas do processo.

---

[15] SILVA, Marcello Terto. Honorários advocatícios nas causas em que a Fazenda Pública é parte. In: COELHO, Marcus Vinícius Furtado; CAMARGO, Luiz Henrique Volpe (Coord.). *Honorários Advocatícios*. Salvador: Juspodivm, 2015. p. 415-436. (Coleção Grandes Temas do Novo CPC, v. 2. Coordenador geral: Fredie Didier Jr.).

O NCPC é taxativo ao afirmar que "a sentença condenará o vencido a pagar honorários ao advogado do vencedor" (art. 85, caput), muito diferente da redação do CPC/73 ao dispor que "a sentença condenará o vencido a pagar ao vencedor as despesas que antecipou e os honorários advocatícios". A valorização que o NCPC empresta aos honorários somente fortalece a advocacia e garante ao advogado que em seu ministério privado, preste serviço público e exerça função social.

A análise aqui desenvolvida se debruçará, portanto, sobre os honorários previstos na novel legislação, notadamente os honorários de sucumbência devidos ao Advogado, destacando as inovações principais sobre o tema. O NCPC também consagrou o princípio da causalidade, de modo que aquele que deu causa à instauração da lide, também deve suportar as consequências do seu comportamento, dentre os quais o dever de pagar a verba de sucumbência.

Nesse sentido, Yussef Said Cahali[16] entende como ressarcimento que tem o lugar sempre que se tenha de fazer atuar judicialmente um direito contra outrem. [...] a condenação nas despesas "é a consequência necessária da necessidade do processo". Insere-se no sistema, como fundamental, o princípio da causalidade, do qual a sucumbência apresenta-se apenas como um elemento revelador, talvez o seu mais expressivo indício. Na lição de Carnelutti, válida para o nosso direito, a raiz da responsabilidade está na relação causal entre o dano e a atividade de uma pessoa. Esta relação causal é denunciada segundo alguns indícios, o primeiro dos quais é a sucumbência; não há aqui nenhuma antítese entre o princípio da causalidade e a regra da sucumbência como fundamento da responsabilidade pelas despesas do processo: se o sucumbente as deve suportar, isso acontece porque a sucumbência demonstra que o processo teve nele a sua causa. Mas, o princípio da causalidade é mais largo que aquele da sucumbência, no sentido de que este é apenas um dos indícios da causalidade.[17]

Assim, dentre as verbas sucumbenciais destacam-se os honorários advocatícios, que têm como objeto a remuneração do trabalho empreendido pelo advogado da parte vencedora. O novo CPC, art. 85, §1º, homenageia regras consagradas no STJ e estabelece o alcance da sucumbência, ou seja, a verba será devida, também, na reconvenção, no cumprimento de sentença, provisório ou definitivo, na execução, resistida ou não, e nos recursos interpostos cumulativamente. A partir daí foram estabelecidos limites nos parágrafos subsequentes - §2º e §3º - complementados pelos §6º e §9º, os quais serão comentados a seguir.

Assim, o art. 85, §2º, manteve os mesmos critérios objetivos do art. 20, §3º, do CPC/73. O legislador quis criar uma restrição ao *liberium arbitrium* do julgador, sujeitando-o ao parâmetro - 10% e 20% - diante da qual expressou Pontes de Miranda, ao tratar do artigo similar (art. 20, §3º, do CPC/73), "limitou, quantitativamente, e encheu, qualitativamente, o âmbito de competência do juiz ou Tribunal para a fixação dos honorários".

---

[16] CAHALI, Yussef Said. *Honorários advocatícios*. São Paulo: Editora Revista dos Tribunais, 2011. p. 37.
[17] RODOVALHO, Thiago. O novo CPC e os princípios inerentes à fixação de honorários advocatícios. In: COELHO, Marcus Vinícius Furtado; CAMARGO, Luiz Henrique Volpe (Coord.). *Honorários Advocatícios*. Salvador: Juspodivm, 2015. p. 63-71. (Coleção Grandes Temas do Novo CPC, v. 2. Coordenador geral: Fredie Didier Jr.).

Infere-se, assim, que o §2º, do art. 85 é, pois, uma regra matriz que traz percentuais que serão aplicados sobre: (i) o valor da condenação; (ii) o proveito econômico obtido; ou (iii) o valor atualizado da causa, se o proveito econômico não puder ser mensurado.

Duas considerações se impõem nesse ponto. A novidade aqui revelada sobre o proveito econômico como base de cálculo para incidências dos percentuais mínimo e máximo estabelecidos, e das parcelas que agregam o cômputo do valor atualizado da causa. Nesse caso, os honorários devem ser calculados sobre o proveito econômico obtido, ou seja, a diferença entre o valor cobrado e aquele que se verificou efetivamente devido. Portanto, a verba honorária de sucumbência sob o timbre do proveito econômico obtido seria, p. ex., fixada em 10% sobre a diferença entre o valor pleiteado na exordial e aquele deferido na sentença.

Outro aspecto cinge-se aos componentes que formam a base de cálculo do valor da causa: na cobrança da dívida, esse valor será composto pela "soma do principal, da pena e dos juros vencidos até a propositura da ação" (art. 259, I, do CPC), mas, "quando se pedirem prestações vencidas e vincendas, tomar-se-á em consideração o valor de umas e outras. O valor das prestações vincendas será igual a uma prestação anual, se a obrigação for por tempo indeterminado, ou por tempo superior a um ano; se por tempo inferior, será igual à soma das prestações (art. 260 do CPC)".[18]

De qualquer sorte, o novo *Codex* reproduz o texto do CPC/73 e parece revelar um sentir generalizado de ter feito melhor no parágrafo acima reproduzido, para criar referências mais concretas, de forma a viabilizar a aferição mais precisa do trabalho do advogado, i.e., valorizando a sua criatividade, a atuação cooperada e colaborativa preconizada no NCPC, o esforço em busca de soluções consensuais, além de outros parâmetros de melhor mensuração, de modo a criar uma escala justa entre os limites de 10 e 20 percentuais arbitrados pelo magistrado.

Uma vez apresentada a regra geral do §2º, importa considerar que esta sofre modificações em algumas situações: se a causa for inestimável ou sendo irrisória a vantagem econômica a ser proporcionada pelo processo, o juiz fixará os honorários utilizando-se apenas os elementos qualitativos dos incisos I a IV (art. 85, §8º, NCPC); em ação indenizatória fundada em imputação de ato ilícito contra pessoa, o percentual de honorários incidirá sobre a soma das prestações vencidas acrescida de 12 (doze) prestações vincendas (art. 85, §9º, NCPC); e, nas causas em que a Fazenda Pública for parte, o art. 85, §3º, do NCPC passa a criar faixas que variam conforme o valor da condenação ou do proveito econômico.

Partindo da premissa de que agora a Fazenda Pública é parte e não sucumbente, o NCPC estabeleceu um teto de honorários, como nas ações inferiores a 200 salários mínimos ficam estabelecidos os limites mínimos de 10% e máximos de 20% de condenação ou proveito econômico.

O novo CPC prevê, também, que "são devidos honorários advocatícios [...] nos recursos interpostos" (art. 85, §1º) e estipula que o "tribunal, ao julgar recurso, majorará os honorários fixados" (art. 85, §11º), significando claramente que ao interpor recurso contra decisão, serão devidos novos honorários advocatícios, tarefa a cargo do Tribunal e, como se passa no primeiro grau, não há necessidade de pedido expresso. O advogado, portanto, terá direito a honorários pela simples interposição de recurso.

---

[18] CAHALI, Yussef Said. *Honorários advocatícios*. São Paulo: Editora Revista dos Tribunais, 2011. p. 330.

Ressalte-se, por oportuno, que ao tribunal caberá a majoração dos honorários já fixados, desde que ainda haja margem para tanto, haja vista que não poderá ultrapassar os limites estabelecidos nos §§2º e 3º. Assim, se o juiz fixou a verba honorária em 10%, poderá o tribunal majorar, no máximo, mais 10%. Contudo, se o juiz de piso arbitrar em 20%, não poderá o tribunal acrescentar, nem os tribunais superiores. O advogado, portanto, terá direito a honorários pela simples interposição de recurso, exceto se já fixados no seu limite máximo.

Frise-se, ainda, sobre esse ponto, que os honorários de sucumbência devidos em razão do sucesso na causa, não podem ser confundidos com os honorários recursais, que se referem à vitória no recurso. Vejamos, o vitorioso no recurso pode não ser o que ganhou a causa e esse aspecto exigirá, doravante, mais prudência e avaliação de risco no momento da proposição do recurso. Hipoteticamente, em Ação Anulatória contra a Fazenda, se forem arbitrados honorários de 5% e este autor parcialmente vitorioso recorre de uma específica questão. O Tribunal arbitra 15% em honorários, contudo, ocorre o reexame da sentença e o improvimento do recurso. Perde, assim, os 20% em favor do *ex adverso*.

No tocante à apreciação do quantum fixado pelo Tribunal de origem, a título de honorários em sede de Recurso Especial, poderá ensejar o reexame da matéria fático-probatória, o que ofende a regra do recurso especial, somente excepcionada quando a fixação de honorários for irrisória ou exorbitante.

Os ministros Herman Benjamin e Benedito Gonçalves trouxeram uma "instância de temperamento",[19] em crítica vigorosa, excepcionando a Jurisprudência da Corte, no sentido de afastar o óbice da Súmula 7/STJ. Vejamos o teor do EREsp 966746/PR:

> A preliminar suscitada não tem o condão de impedir a análise do mérito destes Embargos de Divergência. A questão fundamental consiste em definir se os honorários de sucumbência fixados de forma manifestamente exorbitante podem ser revistos em julgamento de Recurso Especial. Em outras palavras: se uma aberração jurídica praticada na instância ordinária quanto ao arbitramento da verba sucumbencial ficaria acobertada pelo óbice da Súmula 7/STJ. Se a orientação desta Corte fosse no sentido de que a Súmula 7 funciona como uma cortina, uma espécie de *blackout*, que impossibilita, em absoluto, o conhecimento de toda matéria à qual se atribua a conotação de natureza fática, aí sim, não poderíamos avançar. Recordo, entretanto, que este Tribunal é, assim como os demais órgãos julgadores, uma instância de temperamento de suas próprias decisões, de modo a não admitir o absolutismo da lei, tampouco o absolutismo de sua própria jurisprudência. Por essa razão, essa ponderação foi feita, por exemplo, em se tratando de valores reparatórios de danos morais. Existe alguém mais habilitado para avaliar as circunstâncias fáticas e os componentes humanos do dano moral que o juiz de primeira instância; o julgador que vê as partes, fala com elas e dialoga com os peritos? E, no entanto, o STJ temperou sua jurisprudência acerca da avaliação de danos para assentar que, se o valor dos danos morais é exagerado, não se aplica a Súmula 7, orientação que se segue para avaliação dos honorários.

---

[19] BRASIL. STJ. EResp 966746/PR.

Outra inovação trazida com o NCPC é a previsão contida no art. 90, §§1º e 4º, da Seção III, Capítulo II, Livro III, que disciplinou a verba honorária quando do reconhecimento do pedido, da desistência e da renúncia.

Se o réu reconhecer o pedido e não cumprir a obrigação, os honorários são devidos integralmente, contudo, sob o escólio do art. 90, §4ª, se o réu ao reconhecer o pedido, cumprir integralmente a obrigação, os honorários serão reduzidos pela metade. Por outro lado, caso o reconhecimento, a desistência e a renúncia se derem parcialmente quanto aos pedidos, a incidência dos honorários se dará proporcionalmente à parcela que reconheceu, desistiu ou renunciou.

À guisa de conclusão, é necessário pontuar os efeitos do NCPC sobre as Súmulas correlacionadas à verba honorária, dado que devemos considerar que, na maioria das vezes, a jurisprudência pacificada nos tribunais superiores repercute em respostas do legislativo.

Enuncia a Súmula 453 do STJ que "os honorários sucumbenciais, quando omitidos em decisão transitada em julgado, não podem ser cobrados em execução ou em ação própria", ou seja, o raciocínio aqui é o da consideração da existência de "pedido implícito". Ora, o NCPC não reserva mais o mínimo substrato à referida Súmula, em especial, porque o advogado vencedor é parte legítima para propor a ação autônoma para cobrança dos honorários (art. 23 Lei nº 8.906/94). Assim é que o art. 85, §18, passou a estabelecer que "caso a decisão transitada em julgado seja omissa quanto ao direito dos honorários ou ao seu valor, é cabível ação autônoma para sua definição e cobrança".

A Súmula 306 do STJ, editada em 2004, firmou o seguinte enunciado para estabelecer a compensação de honorários: "Os honorários advocatícios devem ser compensados quando houver sucumbência recíproca, assegurando o direito autônomo do advogado à execução do saldo sem excluir a legitimidade da própria parte". Partindo da premissa que norteia o NCPC sobre a natureza alimentar dos honorários, o art. 85, §14, adotou a vedação à compensação de honorários em caso de sucumbência parcial: "os honorários constituem direito do advogado e têm natureza alimentar, com os mesmos privilégios dos créditos oriundos da legislação do trabalho, sendo vedada a compensação em caso de sucumbência parcial".

Afinal, a Súmula 7 do STJ, impeditiva da via do recurso especial para o reexame dos aspectos fático-probatórios das controvérsias a si submetidas, consiste em regra somente flexibilizada na esteira da jurisprudência dominante, quando os honorários arbitrados forem irrisórios ou exorbitantes, conforme tratamos acima. O Tribunal poderá, ainda, majorar os honorários fixados anteriormente, levando em consideração os requisitos dos §§2º e 3º, do art. 85 do CPC, desde que não ultrapassem os limites constantes nesses parágrafos. Problema será para o STJ realizar a majoração disciplinada no art. 85, §11, do CPC, avaliando o grau de zelo, natureza e importância da causa, local de prestação do serviço, e o nível do trabalho técnico do advogado, sem reexaminar o acervo fático-probatório.

4 Honorários advocatícios devidos pela Fazenda Pública no NCPC

Muito embora nós pudéssemos partir, *ab initio*, de uma análise comparativa entre o texto do §4º, do art. 20, do CPC/73 e o do §3º do art. 85, do novel cânone processual para discorrer sobre o palpitante tema em epígrafe. Ainda assim, a nossa análise ficaria carente dos aspectos interpretativos "decorrentes da análise do princípio da igualdade e da paridade de armas, norteadores do Direito Processual Civil", posto que pairam algumas dúvidas se a norma processual estaria ou não em conformidade com eles.[20]

Nesse sentido é que Fábio Capucho coloca muito bem o tema, ao lembrar que a busca de uma maior objetividade na fixação dos honorários advocatícios contra a Fazenda Pública, seja ela a da União, dos Estados, do Distrito Federal ou dos Municípios, era "uma antiga reivindicação da classe dos advogados". Isso porque, no CPC/73, o critério adotado para a fixação dos honorários advocatícios de sucumbências era "baseado na natureza jurídica da parte vencida".[21]

Ademais, mister se faz fixar, de logo, a nossa posição de que é necessária a concessão de prerrogativas específicas para à Fazenda Pública, em face da necessidade de proteger o interesse público, tratando, dessa forma, desigualmente os desiguais, não só aplicando o princípio da isonomia, como também viabilizando a paridade de armas. Desse modo, o legislador manteve um tratamento diferenciado no NCPC, ao estabelecer regras específicas para pessoas jurídicas de direito público, em vários momentos no transcorrer do processo.[22]

Nunca é por demais esclarecer que no regime do CPC/73, "na hipótese de derrota da Fazenda Pública, o valor dos honorários deveria ser arbitrado segundo apreciação equitativa do juízo, ao passo que, vencido o particular, os honorários deveriam equivaler a um mínimo de dez e a um máximo de vinte por cento do valor da condenação".[23] Talvez, por isso é que se tenha criado uma dicotomia cujo benefício, sem dúvidas, era sempre da Fazenda Pública, e isso acarretava prejuízos aos profissionais que advogavam contra ela.

Muito embora nós tenhamos iniciado as nossas investigações a partir da análise do sistema antigo, cujo objetivo era o de punir o vencido, isso porque havia uma alteração da verdade dos fatos, bem como se apurava o dolo ou a culpa do vencido.[24]

Contudo, no novo CPC existe uma preocupação em relação ao trabalho do advogado e o resultado do processo, cujos requisitos foram objetivados nos incisos I a IV, do §2º, do artigo 85.

Mister se faz também acrescentar que a prerrogativa é justificável pelo interesse público e não um privilégio, pois não viola o princípio da isonomia; haja vista que não singulariza um destinatário determinado, mas sim, uma categoria de pessoas; como

---

[20] ALVAREZ, Anselmo Prieto. Honorários advocatícios contra a Fazenda Pública e o novo CPC. In: COELHO, Marcus Vinícius Furtado; CAMARGO, Luiz Henrique Volpe (Coord.). *Honorários Advocatícios*. Salvador: Juspodivm, 2015. p. 373. (Coleção Grandes Temas do Novo CPC, v. 2. Coordenador geral: Fredie Didier Jr.).

[21] CAPUCHO, Fábio Jun. Honorários advocatícios nas causas em que a Fazenda Pública for parte: sistemática do novo Código de Processo Civil. In: COELHO, Marcus Vinícius Furtado; CAMARGO, Luiz Henrique Volpe (Coord.). *Honorários Advocatícios*. Salvador: Juspodivm, 2015. p. 393. (Coleção Grandes Temas do Novo CPC, v. 2. Coordenador geral: Fredie Didier Jr.).

[22] ALVAREZ, Anselmo Prieto. Honorários advocatícios contra a Fazenda Pública e o novo CPC. In: COELHO, Marcus Vinícius Furtado; CAMARGO, Luiz Henrique Volpe (Coord.). *Honorários Advocatícios*. Salvador: Juspodivm, 2015. p. 373. (Coleção Grandes Temas do Novo CPC, v. 2. Coordenador geral: Fredie Didier Jr.).

[23] CAPUCHO, Fábio Jun. Honorários advocatícios nas causas em que a Fazenda Pública for parte: sistemática do novo Código de Processo Civil. In: COELHO, Marcus Vinícius Furtado; CAMARGO, Luiz Henrique Volpe (Coord.). *Honorários Advocatícios*. Salvador: Juspodivm, 2015. p. 393. (Coleção Grandes Temas do Novo CPC, v. 2. Coordenador geral: Fredie Didier Jr.).

[24] SARRO, Luís Antônio Giampaulo. Dos princípios e os honorários advocatícios no novo CPC. In: COELHO, Marcus Vinícius Furtado; CAMARGO, Luiz Henrique Volpe (Coord.). *Honorários Advocatícios*. Salvador: Juspodivm, 2015. p. 47. (Coleção Grandes Temas do Novo CPC, v. 2. Coordenador geral: Fredie Didier Jr.).

também adota como critério discriminador, para fins de diferenciação de regimes, elemento não residente nos fatos, situações ou pessoas por tal modo desequiparadas; nem muito menos atribui tratamentos jurídicos diferentes daqueles de discriminação adotados, isto é, não guarda relação de pertinência lógica com a disparidade de regimes outorgados; como também supõe uma relação de pertinência lógica existente em abstrato, onde a discriminação estabelecida conduz a efeitos contrapostos ou dissonantes dos interesses prestigiados constitucionalmente; e, a interpretação da situação diferenciada não leva a distinções, discriminações ou desequiparações que não foram assumidas por ela de modo claro.[25]

Além disso, justifica a situação de prerrogativa: a) um tratamento diferenciado que seja razoável em face do caso concreto; b) a existência de uma correlação ou adequação entre o fator de diferenciação escolhido e o fator de desigualdade existente; e, c) o elemento discriminador deve estar em consonância com a ordem constitucional. Nesse caso, como o interesse público defendido pela Fazenda Pública, no desenrolar da relação processual, preenche os requisitos acima e justificam a necessidade de estabelecimento discriminatório, exigindo do NCPC um tratamento diferenciado, capaz de viabilizar a defesa do bem comum e, em última *ratio*, o próprio Estado Social Democrático de Direito; como por exemplo, no caso do pagamento por precatório, onde a existência de um bem público impenhorável impede o uso do rito comum executivo baseado na penhora de bens, conforme reza o art. 100 da CF.

Fábio Capucho em seu ensaio relata, também, a indignação dos advogados com este tratamento discriminatório indevido, quase aristocrático, pois teria aviltado os honorários de tal forma que eles teriam se tornado inexistentes, ao passo em que os patronos da Fazenda Pública teriam assegurados de 20 a 10% da sua condenação à verba advocatícia no *ancien regimen*.[26] Existe, na verdade, um equívoco nessas premissas, "tanto no que concerne à afirmação de que a regra revogada fosse injustificável, quanto na de que fora a causa da fixação de honorários vis, miseráveis realmente, aos advogados que militavam contra a Fazenda Pública".

Como se isso não bastasse, o magistrado, ao determinar uma apreciação equitativa das circunstâncias da ação para a fixação do valor da condenação a título de sucumbência, a tornava adequada aos fins a que a mesma se destinava. Ora, se a Fazenda Pública é, na realidade, depositária de valores hauridos, através da contribuição da sociedade, nada mais justo do que considerar a proteção dos cofres públicos como uma maneira de se resguardar o interesse público.

Além disso, como a Fazenda Pública tem sua esfera de transação limitada aos ditames da lei, o que reduz muito as hipóteses de transação, e frustra também as possibilidades de mitigação de conflitos, por outro lado, ao ser demandada em massa, permite a uniformização e a padronização das teses dos patronos dos contribuintes, o que

---

[25] ALVAREZ, Anselmo Prieto. Honorários advocatícios contra a Fazenda Pública e o novo CPC. In: COELHO, Marcus Vinícius Furtado; CAMARGO, Luiz Henrique Volpe (Coord.). *Honorários Advocatícios*. Salvador: Juspodivm, 2015. p. 374-375. (Coleção Grandes Temas do Novo CPC, v. 2. Coordenador geral: Fredie Didier Jr.).

[26] CAPUCHO, Fábio Jun. Honorários advocatícios nas causas em que a Fazenda Pública for parte: sistemática do novo Código de Processo Civil. In: COELHO, Marcus Vinícius Furtado; CAMARGO, Luiz Henrique Volpe (Coord.). *Honorários Advocatícios*. Salvador: Juspodivm, 2015. p. 393-394. (Coleção Grandes Temas do Novo CPC, v. 2. Coordenador geral: Fredie Didier Jr.).

torna litigar contra ela, a partir de um determinado ponto, relativamente mais simples; fatos esses que autorizam o estabelecimento, pelo processo civil, de um tratamento diferenciado da Fazenda Pública na relação jurídica processual.

Enfim, superado este primeiro obstáculo, cabe destacar, também, que ao fixar os honorários contra a Fazenda Pública, tanto o juiz de piso, quanto o recursal devem observar o princípio da causalidade, a fim de que os custos devam ser suportados por quem os deu causa, que seria, a princípio, o vencido, salvo se o vencedor não tiver esgotado os meios adequados de solução de conflitos.[27] Nesse caso, na fixação do percentual, deve-se levar em conta tanto o seu potencial remuneratório, quanto o seu uso como sanção patrimonial, ou seja, é preciso que haja um caráter pedagógico capaz de desestimular o abuso de direito e a má-fé no ajuizamento de lides temerárias.

Isso posto, é necessário, também, conforme ensina Nelson Nery, que o princípio da sucumbência seja insatisfatório, motivo pelo qual "deve o juiz fazer exercício de raciocínio, perquirindo sobre quem perderia a demanda, se a ação fosse decidida por mérito", como, por exemplo, na ação declaratória de inexistência de relação jurídico tributária, o reconhecimento desse fato levaria à extinção do processo sem julgamento do mérito, por perda superveniente do objeto (ausência de interesse/utilidade), mas não eximirá a condenação da Fazenda Pública nos honorários sucumbenciais por ter dado causa à demanda, salvo em caso que o comportamento da mesma estivesse resguardado por norma legal limitadora de ação diversa, em face da indisponibilidade do crédito tributário, e que não tenha sido declarada a sua inconstitucionalidade.[28]

A fixação de honorários mínimos sempre foi um verdadeiro "nó górdio", pois apesar do magistrado poder se valer "dos mesmos fatores presentes no parágrafo 3º, do art. 20, do CPC, para o arbitramento dos honorários, não estava, na hipótese de derrota da Fazenda Pública, jungido a observar qualquer patamar mínimo".[29] Sendo assim, resta verificar se, com a revogação da apreciação equitativa, prevista no art. 20, parágrafo 4º, do Código do Processo Civil de 1973, ainda seria possível a fixação de honorários que não fossem aviltantes, ou seja, inferior a 10% (dez por cento) do objeto da sentença condenatória.

Inicialmente, cabe explicar que nunca foi esta a intenção do legislador, mas a de estabelecer um critério neutro, capaz de assegurar uma adequada contraprestação ao trabalho realizado pelo advogado, , sem gerar gravame excessivo aos cofres públicos, já que seria possível haver uma condenação extremamente elevada, mesmo que o percentual fixado tenha sido inferior a dez por cento do objeto da condenação, de maneira que, a aplicação pura e simples de um percentual estabelecido previamente poderia gerar polpudos honorários, e até provocaria o enriquecimento privado indevido,

---

[27] MELLO, Rogério Licastro Torres de. Honorários advocatícios sucumbenciais: apreciações gerais e princípios aplicáveis. In: COELHO, Marcus Vinícius Furtado; CAMARGO, Luiz Henrique Volpe (Coord.). *Honorários Advocatícios*. Salvador: Juspodivm, 2015. p. 58-61. (Coleção Grandes Temas do Novo CPC, v. 2. Coordenador geral: Fredie Didier Jr.).

[28] NERY JUNIOR, Nelson; ANDRADE NERY, Rosa Maria de. *Código de processo civil comentado e legislação extravagante*. 10. ed. São Paulo: Revista dos Tribunais, 2007. p. 222.

[29] CAPUCHO, Fábio Jun. Honorários advocatícios nas causas em que a Fazenda Pública for parte: sistemática do novo Código de Processo Civil. In: COELHO, Marcus Vinícius Furtado; CAMARGO, Luiz Henrique Volpe (Coord.). *Honorários Advocatícios*. Salvador: Juspodivm, 2015. p. 394. (Coleção Grandes Temas do Novo CPC, v. 2. Coordenador geral:, Fredie Didier Jr.).

caso não houvesse correlação entre o valor da condenação e a qualidade do serviço prestado.[30]

De igual modo, merece destaque o fato de que o novo Código trouxe substanciais modificações quando colocou como devida a verba honorária na etapa de conhecimento, na reconvenção, no comprimento da sentença, na execução e nos recursos interpostos cumulativamente, entre outras hipóteses previstas no artigo 85 do NCPC.[31] Bem como, o STJ, ao julgar o recurso especial nº 1.155.125- MG, fixou o entendimento que:

> a) se vencida a Fazenda Pública na demanda, a fixação dos honorários advocatícios não está restrita aos limites percentuais de 10% e 20%, vez que pode ser adotada como base de cálculo o valor dado à causa ou à condenação, ou mesmo um valor fixo com base no critério de equidade;
>
> b) e, nas demandas de cunho declaratório, até por inexistir condenação pecuniária que possa servir de base de cálculo, os honorários devem ser fixados com referência no valor da causa ou em montante fixo.[32]

Então, o NCPC busca introduzir parâmetros objetivos de fixação, tarifando o seu arbitramento em percentual relacionado à vantagem econômica obtida com a demanda pelo devedor, pois, ao contrário do arbitramento, que configura um padrão judicial objetivo, a discricionariedade judicial lhe é preexistente, mas não se confunde com ela, muito embora tenha ocorrido o mal uso de ambas por alguns magistrados, o que não compromete a validade da regra como um todo. Talvez por isso o legislador tenha trilhado um outro caminho com o objetivo de diminuir a esfera de atuação discricionária dos magistrados como uma forma de garantir honorários mais justos, isto é, próximos daqueles que almeja o advogado.

Por conta da singularidade inerente á Fazenda Pública, não houve a criação de um único critério para a fixação dos honorários sucumbenciais, logo, é necessário levar em conta a "qualidade do serviço advocatício prestado com o escalonamento objetivo da obrigação, a partir de critérios pertinentes à dimensão econômica do objeto da demanda".[33] Isso, porque, somente assim será possível coibir a discricionariedade dos magistrados e, quiçá, impedir o aviltamento da remuneração dos advogados que militam no contencioso. Até porque a estipulação de faixas de valores decorre de critérios técnicos-jurídicos e, com isso, será possível o seu controle pelo Superior Tribunal da Justiça, pois muito embora ele não possa rever os requisitos fáticos estabelecidos no parágrafo segundo, sempre poderá rever a decisão que ultrapassar esses limites legais, tanto para mais, quanto para menos.

---

[30] CAPUCHO, Fábio Jun. Honorários advocatícios nas causas em que a Fazenda Pública for parte: sistemática do novo Código de Processo Civil. In: COELHO, Marcus Vinícius Furtado; CAMARGO, Luiz Henrique Volpe (Coord.). *Honorários Advocatícios*. Salvador: Juspodivm, 2015. p. 395. (Coleção Grandes Temas do Novo CPC, v. 2. Coordenador geral: Fredie Didier Jr.).

[31] BRASIL. STJ. REsp. 1155.125-MG.

[32] ALVAREZ, Anselmo Prieto. Honorários advocatícios contra a Fazenda Pública e o novo CPC. In: COELHO, Marcus Vinícius Furtado; CAMARGO, Luiz Henrique Volpe (Coord.). *Honorários Advocatícios*. Salvador: Juspodivm, 2015. p. 378. (Coleção Grandes Temas do Novo CPC, v. 2. Coordenador geral: Fredie Didier Jr.).

[33] CAPUCHO, Fábio Jun. Honorários advocatícios nas causas em que a Fazenda Pública for parte: sistemática do novo Código de Processo Civil. In: COELHO, Marcus Vinícius Furtado; CAMARGO, Luiz Henrique Volpe (Coord.). *Honorários Advocatícios*. Salvador: Juspodivm, 2015. p. 396. (Coleção Grandes Temas do Novo CPC, v. 2. Coordenador geral: Fredie Didier Jr.).

A Advocacia Geral da União entendeu ser esta a alternativa menos gravosa, posto que preservou o interesse público e por ter garantido aos advogados honorários sucumbenciais adequados, vez que o critério escolhido foi o da dimensão econômica do objeto da ação, sendo que em ações vultuosa, mister se faz avaliar o trabalho efetivamente realizado, bem como a qualidade na prestação do serviço, vez que configura o principal fator para a fixação do valor devido pelo vencido.

Acontece que ao estabelecer percentuais mínimos para cada faixa de valor, "o magistrado se verá constrangido, por vezes, a adotá-lo, independentemente da correspondência entre o valor resultante da formula e a justa remuneração pelo trabalho realizado".[34] Cabe pontuar, também, que "a possibilidade de fixação por apreciação equitativa do juiz foi reservada, no novo CPC, para a hipótese de valores reduzidos, deixando à descoberto, a situação de o juiz se deparar com valores expressivos como base de cálculo"; mas só uma fundamentação adequada é que poderá evitar a ocorrência de desvio, através de um arbitramento superior ao valor corrente no mercado para igual serviço.

Por fim, quanto ao método utilizado no cálculo dos honorários, o mesmo se encontra previsto no parágrafo quinto art. 85, que assim dispõe: "a fixação do percentual de honorários deve observar a faixa inicial e, naquilo que a exceder, a faixa subsequente, e assim sucessivamente". Cabe observar de plano que, se "a dimensão econômica da causa for elevada, será preciso aplicar não uma, mas duas ou mais alíquotas para se chegar ao valor efetivamente devido a título de honorários".[35] Logo, não será possível fazer a aplicação de alíquota da faixa inicial sobre os valores insertos nos demais, porque isso não estaria de acordo com os parâmetros norteadores para a estipulação de faixas.

É bem possível que em face da complexidade em elaborar o cálculo, alguns julgadores poderão ter que rever o critério adotado em seu *decisum*. E, em virtude de preferência por esta formula, "em detrimento da incidência de alíquota correspondente à faixa em que se enquadrasse o valor total da condenação, do benefício econômico ou do valor da causa, que não é clara". Pensa-se que para o próprio magistrado será difícil imaginar se o valor resultante será, ou não, correspondente ao trabalho executado, e que, provavelmente, depois de concluído o cálculo, muitos julgadores se sentirão obrigados a rever o critério adotado.[36]

Apesar de termos optado por um modelo muito complexo e trabalhoso, cuja vantagem não se percebe muito facilmente, ainda assim o novel paradigma é muito superior ao do antigo CPC, já que estabeleceu critérios objetivos, e, mesmo que traga alguma confusão às alíquotas mínima e máxima para cada faixa, e dificultado a apuração

---

[34] CAPUCHO, Fábio Jun. Honorários advocatícios nas causas em que a Fazenda Pública for parte: sistemática do novo Código de Processo Civil. In: COELHO, Marcus Vinícius Furtado; CAMARGO, Luiz Henrique Volpe (Coord.). *Honorários Advocatícios*. Salvador: Juspodivm, 2015. p. 397. (Coleção Grandes Temas do Novo CPC, v. 2. Coordenador geral: Fredie Didier Jr.).

[35] CAPUCHO, Fábio Jun. Honorários advocatícios nas causas em que a Fazenda Pública for parte: sistemática do novo Código de Processo Civil. In: COELHO, Marcus Vinícius Furtado; CAMARGO, Luiz Henrique Volpe (Coord.). *Honorários Advocatícios*. Salvador: Juspodivm, 2015. p. 398. (Coleção Grandes Temas do Novo CPC, v. 2. Coordenador geral: Fredie Didier Jr.).

[36] CAPUCHO, Fábio Jun. Honorários advocatícios nas causas em que a Fazenda Pública for parte: sistemática do novo Código de Processo Civil. In: COELHO, Marcus Vinícius Furtado; CAMARGO, Luiz Henrique Volpe (Coord.). *Honorários Advocatícios*. Salvador: Juspodivm, 2015. p. 397. (Coleção Grandes Temas do Novo CPC, v. 2. Coordenador geral: Fredie Didier Jr.).

da alíquota correta pelo magistrado, mesmo assim existe um critério mais preciso nos percentuais de cada faixa.

É necessário ficarmos atentos para aqueles raros casos em que o juiz ainda possa arbitrar o valor devido ao advogado, segundo apreciação equitativa, pois muito embora tenha o legislador ampliado o rol de bases imponíveis possíveis, ainda não foi descartada de nosso ordenamento jurídico tal hipótese. De igual modo, mister se faz observar, também, como será apurado o proveito econômico obtido pelo vencedor da ação, ainda mais quando o NCPC se preocupa em distingui-la das condenações, como por exemplo, ao determinar alguma obrigação a fazer.[37]

Não obstante a sua aplicação como base de cálculo seja residual, o NCPC, em seu consoante paragrafo quarto, inciso III, do art. 85, impõe que o valor da causa deve ser certo, mesmo quando não seja possível determinar, de logo, o conteúdo econômico objeto da ação ou os parâmetros de fixação mais adequados ao caso concreto. Enfim, cabe explicar, também, que o CPC sempre exigiu a indicação da atribuição do valor à causa de forma obrigatória, contudo, esta atribuição era feita de "maneira aleatória ou em valor meramente simbólico, diante da concepção de que se trataria de mera formalidade, mormente nas situações em que justamente o proveito econômico de causa não era imediatamente identificável".[38]

Enfim, em nosso último comentário temos a pontuar que na sentença líquida, os percentuais serão aplicados no momento em que a mesma for proferida e a depender do que estabelecer o julgado, será neste lapso temporal que será definido o percentual. Ao passo que, "para as sentenças em que não for possível mensurar o proveito econômico, deverá ser considerado o valor atualizado da causa".[39]

5 Honorários advocatícios devidos à fazenda pública no NCPC

5.1 Tratamento normativo constitucional atual da advocacia pública

A partir da definição dos elementos conformadores do Estado Democrático de Direito, faz-se mister considerar que o Texto Magno dispensou tratamento constitucional extremamente relevante para a Advocacia Pública, constituindo-se em inovadora disciplina normativa que, apesar de ainda carecer de aperfeiçoamento, é, inquestionavelmente, fruto do avanço institucional experimentado com a nova ordem jurídica inaugurada no Brasil a partir de 1988.

Este é o texto constitucional em vigência atual:

> Art. 131. A Advocacia-Geral da União é a instituição que, diretamente ou através de órgão vinculado, representa a União, judicial e extrajudicialmente, cabendo-lhe, nos termos da

---

[37] CAPUCHO, Fábio Jun. Honorários advocatícios nas causas em que a Fazenda Pública for parte: sistemática do novo Código de Processo Civil. In: COELHO, Marcus Vinícius Furtado; CAMARGO, Luiz Henrique Volpe (Coord.). *Honorários Advocatícios*. Salvador: Juspodivm, 2015. p. 398. (Coleção Grandes Temas do Novo CPC, v. 2. Coordenador geral: Fredie Didier Jr.).

[38] CAPUCHO, Fábio Jun. Honorários advocatícios nas causas em que a Fazenda Pública for parte: sistemática do novo Código de Processo Civil. In: COELHO, Marcus Vinícius Furtado; CAMARGO, Luiz Henrique Volpe (Coord.). *Honorários Advocatícios*. Salvador: Juspodivm, 2015. p. 399. (Coleção Grandes Temas do Novo CPC, v. 2. Coordenador geral: Fredie Didier Jr.).

[39] WAMBIER, Teresa Arruda Alvim. et al. *Primeiros comentários ao novo Código de processo civil:* artigo por artigo, Lei nº 13.105, de 16 de março de 2015. São Paulo: Revista dos Tribunais, 2015. p. 166.

lei complementar que dispuser sobre sua organização e funcionamento, as atividades de consultoria e assessoramento jurídico do Poder Executivo.

§1º. A Advocacia-Geral da União tem por chefe o Advogado-Geral da União, de livre nomeação pelo Presidente da República dentre cidadãos maiores de trinta e cinco anos, de notável saber jurídico e reputação ilibada.

§2º. O ingresso nas classes iniciais das carreiras da instituição de que trata este artigo far-se-á mediante concurso público de provas e títulos.

§3º. Na execução da dívida ativa de natureza tributária, a representação da União cabe à Procuradoria-Geral da Fazenda Nacional, observado o disposto em lei.

Art. 132. Os Procuradores dos Estados e do Distrito Federal, organizados em carreira, na qual o ingresso dependerá de concurso público de provas e títulos, com a participação da Ordem dos Advogados do Brasil em todas as suas fases, exercerão a representação judicial e a consultoria jurídica das respectivas unidades federadas. (Redação dada pela Emenda Constitucional nº 19, de 1998)

Parágrafo único. Aos procuradores referidos neste artigo é assegurada estabilidade após três anos de efetivo exercício, mediante avaliação de desempenho perante os órgãos próprios, após relatório circunstanciado das corregedorias.[40]

Convém anotar também que a Emenda Constitucional nº 19, de 04 de junho de 1998, veiculadora da então denominada reforma administrativa, alterou a redação do §4º do art. 39 da Constituição Federal, para estabelecer que a remuneração dos membros de Poder, dentre as demais autoridades previstas, seria procedida sob rubrica única a que denominou de subsídio.

Embora os Advogados Públicos (Federais, Estaduais e Municipais) não se enquadrassem dentre as autoridades previstas no sobredito dispositivo constitucional, a Constituição Federal, ao invés de conferir a liberdade de conformação ao legislador estadual quanto à avaliação da conveniência e oportunidade de estabelecer, ou não, o regime remuneratório por subsídio, como autorizado pelo §8º do próprio art. 39, reconhecendo a relevância institucional da Advocacia do Estado, enquanto função essencial à Justiça, que se sobreleva de feição republicana para a construção de um Estado Democrático de Direito, na forma do seu art. 1º, estabeleceu uma imposição constitucional concreta quanto ao estabelecimento dos subsídios.

Com efeito, o art. 135 da Constituição Federal, fixando parâmetro relevante de disciplina normativa da carreira de Procurador do Estado, também impõe que seja adotado para os integrantes das carreiras jurídicas relativas às funções essenciais à Justiça, o regime remuneratório previsto pelo §4º do art. 39, ou seja, por subsídio, revelando-se, portanto, a existência objetiva de imposição constitucional concreta determinante do dever de legislar a cada ente da Federação para que seja instituído o subsídio enquanto rubrica única excludente de qualquer outro componente ou vantagem remuneratória.

É imprescindível registrar também a novel previsão da aplicação do teto constitucional remuneratório para a carreira de Procurador do Estado, conforme previsto no artigo 37, XI da Carta da República.[41]

---

[40] Redação dada pela Emenda Constitucional nº 19, de 1998.
[41] "Art. 37 [...]
XI - a remuneração e o subsídio dos ocupantes de cargos, funções e empregos públicos da administração direta, autárquica e fundacional, dos membros de qualquer dos Poderes da União, dos Estados, do Distrito Federal

Para efeito de distinção dos perfis do tratamento constitucional da Advocacia, é oportuno trazer aqui a classificação de Diogo de Figueiredo Moreira Neto,[42] no sentido de que os ministérios advocatícios se dividem em: (1) advocacia privada, com sua manifestação genérica a qual cabe a defesa de todos os tipos de interesses, salvo os reservados privativamente às suas manifestações estatais; e (2) a advocacia pública, aqui empregada em sentido pleno, subdividida em três manifestações específicas.

As três espécies funcionais da Advocacia Pública, criadas todas pela Carta Política, segundo o emérito professor de Direito Administrativo, caracterizam diferentes ministérios públicos da advocacia, distinguidas, bem como as suas respectivas carreiras, consoante a especial tutela de interesses a que se dirigem: primo, a advocacia da sociedade, cujas funções se voltam à defesa da ordem jurídica, do regime democrático e dos interesses sociais e individuais indisponíveis, conformando o Ministério Público, expressão empregada agora em seu sentido estrito; segundo, a advocacia das entidades públicas, cujas funções se especializam na defesa dos interesses públicos primários e secundários cometidos aos diversos entes estatais, políticos ou administrativos, constituindo, por isso, os diversos ramos da Advocacia de Estado; e, tertio, a advocacia dos hipossuficientes, cujas funções se dirigem à defesa dos interesses dos necessitados, constituindo a assim denominada Defensoria Pública.

5.2 Os honorários da advocacia pública e o NCPC

O Novo CPC (Lei Federal nº 13.105, de 16.03.2015) inova profundamente diversas disciplinas processuais, no intuito de promover uma verdadeira revolução na prestação jurisdicional do país, trazendo aspectos normativos inovadores e motivadores de um novo cenário para a função jurisdicional civil no Brasil.

Como não poderia ser diferente, afastando antinomias, esclarecendo posições, afastando retrocessos pretorianos e afirmando avanços jurisprudenciais, estabeleceu diversas novas disciplinas jurídicas para o processo civil brasileiro.

Nesse aspecto, o Legislativo Federal ocupa o espaço competencial da Constituição da República previsto no artigo 22. Segundo a lição de J.J. Gomes Canotilho, o princípio da competência, juntamente com o princípio da hierarquia e o princípio básico da produção de normas jurídicas, faz parte dos chamados princípios estruturantes dos esquemas relacionais entre as fontes de direito constitucional.

Sobre o princípio da competência, Canotilho leciona no sentido de que a "função ordenadora dos actos normativos não pressupõe apenas uma hierarquização dos mesmos

---

e dos Municípios, dos detentores de mandato eletivo e dos demais agentes políticos e os proventos, pensões ou outra espécie remuneratória, percebidos cumulativamente ou não, incluídas as vantagens pessoais ou de qualquer outra natureza, não poderão exceder o subsídio mensal, em espécie, dos Ministros do Supremo Tribunal Federal, aplicando-se como limite, nos Municípios, o subsídio do Prefeito, e nos Estados e no Distrito Federal, o subsídio mensal do Governador no âmbito do Poder Executivo, o subsídio dos Deputados Estaduais e Distritais no âmbito do Poder Legislativo e o subsídio dos Desembargadores do Tribunal de Justiça, limitado a noventa inteiros e vinte e cinco centésimos por cento do subsídio mensal, em espécie, dos Ministros do Supremo Tribunal Federal, no âmbito do Poder Judiciário, aplicável este limite aos membros do Ministério Público, aos Procuradores e aos Defensores Públicos".(Redação dada pela Emenda Constitucional nº 41, 19.12.2003). (Grifos nossos)".

[42] MOREIRA NETO, Diogo de Figueiredo. *A Responsabilidade do Advogado de Estado*. Exposição apresentada em 31 de outubro de 2007, no auditório da Procuradoria Geral do Estado do Rio de Janeiro. Disponível em: <http://abrap.org.br/2011/images/stories/doc/res.pdf - 31-01-2012>.

através de relações de supra-infra-ordenação, mas também, uma divisão espacial de competências. O princípio hierárquico acentua o caráter de limite negativo dos actos normativos superiores em relação aos actos normativos inferiores; o princípio da competência pressupõe antes uma delimitação positiva, incluindo-se na competência de certas entidades a regulamentação material de certas matérias. Para o constitucionalista português, o "princípio da competência aponta para uma visão global do ordenamento jurídico. Este não se reduz ao ordenamento jurídico estadual, pois em articulação com ele existem os ordenamentos regionais, os ordenamentos locais e os ordenamentos institucionais", sendo que o princípio da competência "não perturba o princípio da hierarquia e a configuração hierárquica da ordem jurídico-constitucional. Põe, todavia, em relevo, um aspecto importante dos ordenamentos plurais: a existência de espaços normativos autónomos" e, finamente, "é ainda o princípio da competência a justificar a regulação por determinados órgãos, formando-se, assim, blocos de competências reservadas de determinadas matérias" (1998: 612/613).

Adiante, sobre a aplicabilidade direta de normas organizatórias, o autor português assevera que as "normas de criação de órgãos são também (ou acompanhadas) de normas de competência. Logicamente, a constituição cria, de forma directa, certos órgãos com certas competências. O exercício das competências constitucionalmente normadas deriva directamente da constituição, afirmando-se contra quaisquer leis concretizadoras dessas competências de forma incompatível com o disposto nas normas organizatórias da lei constitucional".

Em relação ao que acima foi transcrito, tem-se que a constituição pode e, em certos momentos, deve ser vista como um sistema de competências, em que se estipulam as tarefas, funções e atribuições dos órgãos estatais de forma específica, de modo que a atribuição de uma competência acometida a um órgão, afasta a dos demais órgãos.

Novamente, a afirmação de José Afonso da Silva é de importância lapidar para a matéria sub examen, uma vez que a "autonomia das entidades federativas pressupõe repartição de competências para o exercício e o desenvolvimento de sua atividade normativa. Esta distribuição constitucional de poderes é o ponto nuclear da noção de Estado federal".[43]

Portanto, a legislação processual civil alterada pela Lei Federal nº 13.105, de 16.03.2015, nada mais é que o (re)preenchimento de uma lacuna normativa, primária e secundária em relação aos honorários advocatícios da advocacia pública.

No aspecto dos honorários, diretamente relacionados à atuação da advocacia pública, reconhece expressamente no §19 do art. 85: "Os advogados públicos perceberão honorários de sucumbência, nos termos da lei".

A propósito, o Enunciado 384 do Fórum Permanente de Processualistas Civis – refere o §19 do art. 185 da Lei nº 13.105/2015 – Novo CPC:

> E. 384: A lei regulamentadora não poderá suprimir a titularidade e o direito à percepção dos honorários de sucumbência dos advogados públicos.

---

[43] SILVA, José Afonso da. *Curso de Direito Constitucional Positivo*. 11. ed. rev. São Paulo: Malheiros Editores, 1996. p. 453.

Os Enunciados do Fórum Permanente de Processualistas Civis, como um avanço na modernidade da doutrina processual, uma vez que reúne processualistas das mais variadas escolas de pensamento, inserem-se em contexto adequado para a análise da temática aqui enfocada, porque só são aprovados se obtida a unanimidade no grupo temático e na sessão plenária, o que implica na certeza da melhor e mais abalizada doutrina.

Os honorários de sucumbência, fixados no art. 20 do vigente CPC, são contemplados, portanto, no art. 85 do Novo CPC.

A matéria está bem delimitada, a começar pelo título da Sessão III, que era: "Das Despesas e Das Multas", passando a ser "Das Despesas, Dos Honorários Advocatícios e Das Multas".

E, mais, sistematizou melhor, trouxe para a sessão o disposto nos arts. 835/837 do vigente Código, pertinente à caução suficiente para pagamento dos honorários da parte contrária, quando o autor residir fora do país ou se ausentar na pendência da demanda. Além disso, o §11 do art. 85 instituiu a majoração dos honorários fixados na 1ª instância, quando do julgamento de recurso. A respeito disso, tem-se também os Enunciados 241, 242, 243 do FPPC:

> E. 241 – Os honorários de sucumbência recursal serão somados aos honorários pela sucumbência em primeiro grau, observados os limites legais.
> E. 242 – Os honorários de sucumbência recursal são devidos em decisão unipessoal ou colegiada.
> E. 243 – No caso de provimento do recurso de apelação, o tribunal redistribuirá os honorários fixados em primeiro grau e arbitrará os honorários de sucumbência recursal.

Alguns Enunciados, inclusive, já preconizam a superação de algumas súmulas dos Tribunais Superiores, por serem incompatíveis com a nova ordem processual.

No assunto "honorários", o E. 8 do FPPC proclama a superação da Súmula 43 do STJ, cujo teor é o seguinte: "Os honorários, quando omitidos em decisão transitada em julgado, não podem ser cobrados em execução ou em ação própria". Isso porque o §18, art. 85, do Novo CPC prevê que, "caso a decisão transitada em julgado seja omissa quanto ao direito aos honorários ou ao seu valor, é cabível ação autônoma para sua definição e cobrança".

Todavia, como se evidencia, deixa um espaço normativo específico para que cada ente federativo, seguindo as notas do Estado Federal existente entre nós, possa complementar este direito à percepção dos honorários advocatícios pelos advogados públicos, de acordo com as peculiaridades do sistema normativo vigente.

5.3 A competência suplementar dos entes federados

No Brasil, o Estado se organiza sob a forma federativa de governo, formada pela união indissolúvel dos Estados, dos Municípios e do Distrito Federal. José Afonso da Silva averba que a "federação consiste na união de coletividades regionais autônomas que a doutrina chama de Estados federados, Estados-membros ou simplesmente Estados".[44] Adotou-se o *nomem juris*, República Federativa do Brasil.

---

[44] SILVA, José Afonso da. *Curso de Direito Constitucional Positivo.* 11. ed. rev. São Paulo: Malheiros Editores, 1996. p. 101.

Segundo José Afonso da Silva, "Estado federal é o dotado de personalidade jurídica de Direito público internacional. A União é a entidade federal formada pela união das partes componentes, constituindo pessoa jurídica de Direito Público interno".[45]

O sistema federativo foi implantado no Brasil pelo Decreto nº 1, de 15 de novembro de 1889, consolidado pela Constituição Republicana de 1891, com vigência desde aquele período, variando apenas de matiz ideológico-político. De acordo com Manoel Gonçalves Ferreira Filho, "a Constituição de 1988 confere maior autonomia aos Estados-Membros, tentando um reequilíbrio federativo, restabelecendo o federalismo cooperativo".

Em relação ao sistema federativo brasileiro, sua organização político-administrativa compreende a União, os Estados, o Distrito Federal e os Municípios, todos dotados de autonomia político-administrativa, conforme dispõe o artigo 18 da Constituição Federal.

O direito à percepção dos honorários advocatícios pelos advogados públicos, a par da necessidade de disciplina intrafederativa, entretanto, não está calcado pura e simplesmente na nova regra processual a entrar em vigor, mas deve provir de uma visão hermenêutica sistemática sobre sua natureza, limites e intersubjetividades intrínsecas previstas em cada subsistema jurídico dos entes federativos.

Como bem exposto por Teresa Alvim, o novo CPC não inovou a ordem jurídica, mas apenas consolidou um direito previamente existente, garantido pela Lei nº 8.906/94:

> O art. 3º do Estatuto da Advocacia prevê, expressamente, que se sujeitam ao regime dessa norma os Advogados Públicos (Advogados da União, Procuradores da Fazenda, da Defensoria Pública e das Procuradorias e Consultorias Jurídicas dos Estados, do Distrito Federal, dos Municípios, das entidades da administração indireta e fundacional). Possuem, portanto, os mesmo deveres dos advogados e, consequentemente, os mesmos direitos.[46]

Assim, corretamente o NCPC pôs fim a grandes discussões, ao estabelecer a regra de que "os advogados públicos também façam jus ao recebimento de honorários advocatícios".[47] No Estatuto da OAB, que também disciplina as carreiras da Advocacia Pública e os honorários advocatícios, ressalta-se que o exercício da atividade advocatícia é privativa da OAB ou daqueles que se subordinam ao regime próprio, tais como: AGU, PFN, PGE's.

5.4 Do caráter alimentar dos honorários advocatícios devidos à advocacia pública

Restando consignado no novo CPC a natureza alimentícia dos honorários advocatícios, na forma do §14 do art. 85,[48] tem-se que aclarar que o STF reconhece o direito aos honorários da sucumbência como parcela autônoma da condenação e de caráter

---

[45] SILVA, José Afonso da. *Curso de Direito Constitucional Positivo*. 11. ed. rev. São Paulo: Malheiros Editores, 1996. p. 102.
[46] WAMBIER, Teresa Arruda Alvim. et al. *Primeiros comentários ao novo Código de processo civil:* artigo por artigo, Lei nº 13.105, de 16 de março de 2015. São Paulo: Revista dos Tribunais, 2015. p. 170.
[47] *Idem*.
[48] §14. Os honorários constituem direito do advogado e têm natureza alimentar, com os mesmos privilégios dos créditos oriundos da legislação do trabalho, sendo vedada a compensação em caso de sucumbência parcial.

alimentar: AI 623145 – Rel. Min. Dias Tóffoli; AI 691824 – Rel. Min. Marco Aurélio; AgR. 732358 – Rel. Min. Ricardo Lewandowski; AgR. 758435 – Rel. Min. Cesar Peluso; RE 470407 – Rel. Min. Marco Aurélio; RE 538810 – Rel. Min. Eros Grau; RE 568215 – Rel. Min. Carmen Lúcia.

Daí se deflui que os honorários advocatícios de sucumbência a serem percebidos pelos advogados públicos devem ser vistos também como de caráter alimentar.

Sob o ponto de vista da titularidade, a partir da conclusão doutrinaria e jurisprudencial de que os honorários advocatícios de sucumbência a serem percebidos pelos advogados públicos devem ser vistos também como de caráter alimentar, aplicando-se o argumento empregado pela jurisprudência do STF quanto ao direito do advogado de perceber a verba honorária como forma de valorização profissional (ADI 1.194-4/DF), pode-se afirmar que os honorários, nas ações em que o Estado é parte, pertencem aos Procuradores, e não à respectiva Fazenda Pública.

Nesse sentido, o Conselho Federal da OAB já fixou entendimento no sentido de serem dos advogados públicos os honorários de sucumbência:

Ementa 39/2003/OEP:

> ADVOCACIA PÚBLICA. SUJEIÇÃO DE SEUS INTEGRANTES AO ESTATUTO DA ADVOCACIA E DA OAB – VERBAS ATRIBUÍDAS PELA LEI AOS PROCURADORES MUNICIPAIS. Legalidade. Encontra respaldo nos arts. 22 e seguintes, combinado com o art. 3º do Estatuto da Advocacia e da OAB, a cobrança de honorários de sucumbência pelos Procuradores Municipais e Advogados Públicos em geral, mormente quando existe lei disciplinando a matéria (BRASIL, 2003).

E a Comissão Nacional da Advocacia Pública editou a Súmula 8 de teor:

> Súmula 8 – Os honorários constituem direito autônomo do advogado, seja ele público ou privado. A apropriação dos valores pagos a título de honorários sucumbenciais como se fossem verba pública pelos Entes Federados configura apropriação indevida.

Por seu turno, o STF já decidiu a matéria favoravelmente aos Advogados Públicos, pela percepção dos honorários: ED no AgI. 352349/SP – Rel. Min. Sepúlveda Pertence; AgRg. em AgI. 348490/SP – Rel. Min. Ellen Gracie; RE 312026 e 220397 – Rel. Min. Gilmar Galvão.

5.5 Da não sujeição dos honorários a teto constitucional

Em consequência disto, cabe enfrentar a não sujeição destes ao teto constitucional e a sua compatibilidade com o regime de subsídio.

Inicialmente, a jurisprudência firmada no Supremo Tribunal Federal ainda não as incorporou por completo. Formou-se na Corte Maior forte corrente jurisprudencial no sentido de que os honorários advocatícios percebidos pelos advogados públicos sujeitam-se ao teto constitucional. Todavia, o entendimento firmado foi unicamente quanto à caracterização da vantagem como geral e não pessoal, motivo que gerou a sua inclusão no teto constitucional.

Pois bem, este entendimento parte da premissa de que tal vantagem (de caráter remuneratório) é paga pelos cofres públicos. Nenhuma decisão analisa a questão sob o enfoque de verba privada, cuja titularidade pertence ao advogado e não à administração pública.

Quando os honorários de sucumbência são tratados como verba privada, de titularidade dos advogados públicos, estes perdem seu caráter remuneratório – pois não ingressam nos cofres públicos, nem fazem parte de relação estatutária – e, por consequência, deixam de ser vantagem, seja geral ou pessoal. Como já foi dito, os honorários de sucumbência decorrem da relação processual e não do vínculo dos advogados públicos com o ente federado.

Sob este ponto, tem-se que o Regulamento Geral da OAB, no seu artigo 14, confere substância à questão ora tratada, ao prescrever que

> os honorários de sucumbência, por decorrerem precipuamente do exercício da advocacia e só acidentalmente da relação de emprego, não integram o salário ou a remuneração, não podendo, assim, ser considerados para efeitos trabalhistas ou previdenciário, e [...] constituem fundo comum, cuja destinação é definida pelos profissionais integrantes do serviço jurídico da empresa ou por seus representantes.

Esta diferenciação começou a ser notada nos mais recentes julgamentos do Supremo Tribunal Federal, pelo Ministro Marco Aurélio, em seus votos nos embargos de declaração no recurso extraordinário ED no RE/SP 634576 (22.08.2011) e ED no RE/SP 380538 (26.06.2012):

> Emb. decl. no Recurso Extraordinário 634.576 - São Paulo
> O SENHOR MINISTRO MARCO AURÉLIO - Apenas faço uma ponderação. Os precedentes citados foram formalizados em julgamento de recursos que são apreciados de modo sumário - agravo regimental. O que ocorre? O que se discute? Se, para efeito do teto constitucional do artigo 37, portanto constitucional é o teto, são computáveis valores percebidos a título de honorários advocatícios, presente a sucumbência. A meu ver, não, porque o objetivo da norma é obstaculizar que alguém perceba dos cofres públicos valor superior ao que estipulado como teto.
> Por isso, até mesmo para discutir a matéria com maior profundidade, peço vênia para divergir e prover o agravo, no qual transformados os embargos declaratórios.
> Emb. decl. no Recurso Extraordinário 380.538 - São Paulo
> O SENHOR MINISTRO MARCO AURÉLIO - Presidente, surgiu-me uma dúvida: sabemos que o teto inviabiliza a satisfação de remuneração, acima do que revelado pelo poder público.
> O caso concreto, a meu ver, é diverso. Pretendeu-se levar em conta - e o recurso extraordinário foi admitido na origem - honorários advocatícios que presumo - já que o Município não satisfaz honorários advocatícios em relação aos próprios Procuradores - decorrentes da sucumbência. Esses honorários não entram no teto.
> Por isso, provejo os declaratórios a fim de que o extraordinário venha a julgamento pela Turma.

Por outro lado, o Tribunal de Justiça do Maranhão, na ADI nº 30.721/2010 (17392-51.2010.8.10.0000), assim se posicionou:

> EMENTA: AÇÃO DIRETA DE INCONSTITUCIONALIDADE. PROCURADORES DO ESTADO. HONORÁRIOS ADVOCATÍCIOS DE SUCUMBÊNCIA. LEI COMPLEMENTAR ESTADUAL. PRELIMINAR DE IMPOSSIBILIDADE JURÍDICA DO PEDIDO. REJEITADA.

INEXISTÊNCIA DE OFENSA AO PAGAMENTO POR SUBSÍDIO. DESNECESSIDADE DE OBSERVÂNCIA DO TETO CONSTITUCIONAL. INTERPRETAÇÃO CONFORME. I - Rejeita-se a preliminar de impossibilidade jurídica do pedido, tendo em vista que a norma constitucional inobservada é de reprodução obrigatória na Constituição Estadual. II - A omissão da Constituição Estadual não constitui óbice a que o Tribunal de Justiça local julgue ação direta de inconstitucionalidade contra lei que dispõe sobre a remuneração dos Procuradores de Estado. III - Os Advogados Públicos, categoria da qual fazem parte os Procuradores de Estado, fazem jus ao recebimento de honorários advocatícios de sucumbência, sem que haja ofensa ao regime de pagamento do funcionalismo público através de subsídio ou de submissão ao teto remuneratório, tendo em vista que tal verba é variável, é paga mediante rateio e é devida pelo particular (parte sucumbente na demanda judicial), não se confundindo com a remuneração paga pelo ente estatal.

Mais recentemente, o Tribunal de Justiça do Distrito Federal e Territórios, na ADI nº 20140020168258, declarou constitucional a previsão de percepção dos honorários de sucumbência, tanto pelos advogados públicos, quanto pelos advogados empregados de estatais, nos termos do acórdão publicado no DJe de 03 de novembro de 2014, p. 18, destacando-se o seguinte:

> [...] 5. É assente na doutrina e na jurisprudência que os HONORÁRIOS ADVOCATÍCIOS incluídos na condenação pertencem exclusivamente ao advogado.
> 6. A matéria disciplinada pela lei distrital impugnada – que dispõe sobre o SISTEMA JURÍDICO do DISTRITO FEDERAL – está dentro da esfera de competência distrital para legislar sobre o regime JURÍDICO de seus servidores públicos (art. 15, inc. XIII, e art. 71, §1º, inc. II, ambos da LODF), frisando que o conteúdo da norma impugnada versa sobre critérios procedimentais em matéria processual (destinação e repasse de HONORÁRIOS), subsumido à competência concorrente, nos termos do art. 17, inc. XV, da LODF.
> 7. Ausência de incompatibilidade entre a remuneração por subsídios e a percepção de HONORÁRIOS ADVOCATÍCIOS DE SUCUMBÊNCIA. A administração pública funciona como mera fonte arrecadadora da verba honorária para ulterior repasse aos legítimos destinatários, os advogados públicos. Doutrina.
> 8. O colendo STF já alertou para a circunstância de que a verba honorária de SUCUMBÊNCIA não constitui vantagem funcional sujeita às normas gerais disciplinadoras da remuneração dos servidores públicos, mas de estímulo instituído, em valor obviamente variável, regulado por legislação específica (RE 217585, Rel. Min. Ilmar Galvão, Primeira Turma, DJ 10.12.1999).
> 9. A matéria em debate não reflete em aumento de despesa pública decorrente do reajuste de vencimentos, gratificações e outras vantagens remuneratórias. Não há necessidade da verificação dos requisitos fundamentais de prévia dotação orçamentária e autorização específica na Lei de Diretrizes Orçamentárias.
> 10. Não restaram violados os artigos 14, 19, *"caput"* e inc. X, e 157, todos da Lei Orgânica do DISTRITO FEDERAL, invocados pelo autor da ação.
> 11. Ação Direta de Inconstitucionalidade julgada improcedente.
> Decisão: PRELIMINARES REJEITADAS. JULGOU-SE IMPROCEDENTE A AÇÃO. DECISÃO UNÂNIME.

Nesse sentido, os honorários de sucumbência constituem verba privada, paga pelo particular perdedor da demanda, não é verba pública, de natureza orçamentária, logo, não tem qualquer correlação com o subsídio ou com o teto remuneratório.

Sob este aspecto, a Associação Nacional dos Procuradores do Estado (ANAPE) editou a Súmula 10, com o seguinte teor: "Os honorários advocatícios decorrentes do exercício do procuratório judicial e extrajudicial constituem verba de caráter privado e alimentar de titularidade dos Procuradores dos Estados e do DF, sendo vedada a apropriação dos valores como se fossem verbas públicas pelos entes federados".[49]

6 Conclusão

Como demonstrado, foram trazidas a *mens legislatori*, as construções doutrinárias e jurisprudenciais que consolidam aspectos relativos aos honorários advocatícios percebíveis pelos Advogados Públicos, pode-se afirmar que: a) a disciplina dos honorários advocatícios pelos entes intrafederativos deve se ater a uma interpretação sistêmica da disciplina normativa existente sobre a verba honorária; b) os honorários têm natureza jurídica de alimentos; c) impossibilidade de compensação de honorários quando da sucumbência parcial; d) a titularidade dos honorários pertence aos Advogados Públicos, por se tratar de verba privada e sem origem orçamentária; e) os honorários advocatícios percebíveis pelos Advogados Públicos não se sujeitam a teto constitucional.

É certo, pois, que a novel legislação processual civil disciplinou de forma minudente a questão dos honorários advocatícios, com vistas à proteção que se deve emprestar ao instituto, no intuito de promover, valorizar e garantir a percepção da verba pelos advogados, públicos ou privados, estando adequada ao contexto de constitucionalidade e legalidade existente em nosso ordenamento jurídico.

Demonstrado, pois, que o legislador processual se esmerou em manter na novel legislação os embates doutrinários pacificados e, ainda, as decisões exaltadas pelas cortes superiores, sem, no entanto, deixar de albergar novas e positivas direções legislativas, como na contundente adoção do princípio da causalidade em substituição da sucumbência, permitindo a Fazenda, em caso de ser condenada, a questionar se teriam sido esgotados todos os meios previstos na esfera administrativa para o exercício do direito do contribuinte, bem como se o mesmo se preocupou em utilizar algum dos meios de solução de conflitos extrajudiciais, pois não havendo prova desses fatos, não caberia tal condenação em face do abuso de direito.

Por fim, a redução dos critérios subjetivos anteriormente adotados pelos juízes na condenação da Fazenda Pública alterou o paradigma da equidade, bem como fixou um piso mínimo e máximo a critérios objetivos divididos em faixas, possibilitando, desta forma, a remuneração digna do advogado, bem como reduzindo litigiosidade inerente ao uso abusivo dos recursos, ao possibilitar a fixação de novos honorários pelos tribunais superiores, evitando a aventura jurídica.

Referências

ALVAREZ, Anselmo Prieto. Honorários advocatícios contra a Fazenda Pública e o novo CPC. In: COELHO, Marcus Vinicius Furtado; CAMARGO, Luiz Henrique Volpe (Coord.). *Honorários Advocatícios*. Salvador: Juspodivm, 2015. (Coleção Grandes Temas do Novo CPC, v. 2. Coordenador geral: Fredie Didier Jr.).

---

[49] Os Procuradores dos Estados e do Distrito Federal, aos dezesseis dias do mês de outubro de 2015, reunidos em Assembleia Geral, devidamente convocada com edital publicado na Imprensa Oficial, publicaram a Carta de Brasília.

CAHALI, Yussef Said. *Honorários advocatícios*. 3. ed. São Paulo: RT, 1997.

CAHALI, Yussef Said. *Honorários advocatícios*. São Paulo: Editora Revista dos Tribunais, 2011.

CAMARGO, Luiz Henrique Volpe (Coord.). *Honorários Advocatícios*. Salvador: Juspodivm, 2015. (Coleção Grandes Temas do Novo CPC, v. 2; Coordenador geral: Fredie Didier Jr.).

CAPUCHO, Fábio Jun. Honorários advocatícios nas causas em que a Fazenda Pública for parte: sistemática do novo Código de Processo Civil. In: COELHO, Marcus Vinicius Furtado; CAMARGO, Luiz Henrique Volpe (Coord.). *Honorários Advocatícios*. Salvador: Juspodivm, 2015. (Coleção Grandes Temas do Novo CPC, v. 2. Coordenador geral: Fredie Didier Jr.).

CHIOVENDA, Giuseppe. *Instituição de Direito Processual Civil*. Tradução de J. Guimarães Menegale. 2. ed. São Paulo: Saraiva, 1965. v. 3.

COELHO, Marcus Vinicius Furtado; CAMARGO, Luiz Henrique Volpe (Coord.). *Honorários Advocatícios*. Salvador: Juspodivm, 2015. (Coleção Grandes Temas do Novo CPC, v. 2. Coordenador geral: Fredie Didier Jr.).

DIDIER JÚNIOR, Fredie. *Curso de Direito Processual Civil*. Introdução ao Direito Processual Civil, Parte Geral e Processo de Conhecimento. 17. ed. Salvador: Juspodium, 2015. v. 1.

JORGE, Flávio Cheim. Os honorários advocatícios e o recurso de apelação: um enfoque especial nos honorários recursais. In: COELHO, Marcus Vinicius Furtado; CAMARGO, Luiz Henrique Volpe (Coord.). *Honorários Advocatícios*. Salvador: Juspodivm, 2015.

MELLO, Rogério Licastro Torres de. Honorários advocatícios sucumbenciais: apreciações gerais e princípios aplicáveis. In: COELHO, Marcus Vinicius Furtado; CAMARGO, Luiz Henrique Volpe (Coord.). *Honorários Advocatícios*. Salvador: Juspodivm, 2015. (Coleção Grandes Temas do Novo CPC, v. 2. Coordenador geral: Fredie Didier Jr.).

MOREIRA NETO, Diogo de Figueiredo. *A Responsabilidade do Advogado de Estado*. Exposição apresentada em 31 de outubro de 2007, no auditório da Procuradoria Geral do Estado do Rio de Janeiro. Disponível em: <http://abrap.org.br/2011/images/stories/doc/res.pdf - 31-01-2012>.

NERY JUNIOR, Nelson; ANDRADE NERY, Rosa Maria de. *Código de processo civil comentado e legislação extravagante*. 10. ed. São Paulo: Revista dos Tribunais, 2007.

RODOVALHO, Thiago. O novo CPC e os princípios inerentes à fixação de honorários advocatícios. In: COELHO, Marcus Vinicius Furtado; CAMARGO, Luiz Henrique Volpe (Coord.). *Honorários Advocatícios*. Salvador: Juspodivm, 2015. (Coleção Grandes Temas do Novo CPC, v. 2. Coordenador geral: Fredie Didier Jr.).

SANTOS FILHO, Orlando Venâncio. O ônus do pagamento dos honorários advocatícios e o princípio da causalidade. *Revista Forense*, ano 35, n. 137, p. 31-39, 1998.

SARRO, Luís Antônio Giampaulo. Dos princípios e os honorários advocatícios no novo CPC. In: COELHO, Marcus Vinicius Furtado; CAMARGO, Luiz Henrique Volpe (Coord.). *Honorários Advocatícios*. Salvador: Juspodivm, 2015. (Coleção Grandes Temas do Novo CPC, v. 2. coordenador geral, Fredie Didier jr.).

SILVA, José Afonso da. *Curso de Direito Constitucional Positivo*. 11. ed. rev. São Paulo: Malheiros Editores, 1996.

SILVA, Marcello Terto. Honorários advocatícios nas causas em que a Fazenda Pública é parte. In: COELHO, Marcus Vinicius Furtado; CAMARGO, Luiz Henrique Volpe (Coord.). *Honorários Advocatícios*. Salvador: Juspodivm, 2015. (Coleção Grandes Temas do Novo CPC, v. 2. coordenador geral, Fredie Didier jr.).

SILVA, Regina Beatriz Tavares da. Honorários Advocatícios nas Ações de Família. In: COELHO, Marcus Vinicius Furtado; CAMARGO, Luiz Henrique Volpe (Coords.). *Honorários Advocatícios*. Salvador: Juspodivm, 2015. (Coleção Grandes Temas do Novo CPC, v. 2. coordenador geral, Fredie Didier jr.).

WAMBIER, Teresa Arruda Alvim. et al. *Primeiras comentários ao novo Código de processo civil*: artigo por artigo, Lei nº 13.105, de 16 de março de 2015. São Paulo: Revista dos Tribunais, 2015.

Informação bibliográfica deste texto, conforme a NBR 6023:2002 da Associação Brasileira de Normas Técnicas (ABNT):

CONCEIÇÃO, Antenógenes Farias. et al. Honorários advocatícios e advocacia pública no novo Código de Processo Civil. In: BRITTO, Alzemeri Martins Ribeiro de; BARIONI, Rodrigo Otávio (Coords.). *Advocacia pública e o novo Código de Processo Civil*. Belo Horizonte: Fórum, 2016. p. 65-90. ISBN 978-85-450-0173-7.

A IMPORTÂNCIA DO *AMICUS CURIAE* NO NOVO CPC

EDMILSON SANTOS GALIZA
EUGÊNIO KRUSCHEWSKY
FÁBIO ROGÉRIO FRANÇA SOUZA
GUILHERME SANTANA DE BRITO
UESLEI MICHAEL ARAÚJO MARQUES DE SOUZA
WENDEL RÉGIS RAMOS

1 O *amicus curiae* e sua história

A única unanimidade acerca do nascimento da figura do *amicus curiae* é a sua incerteza. Ora sendo identificado como de origem romana antiga, ora inglesa medieval, é certo que foi nos Estados Unidos da América onde medrou.

Estudar a sua história, todavia, é um atalho para o domínio do instituto.

1.2 Direito romano

Autores há que identificam a origem do *amicus curiae* com o "conselheiro" romano que, não raro, eram reunidos em *consitorium* para assessorar a tomada de importantes decisões administrativas e judiciais.

Não é fácil, todavia, confundi-lo com o moderno conceito de *amicus curiae* já que o conselheiro atuava por provocação de quem haveria de decidir e, além disso, sempre agia com isenção, a benefício da melhor decisão, por isso não comprometido com o interesse de qualquer das partes.

Assim, parece assistir razão a Cássio Scarpinella Bueno[1] e Tuany Silva Andrade[2] quando rejeitam a origem, mesmo remota, da identificação entre o *amicus curiae* e a

---
[1] BUENO, Cássio Scarpinella. *Amicus curiae no processo civil brasileiro:* um terceiro enigmático. 3 ed. rev. e atual. São Paulo: Saraiva, 2012. p. 112.
[2] ANDRADE, Tuany Silva. *A democratização do judiciário:* a figura do *amicus curiae* e o direito à sustentação oral. (Trabalho de conclusão de curso) - UFBA, Salvador, 2014.

figura do conselheiro na antiga Roma, muito embora ressalvando as judiciosas opiniões em contrário.[3]

1.3 Direito inglês

A mais forte corrente defende, parece que com inteira razão, a origem do instituto no direito medieval inglês.

Atuava, basicamente, facultando-se o ingresso de terceiro estranho ao feito para agregar informação que, sem ele, não seria obtida, e que se revelava útil ao posicionamento da corte.

Aliás, a atuação de terceiros sempre fora comum à dinâmica no *common law*, havendo registros da sua ocorrência intensa nos reinados de Eduardo III (1327-1377), Henrique IV (1399-1413) e Henrique VI (1422-1471).[4]

Emblemático e revelador de toda a essência do *amicus curiae* remoto foi o caso "Coxe *vs* Phillips", do ano de 1736. Nele, a Sra. Phillips invocou o seu matrimônio com o Sr. Mulman com a finalidade de alegar incapacidade de se obrigar e livrar-se de compromisso assumido em nota promissória, sendo certo que, à época, como no Brasil, a mulher, ao se casar, perdia parte considerável de sua capacidade para a prática dos atos da vida civil. O representante do Sr. Mulman, todavia, terceiro estranho ao processo, compareceu a juízo para demonstrar que o casamento havia sido anulado, não podendo, então, ser invocado como causa excludente de responsabilidade por ausência de capacidade.[5]

Não se pode estranhar que tenha o instituto do *amicus curiae*, também conhecido como *advocate to the Court*, nascido no direito inglês, no qual as condições predisponentes à sua aparição se afiguravam presentes, assim sintetizadas:

a) A importância da criação do precedente no sistema do *common law* justificava a intervenção de terceiros em casos que podiam, no futuro, guiar outras soluções, tudo com o propósito de se obter a decisão mais acertada possível;

b) A liberdade conferida pelas cortes para a atuação de terceiros, que fazia um juízo discricionário acerca desta participação, medindo a conveniência e a oportunidade, mas quase sempre liberal;

c) O protagonismo do advogado (mais do que do juiz), no direito inglês, na produção probatória, o que permitiu soluções inventivas, que contavam, inclusive, com estranhos alheios ao processo;

d) A inexistência, no direito inglês antigo, da figura do advogado dativo, o que estimulou a participação de terceiros, mormente em processos em que o acusado se apresentava sem defesa.[6]

A aplicação do instituto no direito inglês antigo não desconheceu controvérsias, todavia, aqueles que o estimulavam invocava em seu favor a possibilidade

---

[3] BISCH, Isabel da Cunha. *O amicus curiae, as tradições jurídicas e o controle de constitucionalidade:* um estudo comparado à luz das experiências americana, europeia e brasileira. p. 19-20.
[4] *Idem*, p. 20.
[5] BUENO, Cássio Scarpinella, *op. cit.*, p. 115.
[6] Esta é a razão apontada por Giovanni Criscuoli, citado por Bueno, como a mais forte razão do nascimento do *amicus curia* estranhos ao processo em si, ou ao menos estranhos ao conceito de protagonistas no processo.

da participação de terceiros reverenciar o princípio da verdade real nos julgamentos e permitir o aprimoramento das decisões, ao passo que os seus críticos pontuavam, também com razão, que, não raro, os debates judiciais se transformavam com algo muito próximo à tradição inglesa do debate legislativo, mais cênico do que verdadeiro.

1.4 Direito americano

Malgrado os autores americanos identifiquem a origem do instituto ao direito romano, o fato de ter sido criado e inicialmente desenvolvido no direito inglês, com o americano identificado, foi fundamental para o impulso da prática no Novo Mundo.

Isabel da Cunha Bisch enuncia duas razões para que o *amicus curiae* tenha medrado no direito americano: a codificação do Direito Constitucional e o desenvolvimento do controle de constitucionalidade, causas que não estão presentes no direito inglês.

O *judicial review* americano – controle judiciário dos atos administrativos filtrados pela ótica da constitucionalidade - que teve suas bases fundantes estabelecidas pelo célebre caso de Marbury *vs* Madison, foi relevante para o desenvolvimento do *amicus curiae* no seu sistema.

Com efeito, muito embora realizado de forma difusa e incidental, o controle de constitucionalidade americano, em última instância realizado pela Suprema Corte, cria precedentes que são invocados em casos futuros. Pela importância na criação do precedente, a Corte Máxima passou a considerar a participação de terceiros

A sua primeira aparição, noticia Bisch, nascera em Green *vs* Biddle, malgrado sem as marcas modernas que caracterizariam o instituto. Neste caso, a Suprema Corte declarou inconstitucional norma do Estado de Kentucky sem, todavia, ouvir qualquer de seus representantes. O Senador Henry Clay decidiu intervir no feito requerendo novo julgamento, tendo tido sucesso no seu pedido.

Segundo Silvestri, através de Bueno,[7] no seu nascedouro, o *amicus curiae* era restrito aos casos em que figuravam o Poder Público e sua intervenção se justificava para evitar o prevalecimento de algum interesse privado. Era, então, o interesse público, que era protegido com o instituto, forte na crença de que, afinal, a todos tutelava e interessava.

Com o avançar do tempo, passou a ser admitido também para a tutela de interesses privados.

A partir de 1930 foi intensa a participação de Associações na defesa de interesses dos seus associados em diversas causas ocorrentes na Suprema Corte, a ponto de se ter sentido a necessidade de editar, no ano de 1938, a Rule 27, que regulava a atuação do instituto e criava a premissa básica de ter havido o prévio consentimento das partes acerca da intervenção, ressalvada a iniciativa de entes governamentais, que não necessitavam da concordância das partes.

Surgiu então o *amicus* de natureza pública e o privado, o primeiro com um poder mais extenso de atuação.

A neutralidade na atuação do *amicus curiae* foi sendo gradativamente perdida, mormente naquele de modalidade privada, muito embora somente tendo lugar nos casos

---

[7] *Op. cit.*, p. 116-117.

em que os diversos tipos de intervenção processual de terceiros não fossem bastante para permitir a elucidação dos fatos.

A intensificação do uso do instituto obrigou a criação de feixe de regras restritivas, criadas pela Rule 37 da Suprema Corte, que além de estabelecer a necessidade de um grande número de informações prévias para a admissão do *amicus*, restringe a sua atuação a uma apresentação de petição de, no máximo, cinco páginas.

Atualmente, a intervenção do Amigo da Corte encontra-se particularmente adstrita a utilização de dados científicos e técnicos para convencer os tribunais a respeito do acerto ou não de construções normativas ou à participação em julgamentos com grande apelo e repercussão social.

É relevante o papel desempenhado pelo instituto em tais casos. A título de exemplo figurativo, basta citar que no caso Webster *vs* Reproductive Health Services, julgado em 1989, em que se discutia a constitucionalidade da prática do aborto, houve apresentação de setenta e oito *amicus curiae briefs*.

Foi assim que nasceu e se estabeleceu o instituto do *amicus curiae*, hoje, por igual, fortemente utilizado e difundido no Brasil.

2 Fundamento constitucional

A jurisdição constitucional autônoma pressupõe conceitualmente uma instituição independente frente a outros órgãos estatais e constitucionais, com competências e funções determinadas. No Brasil, a jurisdição constitucional é exercida pelo STF, guardião da CF (artigo 102, *caput* da CF/88) e protetor dos direitos fundamentais (CF/88, Preâmbulo). O avanço democrático da jurisdição constitucional no Brasil se deu com a promulgação da CF/88. O amadurecimento das instituições e a ampliação do debate em torno da democratização da jurisdição constitucional permitiram o surgimento e a evolução de práticas inovadoras de manifestação como o instituto do *amicus curiae*.

O *amicus curiae* é um instituto que prevê a possibilidade de entidades atuarem no sentido da universalização e da realização do direito e do princípio democrático. Ao pé da letra significa "amigo da corte". Tem-se na ideia de *amicus curiae* um direito fundamental do intérprete, de matriz democrática, que confere legitimidade a terceiro interessado em contribuir para a construção da decisão da Corte no âmbito do processo constitucional a fim de levar ao Judiciário conhecimento de lesão ou ameaça de lesão a direitos (artigo 5º, XXXV) da categoria dos cidadãos que representa.

O instituto do *amicus curiae* permite a atuação de associações de magistrados, de advogados, de membros do Ministério Público, das entidades do movimento social, comunidades étnicas e raciais, comunidades e entidades religiosas, ONGS e outros órgãos e entidades governamentais ou não, no processo constitucional os quais requerem ingresso na discussão da constitucionalidade de atos normativos que ameacem ou violem os interesses e direitos coletivos dos grupos que representam os direitos difusos inerentes à sociedade. Nesse contexto, o *amicus curiae* atua como canal de comunicação entre a sociedade civil organizada e o STF e, ao mesmo tempo, como garantia institucional que os cidadãos possuem para levar seu ponto de vista ao processo em curso nas cortes judiciais.

São fundamentos constitucionais do *amicus curiae*, a cidadania, o pluralismo político, o exercício dos poderes constitucionais diretamente pelo povo, a livre manifestação do pensamento, o direito a livre convicção política e ou filosófica, o acesso à informação, ao devido processo legal, e a representação da legitimidade ativa na propositura de ações constitucionais.

A finalidade do instituto é ampliar o debate constitucional, permitindo que o STF a dispor de todos os elementos informativos, possíveis e necessários, à solução da controvérsia posta em sede de controle de constitucionalidade. Ao *amicus curiae* cumpre demonstrar as repercussões, diretas e indiretas, que a eventual declaração de inconstitucionalidade pode suscitar, sobretudo na esfera da fiscalização abstrata de normas, cujas implicações políticas, sociais econômicas, jurídicas e culturais são de relevante importância e de inquestionável significado.

A Lei nº 9.868/99 trouxe a previsão do instituto na ADIn e na ADC. A postulação do *amicus curiae*, para ser apreciada pelo STF, depende de provocação formal da instituição interessada. O relator da ação tem discricionariedade para admitir, ou não, sob pena de tumulto processual, a presença do *amicus curiae* nas ações constitucionais. A sua admissão no processo de controle abstrato das normas, dá ao mesmo um caráter aberto e pluralista para o reconhecimento de direitos e a realização da garantias fundamentais no Estado Democrático de Direito, o que pressupõe além do acesso e da participação dos interessados no controle de constitucionalidade das normas, a possibilidade de o tribunal lançar mão de mecanismos disponíveis para a apreciação da legitimidade do ato questionado.

O *amicus curiae* está implementando uma significativa modificação na jurisdição e no processo constitucional brasileiro, cuja consequência é o significativo aumento da participação nos processos de controle de constitucionalidade, sustentando por meio de memoriais e exposições orais determinada tese jurídica em defesa de interesses públicos e privados de terceiros, protegendo direitos de grupos identificados ou direitos difusos inerentes a toda a sociedade.

Na apresentação de memoriais, no requerimento de diligências, na sustentação oral, e em suas demais ações, o *amicus curiae* exerce o papel de uma garantia institucional em defesa do cidadão e dos poderes públicos, visando contribuir para a realização dos direitos fundamentais diante do controle de constitucionalidade.

Como instrumento de efetividade da realização dos direitos fundamentais, destaca-se a importância da implementação e da ampliação da atuação dos *amicus curiae* nos Estados-membros, uma vez que a Lei nº 9.868/99 está sendo aplicada de forma subsidiária nos processos de controle de constitucionalidade no âmbito dos Tribunais de Justiça.

Exemplo de atuação do instituto do *amicus curiae* se deu na discussão acerca da constitucionalidade das leis que instituíram cotas nas universidades públicas do Estado do Rio de Janeiro, quando o Movimento Negro do Rio de Janeiro e de São Paulo atuaram como *amicus curiae* nas representações de inconstitucionalidade que tramitaram perante o TJ/RJ.

O reconhecimento da necessidade de adoção de um modelo procedimental que ofereça alternativas e condições para permitir de forma ampla a participação de uma pluralidade de sujeitos, argumentos e informações, pressupõem, portanto, a efetividade do direito individual do amplo acesso à justiça, contribuindo para a realização dos direitos fundamentais.

3 Natureza da atuação

A natureza da atuação do *amicus curiae* sempre foi objeto de controvertidas discussões na doutrina e na jurisprudência do STF. Para alguns, o instituto nada mais é que uma das modalidades de intervenção de terceiros. Para outros, uma forma de assistência da justiça, de terceiro *sui generis*, ou ainda, "intervenção anômala" de determinadas entidades. Para o STF, o instituto tem características mistas, de auxiliar do juiz e de terceiro interveniente.

O NCPC certamente superará parte de tais controvérsias tendo em vista que o art. 138 estabeleceu o *amicus curiae* como uma das formas de intervenção de terceiros nos casos em que a relevância da matéria, a especificidade do tema objeto da demanda ou a repercussão social da controvérsia justificar a sua participação.

A definição do *amicus curiae* como uma das modalidades de intervenção de terceiros se alinha com a tendência do NCPC de dar maior sistematização ao fenômeno de coletivização dos conflitos, haja vista que os litígios tenderão a repercutir para além das partes, com a participação de órgãos ou entidades especializadas nas demandas judiciais.

Apesar da participação do *amicus curiae* ocorrer sobejamente nos tribunais, primordialmente nas Ações Declaratórias de Inconstitucionalidade e nos incidentes de determinação de repercussão geral, a redação do art. 138 do NCPC estimulará a sua participação em demandas individuais de primeiro grau.

Há de se ressaltar, todavia, que o citado artigo 138 estabelece, expressamente, a possibilidade de intervenção de "órgãos e entidades com alguma representatividade ou especialidade técnica", o que nos leva à conclusão que o interesse do *amicus curiae* deve ser institucional, porquanto sua participação restringir-se-á ao fornecimento de informações e dados técnicos, impressões e argumentos, consubstanciados na representatividade e na especialidade técnica do *amicus curiae* com o tema da questão posto em juízo, uma vez que não integra a relação jurídico-processual, sendo seu interesse reflexo ou mediato.

Com efeito, como bem esclareceu o Min. Teori Zavascki na ADI 3460 ED/DF,

> o *amicus curiae* não precisa demonstrar interesse jurídico. Sua atuação decorre da compreensão do relevante interesse público na jurisdição e da busca de permitir a participação política por meio do processo. A importância de sua intervenção é política e seu interesse é ideológico, de exercer parcela de participação manifestando-se nos autos.

Tal entendimento é reforçado pela jurisprudência fixada pelo STF, segundo a qual, as entidades que participam dos processos na condição de *amicus curiae*, ainda que aportem aos autos informações relevantes ou dados técnicos, não têm legitimidade para interposição de recurso.

Vejamos o posicionamento do Ministro Teori Zavasck:

> 1. O *amicus curiae* é um colaborador da Justiça que, embora possa deter algum interesse no desfecho da demanda, não se vincula processualmente ao resultado do seu julgamento. É que sua participação no processo ocorre e se justifica, não como defensor de interesses próprios, mas como agente habilitado a agregar subsídios que possam contribuir para a qualificação da decisão a ser tomada pelo Tribunal. A presença de *amicus curiae* no processo

se dá, portanto, em benefício da jurisdição, não configurando, consequentemente, um direito subjetivo processual do interessado.

2. A participação do *amicus curiae* em ações diretas de inconstitucionalidade no Supremo Tribunal Federal possui, nos termos da disciplina legal e regimental hoje vigentes, natureza predominantemente instrutória, a ser deferida segundo juízo do Relator [...].[8]

O NCPC, no §2º do art. 138, estabelece que caberá ao juiz ou ao relator, na decisão que solicitar ou admitir a intervenção, definir os poderes do *amicus curiae*.

Portanto, incube ao juiz ou ao relator definir quais serão os seus poderes processuais e decidir sobre a possibilidade do *amicus curiae* apresentar manifestação com as informações técnicas, juntar documentos, elaborar quesitos periciais, fazer sustentação oral e participar de audiências.

Por fim, cabe registrar que a intervenção do *amicus curiae*, na forma prevista no NCPC, continua a não autorizar a interposição de recursos, ressalvadas a oposição de embargos e as hipóteses de julgamentos de incidente resolução de demandas repetitivas (art. 138, §1º).

O resultado prático da participação do *amicus curiae* é a ampliação do contraditório nas demandas judiciais, tendo em vista a possibilidade de participação dos diversos setores da sociedade, por meio das entidades representativas e do Estado, por meio de seus órgãos e entidades, especialmente, nas ações declaratórias de inconstitucionalidade, nos incidentes de resolução de demandas repetitivas e nos recursos especiais e extraordinários repetitivos.

4 Hipóteses de admissão do *amicus curiae*: regra geral

O NCPC admite, no art. 138, a intervenção do *amicus curiae* de uma forma bastante ampla, não se limitando a processos de índole objetiva (ADIn, ADC ou ADPF) ou a processos coletivos. Assim, mesmo em processos individuais, que versam lides intersubjetivas dentro do modelo do processo civil clássico, será admitida essa modalidade de intervenção de terceiros, desde que preenchidos os requisitos legais.

E esses requisitos são de duas espécies. O primeiro, de ordem objetiva, consiste na "relevância da matéria", na "especificidade do tema objeto da demanda" ou na "repercussão social da controvérsia"; O segundo, de natureza subjetiva, diz respeito à "representatividade adequada" do terceiro que pretende intervir em processo alheio como *amicus curiae*, seja esse terceiro "pessoa natural ou jurídica, órgão ou entidade especializada".[9]

Como bem se percebe, o legislador se valeu de conceitos jurídicos indeterminados, ao estabelecer os requisitos para admissão do *amicus curiae*, abstendo-se de oferecer parâmetros mínimos para se definir *a priori* o que seja a "relevância da matéria", a "especificidade do tema objeto da demanda", a "repercussão social da controvérsia"

---

[8] ADI 3460 ED / DF - Distrito Federal Emb. Decl. na Ação Direta de Inconstitucionalidade. Relator (a): Min. Teori Zavascki. Julgamento: 12.02.2015. Órgão Julgador: Tribunal Pleno.

[9] CARDOSO, Oscar Valente. O *amicus curiae* no novo código de processo civil. *Revista Dialética de Direito Processual*, São Paulo, n. 146, p. 80, 2015.

ou a "representatividade adequada". Assim procedeu por deliberada opção se valer de tipos normativos mais abertos, que se espraiam por diversos outros dispositivos do novo *codex*, visando reforçar o poder criativo da atividade jurisdicional,[10] tido por mais adequado para se sopesar as peculiaridades de cada caso, insuscetíveis de serem minuciosamente reguladas pelo legislador.[11]

É certo que tinham os elaboradores do texto codificado plena consciência dos riscos que a utilização dessa técnica legislativa pode trazer. Ante a inexistência de parâmetros minimamente objetivos estabelecidos em lei, é possível se prever que, ao menos nos primeiros anos de aplicação da lei nova, haverá grande diversidade de julgamentos quanto à admissão ou não do *amicus curiae* em cada processo, o que somente será atenuado ou solucionado quando houver uma orientação jurisprudencial mais firme que venha a densificar aqueles requisitos.

4.1 Requisito objetivo

O requisito objetivo diz respeito à matéria fática ou jurídica relacionada ao objeto do processo. Ela há de ser "relevante", "específica" ou potencialmente apta a causar "repercussão social". Trata-se de requisitos alternativos, como salientado no Enunciado 395 do Fórum Permanente de Processualistas Civis (2015).

Aproximando a "relevância da matéria" da "repercussão social da controvérsia", sintetiza-as Greco "no impacto que a decisão judicial produzirá na sociedade, extravasando os reflexos dos simples interesses particulares dos litigantes, atingindo outras pessoas, grupos sociais, o interesse público ou o interesse geral da coletividade".[12] O exemplo por ele citado é emblemático: uma concessionária que ingressa com ação visando o reajuste da tarifa em face do poder concedente. O reflexo de uma decisão favorável à concessionária sobre todo o corpo social, em especial sobre os usuários do serviço público objeto da concessão, dispensa maiores digressões.

Já a "especificidade do tema", ainda segundo as lições de Greco,[13] decorreria do fato de que a matéria *sub judice* depende de conhecimentos – de qualquer área: econômica, política, cultural, antropológica, ou mesmo jurídica -,[14] que não estão ao alcance de todos, mas apenas de poucos profissionais altamente especializados em determinado assunto, o que autorizará a atuação desses profissionais, ora como perito, ora como *amicus curiae*.

4.2 Requisito subjetivo

O requisito subjetivo é pertinente ao sujeito candidato a ser *amicus curiae*. Limita-se o NCPC a exigir apenas que ele tenha "representatividade adequada", sem explicitar em que consiste esse atributo.

---

[10] DIDIER JR., Fredie. *Curso de Direito Processual Civil*: introdução ao Direito Processual Civil, parte geral e processo de conhecimento. 17. ed. Salvador: Juspodivm, 2015. v. 1, p. 51.
[11] MEDINA, José Miguel Garcia. *Direito Processual Civil Moderno*. São Paulo: Revista dos Tribunais, 2015. p. 83.
[12] GRECO, Leonardo. *Instituições de Processo Civil*. 5. ed. Rio de Janeiro: Forense, 2015. v. 1, p. 507.
[13] GRECO, Leonardo. *Instituições de Processo Civil*. 5. ed. Rio de Janeiro: Forense, 2015. v. 1, p. 507.
[14] CARDOSO, Oscar Valente. O *amicus curiae* no novo código de processo civil. *Revista Dialética de Direito Processual*, São Paulo, n. 146, p. 81, 2015.

Sabe-se, todavia, que se trata de um conceito importado do direito norte-americano, onde serve de filtro para aferir *ope judicis* a legitimidade do autor de uma *class action*. Ali, haverá representatividade adequada quando o proponente da ação coletiva reunir determinados atributos que o tornem capaz de defender eficazmente em juízo os interesses dos integrantes da classe por ele representada.[15]

Transpondo esse conceito para o âmbito da disciplina do *amicus curiae* no novo CPC, tem-se que a representatividade adequada aqui exigida deve ser "entendida como uma qualidade do sujeito aferida pela capacidade de defender de forma eficiente os interesses em jogo da sociedade ou do grupo específico que ele representa",[16] o que não significa, todavia, que seja necessária a concordância unânime de todos os integrantes desse grupo, conforme Enunciado 127 do FPPC.[17]

Se for utilizada essa acepção mais restrita, tornar-se-ia pertinente a crítica de Greco, haja vista que "há órgãos técnicos altamente especializados em determinadas matérias que não têm qualquer representatividade".[18]

No entanto, na linha do que já vinha sendo defendido já há algum tempo,[19] as primeiras interpretações do art. 138 do NCPC têm consagrado uma abrangência maior à "representatividade adequada", não a situando apenas na idoneidade do terceiro para defender eficazmente os interesses dos representados, potencialmente afetados pela decisão judicial no processo em que se pretende a intervenção, mas a identificando, também, no interesse institucional, assim compreendido "a possibilidade concreta do terceiro em contribuir com a qualidade da decisão a ser proferida, considerando-se que o terceiro tem grande experiência na área a qual a matéria discutida pertence".[20]

Bueno,[21] de igual modo, também situa a pedra de toque da representatividade adequada do *amicus curiae* no seu *interesse institucional*, não bastando o mero interesse jurídico, que legitima as demais modalidades de intervenção de terceiros.

Possível se assentar, destarte, haver duas espécies de representatividade adequada: a) a representatividade adequada *stricto sensu*, coincidente com o mecanismo utilizado nos sistemas da *class actions*, e significando a idoneidade do pretenso *amicus curiae* para defender eficazmente em juízo os interesses de uma determinada classe, sendo exigido desse terceiro a "pertinência temática" entre sua expertise (no caso de pessoa natural) ou objetivos institucionais (no caso de pessoa jurídica) e a matéria debatida no processo;[22] e b) a representatividade adequada imprópria, identificada com o "interesse institucional" na melhor solução do litígio, não se indagando se o *amicus* representa ou não interesses de quem quer que seja.

---

[15] DIDIER JR., Fredie; ZANETTI JR., Hermes. *Curso de Direito Processual Civil*: processo coletivo. 4. ed. Salvador: Juspodivm, 2009. v. 4, p. 200-201.

[16] BECKER, Rodrigo Frantz. *Amicus curiae no novo CPC*. Disponível em: <http://jota.info/amicus-curiae-novo-cpc>. Acesso em: 12 jan. 2016.

[17] DIDIER JR., Fredie; PEIXOTO, Ravi. *Novo código de processo civil*: comparativo com o código de 1973. Salvador: Juspodivm, 2015. v. 1, p. 104.

[18] GRECO, Leonardo. *Instituições de Processo Civil*. 5. ed. Rio de Janeiro: Forense, 2015. v. 1, p. 508.

[19] AGUIAR, Mirela de Carvalho. *Amicus curiae*. Salvador: Juspodivm, 2005. p. 30-31.

[20] NEVES, Daniel Amorim Assumpção. *Manual de Direito Processual Civil*. São Paulo: Método, 2015. p. 263.

[21] BUENO, Cássio Scarpinella. *Novo Código de Processo Civil anotado*. São Paulo: Saraiva, 2015. p. 135.

[22] PISETTA, Francieli. O *amicus curiae* no direito processual civil brasileiro. *Revista Brasileira de Direito Processual*, Belo Horizonte, v. 22, n. 85, p. 161, jan./mar. 2014.

Frise-se, por fim, que o *amicus curiae* pode ser: a) pessoa natural; b) pessoa jurídica – de direito público ou privado; c) órgão público; ou d) entidade, assim entendida, aqui, aquela sem personalidade jurídica (*v.g.*, um fórum de ambientalistas, que pretenda se manifestar em causa relacionada ao meio ambiente; um condomínio que pretende intervir em litígio entre condôminos sobre direito de vizinhança).

4.3 Processos em que se admite a intervenção do *amicus curiae*

Como dito acima, houve uma generalização, pelo NCPC, da possibilidade de intervenção do *amicus curiae*, tornando-a admissível em qualquer processo, individual ou coletivo, subjetivo ou objetivo, e em qualquer grau de jurisdição, como deixa claro a menção, no início do texto legal, ao "juiz ou relator", como órgãos competentes para deliberar sobre essa intervenção.

A título ilustrativo, os Enunciados 249 e 250 do FPPC proclamam a admissibilidade da intervenção do *amicus* em mandados de segurança e em reclamações trabalhistas, sem qualquer restrição quanto a se tratar de demanda individual ou coletiva.[23]

Não se admite, todavia, a intervenção do *amicus curiae* em processo da competência dos juizados especiais cíveis, federais ou estaduais. A uma, porque o art. 10, da Lei nº 9.099/95 – que não foi revogado, nem expressa, nem tacitamente pelo NCPC, já que se trata de lei especial anterior, – veda expressamente qualquer modalidade de intervenção de terceiros – como sói ser a intervenção do *amicus curiae* – em feitos sujeitos à sua disciplina. A duas, porque essa intervenção seria incompatível com os princípios regentes do microssistema dos juizados especiais, notadamente com os da celeridade e da simplicidade.

Nesse sentido, os Enunciados 151 do Fórum Nacional dos Juizados Especiais Federais – FONAJEF,[24] e 161 do Fórum Nacional de Juizados Especiais – FONAJE,[25] estabelecendo, respectivamente, que "o CPC/2015 só é aplicável nos Juizados Especiais naquilo que não contrariar os seus princípios norteadores e a sua legislação específica" e que, "considerado o princípio da especialidade, o CPC/2015 somente terá aplicação ao Sistema dos Juizados Especiais nos casos de expressa e específica remissão ou na hipótese de compatibilidade com os critérios previstos no art. 2º da Lei nº 9.099/95".

Ressalva-se, todavia, a hipótese de julgamento do recurso previsto no art. 14, da Lei nº 10.259/01 (pedido de uniformização de interpretação de Lei Federal) pela Turma Nacional de Uniformização, caso em que, em havendo multiplicidade de recursos versando sobre a mesma questão jurídica, deverá ser publicado edital para que pessoas, órgãos ou entidades com interesse na controvérsia possam oferecer memoriais, no prazo de 10 dias (art. 14, §7º, da Lei nº 10.259; art. 17, III do Regimento Interno da TNU).

---

[23] DIDIER JR., Fredie; PEIXOTO, Ravi. *Novo Código de Processo Civil*: comparativo com o Código de 1973. Salvador: Juspodivm, 2015. v. 1, p. 104.
[24] ASSOCIAÇÃO DOS JUÍZES FEDERAIS DO BRASIL. *Enunciados do Fórum Nacional dos Juizados Especiais Federais (FONAJEF)*. Disponível em: <http://www.ajufe.org/arquivos/downloads/fonajef-enunciados-compilados-i-ao-xii- definitivo-1-143504.pdf>. Acesso em: 12 jan. 2016.
[25] ASSOCIAÇÃO DOS MAGISTRADOS BRASILEIROS. *Enunciados do Fórum Nacional de Juizados Especiais (FONAJE)*. Disponível em: <http://www.amb.com.br/fonaje/?p=32>. Acesso em: 12 jan. 2016.

4.4 Procedimento

A intervenção do *amicus curiae* pode ser provocada ou ocorrer de ofício. No primeiro caso, podem requerê-la: a) qualquer das partes; b) terceiro que já interviu no feito – a exemplo do assistente simples, conforme Enunciado 388 do Fórum Permanente de Processualistas Civis, 2015; e c) aquele que pretende intervir como *amicus*, dizendo-se portador de representatividade adequada.

Já a intervenção *ex officio* se dará por solicitação do juiz. Como o texto alude a "solicitação", e não a "requisição", possível se entender que o terceiro, a tanto instado pelo juiz para ingressar como *amicus*, poderá recusar-se a assumir o encargo.

A lei concede o prazo de 15 dias para que o terceiro de quem se pretende a intervenção como *amicus curiae* manifeste-se sobre essa pretensão, seja para aceitá-la ou rejeitá-la, após o que o juiz decidirá se o admitirá ou não. Antes, no entanto, em respeito ao princípio do contraditório, que ocupa lugar central no NCPC (vide arts. 9º e 10), deverá ouvir as partes sobre a pretendida intervenção.

A decisão que admite ou inadmite a intervenção do *amicus curiae* será irrecorrível, conforme dicção expressa do art. 138 – e, diversamente do que ocorre com os pronunciamentos judiciais que deliberam sobre as demais modalidades de intervenção de terceiros, os quais desafiam agravo de instrumento (NCPC, art. 1.015, IX).

Ressalva-se, todavia, a possibilidade de, tanto as partes, quanto o pretenso *amicus*, interpor embargos de declaração contra essa decisão, para que não se perpetue um ato judicial eventualmente portador de vícios que comprometem a sua perfeita compreensão (obscuridade, contradição ou erro material) ou que deixe de apreciar fundamento fático ou jurídico invocado pela parte ou pelo terceiro.

Admitido que seja o *amicus curiae*, não haverá alteração de competência, ainda que o *amicus* seja ente sujeito a jurisdição federal, como deixa claro o §1º do art. 138, do NCPC, o que já suscita dúvidas sobre a constitucionalidade do dispositivo, face ao teor do art. 109, I, da CF/88.[26] No entanto, parece não haver essa nódoa, já que a competência da Justiça Federal é estabelecida, pelo texto constitucional, quando a União, autarquia ou empresa pública federal integra a relação processual na condição de parte, assistente ou oponente, não se enquadrando em nenhuma dessas figuras o *amicus curiae*.

5 Hipóteses de cabimento: regras especiais

O Título III do novo diploma processual civil brasileiro, Lei nº 13.205, de 16 de março de 2015, dentre outras importantes inovações, cuida da intervenção de terceiros no processo e, no seu capítulo V, contemplou, de maneira expressa, a possibilidade de o magistrado requerer ou admitir a participação de pessoa física ou jurídica, órgão ou entidade especializada, que funcionará como auxiliar do juízo para elucidar questões relevantes e de especificidades do tema objeto da contenda judicial.

O novo CPC, em seu art. 138, disciplinou a possibilidade de intervenção do *friend of the court* para colaborar com a elucidação de matéria relevante e específica, com repercussão social, no bojo da lide. No Código de Processo Civil de 1973, não havia correspondente disposição expressa.

---

[26] BUENO, Cássio Scarpinella. *Novo Código de processo civil anotado*. São Paulo: Saraiva, 2015. p. 135.

A admissibilidade e os precedentes da intervenção do *amicus curiae* não tiveram origem no texto do CPC, mas sim, de legislações específicas que admitiram a intervenção pontual, como se demonstrará.

A primeira possibilidade de intervenção do *amicus curiae*, no direito positivo pátrio, foi com a Lei Federal nº 6.385/76, que em seu art. 31 impôs a intervenção da Comissão de Valores Mobiliários (CMV), nos processos em que se discutia matéria objeto da competência daquela autarquia. Outro precedente é a Lei Federal nº 8.884/94 (Lei Antitruste), que impõe a intimação do Conselho Administrativo de Defesa Econômica (CADE) em controvérsias relacionadas ao direito da concorrência. Nesses dois casos, o legislador determinou a intervenção de entidade, bem como expressamente nominou que instituição exerceria esse papel de auxiliar o magistrado.

A Lei nº 9.868/99, que dispõe sobre o processo e o julgamento da ação direta de inconstitucionalidade e da ação declaratória de constitucionalidade perante o Supremo Tribunal Federal, inovou quanto a não mais delimitar quem deva auxiliar, bem como permitiu a intervenção espontânea[27] do amigo da cúria, sem, contudo, ser considerado parte do processo com interesse específico em determinado resultado para o julgamento,[28] tampouco pode ser considerado um terceiro.

A intervenção *do amicus curiae* justifica-se como forma de aprimoramento da tutela jurisdicional. Pelo princípio da *iura novit curia*, o julgador conhece a lei, o sistema normativo regente, porém, há temas que demandam conhecimentos específicos em que o magistrado demanda informação e conhecimento para entendimento e solução do processo.

Surge então a colaboração dessa figura auxiliar que pode, a requerimento de uma das partes ou por determinação judicial *ex ofício*, solicitar participação de pessoa física especialista ou entidade especializada para, no prazo de 15 dias, com poderes na forma como dispuser o magistrado, comparecer em juízo para aportar sua colaboração à elucidação da equação da lide.

Para a discussão do trato brindado a esta figura jurídica, faz-se oportuno a transcrição do excerto:

> Art. 138. O juiz ou o relator, considerando a relevância da matéria, a especificidade do tema objeto da demanda ou a repercussão social da controvérsia, poderá, por decisão irrecorrível, de ofício ou a requerimento das partes ou de quem pretenda manifestar-se, solicitar ou admitir a participação de pessoa natural ou jurídica, órgão ou entidade especializada, com representatividade adequada, no prazo de 15 (quinze) dias de sua intimação.
>
> §1º. A intervenção de que trata o *caput* não implica alteração de competência nem autoriza a interposição de recursos, ressalvadas a oposição de embargos de declaração e a hipótese do §3º.

---

[27] DIDIER JR., Fredie. *Curso de Direito Processual Civil*. 9. ed. Juspodvm, 2008. v. 1, p. 384.
[28] CUNHA JR., Dirley da. *A intervenção de Terceiros no processo de controle abstrato de constitucionalidade - a intervenção do particular, do co-legitimado e do amicus curiae na ADIN, ADC e ADPF, Aspectos Polêmicos e Atuais sobre os terceiros no Processo Civil e assuntos afins*. In: DIDIER JR., Fredie; WAMBIER, Teresa Arruda Alvim. (Coord.). São Paulo: RT, 2004.

§2º. Caberá ao juiz ou ao relator, na decisão que solicitar ou admitir a intervenção, definir os poderes do *amicus curiae*.

§3º. O *amicus curiae* pode recorrer da decisão que julgar o incidente de resolução de demandas repetitivas.

Da exegese, logo vislumbra que, com o papel de auxiliar do magistrado, funcionando sem um interesse de favorecer nenhum dos polos subjetivos dos sujeitos processuais, o *amicus curiae* serve ao presidente do feito, cabendo a este, segundo a necessidade e a complexidade de cada caso, definir os poderes do *friend of the court*, que poderá emitir um opinativo técnico de forma escrita, ou até mesmo poderá manifestar-se na Tribuna, quando se admitir sustentação oral, ou apresentar memoriais.

A lei não delimitou de forma taxativa a intervenção do amigo da Cúria. Deixou a definição dos poderes ao magistrado, que é o maior beneficiário de sua intervenção, que, em tese, favorecerá a compreensão da controvérsia específica de relevância e repercussão social, cuja especificidade demande ajuda.

O novo texto do diploma adjetivo brasileiro afasta a ideia de que o *amicus curiae* seja parte do processo, na medida em que não admite a mudança de competência em virtude da intervenção e, mais ainda, o fato de que a entidade ou a pessoa natural interveniente não ter capacidade recursal, tendo seus poderes definidos pelo juiz, sem, contudo, poder inovar e autorizar vedações legais expressas, como é o caso da impossibilidade jurídica de interposição de meios de reforma de decisão judicial.

A única exceção feita pelo parágrafo terceiro do art. 138 do NCPC é a interposição de embargos de declaração em face da decisão que julgar o incidente de resolução de demandas repetitivas. Neste tipo de demandas que têm repercussão, comparável a uma decisão de controle concentrado, havendo omissão ou obscuridade o *amicus curiae* poderá manejar de embargos de declaração, para apontar a omissão ou a obscuridade, para que o juízo prolate outro *decisum* mais claro e sane a omissão havida.

De mais a mais, o novo Código de Processo positivou o que o magistério da doutrina e as decisões reiteradas dos Tribunais Superiores já admitiam, especificamente, a intervenção de um terceiro alheio aos autos, que, portanto, não é parte, podendo ser pessoa natural ou entidade, para ajudar na elucidação da questão posta na contenda judicial, dirimindo dúvidas em temas técnicos polêmicos de grande repercussão, para auxiliar o magistrado a compor a lide, com uma visão mais adequada da especificidade do objeto da demanda. Dessarte, para isso, o julgador é quem deverá regular os poderes que o *amicus curiae* terá no labor de desempenhar melhor o seu papel de colaborador do juízo.

É importante ressaltar, por oportuno, que a intervenção do *amicus curiae* não modifica a competência originária, como expressamente previu o §1º do art. 138 do NCPC. Isso reforça que esta intervenção coadjuvante não implica em mudança de competência, porquanto o amigo da cúria não é parte no processo.

O novo Diploma Processual Brasileiro estruturou e regulou a atuação em juízo do amigo da cúria e, expressamente, deixa ao magistrado o poder de regulamentar e de dispor sobre a atuação deste colaborador da justiça, que funciona para esclarecer o objeto da lide e conferir informação elucidadora na composição da lide.

6 Poderes e limites de atuação do *amicus curiae*

O novo Código de Processo Civil, como já dito, inova ao trazer um capítulo para tratar do tema *"amicus curiae"*, regulamentando, assim, com apenas um artigo, alguns poderes e limitações para este instituto.

Antes da regulamentação do instituto do *"amicus curiae"* pelo novo código, que entrará em vigor em março de 2016, o Supremo Tribunal Federal, se debruçando sobre o tema na ADPF 187/DF, garantiu e delimitou os poderes de atuação desses terceiros.

A ADPF 187 foi apresentada pelo Procurador-Geral da República postulando, em síntese, que não seja criminalizado o ato de defesa à legalização das drogas, inclusive, através de manifestações e eventos públicos.

Nesta ADPF, o relator Sr. Ministro Celso de Mello, admitiu o ingresso como *"amicus curiae"* da ABESUP (Associação Brasileira de Estudos Sociais do uso de Psicoativos) e a IBCCRIM (Instituto Brasileiro de Ciências Criminais). Em tempo, faz-se necessário pontuar que o novo Código de Processo Civil manteve esta sistemática da análise da pertinência e relevância do ingresso do *"amicus curiae"* por parte do magistrado.

Ocorre que, após ingressar no feito, a ABESUP peticionou solicitando a ampliação do conteúdo material do pedido formulado pela Procuradoria-Geral da República, fato este que gerou toda a discussão acerca do *"amicus curiae"* e de seus poderes no âmbito processual.

Entende o STF que é de extrema importância a função do *"amicus curiae"* nos processos de âmbito constitucional e infraconstitucional, como nos julgamentos de recursos repetitivos, e no âmbito do controle de constitucionalidade, pois sua participação garante a ampliação do debate constitucional com a sociedade ali representada, conferindo, assim, legitimação social a estas decisões.

Diante da sua importância, não faz sentindo que a participação do *"amicus curiae"* limite-se a apresentar memoriais ou tão somente prestar informações quando solicitado, realidade vivida durante muito tempo por esses intervenientes.

Assim, avançando o seu entendimento, o Supremo Tribunal Federal já garante a produção de inúmeros atos processuais, como bem descrito pelo Ministro Celso de Melo, no seu voto na ADPF 187/DF, vejamos:

> Daí, segundo entendo, a necessidade de assegurar, ao *"amicus curiae"*, mais do que o simples ingresso formal no processo de fiscalização abstrata de constitucionalidade, *a possibilidade de exercer o direito de fazer sustentações orais* perante esta Suprema ADPF 187/DF 8 Corte, além de dispor da faculdade de *submeter, ao Relator da causa, propostas de requisição de informações adicionais, de designação de perito ou comissão de peritos,* para que emita parecer sobre questões decorrentes do litígio, *de convocação de audiências públicas* e, até mesmo, a prerrogativa de *recorrer da decisão que tenha denegado o seu pedido de admissão no processo* de controle normativo abstrato, como esta Corte tem reiteradamente reconhecido.

Inegável que hoje há uma participação mais efetiva do *"amicus curiae"* nos processos em que estes atuam. Contudo, ainda entende o Supremo Tribunal Federal que estes intervenientes não possuem legitimidade para impugnar as decisões, a exceção da decisão que indefere o seu ingresso no feito, conforme julgado abaixo:

EMENTA: AÇÃO DIRETA DE INCONSTITUCIONALIDADE. EMBARGOS DE DECLARAÇÃO OPOSTOS POR *AMICUS CURIAE*. AUSÊNCIA DE LEGITIMIDADE. INTERPRETAÇÃO DO §2º, DA LEI Nº 9.868/99.
1. A jurisprudência deste Supremo Tribunal é assente quanto ao não cabimento de recursos interpostos por terceiros estranhos à relação processual nos processos objetivos de controle de constitucionalidade.
2. Exceção apenas para impugnar decisão de não admissibilidade de sua intervenção nos autos.
3. Precedentes.
4. Embargos de declaração não conhecidos.[29]

Na contramão desse entendimento, o novo CPC concede ao *"amicus curiae"* a legitimidade para embargar e recorrer da decisão que julgar o IRDR, instituto novo que tem o intuito de decidir as demandas repetitivas através da técnica do "procedimento – padrão".

Restringindo ainda a atuação do *amicus curiae*, limita o Supremo Tribunal Federal a intervenção nestes moldes, tão somente as pessoas jurídicas, impossibilitando com isso o ingresso do *amicus curiae* na forma de pessoa natural.

Nesse sentido: RE 591.797-ED, rel. min. Dias Toffoli, publicado no *DJe* de 08.04.2011 e RE 627.106, rel. min. Dias Toffoli, *DJe* de 04.05.2011.

Igualmente, o novo Código de Processo Civil, no seu art.138, já traz a possibilidade da figura do *amicus curiae* como pessoa natural, *in verbis*:

> Art. 138. O juiz ou o relator, considerando a relevância da matéria, a especificidade do tema objeto da demanda ou a repercussão social da controvérsia, poderá, por decisão irrecorrível, de ofício ou a requerimento das partes ou de quem pretenda manifestar-se, solicitar ou admitir a participação *de pessoa natural* ou jurídica, órgão ou entidade especializada, com representatividade adequada, no prazo de 15 (quinze) dias de sua intimação. (grifos nossos).

De outro modo, o código não traz todos os atos processuais que os *"amicus curiae"* podem realizar, deixando a incumbência do juiz ou do relator, na decisão que admitir o ingresso deste, definir os seus poderes naquele processo.

Fica claro, portanto, que embora o entendimento do Supremo Tribunal Federal tenha mudado consideravelmente, atribuindo mais direitos aos intervenientes na condição de *"amicus curiae"*, as mudanças trazidas pelo novo Código de Processo Civil devem reacender as discussões sobre este tema.

7 Conclusão

Apesar de o novo Código de Processo Civil inovar ao trazer um capítulo para tratar do tema *"amicus curiae"*, estabelecendo alguns poderes e limitações para este instituto, continuará a ter uma participação peculiar no processo, pois sua atuação tem interesse institucional.

---

[29] ADI 3.615-ED/PB, Rel. Min. CÁRMEN LÚCIA – Tribunal Pleno. 17.03.2008.

Assim, embora forneça ao magistrado informações e dados técnicos, impressões e argumentos consubstanciados na sua representatividade e especialidade técnica com o tema da questão posta em juízo, o *amicus curiae* não integra a relação jurídico processual, e, por isso mesmo, não pode praticar atos processuais e não tem interesse jurídico direto em face das partes do processo. Presta, pois, relevante papel para elucidação de temas específicos que descortinam e simplificam os fatos controversos em discussão no processo, possibilitando uma melhor compreensão e composição da lide.

Referências

AGUIAR, Antonio Carlos. As centrais sindicais *amicus curiae. Revista LTr*: legislação do trabalho, v. 68, n. 62, p. 155-164, fev. 2004.

AGUIAR, Mirela de Carvalho. *Amicus curiae*. Salvador: Juspodivm, 2005.

ANDRADE, Tuany Silva. *A democratização do judiciário*: a figura do *amicus curiae* e o direito à sustentação oral. (Trabalho de conclusão de curso) - UFBA, Salvador, 2014.

ASSOCIAÇÃO DOS JUÍZES FEDERAIS DO BRASIL. *Enunciados do Fórum Nacional dos Juizados Especiais Federais (FONAJEF)*. Disponível em: <http://www.ajufe.org/arquivos/downloads/fonajef-enunciados-compilados-i-ao-xii- definitivo-1-143504.pdf>. Acesso em: 12 jan. 2016.

ASSOCIAÇÃO DOS MAGISTRADOS BRASILEIROS. *Enunciados do Fórum Nacional de Juizados Especiais (FONAJE)*. Disponível em: <http://www.amb.com.br/fonaje/?p=32>. Acesso em: 12 jan. 2016.

BECKER, Rodrigo Frantz. *Amicus curiae no novo CPC*. Disponível em: <http://jota.info/amicus-curiae-novo-cpc>. Acesso em: 12 jan. 2016.

BISCH, Isabel da Cunha. *O amicus curiae, as tradições jurídicas e o controle de constitucionalidade*: um estudo comparado à luz das experiências americana, europeia e brasileira. Porto Alegre, Livraria do Advogado, 2010.

BONAVIDES, Paulo. *Curso de Direito Constitucional*. 13. ed. São Paulo: Malheiros Editores, 2003.

BUENO, Cássio Scarpinella. *Novo Código de processo civil anotado*. São Paulo: Saraiva, 2015.

BUENO, Cassio Scarpinella. *Amicus curiae no processo civil brasileiro*: um terceiro enigmático. 3 ed. rev. e atual. São Paulo: Saraiva, 2012.

CANOTILHO, José Joaquim Gomes. *Direito Constitucional e Teoria da Constituição*. 7. ed. Coimbra: Almedina, 2003.

CANOTILHO, José Joaquim Gomes. *Direito Constitucional e Teoria da Constituição*. 4. ed. Coimbra: Almedina, 2000.

CANOTILHO, José Joaquim Gomes. *Direito Constitucional*. 5. ed. Coimbra: Almedina, 1991.

CARDOSO, Oscar Valente. O *amicus curiae* no novo código de processo civil. *Revista dialética de direito processual*, São Paulo n. 146, p. 73-84, 2015..

CARVALHO, Paulo Gustavo Medeiros. *O instituto do amicus curiae como política pública de acesso à justiça*. [mensagem pessoal]. recebido por <andre.gontijo@gmail.com> em 25 mar. 2006.

CUNHA JR., Dirley da. *A intervenção de Terceiros no processo de controle abstrato de constitucionalidade - a intervenção do particular, do co-legitimado e do amicus curiae na ADIN, ADC e ADPF, Aspectos Polêmicos e Atuais sobre os terceiros no processo civil e assuntos afins*. In: DIDIER JR., Fredie; WAMBIER, Teresa Arruda Alvim. (Coord.). São Paulo: RT, 2004.

DIDIER JR., Fredie. *Curso de Direito Processual Civil*. 9. ed. Salvador: Juspodivm, 2008. v. 1.

DIDIER JR., Fredie. *Curso de direito processual civil*: introdução ao direito processual civil, parte geral e processo de conhecimento. 17. ed. Salvador: Juspodivm, 2015. v. 1.

DIDIER JR.; PEIXOTO, Ravi. *Novo código de processo civil*: comparativo com o código de 1973. Salvador: Juspodivm, 2015. v. 1.

DIDIER JR.; ZANETTI JR., Hermes. *Curso de direito processual civil*: processo coletivo. 4. ed. Salvador: Juspodivm, 2009. v. 4.

FÓRUM PERMANENTE DE PROCESSUALISTAS CIVIS. *Enunciados do Fórum Permanente de Processualistas Civis*. Disponível em: <http://portalprocessual.com/wp- content/uploads/2015/12/Carta-de-Curitiba.pdf>. Acesso em: 12 jan. 2016.

GRECO, Leonardo. *Instituições de processo civil*. 5. ed. Rio de Janeiro: Forense, 2015. v. 1.

MEDINA, José Miguel Garcia. *Direito processual civil moderno*. São Paulo: Revista dos Tribunais, 2015.

NEVES, Daniel Amorim Assumpção. *Manual de direito processual civil*. São Paulo: Método, 2015.

PISETTA, Francieli. O *amicus curiae* no direito processual civil brasileiro. *Revista brasileira de direito processual*, Belo Horizonte, v. 22, n. 85, p. 149-180, jan./mar. 2014.

Informação bibliográfica deste texto, conforme a NBR 6023:2002 da Associação Brasileira de Normas Técnicas (ABNT):

GALIZA, Edmilson Santos. et al. A importância do *amicus curiae* no novo CPC. In: BRITTO, Alzemeri Martins Ribeiro de; BARIONI, Rodrigo Otávio (Coords.). *Advocacia pública e o novo código de processo civil*. Belo Horizonte: Fórum, 2016. p. 91-107. ISBN 978-85-450-0173-7.

PRERROGATIVAS PROCESSUAIS DA FAZENDA PÚBLICA

CARLOS AHRINGSMAN
DANIELLE CINTRA
LEILA RAMALHO
RODRIGO MOURA
ROSANA PASSOS
SISSI VEGA

1 Introdução

O tema das prerrogativas processuais da Fazenda Pública sempre suscitou acesos debates, polarizados entre os que as percebem como verdadeiros e gratuitos privilégios, incompatíveis, por isso, com o princípio constitucional da isonomia, e os que as entendem justificadas pela natureza do interesse público posto sob a cura do Estado, legitimando, assim, o tratamento diferenciado a este dispensado, conforme conhecida concepção – haurida da doutrina Aristotélica – de que o princípio da isonomia, materialmente, consubstancia-se no tratar igualmente os iguais e desigualmente os desiguais.

Tendo prevalecido, contudo, e a despeito das vozes dissonantes, a corrente que proclama a legitimidade das referidas prerrogativas, tanto que albergadas no Código de Processo Civil (CPC) ainda vigente, eis que as discussões em torno do tema ganham novo fôlego, desta feita, premidas pelo advento, e ora iminente entrada em vigor, de um novo estatuto processual.

Os embates, aqui, não mais gravitam em torno da existência das prerrogativas em si mesmas e sua compatibilidade com o princípio da isonomia – tópico já superado pelas discussões anteriores –, tendo deslocado o seu foco de incidência para os limites e a extensão das vantagens em questão.

É que, argumentam alguns, as Administrações Públicas, atualmente, dado o estágio de organização institucional que atingiram, notadamente no que diz respeito à estruturação das respectivas Procuradorias, não mais demandariam a concessão de tantos e tamanhos privilégios processuais. Por outro lado, o moderno direito processual civil, hoje indissoluvelmente comprometido com o conceito do processo não como um fim em si mesmo, mas sim como ferramenta, que se quer eficaz, de prestação jurisdicional, já não comportaria a concessão de benesses processuais de tal vulto. Argumenta-se que estas representariam obstáculos à concretização do ideário de efetividade da tutela, de garantia da autoridade das decisões, de celeridade, de instrumentalidade e de duração razoável do processo, sobretudo em se considerando estar a Fazenda Pública entre os maiores litigantes nacionais, respondendo por significativo percentual das demandas judiciais em curso. Propugnam, assim, pela atenuação das aludidas prerrogativas.

No contraponto, há os que sustentam a manutenção integral do tratamento diferenciado ora concedido à Fazenda Pública, porque reclamo inafastável da supremacia do interesse público que lhe foi penhorado, máxime em se considerando que, diferentemente do quanto argumentado, o nível de evolução organizacional alcançado – especialmente se levada em consideração a situação dos Municípios – não lhe permite, sem riscos de prejuízo ao Erário – isto é, a toda a sociedade –, abrir mão, em qualquer medida, das prerrogativas processuais de que até então gozou. Ademais, salientam, as benesses processualmente reconhecidas à Fazenda Pública não representariam, diversamente do propalado, embaraços à realização dos ideais processuais de celeridade, efetividade e duração razoável do processo, visto que os reais empecilhos a estes teriam raiz em causas relacionadas à concepção do próprio processo e estruturação do Poder Judiciário.

Num tal cenário, avulta o interesse de conhecer, no ponto específico das prerrogativas da Fazenda Pública, esse novo Código de Processo Civil que, entre um e outro posicionamento supra, ora desponta, com vistas a apreender o seu caráter, identificando se este mais se afeiçoa à tendência de aminguamento das referidas prerrogativas, ou, ao revés, opta por trilhar o caminho de sua manutenção.

Nesse sentido é que o presente trabalho, após este breve recorte introdutório, focará naquilo em que o diploma recém inaugurado inovou no campo das vantagens processuais reconhecidas à Fazenda Pública, abordando, pontual e criticamente, cada uma das novidades introduzidas nesta seara, para, ao final, traçar um panorama geral das alterações, analisando-as avaliativamente, à luz dos interesses – aparentemente contrapostos – de preservação dos direitos do Estado na qualidade de litigante e de realização do processo como efetivo instrumento de justiça.

2 Fixação de honorários

No bojo das alterações procedidas com a publicação da Lei nº 13.105, de 16 de março de 2015, que instituiu o Novo Código de Processo Civil, cabe destacar a disciplina dada à fixação de honorários, no tocante à Fazenda Pública.

Cabe registrar que o Código de Processo Civil de 1973 trazia previsão, em seu art. 20, §4º, no sentido de que a fixação de honorários, quando vencida a Fazenda Pública, deveria observar a "apreciação equitativa do juiz", considerados o grau de zelo do profissional, o lugar de prestação do serviço, a natureza e a importância da causa, o trabalho realizado pelo advogado e o tempo exigido para o seu serviço.[1]

---

[1] Nos termos do art. 20, §3º, alíneas "a" a "c", CPC/73.

Com o novo CPC, a matéria relativa à fixação de honorários é disciplinada na Seção III do capítulo relativo aos "Deveres das partes e de seus procuradores", intitulada "Das despesas, dos honorários advocatícios e das multas".

Vê-se de logo que o novo CPC trouxe menção expressa aos honorários advocatícios, como tema a ser abordado destacadamente, o que não se viu no Código de 1973, em que a matéria relativa à fixação de honorários foi tratada dentro da seção denominada "Das despesas e das multas".

Os parâmetros trazidos no CPC de 1973 limitavam-se à fixação de percentual mínimo (10%) e máximo (20%), sempre com observância dos aspectos elencados nas alíneas do §3º do art. 20, quais sejam: grau de zelo profissional, lugar de prestação do serviço, natureza e importância da causa, o trabalho realizado pelo advogado e o tempo exigido para o seu serviço.

O §4º do art. 20 trazia, ainda, a hipótese de fixação dos honorários em bases diversas dos percentuais acima descritos. Este dispositivo delegou à *apreciação equitativa do juiz*, sempre observados os aspectos descritos nas alíneas do §3º, a fixação de honorários nas "causas de pequeno valor, nas de valor inestimável, naquelas em que não houver condenação ou for *vencida a Fazenda Pública*, e nas execuções, embargadas ou não".

Com a publicação do novo Código de Processo Civil, tal matéria sofreu sensível modificação, em especial no que toca à Fazenda Pública.

Assim, se antes a sucumbência da Fazenda Pública gerava para o juiz o dever de fixação de honorários segundo sua apreciação equitativa, o novo Código adotou metodologia diversa, que dá tratamento isonômico às partes no processo em que figura a Fazenda Pública, independentemente de sua posição de vencedora ou vencida na demanda.

Desse modo, para fazer incidir a disciplina posta nos §§3º a 7º do art. 85 do novo CPC, basta que a Fazenda Pública seja parte no processo. A nova sistemática impõe igualdade de tratamento para a fixação de honorários, quer o sucumbente seja a Fazenda Pública ou o particular. Trata-se de uma inovação importante em relação ao CPC de 1973, e que se apresentava como fonte de insatisfação, haja vista que a "apreciação equitativa do Juiz" poderia representar a fixação de valores insignificantes ou, de outro bordo, abusivos para a Fazenda Pública, bem assim para o advogado particular.[2]

Veja-se, pois, que, no novo Código de Processo Civil, a fixação de honorários passa a observar, além dos parâmetros já previstos no art. 20, §3º, do antigo diploma, mantidos no novo texto, também faixas determinadas de percentuais delineados em função do valor da condenação ou do proveito obtido.

Não se fala mais, portanto, em percentual incidente sobre o *valor da causa*, mas sim, sobre o *valor da condenação ou do proveito obtido*.

Assim, o §3º do art. 85 determina:

---

[2] Embora festejada a fixação de parâmetros objetivos, já se desenha uma preocupação relativamente às causas repetitivas, bastante recorrentes nas demandas em que figura a Fazenda Pública, situação em que, conquanto possa exigir valor expressivo na condenação, a tal não corresponda o nível de complexidade do trabalho do advogado. Nesse sentido: PEIXOTO, Marco Aurélio Ventura. A Fazenda Pública no Novo Código de Processo Civil. *Revista Jurídica da Seção Judiciária de Pernambuco*, n. 5, p. 283.

I – mínimo de 10% e máximo de 20% quando o valor da condenação ou do proveito econômico obtido for de até 200 (duzentos) salários mínimos;

II – mínimo de 8% e máximo de 10% quando o valor da condenação ou do proveito econômico obtido estiver acima de 200 (duzentos) a 2.000 (dois mil) salários mínimos;

III – mínimo de 5% e máximo de 8% quando o valor da condenação ou do proveito econômico obtido estiver acima de 2.000 até 20.000 salários mínimos;

IV – mínimo de 3% e máximo de 5% quando o valor da condenação ou do proveito econômico obtido estiver acima de 20.000 a 100.000 salários mínimos;

V – mínimo de 1% e máximo de 3% quando o valor da condenação ou do proveito econômico obtido estiver acima de 100.000 salários mínimos.

Não sendo possível mensurar o proveito econômico obtido, ou não havendo condenação principal, nas causas em que parte a Fazenda Pública, a condenação em honorários ocorrerá sobre o valor atualizado da causa.[3]

Aqui cabe observar que o percentual mínimo previsto para as causas em que a Fazenda Pública seja parte é de 1%, bastante inferior àquele previsto para as demais causas, em que os parâmetros continuam fixados entre 10% e 20%, sempre sobre o montante da condenação, do proveito econômico obtido, ou ainda, não sendo possível mensurá-lo, sobre o valor atualizado da causa, consoante disposto no §2º do art. 85 do CPC de 2015.

Com o novo Código, a apreciação equitativa do juiz passou a ser utilizada como parâmetro na fixação dos honorários apenas nas causas de inestimável valor ou irrisório proveito econômico, ou quando o valor da causa for muito baixo.[4]

O §5º do art. 85 traz ainda a forma de aplicação das faixas de percentuais estabelecidas no §3º: superado o valor limite previsto para a primeira faixa (inciso I), aplica-se, para o excedente, a faixa subsequente, e assim sucessivamente.

Neste ponto, merece destaque a operação matemática a ser realizada para que se chegue ao valor final da condenação em honorários, que poderá ser fonte de questionamentos quanto ao acerto do cálculo realizado.

A mudança de faixas representa também a alteração de percentuais, o que vai exigir do magistrado a demonstração de um critério coerente para transitar entre os percentuais admitidos em cada faixa, sob pena de nulidade, a teor da agora expressa previsão do art. 11 do novo Código de Processo Civil, que traz o dever de fundamentação de todas as decisões do juiz, com os detalhados elementos elencados nos incisos do §1º do art. 489.[5]

---

[3] Nos termos do art. 85, §4º, inciso III, CPC/2015.

[4] Conforme art. 85, §8º, CPC/2015.

[5] "Art. 489. São elementos essenciais da sentença:
[...]
§1º. Não se considera fundamentada qualquer decisão judicial, seja ela interlocutória, sentença ou acórdão, que:
I - se limitar à indicação, à reprodução ou à paráfrase de ato normativo, sem explicar sua relação com a causa ou a questão decidida;
II - empregar conceitos jurídicos indeterminados, sem explicar o motivo concreto de sua incidência no caso;
III - invocar motivos que se prestariam a justificar qualquer outra decisão;
IV - não enfrentar todos os argumentos deduzidos no processo capazes de, em tese, infirmar a conclusão adotada pelo julgador;
V - se limitar a invocar precedente ou enunciado de súmula, sem identificar seus fundamentos determinantes nem demonstrar que o caso sob julgamento se ajusta àqueles fundamentos;
VI - deixar de seguir enunciado de súmula, jurisprudência ou precedente invocado pela parte, sem demonstrar a existência de distinção no caso em julgamento ou a superação do entendimento".

O que se pode esperar, de todo modo, é que haja coerência no arbitramento dos percentuais a serem adotados em cada faixa, visto que deverão ser observados os parâmetros dos incisos I a IV do §2º do art. 85. Assim, o grau de zelo profissional, o lugar de prestação do serviço, a natureza e a importância da causa, o trabalho realizado pelo advogado e o tempo exigido para o seu serviço serão aferidos na causa como um todo, e nunca de forma diferenciada em relação a cada uma das faixas.

Dispõe ainda o §6º do art. 85 que as faixas estabelecidas para a fixação de honorários serão aplicadas qualquer que seja a decisão, inclusive quando julgado improcedente o pedido ou houver sentença sem resolução de mérito.

O §7º do art. 85 ainda prevê que não serão devidos honorários no cumprimento de sentença contra a Fazenda Pública que enseje expedição de precatório, exceto se esta tiver sido impugnada. Tal dispositivo reflete a previsão do art. 1º-D da Lei nº 9.494/97, deixando clara a disciplina que afasta a condenação em honorários nas execuções contra a Fazenda Pública, se não embargadas.

À época, a edição do referido artigo foi criticada, pois de algum modo ignora a atuação do profissional durante o processo de execução, que não se confundiria com o trabalho desenvolvido nos embargos. Até então, a interpretação deste dispositivo levava à conclusão da revogação tácita de parte do quanto disposto no art. 20, §4º, do Código de Processo Civil de 1973.[6]

Outro aspecto que merece destaque diz respeito à previsão da sucumbência recursal, contida no §11 do art. 85 do novo CPC, que estabelece a majoração dos honorários fixados anteriormente, tendo em vista o acréscimo de trabalho realizado em grau recursal, não podendo ultrapassar os limites gerais já previstos nos §§2º e 3º do art. 85.

Neste contexto, e no que diz respeito especificamente à Fazenda Pública, a análise para a interposição de recursos perpassará, a partir de agora, também pelo acréscimo de ônus ao Erário, face ao risco de sucumbência no âmbito recursal. O Poder Judiciário estará ainda diante da necessidade de ponderação do dever de ofício imposto aos advogados públicos, muitas vezes compelidos ao manejo do recurso por ausência de dispensa formal de sua interposição.[7]

Aqui cabe ainda registrar a previsão expressamente posta no §10 do art. 85 do novo CPC, que atribui aos advogados públicos os honorários de sucumbência, nos termos da lei. Efetivamente não se trata de prerrogativa da Fazenda ou dos operadores da advocacia pública, mas sim, de direito já reconhecido aos advogados e que afasta questionamentos acerca da titularidade desta verba, que, na conformação do novo CPC, é do advogado, público ou particular, e não da parte vencedora.

3 Regime de custas – dispensa do adiantamento para a Fazenda Pública

No que se refere ao regime de pagamento das despesas processuais, manteve o novo CPC a regra geral de antecipação quanto aos atos que as partes realizarem ou requererem no processo.[8]

---

[6] BUENO, Cássio Scarpinella. *O Poder Público em juízo*. 2. ed. São Paulo: Saraiva, 2003. p. 254.
[7] PEIXOTO, Marco Aurélio Ventura. A Fazenda Pública no Novo Código de Processo Civil. *Revista Jurídica da Seção Judiciária de Pernambuco*, n. 5, p. 284.
[8] Art 82, CPC/2015: "Salvo as disposições concernentes à gratuidade da justiça, incumbe às partes prover as despesas dos atos que realizarem ou requererem no processo, antecipando-lhes o pagamento, desde o início até a sentença final ou, na execução, até a plena satisfação do direito reconhecido no título".

Para os atos requeridos pela Fazenda Pública, bem assim pelo Ministério Público - MP, o CPC de 1973 já previa, em seu art. 27, que o pagamento das despesas ocorreria ao final, e a cargo do vencido. Tal dispositivo foi mantido no *caput* do art. 91 do novo CPC, acrescido agora da dispensa de adiantamento de custas pela Defensoria Pública.

O conceito de despesas vem tratado no art. 84 do novo CPC, e abrange "as custas dos atos do processo, a indenização de viagem, a remuneração do assistente técnico e a diária de testemunha".

No que se refere à realização de perícias, traz o art. 95 do novo diploma a regra geral de que a despesa deve ser adiantada pela parte que a houver postulado, ou ainda rateada, quando determinada de ofício ou requerida por ambas as partes.

Para a Fazenda Pública, no entanto, tal como para o Ministério Público e para a Defensoria Pública, disciplina o §1º do art. 91 que a perícia poderá ser realizada por entidade pública. Outra possibilidade dada pelo dispositivo é a de que, havendo previsão orçamentária, a despesa deverá ser adiantada por aquele que requerer a prova. O §2º do mesmo artigo prevê, ainda como alternativa a não realização por órgão oficial e à inexistência de previsão orçamentária, que os honorários periciais sejam pagos no exercício seguinte ou, ao final, pelo vencido, acaso o processo termine antes do adiantamento a ser realizado pelo ente público.

Dispensa-se ainda o preparo recursal à Fazenda Pública (entes federados e respectivas autarquias), consoante previsão posta no art. 1.007, bem como o depósito de 5% sobre o valor da causa no ajuizamento de ação rescisória, conforme disposto no art. 968, §1º, do novo CPC.

No que toca ainda à Fazenda Pública, muito embora não se trate propriamente de prerrogativa, mostra-se importante ressaltar que o novo Código de Processo Civil trouxe para o seu texto a disciplina da gratuidade da justiça.

Assim, o §3º do art. 95 previu o custeio das despesas com o pagamento de perícia, que poderão ser suportadas por recursos do orçamento do ente público e realizadas por servidor do Poder Judiciário ou órgão público conveniado, ou ainda, pagas com recursos da União, Estados ou Distrito Federal, e realizadas por particular, conforme valor fixado em tabela do tribunal respectivo ou, na ausência, do Conselho Nacional de Justiça - CNJ.

Este registro é cabível no escopo do presente trabalho tão somente para ressaltar a disposição do §4º do art. 95, que prevê, nesta hipótese da realização de despesa com perícia por beneficiário da gratuidade da justiça, que, *após o trânsito em julgado da decisão final, a Fazenda Pública será oficiada para promover a execução dos valores gastos com a perícia particular ou com a utilização de servidor público ou da estrutura de órgão público*. Esta regra vale ainda para que o responsável pelas despesas seja beneficiário da gratuidade da justiça.[9]

Esta norma é merecedora de aplausos, e redunda em regra de preservação do Erário. A previsão expressa da possibilidade de execução, ainda que a parte responsável seja beneficiária da gratuidade da justiça, pode ser mote para inibir a banalização deste instituto.

---

§1º. Incumbe ao autor adiantar as despesas relativas a ato cuja realização o juiz determinar de ofício ou a requerimento do Ministério Público, quando sua intervenção ocorrer como fiscal da ordem jurídica.
§2º. A sentença condenará o vencido a pagar ao vencedor as despesas que antecipou.

[9] Conforme art. 98, §2º, CPC/2015.

4 Reexame necessário

No campo das prerrogativas processuais da Fazenda Pública, é na disciplina do reexame necessário que se encontra a alteração mais significativa, no que concerne à efetivação do objetivo primeiro do novo Código de Processo Civil, identificado como a concretização dos princípios constitucionais do acesso à justiça e da duração razoável do processo judicial.

De fato, conquanto a prerrogativa processual de que ora se trata já tivesse sofrido mitigações ao longo do tempo, a partir de alterações introduzidas no texto original do art. 475 do Código de 1973, que cuidava da remessa necessária, é induvidoso que no novo CPC se encontra a redução mais relevante de suas hipóteses de cabimento.

No que diz respeito às causas sujeitas à remessa necessária, o novo CPC manteve as balizas já definidas no Código Buzaid, condicionando, portanto, à confirmação pelo Tribunal, a eficácia das sentenças: a) proferidas contra a União, os Estados, o Distrito Federal, os Municípios e suas respectivas autarquias e fundações de direito público; b) que julgarem procedentes, no todo ou em parte, os embargos à execução fiscal.

De igual sorte, as hipóteses excepcionadas da submissão ao reexame necessário mantiveram o espírito do que outrora se encontrava no CPC de 1973, que previa ressalvas relacionadas com o impacto econômico da causa e com a existência de jurisprudência consolidada sobre a matéria de fundo.

A inovação atribuída ao novo CPC consistiu, portanto, em majorar o valor além do qual a sentença fica sujeita ao duplo grau de jurisdição obrigatório, bem assim em alargar as situações nas quais a verificação de posição firmada nos Tribunais poderá dispensar a exigência do reexame. Confira-se, para melhor compreensão, a literalidade das disposições contidas no novo CPC:

> Art. 496. Está sujeita ao duplo grau de jurisdição, não produzindo efeito senão depois de confirmada pelo tribunal, a sentença:
> I - proferida contra a União, os Estados, o Distrito Federal, os Municípios e suas respectivas autarquias e fundações de direito público;
> II - que julgar procedentes, no todo ou em parte, os embargos à execução fiscal.
> §1º. Nos casos previstos neste artigo, não interposta a apelação no prazo legal, o juiz ordenará a remessa dos autos ao tribunal, e, se não o fizer, o presidente do respectivo tribunal avocá-los-á.
> §2º. Em qualquer dos casos referidos no §1º, o tribunal julgará a remessa necessária.
> §3º. Não se aplica o disposto neste artigo quando a condenação ou o proveito econômico obtido na causa for de valor certo e líquido inferior a:
> I - 1.000 (mil) salários-mínimos para a União e as respectivas autarquias e fundações de direito público;
> II - 500 (quinhentos) salários-mínimos para os Estados, o Distrito Federal, as respectivas autarquias e fundações de direito público e os Municípios que constituam capitais dos Estados;
> III - 100 (cem) salários-mínimos para todos os demais Municípios e respectivas autarquias e fundações de direito público.
> §4º. Também não se aplica o disposto neste artigo quando a sentença estiver fundada em:
> I - súmula de tribunal superior;
> II - acórdão proferido pelo Supremo Tribunal Federal ou pelo Superior Tribunal de Justiça em julgamento de recursos repetitivos;

III - entendimento firmado em incidente de resolução de demandas repetitivas ou de assunção de competência;

IV - entendimento coincidente com orientação vinculante firmada no âmbito administrativo do próprio ente público, consolidada em manifestação, parecer ou súmula administrativa.

No que pertine às exceções fundadas no impacto financeiro da causa sobre o Erário, nota-se que o novo CPC elevou sobremaneira o patamar a partir do qual se impõe o reexame necessário, que, outrora previsto em 60 (sessenta) salários mínimos,[10] passará a ser, a partir do início de vigência da nova lei, de 1.000 (mil), 500 (quinhentos) ou 100 (cem) salários mínimos, conforme o ente federativo contra o qual se proferiu sentença.

Críticas sempre foram levantadas – e, já neste novo cenário legislativo, continuam a ser opostas –, quanto à escolha de critério de valor, para efeito de definição das causas ressalvadas da exigência de reexame necessário. Assim o seria pela constatação de que há diversas questões cujo conteúdo econômico é irrelevante, mas que guardam importância vital para a Fazenda Pública, o que justificaria se estivessem também elas sujeitas à necessidade de confirmação pelo tribunal.

Seguindo nesta esteira, as advogadas públicas Mirna Cianci, Rita Quartieri e Liliane Ito Ishikawa[11] apontam o exemplo de ação visando a anular a venda do Banespa, de inegável interesse público para o Estado de São Paulo, em que o valor de R$1.000,00 (um mil reais) atribuído à causa lhe excluiu da sujeição ao reexame necessário.

Sucede que nenhum dos críticos a este modelo logrou, em nosso sentir, conceber um sistema alternativo que se mostrasse mais adequado à preservação do interesse público. Nem se pode legitimamente pretender que o sistema processual retroceda a seus primórdios – quando, na redação original do Código Buzaid, nenhuma exceção era prevista à regra da remessa necessária, conduzindo-se aos tribunais, por conseguinte, todas as causas em que vencida a Fazenda Pública –, pois tal implicaria medida contrária à aspiração primordial do novo CPC, que é dotar o sistema jurídico brasileiro de um processo efetivo e célere.

Relembre-se, neste ponto, que, mesmo com a alteração introduzida no Código de 1973 pela Lei nº 10.352/2001, a partir da qual se fixou piso de 60 (sessenta) salários mínimos para sujeição de uma causa ao reexame necessário, ainda assim, estima-se que mais de 60% (sessenta por cento) das demandas judiciais em curso no país são contra a Fazenda Pública, consoante apontado no parecer PGFN/CRJ nº 756/2010.[12]

Parece-nos salutar, num tal contexto, que, a bem de uma melhor prestação jurisdicional, tenha sido mantido o limite de dispensa do reexame necessário, bem assim,

---

[10] "Art. 475. Está sujeita ao duplo grau de jurisdição, não produzindo efeito senão depois de confirmada pelo tribunal, a sentença:
[...]
§2º. Não se aplica o disposto neste artigo sempre que a condenação, ou o direito controvertido, for de valor certo não excedente a 60 (sessenta) salários mínimos, bem como no caso de procedência dos embargos do devedor na execução de dívida ativa do mesmo valor. (Incluído pela Lei nº 10.352, de 26.12.2001)
[...]"

[11] CIANCI, Mirna; QUARTIERI, Rita; ISHIKAWA, Liliane Ito. As prerrogativas processuais da Fazenda Pública no Projeto do Código de Processo Civil (PLS nº 166, de 2010). *Revista de Informação Legislativa*, Brasília, ano 48, n. 190, abr/jun 2011.

[12] Parecer PGFN/CRJ nº 756/2010, p. 7. Disponível em: <www.pgfn.gov.br/noticias/Parecer%20756-2010.pdf>. Acesso em: 14 fev. 2016.

inclusive, que tenha sido majorado seu valor, dado ser induvidoso que o piso de 60 (sessenta) salários mínimos já se encontra atualmente defasado.

Deveras, conquanto este critério de valor não seja, de fato, imune a críticas, como acima se viu, ao menos se presta a impedir que qualquer decisão judicial economicamente impactante para o Erário possa transitar em julgado antes de ser submetida à cuidadosa reanálise em segunda instância de julgamento.

Quanto àquelas causas que, situando-se abaixo dos novos pisos estabelecidos pela legislação, tenham particular importância para a Fazenda Pública, deverão os órgãos administrativos, em geral, e as Procuradorias, em particular, manter sistemas que lhes permitam identificar tais processos e lhes prestar acompanhamento estratégico, para que, em caso de sucumbência, seja tempestivamente interposto o recurso voluntário cabível.

Também andou bem a nova lei processual quando estabeleceu um escalonamento nos limites de dispensa aplicáveis aos diversos entes federativos. Trata-se de norma que realiza, no plano concreto, o princípio da isonomia substancial, pois é de tal forma significativa a desigualdade que separa as unidades federativas, no que concerne à capacidade orçamentária e ao estágio de organização administrativa, que se tornaria desproporcional e, por isso mesmo, injusto impor aos Estados o mesmo piso fixado para as causas da União, assim como aos Municípios o piso imposto aos Estados e às suas capitais.

Não é sobejo lembrar, neste ponto, que a complexidade orgânica inerente ao aparelhamento estatal enseja dificuldades para o exercício efetivo e pleno do direito de defesa, sendo esta, em última instância, a circunstância que motiva e legitima o reconhecimento de prerrogativas processuais à Fazenda Pública, como forma de estabelecer equilíbrio na relação processual, e, por conseguinte, resguardar o interesse público.

Ora, se é certo que as máquinas administrativas da União Federal, dos Estados e suas capitais, e do Distrito Federal contam, hoje, com um nível de estruturação indiscutivelmente mais elevado que outrora – realidade que, segundo se apregoa, justificou a mitigação de algumas das prerrogativas da Fazenda Pública –, não menos certo é que a absoluta maioria dos mais de cinco mil municípios espalhados pelos rincões deste país ainda se apresenta num estado de organização rigorosamente precário, não dispondo sequer de corpo de advogados públicos que promova a defesa de seus interesses em juízo.

Por outro lado, o sistema tributário nacional foi erigido de maneira que a União Federal detenha uma parcela da arrecadação de tributos superior àquela reservada aos Estados; e estes, por seu turno, uma parcela maior que a reservada aos Municípios. Compreende-se, portanto, sem maiores dificuldades, que uma mesma causa poderia causar impactos financeiros substancialmente diferentes, conforme tivesse que suportá-los o Erário federal, estadual ou municipal.

Por assim ser, não seria digna de quaisquer encômios, em nosso sentir, uma disciplina legislativa que, descurando-se das diferentes capacidades orçamentárias dos diversos entes federativos e da persistente fragilidade organizacional dos municípios, nivelasse todos eles, estabelecendo-lhes idêntico piso de reexame necessário da ordem de 1.000 (um mil) salários mínimos, tal como constara do projeto de lei original, que, em boa hora, recebeu a devida correção parlamentar, para inclusão do escalonamento que ora se vê no §3º do art. 496.

Feitas tais considerações acerca das hipóteses em que a sucumbência da Fazenda Pública não fica sujeita a reexame necessário em função da menor relevância econômica da questão, resta-nos, por derradeiro, lembrar que também foram excluídas da apreciação obrigatória do Tribunal aquelas causas em que se discute matéria já pacificada pela jurisprudência.

O Código de 1973 já seguia esta trilha, dispensando a remessa necessária quando a sentença estivesse "fundada em jurisprudência do plenário do Supremo Tribunal Federal ou em súmula deste Tribunal ou do tribunal superior competente".[13]

O novo CPC ampliou estas hipóteses, para aí acrescentar a sentença fundada em: a) acórdão proferido pelo Supremo Tribunal Federal ou pelo Superior Tribunal de Justiça em julgamento de recursos repetitivos; b) entendimento firmado em incidente de resolução de demandas repetitivas ou de assunção de competência; c) entendimento coincidente com orientação vinculante firmada no âmbito administrativo do próprio ente público, consolidada em manifestação, parecer ou súmula administrativa.[14]

Tais alterações guardam absoluta pertinência com princípios vetores da nova ordem processual, consubstanciados na valorização dos precedentes e no propósito de uniformização das decisões proferidas em demandas idênticas (repetitivas).

Da análise dos dispositivos legais que disciplinam os incidentes de assunção de competência (art. 947) e de resolução de demandas repetitivas (art. 976 e seguintes), assim como o julgamento dos recursos extraordinário e especial repetitivos (art. 1036 e seguintes), verifica-se que o ponto de convergência entre tais institutos processuais reside no fato de que, em todos eles, a tese jurídica firmada pelo Tribunal no julgamento do incidente ou do recurso repetitivo vinculará o resultado das demais causas que versem sobre idêntica questão de direito.

Nesse contexto, estando a sentença fundada em tais precedentes jurisprudenciais, outro não poderia ser o resultado do reexame necessário senão a manutenção do julgado de origem, o que, por um critério mesmo de razoabilidade, torna legítima a regra de exceção.

Finalmente, a nova lei processual veda a remessa necessária quando a sentença esteja em conformidade com o posicionamento jurídico adotado pelo próprio ente público, consolidado em manifestação, parecer ou súmula administrativa, e observado pelos agentes administrativos respectivos de maneira vinculante.

5 Prazos processuais diferenciados para a Fazenda Pública

Conforme já salientado anteriormente, o fundamento que sustenta as prerrogativas da Fazenda Pública em juízo é a necessidade de estabelecer equilíbrio numa relação processual em que estiver presente o Poder Público, inclusive, porque este representa os interesses da coletividade.

Nessa esteira e em homenagem ao princípio da igualdade substancial, a concessão de prazos processuais mais elásticos para a Fazenda Pública justifica-se pelos percalços encontrados na enorme estrutura burocrática dos entes federados. Com efeito, movimentar uma estrutura descomunal como a da União, de um Estado ou de um grande Município para obter informações ou documentos é, incomparavelmente,

---

[13] Conforme o art. 475, §3º, CPC/1973.
[14] Nos termos do art. 496, §4º, II, III, IV, CPC/2015.

mais difícil e exige mais tempo do que executar as mesmas tarefas no âmbito de uma empresa privada ou para uma pessoa física qualquer.

Por tal razão, assim como no art. 188 do Código de Processo Civil de 1973, o art. 183 do novo CPC manteve esta prerrogativa, reduzindo, entretanto, sua extensão. Enquanto no antigo Código a Fazenda Pública dispunha de prazo em quádruplo para contestar e em dobro para recorrer, agora há um prazo único em dobro, mas aplicável a todas as manifestações que não tiverem prazo específico.

Eis a redação do dispositivo:

> Art. 183 A União, os Estados, o Distrito Federal, os Municípios e suas respectivas autarquias e fundações de direito público gozarão de prazo em dobro para todas as suas manifestações processuais, cuja contagem terá início a partir da intimação pessoal.
> §1º. A intimação pessoal far-se-á por carga, remessa ou meio eletrônico.
> §2º. Não se aplica o benefício da contagem em dobro quando a lei estabelecer, de forma expressa, prazo próprio para o ente público.

Bem verdade que, atendendo a apelos principalmente dos advogados, a contagem dos prazos também foi alterada pelo art. 219 do novel Código[15] e agora computam-se somente os dias úteis. Mesmo assim, ao extinguir o prazo em quádruplo para contestar, percebe-se que o legislador optou por privilegiar a busca pela celeridade processual em detrimento do tratamento diferenciado da Fazenda Pública, atingindo, ainda que tangencialmente, o princípio da igualdade e também a supremacia do interesse público.

Cumpre também destacar que, com a nova regra, todos os prazos que não sejam específicos serão dobrados, e não somente os referentes a contestações ou recursos. Assim, prazos para contrarrazoar, especificar provas, dentre outros, serão também alvo da contagem em dobro.

Pontue-se, aqui, num exemplo ilustrativo, a hipótese de um julgamento de improcedência liminar[16] reconhecida por um juiz, mesmo antes da citação do Estado. Na antiga sistemática, caso a parte autora interpusesse um recurso de apelação, a Fazenda Pública disporia de apenas 15 (quinze) dias para contrarrazoar e não 60 (sessenta) dias como ocorreria se tivesse sido citada para oferecer contestação. Pela nova sistemática e considerando a mesma situação, a Fazenda terá o prazo de contrarrazões contado em dobro.

No que se refere à celeridade processual, pode-se dizer que a alteração poderá tornar mais breve a tramitação do processo específico em que litigar a Fazenda Pública como ré. Tal celeridade não será, entretanto, significativa para o sistema judiciário como um todo, posto que as demandas existirão em mesmo número e serão contestadas e julgadas em mesmo número. Existem, entretanto, outras alterações, como, por exemplo, a limitação das hipóteses de reexame necessário, como vimos, que têm um potencial bem maior de repercussão, uma vez que podem, efetivamente, diminuir ou limitar o número total de processos que tramitarão em instâncias superiores.

---

[15] "Art. 219. Na contagem de prazo em dias, estabelecido por lei ou pelo juiz, computar-se-ão somente os dias úteis. Parágrafo único. O disposto neste artigo aplica-se somente aos prazos processuais".
[16] Tal como previsto no art. 285-A do CPC de 1973 e ainda admitido pelo novel art. 332 do CPC de 2015.

6 Intimação pessoal dos advogados públicos

Outra modificação trazida pela parte final do *caput* do art. 183 refere-se à forma de comunicação dos atos processuais que, a partir de agora, far-se-á aos Advogados Públicos por meio de intimação pessoal.

A alteração estendeu aos Procuradores dos Estados, do Distrito Federal e dos Municípios, prerrogativa que já vigia na esfera Federal, por força de legislação extravagante – Lei Complementar nº 73 de 1993.

Trata-se de modificação de relevo e que merece aplausos, afinal, não havia sentido algum em manter tratamento diferenciado para representantes legais dos diversos entes federados. A motivação para o tratamento dispensado aos Procuradores da esfera federal é exatamente a mesma que permeia a necessidade de intimação pessoal dos representantes dos Estados e dos Municípios.

A intimação pessoal se mostra de grande valia para a Advocacia Pública, uma vez que, em razão do grande volume de processos examinados, é impossível, muitas vezes, elaborar uma defesa ou manifestação sem a vista completa dos autos. Embora a dificuldade se apresente a todo e qualquer advogado, público ou privado, deve-se considerar que as Procuradorias de Estado, por exemplo, respondem por um número enorme de comarcas e muitas destas localizadas a centenas de quilômetros de sua sede.

Assim, imaginando-se especialmente comarcas longínquas, cobertas por Procuradorias que, por razões óbvias, não podem ter uma sede ou um representante em cada comarca, não é difícil entender que a intimação pessoal não é só útil, mas, sobretudo, justa e razoável.

7 Execução contra a Fazenda Pública

Tratando-se de execução contra a Fazenda Pública, faz-se importante destacar a existência de característica geral que acompanha essa modalidade de tutela executiva, tanto no CPC de 1973, quanto no novo CPC: a impenhorabilidade e a inalienabilidade dos bens públicos, razão pela qual não se aplicam as regras próprias da execução por quantia certa contra devedor solvente.

Revela-se inoperante, frente à Fazenda Pública, a regra de responsabilidade patrimonial prevista para os devedores em geral.

Assim, ressalvados os créditos de pequeno valor, a execução judicial em face da Fazenda Pública procede-se, em ambos os diplomas, mediante a sistemática do precatório, com inclusão do valor no orçamento para pagamento no exercício financeiro subsequente.

Desta forma, diante da peculiaridade que deve envolver a tutela executiva em face da Fazenda Pública, a execução por quantia certa contra ela intentada possui regras próprias. Não há, enfim, expropriação na execução contra a Fazenda Pública, devendo o pagamento submeter-se à sistemática do precatório.

No âmbito do CPC de 1973, a execução contra a Fazenda Pública era realizada em processo autônomo, com base no procedimento previsto no art. 730, seguindo-se a oposição dos embargos pela Fazenda, nos art.741 a 743, para, ao final, ser expedido o precatório, em atendimento à regra prescrita no art. 100 da Constituição Federal.

O novo diploma apresenta regramento diverso. De início, verifica-se que o novo CPC distingue o procedimento de execução por título judicial do procedimento de execução por título extrajudicial, diferenciação não verificada no CPC de 1973.

Abordando inicialmente a execução de título judicial, o novo CPC trouxe importantes alterações no sistema de execução contra a Fazenda Pública. Verifica-se que o Título II "Do cumprimento da sentença" possui um capítulo específico denominado "Do cumprimento de sentença que reconheça a exigibilidade de obrigação de pagar quantia certa pela Fazenda Pública".

Como visto anteriormente, as regras referentes à execução de quantia certa em face da Fazenda Pública, com o advento do novo CPC, encontram-se catalogadas, em título próprio, mas dentro do arcabouço normativo que trata do cumprimento da sentença. Não haverá mais processo autônomo, mas sim, nova fase processual desenvolvida nos mesmos autos. Vejamos os dispositivos que tratam da matéria e as novidades mais relevantes:

> Art. 534. No cumprimento de sentença que impuser à Fazenda Pública o dever de pagar quantia certa, o exequente apresentará demonstrativo discriminado e atualizado do crédito contendo:
> I - o nome completo e o número de inscrição no Cadastro de Pessoas Físicas ou no Cadastro Nacional da Pessoa Jurídica do exequente;
> II - o índice de correção monetária adotado;
> III - os juros aplicados e as respectivas taxas;
> IV - o termo inicial e o termo final dos juros e da correção monetária utilizados;
> V - a periodicidade da capitalização dos juros, se for o caso;
> VI - a especificação dos eventuais descontos obrigatórios realizados.
> §1º. Havendo pluralidade de exequentes, cada um deverá apresentar o seu próprio demonstrativo, aplicando-se à hipótese, se for o caso, o disposto nos §§1º e 2º do art. 113.
> §2º. A multa prevista no §1º do art. 523 não se aplica à Fazenda Pública.
> Art. 535. A Fazenda Pública será intimada na pessoa de seu representante judicial, por carga, remessa ou meio eletrônico, para, querendo, no prazo de 30 (trinta) dias e nos próprios autos, impugnar a execução, podendo arguir:
> I - falta ou nulidade da citação se, na fase de conhecimento, o processo correu à revelia;
> II - ilegitimidade de parte;
> III - inexequibilidade do título ou inexigibilidade da obrigação;
> IV - excesso de execução ou cumulação indevida de execuções;
> V - incompetência absoluta ou relativa do juízo da execução;
> VI - qualquer causa modificativa ou extintiva da obrigação, como pagamento, novação, compensação, transação ou prescrição, desde que supervenientes ao trânsito em julgado da sentença.
> §1º. A alegação de impedimento ou suspeição observará o disposto nos arts. 146 e 148.
> §2º. Quando se alegar que o exequente, em excesso de execução, pleiteia quantia superior à resultante do título, cumprirá à executada declarar de imediato o valor que entende correto, sob pena de não conhecimento da arguição.
> §3º. Não impugnada a execução ou rejeitadas as arguições da executada:
> I - expedir-se-á, por intermédio do presidente do tribunal competente, precatório em favor do exequente, observando-se o disposto na Constituição Federal;
> II - por ordem do juiz, dirigida à autoridade na pessoa de quem o ente público foi citado para o processo, o pagamento de obrigação de pequeno valor será realizado no prazo de

2 (dois) meses, contados da entrega da requisição, mediante depósito na agência de banco oficial mais próxima da residência do exequente.

§4º. Tratando-se de impugnação parcial, a parte não questionada pela executada será, desde logo, objeto de cumprimento.

§5º. Para efeito do disposto no inciso III do caput deste artigo, considera-se também inexigível a obrigação reconhecida em título executivo judicial fundado em lei ou ato normativo considerado inconstitucional pelo Supremo Tribunal Federal, ou fundado em aplicação ou interpretação da lei ou do ato normativo tido pelo Supremo Tribunal Federal como incompatível com a Constituição Federal, em controle de constitucionalidade concentrado ou difuso.

§6º. No caso do §5º, os efeitos da decisão do Supremo Tribunal Federal poderão ser modulados no tempo, de modo a favorecer a segurança jurídica.

§7º. A decisão do Supremo Tribunal Federal referida no §5º deve ter sido proferida antes do trânsito em julgado da decisão exequenda.

§8º. Se a decisão referida no §5º for proferida após o trânsito em julgado da decisão exequenda, caberá ação rescisória, cujo prazo será contado do trânsito em julgado da decisão proferida pelo Supremo Tribunal Federal.

Analisaremos de forma breve as principais disposições.

O art. 534 atribuiu expressamente ao exequente o dever de apresentar valores atualizados, especificando-se o índice de correção adotado, os juros aplicados, as taxas, o termo inicial e final dos juros e da correção aplicados, a periodicidade da capitalização dos juros, bem como a especificação de eventuais descontos realizados individualmente por cada credor, nas hipóteses de litisconsórcio. Importante esta distinção, pois possui a finalidade de identificar os credores e os eventuais créditos preferenciais quando da expedição do precatório.

O art. 535 não dispõe mais acerca da necessidade de citação da Fazenda para opor embargos à execução. A Fazenda Pública agora será intimada na pessoa de seu representante judicial, por carga, remessa ou meio eletrônico, para, querendo, no prazo de 30 (trinta) dias e nos próprios autos, impugnar a execução.

Observa-se que o legislador estipulou o trintídio para a apresentação da defesa, mantendo-se, assim, o prazo fixado no art. 1º-B da Lei nº 9494/97, com redação dada pela Medida Provisória nº 2180-35/2001, para a oposição de embargos.

É importante salientar que, no intuito de se assegurar a comunicação processual e de se preservar a defesa da Fazenda Pública, a norma contida no *caput* do art. 535 dispõe que a intimação deverá ser realizada na pessoa do seu representante judicial.

Também em face do sincretismo processual, o instrumento de defesa da Fazenda na execução deixa de ser os embargos e passa a ser a impugnação, nos mesmos moldes daquela relativa aos executados em geral, quando do cumprimento da sentença que reconhece a exigibilidade de obrigação de pagar quantia certa. Quanto à peça de impugnação em si, difere-se apenas pela impossibilidade de a Fazenda alegar, em sede de impugnação, a penhora incorreta ou a avaliação errônea do bem,[17] tendo em vista a impenhorabilidade dos bens públicos.

---

[17] "Art. 525. Transcorrido o prazo previsto no art. 523 sem o pagamento voluntário, inicia-se o prazo de 15 (quinze) dias para que o executado, independentemente de penhora ou nova intimação, apresente, nos próprios autos, sua impugnação.
§1º. Na impugnação, o executado poderá alegar:
[...]
IV - penhora incorreta ou avaliação errônea".

As matérias de exceção de incompetência do juízo, bem como a de suspeição ou de impedimento do juiz, devem estar compreendidas na impugnação e ser alegadas como preliminares na peça de defesa.[18]

O §2º do art. 535 traz regra expressa acerca de questão já assentada no âmbito jurisprudencial.[19] Quando a Fazenda, em sede de impugnação, alegar que o exequente pleiteia valor superior ao constante no título, deve apontar aquele que entende devido, não sendo suficiente mera arguição.

É importante lembrar que a execução em face da Fazenda Pública, tratada neste capítulo, encontra-se fundada em decisão transitada em julgado. Isso porque o §5º do art.100 da Constituição Federal prevê expressamente a necessidade de trânsito em julgado da decisão para a expedição do precatório. Diante do CPC de 1973, a doutrina entendia, com propriedade, que o trânsito em julgado que autorizava a execução contra a Fazenda era o dos embargos à execução, daí porque o precatório ou a requisição de pequeno valor somente poderia ser expedido quando exaurida qualquer discussão acerca do valor executado.

O novo CPC confirma esta linha de intelecção. O §3º do art. 535 determina a expedição do precatório e da ordem de pagamento de obrigação de pequeno valor, nas hipóteses de não impugnação da execução pela Fazenda ou quando, interposta, esta for rejeitada. O §4º do citado artigo é desenhado no mesmo sentido, visto que admite a possibilidade de cumprimento (mediante precatório ou requisição de pequeno valor) apenas da parte não questionada, quando houver impugnação parcial.

Os §§5º a 8º do supracitado art. 535, avançando no tratamento dispensado pelo art. 741 do CPC de 1973 ao tema da relativização da coisa julgada inconstitucional, assim dispõem:

> §5º. Para efeito do disposto no inciso III do caput deste artigo, considera-se também inexigível a obrigação reconhecida em título executivo judicial fundado em lei ou ato normativo considerado inconstitucional pelo Supremo Tribunal Federal, ou fundado em aplicação ou interpretação da lei ou do ato normativo tido pelo Supremo Tribunal Federal como incompatível com a Constituição Federal, em controle de constitucionalidade concentrado ou difuso.
>
> §6º. No caso do §5º, os efeitos da decisão do Supremo Tribunal Federal poderão ser modulados no tempo, de modo a favorecer a segurança jurídica.
>
> §7º. A decisão do Supremo Tribunal Federal referida no §5º deve ter sido proferida antes do trânsito em julgado da decisão exequenda.
>
> §8º. Se a decisão referida no §5º for proferida após o trânsito em julgado da decisão exequenda, caberá ação rescisória, cujo prazo será contado do trânsito em julgado da decisão proferida pelo Supremo Tribunal Federal.

Evidencia-se, da transcrição acima, que a modificação introduzida pelo novo CPC na disciplina deste tema consiste em deixar expressa a possibilidade de arguição da inexequibilidade ou da inexigibilidade do título, com base em decisões proferidas pelo STF tanto em sede de controle difuso de constitucionalidade, quanto no controle concentrado.

---

[18] Art. 535, §1º, CPC/2015: "A alegação de impedimento ou suspeição observará o disposto nos arts. 146 e 148".
[19] STJ. REsp 1115217/RS, Rel. Ministro LUIZ FUX, PRIMEIRA TURMA, julgado em 02.02.2010, DJe 19.02.2010.

A decisão da Suprema Corte nas hipóteses acima deve ser anterior ao trânsito em julgado da decisão exequenda, nos termos do §7º do art. 535 do novo texto. Caso seja posterior, caberá tão somente ação rescisória (§8º do art. 535).

No que se refere à execução de título extrajudicial contra a Fazenda Pública, o novo CPC traz previsão no art. 910. Vejamos:

> Art. 910. Na execução fundada em título extrajudicial, a Fazenda Pública será citada para opor embargos em 30 (trinta) dias.
> §1º. Não opostos embargos ou transitada em julgado a decisão que os rejeitar, expedir-se-á precatório ou requisição de pequeno valor em favor do exequente, observando-se o disposto no art. 100 da Constituição Federal.
> §2º. Nos embargos, a Fazenda Pública poderá alegar qualquer matéria que lhe seria lícito deduzir como defesa no processo de conhecimento.
> §3º. Aplica-se a este Capítulo, no que couber, o disposto nos artigos 534 e 535.

Neste ponto, não há maiores modificações quanto à sistemática do CPC de 1973, aplicando-se, no que couber, as disposições dos art. 534 e 535 do CPC de 2015, já analisadas acima.

8 Considerações Finais - Panorama analítico das alterações veiculadas pelo novo CPC

Uma vez apresentadas, discriminadamente, as modificações inseridas pelo novo CPC na esfera das prerrogativas processuais da Fazenda Pública, tem-se que o legislador de tal diploma, longe de perfilar-se ao lado de alguma das posturas extremadas que defendem, de um lado, a redução das benesses em questão ao menor patamar possível, e de outro, a sua manutenção sem qualquer alteração, ou mesmo a sua ampliação, preferiu a adoção de posição intermediária, fazendo concessões a ambas as correntes.

Com efeito, viu-se, nos tópicos precedentes do presente artigo, que, ao tempo em que houve por bem dilargar algumas prerrogativas, atendendo, inclusive, a históricas reivindicações da classe dos advogados públicos, tal como se deu, por exemplo, nas questões relativas à intimação pessoal/vistas dos autos e ao prazo em dobro para qualquer manifestação, o novo CPC também optou por mitigar outras vantagens, como no caso dos novos limites do reexame necessário e da supressão do prazo em quádruplo de contestar.

Terminou, com tal posicionamento, atraindo críticas de ambos os grupos: os advogados públicos, descontentes pela perda de prerrogativas, vaticinam o impacto negativo de tais medidas para o exercício da representação judicial do Estado e os possíveis prejuízos daí decorrentes; os opositores das prerrogativas - em sua maioria integrantes da advocacia privada - proclamam que, exceção feita, talvez, aos novos limites para o reexame necessário, por carrearem algum potencial de efeito multiplicador, as demais alterações revelam-se acanhadas, inaptas a conferir, como seria desejável, maior celeridade ou efetividade aos processos judiciais.

A nós, contudo, o que nos parece, é que andou bem o novo CPC, situando-se moderadamente entre as posições antagônicas anteriormente referidas.

Deveras, se é certo que houve diminuição de algumas prerrogativas da Fazenda Pública, não menos certo é que dita minoração restou respaldada por razões ponderáveis, e não foi de tal ordem a lograr comprometer, de fato, a defesa do Estado em Juízo. A par disso, tendo havido o alargamento de algumas vantagens, operou-se, numa certa medida, um equilíbrio compensatório.

Tome-se, a título de amostra, a extinção do prazo em quádruplo para contestar: muito embora constitua, realmente, uma perda de prerrogativa, esta restou contrabalançada pela admissão de prazo dobrado para toda e qualquer manifestação do ente público; ademais, não se pode afirmar que seja desprezível o trintídio que, segunda tal regra, tocará às Fazendas Públicas para a apresentação da contestação.

O mesmo se dá, num outro exemplo, com a ampliação do piso do reexame necessário, posto que, além de ser inegável que os limites anteriores apresentavam-se induvidosamente baixos, é certo que a Fazenda Pública, em qualquer hipótese, sempre poderá voluntariamente recorrer.

Por outro lado, também não se nos afigura pertinente o argumento, erigido no sentido oposto, de que as alterações veiculadas pelo novo CPC deveriam ter sido mais radicais, com vistas a incutir maior agilidade na prestação jurisdicional.

É que, neste particular, filiamo-nos ao entendimento de que, diversamente do que se tornou lugar-comum afirmar, as ditas prerrogativas da Fazenda Pública não são as grandes vilãs da morosidade processual, cujas causas são muito mais profundas e complexas, remetendo à particular conformação de nossa cultura processual e ao funcionamento – ou falta de – do Poder Judiciário.

Compreende-se, assim, que seria inadmissivelmente simplista, e não mereceria qualquer credibilidade, a afirmação no sentido de que a nossa crônica lentidão processual estaria automaticamente resolvida, caso a Fazenda Pública não fizesse jus, por exemplo, à intimação pessoal ou ao prazo dobrado para manifestação.

Diga-se, num outro viés, que a contribuição que realmente se quer e precisa da Fazenda Pública, na construção de um processo mais célere, racional e efetivo, não se situa no campo do sacrifício de suas prerrogativas processuais, mas sim, na reavaliação de seu próprio papel em juízo.

O que se faz necessário, portanto, é uma completa mudança de paradigma no que diz respeito à atuação judicial do Estado, que, na condição de guardião do interesse público primário, deve incorporar a noção de que não pode portar-se tal e qual um litigante particular.

Requer-se, assim que a atuação estatal reste concebida, desde a sua origem, de forma a suscitar menos judicialização, seja por conduto da observância intransigente do ordenamento jurídico, logrando evitar uma série de conflitos desnecessários, ou, uma vez restem estes instalados, pela viabilização, sempre que possível, de sua composição extrajudicial.

Doutrotanto, é certo que, no bojo de uma lide em curso, ao Estado, dada a sua particular posição, também não seria admissível - ainda que possibilitado pelo sistema processual – manipular os instrumentos processuais para alongar desnecessariamente a demanda, valendo-se de incidentes e recursos, à exaustão, com o simples objetivo de protelar a decisão final quanto à matéria de fundo, que, muitas vezes, sabe-se desfavorável. Uma tal conduta, com características de abuso processual, ainda que não desejável, seria, numa certa medida, possível ao particular, comprometido primordialmente com o seu próprio interesse, mas revelar-se-ia absolutamente inconciliável, por óbvio, com os misteres que tocam ao Estado.

Importa, destarte, que o Estado, por seus agentes - gestores e advogados públicos, e aqui os subscritores autocriticamente se incluem -, prontifique-se a uma ampla e profunda conscientização quanto aos limites e condicionantes que devem pautar a sua atuação judicial. Esta, e não a precarização das prerrogativas processuais da Fazenda Pública, a mudança que lograria, de fato, interferir, decisivamente, na promoção dos desejados efeitos de celeridade e eficiência na prestação jurisdicional.

Referências

BRASIL. Lei nº 5.869, de 11 de janeiro de 1973. *Código de Processo Civil*. Brasília: Diário Oficial da União, 17 jan. 1973.

BRASIL. Lei nº 13.105, de 16 de março de 2015. *Código de Processo Civil*. Brasília: Diário Oficial da União, 16 mar. 2015.

BUENO, Cassio Scarpinella. *O Poder Público em juízo*. 2. ed. São Paulo: Saraiva, 2003.

CIANCI, Mirna; QUARTIERI, Rita; ISHIKAWA, Liliane Ito. As prerrogativas processuais da Fazenda Pública no Projeto do Código de Processo Civil (PLS nº 166, de 2010). *Revista de Informação Legislativa*, Brasília, ano 48, n. 190, abr/jun 2011.

NOHARA, Irene Patrícia. *Novo CPC e a Fazenda Pública*: crítica. Jornal Carta Forense. Disponível em: <http://www.cartaforense.com.br/conteudo/artigos/novo-cpc-e-a-fazenda-publica-critica/15045>.

NUNES, Allan Titonelli. Prerrogativas da Fazenda Pública no Projeto de Novo CPC. *Revista Jus Navigandi*, Teresina, ano 16, n. 2742, 3 jan. 2011. Disponível em: <https://jus.com.br/artigos/18170>. Acesso em: 20 fev. 2016.

PEIXOTO, Marco Aurélio Ventura. A Fazenda Pública no Novo Código de Processo Civil. *Revista Jurídica da Seção Judiciária de Pernambuco*, n. 5. p. 283-284.

RODRIGUES, Roberto de Aragão Ribeiro. As prerrogativas processuais da Fazenda Pública no novo Código de Processo Civil. *Revista da AGU*, v. 27, p. 313-328, 2011.

SILVA, Luiz Antonio Miranda Amorim. A Fazenda Pública e o novo CPC. In: PAVIONE, Lucas dos Santos; SILVA, Luiz Antonio Miranda Amorim (Org.). *Temas Aprofundados AGU*. Salvador: Juspodivm, 2012. v. 1.

SOUZA, Fábio Jeremias de. *Novo Código de Processo Civil e a Fazenda Pública*. Disponível em: <http://emporio-do-direito.jusbrasil.com.br/noticias/185278475/o-novo-codigo-de-processo-civil-e-a-fazenda-publica-por-fabio-jeremias-de-souza>.

TRINDADE, Arnaldo. *Os prazos para a Fazenda Pública na Lei nº 13.105/2015 (novo CPC)*. Disponível em: <https://jus.com.br/artigos/41794/os-prazos-para-a-fazenda-publica-na-lei-13-105-2015-novo-cpc>. Acesso em: 22 fev. 2016.

Informação bibliográfica deste texto, conforme a NBR 6023:2002 da Associação Brasileira de Normas Técnicas (ABNT):

AHRINGSMAN, Carlos. et al. Prerrogativas processuais da Fazenda Pública. In: BRITTO, Alzemeri Martins Ribeiro de; BARIONI, Rodrigo Otávio (Coords.). *Advocacia pública e o novo código de processo civil*. Belo Horizonte: Fórum, 2016. p. 109-126. ISBN 978-85-450-0173-7.

A TUTELA DE URGÊNCIA NO NCPC

ANDRÉA MARIA BATISTA BURGOS
EDUARDO MAIA CARNEIRO
HUGO COELHO RÉGIS
JOSÉ EDUARDO CHAVES REBOUÇAS
MÁRIO CÉSAR LIMA
RICARDO JOSÉ COSTA VILLAÇA

1 Introdução
1.1 Antecedentes históricos das tutelas de urgência

Traçar-se-á, de início, a evolução das medidas de urgência ao longo das diversas legislações que antecederam e, de alguma forma, contribuíram para o atual estágio de disciplina das medidas de urgência.

Como não poderia deixar de ser, as primeiras experiências em sede de tutelas de urgência foram feitas pelos romanos, que as dividiam em duas categorias: *l'operis novi nuntiatio* e *cautio damni infecti*. A primeira consistia em uma espécie de notificação extrajudicial, objetivando uma conduta negativa do devedor, semelhante às demandas de nunciação de obra nova. Já a segunda consistia na garantia de ressarcimento nos casos em que houvesse perigo de dano.

São exemplos daquelas medidas: a tutela sumária da posse (*actio exhibendum*), direito a alimentos, direito do menor e do nascituro à herança (*bonorum possessio ex carboniano e nasciturus*), dentre outros.

Os embriões das modernas medidas de urgência, a *manus iniectio* relacionadas com a confissão de dívida e a *pignoris capio*, consistiam no apossamento de coisa do devedor.

A Lei das XII Tábuas também possuía espécies de tutelas de conteúdo acautelatório, as quais tinham caráter autônomo, o que, em alguma medida, as assemelha às atuais ações cautelares. São exemplos delas, a *addictus* e o *nexus*.

O *addictus*, encontrado na Tábua III, permitia que o devedor fosse mantido em cárcere pelo credor por sessenta dias, como verdadeira garantia de crédito, até que pagasse o débito. Caso sua dívida não fosse quitada, executava-se a garantia, podendo o credor escolher entre vender o devedor *ou* então escravizá-lo, podendo até mesmo matá-lo.

Já o *nexus* fazia com que o devedor se submetesse espontaneamente ao credor e era liberado após pagar a dívida por meio de seu serviço.

Com a Idade Média, as medidas cautelares começam a perder seu caráter genérico, assumindo contornos mais específicos, a exemplo da fiança, do penhor, do depósito, da emissão na posse, etc.

As Ordenações Afonsinas, Manuelinas e Filipinas, estas últimas vigentes no período colonial, não tinham normas específicas sobre procedimentos cautelares. As Ordenações Filipinas, por exemplo, fundiam as figuras do arresto e do sequestro.

O Regulamento nº 737, de 1850, admitia os institutos do sequestro (art. 21) e do arresto (art. 321), mas remetia ao Código Comercial a disciplina de suas causas. Quanto ao arresto, havia uma norma específica, determinando que suas causas não se suspendessem pelas férias.

Antecipando-se ao novo Código de Processo Civil, o Regulamento 737, de 1850, privilegiava a conciliação em lugar do litígio. De acordo com o seu art. 27, o primeiro ato do processo era a audiência de tentativa de conciliação.

O Legislador Imperial mostrou-se atento a situações urgentes, prevendo, naquele mesmo dispositivo, que, em tais situações, a audiência poderia ser designada para o mesmo dia.

O Código de Processo Civil de 1939 também tratou de inúmeras medidas cautelares, como o arresto e o sequestro.

1.2 Tutela de Urgência no Código de Processo Civil de 1973

Diversamente do que será apresentado no novo Código de Processo Civil de 2015 (NCPC), no Código de 1973, a Tutela de Urgência não possui capítulo próprio, tendo, desde o início de sua vigência, sido apresentada do Livro III, que trata exclusivamente das Ações Cautelares. Posteriormente, com o advento da Lei nº 8.954/94, que alterou o CPC/73, passou a disciplinar a Tutela Antecipada, no bojo do Livro I, do processo de conhecimento.

Inicialmente, o processo cautelar, como dito, está disposto no Livro III do CPC/73, a partir do art. 796, onde são apresentadas as características gerais e as cautelares específicas, estas que, devido ao objetivo do presente artigo, não serão analisadas. Dito isso, cabe discorrer acerca das características gerais do processo cautelar, que assim podemos conceituar:

> O processo cautelar se constitui de um conjunto de atos procedimentais próprios, visando garantir que o processo de conhecimento ou de execução cheguem aos seus objetivos.[1]

Pois bem, correlacionado com o conceito apresentado, o mencionado art. 796 do CPC/73 dispõe que o processo cautelar poderá ser proposto antes ou no curso do processo principal e deste será sempre dependente. A dependência é inerente, haja vista

---

[1] SOARES, Carlos Henrique; DIAS, Ronaldo Brêtas de Carvalho Dias. *Manual Elementar de Processo Civil*. 2. ed. Belo Horizonte: Del Rey, 2013. p. 739.

o objetivo precípuo da tutela cautelar, que é garantir a eficácia da prestação jurisdicional em um outro processo. Em sentido semelhante, vejamos:

> Desse modo, o que se pretende com a ação cautelar é garantir o resultado útil da ação principal, evitando que a força do tempo e/ou comportamentos adotados pela parte adversa impusessem o perecimento do bem ou do direito que seria disputado no palco da ação principal.[2]

Outrossim, tendo em vista suas idiossincrasias e objetivos particulares, diversos do processo de conhecimento e de execução, apresenta, o processo cautelar, como principais características.

Em síntese, as características das medidas cautelares são: economia, acessoriedade, instrumentalidade, preventividade, provisoriedade, sumariedade, cognição não exauriente e revogabilidade [...].[3]

Em relação às características citadas, salienta-se a provisoriedade e a revogabilidade, que também se aplicam às tutelas antecipadas. Ambas não são definitivas, podendo ser revogadas a qualquer tempo, desde que não mais subsista os requisitos para a sua manutenção.

Ad argumentandum, apesar da acessoriedade e da dependência, trata-se de um novo processo, devendo ser iniciado por meio de petição inicial, respeitando os requisitos do art. 282 do CPC/73, além de apresentar como condições da ação, os pressupostos de existência e de validade. Entretanto, tendo em vista o contexto de urgência em que se apresenta, é imperiosa a presença de outros dois pressupostos, *periculum in mora* e *fumus bonus juris*. Nesse sentido, pode-se observar na doutrina o seguinte:

> Para que haja o deferimento das medidas cautelares é necessário que sejam observados dois requisitos, quais sejam: a) *fumus bonus juris* e b) *periculum in mora*. *Fumus bonus juris* pode ser explicada como a probabilidade do direito alegado existir e ser comprovável. Já o *periculum in mora* (perigo na demora da prestação jurisdicional) se constitui no fundamento de urgência na utilização da ação cautelar, pois há necessidade de se demonstrar que a tutela cautelar precisa ser apreciada urgentemente, pois há risco na demora da prestação jurisdicional levar a um dano irreparável para as partes.

Por fim, no que tange às ações cautelares, cumpre enfatizar a regra disposta no art. 797 do CPC/73, que possibilita a concessão da medida cautelar sem a oitiva da parte contrária, de ofício pelo juiz. Neste ponto, verifica-se uma semelhança com a tutela antecipada, que apesar da necessidade de pedido expresso, também pode ser deferida sem a oitiva da parte contrária.

A outra tutela de urgência disciplinada no art. 273 do CPC/73, a tutela antecipada, é provimento amplamente utilizado na prática forense, caracterizando-se como uma medida assecuratória do direto pretendido no processo de conhecimento, contudo, diversamente do processo cautelar, é satisfativa, ao tempo que pode ser considerada uma antecipação da sentença e de seus efeitos. Em sentido semelhante, assim observa-se na doutrina:

---

[2] MONTENEGRO FILHO, Misael. *Curso de Direito Processual Civil*. 8. ed. São Paulo: Atlas, 2012. p. 56.
[3] LEITE, Gisele. *Considerações gerais sobre o processo cautelar*. 2006. p. 2. Disponível em: <http://www.abdpc.org.br/abdpc/artigos/Gisele Leite)-formatado.pdf>. Acesso em: 08 fev. 2016.

O provimento se destina a assegurar ao demandante o efeito jurídico, no todo ou em parte, que se espera seja consequência do acolhimento do pedido na sentença final de mérito. Presentes os requisitos legais, o juiz lhe tutela, provisoriamente, o mesmo direito material que será objeto do provimento definitivo.[4]

[...] o pedido de antecipação de sentença ou de antecipação dos efeitos da sentença, previsto pelo art. 273 do CPC, é um instituto processual utilizado para casos urgentes, emergenciais, pelo qual, diante da demonstração dos elementos legais para a concessão, poderá o juiz conceder, em sede de decisão liminar, o que só seria efetivado na sentença.[5]

Como se vê, a tutela antecipada ocorre no bojo do processo, no qual é requerido o provimento antecipado da tutela jurisdicional pretendida, e para tal, é permitido o deferimento em apenas duas hipóteses, bem como deverá cumprir requisitos específicos. Vejamos o art. 273, *ipse literis*:

> Art. 273. O juiz poderá, a requerimento da parte, antecipar, total ou parcialmente, os efeitos da tutela pretendida no pedido inicial, desde que, existindo prova inequívoca, se convença da verossimilhança da alegação e:
> I - *haja fundado receio de dano irreparável ou de difícil reparação; ou*
> II – *fique caracterizado o abuso de direito de defesa ou o manifesto propósito protelatório do réu.*
> (grifou-se).

Com efeito, para a antecipação da tutela, consoante a norma supracitada, é necessária a presença, concomitante, de prova inequívoca e verossimilhança da alegação. O primeiro exige uma prova preexistente, algo além de uma simples suspeita, é uma prova com força de convencer o juiz da existência daquele direito. O segundo requisito refere-se à plausibilidade do direito invocado. Sobre a verossimilhança, vejamos:

> A verossimilhança a ser exigida pelo julgador deve sempre considerar: o valor do bem jurídico ameaçado de lesão; a dificuldade de se provar a alegação; a credibilidade, de acordo com as regras de experiência, da alegação; e a própria urgência.[6]

Quanto às hipóteses de cabimento da tutela antecipada, o CPC/73, como citado, apresenta apenas dois casos permitidos pela Lei. A hipótese do inciso I é a do *periculum in mora*, relacionando-se à duração do processo, a urgência da prestação jurisdicional e o dano que o autor poderá sofrer. Nesse sentido:

> Trata-se de tutela antecipada com base na urgência na prestação da tutela jurisdicional [...]. O dano que enseja a tutela antecipatória é o dano concreto (não eventual), atual (iminente ou consumado) e grave(capaz de lesar significativamente a esfera jurídica da parte).[7]

---

[4] THEODORO JÚNIOR, Humberto. *As liminares e as Tutelas de Urgência*. 2002. p. 10-11. Disponível em: <http://www.emerj.tjrj.jus.br/revistaemerj_online/edicoes/revista17/revista17_24.pdf>. Acesso em: 08 fev. 2016.
[5] SOARES, Carlos Henrique; DIAS, Ronaldo Brêtas de Carvalho Dias. *Manual Elementar de Processo Civil*. 2. ed. Belo Horizonte: Del Rey, 2013. p. 387.
[6] MARINONI, Luiz Guilherme; MITIDIERO, Daniel. *Código de Processo Civil*: comentado artigo por artigo. 5. ed. São Paulo: Revista dos Tribunais, 2013. p. 269.
[7] MARINONI, Luiz Guilherme; MITIDIERO, Daniel. *Código de Processo Civil*: comentado artigo por artigo. 5. ed. São Paulo: Revista dos Tribunais, 2013. p. 267.

A hipótese do inciso II refere-se à litigância temerária da parte ré e a possibilidade de interferir negativamente no prosseguimento regular do processo, de modo que ameace a efetividade e a utilidade da prestação jurisdicional. Desse modo, assim vemos na doutrina de Carlos Henrique Soares e Ronaldo Brêtas de Carvalho Dias:

> Abuso no direito de defesa significa defesa apresentada com caráter eminentemente protelatório, que altera a verdade dos fatos, que denota deslealdade ou má-fé. Abusar da defesa, em suma, é litigar de má-fé.(art. 17 do CPC).[8]

Outra característica da tutela antecipada, conforme salientado alhures, é a possibilidade da sua concessão *inaudita altera pars*, ou seja, sem a oitiva da parte contrária. Tal possibilidade se mostra necessária, haja vista o contexto de urgência que o provimento se encontra, no qual, diante do lapso temporal para citação da parte contrária e da continuidade do processo, o dano poderia ser concretizado, bem como tornar-se irreparável.

Por fim, haja vista as características apresentadas pelas ações cautelares e pela tutela antecipada, observa-se diferenças, entretanto, apresentam também similaridades, que, inclusive, podem causar confusão. Tendo em vista tais similaridades, o legislador admitiu, no art. 273, §7º do CPC/73, a fungibilidade das duas formas de tutela. Vejamos:

> Em uma interpretação literal, pode ser dito que o art. 273, §7º do CPC, pretende somente viabilizar a concessão no bojo do processo de conhecimento da tutela cautelar que foi chamada de maneira inadequada de tutela antecipatória. Se a tutela foi batizada de antecipatória, mas a sua substância é cautelar, ela pode ser deferida dentro do processo de conhecimento [...].[9]

Portanto, apresenta-se, desse modo, em apertada síntese, as Tutelas de Urgência no Código de Processo Civil de 1973 e, conforme será explanado ao longo do presente artigo, veremos que o Novo Código de Processo Civil trouxe diversas alterações, máxime nos seus aspectos procedimentais.

2 Desenvolvimento

2.1 A tutela antecipada no novo Código de Processo Civil

No NCPC a tutela antecipada e a tutela cautelar são tratadas como tutela de urgência (arts. 300 a 303), prevista no título II do livro V - Tutela Provisória - do referido código, não havendo mais, como no CPC de 1973, um livro destinado exclusivamente ao processo cautelar e aos procedimentos cautelares específicos.

Observa-se que o NCPC quis distinguir a tutela provisória, fundada na cognição sumária, da tutela definitiva, fundada na cognição exauriente. A tutela provisória no NCPC, seja a de Urgência (Antecipada ou Cautelar), seja a de Evidência, quando

---

[8] SOARES, Carlos Henrique; DIAS, Ronaldo Brêtas de Carvalho Dias. *Manual Elementar de Processo Civil*. 2. ed. Belo Horizonte: Del Rey, 2013. p. 388.
[9] MARINONI, Luiz Guilherme; MITIDIERO, Daniel. *Código de Processo Civil*: comentado artigo por artigo. 5. ed. São Paulo: Revista dos Tribunais, 2013. p. 268.

concedida, conserva a sua eficácia na pendência do processo, podendo, no entanto, ser, a qualquer instante, revogada ou modificada, como dispõe o art. 296.

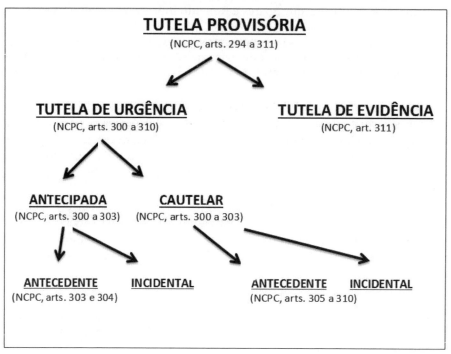

Figura 1 – Tutela Provisória no NCPC
Fonte: ALVIM, Arruda. *Notas sobre o Projeto de Novo Código de Processo*. 2015.[10]

Conforme demonstrado no gráfico acima, observa-se que a tutela provisória é agora gênero do qual são espécies a tutela de urgência e também a tutela chamada de evidência.

A tutela de urgência, por sua vez, pode ser classificada como Antecipada ou Cautelar, podendo a Antecipada ainda se subdividir em antecedente ou incidental, estando no NCPC a Tutela Antecipada disciplinada nos arts. 303 e 304.

A petição inicial, nos casos em que a urgência for contemporânea à propositura da ação, poderá limitar-se ao requerimento da Tutela Antecipada e à indicação da tutela final, com a exposição da lide, citação do direito que busca a indicação do perigo de dano ou do risco ao resultado útil do processo. Nessa mesma inicial, o valor da causa também deverá ser fixado pelo autor, levando em consideração o pedido da tutela final.

Caso o órgão jurisdicional não conceda de logo a Tutela Antecipada, por entender que não há elementos suficientes na demanda, determinará a emenda da petição inicial em até 05 (cinco) dias, sob pena de indeferimento e extinção do processo sem resolução do mérito (art. 303, §6º).

---

[10] ALVIM, Arruda. *Notas sobre o Projeto de Novo Código de Processo*. 2015. Disponível em: <http://www2.senado.leg.br/bdsf/bitstream/handle/id/242902/000925568.pdf.> Acesso em: 01 fev. 2015.

Concedida a Tutela Antecipada, deverá o autor, sob pena do processo ser extinto sem a resolução do mérito (art. 303, §2º), aditar a inicial no prazo de 15 (quinze) dias, nos mesmos autos e sem incidência de custas processuais, podendo o juiz, nos termos do inciso I do §1º do artigo 303, fixar prazo superior aos 15 (quinze) dias referidos.

O aditamento em questão nada mais é que a complementação da argumentação apresentada na petição inicial, acompanhada da juntada de novos documentos, se houver, e da confirmação do pedido da tutela final.

Aditada a inicial, o juiz designará audiência de conciliação ou de mediação com antecedência mínima de 30 dias, na forma do que dispõe o artigo 334.

O conciliador ou o mediador, onde houver, atuará necessariamente nessa audiência, devendo, nesse caso, ser o réu citado com 20 dias de antecedência, sendo o autor intimado na pessoa do seu advogado.

Essa audiência, por sua vez, poderá não ser realizada se ambas as partes manifestarem, expressamente, desinteresse na composição consensual, ou quando não se admitir autocomposição (art. 334, §4º). Havendo litisconsorte na ação, deverá esse desinteresse, na realização da referida audiência, ser manifestado por todos os litisconsortes (art. 334, §6º).

A autocomposição não acontecendo, o réu deverá apresentar contestação, por petição, no prazo de 15 dias, contados conforme o que dispõe o artigo 335.

Vale ressaltar que da decisão que concede a tutela antecipada cabe recurso para que seja a mesma revista, revisada e/ou invalidada. Caso não seja interposto recurso, será o processo extinto depois de 02 (dois) anos, contados da ciência dessa decisão (§§1º e 5º, art. 304).

O *caput* do artigo 304 diz que a decisão que conceder a Tutela Antecipada não fará coisa julgada, mas permanecerá estabilizada, com todos os seus efeitos conservados, enquanto não for interposto recurso.

O §3º do artigo 304 reza, por sua vez, que a decisão que conceder a tutela antecipada conservará seus efeitos enquanto não for revista, reformada ou invalidada por decisão de mérito proferida em ação ajuizada por uma das partes.

O §4º do mesmo art. 304 dispõe que o desarquivamento dos autos em que foi concedida a Tutela Antecipada poderá ser requerido por qualquer das partes, para instruir a petição inicial da ação demandada à outra parte, com o intuito de rever, reformar ou invalidar a tutela antecipada estabilizada, sendo, para essa ação, prevento o juízo em que a Tutela Antecipada foi concedida.

Pois bem, como os §§3º e 4º acima referidos estão dentro do artigo 304 que no *caput* fala de recurso, parece que a intenção, aqui, do legislador, foi estabelecer que o recurso intentado contra decisão que conceda tutela antecipada seja, em verdade, uma ação própria, ajuizada por uma das partes da ação em que foi deferida a tutela, sendo o processo dessa nova "ação de recurso" distribuído por dependência por ser prevento o juízo que concedeu a Tutela Antecipada reivindicada.

2.2 Tutela cautelar no novo CPC

Como visto, o novo Código de Processo Civil identifica a tutela cautelar como espécie da "tutela de urgência", integrante do gênero maior "tutela provisória". Como tutela de urgência, a cautelar também se identifica como técnica de redistribuição do ônus temporal no processo, quando a dimensão temporal deste é incompatível com a permanência do bem da vida almejado pela parte, contudo, seu espectro estaria limitado à mera conservação da viabilidade de tal bem.

Está, pois, mantido o entendimento tradicional que define a tutela cautelar como "decisão provisória (urgente, sumária, temporária e precária) que não satisfaz, mas sim, garante a futura satisfação do direito material deduzido. Não é satisfativa".[11] A falta de caráter satisfativo é que marca o traço fundamental de distinção em relação à tutela antecipada.

Por outro lado, seguindo a tendência de equiparação entre as tutelas de urgência que já marcara as reformas sofridas pelo CPC de 1973, o novo Código buscou dar tratamento uniforme a vários aspectos das tutelas antecipada e cautelar, notadamente igualando os requisitos para concessão e, portanto, reforçando a fungibilidade que vigora nesta seara, entretanto, manteve a distinção de nomenclatura e aquela decorrente da natureza de cada subespécie de tutela de urgência, não obstante a existência de controvérsias doutrinárias sobre a eventual interpenetração de tais institutos ou sobre a melhor forma de classificação e denominação dos mesmos.

Noutras palavras, apesar da equiparação legal empreendida, a nova legislação não iguala totalmente o adiantamento dos efeitos da pretensão final (tutela antecipada) com a adoção de medidas meramente conservativas não coincidentes com a pretensão formulada (tutela cautelar) e, como se verá, o momento em que este discrímen se mostra mais relevante reside no regramento da postulação antecedente das tutelas de urgência.

Aliás, já se observam críticas à nova codificação, justamente por esta prever distinções procedimentais entre tutela antecipada e cautelar, quando a fungibilidade entre ambas havia sido instituída há mais de uma década em nosso processo civil (vide art. 273 §7º do CPC de 1973). Em verdade, neste ponto, somente a futura aplicação concreta do Código mostrará se a opção do legislador aplainou as incertezas sobre tais institutos ou as ampliou.

Pois bem, dito isto, cabe observar que a mais evidente das alterações promovidas pelo novo Código, no tocante à matéria ora abordada, foi a extinção do processo cautelar autônomo.

É certo que o processo cautelar já vinha em declínio há algum tempo, especialmente com a inclusão do §7º do artigo 273 pela Lei nº 10.444/02, e agora foi definitivamente abolido, em um claro esforço para desburocratizar o acesso à justiça, conferir maior celeridade à prestação jurisdicional e reduzir o número de processos que se acumulam em nosso Judiciário.

Aliás, o processo cautelar autônomo já revelava seu anacronismo quando nosso Direito positivo passou a admitir, há mais de vinte anos, a postulação, nos próprios autos da ação principal, da antecipação dos efeitos do provimento definitivo. De fato, era clamorosamente ilógico que uma medida satisfativa pudesse ser deferida, liminarmente inclusive, nos autos da ação principal, ao passo que outra, acessória e meramente conservativa, demandava a instauração de uma nova relação processual.

No lugar de um processo cautelar, o novo CPC prevê a possibilidade de ampla adoção de medidas cautelares, como técnicas de neutralização dos riscos da demora,

---

[11] DIDIER JR, Fredie; BRAGA, Paula Sarno; OLIVEIRA, Rafael Alexandria de. *Curso de Direito Processual Civil*. 10. ed. Salvador: Juspodivm, 2015. v. 2, p. 515.

requeridas de forma incidental ou antecedente, porém sem a necessidade de instauração de uma nova relação jurídica processual distinta daquela existente no processo em que se formula a pretensão principal.

Importante observar que o novo CPC além de extinguir o processo cautelar autônomo, não disciplina os chamados procedimentos cautelares específicos, diferentemente do que fazia o Código revogado (CPC/73, arts. 813 a 889), o que, segundo Arruda Alvim, "responde a uma tendência do direito brasileiro, em que se expandiram as medidas cautelares e de urgência, de tal modo que não se justifica a manutenção de procedimentos cautelares típicos, diante da grande liberdade para decidir, adjudicada ao Judiciário".[12]

Ocorre que o art. 301 do CPC de 2015 dispõe que "a tutela de urgência de natureza cautelar pode ser efetivada mediante arresto, sequestro, arrolamento de bens, registro de protesto contra alienação de bem e qualquer outra medida idônea para asseguração do direito", criando, dessa forma, uma curiosa situação, já que a nova legislação processual, embora se refira a medidas como "sequestro", "arrolamento de bens" e "arresto", já não veiculará a definição de tais medidas, tampouco detalhará normas procedimentais específicas para a execução das mesmas.

Na falta de um arcabouço normativo específico, é bem possível que seja mantida a feição que cada instituto citado no art. 301 do NCPC já possuía na vigência do Código anterior, os quais seriam assim incorporados no dia a dia forense. Noutras palavras, é possível que alguns dispositivos revogados do CPC de 1973 sobre arresto, sequestro e arrolamento de bens continuem a influenciar concretamente as lides futuras, conduzidos ao processo não mais como direito positivo, mas pelas mãos da doutrina ou da jurisprudência.

Note-se que algumas medidas tratadas no Código de 1973, como procedimentos cautelares específicos, foram disciplinadas no novo diploma, porém, não propriamente como medidas cautelares, a exemplo do protesto judicial (art. 726 NCPC) e da produção antecipada de provas (art. 381 NCPC).

Quanto aos requisitos para a concessão da tutela cautelar, agora unificados para todas as tutelas de urgências, dispõe o art. 300 do NCPC que deve a parte demonstrar probabilidade do direito e o perigo de dano ou o risco ao resultado útil do processo. A cognição feita pelo magistrado é sumária e admite-se, tal como no CPC de 1973, a concessão liminar (ou seja, antes da citação do polo passivo), sendo este um traço inerente a todas as tutelas de urgência (art. 300, §2º do CPC/2015).

Ao contrário do CPC de 1973, que admitia expressamente (art. 797) a concessão, de ofício, de medidas cautelares, em casos excepcionais e expressamente autorizados, a nova codificação silencia sobre esse ponto. Cabe assim concluir que, a priori, estaria vedada a concessão pelo magistrado, de ofício, da tutela cautelar. Aliás, a responsabilidade objetiva disciplinada pelo art. 302 do CPC/2015 já desaconselharia a concessão de ofício de tais medidas.

Quanto ao momento, a tutela cautelar, tal como a antecipada, por ser requerida/concedida de forma incidente ou antecedente, nos termos do art. 294, parágrafo único do NCPC.

---

[12] ALVIM, Arruda. *Notas sobre o Projeto de Novo Código de Processo*. 2015. Disponível em: <http://www2.senado.leg.br/bdsf/bitstream/handle/id/242902/000925568.pdf.> Acesso em: 01 fev. 2015.

Na postulação incidental, ou seja, concomitante ou posterior ao pedido definitivo, não se observa qualquer particularidade ou novidade procedimental além do que já foi dito até aqui, revelando-se neste caso, em toda a sua amplitude, o tratamento uniforme dado às tutelas de urgências.

Por outro lado, quando a postulação se dá em caráter antecedente, a diferenciação entre tutela antecipada e cautelar se mostra relevante, pois os procedimentos previstos nos artigos 305 a 311 e artigos 303 a 304 são distintos, ao passo que o efeito inovador da estabilização da demanda não ocorrerá em se tratando de tutela cautelar.[13]

Sobre a diferenciação entre as tutelas de urgência quando requeridas de forma antecedente, Fredie Didier[14] já ressaltou que esse é o único momento em que o novo diploma legal distingue o regramento das subespécies de tutela de urgência, frisando que a equiparação entre estas não poderia ser absoluta, alcançando os pressupostos, porém não as consequências de tais medidas. A cautelar, por sua natureza, sempre seria temporária, ao passo que a tutela satisfativa poderia se estabilizar, justificando o regramento diferenciado.

Pois bem, desejando requerer a tutela cautelar de forma antecedente, o autor deve elaborar a petição inicial expondo os requisitos autorizadores da tutela de urgência (probabilidade do direito e perigo da demora) e indicando sumariamente o direito que se objetiva assegurar. No que couber, a peça processual deve observar o disposto no art. 319 do CPC/2015.

Evidentemente, essa petição não trará toda a argumentação jurídica do autor ou será instruída com toda a documentação que embasará o pedido principal, vez que, se o autor pudesse dispor de tempo para reunir tais elementos, não precisaria valer-se do pedido antecedente, neste caso, faria o pedido cautelar de forma incidente, em uma petição inicial completa.

Caso o magistrado entenda que o pedido de tutela provisória possui caráter satisfativo, observará a fungibilidade inerente às tutelas de urgência, devendo, nesta situação, aplicar o regramento do art. 303, relativo à tutela antecipada.

Recebendo a petição antecedente, o juiz mandará citar o réu para apresentar contestação no prazo de 5 (cinco) dias, sob pena de serem aceitos como verdadeiros os fatos alegados pelo autor. Note-se que o réu contestará o pedido cautelar, ao passo que os efeitos da eventual ausência dessa defesa estão restritos àquela tutela, não projetando reflexos sobre o futuro pedido principal.

Como visto, a ausência de contestação ou a não interposição de recurso em face de decisão concessiva da medida de urgência não ensejará a estabilização da cautelar.

Apresentada a contestação, será observado o procedimento comum.[15]

Uma vez efetivada a tutela cautelar, o autor terá o prazo de 30 (trinta) dias para apresentar o pedido principal, nos mesmos autos, mediante aditamento à petição

---

[13] É o que concluiu o Fórum Permanente de Processualistas, por meio do seu *Enunciado 420. (art. 304)*: "Não cabe estabilização de tutela cautelar". (FÓRUM Permanente de Processualistas. *Enunciados*. Disponível em <http://portalprocessual.com/wp-content/uploads/2015/06/Carta-de-Vitória.pdf>. Acesso em: 05 fev. 2016).

[14] DIDIER JR, Fredie. *Tutela Provisória*. Palestra proferida na Procuradoria Geral do Estado do Rio de janeiro. 26 jun. 2015. Disponível em: <https://www.youtube.com/watch?v=Y-BSatKLres>. Acesso em: 05 fev. 2015.

[15] Conclusão também do Fórum Permanente de Processualistas, por meio do Enunciado 381 (arts. 9º, 350, 351 e 307, parágrafo único). "É cabível réplica no procedimento de tutela cautelar requerida em caráter antecedente". (FÓRUM Permanente de Processualistas. *Enunciados*. Disponível em <http://portalprocessual.com/wp-content/uploads/2015/06/Carta-de-Vitória.pdf>. Acesso em: 05 fev. 2016).

antecedente, já que o pedido cautelar, mesmo antecedente, não dará ensejo à formação de uma nova relação processual, distinta daquela na qual se discutirá o pedido principal. No aditamento para apresentação do pedido principal, não haverá novo recolhimento de custas.

Apresentado o pedido principal, o processo segue na forma do art. 334 e seguintes, com a designação de audiência de conciliação ou mediação. Não havendo composição, segue-se a apresentação de defesa, na forma do art. 335. Nesta segunda contestação é que o réu refutará o pedido principal e os fundamentos relativos ao mesmo.

Não apresentada a peça de aditamento com o pedido principal, cessam os efeitos da tutela cautelar deferida. O mesmo ocorre quando a medida não é efetivada em 30 dias ou quando o pedido principal for julgado improcedente.

Como se vê, em se tratando de tutela cautelar, o pedido antecedente previsto no novo CPC cumpre o papel que, no Código de 1973, cabia à chamada ação cautelar preparatória, todavia, o novo regramento estabelece uma técnica mais simples.

O recurso cabível da decisão concessiva ou denegatória da medida cautelar será o agravo de instrumento (art. 1.015, inc. I do NCPC).

Por fim, cabe observar que o indeferimento da tutela cautelar não impede a formulação do pedido principal, exceto se o magistrado reconhecer a prescrição ou a decadência.

Posto isso, cabe destacar as principais alterações trazidas pela nova codificação em se tratando de tutela cautelar: o fim do processo cautelar autônomo; o regramento da postulação antecedente; a falta de disciplina de cautelares específicas; e a ausência de autorização expressa para concessão de ofício da tutela cautelar.

2.3 Tutela de urgência x Tutela de Evidência

Como já se mostrou, o novo CPC introduziu, de forma sistemática, regras sobre a tutela provisória, gênero das espécies tutela de urgência e Tutela de Evidência. Tal sistematização é resultado da programaticidade dada ao novo código, que dedicou um livro inteiro ao título "Tutela Provisória", destacando-se como rubrica nova (arts. 294 ao 311).

Assim, ficou estabelecida a regra do devido processo legal para se buscar a tutela antes mesmo da existência do próprio processo principal, levando em consideração *a premência do tempo e a necessidade de proteger e acautelar direitos*, numa lógica compreensível em função dos prestigiados princípios do acesso à justiça e da efetividade do processo. É que, à luz do caso concreto, o intérprete deve utilizar-se daquele princípio, dotado do mesmo *status* constitucional, que se revelar mais adequado à realização do valor da justiça.

Partindo do conceito de tutela definitiva como qualquer tipo de tutela que se pretenda alcançar ao final de um processo com cognição exauriente (seja satisfativa ou cautelar), infere-se que a tutela provisória (de urgência e de evidência) não é um tipo de tutela distinta da definitiva, *mas tão somente a mesma tutela definitiva, só que concedida em cognição sumária e baseada em juízo de probabilidade e não de certeza*, sendo, portanto, a diferença entre elas (tutela definitiva e provisória) *de grau de cognição*. É do grau de cognição que se vale o juiz para conceder a tutela pretendida pelo demandante: cognição exauriente, tutela definitiva; cognição sumária, tutela provisória. Isto é, a conclusão é a de que não há diferença ontológica entre a tutela definitiva e a tutela provisória, sendo certo que tudo aquilo que se pode conceder como tutela definitiva, também pode, de forma provisória, vir a depender do grau de cognição.

Segundo o professor Fredie Didier Júnior, "em situação de urgência, o tempo necessário para a obtenção da tutela definitiva (satisfativa ou cautelar) pode colocar em risco a sua efetividade. Este é um dos males do tempo no processo". E continua: "A principal finalidade da tutela provisória é abrandar os males do tempo e garantir a efetividade da jurisdição (os efeitos da tutela)". Conclui o ilustre mestre baiano que "qualquer tutela definitiva, e somente a tutela definitiva, pode ser concedida provisoriamente. As espécies de tutela definitiva são, por isso, as espécies de tutela provisória".[16]

O ser provisório – característica comum das tutelas de urgência e de evidência – quer dizer que em qualquer momento a tutela deferida poderá ser substituída por outra que seja definitiva. Ela, a tutela provisória, conserva a sua eficácia enquanto pendente o processo, ainda que este seja suspenso. A provisoriedade da tutela também implica a possibilidade de revogação ou de modificação a qualquer momento, a partir de novos elementos.[17]

Havia, no Código de 1973, conforme demonstrado anteriormente, o Livro III, onde se localizavam regras sobre a tutela cautelar; e alguns procedimentos especiais (possessórias, depósito, alimentos) onde se localizavam as regras sobre a tutela antecipada (satisfativa). O novo Código eliminou o livro que tratava do processo cautelar (Livro III do CPC/73) e tratou conjuntamente a tutela cautelar e a satisfativa sobre a mesma rubrica da Tutela Provisória (Livro V do novo CPC).

Os pressupostos para concessão da tutela cautelar e antecipada (satisfativa) são rigorosamente os mesmos, resolvendo o problema que existia nas redações dos arts. 273 e 804 do CPC/73. Agora ficou um único regime. Isto é, o Livro V nasceu para unificar a tutela provisória. Portanto, a tutela provisória ficou no novo CPC como gênero de todas as espécies de tutelas de cognição sumária.

A tutela provisória no CPC é visualizada de três maneiras: 1ª) pelo objeto a ser concedido, dividindo-se em *Tutela Cautelar* e *Tutela Antecipada* (satisfativa); 2ª) pelo pressuposto para sua concessão, isto é, pelo fato que autoriza o juiz a conceder, dividindo-se em *Tutela de Urgência* e *Tutela de Evidência* (sempre que se lê "tutela provisória de urgência", leia-se "tutela provisória fundada em urgência"; e sempre que se lê "tutela provisória de evidência", leia-se "tutela provisória fundada em evidência"; 3ª) pelo momento do requerimento, dividindo-se em *caráter antecedente* e em *caráter incidente*.

A urgência e a evidência não é algo que se conceda. A urgência e a evidência são pressupostos para a concessão da tutela provisória. "As tutelas provisórias de urgência (satisfativa ou cautelar) pressupõem a demonstração de 'probabilidade do direito' e do 'perigo de dano ou o risco ao resultado útil do processo (art. 300, CPC)".[18]

---

[16] DIDIER JR, Fredie; BRAGA, Paula Sarno; OLIVEIRA, Rafael Alexandria de. *Curso de Direito Processual Civil*. 10. ed. Salvador: Juspodivm, 2015. v. 2, p. 567-569.

[17] CAMARA, Alexandre Freitas. *O Novo Processo Civil Brasileiro*. São Paulo: Atlas, 2015. p. 157.

[18] DIDIER JR, Fredie; BRAGA, Paula Sarno; OLIVEIRA, Rafael Alexandria de. *Curso de Direito Processual Civil*. 10. ed. Salvador: Juspodivm, 2015. v. 2, p. 570.

O pressuposto da urgência é o perigo de um dano ou de um ilícito. Essa conclusão decorre da interpretação conjunta entre o art. 300 e o parágrafo único do art. 497 do novo CPC. A providência inibitória para remoção de ilícito não precisa de demonstração de dano, mas tão somente de haver probabilidade de o ilícito ocorrer. Ou seja, o perigo relativo à tutela de urgência é um fato da vida que revela o risco de um dano ou de um ilícito ocorrer.

A tutela de urgência pode ser cautelar ou satisfativa. Ou seja, a regra do art. 300 deve ser aplicada tanto para acolher uma tutela antecipada (satisfativa), quanto para acolher uma tutela cautelar. Para se conceder a tutela de urgência, é necessária, além da demonstração do perigo, a demonstração da probabilidade do direito, da existência de um mínimo de direito.

A Tutela de Evidência é aquela que se funda apenas na demonstração de evidência do direito. Não há necessidade de demonstrar a urgência. Apenas a demonstração de que o direito é bem provável. Dispensa a demonstração de urgência. É suficiente a demonstração de uma das hipóteses de evidência listadas no art. 311.[19]

A Tutela de Evidência é *sempre antecipada* (satisfativa). Não existe Tutela de Evidência cautelar. Ou seja, não há necessidade de demonstração do *periculum in mora*:

> A urgência pode servir de fundamento à concessão da tutela provisória cautelar ou satisfativa (arts. 294, parágrafo único, e 300, CPC). A evidência, contudo, só autoriza a tutela provisória satisfativa (ou simplesmente 'tutela antecipada', metonímia legislativa) (arts. 294 e 311, CPC) [...]. Assim, para pedir uma tutela provisória satisfativa, é preciso alegar e demonstrar urgência (art. 300, CPC) ou evidência (art. 311, CPC) – ou ambas, obviamente; mas a tutela provisória cautelar somente pode ser pleiteada em situações de urgência. Isso se dá porque a urgência é inerente à tutela cautelar.[20]

Além disso, a Tutela de Evidência, é possível afirmar, não se trata de uma novidade do novo CPC. No Código de 73 podemos identificar a liminar na ação de despejo, nas possessórias, na decisão monitória e no inciso II do art. 273. O que é novo é a rubrica, o rótulo. O novo Código, além de dar uma rubrica (Tutela de Evidência), *criou duas hipóteses novas estabelecidas nos incisos II e IV do art. 311*. Os incisos I e III do art. 311 equivalem ao que estabelecia o CPC de 73 no art. 273 e na ação de depósito. A ação de depósito foi extinta, sendo sua regra introduzida na hipótese do inciso III do art. 311.

Para as novidades inseridas nos incisos II e IV, cabe liminar (parágrafo único do art. 311). Quando o pedido estiver lastreado em um precedente obrigatório (Incidente de Resolução de Demandas Repetitivas - IRDR, Súmula Vinculante) revela muita força e tem uma consequência prática muito importante, porque a apelação de uma sentença que ratifica a tutela provisória do inciso II não terá efeito suspensivo (inciso V do §1º do art. 1012 do novo CPC).

Diz o professor Alexandre Freitas Câmara que a Tutela de Evidência é uma "[...] técnica de aceleração do resultado do processo". "[...] evidente (dotada de probabilidade máxima)" e que "[...] defere-se o próprio bem jurídico que se almeja obter com o

---

[19] DIDIER JR., Fredie; BRAGA, Paula Sarno; OLIVEIRA, Rafael Alexandria de. *Curso de Direito Processual Civil*. 10. ed. Salvador: Juspodivm, 2015. v. 2, p. 570.
[20] CAMARA, Alexandre Freitas. *O Novo Processo Civil Brasileiro*. São Paulo: Atlas, 2015. p. 169.

resultado final do processo, [...] tutela provisória sancionatória [...] compatível com a duração razoável do processo".[21]

A tutela provisória é incidente quando é requerida juntamente com o pedido final ou depois do pedido final. E é antecedente quando requerida antes da formulação do pedido de tutela final. Neste caso, vai-se ao judiciário apenas para pedir a tutela provisória - que pode ser satisfativa – devendo a petição inicial ser aditada em até 30 (trinta) dias sem necessidade de pagamento de custas.

Registre-se que o novo CPC distingue as regras da tutela cautelar antecedente (arts. 305 a 310) da tutela antecipada (satisfativa) antecedente (arts. 303 e 304). É a única situação em que o tratamento é diferenciado.

Como vimos, os pressupostos são os mesmos, tanto para a tutela cautelar, quanto para a tutela antecipada (satisfativa) antecedente. As consequências é que são diferentes.

Se o réu não agravar, o processo se extingue. Se contestar, não estabiliza. Há estabilização quando as partes não têm mais interesse.

A estabilização da tutela antecipada antecedente do art. 304 tem como característica o fato de a petição inicial necessariamente ter que ser fundamentada na hipótese do art. 303 (concomitância urgência/ação), sendo certo que a estabilização pode ser a parcial. Curioso é notar que o processo pode ser extinto e a tutela permanecer ativa.

A tutela antecipada estabilizada não faz coisa julgada e, em até dois anos contados da decisão, poderá haver pedido de desarquivamento para reforma ou invalidação. Isto é, outro processo reabre a lide originária (§§5º e 6º do art. 304 do novo CPC). A curiosidade aqui é que a tutela não faz coisa julgada, mas também, depois de dois anos, não pode mudar.

Para a maioria da doutrina, não há possibilidade de concessão de tutela provisória de ofício pelo juiz. A tutela provisória se processa sob a responsabilidade objetiva do demandante.

3 Conclusão

A grande mudança no NCPC é o fim do processo cautelar autônomo e dos ritos especiais cautelares. Além disso, na sistemática adotada, ocorrerá a unificação das tutelas de urgência com a denominação de "tutela antecipada", que tanto será de natureza satisfativa, quanto de natureza cautelar, podendo ser concedida em caráter antecedente ou incidental. Via de regra, a tutela antecipada será precária, conservando a eficácia, mas, a qualquer tempo, conforme o art. 296 do NCPC, podendo ser revogada ou modificada.

Caso seja pleiteada de forma antecedente, a petição inicial deverá indicar a lide, seu fundamento e a exposição sumária do direito que se visa assegurar, bem como o perigo na demora da prestação jurisdicional na forma do art. 303 do NCPC. No sistema do CPC/73 havia a chamada cautelar preparatória, porque para a eficácia da medida deveria ser ajuizada a ação principal.

Segundo a sistemática do NCPC, não haverá ação principal, mas pedido principal, que deverá ser intentado pelo polo ativo dentro de 30 dias, contados da efetivação da medida cautelar pleiteada.

---

[21] CAMARA, Alexandre Freitas. *O Novo Processo Civil Brasileiro*. São Paulo: Atlas, 2015. p. 169.

Na hipótese de concessão da tutela antecipada em caráter antecedente, o autor aditará a petição inicial complementando as argumentações, anexando documentos novos e ratificando o pedido de tutela final. Caso não haja o aditamento da inicial, o processo será extinto sem resolução de mérito, como dispõe o §2º. Após a apresentação do pedido principal, inicia-se a fase de conhecimento, pela intimação das partes para a audiência de conciliação e mediação, sendo despicienda nova citação do réu.

Conforme o art. 304, poderá tornar-se estável a decisão que conceder a tutela antecipada satisfativa antecedente, caso não seja interposto recurso de agravo de instrumento, situação em que o processo será extinto. Ocorrendo tal hipótese, tanto o, quanto o réu poderá acionar a outra parte com o objetivo de rever, reformar ou invalidar a tutela antecipada estabilizada. Este direito caduca em dois anos, contados da ciência da decisão que extinguiu o processo.

Neste particular, o NCPC baseia-se no CPC/73, pois a eficácia da medida concedida em caráter antecedente cessará se: i) o autor não deduzir o pedido principal no prazo legal; ii) não for a medida efetivada em trinta dias; iii) o juiz julgar improcedente o pedido principal formulado pelo autor ou extinguir o processo sem resolução de mérito.

Para efetivação da tutela antecipada, o juiz poderá determinar as medidas que considerar adequadas na forma do art. 297, havendo menção expressa às seguintes medidas: arresto, sequestro, arrolamento de bens, registro de protesto contra alienação, como dispõe o art. 301.

A dúvida que existe atualmente, sobre semelhanças e diferenças das atuais tutela, antecipada e cautelar, finda-se pela simples leitura do art. 294, que as coloca como espécies da tutela provisória, e também pela uniformização dos requisitos para a concessão: elementos que evidenciem a probabilidade do direito e o perigo na demora da prestação jurisdicional como elenca o art. 300.

Poderá ser exigida caução real ou fidejussória para ressarcir danos que a outra parte poderá sofrer, havendo a dispensa, caso a parte seja hipossuficiente, conforme preceitua o §1º, art. 301.

O NCPC dedica capítulo específico para a Tutela de Evidência, espécie de tutela antecipada que poderá ser concedida nos seguintes casos: i) quando houver abuso de direito de defesa ou manifesto propósito protelatório da parte; ii) quando as alegações de fato puderem ser comprovadas apenas documentalmente e houver tese firmada em julgamento de casos repetitivos ou em súmula vinculante; iii) quando se tratar de pedido reipersecutório, fundado em prova documental adequada do contrato de depósito, caso em que será decretada a ordem de entrega do objeto custodiado, sob cominação de multa.

Como se observa, na Tutela de Evidência autoriza a antecipação dos efeitos da tutela jurisdicional, ainda que não haja o fundado receio de dano irreparável ou de difícil reparação, sendo suficiente para tanto, o intenso grau de plausividade do direito alegado pelo autor. A primeira hipótese, inclusive, já é atualmente prevista como hipótese de tutela antecipada (CPC, art. 273, inciso II), ficando como novidades as demais previsões, que poderão ser proferidas liminarmente.

Desta maneira, além das fases de conhecimento e de execução, poderá haver uma fase cautelar ou satisfativa, antecedente ou concomitantemente àquelas, dentro do mesmo processo. A principal mudança no bojo do NCPC é a possibilidade de estabilização da tutela antecipada satisfativa, concedida em caráter antecedente, caso a decisão que a concedeu não seja recorrida. Neste caso, surge a possibilidade de uma "rescisorinha", uma ação rescisória específica, com prazo decadencial diferenciado, onde será possível rever a decisão estabilizada.

Espera-se que a utilização das tutelas de urgência não se consolide como a "lei do mais rápido", do raciocínio de que o primeiro a acionar a Justiça seja o que obtenha a proteção do seu direito. Para que esta esperança se justifique, é de suma importância a ênfase na fundamentação do pronunciamento do juiz como a grande balize norteadora. Esta será, com a adoção do processo tendente a ser uno, sincrético, com diversas fases, sem diferenciação, uma esperança de que não só a celeridade é importante, mas sim, a obtenção de uma jurisdição mais justa.

Referências

ALVIM, Arruda. *Notas sobre o Projeto de Novo Código de Processo*. 2015. Disponível em: <http://www2.senado.leg.br/bdsf/bitstream/handle/id/242902/000925568.pdf.> Acesso em: 01 fev. 2015.

ALVIM, Rafael. *Tutela Provisória no Novo CPC*. 2015. Disponível em: <http://www.cpcnovo.com.br/blog/2015/06/17/tutela-provisoria-no-novo-cpc>. Acesso em: 05 fev. 2015.

BEDAQUE, José Roberto dos Santos. *Tutela Cautelar e Tutela Antecipada*: Tutelas Sumárias e de Urgência. 2. ed. São Paulo: Malheiros, 2001.

CAMARA, Alexandre Freitas. *O Novo Processo Civil Brasileiro*. São Paulo: Atlas, 2015.

DIDIER JR, Fredie. *Tutela Provisória*. Palestra proferida na Procuradoria Geral do Estado do Rio de janeiro. 26 jun. 2015. Disponível em: <https://www.youtube.com/watch?v=Y-BSatKLres>. Acesso em: 05 fev. 2015.

DIDIER JR, Fredie; BRAGA, Paula Sarno; OLIVEIRA, Rafael Alexandria de. *Curso de Direito Processual Civil*. 10. ed. Salvador: Juspodivm, 2015. v. 2.

FÓRUM PERMANENTE DE PROCESSUALISTAS, *Enunciados*. Disponível em <http://portalprocessual.com/wp-content/uploads/2015/06/Carta-de-Vitória.pdf>. Acesso em: 05 fev. 2016.

GARCIA, Gustavo Filipe Barbosa. *Novo Código de Processo Civil - Lei nº 13.105/2015: Principais Modificações*. Rio de Janeiro: Forense, 2015.

GONÇALVES, Marcus Vinícius Rios. *Direito Processual Civil Esquematizado*. 4. ed. São Paulo: Saraiva, 2014.

HOLANDA JÚNIOR, Carlos Eduardo de Oliveira. *Breves considerações sobre a tutela antecipada na atual sistemática processual e no projeto do novo CPC*. Disponível em: <http://www.mpce.mp.br/esmp/publicacoes/edi001_2012/artigos/03_Carlos.Eduardo.Holanda.pdf>. Acesso em: 05 fev. 2016.

LEITE, Gisele. *Considerações gerais sobre o processo cautelar*. 2006. Disponível em: <http://www.abdpc.org.br/abdpc/artigos/Gisele Leite)-formatado.pdf>. Acesso em: 08 fev. 2016.

MARINONI, Luiz Guilherme; MITIDIERO, Daniel. *Código de Processo Civil:* comentado artigo por artigo. 5. ed. São Paulo: Revista dos Tribunais, 2013.

MONTENEGRO FILHO, Misael. *Curso de Direito Processual Civil*. 8. ed. São Paulo: Atlas, 2012.

SOARES, Carlos Henrique; DIAS, Ronaldo Brêtas de Carvalho Dias. *Manual Elementar de Processo Civil*. 2. ed. Belo Horizonte: Del Rey, 2013.

THEODORO JÚNIOR, Humberto. *As liminares e as Tutelas de Urgência*. 2002. Disponível em: <http://www.emerj.tjrj.jus.br/revistaemerj_online/edicoes/revista17/revista17_24.pdf>. Acesso em: 08 fev. 2016.

WAMBIER, Teresa Arruda Alvim. et al. *Novo Código de Processo Civil Brasileiro* - Estudos dirigidos: sistematização e procedimentos. Rio de Janeiro: Forense, 2015.

WAMBIER, Teresa Arruda Alvim. et al. *Primeiros comentários ao Novo Código de Processo Civil*: artigo por artigo. São Paulo: Revista dos Tribunais, 2015.

Informação bibliográfica deste texto, conforme a NBR 6023:2002 da Associação Brasileira de Normas Técnicas (ABNT):

BURGOS, Andréa Maria Batista. et al. A tutela de urgência no NCPC. In: BRITTO, Alzemeri Martins Ribeiro de; BARIONI, Rodrigo Otávio (Coords.). *Advocacia pública e o novo código de processo civil*. Belo Horizonte: Fórum, 2016. p. 127-143. ISBN 978-85-450-0173-7.

TUTELA DE EVIDÊNCIA NO NOVO CÓDIGO DE PROCESSO CIVIL

AURIVALDO JOSÉ MOREIRA DE CARVALHO FILHO
CÂNDICE LUDWIG ROMANO
LERROY BARROS TOMAZ DOS SANTOS
LÍLIAN PEREIRA GOMES MORAES
LUIZA LEAL LAGE
SIMONE SILVANY DE SOUZA PAMPONET

1 Introdução

A tutela de evidência está disciplinada no artigo 311 do Título III, inserto no Livro V da parte geral do Novo CPC, destinado à tutela provisória. De logo, para melhor definir a tutela de evidência, urge estudar a taxionomia utilizada pelo novel diploma, quando se ocupa em normatizar a tutela provisória em seu Livro V.

Nesse diapasão, considerando que o Título III - Da Tutela de Evidência -, encontra-se contido no livro destinado à tutela provisória, cumpre concluir que aquela se trata de espécie, da qual esta é gênero. É dizer, a tutela provisória pode ser estudada sob dois vieses: tutela de urgência e tutela de evidência. Ambas de caráter precário e provisório, portanto revogáveis, podem ser concedidas a qualquer momento do curso processual, desde que verificados os requisitos legais.

Após este breve introito classificatório, resta mais fácil compreender o conceito da tutela de evidência e sua abrangência, restrita à aplicação dos incisos I a IV do art. 311. Diferentemente da tutela de urgência, dispensa o perigo de dano ou de risco do resultado útil do processo. De acordo com a própria etimologia da palavra "evidência", trata-se de uma tutela concedida se o direito pleiteado está claro, visível para todos.

Na tutela de evidência não se exige urgência ou risco, mas ao lado de cada hipótese legal do art. 311 do NCPC, observa-se a probabilidade do direito do requerente. O autor Murilo Sechieri Costa Neves, no livro "Novo CPC Anotado e Comparado para Concursos", argumenta que "não é a urgência que justifica a concessão da tutela de evidência, e sim, o comportamento censurável do réu, ou a fortíssima probabilidade do direito do autor".[1]

Em verdade, a tutela de evidência veio a socorrer hipóteses em que a questão orbita um pedido incontroverso, matérias unicamente de direito, e que a possível delonga do processo ensejada pela exaustão de todos os trâmites processuais ou procrastinação de uma das partes poderia se configurar, de *per se*, uma situação injusta. Não se trata, portanto, de um instituto que visa à proteção de um direito frágil, prestes a perecer. O verdadeiro móvel desta espécie de tutela provisória se deita na injustiça inerente à demora na prestação jurisdicional.

Quanto ao momento processual adequado para a concessão da tutela de evidência, a própria norma indica as hipóteses em que poderá ser decidida liminarmente, independentemente da oitiva do réu. Trata-se dos incisos II e III, que disciplinam, respectivamente, os casos em que as alegações de fato puderem ser comprovadas documentalmente e houver tese firmada em julgamento de casos repetitivos ou súmula vinculante, e aqueles que visam a entrega de objeto custodiado em contrato de depósito com prova documental.

2 Tutela de evidência no código atual e o novo CPC (Hipóteses art. 311)

O Novo Código de Processo Civil coloca a Tutela de Evidência em um Título próprio, conferindo maior destaque a um instituto que a despeito de já figurar no ordenamento atual, art. 273 e em outros dispositivos, foi inovado no novo Código.

O código de Processo civil atual não distingue a tutela de urgência e a tutela de evidência. O que faz o Novo Código de Processo Civil nesse sentido, é demonstrar claramente a importância dada pelo Legislador ao instituto.

A redação do Novo Código de Processo Civil adota em parte alguns dispositivos do atual Código, como exemplo, o inciso II do art. 273, bem como o seu §6º estão positivados nos incisos I e II, respectivamente, do art. 311 do Novo Código de Processo Civil.

A Tutela de Evidência está disciplinada no art. 311 do Novo Código de Processo Civil, o qual elenca quatro hipóteses de aplicação da tutela de evidência. Segundo Fredie Didier Jr.,[2] há duas modalidade de tutela de evidência: a) punitiva (art. 311, I); e b) documentada (art. 311, II a IV).

As hipóteses de aplicação, de acordo com o artigo 311, são:

> Art. 311. A tutela da evidência será concedida, independentemente da demonstração de perigo de dano ou de risco ao resultado útil do processo, quando:
> I - ficar caracterizado o abuso do direito de defesa ou o manifesto propósito protelatório da parte;
> II - as alegações de fato puderem ser comprovadas apenas documentalmente e houver tese firmada em julgamento de casos repetitivos ou em súmula vinculante;

---

[1] SECHIERI COSTA NEVES, Murilo. et al; FIGUEIREDO, Simone Diogo Carvalho (Coord.). *Novo CPC anotado e comparado para concursos*. São Paulo: Saraiva, 2015. p. 306.

[2] DIDIER JR., Fredie. *Curso de direito processual civil:* teoria da prova, direito probatório, decisão, precedente, coisa julgada e antecipacação dos efeitos da tutela. Salvador: Juspodivm, 2015.

III - se tratar de pedido reipersecutório fundado em prova documental adequada do contrato de depósito, caso em que será decretada a ordem de entrega do objeto custodiado, sob cominação de multa;

IV - a petição inicial for instruída com prova documental suficiente dos fatos constitutivos do direito do autor, a que o réu não oponha prova capaz de gerar dúvida razoável.

Parágrafo único. Nas hipóteses dos incisos II e III, o juiz poderá decidir liminarmente.

O inciso I do art. 311 do Novo Código de Processo Civil corresponde a uma punição às partes que atravancam e comprometem a celeridade e a efetividade processual, causando obstáculos ao regular andamento processual, desdobrando-se em duas hipóteses: defesa abusiva e manifesto propósito protelatório.

Como pontuado por Tereza Wambier:

> A defesa deve ser abusiva, excessiva, anormal, inadequada, com o propósito de frustrar e/ou atrasar a prestação jurisdicional. É interessante observar que o réu pode apresentar defesa técnica adequada e mesmo assim abusar do direito de defesa, que deve ser lido consoante o princípio da ampla defesa, abarcando não só as peças confeccionadas a esse título (contestação, reconvenção etc.), como também a conduta do réu na defesa de seus interesses.[3]

Nesse sentido, a interposição de recursos ou incidentes processuais com intuito manifestamente protelatório é passível de punição por corresponder a situações temerárias.

Além do abuso de direito de defesa, o inciso I pauta o manifesto propósito protelatório que, segundo Fredie Didier Jr., se refere ao comportamento da parte, adotado fora do processo (ex. simulação de doença, ocultação de prova, etc.).

O inciso II do art. 311 solidifica o poder do pedido incontroverso e cabalmente demonstrado por força da prova documental e vai além, conferindo a tutela nas hipóteses de tese firmada em casos repetitivos ou em Súmula vinculante.

A segunda parte do inciso II traz consigo uma novidade quanto aos casos repetitivos ou à Súmula Vinculante, isso porque dentro de tese firmada em casos repetitivos encontra-se também o Incidente de Resolução de Demandas Repetitivas (IRDR).

Como destaca Didier Jr., "é necessário que identifique os fundamentos determinantes (*ratio decidendi*) do precedente utilizado e demonstre que o caso sob julgamento se assemelha ao caso que lhe deu origem, ajustando-se aos seus fundamentos".[4]

A Escola Nacional de Formação e Aperfeiçoamento de Magistrados (Enfam) divulgou 62, sessenta e dois, enunciados como orientação de aplicação ao novo CPC. Dentre esses, dois merecem destaque, são eles:

> Enunciado nº 30 - É possível a concessão da tutela de evidência prevista no art. 311, II, do CPC/2015 quando a pretensão autoral estiver de acordo com orientação firmada pelo

---

[3] WAMBIER, Teresa Arruda Alvim. *Primeiros Comentários ao Novo Código de Processo Civil*. São Paulo: Revista dos Tribunais, 2015. p. 524.

[4] DIDIER JR., Fredie. *Curso de direito processual civil*: teoria da prova, direito probatório, decisão, precedente, coisa julgada e antecipação dos efeitos da tutela. Salvador: Juspodivm, 2015. p. 626.

Supremo Tribunal Federal em sede de controle abstrato de constitucionalidade ou com tese prevista em súmula dos tribunais, independentemente de caráter vinculante.[5]

Enunciado nº 31 - A concessão da tutela de evidência prevista no art. 311, II, do CPC/2015 independe do trânsito em julgado da decisão paradigma.[6]

Ressalta-se que segundo orientação do Enfam, a tutela de evidência poderá apoiar-se em orientação firmada em sede de controle abstrato ou até mesmo súmula sem efeito vinculante. Abrindo ainda mais a possibilidade de concessão da tutela de evidência.

Nesse sentido, nota-se a força que se dá aos precedentes e a preocupação com a efetividade processual.

O inciso III corresponde de hipótese específica: *tratar-se de pedido reipersecutório fundado em prova documental adequada do contrato de depósito, caso em que será decretada a ordem de entrega do objeto custodiado, sob cominação de multa;*

Esse regramento vai ao encontro ao art. 902 do CPC-1973, sendo preservado na sistemática do Novo Código pelo inciso III.

Oportuno evidenciar o enunciado nº 29 do Enfam:

> Para a concessão da tutela de evidência prevista no art. 311, III, do CPC/2015, o pedido reipersecutório deve ser fundado em prova documental do contrato de depósito e também da mora.

O enunciado evidência a necessidade da prova documentada do contrato de depósito e também da mora. Sendo assim, diante da negativa da entrega do bem depositado, o depositante, com a prova literal do depósito e da mora, será concedida a tutela e, ainda, cumulado com multa.

O art. 311, inciso IV, possibilita a tutela de evidência quando a *petição inicial for instruída com prova documental suficiente dos fatos constitutivos do direito do autor, a que o réu não oponha prova capaz de gerar dúvida razoável.*

Esse inciso requer a apresentação de prova documental idônea por parte do autor que possa abalizar o seu pedido, tornando seu direito estável e que o réu não apresente nenhuma prova capaz de levantar dúvida ou fragilizar o quanto alegado pelo autor.

Segundo a professora Tereza Wambier:

> Não se cogita, aqui, de intenção procrastinatória ou do abuso do direito de defesa previstos no inciso I, mas tão somente da defesa inconsistente diante da prova literal apresentada pelo autor. É de se admitir, segundo pensamos, que o autor possa se valer da 'prova emprestada', ou seja, aquela produzida noutro processo sob o crivo do contraditório, para demonstrar 'documentalmente' o fato constitutivo do seu direito.[7]

O entendimento apresentado acima revela a força da prova documental a ser apresentada pelo autor e a fragilidade da defesa do réu, restando, diante desse cenário, inadequada a protelação da demanda.

---

[5] ENFAM. *Enunciados aprovados.* 2105. p. 3.
[6] ENFAM. *Enunciados aprovados.* 2105. p. 3.
[7] WAMBIER, Tereza. A. *Primeiros comentários ao Novo Código de Processo Civil.* São Paulo: Revista dos Tribunais, 2015. p. 525.

Dentre as hipóteses apresentadas, apenas os incisos II e III são passíveis de decisão liminar de acordo com o parágrafo único do art. 311.

O art. 311 do Novo Código de Processo Civil trouxe consigo inovação quanto às hipóteses de tutela de evidência, abrangendo e fortalecendo novos institutos como, por exemplo, o inciso II, com alcance aos entendimentos firmados em casos repetitivos, consagrando a força do precedente e a tentativa de tornar mais célere e efetiva a prestação jurisdicional.

Como todo regramento novo, a aplicabilidade se dará inicialmente com alguns ajustes no entendimento. A começar, já foram emitidos enunciados tanto por parte da magistratura nacional, quanto pelos processualistas do país, com o objetivo de se obter orientação e interpretação inicial sistematizada.

3 Atenuação do efeito suspensivo da apelação

No exame do tema em tela, faz-se necessária a adoção do seguinte pressuposto: a garantia da duração devida do processo deve estar condicionada, entre outros, com a segurança jurídica. Com esse entendimento, o Novo Código de Processo Civil se apresenta como mantenedor do efeito suspensivo da apelação, via de regra, porém, expande o leque de cabimento de exequibilidade das sentenças proferidas com base em entendimentos firmados em casos repetitivos ou súmulas vinculantes.

A discussão, deveras acentuada desde a tramitação do projeto do novo Código, questiona a mantença do efeito suspensivo da apelação, sob o argumento de desvalorização da primeira instância e consequente supervalorização do segundo grau, sobrecarregando tribunais, ocasionando aumento da morosidade. O que se infere, de fato, é a relevância do tema na seara recursal, impactando a sistemática processual como um todo.

O efeito suspensivo, como sabido, obsta a eficácia imediata da decisão judicial até o julgamento de recursos eventualmente interpostos, cujos efeitos somente incidirão caso decorra o prazo recursal ou a parte aceite a decisão, renunciando ao direito de recorrer.

A valorização do sistema recursal, no tocante às apelações, objetiva a ampliação dos debates com vistas à superação de eventuais deficiências do juízo de primeiro grau, diante do fomento ao debate, oportunizado pelo reexame. Nessa seara, o NCPC, acertadamente, conserva o dito efeito, ao passo que, concomitantemente, amplia o *hall* de hipóteses de exequibilidade imediata das sentenças, imputando às apelações efeito meramente devolutivo.

É válido frisar, entretanto, que das sentenças concedentes de tutela antecipada, apenas poderão ser as apelações recepcionadas no efeito devolutivo. Mostra-se, o legislador, na decisão acertada, atento ao panorama do judiciário brasileiro, em especial às taxas significativas de reforma recursal atualmente existentes em todo o país.

Desse modo, aliado ao caráter inovador do novo diploma normativo, inegável é o seu tom de prudência, haja vista o posicionamento ponderado na questão controvertida doutrinariamente. A alteração legislativa, é válido repisar, se dá no sentido de conferir maior celeridade à satisfação dos direitos tutelados, dispensando o aguardo pelo julgamento, em segunda instância, dos recursos.

Na sistemática processual vigente, dois são os critérios de atribuição dos efeitos suspensivos aos recursos, quais sejam: *"ope legis"* e *"ope judicis"*. Pelo primeiro, o efeito suspensivo decorre automaticamente da imposição legal, que assim prevê e dispõe.

Na segunda das possibilidades, o efeito está condicionado à análise concessiva do magistrado. O novo código, como já esmiuçado, mantém o *"ope legis"*, mas aproxima o *"ope judicis"*.

Nesse diapasão, ao possibilitar a exequibilidade imediata das sentenças baseadas em entendimentos consolidados a partir de demandas repetitivas, bem como em sumulas vinculantes, constitui o novel legislador um leque de hipóteses de cabimento da tutela de evidência, tema central do presente artigo. Ao valorizar a jurisprudência e fortalecer a cultura de precedentes, o NCPC caminha, a passos largos, para a estabilização e a homogeneização do uso do direito no Brasil, corrigindo distorções e fomentando a equidade.

Espera-se, em momento futuro, um cenário marcado por maior dialogicidade no primeiro grau, de modo que o efeito suspensivo não mais seja, muitas vezes, imprescindível como é hoje. Nesse contexto, desnecessário seria o regramento de impedimento da execução imediata das sentenças, uma vez que, em primeira instância, se sagraria pressuposto o exaurimento satisfatório dos questionamentos relevantes formulados pelas partes litigantes.

4 Tutela de evidência e a Fazenda Pública – Enunciados 34 e 35 do Fórum Permanente de Processualistas

> Enunciado 34 - (art. 311, I) Considera-se abusiva a defesa da Administração Pública, sempre que contrariar entendimento coincidente com orientação vinculante firmada no âmbito administrativo do próprio ente público, consolidada em manifestação, parecer ou súmula administrativa, salvo se demonstrar a existência de distinção ou da necessidade de superação do entendimento.[8]
> Enunciado 35 - (art. 311) As vedações à concessão de tutela provisória contra a Fazenda Pública limitam-se às tutelas de urgência.[9]

Segundo o relatório anual do CNJ Justiça em Números/Ano 2015, a taxa de congestionamento do Poder Judiciário aumentou em quase um ponto percentual em relação aos anos anteriores. Tínhamos até pouco tempo uma média de 90 milhões de processos e em 2015 chegamos a 100 milhões de processos, ou seja, o número de processos está aumentando e irá aumentar ainda mais, uma vez que nossa sociedade está cada vez litigando mais, seja em consequência do aumento da abrangência da defensoria pública, seja em decorrência de toda uma cultura de litigiosidade.

Nessa esteira, talvez o maior problema vivenciado pelo Judiciário hoje em dia seja a morosidade da sua Justiça. O novo CPC, como declaradamente dito em sua exposição de motivos, tem como meta encurtar a duração do processo, incorporando regras que assegurem a rápida entrega da prestação jurisdicional. O novo CPC trouxe novas figuras jurídicas para minimizar problemas decorrentes dessa demora. Foram, então, positivadas 2 figuras já reconhecidas doutrinariamente, mas que ainda não tinha status normativo tutela de urgência e tutela de evidência.

---

[8] ENFAM. *Enunciados aprovados*. 2105. p. 3.
[9] ENFAM. *Enunciados aprovados*. 2105. p. 3.

Fredie Didier Jr. Assim conceitua o fenômeno da evidência processual:

> A evidência é uma situação processual em que determinados direitos se apresentam em juízo com mais facilidade do que outros. Há direitos que têm um substrato fático cuja prova pode ser feita facilmente. Esses direitos, cuja prova é mais fácil, são chamados de direitos evidentes, e por serem evidentes merecem tratamento diferenciado.[10]

Nesse contexto, a tutela de evidência surge como um instrumento para conferir maior efetividade à prestação jurisdicional, garantindo, assim, o interesse da parte pleiteante que demonstrar os requisitos exigidos. No novo CPC, no artigo 311, já citado anteriormente na íntegra, foi criada uma seção própria para a chamada tutela de evidência, com todas as hipóteses de sua aplicação.

Portanto, a tutela de evidência caracteriza-se como um instrumento processual para tutelar certos direitos específicos e provados pela análise dos requisitos necessários. Nesse sentido, Luiz Fux afirma que "a evidência toca os limites da prova e será tanto maior quanto mais dispuser o seu titular de elementos de convicção",[11] já que "é evidente o direito cuja prova dos fatos sobre os quais incide revela-os incontestáveis ou ao menos impassíveis de contestação séria".

Nesse contexto, examina-se a possibilidade de ser considerada abusiva a defesa do Estado para fins de aplicação da hipótese do inciso I acima transcrito.

O direito de defesa é uma expressão da liberdade jurídica do réu e configura garantia pétrea no âmbito da Constituição Federal, como primado básico no exercício do contraditório e da ampla defesa. Efetivamente ao exercer a defesa, o Estado-Réu tem o poder-dever de se manifestar contra a validade e a existência da relação de direito material, ou ainda, arguir defeitos formais que inviabilizam a continuação do processo. Corolário do direito de defesa é o direito aos recursos.

Porém, a doutrina moderna vem alertando acerca da figura do abuso de direito de recorrer, o que acaba por atingir a próprio direito de defesa. A legislação acaba por acompanhar essa preocupação, passando a prever hipóteses em que afasta novos julgamentos em torno de temas já consolidados por súmulas, julgamentos repetitivos e orientações administrativas vinculantes.

O NCPC foi pródigo na previsão de ordens às partes, juízes e tribunais de respeito à jurisprudência consolidada, como se extrai de seus artigos 311, II, 332, 496, §4º, IV, 521, IV, 927, etc., seja para impedir remessa *exofficio*, seja para autorizar negativa liminar da procedência do pedido, seja para fins de sanções processuais.

Em paralelo, a legislação também vem gradualmente incentivando entes públicos a editarem normas de dispensa de recursos e até mesmo autorizando o reconhecimento de pedidos. Vide, a propósito, os incisos I, VI, XII e XVIII do art. 4º da Lei Complementar nº 73/93 – na esfera federal – e o Decreto nº 11.737/09 no âmbito do Estado da Bahia. São situações excepcionais, onde não se justifica a apresentação de recursos ou a manutenção do curso de processos, tendo em vista situações definitivas no mundo jurídico.

Com efeito, tratando de tema que a própria administração – em louvável desapego ao processo litigioso – entende que não devem ser enveredados esforços recursais, é de

---

[10] DIDIER JR., Fredie. 2010. p. 408.
[11] FUX, Luiz. *Tutela de Segurança e Tutela de Evidência*: Fundamentos da tutela antecipada. São Paulo: Saraiva, 1996. p. 334.

se concluir como possível a aplicação da tutela de evidência (inciso I) por configurar abusiva a defesa nesses casos. Essa interpretação, inclusive, foi firmada no Enunciado 34 do Fórum Permanente de Processualistas, *in verbis*:

> Enunciado 34 – Considera-se abusiva a defesa da Administração Pública, sempre que contrariar entendimento coincidente com orientação vinculante firmada no âmbito administrativo do próprio ente público, consolidada em manifestação, parecer ou súmula administrativa, salvo se demonstrar a existência de distinção ou da necessidade de superação do entendimento.[12]

Tal entendimento, no exato limite de suas palavras, é justificável. Vejamos o que diz Antonio Moura Cavalcanti:

> Porque o Advogado Público não pode querer negar em juízo o que o ente administrativo presentado já reconhece administrativamente, seria ilógico, além de totalmente injusto.[13]

Fora dessa hipótese, logicamente, não se pode constranger o advogado público de seu mister institucional que, a rigor, representa a defesa de direitos indisponíveis e tem a obrigação legal de enveredar seus melhores esforços em prol da defesa do ente público que representa (art. 182 do NCPC), sendo descabido invocar tutela de evidência.

De outro lado, tem-se a questão do artigo 1.059 do NCPC que assim se lê:

> Art. 1.059. À tutela provisória requerida contra a Fazenda Pública aplica-se o disposto nos arts. 1º a 4º da Lei nº 8.437, de 30 de junho de 1992, e no art. 7º, §2º, da Lei nº 12.016, de 7 de agosto de 2009.[14]

Na leitura de parte expressiva da doutrina, tal vedação aplicar-se-ia somente às tutelas de urgência, mas não às de evidência. *Data venia*, não comungamos desse entendimento.

Primeiramente pela máxima de que não cabe ao intérprete fazer distinção que a própria lei não fez. Ora, se o legislador pretendesse deixar a tutela de evidência fora da exclusão legal, o teria feito expressamente, da mesma forma em que separou os institutos nos artigos 300 e 311, respectivamente, como espécies do gênero tutela provisória.

Em reforço, veja-se que o artigo 1.015, ao tratar do cabimento de agravo de instrumento, mais uma vez usa o gênero "tutela provisória", deixando claro que o legislador se refere a tal termo para abarcar tanto a tutela de urgência, quanto a tutela de emergência.

Em segundo lugar, sem entrar na problemática do conteúdo formal X material da garantia de acesso ao Poder Judiciário (inciso XXXV do art. 5º da CF/88), tais limitações encontram amparo no nosso ordenamento jurídico, conforme já reconhecido pelo Supremo Tribunal Federal na análise da ADC 4, quando confirmou-se a constitucionalidade de limitação análoga prevista no art. 1º da Lei nº 9.494/97.

---

[12] ENFAM. *Enunciados aprovados*. 2105. p. 3.
[13] CAVALCANTI, Antônio de Moura Cavalcanti. In: A possibilidade de concessão de tutela de evidência contra a Fazenda Pública.
[14] NCPC, 2015. Livro complementar, disposições finais e transitórias.

É que tais restrições – mínimas e razoáveis, diga-se de passagem – não implicam em prejuízo à proteção judicial efetiva, que é o núcleo do direito fundamental do acesso à Justiça. Destaca-se, como reforço de argumento, trecho do voto proferido quando do aludido julgamento:

> O proibir-se, em certos casos, por interesse público, a antecipação provisória da satisfação do direito material lesado ou ameaçado não exclui, evidentemente, da apreciação do Poder Judiciário, a lesão ou a ameaça ao direito, pois ela se obtém normalmente na satisfação definitiva que é proporcionada pela ação principal, que, esta sim, não pode ser vedada para privar-se o lesado ou o ameaçado de socorrer-se do Poder Judiciário.[15]

Portanto, ainda que seja possível a aplicação de tutela de urgência e de evidencia à Fazenda Pública, seu uso encontra limite na legislação de regência, em especial nas exceções trazidas pela Lei do Mandado de Segurança, conforme expressamente previsto no artigo 1.059 do NCPC.

5 As hipóteses de tutela de evidência podem também revelar conduta de má fé do réu?

5.1 O princípio da boa-fé

O Direito reconhece a importância dos valores que regem as relações humanas e os incorpora como regras a serem observadas nas relações jurídicas existentes. A boa-fé é um exemplo dessa incorporação de valores pelo Estado. André Comte-Sponville define a boa-fé como ums expressão da sinceridade e franqueza. Esclarece que a boa-fé representa o contrário da mentira e da hipocrisia, rechaçando, assim, todas as possíveis formas da má-fé.[16]

Temos, então, que os sujeitos do processo devem comportar-se de acordo com a boa-fé, que deve ser entendida como uma norma de conduta.[17] Não se pode confundir o princípio da boa-fé, que é norma, com a exigência de boa-fé para a configuração de alguns atos ilícitos processuais, que aqui é tida como elemento subjetivo. A boa-fé subjetiva é elemento do suporte fático de alguns fatos jurídicos; é fato, portanto. A boa-fé objetiva é uma norma de conduta: impõe e proíbe condutas, além de criar situações jurídicas ativas e passivas.

Há quem veja no inciso I do art. 3º da Constituição brasileira o fundamento constitucional da proteção da boa-fé objetiva.[18] É objetivo da República Federativa Brasileira a construção de uma sociedade livre, justa e solidária, ou seja, existiria um dever de solidariedade, do qual decorreria o dever de não quebrar a confiança e de não agir com deslealdade. Nesta mesma linha de raciocínio, há quem veja a cláusula geral da boa-fé como concretização da proteção constitucional à dignidade da pessoa humana (art. 1º, III, Constituição Federal brasileira).[19]

---

[15] RTJ 132/604-605.
[16] COMTE-SPONVILLE, André. *Pequeno Tratado das Grandes Virtudes*. 11. tiragem. São Paulo: Martins Fontes, 2004. p. 214.
[17] CORDEIRO, António Manuel da Rocha e Menezes. *Da boa-fé no direito civil*. 2. reimp. Coimbra: Almedina, 2001. p. 632 *et seq.*
[18] VINCENZI, Brunela Vieira de. *A boa-fé no processo civil*. São Paulo: Atlas, 2003. p. 163.
[19] ROSENVALD, Nelson. *Dignidade humana e boa-fé no Código Civil*. São Paulo: Saraiva, 2005. p. 186 *et seq.*

A boa fé objetiva, hoje consagrada pelo artigo 14, II do CPC-73, será reiterada pelo artigo 5º do NCPC, nos termos de que: "Aquele que de qualquer forma participa do processo deve comportar-se de acordo com a boa-fé".

Rosemary Brasileiro, Procuradora de Justiça do estado do Ceará, sobre a má-fé no processo, narra:

> Muitas das vezes, todavia, no ato de postular olvidam as partes de dever fundamental que deve orientar aqueles que se servem do mencionado Poder, multiplicando demandas e condutas divorciadas da realidade, do Direito e da ética. Na ânsia de demandar muitas vezes indevidamente, as pessoas, por conduto de procuradores judiciais nem sempre comprometidos com os ditames e linhas traçados pelo Direito e pelas normas morais a ele agregados, enveredam por caminhos tortuosos que conduzem à prática de condutas atentatórias à dignidade da Justiça e ao respeito que deve prevalecer em relação às demais partes envolvidas no litígio e a terceiros que se vejam envolvidos na demanda.[20]

Assim, o princípio da boa-fé deve nortear, por conseguinte, todos os atos e manifestações das partes componentes da relação processual. Entretanto, esta não é a realidade predominante observada nas relações judiciais hodiernas. As partes, na intenção de protelar o processo, impedir os efeitos de suas decisões ou assegurar a posse e o ganho de bens jurídicos em geral, tendem a esconder fatos e mentir, não seguindo o dever de conduta ética.

5.2 A tutela de evidência e a boa-fé no novo CPC

De início, é importante destacar que na tutela da evidência não se exige urgência, isso porque independe da demonstração do perigo de dano. Daí porque houve efetiva diferenciação entre as duas espécies de tutela provisória.

Temos que uma das possibilidades de concessão da tutela objeto do presente estudo ocorre quando há abuso do direito de defesa do réu ou propósito protelatório da parte. Aqui já resta evidenciada uma das armas do Novo CPC para o combate da má-fé processual, visto que estes casos tratam exatamente de atitudes pautadas na má-fé das partes, quando tratamos de atos manifestamente protelatórios.

Desta forma, a aplicação da tutela de evidência no caso mencionado acima é uma forma de proteger as demais partes do processo de atos que atentem contra o dever de cooperação entre as partes, bem como caracterizar o ato em si, que deve ser punido de forma rigorosa.

Entretanto, as hipóteses de concessão da tutela da evidência devem se somar à probabilidade do direito do requerente. Isso porque poder-se-ia imaginar uma situação na qual, embora não exista nenhuma "evidência" (probabilidade) de seu direito, o autor obtenha a concessão de uma tutela provisória (da evidência) diante da simples caracterização do abuso do direito de defesa ou do manifesto propósito protelatório da parte.

Com isso, não se está querendo defender que tais condutas não tenham que ser gravemente punidas e combatidas. Porém, elas não influem em nada no mérito da demanda ou na maior ou menor probabilidade do direito do autor.

---

[20] BRASILEIRO, Rosemary. *Considerações sobre a litigância de má-fé no processo civil*. Disponível em: <http://www.pgj.ce.gov.br/artigos/>. Acesso em: 16 fev. 2016.

Camila Gonçalves entende que tal análise deve ser feita também com base nas circunstâncias de cada caso concreto e que:

> Esse processo é marcado pela análise da conduta também sob a ótica da razoabilidade, exigindo ponderação por parte do julgador, como resultado de uma preocupação com o significado e a finalidade da norma impositiva da boa-fé.[21]

Diante de um ato de qualquer uma das partes, deve o julgador realizar valoração, analisando a conduta das partes e emitindo juízo de valor sobre tal conduta, enquadrando-a, assim, nos parâmetros de certo e errado de acordo com o padrão do homem probo como um ato de má-fé ou de boa-fé, e, com base nisso, decidir acerca da concessão, ou não, da tutela de evidência.

6 As hipóteses de decisão liminar na tutela de evidência relativa aos incisos II e III e a constitucionalidade

O inciso II do art. 311 do novo CPC é relativo às *alegações de fato puderem ser comprovadas apenas documentalmente e houver tese firmada em julgamento de casos repetitivos ou em súmula vinculante*. Fica evidente que o legislador não estava preocupado com a conduta do réu. Existe aí, de maneira primordial, a imperativa existência de dois requisitos: i) a possibilidade de que as alegações apresentadas pelo autor serjam exclusivamente comprovadas por meio de documentos; e ii) a existência de tema previamente firmado sobre a questão, de forma pacificada, em tribunais superiores, através de súmulas vinculantes ou no julgamento de casos repetitivos.

O inciso III do art. 311 do novo CPC traz uma situação que podemos chamar de exclusiva: *se tratar de pedido reipersecutório fundado em prova documental adequada do contrato de depósito, caso em que será decretada a ordem de entrega do objeto custodiado, sob cominação de multa*. Necessário se faz consultar os arts. 627 e ss. do Código Civil, que rege o contrato de depósito. Isso quer dizer que o depositário deve guardar e conservar, compulsoriamente, o bem, como se fosse seu, devendo devolvê-lo, obrigatoriamente, com seus correspondentes frutos ao depositante.

Nas hipóteses apresentadas nos incisos II e III, *o juiz poderá decidir liminarmente*.

Ainda na vigência do CPC/73, o depositário deve *entregar a coisa, depositá-la em juízo ou consignar-lhe o equivalente em dinheiro*. Admitindo-se, portanto, que na hipótese de não ocorrer a devolução do bem, e na existência de *prova literal* do depósito, o depositante deverá ingressar com ação de depósito, para obrigar o depositário à restituição do bem. No NCPC essa ação de depósito não é mais necessária, podendo o depositante obter a tutela jurisdicional através de um tipo de tutela de evidência, com previsão, inclusive, de cominação de multa na hipótese de descumprimento. Para isso é necessário que o depositante apresente *prova documental adequada do contrato de depósito*.

Da leitura do NCPC depreende-se que ele está em consonância com o recente direcionamento do processualíssimo atual, presente de maneira evidente nas leis civis vigentes, promovendo encaixe perfeito quando unimos processo e Constituição.

---

[21] GONÇALVES, Camila de Jesus Mello. *Princípio da Boa-fé* – Perspectivas e Aplicações. Rio de Janeiro: Elsevier, 2008. p. 28.

Eduardo Cambi, promotor de justiça no Paraná, autor de diversas obras na área jurídica, muito bem afirma:

> A Constituição brasileira de 1988, ao contemplar amplos direitos e garantias fundamentais, tornou constitucional os mais importantes fundamentos dos direitos materiais e processuais (fenômeno da constitucionalização do direito infraconstitucional). Deste modo, alterou-se, radicalmente, o modo de construção (exegese) da norma jurídica. Antes da constitucionalização do direito privado, como a Constituição não passava de uma Carta Política, destituída de força normativa, a lei e os códigos se colocavam no centro do sistema jurídico.[22]

Desta maneira, como a Carta Magna é o centro do nosso universo jurídico, antigos conceitos, compulsoriamente, se renderam às determinações impostas pela Constituição Federal. Essa evolução, baseada em conceitos europeus, culminou em atos jurídicos que resultam da aplicação de princípios constitucionais sobre uma base procedimental, conferindo ao direito material instrumentos capazes de satisfazer direitos fundamentais. A essa transformação deu-se o nome de neoprocessualismo.

Ada Grinover afirma que,

> o direito ao processo não é a qualquer ordenação de atos, mas ao processo devido, entendido como processo que confere uma tutela efetiva, procedimento adequado à realidade do direito material.[23]

O processo deve ser efetivo, eficiente, para ser instrumento de soberania, substituto da vingança privada, com vistas a conceder ao postulante a prestação jurisdicional. Tendo o Estado reclamado para si a responsabilidade da prestação jurisdicional, sendo, portanto, um substitutivo constitucionalizado, tem o dever de impedir que o particular faça justiça incontinenti, caso estivesse autorizado, pois somente a ele, Estado, é atribuído o dever de efetivá-la.

Existem situações onde a incerteza é evidente, porém, há outras em que o direito é evidente. Nessa segunda hipótese, a tutela deve ser imediata, em consequência do adequado e devido processo legal. O demandante, se não lhe fosse vedada a autotutela, agiria imediatamente no sentido de obter a tutela pretendida. O "devido processo legal" deve atender a essa necessidade da forma mais imediata possível, na hipótese de prova inequívoca. Sob esta ótica se sustenta a tutela de evidência, através da concessão de tutela antecipada, com força de coisa julgada. É nesse preceito constitucional que se apoia a legislação infraconstitucional, conferindo ao juiz a possibilidade de atuar dentro dos preceitos legais, concedendo a tutela de urgência e também a tutela de evidência. As demais garantias processuais serão contempladas ao final do processo, como a concessão de perdas e danos, ou a reversão ao estado anterior.

O imediatismo na prestação jurisdicional almejado pelo demandante não significa que o Estado deve superar as expectativas temporais, atropelando o encadeamento dos atos processuais, objetivando exclusivamente satisfazer instantaneamente os anseios de justiça das partes. Deve ser verificado o "interesse processual, analisando se os atos postulatórios passam no exame de interesse, cuja inexistência aniquila o processo".

---

[22] CAMBI, Eduardo. *Leituras Complementares de Processo Civil*. 6. ed. Juspodivm. p. 155.
[23] GRINOVER, Ada. *Os princípios constitucionais e o Código de processo civil*. São Paulo: José Bushatsky, 1975.

Estando presentes os requisitos processuais, a prova do direito, que sustenta a pretensão de prestação jusridicional, não deve ser tratada como mera presunção, mas como "evidência". Assim, o NCPC que entrará em vigor está em consonância com a Constituição Federal, com a efetividade, garantindo o direito de defesa, permitindo que seja desempenhado com exatidão o exercício do poder-dever soberano de prestar justiça institucionalizada.

Referências

BRASILEIRO, Rosemary. *Considerações sobre a litigância de má-fé no processo civil*. Disponível em: <http://www.pgj.ce.gov.br/artigos/>. Acesso em: 16 fev. 2016.

CAMBI, Eduardo. *Leituras Complementares de Processo Civil*. 6. ed. Juspodivm.

COMTE-SPONVILLE, André. *Pequeno Tratado das Grandes Virtudes*. 11. tiragem. São Paulo: Martins Fontes, 2004.

CORDEIRO, António Manuel da Rocha e Menezes. *Da boa-fé no direito civil*. 2. reimp. Coimbra: Almedina, 2001.

DIDIER JR., Fredier. *Curso de direito processual civil:* teoria da prova, direito probatório, decisão, precedente, coisa julgada e antecipacação dos efeitos da tutela. Salvador: Juspodivm, 2015.

FUX, Luiz. *Tutela de Segurança e Tutela de Evidência*: Fundamentos da tutela antecipada. São Paulo: Saraiva, 1996.

GONÇALVES, Camila de Jesus Mello. *Princípio da Boa-fé – Perspectivas e Aplicações*. Rio de Janeiro: Elsevier, 2008.

GRINOVER, Ada. *Os princípios constitucionais e o Código de processo civil*. São Paulo: José Bushatsky, 1975.

MARINONI, Luiz Guilherme. *Antecipação de Tutela*. 12 ed. São Paulo: Editora Revista dos Tribunais, 2011.

NERY JR., Nelson; WAMBIER, Teresa Arruda Alvim (Coord.). *Aspectos polêmicos e atuais dos recursos cíveis e assuntos afins*. São Paulo: RT, 2007. v. 11.

NUNES, Dierle. *Direito constitucional ao recurso*. Rio de Janeiro: Lumen Juris, 2006.

NUNES, Jorge Amaury Maia; NÓBREGA, Guilherme Pupe da. *Processo e Procedimento*. A chamada tutela provisória no CPC de 2015 e a perplexidade doutrinária que provoca. Disponível em: <http://www.migalhas.com.br/ProcessoeProcedimento/106,MI221866,41046-A+chamada+tutela+provisoria+no+CPC+de+2015+e+a+perplexidade>. Acesso em: 20 fev. 2016.

ROSENVALD, Nelson. *Dignidade humana e boa-fé no Código Civil*. São Paulo: Saraiva, 2005.

SECHIERI COSTA NEVES, Murilo. et al; FIGUEIREDO, Simone Diogo Carvalho (Coord.). *Novo CPC anotado e comparado para concursos*. São Paulo: Saraiva, 2015.

VINCENZI, Brunela Vieira de. *A boa-fé no processo civil*. São Paulo: Atlas, 2003.

WAMBIER, Tereza. A. *Primeiros Comentários ao Novo Código de Processo Civil*. São Paulo: Revista dos Tribunais, 2015.

YARSHELL, Flávio Luiz. *A tutela provisória (cautelar e antecipada) no novo CPC*: grandes mudanças? Jornal Carta Forense. Disponível em: <http://www.cartaforense.com.br/conteudo/colunas/a-tutelaprovisoria-cautelar--e-antecipada-no-novo-cpc--grandes-mudancas-ii/15645>. Acesso em: 20 fev. 2016.

Informação bibliográfica deste texto, conforme a NBR 6023:2002 da Associação Brasileira de Normas Técnicas (ABNT):

CARVALHO FILHO, Aurivaldo José Moreira de. et al. Tutela de evidência no Novo Código de Processo Civil. In: BRITTO, Alzemeri Martins Ribeiro de; BARIONI, Rodrigo Otávio (Coords.). *Advocacia pública e o Novo Código de Processo Civil*. Belo Horizonte: Fórum, 2016. p. 145-157. ISBN 978-85-450-0173-7.

NEGÓCIOS JURÍDICOS PROCESSUAIS E A FAZENDA PÚBLICA

CÉLI GUIMARÃES MARQUES
JULIANA LIMA DAMASCENO
MANUELA PORTUGAL CORREIA MEIRA
MARIANA TANNUS FREIRAS
PAULA MORRIS MATOS
VERÔNICA S. DE NOVAES MENEZES

1 Introdução

A Lei Federal nº 13.105/2015, que introduziu o novo Código de Processo Civil, materializa inovações de diversas ordens para o processo civil brasileiro, as quais, com o objetivo de conferir celeridade à prestação jurisdicional, envolvem desde adequações à vigente ordem constitucional, à introdução de novas figuras que repercutem sobremaneira na atuação judicial daqueles que participam do processo.

Dentre essas mudanças, destaca-se o negócio jurídico processual que, ao permitir às partes estabelecer, previamente, mudanças no procedimento legal para adequá-lo às especificidades de uma eventual demanda judicial, confere concretude à garantia constitucional à razoável duração do processo, na medida em que possibilita dispensa de atos (atos de comunicação, oitiva de testemunhas, perícia etc.), simplifica o curso processual ao tamanho da contenda e, por conseguinte, reduz o tempo de sua duração.

Nesse contexto, o presente artigo pretende contribuir para a definição de aspectos a serem considerados para a celebração, pela Fazenda Pública, de negócios jurídicos processuais, especialmente as convenções processuais firmadas antes da judicialização da causa.

A investigação sobre o tema exigiu o estabelecimento prévio de certas premissas, notadamente sobre o pressuposto objetivo para a celebração do negócio jurídico processual, definido pelo art. 190 do novo Código de Processo Civil como a imprescindibilidade de o direito versado no processo admitir autocomposição.

Enfrentando-se, na sequência, a relativização da concepção tradicional sobre os princípios da supremacia e da indisponibilidade do interesse público, bem como a existência de matérias de natureza processual que não interferem no direito material tutelado, pretendeu-se afastar a concepção de que a existência de um direito subjetivo à observância de um procedimento licitatório na forma definida em lei e o enquadramento dos contratos administrativos como contratos de adesão constituem impeditivo à autocomposição.

Ao final, a abordagem adotada direcionou-se à defesa da possibilidade de a Administração Pública inserir, em seus instrumentos convocatórios, a disciplina de procedimento a ser adotado, em juízo, diante de um eventual conflito judicial.

2 Negócio jurídico processual: aspectos gerais

A flexibilização do processo civil mediante pacto celebrado entre as partes, representado pelo negócio jurídico processual, encontrou maior guarida no Código de Processo Civil promulgado em 2015.

De acordo com Teresa Arruda Alvim Wambier, "os negócios jurídicos de caráter processual, a despeito de incomuns, não são exatamente novidade no direito processual civil brasileiro".[1]

O negócio jurídico processual teve seus contornos gerais traçados no art. 190 do Novo Código de Processo Civil (NCPC), o qual estabeleceu a cláusula geral de negociação processual, preconizando que, ao versar o processo sobre direitos que admitam autocomposição, é lícito às partes plenamente capazes estipular mudanças no procedimento para ajustá-lo às especificidades da causa e convencionar sobre os seus ônus, poderes, faculdades e deveres processuais, antes ou durante o processo.

Segundo leciona a referida processualista,[2] por intermédio dos negócios jurídicos processuais podem ser criadas, extintas ou modificadas relações de direito no âmbito do processo.

Pressupõem eles uma expressão e um acordo de vontades tendentes a mudanças no procedimento, com vistas à melhor solução do caso concreto, alcançando-se, por conseguinte, o princípio constitucional do devido processo legal e a garantia constitucional à razoável duração do processo.

Outro não é, inclusive, o escopo traçado no art. 6º do NCPC, ao estabelecer que todos os sujeitos do processo devem cooperar entre si para que se obtenha, em tempo razoável, decisão de mérito justa e efetiva.

Fredie Didier concebe o negócio jurídico processual como um fato jurídico voluntário que confere ao sujeito "o poder de escolher a categoria jurídica [ou de] estabelecer certas situações jurídicas processuais". Para o processualista, na caracterização do ato como negócio jurídico, a "vontade está direcionada não apenas à prática do ato, mas também à produção de um determinado efeito jurídico".[3]

O novo códex processual ampliou as possibilidades de negócios processuais típicos, ao lado das já existentes cláusulas da suspensão convencional do processo, de

---

[1] WAMBIER, Teresa Arruda Alvim. et al. *Primeiros comentários ao novo Código de processo civil:* artigo por artigo, Lei nº 13.105, de 16 de março de 2015. São Paulo: Revista dos Tribunais, 2015. p. 352.

[2] *Op. cit.*, p. 352.

[3] DIDIER JÚNIOR, Fredie. *Curso de Direito Processual Civil*. Introdução ao Direito Processual Civil, Parte Geral e Processo de Conhecimento. 17. ed. Salvador: Juspodivm, 2015. v. 1, p. 376-379.

eleição de foro e de distribuição do ônus da prova, previstas no CPC de 1973, ao passo que instituiu a mencionada cláusula geral de negociação sobre o processo, possibilitando a celebração de negócios jurídicos processuais atípicos.

Assim é que, a norma geral de autorização dos negócios jurídicos processuais passou a oportunizar ajustes procedimentais não previstos expressamente.

Para tanto, a causa respectiva deve versar sobre direitos que admitam autocomposição, ou seja, direitos que permitem ajustes entre as partes que almejam solucionar a contenda.

Eduardo Talamini, ao discorrer sobre esse "pressuposto objetivo genérico para celebração de convenções processuais"[4] e sobre a correta compreensão do termo, esclarece que:

> [...]
> causa que comporta autocomposição não é apenas e exclusivamente aquela que envolva direito material disponível. Certamente, causas que envolvem direitos materiais disponíveis comportam autocomposição. Mas não somente elas.[5]

Na mesma linha dos negócios jurídicos em geral, a validade dos negócios jurídicos processuais exige o preenchimento de determinados requisitos, sob pena de nulidade.

Nesse sentido, e para que seja válido, o negócio jurídico processual deve ser praticado por partes plenamente capazes, o que autoriza a conclusão de que a capacidade processual consiste em verdadeiro requisito de validade para a celebração da avença processual.[6]

O objeto negocial, por sua vez, que poderá relacionar-se a mudanças no procedimento, aos ônus, poderes, faculdades, direitos e deveres processuais das partes, deve ser lícito, tal qual ocorre com qualquer negócio jurídico, em razão do que nula se mostra qualquer cláusula negocial de conteúdo não permitido pelo Direito.

Entende-se como ônus, a necessidade de observância de certo comportamento para a obtenção ou a conservação de uma vantagem para o próprio sujeito, cuja inobservância não gera necessariamente uma sanção para o onerado, ao contrário do dever, que consiste na necessidade imposta pelo direito a uma pessoa, de observar determinado comportamento, que, uma vez não observado, implica penalidade para o sujeito faltoso.

De seu turno, o poder de exercer certo direito subjetivo, o qual poderá deixar de ser exercido sem que isso implique atingir a existência do próprio direito, insere-se no âmbito da faculdade, enquanto o poder jurídico se constata no poder de exigir de outrem determinado comportamento.

---

[4] TALAMINI, Eduardo. *Um processo para chamar de seu:* nota sobre os negócios jurídicos processuais. p. 5. Disponível em: <http://www.migalhas.com.br/dePeso/16,MI228734,61044-Um+processo+pra+chamar+de+seu+nota+sobre+os+negocios+juridicos>. Acesso em: 1 fev. 2015.

[5] *Op. cit.*, p. 5.

[6] O professor Fredie Didier leciona que a vulnerabilidade é caso de incapacidade processual negocial. Outra não é, inclusive, a conclusão que se extrai da leitura do parágrafo único do artigo 190 do NCPC, quando preconiza que "de ofício ou a requerimento, o juiz controlará a validade das convenções previstas neste artigo, recusando-lhes aplicação somente nos casos de nulidade ou de inserção abusiva em contrato de adesão ou em que alguma parte se encontre em manifesta situação de vulnerabilidade". (DIDIER JÚNIOR, Fredie. *Curso de Direito Processual Civil*. Introdução ao Direito Processual Civil, Parte Geral e Processo de Conhecimento. 17. ed. Salvador: Juspodivm, 2015. v. 1, p. 384).

O meio pelo qual se externa a manifestação de vontade do negócio jurídico processual é livre (oral ou escrita, expressa ou tácita, etc.), quando a lei não o exigir forma determinada ou não a proibir (NCPC, art. 188).

No que se refere ao momento da sua celebração, o negócio jurídico processual poderá ser celebrado antes do início do processo judicial ou durante o processamento da causa (NCPC, art. 190, *caput*).[7]

A produção de efeitos do negócio jurídico processual não está, em regra geral, adstrita à homologação do Poder Judiciário à vista do conteúdo do art. 200 do NCPC.[8] Contudo, em face do conteúdo do parágrafo único do mesmo dispositivo legal, a desistência da ação só produzirá efeitos após homologação judicial.

De toda sorte, as convenções entabuladas pelos particulares não estão isentas de apreciação pelo Poder Judiciário, de ofício ou a requerimento, o qual, nos mesmos moldes dos negócios jurídicos em geral, deve negar-lhes vigência, nos casos de nulidade ou de inserção abusiva em contrato de adesão ou quando alguma parte estiver em manifesta situação de vulnerabilidade.

Quando o negócio processual cuidar da fixação de calendário para a prática de atos processuais, a existência de acordo entre o juiz e as partes se faz, contudo, necessário, como expressamente definido pelo art. 191 do NCPC.

O processualista Eduardo Talamini alerta para a circunstância de que tal hipótese não envolve apenas um "simples ajuste de agenda", uma vez que:

> O limite de validade e eficácia do calendário é dado por outras regras específicas, atinentes ao tempo e à ordem dos prazos processuais. Por exemplo, não poderá ser avençada a realização de uma audiência em um domingo (art. 212).[9]

Estabelecidas essas premissas, constata-se o quão abrangente é o tema cujos reflexos nos diversos campos do Direito implica repensar, inclusive, o agir administrativo em suas relações contratuais.

3 Negócio jurídico processual e Fazenda Pública

A expressão Fazenda Pública é utilizada na legislação processual para se referir aos entes detentores de personalidade jurídica de direito público: União, Estados, Municípios, Distrito Federal e suas respectivas autarquias e fundações, incluindo-se, no conceito, as agências executivas e reguladoras, as quais ostentam o título de autarquias especiais.

Atuando em juízo na tutela de interesse público, a Fazenda possui algumas prerrogativas processuais, que, para além de espelharem a supremacia desse interesse público, pedra angular do regime jurídico-administrativo, revelam, em última análise, a aplicação prática do princípio da isonomia, pelo qual se deve dar tratamento desigual aos desiguais.

---

[7] No transcurso do processo, audiência de saneamento parece ser o momento propício para a sua celebração (NCPC, art. 357).

[8] NCPC, art. 200: Os atos das partes consistentes em declarações unilaterais ou bilaterais de vontade produzem imediatamente a constituição, a modificação ou a extinção de direitos processuais.

[9] *Op. cit.*, p. 11.

Leonardo Carneiro da Cunha explica que:

> [...]
> por atuar no processo em virtude da existência de interesse público, consulta ao próprio interesse público viabilizar o exercício dessa sua atividade no processo da melhor e mais ampla maneira possível, evitando-se condenações injustificáveis ou prejuízos incalculáveis para o Erário e, de resto, para toda a coletividade que seria beneficiada com serviços públicos custeados com tais recursos. Para que a Fazenda Pública possa, contudo, atuar da melhor e mais ampla maneira possível, é preciso que se lhe confiram condições necessárias e suficientes a tanto [...].[10]

São exemplos dessas prerrogativas processuais: o juízo privativo, a intimação pessoal dos advogados públicos (art. 183, parágrafo 1º, NCPC), os prazos dobrados para suas manifestações processuais (art. 183, NCPC), isenção de custas, duplo grau de jurisdição em caso de sentenças desfavoráveis (art. 496, NCPC), dentre outros.

Nesse contexto, especialmente diante da supremacia do interesse público sobre o privado e da indisponibilidade do interesse público, questiona-se a possibilidade de a Fazenda Pública celebrar negócios jurídicos processuais e, em caso positivo, os limites desse ato jurídico.

A questão, que assumiu maior relevo com a edição do NCPC, será abordada neste artigo sem a pretensão de fixar conclusões definitivas sobre a temática, a qual, certamente, será objeto de discussões à medida que as previsões legais forem sendo colocadas em prática.

Nessa toada, pode-se constatar que, na medida em que o NCPC condiciona a celebração do negócio jurídico processual à possibilidade de autocomposição do direito versado no processo, qualquer ensaio vocacionado a responder esse questionamento exige indagação sobre os direitos relativamente aos quais a Fazenda Pública pode realizar ajustes extrajudiciais com a outra parte.

Eduardo Talamini ensina que, além do pressuposto objetivo genérico, identificado expressamente pelo NCPC — o direito versado no processo deve admitir autocomposição — pressupostos objetivos específicos devem ser considerados para a modulação do processo judicial nos termos de que cuida o dispositivo legal.

Doutrina o processualista:

> Além do pressuposto objetivo genericamente estabelecido no art. 190, outros podem pôr-se para a celebração de específicos negócios processuais. Por exemplo, nas causas que admitam autocomposição, em regra, as partes podem celebrar negócio jurídico prevendo julgamento em um único grau de jurisdição – suprimindo, portanto, o cabimento de apelação. Mas essa modalidade de negócio processual submete-se a um requisito específico: ela não será admissível em causas que se submetem ao duplo grau obrigatório (remessa ou reexame necessário – CPC/15, art. 496). Já a convenção de modificação de competência tem por pressuposto objetivo a relatividade dessa (art. 63) – não se submetendo, por outro lado, ao requisito geral da admissibilidade de autocomposição [...]. Assim, caberá, diante de cada possível negócio processual, considerar não só o preenchimento de seus pressupostos gerais, como também investigar se não há adicionais pressupostos específicos.[11]

---

[10] CUNHA, Leonardo Carneiro da. *A Fazenda Pública em juízo*. 12. ed. São Paulo: Dialética, 2014. p. 38.
[11] *Op. cit.*, p. 6.

A Constituição Federal prevê no art. 3º, IV, a promoção do "bem de todos", sem quaisquer preconceitos ou formas de discriminação, como um dos objetivos fundamentais da República Federativa do Brasil. Trata-se de um norteador, uma diretriz para toda atuação administrativa, no âmbito dos Poderes Legislativo, Executivo e Judiciário, de modo a, dentre outros fins, conferir concretude à supremacia do interesse público.

Lecionando sobre a supremacia do interesse público, Di Pietro afirma:

> Esse princípio, também chamado de princípio da finalidade pública, está presente tanto no momento da elaboração da lei como no momento da sua execução em concreto pela Administração Pública. Ele inspira o legislador e vincula a autoridade administrativa em toda a sua atuação.[12]

Atrelado ao mencionado princípio está o princípio da indisponibilidade do interesse público, sendo ambos utilizados como baliza para todas as relações jurídicas no âmbito da Administração, a qual, muitas vezes, vale-se de um conceito de "interesse público" deveras impreciso, causando graves entraves à concretização de bens maiores, tutelados pelo Estado Democrático de Direito.

O uso exacerbado desses princípios como suporte para toda a atuação administrativa deve ser repensado, mormente diante do novo regime jurídico administrativo, que vem abrindo portas para a consensualidade no agir administrativo e para uma maior aproximação da Administração com o administrado.

Como bem salientado por Guilherme de Abreu e Silva:

> Todavia, a simplificação, generalização e massificação do conceito de interesse público transferiu ao princípio da indisponibilidade e supremacia do interesse público a capacidade de justificação de atos incompatíveis com a ordem democrática, o que demonstra a importância da reconfiguração do conceito de interesse público.[13]

A classificação doutrinária do interesse público em primário e secundário tem sido o critério utilizado como elemento norteador para a identificação da disponibilidade dos bens jurídicos nas causas envolvendo a Fazenda Pública.

Na primeira categoria estariam inseridos os direitos indisponíveis, ligados à tutela do bem-estar, saúde, segurança e demais interesses de relevância extrema para a sociedade. Na segunda categoria encontrar-se-iam os direitos de natureza instrumental e que existem para operacionalizar aqueles, tendo características patrimoniais e sendo, por isso, disponíveis.[14]

---

[12] DI PIETRO, Maria Sylvia Zanella. *Direito Administrativo*. 13. ed. São Paulo: Atlas, 2001. p. 68.

[13] SILVA, Guilherme de Abreu e. A reconfiguração do conceito de interesse público à luz dos direitos fundamentais como alicerce para a consensualidade na administração pública. *Âmbito Jurídico*, Rio Grande, v. XV, n. 100, maio 2012. Disponível em: <http://www.ambitojuridico.com.br/site/?n_link=revista_artigos_leitura&artigo_id=11624>. Acesso em: jan. 2016.

[14] A jurisprudência do Superior Tribunal de Justiça também diferencia o interesse público geral do interesse da Administração, referindo-se, aquele, ao interesse público primário, de interesse de todos e indisponível. Já o da segunda espécie diz respeito ao interesse público secundário, com nítido escopo patrimonial, de interesse direto da Administração.
Nesse sentido citem-se, por todos: RESP 303.806/GO, sendo relator o Ministro Luiz Fux, julgado em 22.03.2005; RESP 490.726/SC, 1ª Turma, sendo relator o Ministro Teori Albino Zavascki, julgado em 21.03.2005; RESP 28110/

Nesse sentido, Marinoni e Mitidiero:

> Direito indisponível é aquele que não se pode renunciar ou alienar. Os direitos da personalidade (art. 11, CPC) e aqueles ligados ao estado da pessoa são indisponíveis. O direito da Fazenda Pública, quando arrimado em interesse público primário, também o é. O direito da Fazenda Pública com esteio no interesse público secundário não é indisponível.[15]

Revisitando o conceito de interesse público, Guilherme de Abreu e Silva explica:

> O interesse público se configura como resultado de um longo processo de produção e aplicação do direito, razão pela qual não há interesse público prévio ao direito ou anterior à atividade decisória da administração pública.
> Diante do exposto, é possível compreender que uma decisão produzida por meio de procedimento satisfatório e com respeito aos direitos fundamentais e aos interesses legítimos é aquela que poderá ser reputada como tradução fiel do interesse público, todavia, 'não se legitimará mediante a invocação a esse 'interesse público', e sim, porque compatível com os direitos fundamentais'.
> O processo de concretização do direito produz a seleção dos interesses, não havendo qualquer caráter predeterminado apto a qualificar o interesse como público. Já o processo de democratização conduz à necessidade de verificar em cada oportunidade, como se configura o interesse público, devendo-o ser por meio da intangibilidade dos valores relacionados aos direitos fundamentais.
> Propicia, assim, reconhecer que a administração pública não é um valor em si mesmo, uma vez que deve a sua atuação se pautar em inúmeras diretrizes, sendo, primeiramente, a democracia e o respeito dos direitos fundamentais, devendo, a atividade administrativa do Estado, nortear-se pela realização desses valores, inclusive quando se tratar de interesses de minorias.
> Conclui-se que o núcleo do direito administrativo não é o poder, mas a realização dos direitos fundamentais, não se admitindo que se diluam os direitos fundamentais em virtude da existência de um incerto e indefinido conceito de interesse público.
> [...]
> Desta forma, aceitar a existência de diversos interesses públicos e substituir o termo por interesse coletivo, pautando as definições e as escolhas de um interesse em prevalência de outro sob o fundamento dos direitos fundamentais é reconfigurar o conceito de interesse público e propiciar à administração pública outras formas de atuação, inclusive no que tange a abrir a possibilidade da introdução de instrumentos flexíveis como a consensualidade na administração pública.[16]

Marçal Justen Filho,[17] após analisar o conceito de interesse público de forma excludente, afastando da sua definição quaisquer elementos que o confundam com

---

MS, 1ª Turma, sendo relator o Ministro Garcia Vieira, votação unânime; RESP 327.285/DF, sendo relator o Ministro Ruy Rodado de Aguiar, julgamento unânime em 18.03.2002; RESP 197.586/SP, 1ª Turma, sendo relator o Ministro Garcia Vieira, julgamento unânime em 05.04.1999 e MS11308/DF, sendo relator o Ministro Luis Fux – 2005/0212763-0.

[15] MARINONI, Luiz Guilherme Marinoni; MITIDIERO, Daniel. *Código de Processo Civil comentado artigo por artigo*. São Paulo: RT, 2008. p. 326.

[16] SILVA, Guilherme de Abreu e. A reconfiguração do conceito de interesse público à luz dos direitos fundamentais como alicerce para a consensualidade na administração pública. *Âmbito Jurídico*, Rio Grande, v. XV, n. 100, maio 2012. Disponível em: <http://www.ambitojuridico.com.br/site/?n_link=revista_artigos_leitura&artigo_id=11624>. Acesso em: jan. 2016.

[17] JUSTEN FILHO, Marçal. *Curso de Direito Administrativo*. 3. ed. rev e atual. São Paulo: Saraiva, 2008. p. 53-66.

"interesse do Estado", "interesse do aparato administrativo" ou "interesse do agente público", explica a impossibilidade de se reconhecer um único interesse público, para concluir que não deve ser entendido com um conceito prévio e imutável, mas sim, como pressuposto norteador de decisões administrativas.

Esclarece o doutrinador:

> Assim, o processo de concretização do direito produz a seleção dos interesses, com a identificação do que se reputará como interesse público em face das circunstâncias. Não há qualquer caráter predeterminado (como, por exemplo, a qualidade do titular) apto a qualificar o interesse como público. Essa peculiaridade não pode ser reputada como negativa. Aliás, muito ao contrário, representa a superação de soluções formalistas, inadequadas a propiciar a realização dos valores fundamentais acatados pela comunidade. O processo de democratização conduz à necessidade de verificar, em cada oportunidade, como se configura o interesse público. Sempre e em todos os casos, tal se dá por meio da intangibilidade dos valores relacionados aos direitos fundamentais.[18]

Diante da circunstância de os princípios da supremacia e da indisponibilidade do interesse público, na sua concepção tradicional, aparentemente dificultarem a negociação de particulares com o Estado, a relativização do seu entendimento, especificamente o questionamento do próprio conceito de "interesse público", tem permitido a utilização de meios alternativos de pacificação de conflitos e também a celebração de ajustes sobre as possíveis relações jurídicas processuais.

Esse cenário se tornou possível em razão do novo regime jurídico administrativo e de novos mecanismos constitucionais e legais associados à busca de maior celeridade e mais eficiência na resolução de contendas.

Destarte, ao longo do tempo, o Poder Legislativo vem autorizando a transacionabilidade de direitos envolvendo a Fazenda Pública, desmistificando a ideia engessada e ultrapassada de que tais direitos seriam absolutamente indisponíveis, imprescritíveis ou inalienáveis.

Cristiane Rodrigues Iwakura, dissertando sobre a disponibilidade do objeto litigioso de demandas envolvendo a Fazenda Pública, pondera:

> Em defesa da disponibilidade dos bens e interesses públicos, assevera Adilson de Abreu Dallari que, a partir do momento em que se constata a preexistência de previsão legal expressa para a utilização de mecanismos de solução amigáveis em conflitos envolvendo a Administração Pública, resta evidente a possibilidade de negociação dos direitos envolvidos sem que haja lesão ao princípio da indisponibilidade dos interesses públicos.
> Neste ensejo, assevera o autor que:
> 'Se é compatível com a ordem jurídica a celebração de acordo fora do âmbito judicial, com muito maior razão se haverá de admiti-lo em sede judicial.
> Se é possível celebrar um acordo para evitar a propositura de uma ação judicial, com muito maior razão, numa perspectiva de ordem lógica, também deve ser possível a celebração de um ajuste para dar fim a uma contenda judicial, dado que, nesta segunda hipótese, sempre haverá a presença vigilante do juiz da causa.

---

[18] *Op. cit.*, p. 65.

Fique perfeitamente claro que não se está pretendendo dizer que, atualmente, seja possível à Administração Pública atuar livremente, divorciando-se do princípio da legalidade, que determina sua submissão à lei. O que se sustenta é que não se pode mais aceitar uma submissão absoluta à letra da lei, em detrimento da realização dos fins a que ela se destina. Cumpre-se a lei quando se atinge o resultado por ela almejado.

Atualmente, além de acatar o princípio da legalidade, é preciso dar atendimento também a um outro novo e significativo princípio constitucional da administração pública, o princípio da eficiência [...].[19]

A relativização da noção da supremacia e indisponibilidade do interesse público possibilita, assim, a admissão à celebração de negócios jurídicos[20] envolvendo direitos materiais e processuais, uma vez observados os princípios norteadores da atuação administrativa[21] e, especialmente, os direitos fundamentais abraçados pela Constituição Federal.

São inúmeros os desdobramentos que o tema comporta, incluindo os negócios sobre direito material em litígio, entretanto, a abordagem deste artigo está restrita ao campo dos negócios jurídicos processuais e sua utilização pela Fazenda Pública.

Negócio jurídico processual, vale repetir, é o fato jurídico voluntário em cujo suporte fático confere-se ao sujeito o poder de escolher a categoria jurídica ou estabelecer, dentro dos limites fixados no próprio ordenamento, certas situações jurídicas processuais.[22]

Dentre os negócios jurídicos previstos expressamente pelo NCPC, classificados pela doutrina como negócios processuais típicos, citem-se: i) a cláusula de eleição de foro (art. 63, NCPC); ii) o negócio para tramitação da causa em juízo relativamente incompetente (art. 65, NCPC); iii) o calendário processual (art. 191, NPC); iv) a renúncia a prazo (art. 225, NCPC); v) o acordo para suspensão do processo (art. 313, II, NCPC); vi) o adiamento negociado da audiência (art. 362, I, NCPC); vii) a convenção sobre ônus da prova (art. 373, parágrafos 3º e 4º, NCPC); ix) a escolha consensual do perito (art. 471, NCPC); x) a desistência do recurso (art. 999, NCPC).

Concernentemente aos negócios processuais atípicos, o NCPC inovou ao prever, em seu art. 190, cláusula genérica que possibilita às partes plenamente capazes estipular mudanças no procedimento para ajustá-lo às especificidades da causa e convencionar sobre seus ônus, poderes, faculdades e deveres processuais, antes ou durante o processo.

---

[19] IWAKURA, Cristiane Rodrigues. Disponibilidade do objeto litigioso como condição de transigibilidade nas demandas em face da Fazenda Pública. *Revista Jus Navigandi*, Teresina, ano 15, n. 2593, 7 ago. 2010. Disponível em: <https://jus.com.br/artigos/17135>. Acesso em: 14 jun. 2016.

[20] Esse entendimento, inclusive, já foi materializado no Enunciado nº 135 do Fórum Permanente de Processualistas Civis – "A indisponibilidade do direito material não impede, por si só, a celebração de negócio jurídico processual".

[21] A propósito, o Egrégio Tribunal de Contas da União já se posicionou no seguinte sentido:
[...] É importante salientar que a indisponibilidade do interesse público não significa a proibição de os entes de direito público realizarem transações, tanto que há o permissivo legal mencionado [art. 4º, inciso VI, da LC nº 73/93, c/c art. 1º da Lei nº 9.469/97], e sim vedar a realização de transações desvantajosas, que ofendam os princípios da legalidade, da moralidade, da impessoalidade, da publicidade e da economicidade [...]. (COSTA, Gustavo D'Assunção. *A possibilidade de a Fazenda Pública Federal celebrar acordos ou transações, em juízo, para terminar litígios quanto aos créditos não tributários de sua titularidade, e a necessidade de regulamentação do artigo 1º, da Lei nº 9.469/97*. Disponível em: <www.conteudojuridico.com.br>. Acesso em: 25 jan. 2016).

[22] DIDIER JÚNIOR, Fredie. *Curso de Direito Processual Civil*. Introdução ao Direito Processual Civil, Parte Geral e Processo de Conhecimento. 17. ed. Salvador: Juspodivm, 2015. v. 1, p. 376-377.

No âmbito da Administração Pública, a normativa em destaque permite a celebração de negócios jurídicos processuais típicos e atípicos, desde que não sejam afastadas normas cogentes e seja protegido o bem maior tutelado, o interesse público primário.

Essa possibilidade está, inclusive, materializada no Enunciado nº 256 do Fórum Permanente de Processualistas Civis, que, sem restringi-la a negócios típicos ou atípicos, dispõe, de forma abrangente, que "A Fazenda Pública pode celebrar negócio jurídico processual".

Analisando as convenções processuais nas causas do Estado, Diogo Assumpção Rezende de Almeida, pondera com absoluta pertinência:

> No que se refere especificamente às convenções processuais, merece ser repetida a tese aplicada à indisponibilidade do direito material e ao processo coletivo. A impossibilidade de transação pela Administração Pública não tem o efeito automático de inviabilizar a disponibilidade de direito processual. Desde que respeitadas as regras de ordem pública e não causem uma disposição reflexa de interesse público indisponível, são possíveis os pactos processuais entre a Administração Pública e o particular. Em nada interfere no direito material a convenção que estabeleça a suspensão do processo, por exemplo, ou a eleição conjunta de perito pelas partes, ou ainda, a alteração da data de audiência.[23]

O referido autor, após diferenciar o tratamento a ser conferido ao direito material tutelado em oposição ao direito processual, conclui:

> Cabe mais uma vez a identificação do direito que é objeto de disposição. Caso refira-se a direito material e, na hipótese, a interesse público primário, o acordo resultará em transação, que deve estar contida nos limites estabelecidos pelo legislador, além de atender a eventual forma prevista em lei. Porém, se o negócio tem por objeto direito processual, passível de disposição, e não afeta de maneira reflexa ou indireta a indisponibilidade do direito material, não há outra restrição para sua eficácia.[24]

Há, deste modo, matérias de natureza processual que em nada interferem no direito material tutelado, não havendo que se falar em empecilho à celebração do negócio jurídico processual. Por outro lado, a interferência, ainda que reflexa, em direito material considerado indisponível,[25] resulta, à primeira vista, por inviabilizá-la.

Dentre os negócios jurídicos processuais atípicos que, em uma análise perfunctória, são considerados passíveis de realização pela Fazenda Pública, merecem ser citados: i) acordo de ampliação ou redução de prazos; ii) acordo para dispensa consensual de assistente técnico; iii) acordo para redução do número de testemunhas;

---

[23] ALMEIDA, Diogo Assumpção Rezende de. *Das Convenções Processuais no Processo Civil*. 2014. Tese (Doutorado) - Universidade do Estado do Rio de Janeiro, Faculdade de Direito, Rio de Janeiro, 2014. p. 191. Disponível em: <http://www.bdtd.uerj.br/tde_busca/arquivo.php?codArquivo=7292>. Acesso em: 25 jan. 2016.

[24] *Op. cit.*, p. 192.

[25] Pedro Gomes de Queiroz, discorrendo sobre os direitos materiais indisponíveis, entende, contudo, "que mesmo um interesse público primário como o direito fundamental à saúde pode ser objeto de acordo", uma vez que "um ente da administração pública direta pode celebrar acordo com associações da sociedade civil e com o Ministério Público acerca de quais medicamentos serão fornecidos gratuitamente pelo Estado às pessoas naturais necessitadas, em um determinado período". (QUEIROZ, Pedro Gomes de. Convenções Disciplinadoras do Processo Judicial. *Revista Eletrônica de Direito Processual (REDP)*, v. 13, n. 13, p. 13. 2014. ISSN 1982-7636).

iv) acordo para divisão de tempo na sustentação oral; e v) pacto de mediação obrigatória para matérias específicas.

Na tentativa de ir mais além, no intuito de fomentar o debate sobre a matéria, questiona-se a possibilidade, até mesmo, de celebração de acordo, na seara do processo judicial, para renúncia da prerrogativa da remessa necessária, nos casos em que a Fazenda Pública houver realizado amplamente o seu direito de defesa e a sentença tenha sido desfavorável pela clareza do direito invocado pela parte contraria.

No âmbito extraprocessual, merece destaque a possibilidade de a Administração Pública poder celebrar negócios jurídicos processuais anteriormente à existência do processo judicial.

O entendimento doutrinário no sentido de que os contratos administrativos são contratos de adesão porque não admitem negociação sobre o conteúdo de cada uma das suas cláusulas implicaria, tão somente, a necessária cautela, com o fim de evitar a inserção de cláusulas que possam vir a ser consideradas abusivas pelo magistrado e, desse modo, declaradas nulas, nos termos do parágrafo único do art. 190 do NCPC.

Lançado está, desse modo, o ponto de partida para o debate sobre a inserção, pela Administração Pública, nos instrumentos convocatórios para licitação e em minutas contratuais, de regras disciplinadoras de procedimento judicial, como meio de gestão[26] do processo judicial diante de um eventual conflito.[27]

4 Negócios jurídicos processuais e licitações públicas

A licitação pública contempla uma sucessão de atos, encadeados entre si, tendentes à escolha isonômica de proposta mais vantajosa, com vistas à celebração de contrato pelo Poder Público.

Adilson Abreu Dallari, ao tratar da natureza jurídica da licitação, pontua que:

> Conforme já ficou demonstrado, a licitação é um instituto de direito administrativo [...]. Na verdade, a licitação se enquadra perfeitamente na conceituação de procedimento administrativo exposta por Oswaldo Aranha Bandeira de Mello, pois exige sucessivas manifestações de vontade, cada uma delas proferida exatamente em cada uma das fases autônomas que antecedem o ato jurídico final a que se ligam.[28]

O art. 4º da Lei nº 8.666/1993 estabelece que todos quantos participem de licitação promovida pelos órgãos ou entidades a que se refere o art. 1º têm direito público subjetivo à fiel observância do pertinente procedimento estabelecido nessa lei, podendo qualquer cidadão acompanhar o seu desenvolvimento, desde que não interfira de modo a perturbar ou a impedir a realização dos trabalhos.

---

[26] CADIET, Loïc. Los acuerdos procesales en derecho francés: situación actual de la contractualización de proceso y de la justicia en Francia. *Civil Procedure Review*, v. 3, n. 3, p. 3-35, ago./dez. 2012. Disponível em: <http://www.civilprocedurereview.com/busca/baixa_arquivo.php?id=59&embedded=true>. Acesso em: 02 fev. 2016. p. 01-33 (14-15).

[27] CADIET, Loïc. Los acuerdos procesales en derecho francés: situación actual de la contractualización de proceso y de la justicia en Francia. *Civil Procedure Review*, v. 3, n. 3, p. 3-35, ago./dez. 2012. Disponível em: <http://www.civilprocedurereview.com/busca/baixa_arquivo.php?id=59&embedded=true>. Acesso em: 02 fev. 2016. p. 07.

[28] DALLARI, Adilson Abreu. *Aspectos jurídicos da licitação*. 6. ed. atual. rev. e ampl. São Paulo: Saraiva, 2003. p. 26.

No âmbito desse procedimento estão asseguradas, dentre outras garantias, o contraditório; a igualdade de condições a todos os concorrentes; a existência de cláusulas no instrumento convocatório que estabeleçam obrigações de pagamento, mantidas as condições efetivas da proposta; a limitação de exigências de qualificação técnica e econômica àquelas indispensáveis à garantia do cumprimento das obrigações.

Especialmente naquilo que respeita ao contraditório e a ampla defesa, incide o art. 5º, inc. LV, da Constituição Federal, segundo o qual aos litigantes, em processo judicial ou administrativo, e aos acusados em geral são assegurados o contraditório e a ampla defesa, com os meios e recursos a ela inerentes.

No contexto do art. 190, imperiosa se faz a seguinte reflexão: qual é a natureza do direito subjetivo à fiel observância do pertinente procedimento estabelecido na Lei de Licitações? E, ainda, qual é a natureza do direito à igualdade de condições dos concorrentes, previsto na Constituição Federal? E as garantias do contraditório e da ampla defesa? São esses direitos indisponíveis?

Em que pese tratar-se a licitação de processo administrativo sobre o qual incidem as garantias acima apontadas, pensamos não se tratar de direitos sobre os quais não se admita autocomposição para fins de celebração de negócio processual.

A autocomposição no âmbito do processo licitatório é, inclusive, admitida, em termos gerais, pela própria Lei nº 8.666/1993, consoante se observa do art. 43 da Lei nº 8.666/1993, que, ao tratar do processamento e do julgamento das licitações, estabelece:

> Art. 43. A licitação será processada e julgada com observância dos seguintes procedimentos:
> I - abertura dos envelopes contendo a documentação relativa à habilitação dos concorrentes, e sua apreciação;
> II - devolução dos envelopes fechados aos concorrentes inabilitados, contendo as respectivas propostas, desde que não tenha havido recurso ou após sua denegação;
> III - *abertura dos envelopes contendo as propostas dos concorrentes habilitados, desde que transcorrido o prazo sem interposição de recurso, ou tenha havido desistência expressa, ou após o julgamento dos recursos interpostos;*
> IV - verificação da conformidade de cada proposta com os requisitos do edital e, conforme o caso, com os preços correntes no mercado ou fixados por órgão oficial competente, ou ainda com os constantes do sistema de registro de preços, os quais deverão ser devidamente registrados na ata de julgamento, promovendo-se a desclassificação das propostas desconformes ou incompatíveis;
> V - julgamento e classificação das propostas de acordo com os critérios de avaliação constantes do edital;
> VI - deliberação da autoridade competente quanto à homologação e adjudicação do objeto da licitação.
> §1º. A abertura dos envelopes contendo a documentação para habilitação e as propostas será realizada sempre em ato público previamente designado, do qual se lavrará ata circunstanciada, assinada pelos licitantes presentes e pela Comissão.
> §2º. Todos os documentos e propostas serão rubricados pelos licitantes presentes e pela Comissão.
> §3º. É facultada à Comissão ou autoridade superior, em qualquer fase da licitação, a promoção de diligência destinada a esclarecer ou a complementar a instrução do processo, vedada a inclusão posterior de documento ou informação que deveria constar originariamente da proposta.
> §4º. O disposto neste artigo aplica-se à concorrência e, no que couber, ao concurso, ao leilão, à tomada de preços e ao convite.

§5º. Ultrapassada a fase de habilitação dos concorrentes (incisos I e II) e abertas as propostas (inciso III), não cabe desclassificá-los por motivo relacionado com a habilitação, salvo em razão de fatos supervenientes ou só conhecidos após o julgamento.

§6º. *Após a fase de habilitação, não cabe desistência de proposta, salvo por motivo justo decorrente de fato superveniente e aceito pela Comissão.*

A Lei prevê, também, a possibilidade de desistência de recursos e, ainda, desistência de proposta,[29] o que denota o caráter disponível de direitos dos licitantes, derredor do processo licitatório.

Essa disponibilidade veio a ser ampliada, significativamente, em diplomas legais posteriores, que passaram a prever a negociação dos preços propostos pelos licitantes durante o processo licitatório.

É o que ser verifica do art. 4º da Lei nº 10.520/2002 (Lei de Pregão):

Art. 4º A fase externa do pregão será iniciada com a convocação dos interessados e observará as seguintes regras:
[...]
XI - examinada a proposta classificada em primeiro lugar, quanto ao objeto e valor, caberá ao pregoeiro decidir motivadamente a respeito da sua aceitabilidade;
[...]
XI - examinada a proposta classificada em primeiro lugar, quanto ao objeto e valor, caberá ao pregoeiro decidir motivadamente a respeito da sua aceitabilidade;
[...]
XVII - nas situações previstas nos incisos XI e XVI, o pregoeiro poderá negociar diretamente com o proponente para que seja obtido preço melhor;
[...]

No mesmo caminho, a Lei nº 12.462/2011, que instituiu o Regime Diferenciado de Contratação:

Art. 26. Definido o resultado do julgamento, a administração pública poderá negociar condições mais vantajosas com o primeiro colocado.
Parágrafo único. A negociação poderá ser feita com os demais licitantes, segundo a ordem de classificação inicialmente estabelecida, quando o preço do primeiro colocado, mesmo após a negociação, for desclassificado por sua proposta permanecer acima do orçamento estimado.

Importante destacar a inexistência de posicionamento contrário, doutrinário ou jurisprudencial, quanto à aplicabilidade das disposições em comento, autorizando, assim, a conclusão de que o direito subjetivo à fiel observância do procedimento licitatório disciplinado na Lei nº 8.666/93 não afasta a autocomposição, o que é reforçado pela circunstância de que "a celebração de uma convenção processual não implica, necessariamente, a disposição do direito material que está sendo discutido no processo".[30]

---

[29] A Lei nº 8.666/93 permite a desistência da proposta antes da fase de habilitação ou após, desde que haja motivo justo decorrente de fato superveniente e aceito pela Comissão (art. 43, §6º).
[30] QUEIROZ, Pedro Gomes de. Convenções Disciplinadoras do Processo Judicial. *Revista Eletrônica de Direito Processual (REDP)*, v. 13, n. 13, p. 13. 2014. ISSN 1982-7636.

Curiosa é a abordagem de Letícia de Campos Velho Martel, em tese de Doutoramento, apresentada ao Centro de Pós-Graduação em Direito Público da Universidade do Estado do Rio, intitulada "Direitos fundamentais indisponíveis – os limites e os padrões do consentimento para a autolimitação do direito fundamental à vida":

> Se todos os direitos fundamentais forem indisponíveis, ou se todos os direitos da personalidade o forem, haveria de se reconhecer o caos na jurisprudência dos tribunais brasileiros. Tome-se por ilustração a matéria tributária. Sabe-se que as limitações ao poder de tributar são instituídas para garantir pelo menos dois direitos fundamentais: a propriedade e certas manifestações da liberdade. Todavia, os tribunais não reconhecem a legitimidade do *parquet* para propor ações na defesa dos contribuintes, por entenderem, de modo geral, que a tributação indevida não atinge direitos individuais indisponíveis, nem que os contribuintes são consumidores. Ademais, é forte na doutrina e mesmo nos tribunais o entendimento de que o direito à previdência social é fundamental, aí incluídos os benefícios a que fazem jus os segurados. Entrementes, é cediça na jurisprudência a orientação de que os benefícios previdenciários são direitos disponíveis, sobre os quais pode o beneficiário transacionar e renunciar, faltando ao MP legitimidade processual para pleiteá-los em nome de terceiros. Na mesma trilha, a literatura contempla, frequentemente, a noção de que todos os direitos dos trabalhadores, por serem fundamentais, são indisponíveis, sem, contudo, defender a legitimidade do MPT para propor ações por toda e qualquer lesão aos direitos dos trabalhadores. Ademais, admite-se a transação judicial desses direitos (dos valores que os traduzem), ainda que limitadamente.

Merece destaque, ainda, a possibilidade de dispensa válida, pelo licitante, da prática de determinado ato colocado à sua disposição pela lei de licitações, exigindo-se, tão somente, restar evidenciado o seu conhecimento sobre as consequências dessa atuação.

Eventual tentativa de afastamento da validade do ato praticado exige a superação da presunção de boa-fé objetiva, cláusula geral expressa no art. 422 do Código Civil, que obriga os contratantes a guardá-la na conclusão do contrato e na sua execução.

A boa-fé objetiva indica que a conduta das partes contratantes é fundada na confiança, na lealdade, na honestidade, na lisura, na certeza e na segurança, vedando o abuso de direito por ambas as partes.[31]

Sobre o tema, Clóvis V. de Couto e Silva pontua com proficiência que "[...] se trata de proposição jurídica com significado de regra de conduta. O mandamento de conduta engloba todos os que participam do vínculo obrigacional e estabelece entre eles um elo, em face do fim objetivo a que visam".[32]

Na mesma linha, o Enunciado nº 06 do Fórum Permanente de Processualistas Civis estabelece que "o negócio jurídico processual não pode afastar os deveres inerentes à boa-fé e à cooperação".

Ultrapassada, deste modo, a questão relativa à possibilidade de o direito subjetivo ao procedimento licitatório disciplinado na norma de regência comportar autocomposição e, na medida em que antes da instauração da causa judicial as partes

---

[31] CAMARGO, José A. *Princípios de Probidade e Boa-fé*. Disponível em: <http://www4.jfrj.jus.br/seer/index.php/revista_sjrj/article/viewFile/173/185>. Acesso em: 11 jan. 2013.
[32] SILVA, Clóvis V. de Couto e. *A obrigação como processo*. Rio de Janeiro: Editora FGV, 2007. p. 33.

podem convencionar em contrato, para a hipótese de futuro litígio, cláusulas relativas às mudanças no procedimento em juízo, bem como sobre os seus ônus, poderes, faculdades e deveres processuais, convenções processuais podem ser previstas, de logo, nos respectivos instrumentos convocatórios.

Ditos instrumentos materializam a disciplina, pela Administração, do procedimento licitatório e fixam todas as condições do contrato administrativo que será, ao final, celebrado.

Para Hely Lopes Meireles, o edital é a lei interna da licitação, ao qual estão vinculados os licitantes e o Poder Público,[33] circunstância de tal importância que se traduz em um princípio específico previsto expressamente nas normas de regência (Lei Federal nº 8.666/93, art. 3º; e Lei baiana nº 9.433/5, art. 3º).

A professora Maria Sylvia Zanella di Pietro, ao cuidar da classificação dos contratos administrativos celebrados pelo Poder Público e qualifica-los como contratos de adesão, pondera:

> No contrato administrativo, existe uma oferta feita, em geral, por meio de edital de licitação, a toda a coletividade; dentre os interessados que a aceitam e fazem a sua proposta (referente ao equilíbrio econômico do contrato), a Administração seleciona a que apresenta as condições mais convenientes para a celebração do ajuste.[34] (os destaques não constam do original).

Inexiste, portanto, vedação à inserção, pela Administração Pública, em seus editais de licitação, no anexo relativo à minuta do contrato administrativo, cláusulas disciplinadoras de negócios jurídicos processuais típicos e atípicos, observando-se os limites e as ponderações já delineados neste artigo.

As cláusulas editalícias de tal ordem devem, outrossim, ser elaboradas com observância estrita do parágrafo único do art. 190 do NCPC,[35] de modo a evitar a recusa de sua aplicação, pelo juiz, em razão de nulidade, abuso de direito ou manifesta situação de vulnerabilidade do contratado.

Nesse sentido, Leonardo Greco[36] define como um dos limites à autonomia das partes na elaboração das convenções processuais o respeito ao equilíbrio entre as partes e à paridade de armas, para que nenhuma delas, em razão de atos de disposição seus ou de seu adversário, sejam beneficiadas em decorrência de sua particular posição de vantagem em relação à outra, quanto ao direito de acesso aos meios de ação e de defesa.

---

[33] MEIRELLES, Hely Lopes. *Direito Administrativo Brasileiro*. 18. ed. São Paulo: Malheiros. p. 250.

[34] DI PIETRO, Maria Sylvia Zanella. *Direito Administrativo*. 14. ed. São Paulo: editora Atlas. p. 243.

[35] Art. 190 [...]
Parágrafo único. De ofício ou a requerimento, o juiz controlará a validade das convenções previstas neste artigo, recusando-lhes aplicação somente nos casos de nulidade ou de inserção abusiva em contrato de adesão ou em que alguma parte se encontre em manifesta situação de vulnerabilidade.

[36] GRECO, Leonardo. Os atos de disposição processual – Primeiras Reflexões / The Actsof procedural provision First Reflections. *Revista Quaetio Iuris*, v. 4, n, 1. p. 720-746, 2011. Além do equilíbrio contratual e da paridade de armas, o autor cita como limites entre os poderes do juiz e a autonomia das partes: 1) disponibilidade do próprio direito material posto em juízo; 2) à preservação da observância dos princípios e garantias fundamentais do processo no Estado Democrático de Direto.

Segundo o doutrinador:

[...]
a igualdade das partes deve ser concreta, e não apenas formal, o que exige um juiz vigilante para suprir, em caráter assistencial, as deficiências defensivas do mais fraco em relação ao mais forte. A posição de dependência de uma parte em relação à outra, a inferioridade econômica em decorrência da pobreza ou da proeminência do Estado, são circunstâncias que criam uma desigualdade concreta a exigir permanente intervenção equalizadora do juiz e a limitar o seu poder de disposição.[37]

Ousamos, no entanto, discordar do professor, na medida em que entendemos que a mera proeminência do Estado, detentor do poder de fixar unilateralmente, em seus instrumentos convocatórios, as cláusulas dos contratos administrativos que serão celebrados ao cabo do procedimento licitatório, não ensejará, por si só, a abusividade do negócio jurídico processual.

Razão assiste, no particular, a Teresa Arruda Alvim Wambier:

Pensamos que o simples fato de constar de contrato de adesão não conduz à conclusão de que deva ser rejeitada a aplicação do negócio jurídico processual; é necessário que se afira seu real poder de causar prejuízo ao comportamento processual de uma das partes, gerando-lhe iniquidade ou inferioridade de posição processual. Para que seja declaração nula, a cláusula continente de negócio jurídico processual constante de contrato de adesão tem que ser abusiva.[38]

No mesmo sentido, Diogo Assumpção Rezende de Almeida pondera que a simples inexistência de igualdade entre as partes nos contratos de adesão não enseja, por si só, a nulidade dos negócios jurídicos processuais:

O desequilíbrio entre os contratantes é, no entanto, normal. É algo esperado e mesmo já o era no período de predomínio do liberalismo clássico e do *pacta sunt servanda*. As pessoas e as empresas não são iguais, ao contrário, diferem em suas aptidões, virtudes, defeitos e poder. O desequilibro é a regra e, na grande maioria das vezes, não é causa de invalidação do contrato e de determinada cláusula. A questão é o descortino das situações em que a desigualdade dos contratantes é tão grave que não pode ser negligenciada e tornar-se capaz de desafiar a validade e a eficácia do contrato. Mais uma vez o interesse público entra em jogo e estabelece limites à autonomia da vontade no momento da contratação. E aqui o fundamento é exatamente o predomínio desarrazoado da vontade de um dos contratantes (plena autonomia da vontade) em detrimento da mera adesão realizada pelo outro (ausência ou mitigação da autonomia da vontade).
[...]
A intervenção na autonomia da vontade não encontra justificativa, portanto, na busca de um equilíbrio ou na equivalência das prestações recíprocas, mas na tentativa de correção de desequilíbrios contratuais excessivos e abusivos, causados por uma relação díspar de força ou por uma modificação das circunstâncias econômicas.[39]

---

[37] *Op. cit.*
[38] *Op. cit.*, p. 355.
[39] ALMEIDA, Diogo Assumpção Rezende de. *Das Convenções Processuais no Processo Civil*. Tese (Doutorado) - Universidade do Estado do Rio de Janeiro, Faculdade de Direito, Rio de Janeiro, 2014. p. 152, 153, 156. Disponível em: <http://www.bdtd.uerj.br/tde_busca/arquivo.php?codArquivo=7292>. Acesso em: 25 jan. 2016.

Destarte, o controle pelo Poder Judiciário será necessário quando o caso concreto demonstrar que foram inseridas cláusulas leoninas, que colocam os licitantes em demasiada desvantagem em relação ao Poder Público contratante.

Nessa toada, a Administração, à luz do parágrafo único do art. 190 do NCPC deverá resguardar a função social do contrato (NCPC, art. 421), os princípios da boa-fé (NCPC, art. 5º) e da cooperação entre as partes (NCPC, art. 6º), de modo a estabelecer regras convenientes para ambos os contratantes na condução do futuro processo judicial, visando o bom andamento do litígio.

A relevância de tais previsões editalícias resta evidenciada, especialmente, em procedimentos licitatórios que envolvem grande monta de recursos para a contratação do objeto licitado, o que, por conseguinte, atrai a participação de grandes corporações privadas e cujos contratos já preveem, normalmente, a arbitragem como meio de resolução de conflitos.

Nessas hipóteses, considerando-se os elevados custos envolvidos no procedimento arbitral, o Poder Público e o contratado podem definir as particularidades da causa a ser eventualmente deduzida em juízo.

Cite-se, por exemplo, uma licitação cujo objeto seja a aquisição de equipamentos e serviços tecnológicos de alto valor, necessários ao funcionamento de departamento fazendário do ente público e, após a entrega do bem e/ou da prestação dos serviços contratados, a Administração Pública contratante verifica que os mesmos não atendem às funcionalidades descritas no edital.

Não se revela abusiva, portanto, previsão editalícia no sentido de, na hipótese de litígio judicial que envolva vício, o ônus da prova será do contratado no que concerne ao cumprimento das especificações do instrumento convocatório, na medida em que é o fornecedor que detém conhecimento técnico e todas as informações relacionadas ao bem e/ou serviços por ele fornecidos/prestados, encontrando-se, desse modo, em posição de vantagem processual em relação ao contratante quanto aos meios de produção de tal prova.

5 Conclusão

O novo Código de Processo Civil introduziu inúmeras modificações no processo civil brasileiro para conferir celeridade à prestação jurisdicional e, por conseguinte, concretude à garantia constitucional da razoável duração do processo.

O negócio jurídico processual possui especial destaque, porque representa a flexibilização do processo civil mediante pacto celebrado entre as partes, vocacionado a disciplinar o procedimento a ser seguido em eventual demanda judicial, nas hipóteses em que o direito versado no processo admita autocomposição.

A realização do negócio jurídico processual não implica, necessariamente, interferência no direito material tutelado, o que afasta eventuais questionamentos sobre a possibilidade de celebração, pela Fazenda Pública, de convenções processuais, sendo salutar, inclusive, a sua concretização anteriormente à eventual demanda judicial.

A existência de um direito subjetivo à observância de um procedimento licitatório nos moldes definidos pela norma de regência não impede a autocomposição.

A Administração Pública pode inserir em seus instrumentos convocatórios a disciplina de procedimento a ser adotado, em juízo, diante de uma eventual judicialização da causa.

Exige-se especial cautela quanto ao conteúdo de cláusulas representativas do negócio jurídico processual em contratos administrativos, de modo a evitar a recusa de sua aplicação pelo Poder Judiciário.

Referências

ASSOCIAÇÃO BRASILEIRA DE NORMAS TÉCNICAS. *NBR 6022*: informação e documentação: artigo em publicação periódica científica impressa: apresentação. Rio de Janeiro: ABNT, 2003.

ASSOCIAÇÃO BRASILEIRA DE NORMAS TÉCNICAS. *NBR 6024*: informação e documentação: numeração progressiva das seções de um documento: apresentação. Rio de Janeiro: ABNT, 2012.

ASSOCIAÇÃO BRASILEIRA DE NORMAS TÉCNICAS. *NBR 14724*: informação e documentação: trabalhos acadêmicos: apresentação. Rio de Janeiro: ABNT, 2005.

ASSOCIAÇÃO BRASILEIRA DE NORMAS TÉCNICAS. *NBR 6028*: informação e documentação: resumo: apresentação. Rio de Janeiro: ABNT, 2002.

ASSOCIAÇÃO BRASILEIRA DE NORMAS TÉCNICAS. *NBR 10520*: informação e documentação: apresentação de citações em documentos: Rio de Janeiro: ABNT, 2002.

ASSOCIAÇÃO BRASILEIRA DE NORMAS TÉCNICAS. *NBR 6028*: informação e documentação: resumo: apresentação. Rio de Janeiro, 2003.

ALMEIDA, Diogo Assumpção Rezende de. *Das Convenções Processuais no Processo Civil*. 191 p. Tese (Doutorado) - Universidade Federal do Rio de Janeiro, Faculdade de Direito, Rio de Janeiro, 2014. Disponível em: <http://www.bdtd.uerj.br/tde_busca/arquivo.php?codArquivo=7292>. Acesso em: 25 jan. 2016.

BRASIL. Superior Tribunal de Justiça. REsp 303.806/GO. Primeira Turma. Relator: Ministro Luiz Fux. Brasília, 22.03.2005.

BRASIL. RESP 490.726/SC, 1ª Turma. Relator: Ministro Teori Albino Zavascki. Brasília: 21.03.2005.

BRASIL. RESP 28110/MS, 1ª Turma. Relator: Ministro Garcia Vieira. Brasília, 16.11.1992.

BRASIL. RESP 327.285/DF, 4ª Turma. Relator: Ministro Ruy Rodado de Aguiar. Brasília, 18.03.2002.

BRASIL. RESP 197.586/SP, 1ª Turma. Relator: Garcia Vieira. Brasília, 05.04.1999.

BRASIL. MS11308/DF, 1ª Seção. Relator: Ministro Luis Fux. Brasília, 09.04.2008.

CADIET, Loïc. Los acuerdos procesales en derecho francés: situación actual de la contractualización de proceso y de la justicia en Francia. *Civil Procedure Review*, v. 3, n. 3, p. 3-35, ago./dez. 2012. Disponível em: <http://www.civilprocedurereview.com/busca/baixa_arquivo.php?id=59&embedded=true>. Acesso em: 02 fev. 2016.

CAMARGO, José A. *Princípios de Probidade e Boa-fé*. Disponível em: <http://www4.jfrj.jus.br/seer/index.php/revista_sjrj/article/viewFile/173/185>. Acesso em: 11 jan. 2013.

COSTA, Gustavo D'Assunção. *A possibilidade de a Fazenda Pública Federal celebrar acordos ou transações, em juízo, para terminar litígios quanto aos créditos não tributários de sua titularidade, a e a necessidade de regulamentação do artigo 1º, da Lei nº 9.469/97*. Disponível em: <www.conteudojuridico.com.br>. Acesso em: 25 jan. 2016.

CUNHA, Leonardo Carneiro da. *A Fazenda Pública em juízo*. 12. ed. São Paulo: Dialética, 2014.

DALLARI, Adilson Abreu. *Aspectos jurídicos da licitação*. 6. ed. atual. rev. e ampl. São Paulo: Saraiva, 2003.

DIDIER JÚNIOR, Fredie. *Curso de Direito Processual Civil*. Introdução ao Direito Processual Civil, Parte Geral e Processo de Conhecimento. 17. ed. Salvador: Juspodivm, 2015. v. 1.

DI PIETRO, Maria Sylvia Zanella. *Direito Administrativo*. 13. ed. São Paulo: Atlas, 2001.

DI PIETRO, Maria Sylvia Zanella. *Direito Administrativo*. 14. ed. São Paulo: Atlas, 2002.

GRECO, Leonardo. Os atos de disposição processual – Primeiras Reflexões / The Actsof procedural provision – First Reflections. *Revista Quaetio Iuris*, v. 4, n, 1. p. 720-746, 2011.

IWAKURA, Cristiane Rodrigues. Disponibilidade do objeto litigioso como condição de transigibilidade nas demandas em face da Fazenda Pública. *Revista Jus Navigandi*, Teresina, ano 15, n. 2593, 7 ago. 2010. Disponível em: <https://jus.com.br/artigos/17135>. Acesso em: 14 jun. 2016.

JUSTEN FILHO, Marçal. *Curso de Direito Administrativo*. 3. ed. rev e atual. São Paulo: Saraiva, 2008.

MARINONI, Luiz Guilherme Marinoni; MITIDIERO, Daniel. *Código de Processo Civil comentado artigo por artigo*. São Paulo: RT, 2008.

MEIRELLES, Hely Lopes. *Direito Administrativo Brasileiro*. São Paulo: Malheiros, 1993.

QUEIROZ, Pedro Gomes de. Convenções Disciplinadoras do Processo Judicial. *Revista Eletrônica de Direito Processual (REDP)*, v. 13, n. 13, 2014. ISSN 1982-7636.

SILVA, Clóvis V. de Couto e. *A obrigação como processo*. Rio de Janeiro: Editora FGV, 2007.

SILVA, Guilherme de Abreu e. A reconfiguração do conceito de interesse público à luz dos direitos fundamentais como alicerce para a consensualidade na administração pública. *Âmbito Jurídico*, Rio Grande, v. XV, n. 100, maio 2012. Disponível em: <http://www.ambitojuridico.com.br/site/?n_link=revista_artigos_leitura&artigo_id=11624>. Acesso em: jan. 2016.

TALAMINI, Eduardo. *Um processo para chamar de seu*: nota sobre os negócios jurídicos processuais. Disponível em: <http://www.migalhas.com.br/dePeso/16,MI228734,61044-Um+processo+pra+chamar+de+seu+nota+sobre+os+negocios+juridicos>. Acesso em: 1 fev. 2015.

WAMBIER, Teresa Arruda Alvim. et al. *Primeiras comentários ao novo Código de processo civil*: artigo por artigo, Lei nº 13.105, de 16 de março de 2015. São Paulo: Revista dos Tribunais, 2015.

Informação bibliográfica deste texto, conforme a NBR 6023:2002 da Associação Brasileira de Normas Técnicas (ABNT):

MARQUES, Celi Guimarães. et al. Negócios jurídicos processuais e a Fazenda Pública. In: BRITTO, Alzemeri Martins Ribeiro de; BARIONI, Rodrigo Otávio (Coords.). *Advocacia pública e o novo código de processo civil*. Belo Horizonte: Fórum, 2016. p. 159-177. ISBN 978-85-450-0173-7.

AS NOVIDADES REFERENTES À REVELIA NO NOVO CÓDIGO DE PROCESSO CIVIL - NCPC

ALMERINDA LIZ FERNANDES
ANA CRISTINA BARBOSA DE PAULA OLIVEIRA
ANTÔNIA OLIVEIRA BOAVENTURA MARTINS
ANDRÉA SENTO-SÉ VALVERDE
ÉRICA OLIVEIRA
SELMA REICHE BACELAR

1 Introdução

O presente artigo limita-se a discutir "As novidades referentes à revelia no Novo Código de Processo Civil - Novo CPC" - Lei nº 13.105/2015, publicado em 17.03.2015, passando a vigorar a partir de 17.03.2016.

O instituto da revelia está inserido no novo CPC no Capítulo VIII, intitulado "Da Revelia", nos arts. 344 a 346 que definem as regras processuais sobre a revelia. Cabe ressaltar que o novo CPC, como o CPC de 1973, não conceituou o instituto da revelia, ficando a cargo da doutrina e da jurisprudência. Os artigos do novo CPC acima citados disciplinam apenas os efeitos da revelia e cabe ressaltar, ainda, que no novo CPC as alterações dos dispositivos sobre o instituto da revelia foram muito poucas, mantendo em tese o mesmo entendimento vigente atualmente. Porém, a redação dos dispositivos do novo CPC ficou mais clara, bem como houve maior definição sobre a fluência dos prazos, dirimindo quaisquer interpretações divergentes. No novo CPC foi incluído o inciso IV ao art. 344, sem correspondência no CPC de 1973 e, ainda, suprimiu, em tese, a matéria tratada no art. 321 do CPC de 1973 e os demais dispositivos são idênticos.

O novo CPC trouxe algumas alterações importantes relacionadas à resposta do réu, principalmente relacionadas a questões procedimentais. Assim, com a entrada em vigor do novo CPC, subsistirão duas formas de resposta do réu: a contestação e a reconvenção.

O presente artigo, que se divide em introdução; revelia: conceito; breve análise pontual acerca das alterações sobre o instituto da revelia no CPC de 2015, ainda tece considerações acerca dos princípios norteadores da matéria e analisa também as disposições do CPC de 2015 sobre a resposta do réu ligada ao instituto da revelia, bem como as consequências e os efeitos processuais e materiais da revelia. Ao final, tece as considerações finais e traz as referências bibliográficas utilizadas.

2 Revelia: conceito

O instituto da revelia (ou contumácia) são expressões sinônimas. Este instituto está previsto no novo CPC no Capítulo VIII, intitulado "Da Revelia", nos arts. 344 a 346, que disciplina a revelia de forma não taxativa e define que ocorre a mesma se o réu, regularmente citado, não contesta a ação, na forma e no tempo devido, ou seja, o réu não comparece à audiência, bem como não apresenta em Juízo sua defesa:[1]

> Revelia é um termo jurídico que expressa o estado ou a qualidade de revel, ou seja, é alguém que não comparece em julgamento (ou comparece e não apresenta defesa), após citação. Em sentido figurado, revelia também pode ser um sinônimo de rebeldia.
> [...]
> Revelia é a inação do réu em face do pedido do autor. Pode ser absoluta, se o réu não comparece em juízo, ou seja, se não pratica qualquer ato no processo, ou relativa, se o réu não contesta, mas comparece em juízo de qualquer outro modo, designadamente nomeando um procurador. Um revel pode em qualquer ocasião assumir e fazer parte do processo, mesmo que não tenha apresentado defesa atempadamente. No entanto, só poderá assumir o processo no estado em que ele se encontra, podendo atuar a partir desse ponto.[2]

Pode-se afirmar que ocorre a inércia do réu no ato de contestar o feito e, por consequência, por ausência de contestação, haverá decretação da revelia e presumir-se-ão verdadeiras as alegações de fato formuladas pelo autor, razão pela qual a lei dispõe que o mandado de citação deve conter a advertência de que "não sendo contestada a ação, se presumirão aceitos pelo réu como verdadeiros, os fatos articulados pelo autor". Existe, no caso, ausência de defesa e/ou comparecimento do réu. É importante diferenciar a revelia dos seus efeitos, como a confissão fictícia ou a presunção de verdade.

A revelia pode ser absoluta, se o réu não pratica qualquer ato processual, ou pode ser relativa, quando o réu comparece em Juízo, mas não apresenta defesa, ou seja, será considerado revel não só aquele que não apresenta contestação, mas quem apresenta defesa de forma intempestiva ou não contesta os fatos articulados pelo autor ou comparece em Juízo sem procurador para representá-lo ou com procurador sem poderes ou habilitação legal. Segundo Joel Dias Figueira Jr., a revelia pode ser classificada como total, parcial, formal, substancial, como mostra o trecho do artigo a seguir:

> Classifica-se a revelia em: a) *total*, quando o réu deixa de impugnar por completo os fatos afirmados pelo autor; b) *parcial*, nas oportunidades em que o réu deixa de impugnar algum ou alguns dos fatos narrados na petição inicial; c) *formal*, quando comparece o réu sem procurador ou comparece o seu procurador e deixa de contestar ou não possui procuração ou habilitação; d) *substancial*, quando a peça contestatória é oferecida, mas

---

[1] OLIVEIRA, Guilherme Botelho de. Comentários aos arts. 319 a 322 do CPC - Da Revelia. *Revista Páginas de Direito*. Disponível em: <http://www.tex.pro.br/home/artigos/71-artigos-nov-2007/5721-comentarios-aos-arts-319-a-322-do-cpc-da-revelia>. Acesso em: 04 fev. 2016.

[2] DICIONÁRIO. Disponível em: <http://www.significados.com.br/revelia/>. Acesso em: 08 jan. 2016.

o seu conteúdo não reflete qualquer impugnação específica (art. 302). A revelia total, a formal e a substancial acarretam para o réu os mesmos efeitos, enquanto a parcial causa apenas naquela parte em que não se verificou a impugnação.[3]

Cynthia Magalhães Pinto Godoi Quintão ensina as possíveis posições que torna o réu revel no processo, vejamos:

> As possíveis posições do réu no processo, que o tornam revel, são:
> a) o que não comparece em juízo e não apresenta contestação;
> b) o que comparece em juízo, juntando procuração aos autos, sem, porém, contestar;
> c) o que comparece em juízo, apresenta contestação, mas não apresenta procuração e, intimado, não regulariza a situação;
> d) o que apresenta contestação intempestiva;
> e) o que, no procedimento sumário, não comparece na audiência preliminar de conciliação e não se faz representar por advogado munido da defesa;
> f) o que apresenta reconvenção, mas sem apresentar a contestação.[4]

Ressalta a autora, acima mencionada, que mesmo ocorrendo a revelia, seus efeitos poderão não ocorrer, exemplificando: a) a letra "f" transcrita anteriormente, que informa que apresenta reconvenção, mas não apresenta contestação no processo principal; b) apresenta contestação na ação cautelar e ocorre revelia no processo principal; c) a defesa no prazo, mas, porém, o autor não procede à devolução dos autos em tempo hábil; d) réu que não comparece à audiência inicial do procedimento sumário, mas o seu procurador se faz presente, com a contestação, não se deve aplicar a revelia, devendo o juiz considerar o seu ânimo de defesa.

3 Breve análise acerca das alterações sobre o instituto da revelia no CPC de 2015

3.1 Supressão no CPC de 2015 dos termos do art. 321 do CPC de 1973

O CPC de 1973, em seu art. 321, estabelecia que, havendo revelia, a alteração do pedido ou da causa de pedir somente seria possível, desde que promovida nova citação do réu, a quem seria assegurado o direito de responder no prazo de 15 (quinze) dias. Não há texto normativo equivalente no CPC de 2015, mas cumpre destacar que, embora os termos do art. 321 do CPC de 1973 tenha sido suprimido no novo Código, pode-se concluir da análise conjunta do disposto nos arts. 6º, 7º, 9º e 10 do novo CPC, a proibição de mudança ou de ampliação do pedido após a citação permanece prevista, atendendo-se ao dever de cooperação dos sujeitos do processo, até mesmo baseado no princípio da ampla defesa e do contraditório, previsto na Constituição Federal.[5]

---

[3] FIGUEIRA JÚNIOR, Joel Dias. *Comentários ao Código de Processo Civil*: do Processo de Conhecimento, São Paulo: Editora Revista dos Tribunais, 2001. t. II, v. 4, arts. 282 a 331.
[4] QUINTÃO, Cynthia Magalhães Pinto Godoi. A revelia e seus efeitos. *Revista Jus Navigandi*, Teresina, ano 15, n. 2651, 4 out. 2010. Disponível em: <https://jus.com.br/artigos/17551>. Acesso em: 24 fev. 2016.
[5] PINHO. Humberto Dalla Bernardina de. Os princípios e as garantias fundamentais no projeto de Código de Processo Civil: breves considerações acerca dos artigos 1º a 12 do pls 166/10. *Revista Eletrônica de Direito Processual*, v. VI. Disponível em: <http://www.arcos.org.br/periodicos/revista-eletronica-de-direito-processual/volume-vi/flexibilizacao-procedimental>. Acesso em: 09 fev. 2016.

Ou seja, caso o autor mude ou amplie o pedido ou a causa de pedir, o réu mesmo revel terá o direito de se defender do novo pedido apresentado ou manifestar-se sobre a nova causa de pedir invocada.

3.2 Análise do art. 344 do CPC de 2015

Segundo o Professor Fredie Didier Jr., a revelia não representa confissão ficta, sendo possível a relativização de seus efeitos e a produção de provas.[6] O novo CPC confundiu a revelia com o seu principal efeito: que é a presunção de veracidade dos fatos alegados pelo autor. A presunção de verdade é relativa, portanto, admite prova em contrário. Cabe registrar que quando o art. 344 dispõe que se presumirão verdadeiras as alegações de fato formuladas pelo autor, não significa que serão acolhidos. Em princípio, não haverá produção de prova, mas o juiz pode, de ofício, mandar produzir a prova, pois a solução do litígio precisa ser adequada e conforme seu convencimento, dentro dos limites impostos pela lei e pela Constituição.

Ainda, mesmo que haja revelia, o direito arguido poderá, dentre outras hipóteses, não existir previsão legal, bem como a ação pode não preencher os requisitos formais. O revel, também pode produzir provas, desde que o faça até a sentença, conforme previsão da Súmula 231 do STF: "O revel, em processo civil, pode produzir provas, desde que compareça em tempo oportuno". Ressalta, também, que no caso de direito indisponível, não há confissão ficta, ou seja, se a fazenda pública não contestar, haverá revelia, mas não haverá seu efeito (confissão ficta), pois o direito é indisponível. Ressalta, ainda, que na revelia poderá ocorrer o julgamento antecipado da lide, que no novo CPC passou a ser chamado de julgamento antecipado do mérito, ou seja, o juiz já pode sentenciar, caso se ache convencido que não há necessidade de prova e, não resta dúvida que na revelia a tendência é o juiz julgar contra o réu.

3.3 Análise do art. 345 do CPC de 2015

A nova redação do Código de Processo Civil dada pelo art. 345 ficou com a redação mais clara quando adotou o termo "produz" e incluiu o inciso IV, dispondo que a revelia não produzirá efeito caso as alegações de fato formuladas pelo autor sejam inverossímeis ou estejam em contradição com prova constante dos autos, independentemente de haver ou não defesa por parte do réu.

Esta alteração consagra orientações doutrinárias e jurisprudenciais, como bem assinalou Cássio Scarpinella Bueno:

> Interessante novidade textual está no inciso IV, que afasta a presunção quando as alegações do autor forem inverossímeis ou estiverem em contradição com a prova constante dos autos. Trata-se de consagração legislativa de corretas seguras orientações doutrinária e jurisprudencial.[7]

---

[6] DIDIER JR., Fredie. *Curso de Direito Processual Civil*: Introdução ao Direito Processual Civil, Parte Geral e Processo de Conhecimento. 17. ed. Salvador: Editora Juspodivm, 2015. v. 1.

[7] BUENO, Cássio Sacarpinella. *Novo Código de Processo Civil Anotado*. São Paulo: Editora Saraiva, 2015. p. 260.

Cabe uma análise sobre o vernáculo: "inverossímeis" são signos que necessitam de regulamentação técnica e jurídica: "signo cujo conteúdo semântico tem de ser buscado na pragmática da comunicação normativa",[8] deve ser entendido como aquilo que não aparenta ser verdadeiro ou os fatos são inacreditáveis ou públicos e notórios, bem como análise sobre as alegações de fato formuladas estiverem em contradição com prova constante dos autos, neste caso, demonstra o novo CPC que mesmo na revelia do réu, faz necessária a análise profunda do feito.

3.4 Análise do art. 346, 347 e 348 do CPC de 2015

Com relação aos prazos e intimações, o Novo Código de Processo Civil aduz que os prazos contra o revel que não tenha patrono nos autos *fluirão da data de publicação* do ato decisório *no órgão oficial*, ou seja, o dispositivo sofreu alteração, pois o CPC de 1973 dispõe que os prazos correrão independentemente de intimação contra o réu revel que não tenha advogado constituído nos autos.

Com a alteração, o juiz quando verificar que os efeitos da revelia não incidem sobre o caso concreto, pode determinar que o réu revel produza provas nos autos, desde que se faça representar os autos antes do encerramento da fase instrutória.

O art. 347 ficou mais sucinto, mas sem grandes alterações na prática forense.

O art. 348 do novo CPC reproduz o quanto disposto no art. 324 do CPC de 1973.

Dispõe o art. 324 do CPC de 1973 que se o réu não contestar a ação, o juiz, verificando que não ocorreu o efeito da revelia, mandará que o autor especifique as provas que pretenda produzir na audiência.

Caso a petição inicial não esteja acompanhada dos documentos necessários, não poderá militar a favor do autor a presunção de veracidade decorrente da revelia. Nesse caso, o magistrado deverá determinar que o autor produza provas, nos termos do art. 324 do CPC.

Na doutrina e Jurisprudência há divergência sobre o marco inicial para a fluência de prazo no caso previsto no art. 322 do CPC de 1973. Duas são as correntes acerca do tema: uma consagrada na Súmula 12 do TJ/RS e julgados do STJ, segundo a qual o prazo começa a correr da publicação em cartório; e, outra segunda corrente que entende que o prazo começa a correr da publicação no diário oficial.

Com relação aos prazos e intimações, o Novo Código de Processo Civil, pondo uma solução à divergência entre as correntes, estabelece que os prazos contra o revel que não tenha patrono nos autos fluirão da data de publicação do ato decisório no órgão oficial, ou seja, houve alteração, pois o CPC de 1973 dispõe, em seu art. 322, que os prazos correrão independentemente de intimação contra o réu revel que não tenha advogado constituído nos autos.

Tal regra encontra-se insculpida no art. 348 do CPC de 2015, que estabelece: se o réu não contestar a ação, o juiz, verificando a inocorrência do efeito da revelia previsto no art. 344, ordenará que o autor especifique as provas que pretenda produzir, se ainda não as tiver indicado.

---

[8] BRITO, Edvaldo. A Atuação do Estado no Domínio Econômico. In: MARTINS, Ives Gandra (Coord.). *Desafios do Século XXI*. São Paulo: Editora Pioneira, 1997. p. 27.

3.5 Análise do art. 349 do CPC de 2015

Este dispositivo não possui correspondência com o CPC de 1973. Houve a recepção expressa do quanto sumulado pelo STF, através da Súmula 231, que, *in verbis*, preceitua: "O revel, em processo cível, pode produzir provas, desde que compareça em tempo oportuno".

Segundo o novo CPC, o réu pode produzir provas mesmo tendo perdido o prazo da resposta, desde que o faça em tempo útil. A privação desse direito por obra de um dispositivo legal do ordenamento corresponderia à violação ao princípio do contraditório e da ampla defesa. Com a alteração, o juiz, quando verificar que os efeitos da revelia não incidem sobre o caso concreto, pode determinar que o réu revel produza provas nos autos, desde que se faça representar nos autos antes do encerramento da fase instrutória. Na revelia, o Revel, caso atue no processo em trâmite, não poderá alegar matérias preclusas, sobre as quais não há mais a possibilidade de deduzi-las por ter passado o momento oportuno para falar nos autos, mas poderá intervir no processo em qualquer fase, recebendo-o no estado em que se encontrar.

Segundo Cássio Scarpinella: "Dando concretude ao parágrafo único do art. 346, o art. 349 inova, ao menos de maneira expressa, ao garantir ao réu a possibilidade de produzir provas em contraposição àquelas pleiteadas pelo autor".[9]

Ademais, o STJ já se mostrava favorável à relativização dos efeitos da revelia e à possibilidade de produção de provas pelo revel. Nesse sentido: AgRg no AREsp 757.992/SP, Rel. Ministro LUIS FELIPE SALOMÃO, QUARTA TURMA, julgado em 17.09.2015, DJe 22.09.2015, AgRg no REsp 1194527/MS, Rel. Ministro OG FERNANDES, SEGUNDA TURMA, julgado em 20.08.2015, DJe 04.09.2015), AgRg no AREsp 669.890/MS, Rel. Ministro MARCO AURÉLIO BELLIZZE, TERCEIRA TURMA, julgado em 09.06.2015, DJe 19.06.2015.

3.6 Análise do art. 350 do CPC de 2015

Neste dispositivo, resta evidenciada a alteração do prazo, com sua ampliação para 15 dias, contados em dias úteis.

3.7 Análise do art. 351 e 352 do CPC de 2015

O art. 327 do CPC de 1973 encontra correlação com o art. 351 e 352 do CPC de 2015, na medida em que o art. 327 foi desmembrado, de sorte que a primeira parte tem correlação com o art. 351 e a segunda parte passa a ser a regra contida no art. 352 do novo Código.

A regra do art. 352, que repete a da segunda parte do art. 327 do CPC atual, foi pertinentemente destacada no novo CPC, ganhando artigo próprio, deixando de estar inserida (escondida) em dispositivo que trata de objetivo diverso, como se dá no CPC atual. A regra é um *prius* lógico em relação ao saneamento e à organização do processo e pressupõe que o autor tenha se manifestado sobre as questões levantadas pelo réu.

---

[9] BUENO, Cássio Sacarpinella. *Novo Código de Processo Civil Anotado*. São Paulo: Editora Saraiva, 2015. p. 260.

Trata-se de decisão que dirige o processo em direção à eliminação de irregularidades e que tem o condão de selar a sua sorte, como deixa antever o art. 353.[10]

4 Princípios norteadores

Nas breves lições de José Joaquim Gomes Canotilho, os princípios são normas jurídicas com poder impositivo e dotadas de subjetividade, que por si só, seriam insuscetíveis de aplicação.[11] Diferentemente das regras normativas constantes em um ordenamento jurídico, o alto grau de abstração dos princípios faz com que estes convivam harmonicamente com valores e regras, ainda que conflitantes, promovendo um balanceamento entre estes. Assim, os princípios no Ordenamento Jurídico brasileiro tratam de fontes do direito que têm como principal fim, complementar as normas jurídicas, possuindo um alto nível de poder, assim, pode-se dizer que os princípios são a base de todo e qualquer ordenamento jurídico.

Uma das principais inovações do Novo Código de Processo Civil, que entrará em vigor em março de 2016, foi a positivação de princípios e valores constitucionais.

O novo CPC confere às partes o ônus de provocar a atividade judicial – Princípio do Dispositivo – (art. 2º), mantendo a correspondência com o (art. 262 do CPC/1973). Além disso, muito embora tenha consagrado o princípio da inafastabilidade do Poder Judiciário, buscou também estimular a arbitragem, a conciliação e a mediação como métodos alternativos para a solução de litígios (art. 3º), repetindo a regra do art. 5º, inciso XXXV, da constituição, ressalvando apenas a questão da arbitragem, isso porque as partes terão sempre o direito de obter a solução integral e satisfatória de seus problemas em tempo razoável – Princípio da efetividade da Justiça – (art. 4º).

Os Princípios da Boa fé processual, o dever de cooperação de todos os sujeitos do processo e a igualdade de tratamento das partes em Juízo são assegurados na atividade jurisdicional. Logo, as atitudes dos personagens do processo devem estar comprometidas com o seu resultado, agindo com lealdade e verdade em busca de uma solução para o conflito. (arts. 5º, 6º e 7º).

Já o princípio do contraditório (arts. 9º e 10) garante que o processo seja um campo de plena atividade participativa, reforçando valores decorrentes do Estado Democrático de Direito e ofertando idênticas oportunidades de ciência e manifestação, assegurando que nenhuma decisão seja tomada sem a manifestação da parte contrária, salvo nos casos de tutela provisória de urgência e de tutela de evidencia. Nesse contexto, creio que pode-se incluir a Revelia.

Adite-se, por fim, os princípios da motivação e da publicidade das decisões judiciais são imprescindíveis ao exercício da Justiça, sob pena de nulidade. (arts. 8º e 11).

Assim, com o novo CPC se constata que o sistema normativo afasta a versão que imprime aos princípios constitucionais essência meramente formal.

Os princípios exigirão do juiz que mostre de forma ostensiva como formou o seu convencimento. Busca-se, assim, dar ampla publicidade ao debate processual entre todos

---

[10] BUENO, Cássio Sacarpinella. *Novo Código de Processo Civil Anotado*. São Paulo: Editora Saraiva, 2015. p. 260.
[11] CANOTILHO, José Joaquim Gomes. *Direito Constitucional e Teoria da Constituição*. Coimbra: Editora Almedina, 1998. p. 93-98.

os sujeitos processuais, além de assegurar aos participantes do processo a possibilidade de dialogar e exercitar em conjunto, de forma que o processo deixe de ser formado por atos isolados dos sujeitos processuais e passe a ser o produto com participação deles na formação do provimento jurisdicional. Reconhece-se que há papéis distintos, mas que cooperam para o resultado final.

Nesse sentido, o princípio constitucional do contraditório ganha nítido destaque ao garantir uma busca de simetria de posições subjetivas. Ele se desenvolve nos deveres de informação do juiz e nos direitos de manifestação e consideração para as partes. Dentro desse enfoque, se verifica que a concepção encampada no art. 10 do Novo CPC gera uma efetiva contribuição para a fundamentação do provimento.

O contraditório no novo CPC deixa de ser "dizer e contradizer" e constitui uma verdadeira garantia de não surpresa, porque gera o direito de ser cientificado de cada ato processual, produzindo provas com oportunidade de influenciar no resultado.

Diante do exposto, já é possível ir adiantando, que o novo CPC privilegia a participação, para o esclarecimento dos fatos. Leonardo Greco afirma de forma lapidar:

> Um dos mais importantes princípios gerais do processo judicial é o princípio do contraditório, hoje elemento essencial do próprio direito de acesso à Justiça, tal como configurado nos mais diversos sistemas jurídicos. Numa noção elementar, poderia ele ser definido como o princípio que impõe ao juiz a prévia audiência de ambas as partes antes de adotar qualquer decisão (*audiatur et altera pars*) e o oferecimento a ambas das mesmas oportunidades de acesso à Justiça e de exercício do direito de defesa [...]. Segundo componente essencial do princípio do contraditório é o conjunto de prerrogativas que poderíamos resumir sob o título de ampla defesa, de que aqui daremos apenas os traços mais marcantes. Entre nós, a ampla defesa também está explicitada como garantia constitucional no artigo 5º, inciso LV, da Constituição, podendo sintetizar-se no direito de apresentar alegações, propor e produzir provas, participar da produção das provas requeridas pelo adversário ou determinadas de ofício pelo juiz e exigir a adoção de todas as providências que possam ter utilidade na defesa dos seus interesses, de acordo com as circunstâncias da causa e as imposições do direito material [...]. Em síntese, o contraditório do nosso tempo nada mais é do que a projeção no processo do primado da dignidade humana. Esse primado da dignidade humana impõe que o poder de influir nas decisões judiciais seja assegurado, de fato, na prática, em concreto, e não apenas formalmente, a todos os interessados. Ora, não existe forma mais eficaz para isso, do que através da instauração de um diálogo humano entre o juiz e os outros sujeitos principais do processo, autor, réu e eventuais terceiros intervenientes. O diálogo e o intercâmbio de ideias entre duas ou mais pessoas humanas a respeito de qualquer questão ou problema. No diálogo, todos os interlocutores falam, ouvem, dizendo o que pensam e reagindo às opiniões dos outros, de tal modo que ao seu término cada um deles influiu nas ideias do outro e por elas foi também influenciado. A transformação do processo em instância de diálogo certamente exige novo juiz, capaz não apenas de ouvir, mas também de escutar e de falar. Nesse aspecto, ação e defesa têm o mesmo conteúdo, como instrumentos de participação. Por outro lado, o contraditório participativo exalta a importância da oralidade, da publicidade e da fundamentação das decisões, como complementos necessários de um processo justo: a oralidade como meio de comunicação humana mais perfeita e expressiva, nunca pode ser alijada, pois constituirá muitas vezes o único meio idôneo de influir eficazmente na decisão; a publicidade, pela transparência que confere aos atos processuais, como instrumento de controle social da exação do juiz no cumprimento de seu dever de respeitar o contraditório participativo e de instaurar no processo um verdadeiro diálogo humano; e a fundamentação, porque, mais do que um mero discurso

justificador a *posteriori*, é através dela que as partes e a sociedade podem aferir se o juiz efetivamente se deixou influenciar pelas alegações e provas oferecidas pelas partes, se ele não apenas ouviu, mas realmente escutou.[12]

Pelos princípios do contraditório e da ampla defesa previstos na Constituição Federal, uma decisão judicial não poderá ser prolatada unilateralmente, sem a ação preencher os requisitos previstos em lei e nem por juízo impedido e suspeito. Após a provocação do autor, deve haver a reação do réu.

A resposta do réu poderá ser: a) o reconhecimento da procedência do pedido do autor (art. 487, III, a do novo CPC); b) o requerimento avulso de desmembramento do litisconsórcio multitudinário ativo; c) a contestação; d) a reconvenção; e) a arguição de impedimento ou suspeição do juiz, membro do Ministério Público ou auxiliar da justiça (conciliadores, mediadores e demais serventuários); f) a revelia.[13]

O réu não tem o dever de responder ao processo, mas tem um ônus de fazê-lo, pois em caso de inexistência de resposta, o mesmo será tratado como ausente no processo, tendo algumas consequências jurídicas particularizadas para esta situação.[14] A principal consequência são os efeitos decorrentes do art. 344. Os efeitos da revelia deverão ser vistos de forma relativizada, pois a intenção da lei não foi a de punir o réu revel, mas de medida visando a solução da lide.[15]

As ideias até aqui desenvolvidas convergem no sentido de evidenciar que a revelia agride frontalmente os princípios do contraditório, da boa fé, do dever de cooperação de todos os sujeitos do processo e da igualdade de tratamento das partes em Juízo.

5 Da resposta do réu

O novo CPC admite duas formas de resposta à demanda: contestação e reconvenção.

5.1 Contestação e reconvenção

Na peça de contestação, o réu deve, pelo princípio da eventualidade, alegar toda a matéria de defesa pertinente que disponha sobre a causa de pedir e o pedido, sob pena de preclusão.

Como já dito anteriormente, a revelia não induz obrigatoriamente à procedência do pedido inicial, que dependerá do exame pelo magistrado de todas as evidências e provas dos autos.

---

[12] GRECO, Leonardo. *Estudos de Direito Processual*. Campos: Faculdade de Direito de Campos, 2005. v. 1, p. 541, 548 e 554-555 bem como: GRECO, Leonardo. *Garantias Fundamentais do Processo*: o Processo Justo. Campos:. Faculdade de Campos. 2005. v. 1 (Coleção José do Patrocínio) p. 241.

[13] LEITE, Gisele. *Visão panorâmica do CPC/2015 (Lei nº 13.105 de 16.03.2015)*. Disponível em: <http://professoragise leleite.jusbrasil.com.br/artigos/239965835/visao-panoramica-do-cpc-2015-lei-13105-de-16-03-2015>. Acesso em: 04 fev. 2016.

[14] DUARTE, Paulo. *A Revelia no Processo Civil*. Disponível em: <http://www.gostodeler.com.br/materia/16167/A_Revelia_no_Pr.html>. Acesso em: 10 jan. 2016.

[15] SILVA, Danni Salles; FALCONI, Luiz Carlos. *A revelia e seus efeitos no processo civil e trabalhista brasileiro*. Disponível em: <http://www.oabgo.org.br/Revistas/40/juridico4.htm>. Acesso em: 08 jan. 2016.

De sorte que, caso a petição inicial não esteja acompanhada do documento necessário, não pode militar a favor do autor a presunção de veracidade decorrente da revelia. Nesse caso, o magistrado deverá determinar que o autor produza provas, nos termos do art. 324 do CPC.

Os fatos tidos como verdadeiros mesmo diante da apresentação da contestação tempestiva – A pena de presunção de verdade sobre os fatos incontroversos poderá ser aplicada mesmo com a apresentação da contestação, na forma correta e tempestiva.

A contestação, que é o meio pelo qual aquele que foi demandado, em juízo, se defende, está prevista na Constituição Federal de 1988 e deve ser exercida da maneira mais ampla possível (CF/88, art. 5º, LV). Desta norma extrai-se que o direito de defesa está para o réu da mesma forma que o direito de ingressar em juízo com uma ação está para o autor, significando afirmar que tanto autor, quanto o réu têm direito a uma decisão que analise o mérito e decida a pretensão jurídica. Assim, uma vez citado o réu e triangularizada a relação processual, não poderá o autor desistir unilateralmente da ação, submetendo-se à concordância do réu, se este tiver exercido o seu direito constitucional à defesa.

Porém, o direto de defesa, da mesma forma que o direito de ação, se submete aos princípios que regem o processo, a saber:

Princípios da concentração - o réu deve arguir em sua petição, de uma só vez, todas as matérias de defesa que pretenda que sejam analisadas e decididas pelo judiciário. Assim, ainda que entenda que uma só de suas alegações seria o bastante para excluir a pretensão do autor, deve trazer aos autos, neste primeiro momento processual, todos os argumentos em sua defesa que dispuser, sob pena de preclusão do direito de fazê-lo, dizendo de outra forma, a contestação não confere ao réu o direito que tem o autor de emendar a petição inicial (art. 336).

Porém, tal regra tem exceções que foram previstas no art. 342, quando for o caso de direito ou fato subjetivo superveniente, quando competir ao juízo conhecê-la de ofício ou quando houver expressa autorização legal para serem formuladas a qualquer tempo ou grau de jurisdição.

Princípio da eventualidade - este princípio se correlaciona com o primeiro e significa dizer que, além das matérias alegadas que por si só servem para excluir a pretensão do autor, o réu, por precaução, deve também alegar aquelas que amparam a sua própria defesa. Assim, na eventualidade de o juiz não acolher a alegação principal, que excluiria o direito do autor, poderá analisar e deferir as alegações de defesa subsequentes, excluída a responsabilidade do réu.

Princípio do ônus da defesa especificada (art. 341) – o réu, em sua peça processual, deve contestar todos os fatos alegados pelo autor, sob pena de aqueles que não forem impugnados serem considerados como verdadeiros pelo juiz (prevenção de veracidade). É o que se costumou chamar de revelia parcial. O fato ou os fatos não contestados tornam-se incontroversos, ou seja, como sobre eles não houve controvérsia, não foram impugnados ou mesmo não houve discussão sobre eles, todos o aceitaram, não havendo necessidade de que sejam provados.

Entretanto, esta regra também tem exceções, previstas nos incisos I, II e III e no parágrafo único do citado artigo, a saber: i) quando não for admissível, a seu respeito, a confissão; ii) a petição inicial não se fizer acompanhar de instrumento ao qual a lei considera da substância do ato; iii) por uma questão de lógica, estiver em contradição com a defesa apresentada, quando se considera o conjunto; e, finalmente, iv) tal princípio não se aplica às pessoas previstas no parágrafo único do mesmo artigo (defensor público, advogado dativo e curador especial), que podem, por autorização legal, contestar através da chamada *negação geral*, sem se aprofundar em cada um dos fatos do processo.

Princípio da capacidade processual – que é intrínseco a todos os atos a serem praticados em juízo e está tratado nos arts. 70 e seguintes do CPC. Este é um pressuposto processual de validade necessário a todo aquele que deseja ou precise demandar em juízo.

Através da sua resposta, poderá o réu tomar quatro atitudes:

1. Reconhecer do pedido, aceitando o pleito formulado pelo autor. Nesse caso, não se trata de defesa, mas de uma anuência em relação à prestação requerida;
2. Demonstrar, sem discutir diretamente o mérito da questão, a falta de atendimento a formalidades processuais necessárias ao desenvolvimento da demanda, ou ainda, levantar algumas prerrogativas processuais em seu favor, que também poderiam levar à extinção do processo sem julgamento do mérito;
3. Defender-se do mérito da questão, neste caso, combatendo os fundamentos do pedido apresentado na inicial, podendo fazê-lo por meio da negação dos fatos ou da demonstração que os fatos aceitos resultam em outra solução jurídica.
4. Formular pedido contra o autor, em contra-ataque ao quanto alegado por este, isto é, ao tempo em que se defende das alegações do autor, o réu pleiteia prestações em seu favor mediante a formulação de pedidos contra o autor, invertendo a relação processual originária (art. 343).

Seguindo as lições do Prof. Fredie Didier Jr, quando em sua obra[16] analisou as espécies de defesa do réu, estas foram assim classificadas:

1. Defesa de mérito ou de admissibilidade – a primeira é aquela em que o réu se opõe contra a pretensão deduzida pelo autor, podendo tentar neutralizá-las, retardá-las ou negá-las sob todos os seus fundamentos; e a segunda, é aquela que tem por objeto os requisitos de admissibilidade da causa (pressupostos processuais e condições da ação).
2. Objeções ou exceções – i) quando a matéria arguida pode ser conhecida de ofício pelo juiz; e ii) no sentido amplo é sinônimo de defesa, já no sentido estrito é a defesa onde se argui matéria que não pode ser conhecida de ofício pelo magistrado. Esta distinção entre exceção e objeção ganhou força com o surgimento da chamada "exceção de pré-executividade", que há algum tempo vem sendo muito utilizada como meio de defesa processual do réu por seus advogados. Apesar de ser uma criação doutrinária, vez que não há previsão legal, a exceção de pré-executividade vem sendo utilizada como meio de defesa pelo executado, independentemente da garantia do juízo, isto é, mesmo que não haja penhora ou qualquer outra garantia. Entretanto, ainda segundo a doutrina (e a jurisprudência que já se firmou sobre a matéria), só pode ser utilizada quando a matéria discutida é de ordem pública, isto é, quando puderem ser conhecidas de ofício pelo juiz, sem que haja necessidade de produção de

---

[16] DIDIER JR., Fredie. *Curso de Direito Processual Civil*: Introdução ao Direito Processual Civil, Parte Geral e Processo de Conhecimento. 17. ed. Salvador: Juspodivm, 2015. v. 1.

provas, ou ainda, nos parâmetros do mandado de segurança, o direito puder ser provado de plano, com a prova documental anexada à defesa.
3. Peremptória ou dilatória – i) é aquela onde se quer fulminar com a pretensão do autor; ii) é aquela que pretende apenas retardar no tempo o exame ou o acolhimento da pretensão (Exemplos: nulidade de citação, conexão, etc).
4. Defesa direta ou indireta – i) é aquela em que o réu não traz nenhum fato novo, limitando-se a negar a existência dos fatos expostos pelo autor ou a consequência deles, que também pode ser chamada de confissão qualificada, já que o réu reconhece a existência do fato, mas nega a consequência imputada pelo autor; ii) quando o réu traz para a demanda fato novo que pode impedir, modificar ou extinguir o direito do autor.

Vistas estas noções introdutórias, analisaremos agora a peça vestibular da defesa do réu: a contestação.

A contestação, como já dito, é a principal peça processual produzida pelo réu no processo. Nela deve ser exercido plenamente o direito de defesa do réu, serem produzidos todos os seus argumentos e juntados todos os documentos que julgar necessários para a comprovação do que alega. Como já dito, está para o réu como a inicial da ação está para o autor. Deve obedecer aos princípios gerais que regem o direito, principalmente, como já especificado antes, aos da concentração ou da eventualidade da defesa, do ônus da defesa especificada e da capacidade processual, devendo o réu na sua peça de contestação alegar todos os fatos que acredita, consubstanciam o seu direito, devendo formular toda a sua defesa de uma única vez, sob pena de preclusão do seu direito de fazê-lo; deve o réu, além de alegar as matérias que excluem o direito do autor, alegar também todas aquelas matérias que servem para assegurar os seus próprios direitos diante da demanda que lhe foi imposta, para que o juiz possa acolhê-las, eventualmente, caso não acolha a alegação principal.

Esta regra deve ser observada, principalmente, quando o autor formular pedidos cumulados, caso em que é necessário que o réu faça também a cumulação de defesas, sejam estas cumulações próprias, quando o réu apresenta defesa contra cada um dos pedidos que foram feitos pelo autor; ou impróprias, quando o réu apresenta uma defesa para o caso de outra não ser aceita.

O CPC, no seu art. 337 enumera várias matérias de defesa que devem ser arguidas pelo réu antes de entrar no mérito da causa. E está aí a grande alteração procedida pelo novo CPC, uma vez que enquanto o CPC de 1973 trazia apenas 11 (onze) incisos, onde eram previstas as chamadas defesas processuais que deveriam ser arguidas em preliminar na própria peça de contestação, o CPC de 2015 nos traz 13 (treze) incisos, incorporando a incompetência relativa, a incorreção do valor da causa e a impugnação ao deferimento do benefício de gratuidade da justiça, à peça de contestação.

Assim, o que antes era feito em peças separadas e em autos apartados e apensados ao principal, no mesmo prazo da defesa, hoje é feito em uma só peça processual, em sede de preliminar, o que contribui para o atendimento aos princípios da unicidade da defesa, da economia e da celeridade processuais. Desta forma, veio o novo Código corrigir distorção de processamento do Código anterior, o que evitará a ocorrência de um erro muito comum no passado, quando essas alegações, feitas em peças próprias, não eram devidamente apensadas aos autos principais e acabavam se perdendo e não sendo analisadas pelo juízo.

Examinaremos a seguir tais matérias que, por sua importância processual, merecem ser analisadas de per si:

I   inexistência ou nulidade da citação – alegação que visa apenas retardar o processo (defesa dilatória), uma vez que quando o réu a alega junto com outras matérias, o juiz considerará que o comparecimento deste em juízo com a contestação supre a falta de citação, e se alegar apenas a inexistência ou a nulidade da citação, o juiz determinará a abertura de novo prazo de defesa;

II   incompetência absoluta e relativa – deve ser arguida no primeiro momento em que o réu falar nos autos, sob pena de não o fazendo, ter que arcar sozinho com os custos do processo. A incompetência relativa foi trazida pelo novo CPC para o corpo da contestação, como já dito acima. Apesar da mudança na forma procedimental, apenas a incompetência absoluta pode ser apreciada de ofício pelo juízo, necessitando que o réu alegue a existência de incompetência relativa, para que esta seja apreciada e decida pelo juiz.

III   incorreção do valor da causa – se o réu não impugnar o valor da causa e o juiz entender que este atende ao quanto determinado no art. 291 do CPC, o valor atribuído pelo autor se convalida e será sobre este valor que serão calculados os ônus da sucumbência, que englobam tanto as custas processuais, quanto os honorários advocatícios a serem suportados pelo vencido na demanda. Esta alegação também foi trazida pelo novo CPC para o corpo da contestação, não se fazendo mais em autos apartados.

IV   inépcia da petição inicial – deve alegar todos os defeitos que entender existentes na petição inicial do autor. Em caso de acolhimento desta alegação, o juiz deverá julgar extinto o processo sem julgamento do mérito, por falta de requisito processual de validade e não pelo indeferimento da petição inicial.

V   perempção – ocorre quando o autor deixa de promover atos e diligências que deveria ter realizado, abandonando a causa por mais de trinta dias. Gera a extinção do processo sem julgamento do mérito em virtude da inércia do autor.

VI   litispendência – quando o réu ajuíza uma nova ação onde são idênticas as partes, o conteúdo e o pedido formulado, repetindo outra ação já ajuizada anteriormente.

VII   coisa julgada – quando sobre o direito discutido na ação já houver decisão judicial contra a qual não cabem mais recursos, tornando-a imutável e indiscutível.

VIII   conexão - são conexas duas ou mais ações, quando lhes for comum o objeto ou a causa de pedir.

IX   incapacidade da parte, defeito de representação ou falta de autorização – devem ser alegadas em preliminar, e se estes vícios se não forem sanados, geram a extinção do processo, sem julgamento do mérito.

X   convenção de arbitragem – se houver convenção de arbitragem ou compromisso arbitral sobre a matéria discutida na ação, deve ser alegado pelo réu, pois impedem o desenvolvimento válido do processo. Se o réu não alegar em preliminar de contestação a existência de convenção de arbitragem, tal falta, implicará na aceitação da jurisdição estatal, renunciando este ao juízo arbitral. Esta alegação também não poderá ser conhecida de ofício pelo juiz.

XI ausência de legitimidade ou interesse processual – geram a carência de ação prevista anteriormente no inciso X do art. 301 do antigo CPC e acontecem quando o autor não pode ser parte legitima do processo ou não tem interesse no resultado do mesmo.

XII falta de caução ou de outra prestação que a lei exige como preliminar – se a lei exige que seja prestada caução ou qualquer outra prestação para que o autor ingresse com a ação e este não cumpre a determinação legal, o réu deve arguir em preliminar tal fato, que poderá levar à extinção do processo, sem o julgamento de mérito.

XIII indevida concessão do benefício de gratuidade da justiça – não concordando o réu com a concessão do benefício, seja por entendê-la indevida ou conhecer das possibilidades financeiras do autor, deve impugná-la em sede de preliminar. Esta hipótese, também foi trazida pelo novo CPC para a peça da contestação.

Após alegar as defesas preliminares, cabe ao réu atacar o mérito da causa, isto é, os fatos e fundamentos do direito alegado pelo autor, que poderão gerar a sentença de mérito e que, porém, só serão analisados pelo juiz se vencidas as questões preliminares. E esta sempre foi a principal crítica feita pelo autor já anteriormente citado, uma vez que, acredita, ao réu pode interessar que seja feito neste mesmo processo, um julgamento de improcedência do pedido do autor, o que evitaria novas demandas sobre o mesmo assunto. Portanto, defende se a falta ou o vício que gera a invalidade do processo puder ser sanado, acredita que seria mais interessante, econômico e célere se fosse convalidada e inteiramente julgada a demanda.

Em relação ao ônus da defesa especificada, nada trouxe de novo o CPC de 2015, devendo o réu, como já dito anteriormente, na sua contestação, atacar todas as alegações do autor, sob pena de ser aplicada, sobre os que não forem contestados, os efeitos da revelia.

Uma alegação digna de nota introduzida pelo novo CPC foi a prevista no art. 338, segundo a qual quando o réu alegar sua ilegitimidade ou não ser o responsável pelos prejuízos invocados, o juiz facultará ao autor que, no prazo de 15 (quinze) dias, altere a petição inicial com a substituição do réu. Caso em que deverá reembolsá-lo das despesas que houver tido, bem como pagará honorários advocatícios que serão fixados entre 3% e 5% do valor da causa ou nos termos do art. 85, §8º, se estes restarem irrisórios quando calculados.

Traz, ainda, no art. 339, a previsão de que quando o réu alegar a sua ilegitimidade, deverá, sob pena de ter que arcar com as despesas processuais e ainda ter que indenizar o autor pelos prejuízos decorrente desta falta de indicação, indicar o real sujeito passivo da relação processual discutida, sempre, é claro, que tiver conhecimento de quem seja este. O autor poderá, então, promover a alteração da petição inicial com a substituição do sujeito ou, ainda, se assim entender, poderá persistir com a indicação primeira do réu, podendo incluir como litisconsorte passivo, o sujeito indicado pelo réu.

O prazo para interposição da contestação é, na forma do previsto no art. 335, de quinze dias, a contar da: i) audiência de conciliação ou de mediação, ou ainda, da última sessão de conciliação, quando qualquer parte não comparecer ou, comparecendo, não houver autocomposição; ii) do protocolo do pedido de cancelamento da audiência de conciliação ou de mediação apresentada pelo réu, quando ocorrer a hipótese do art. 334, §4º, inciso I; iii) prevista no art. 231, de acordo com o modo como foi feita a citação nos demais casos.

Os requisitos da contestação são os mesmos da petição inicial e em regra: não pode ser aditada e pode ser indeferida se for intempestiva ou se ao réu faltar capacidade postulatória. Porém se o vício for de falta de advogado, não deve ser indeferida, devendo o juiz nomear defensor ou abrir prazo para a regularização da representação. Assim como se for julgada intempestiva mas contiver matéria não sujeitas a preclusão, não poderá ser desentranhada.

Dispõe o art. 343, §6º do novo CPC que:

> Art. 343. Na contestação, é lícito ao réu propor reconvenção para manifestar pretensão própria, conexa com a ação principal ou com o fundamento da defesa.
> §6º. O réu pode propor reconvenção independentemente de oferecer contestação.

Do exame de tal dispositivo legal, há de se indagar se a existência de reconvenção poderá inibir os efeitos da revelia, uma vez inexistente a contestação.

Em sede de reconvenção, o Réu pode, em verdade, contrapor-se aos pedidos e causa de pedir alegados na peça vestibular, além de que a sua causa de pedir, aduzida na reconvenção, possa constituir em fatos impeditivos, modificativos ou extintivos do direito alegado e postulado pelo autor da ação.

5.2 Litisconsórcio

Litisconsórcio, ou seja, a pluralidade de partes num processo, seja no polo ativo, seja no polo passivo. Quando ocorre litisconsórcio, normalmente, cada parte é considerada parte distinta nos termos do art. 48 do CPC. A defesa apresentada por um dos réus será aproveitada pelos outros.

O Novo CPC repetiu textualmente o artigo do CPC de 1973, o art. 345, que trata dos efeitos da revelia no litisconsórcio. Nesse caminhar, reproduziu em quase a sua totalidade, os artigos que tratam da figura do litisconsórcio.

O art. 113 do novo CPC trata das hipóteses de litisconsórcio facultativo. Em qualquer dos casos previstos na norma, as partes poderão litigar em litisconsórcio, não obrigatório, o qual se forma em função da vontade de quem propõe a demanda. Apenas o caso do inciso II do art. 46 do CPC de 1973 não está previsto no art. 113 do novo CPC, restando extirpada a hipótese que previa o litisconsórcio facultativo, quando os direitos e as obrigações derivarem do mesmo fundamento de fato e de direito. Entretanto, a doutrina sugeriu e o novo CPC acolheu, que esta hipótese está englobada pela hipótese de conexão pelo pedido ou pela causa de pedir.

Já o litisconsórcio necessário decorre de imposição legal (p. ex., ação de usucapião) ou da natureza da relação jurídica de direito material posta em causa. Nessas hipóteses, impõe-se a presença de todos os litisconsortes, pois a sentença só será eficaz se todos os litisconsortes forem citados. O art. 114 do novo CPC dispõe acerca do litisconsórcio necessário, mas sem confundi-lo com o litisconsórcio unitário, como fazia a redação do art. 47 do Código Buzaid ("há litisconsórcio necessário quando, por disposição de lei ou pela natureza da relação jurídica, o juiz tiver que decidir a lide de modo uniforme para todas as partes; caso em que a sentença dependerá da citação de todos os litisconsortes no processo"). O CPC de 1973, em seu art. 47, tratou o litisconsórcio necessário e o unitário como se fosse a mesma coisa. O novo CPC, com a redação do art. 114, pretendeu desfazer a confusão, separando, em artigos distintos. Fixou, no art. 114, o litisconsórcio necessário e, no art. 116, o litisconsórcio unitário.

No CPC anterior, de 1973, o vício da sentença proferida sem a integração litisconsorcial, quer se tratasse de litisconsórcio simples, quer de litisconsórcio necessário-unitário, era sempre o da ineficácia da sentença (art. 47, *caput*). O novo CPC altera a sistemática, no que tange ao regime do litisconsórcio (necessário) não integralizado. Tratando-se de litisconsórcio necessário-simples (formação obrigatória decorrente de lei, quando a sentença não precisa ser uniforme para todos), a sentença é válida e eficaz entre as partes, mas ineficaz em relação aos terceiros que poderiam ter sido litisconsortes necessários, mas não o foram. Por sua vez, na hipótese de não integração de litisconsorte necessário-unitário (formação obrigatória determinada pela relação jurídica, em que todos os litisconsortes devem receber o mesmo tratamento no plano do direito material e, assim, a sentença deve ser uniforme para todos), a sentença será nula, podendo, inclusive, ser impugnada por ação rescisória. Destarte, o autor deverá ser intimado para requerer a citação de todos os que devem ser litisconsortes passivos necessários e, não o fazendo, o processo será extinto sem resolução do mérito.

Quando a lide tiver de ser decidida de maneira uniforme para os litisconsortes, estaremos diante da figura do litisconsórcio unitário. Quando o juiz puder decidir de forma diversa para um ou mais litisconsortes, o litisconsórcio será simples.

Na legislação anterior, art. 48, os litisconsortes eram considerados litigantes distintos sem suas relações com a parte adversa, e os atos e omissões de cada um não prejudicavam e nem beneficiavam o(s) outro(s). O novo CPC, por sua vez, repete a regra (art. 117), mas excetua na hipótese de litisconsórcio unitário, caso em que os atos e as omissões de um não prejudicarão os outros, mas os poderão beneficiar. É o exemplo do caso de provimento de um recurso de um litisconsorte unitário: beneficiará, também, aquele que não recorre da decisão.

Cada litisconsorte, seja qual for sua natureza jurídica, poderá promover o andamento do processo. E todos deverão ser devidamente intimados dos atos processuais respectivos.

A regra insculpida no art. 118 do Novo Código de Processo Civil repete, *in totum*, o disposto no art. 49 do CPC de 1973 e trata da autonomia dos litisconsortes, que devem ser intimados individualmente de todos os atos processuais, podendo, cada um, individualmente, praticar isoladamente os seus atos.

A nosso ver, a ausência de citação de litisconsorte necessário é vício que equivale à ausência de citação. Afinal, o processo só se triangulariza se estiverem ali, (ou se forem provocados a estar), todos aqueles cuja presença a lei considera necessária. Colaciona-se, aqui, jurisprudência firme há tempos no Supremo Tribunal Federal: STF. RE 97589/SC, Tribunal Pleno. Rel. Min. Moreira Alves, Julg. 17.11.1982, DJ 03.06.1983.

Com isso, cumpre-nos aduzir que, não obstante tenha havido a revelia, isto é, ausência de contestação, a norma enumera os casos em que os efeitos da revelia não ocorrem. Como nestes casos não há presunção de veracidade dos fatos não contestados, sobre eles há que se fazer prova. Na hipótese aqui tratada da figura litisconsorcial, temos que caso um dos litisconsortes passivos conteste a ação, não ocorrem os efeitos da revelia quanto ao outro litisconsorte, revel. Essa não ocorrência, entretanto, depende de os interesses do contestante serem comuns aos do revel. Caso os interesses dos litisconsortes passivos sejam opostos, há os efeitos da revelia.

6 Consequências e efeitos processuais e materiais da revelia
6.1 Julgamento antecipado da lide

Os fatos articulados pelo autor são considerados verdadeiros diante da inércia do réu, e se o juiz entender que não há controvérsia de fato a ser comprovada pelo autor, poderá haver o julgamento antecipado da lide, com a prolação de sentença de forma antecipada no tempo. O julgamento antecipado da lide não implica em procedência do pedido do autor, pois ainda que o magistrado não tenha requerido mais nenhuma providência de ordem probatória, a sua convicção sobre o direito pleiteado pode não ser pelo ganho de causa ao autor. Ainda neste tocante, o seguinte arresto jurisprudencial: REsp 1544541/PE, Rel. Ministro HUMBERTO MARTINS, SEGUNDA TURMA, julgado em 17.11.2015, DJe 24.11.2015.

Observe-se, ainda, que o STF relativizou os efeitos da revelia quando da não impugnação a embargos à execução fiscal, sob o fundamento de que o título executivo já goza de presunção de certeza, liquidez, de sorte que, a alegação de sua nulidade para fins de desconstituição depende de prova a ser produzida pelo embargante, não sendo meramente suficiente a simples alegação e a ocorrência da revelia. Nesse sentido, o recente arresto jurisprudencial: AgRg no REsp 1224371/PR, Rel. Ministro NAPOLEÃO NUNES MAIA FILHO, PRIMEIRA TURMA, julgado em 01.10.2015, DJe 13.10.2015.

Não há nenhuma mudança substancial entre o julgamento antecipado da 'lide' para 'mérito', apenas a nomenclatura e a contextualização, que trouxe com mais clareza o entendimento doutrinário e jurisprudencial sobre o tema em questão.

A revelia quanto ao julgamento antecipado da lide, prevista no art. 355, I, do novo CPC/15, mostra que a possibilidade de julgamento antecipado do mérito não ocorre somente quando o réu se torna revel, tendo a necessidade do cumprimento de pressupostos tais como a *presunção de veracidade das alegações dos fatos expostos pelo autor* e quando há *desnecessidade de produção de prova*, somente as já apresentadas no bojo das alegações do autor tornam-se suficientes para a decisão do juiz em julgar o mérito da ação pretendida.

Em regra, como consequência da ausência jurídica de resposta do réu, o juiz presume a veracidade dos fatos alegados pelo autor. A ideia de uma suposta existência de condição ficta na revelia é criticada pela doutrina majoritária, que afirma que a inércia do réu não pode ser interpretada como concordância dos fatos alegados pelo autor na exordial. Somente os fatos são reputados como verdadeiros, não se aplicando a revelia, à matéria jurídica discutida no processo.

A presunção de veracidade dos fatos alegados pelo autor pode ser afastada, nos casos em que o magistrado, tendo ocorrido à revelia do réu, tiver a impressão de que os fatos são improváveis de terem ocorrido, poderá exigir do autor a produção de prova. Tal fenômeno jurídico também ocorre quando há a intervenção de um terceiro, dentro do prazo legal da contestação, no processo ou quando o próprio réu oferecer outras formas de respostas (reconvenção, impugnação ao valor da causa ou exceção de incompetência.

Assim, para o julgamento antecipado do mérito, se faz necessário o cumprimento desses pressupostos, não é porque o réu é revel que os fatos alegados contra ele serão necessariamente considerados verdadeiros, não os existindo, a procedência do pedido não se torna válida. Com a presunção por parte do juiz de que os fatos alegados na inicial são verdadeiros e as provas produzidas até o momento forem suficientes para sentenciar, tem-se o julgamento antecipado do mérito, que acarretará o encerramento da relação processual de primeiro grau. De fato, trata-se de sentença – combatida mediante apelação.

6.2 Direitos indisponíveis. Direito público

Direitos indisponíveis, como a própria nomenclatura induz, são aqueles os quais as partes não podem dispor. Então, mesmo que a revelia se caracterize, é impossível que os seus efeitos sejam aplicados, pois, de certa forma, estaria comparado à confissão, que segundo a legislação processual vigente, não é válida quando se trata de direitos indisponíveis, de acordo com o art. 345 do CPC.

A revelia, no que diz respeito aos direitos indisponíveis, deve ser apreciada com especiais cuidados. Os artigos que tratam sobre revelia no novo CPC dispõem que a revelia não induz à aplicação da pena de confissão quando o litígio versar sobre direitos indisponíveis, bem como o art. 351 do mesmo diploma legal, dispõe que não vale como confissão a admissão, em juízo, de fatos relativos a direitos indisponíveis.

Os direitos indisponíveis do ente estatal são direitos personalíssimos, sobre os quais o titular não pode alienar nem renunciar, sendo elevados a um patamar diferenciado dentro dos direitos privados, a revelia não opera os efeitos quanto à presunção da veracidade dos fatos alegados, os fatos da causa não comportam confissão, tampouco estão sujeitos aos efeitos da revelia. É *inalienável* pelo império da lei, absolutamente indispensável, em respeito ao interesse público e ao erário. E cabe ao juiz pautar suas decisões, observando os critérios, os princípios e as disposições sobre direitos indisponíveis do ente estatal, inalienáveis pelo império da lei. O juiz deverá se cercar da cautela necessária para que o desfecho exigido pelo ordenamento jurídico seja atingido.

Tratando-se de direitos indisponíveis, segundo a regra do art. 324, CPC, deverá produzir provas independentemente da revelia. O fato de o réu não apresentar resposta em uma demanda, não significa dizer que o autor é titular do direito subjetivo pleiteado. O simples fato de um sujeito figurar no polo ativo de uma relação processual, não induz à certeza da existência do seu direito material. Ensina a melhor jurisprudência que indisponíveis são aqueles direitos não renunciáveis ou a respeito dos quais a vontade do titular só pode se manifestar de forma eficaz, se satisfeitos determinados requisitos.

O processo, muitas vezes, exige do intérprete e, principalmente do juiz, cautela, para que sua finalidade como instrumento da demanda em busca de um provimento jurisdicional de mérito seja otimizada. A intimação do revel nesses casos nada mais é do que se cercar o juiz da cautela necessária para que o desfecho exigido pelo ordenamento jurídico seja atingido. Dentro desse enfoque, embora contra o revel corram os prazos processuais, o Poder Público deverá ser intimado da sentença final condenatória para que comece a fluir o prazo para o recurso.

É certo que a discussão sobre os efeitos da revelia frente a demandas que versam sobre direitos indisponíveis se torna cada vez mais presente na sociedade. O amplo debate traz a consolidação de posições, bem como a desconstrução de outras, tidas como perenes, em cumprimento dos ditames constitucionais, em respeito aos princípios das indisponibilidades dos bens e interesses públicos. Ainda nesse tocante, o seguinte arresto jurisprudencial: REsp 1544541/PE, Rel. Ministro HUMBERTO MARTINS, SEGUNDA TURMA, julgado em 17.11.2015, DJe 24.11.2015.

Observe-se, ainda, que o STF relativizou os efeitos da revelia quando da não impugnação a embargos à execução fiscal, sob o fundamento de que o título executivo já goza de presunção de certeza, liquidez, de sorte que, a alegação de sua nulidade para fins de desconstituição depende de prova a ser produzida pelo embargante, não sendo meramente suficiente a simples alegação e a ocorrência da revelia. Nesse sentido, o recente arresto jurisprudencial: AgRg no REsp 1224371/PR, Rel. Ministro NAPOLEÃO NUNES MAIA FILHO, PRIMEIRA TURMA, julgado em 01.10.2015, DJe 13.10.2015.

7 Considerações finais

De tudo quanto aqui exposto, cumpre-nos asseverar que os artigos mencionados devem ser interpretados "com olhos na realidade e nos fins sociais para os quais foi concebido", repetindo a expressão utilizada pelo Min. Humberto Gomes de Barros no Recurso Especial 225.462/SC.

Isso, porque a revelia não é uma forma de punição ao réu, mas sim, uma técnica de aceleração do processo. Por isso, mesmo numa situação de litisconsórcio facultativo e simples, em que um réu é revel, mas outro co-réu apresentou defesa que favorece a ambos, seja em relação à questão de direito, seja em relação à questão de fato, a defesa deste beneficiará aquele que foi omisso. O mesmo raciocínio pode e deve ser feito em relação ao recurso interposto por um dos co-réus que, se versar defesa comum àquele que foi revel e não recorreu, também deverá favorecê-lo. A homogeneidade de julgamento, no caso de o litisconsórcio ser facultativo e simples, decorre não da circunstância de ser incindível a relação jurídica subjacente, mas da circunstância de *serem comuns, as defesas apresentadas, buscando o operador do Direito evitar o indesejável problema da coexistência de decisões diferentes para casos idênticos.* Como analisado no presente artigo, a redação dos dispositivos sobre a revelia do novo CPC ficou mais clara, trazendo segurança jurídica na solução dos conflitos. Washington Luiz da Trindade, no texto "Orlando Gomes um Arquiteto de Ideias", mostra que a solução para conflitos são leis claras e bem definidas, trazendo a certeza, a segurança jurídica e a efetividade do Direito: "em nenhum momento de sua pregação jurídica, Orlando Gomes esqueceu que a *âncora do Direito é a Lei* e que a esta compete definir os conceitos, limitar o espaço, discutir e firmar regras jurídicas que dispensem o monitoramento do Estado".[17] Enfim, o presente artigo não tem o intuito de esgotar a matéria estudada; pelo contrário, aguarda o espírito crítico de todos os colegas de profissão. O Novo Código de Processo Civil entrou em vigor em março de 2016, trazendo para o mundo jurídico inúmeras novidades. A matéria deve

---

[17] TRINDADE, Washington Luiz da. *Orlando Gomes um Arquiteto de Idéias*. Salvador: Alfa, 1994.

ser conhecida e estudada por todos aqueles que se interessam notadamente por este campo do Direito, "assegurando a toda existência digna, nos termos da Carta Magna e de seus princípios norteadores".[18]

Referências

ALVIM, J. E. Carreira. Consequências fáticas e jurídicas da revelia. *Revista Jus Navigandi*, Teresina. Disponível em: <https://jus.com.br/artigos/2916>. Acesso em: 02 fev. 2016.

ASSIS, Araken de; ALVIM, Arruda; ALVIM, Eduardo Arruda. *Comentários ao Código de Processo Civil*. 2. ed. São Paulo: Editora Revista dos Tribunais, 2012.

BAGGIO, Daniel. *Artigo Reconvenção:* Noções Gerais. Disponível em: <http://istoedireito.blogspot.com/2009/09/reconvencao-nocoes-gerais.html>. Acesso em: 26 fev. 2016.

BRAGA, Pedro Henrique Silva Santos de. Julgamento antecipado parcial do mérito no novo CPC. *Revista Jus Navigandi*, Teresina, ano 20, n. 4306. Disponível em: <https://jus.com.br/artigos/37957>. Acesso em: 26 fev. 2016.

BRASIL. *NCPC*. Disponível em: <http://www.planalto.gov.br/ccivil_03/_Ato2015-2018/2015/Lei/L13105.htm>. Acesso em: 04 fev. 2016.

BRITO, Edvaldo. A Atuação do Estado no Domínio Econômico. In: MARTINS, Ives Gandra (Coord.). *Desafios do Século XXI*. São Paulo: Editora Pioneira, 1997.

BRITO, Edvaldo. *Limites da Revisão Constitucional*. Porto Alegre: Sérgio Antonio Fabris Editor, 1996.

BUENO, Cássio Sacarpinella. *Novo Código de Processo Civil Anotado*. São Paulo: Editora Saraiva, 2015.

CAMARA, Alexandre Freitas. *Lições de Direito Processual Civil*. 20. ed. São Paulo: Editora Lumen Juris, 2010. v. 1.

CANOTILHO, José Joaquim Gomes. *Direito Constitucional e Teoria da Constituição*. Coimbra: Editora Almedina, 1998.

CAVALCANTE, Márcio André Lopes. *A Revelia e Fazenda Pública*. Disponível em: <http://marciocavalcante2.jusbrasil.com.br/artigos/121942717/revelia-e-fazenda-publica>. Acesso em: 04 fev. 2016.

CUNHA. Leonardo Carneiro da. *Opinião 56 – Novo CPC:* Alteração do pedido ou da causa de pedir em casos de revelia. Disponível em: <http://www.leonardocarneirodacunha.com.br/opiniao/opiniao-56-novo-cpc-alteracao-do-pedido-ou-da-causa-de-pedir-em-casos-de-revelia/>. Acesso em: 01 fev. 2016.

DIAS. Luiz Claudio Portinho. *Efeitos da revelia contra pessoa jurídica de direito público*. Disponível em: <http://www.direitodoestado.com.br/noticias/efeitos-materiais-da-revelia-se-aplicam-contra-a-fazenda-publica-quando-a-relacao-e-de-direito-privado>. Acesso em: 04 fev. 2016.

DICIONÁRIO on line. *Verbete: Revelia*. Disponível em: <http://www.significados.com.br/revelia/>. Acesso em: 08 jan. 2016.

DICIONÁRIO on line. *Verbete: Revelia - Novo CPC* (Lei nº 13.105/15). Disponível em: <http://www.direitonet.com.br/dicionario/exibir/1559/Revelia-Novo-CPC-Lei-no-13105-15>. Acesso em: 04 fev. 2016.

DIDIER JR., Fredie. et al. *Novo Código de Processo Civil* - Impactos na Legislação Extravagante e Interdisciplinar. São Paulo: Editora Saraiva, 2015. v. 2.

DIDIER JR., Fredie. *Curso de Direito Processual Civil*: Introdução ao Direito Processual Civil, Parte Geral e Processo de Conhecimento. 17. ed. Salvador: Editora Juspodivm, 2015. v. 1.

DIDIER JR., Fredie. *Curso de Direito Processual Civil*. 9. ed. Salvador: Juspodivum, 2008. v. 1.

DINAMARCO, Cândido Rangel. *Reconvenção*. Disponível em: <http://www.politano.com.br/userfiles/file/reconvencao.pdf>. Acesso em: 10 jan. 2016.

---

[18] GOMES, Orlando. *Direito e Desenvolvimento*. Salvador: Publicações da Universidade da Bahia, 1961. p. 22. Série II, n. 24.

DIZER O DIREITO. *É válido o julgamento parcial antecipado de mérito?* (atualizado). Disponível em: <http://www.dizerodireito.com.br/2015/07/e-valido-o-julgamento-parcial.html>. Acesso em: 09 jan. 2016.

DUARTE, Paulo. *A Revelia no Processo Civil*. Disponível em: <http://www.gostodeler.com.br/materia/16167/A_Revelia_no_Pr.html>. Acesso em: 10 jan. 2016.

FERRAZ, William. *Dividindo o novo CPC em aulas*. Disponível em: <http://endireitados.jusbrasil.com.br/noticias/182915127/dividindo-o-novo-cpc-em-aulas>. Acesso em: 03 fev. 2016.

FIGUEIRA JÚNIOR, Joel Dias. *Comentários ao Código de Processo Civil*: do Processo de Conhecimento. São Paulo: Editora Revista dos Tribunais, 2001. t. II, v. 4, arts. 282 a 331.

GOMES, Orlando. *Direito e Desenvolvimento*. Salvador: Publicações da Universidade da Bahia, 1961. Série II, n. 24.

GRECO, Leonardo. *Estudos de Direito Processual*. Campos: Faculdade de Direito de Campos, 2005. v. 1. (Coleção José do Patrocínio).

GRECO, Leonardo. *Garantias Fundamentais do Processo:* o Processo Justo. Campos: Faculdade de Campos, 2005. v. 1. (Coleção José do Patrocínio).

LEITE, Gisele. *Visão panorâmica do CPC/2015 (Lei nº 13.105 de 16.03.2015)*. Disponível em: <http://professora giseleleite.jusbrasil.com.br/artigos/239965835/visao-panoramica-do-cpc-2015-lei-13105-de-16-03-2015>. Acesso em: 04 fev. 2016.

LEITE, Gisele; HEUSELER, Denise. *Análise sobre a revelia e seus efeitos*. Disponível em: <http://www.tex.pro.br/home/artigos/71-artigos-nov-2007/5721-comentarios-aos-arts-319-a-322-do-cpc-da-revelia>. Acesso em: 04 fev. 2016.

LUR, Fábio da. *Revelia sem aplicação da presunção de veracidade dos fatos narrados pelo autor*. Disponível em: <http://fabiodalur.jusbrasil.com.br/artigos/245048501/revelia-sem-aplicacao-da-presuncao-de-veracidade-dos-fatos-narrados-pelo-autor>. Acesso em: 08 jan. 2016.

MACHADO, Marcelo Pacheco. *Novo CPC:* só quero saber de julgamento parcial do mérito! Disponível em <http://jota.uol.com.br/novo-cpc-so-quero-saber-de-julgamento-parcial-do-merito>. Acesso em: 01 mar. 2016.

MARINONI, Luiz Guilherme; ARENHART, Sérgio Cruz; MITIDIERO, Daniel. *Novo curso de processo civil*: tutela dos direitos mediante procedimento comum. São Paulo: Editora Revista dos Tribunais, 2015. v. 2.

MARINONI, Luiz Guilherme; ARENHART, Sérgio Cruz. *Manual do Processo de Conhecimento*. 3. ed. rev. atual. ampl. São Paulo: Editora Revista dos Tribunais, 2004.

MELO FILHO, João Aurino de. Revelia e desentranhamento da contestação fora do prazo: aparentes restrições preclusivas e princípio da ampla defesa. *Revista Jus Navigandi*, Teresina, ano 15, n. 2611, 25 ago. 2010. Disponível em: <https://jus.com.br/artigos/17262>. Acesso em: 24 fev. 2016.

MENDES, Alexandre. *Direito Processual Civil I –* Revelia e seus efeitos. Reconvenção. Disponível em: <http://vainaqueleblog.com/direito-processual-civil-i-revelia-e-seus-efeitos-reconvencao/>. Acesso em: 08 jan. 2016.

NCPC. *Novo Código de Processo Civil -* Legislação Saraiva de Bolso. São Paulo: Editora Saraiva, 2015.

NCPC. Disponível em <http://www.soleis.com.br/ebooks/processo-77.htm>. Acesso em: 08 jan. 2016.

NERY JÚNIOR, Nelson; NERY, Rosa Maria de Andrade. *Comentários ao Código de Processo Civil –* novo CPC: Lei nº 13.105/2015. São Paulo: Editora Revista dos Tribunais, 2015.

NETO, Adib Antonio. *A Relativização da Revelia*: A Revelia não Implica Procedência do Pedido. Disponível em: <http://www.lfg.com.br>. Acesso em: 04 fev. 2016.

NUNES, Elpidio Donizetti. *Novo Código de Processo Civil Comentado*. São Paulo: Editora Atlas, 2015.

OLIVEIRA, Ariane Fernandes de; MUNHOZ, Kauana Roberta Colaço; LIMA, Scheila Jessica Leal de. *Revelia e seus Efeitos no Processo Civil*. Disponível em: <http://www.webartigos.com/artigos/efeitos-da-revelia-no-processo-civil-brasileiro/52504/#ixzz3xbpdP23N>. Acesso em: 04 fev. 2016.

OLIVEIRA, Guilherme Botelho de. Comentários aos arts. 319 a 322 do CPC - Da Revelia. *Revista Páginas de Direito*. Disponível em: <http://www.tex.pro.br/home/artigos/71-artigos-nov-2007/5721-comentarios-aos-arts-319-a-322-do-cpc-da-revelia>. Acesso em: 04 fev. 2016.

PINHEIRO, Igor Itapary. *Os efeitos da revelia e a Fazenda Pública*. Disponível em: <http://www.egov.ufsc.br/portal/conteudo/os-efeitos-da-revelia-e-fazenda-p%C3%BAblica>. Acesso em: 08 jan. 2016.

PINHO. Humberto Dalla Bernardina de. Os princípios e as garantias fundamentais no projeto de Código de Processo Civil: breves considerações acerca dos artigos 1º a 12 do pls 166/10. *Revista Eletrônica de Direito Processual*, v. VI. Disponível em: <http://www.arcos.org.br/periodicos/revista-eletronica-de-direito-processual/volume-vi/flexibilizacao-procedimental>. Acesso em: 09 fev. 2016.

PORTAL DE ESTUDOS DO NOVO CPC. *Comentários aos arts. 319 a 322 do CPC - Da Revelia*. Disponível em: <https://estudosnovocpc.wordpress.com/2015/07/09/artigo-344-ao-357>.

QUINTÃO, Cynthia Magalhães Pinto Godoi. A revelia e seus efeitos. *Revista Jus Navigandi*, Teresina, ano 15, n. 2651, 4 out. 2010. Disponível em: <https://jus.com.br/artigos/17551>. Acesso em: 24 fev. 2016.

RIBEIRO, Sylvana Machado. *A diferença entre Revelia e Efeitos da Revelia no Processo Civil Brasileiro*. Disponível em: <http://www.editorajc.com.br/2014/02/diferenca-revelia-efeitos-revelia-processo-civil-brasileiro/>. Acesso em: 08 jan. 2016.

SCALABRIN, Felipe. Técnicas de aceleração do julgamento no Novo Código de Processo Civil: julgamento liminar do pedido e julgamento antecipado do mérito [1]. *Revista Páginas de Direito*, Porto Alegre, ano 15, n. 1278, 02 de outubro de 2015. Disponível em: <http://www.tex.pro.br/index.php/artigos/318-artigos-out-2015/7386-tecnicas-de-aceleracao-do-julgamento-no-novo-codigo-de-processo-civil-julgamento-liminar-do-pedido-e-julgamento-antecipado-do-merito-1>. Acesso em: 08 jan. 2016.

SILVA, Danni Salles; FALCONI, Luiz Carlos. *A revelia e seus efeitos no processo civil e trabalhista brasileiro*. Disponível em: <http://www.oabgo.org.br/Revistas/40/juridico4.htm>. Acesso em: 08 jan. 2016.

SUPERIOR TRIBUNAL DE JUSTIÇA. STJ - REsp: 1234887 RJ 2011/0016624-7, Relator: Ministro Ricardo Villas Bôas Cueva, Data de Julgamento: 19.09.2013, T3 - Terceira Turma, Data de Publicação: DJe 02.10.2013.

THEDORO JÚNIOR, Humberto. *Curso de Direito Processual Civil*. 48. ed. Rio de Janeiro: Editora Forense, 2008.

TUCCI, José Rogério Cruz e. Paradoxo da Corte. Novo Código de Processo Civil traz mudanças no julgamento antecipado. *Revista Consultor Jurídico*, 20 out. 2015. Disponível em <http://www.conjur.com.br/2015-out-20/paradoxo-corte-cpc-traz-mudancas-julgamento-antecipado>. Acesso em: 08 jan. 2016.

TRINDADE, Washington Luiz da. *Orlando Gomes um Arquiteto de Idéias*. Salvador: Alfa, 1994.

VALLADARES, Lenadro Carlos Pereira. *Efeito material da revelia em face da Fazenda Pública*. Disponível em: <http://www.juriseconcursos.com.br/2014/04/efeito-material-da-revelia-em-face-da-fazenda-publica/>. Acesso em: 08 jan. 2016.

WAMBIER, Luiz Rodrigues; TALAMINI, Eduardo. *Curso avançado de processo civil:* teoria geral do processo e processo de conhecimento. 15. ed. rev. e atual. São Paulo: Editora Revista dos Tribunais, 2015. v. 1.

Informação bibliográfica deste texto, conforme a NBR 6023:2002 da Associação Brasileira de Normas Técnicas (ABNT):

FERNANDES, Almerinda Liz. et al. As novidades referentes à revelia no Novo Código de Processo Civil – NCPC. In: BRITTO, Alzemeri Martins Ribeiro de; BARIONI, Rodrigo Otávio (Coords.). *Advocacia pública e o Novo Código de Processo Civil*. Belo Horizonte: Fórum, 2016. p. 179-200. ISBN 978-85-450-0173-7.

FUNDAMENTAÇÃO DA SENTENÇA NO NOVO CÓDIGO DE PROCESSO CIVIL

ÂNGELA SORAYA BEZERRA DE MELLO NASCIMENTO
FERNANDO JOSÉ SILVA TELLES
GIANI SANTOS CEZIMBRA
JÚLIA QUEROL BOTO MAGALHÃES
LEONARDO SÉRGIO PONTES GAUDENZI
MARIA ELOY ALLEGRO ANDRADE

1 Introdução

No mês de março de 2016, entrou em vigor, no Brasil, o Novo Código de Processo Civil, que foi promulgado pela Lei nº 13.105/2015. Este texto normativo redesenhou o ordenamento ritual para os feitos de índole cível no País, e trouxe profundas transformações não apenas nos aspectos procedimentais propriamente ditos, mas, fundamentalmente, na própria visão que aqui se tem do Processo Civil.

Para melhor compreender tal afirmação, se faz necessário analisar o momento de gestão deste texto, em especial comparando-o com o contexto histórico em que surgiu o Código de Processo Civil de 1973, que por ele será substituído.

O diploma de 1973 foi gestado sob a égide de uma Ordem Constitucional construída durante um regime de pouco respeito às liberdades individuais, e inserida em um sistema em que se privilegiavam como fonte normativa as regras positivadas, em detrimento de princípios e valores.

Como resultado, aquele texto refletia este estado jurídico e político do País, não apenas no aspecto material de suas normas, que buscavam fundamento em um Texto Constitucional pouco afeito a assegurar direitos, mas, principalmente, ao ser aplicado e interpretado dentro de uma sistemática pouco acostumada a buscar força normativa nos princípios que ofereciam sustento ao texto posto.

Com o advento da Constituição de 1988, e a recepção do Código de Processo de 1973 pelo novo sistema constitucional, evidentemente, todas as suas regras que não eram compatíveis com o Texto Maior não foram recepcionadas. Todavia, a aplicação desta técnica constitucional de compatibilização de normas não foi capaz de afastar contradição maior existente entre o Diploma de Ritos então vigente e a nova ordem jurídica que se fundava, contradição essa não refletida diretamente nas regras postas, mas patente na inaptidão do texto antigo de trazer efetividade aos princípios e valores abraçados pela Constituição de 1988, no âmbito do Processo Civil.

Assim, ao longo das duas décadas que se seguiram, e à medida que avançava na doutrina e na jurisprudência o reconhecimento do caráter diferenciado que a Constituição de 1988 emprestava aos princípios, bem como ao passo em que a Teoria dos Direitos Fundamentais passava a florescer no país, firmando-se na jurisprudência, em particular da Corte Constitucional, a construção de normas jurídicas assentadas em princípios, conferindo-se inegável força normativa à Constituição,[1] as contradições do Código de Processo Civil de 1973 com a Ordem Constitucional se mostravam mais acentuadas e evidentes.

Desta forma, ainda na década de 1990, e de forma mais intensa na década seguinte, o texto do código foi alterado em diversos pontos, tentando o legislador fazer com que as regras nele postas conseguissem alcançar os valores refletidos nos princípios da celeridade, da duração razoável do processo, do devido processo legal material, da ampla defesa e da eficiência, por exemplo.

Todavia, essas alterações não foram capazes, como de resto dificilmente seriam, de superar a contradição da essência do Código de 1973 com a Constituição de 1988, e, como efeito colateral, acabavam elas por arranhar a coesão sistêmica do texto, consequência natural de tantas alterações dentro de um sistema, pensadas cada uma delas de forma independente das demais.

Como consequência e culminância deste processo, o Novo Código de Processo Civil é introduzido no ordenamento jurídico, já fixando, desde o primeiro capítulo do seu primeiro livro, sua índole moldada à convivência das regras e princípios dentro do sistema processual que ele propõe, reservada tal seção para as normas fundamentais do processo civil.

Essa nova perspectiva, refletida no restante do texto, abre campo para reflexão sobre diversos institutos do processo civil, revigorados no novel diploma.

Elege-se, então, para essas linhas, a análise da sentença, e em particular da necessidade de fundamentação deste comando decisório, dentro deste novo panorama anteriormente apresentado.

2 Do dever de fundamentação e das alterações trazidas pelo novo CPC

2.1 Breve histórico e dimensão do conceito de sentença

A fundamentação da sentença é tema que sempre permeou as legislações pátrias. Em verdade, consubstancia-se atualmente tamanha a sua importância que a própria CRFB/88, em seu art. 93, IX, dispõe acerca do tema.

Com efeito, a obrigatoriedade da fundamentação das decisões judiciais, segundo Dantas,[2] advém desde as Ordenações Filipinas, que continuaram a viger no Brasil Império. E, então, permaneceu em diversas bases normativas até os dias atuais.

---

[1] HESSE, Konrad. *A Força Normativa da Constituição*. Porto Alegre: Sergio Antonio Fabris Editor, 1991.
[2] DANTAS, André Ribeiro. O dever de fundamentação das decisões judiciais. *Revista Forense*, Rio de Janeiro, v. 416, p. 70, jul./dez. 2012.

No CPC-2015, o dever de fundamentação não apenas é tratado no art. 11, da Parte Geral, como também de forma mais específica no art. 489, que trata dos "Elementos Essenciais da Sentença".

Insta consignar, inicialmente, o alcance e a compreensão do significado do termo "sentença", assim disposto no CPC-2015, mormente em seus arts. 485 e seguintes, sobretudo, diante das alterações processuais trazidas com o novo Código.

O CPC-2015, nos arts. 485 a 495, e em outros momentos, disciplina sentença como sendo termo que "designa, por metonímia, qualquer decisão judicial" (*cf.* arts. 82, §2º; 501, 509 do CPC-2015 e art. 102, I, "m", da CRFB/88).[3]

Nesse sentido, tratar-se-á, no presente artigo, acerca da fundamentação da sentença no CPC-2015, entendida esta de forma ampliada para abarcar outras decisões, a exemplo das decisões interlocutórias, decisões monocráticas e acórdãos, desconsiderando, pois, os despachos (pronunciamentos judiciais sem conteúdo decisório).

Isso porque é a própria CRFB/88 que assegura que "todos os julgamentos dos órgãos do Poder Judiciário serão públicos, *e fundamentadas todas as decisões*, sob pena de nulidade" (art. 93, IX). Isto é, havendo decisão, deve esta ser fundamentada.

2.2 Fundamentação e alterações trazidas pelo novo CPC

A fundamentação ou a motivação das decisões judiciais consiste na exposição dos motivos que conduziram o julgador a decidir de determinada maneira, explicando, assim, as razões da sua convicção e o *iter* lógico seguido para chegar-se ao seu convencimento.

Dentre os motivos que impõem a necessidade da fundamentação judicial, podemos destacar alguns de ordem de técnica processual e outros motivos atinentes a uma garantia do Estado Democrático de Direito.[4] Assim, a fundamentação das decisões exerce uma função endoprocessual uma função exoprocessual.[5]

Entre os motivos de ordem de técnica processual, a fundamentação da decisão judicial permite às partes avaliarem a possibilidade de recorrer, individualizando o objeto da impugnação. Nesse sentido, a fundamentação é um verdadeiro pressuposto para que se possa recorrer,[6] imprescindível, pois, para a consecução do direito de defesa.

Se a decisão não for fundamentada, acabará por impedir o exercício do direito ao contraditório. Ademais, "a fundamentação da decisão possibilita à instância *ad quem* compreender melhor as razões que levaram o magistrado *a quo* a decidir da forma como decidiu",[7] viabilizando, assim, o desenvolvimento do devido processo legal e o duplo grau de jurisdição.

---

[3] DIDIER Jr., Fredie; BRAGA, Paula Sarno; OLIVEIRA, Rafael Alexandria de. *Curso de direito processual civil*: teoria da prova, direito probatório, ações probatórias, decisão, precedentes, coisa julgada e antecipação dos efeitos da tutela. 10. ed. Salvador: Juspodivm, 2015. p. 303-304.

[4] DANTAS, André Ribeiro, *op. cit.*, p. 73-77.

[5] DIDIER Jr., Fredie; BRAGA, Paula Sarno; OLIVEIRA, Rafael Alexandria de. *Curso de direito processual civil*: teoria da prova, direito probatório, ações probatórias, decisão, precedentes, coisa julgada e antecipação dos efeitos da tutela. 10. ed. Salvador: Juspodivm, 2015. p. 315.

[6] ALVIM, Eduardo Arruda, *apud* DANTAS, André Ribeiro. O dever de fundamentação das decisões judiciais. *Revista Forense*. Rio de Janeiro, v. 416, p. 74, jul./dez. 2012.

[7] DANTAS, André Ribeiro, *op. cit.*, p. 74.

Contudo, bem observou Dantas[8] que esses motivos de ordem técnica não bastam para justificar a obrigatoriedade da fundamentação, pois "até mesmo o Supremo Tribunal Federal, em decisão final e irrecorrível, é obrigado a fundamentar suas decisões".

Dessa forma, a obrigatoriedade da fundamentação das decisões judiciais afigura-se também crucial como garantia do Estado Democrático de Direito. Isso porque o juiz não decide arbitrariamente, necessitando justificar as razões de sua escolha, e essas razões revestem a sua decisão (juntamente com a publicidade) de legitimidade, garantindo um controle jurisdicional, não só pelas partes envolvidas, mas também por todos os indivíduos.

Taruffo[9] observa que "os destinatários da motivação não são somente as partes, os seus advogados e o juiz da impugnação, mas também a opinião pública entendida em seu complexo, como opinião *quisque de populo*". Trata-se, pois, conforme Mitidiero,[10] a decisão judicial de um discurso voltado para as partes e um voltado para a coletividade.

É que, à medida que se confere ao Estado-juiz uma parcela de poder a fim de dizer o direito existente em cada caso, esse poder - num Estado em que se respeitem as garantias de seus cidadãos - não pode ser exercido sem um mínimo de controlabilidade.

Barbosa Moreira[11] leciona, em poucas palavras, que "El Estado de Derecho no está autorizado para interferirennuestra esfera personalsin justificar suinterferencia". Exatamente por essa razão, trata-se de uma garantia individual a todo cidadão e, pois, consectário do devido processo legal. Vale frisar, nesse contexto, a exceção da competência do júri, no processo penal, em que o convencimento dos jurados deve ser íntimo, por expressa previsão constitucional.

Por esse motivo, a própria CRFB/88 prescreveu com pena de nulidade a decisão que não seja fundamentada. Segundo Angélica Arruda Alvim,[12] "isso revela a importância que o constituinte dispensou a este ponto, eis que, usualmente, os preceitos constitucionais não trazem em seu bojo a norma sancionadora".

A motivação, antes de ser uma garantia apenas de controle jurisdicional, acaba por se tornar uma garantia, muitas vezes, do próprio julgador. Tal fato é visível em julgamentos de grande repercussão nacional, midiáticos, em que a motivação é capaz de contribuir para a demonstração da estrita imparcialidade e o cumprimento do dever funcional do juiz. Dessa forma, o mesmo dever de fundamentação comunga para que se dê mostras de que foram respeitadas a imparcialidade e a independência do julgador.

Facchini[13] observa que, apesar da relevância e do dever de motivação como garantia constitucional de um Estado Democrático de Direito, tal dever não é encontrado nas cartas internacionais de direitos humanos (a exemplo da Declaração Universal dos

---

[8] *Ibidem*, p. 75.
[9] TARUFFO, apud TUCCI, José Rogério Cruz e. Garantias constitucionais da publicidade dos atos processuais e da motivação das decisões no Projeto do CPC – Análise e proposta. *Revista de Processo*, São Paulo, v. 190, ano 35, p. 259, dez. 2010.
[10] MITIDIERO, Daniel. Fundamentação e precedente – dois discursos a partir da decisão judicial. *Revista de Processo*, São Paulo, n. 206, 2012.
[11] MOREIRA, *apud* DIDIER JR., Fredie. *Sobre a fundamentação da decisão judicial*. p. 4. Disponível em: <http://www.frediedidier.com.br/artigos/sobre-a-fundamentacao-da-decisao-judicial/>. Acesso em: 03 fev. 2016.
[12] ALVIM, *apud* DANTAS, *Ibidem*, p. 79.
[13] FACCHINI NETO, Eugênio. A Sentença em Perspectiva Comparada. Estilos norte-americano, francês e italiano em confronto. *Revista de Processo*, São Paulo, v. 235, p. 424, setembro 2014.

Direitos do Homem de 1948, do Pacto de 1966, da Convenção de Roma de 1950, bem como da Convenção Americana de 1969). Nota, ainda, que entre França, Itália, Alemanha, Inglaterra e Estados Unidos, somente nos três primeiros países existe a obrigação *legal* de motivar os julgamentos.

Diz-se que a fundamentação da decisão deve caracterizar-se, dentre outros atributos, pela *racionabilidade* e pela *controlabilidade*.[14] Racionabilidade, na medida em que a motivação deve se fundar em cânones racionais, deve ser um discurso justificativo lógico, ao mesmo tempo em que é controlável, pois força o juiz a explicar as suas escolhas.

A fim de demonstrar com clareza o caminho que levou o julgador a seu convencimento, é importante que este percorra um caminho lógico, apreciando-se, por exemplo, as questões processuais antes do mérito da causa. Da mesma forma, convém serem analisadas primeiramente as questões de fato (a exemplo da análise do material probatório), em seguida, as de direito (a exemplo do exame de constitucionalidade de determinada matéria).

Um dos efeitos decorrentes das alterações trazidas pelo CPC-2015 relacionado ao dever de fundamentação das decisões judiciais está atrelado à ampliação dos limites objetivos da coisa julgada, isto é, também as questões prejudiciais poderão ser atingidas pela coisa julgada, desde que preenchidos os requisitos do art. 503, §1º e §2º do CPC-2015.

Dessa forma, no sistema anterior, apenas o pedido é que era acobertado pela coisa julgada. Contudo, com a entrada em vigor do CPC-2015, questões prejudiciais expressa e incidentalmente decididas na fundamentação também serão atingidas pela coisa julgada.

A implicação prática disso é que, conforme entendimento de Luiz Dellore,[15] para verificar o que será coberto pela coisa julgada, será necessário analisar a fundamentação e não apenas o dispositivo da sentença. Demais disso, deverá ter maior cuidado também o intérprete da sentença a fim de se evitar a preclusão sobre questões recursais.[16]

Relativamente à outra inovação do CPC-2105, o art. 10 veda o chamado "fundamento surpresa". Desse modo, além de robustecer o princípio do contraditório, o CPC-2015 enaltece o princípio da cooperação entre os protagonistas do processo, a partir da necessidade da colaboração.[17] Assim, para que discorra acerca de algum fundamento, é preciso antes oportunizar às partes, o contraditório sobre aquela matéria.

Também o art. 262 do CPC-2015 traz reflexos quanto à fundamentação das decisões, ao prescrever que o julgador deverá enfrentar as "circunstâncias da causa e as peculiaridades do fato a ser provado", declinando as razões que o convenceram a determinar a inversão do ônus subjetivo da prova,[18] sendo, pois, específico o CPC-2015 em relação à exigência de fundamentação para inversão do ônus da prova.

O art. 279, por sua vez, exige fundamentação mais "trabalhada" para que se conceda ou rejeite tutela de urgência e tutela de evidência, o que é compreensível, pois o

---

[14] TARUFFO, *apud* DIDIER Jr., Fredie, *op. cit.*, p. 316.
[15] DELLORE, Luiz. Da ampliação dos limites objetivos da coisa julgada no novo Código de Processo Civil. *Quieta non movere. Revista de Informação Legislativa*, Brasília, ano 48, n. 190, p. 38, abr./jun 2011.
[16] TUCCI, José Rogério Cruz e. Garantias constitucionais da publicidade dos atos processuais e da motivação das decisões no Projeto do CPC – Análise e proposta. *Revista de Processo*, São Paulo, ano 35, v. 190, p. 265, dez. 2010.
[17] *Ibidem*, p. 264.
[18] *Ibidem*, p. 266.

provimento jurisdicional, em uma dessas hipóteses "poderá acarretar sérias e imediatas consequências na esfera de direitos das partes".[19]

Destaque-se, ainda, a hipótese da eficácia da intervenção em que o assistente simples fica vinculado à fundamentação da decisão proferida contra o assistido (art. 123, CPC-2015).[20]

O dever de fundamentação ganha ainda maior destaque dentro de um sistema processual que valoriza, cada vez mais, os precedentes. Este tema tem crescido em importância, a exemplo de mecanismos de utilização de precedentes como os Incidentes de Resolução de Demandas Repetitivas, os Incidentes de Assunção de Competências, os processos submetidos à sistemática dos recursos repetitivos e de repercussão geral.

Essa nova sistemática processual implica numa necessidade de que também os órgãos julgadores estejam cada vez mais atentos a esta realidade e que mantenham suas decisões bem fundamentadas, mantendo consistente a jurisprudência dos tribunais. A respeito disso, é imprescindível que haja um criterioso banco de dados, consistente e organizado (art. 927, V, §5º). O art. 926 disciplina que é dever dos tribunais "uniformizar a sua jurisprudência e mantê-la estável, íntegra e coerente". Além disso, o art. 927, §4º preceitua que:

> A modificação de enunciado de súmula, de jurisprudência pacificada ou de tese adotada em julgamento de casos repetitivos observará a necessidade de *fundamentação adequada e específica*, considerando os princípios da segurança jurídica, da proteção da confiança e da isonomia (grifos nossos).

Por sua vez, o art. 927, *caput*, enfatiza que os juízes e os tribunais deverão observar o disposto no art. 10 e no art. 489, §1º, quando decidirem com fundamento neste artigo, *i.e.*, com base nas decisões do STF em controle de constitucionalidade, em súmulas vinculantes, acórdãos de Incidentes de Assunção de Competência, Resolução de Demandas Repetitivas ou julgamento de recursos extraordinários e especial repetitivos, em súmulas do STF e STJ e orientações do plenário ou órgão especial às quais estejam vinculadas.

Essa correlação entre fundamentação e precedente, enfatizada no CPC-2015, exsurge do fato de que a sentença, como sabido, é um ato jurídico do qual se extrai uma norma jurídica individualizada, cabendo destacar, contudo, que o processo jurisdicional (de dizer o direito), produz, além da norma jurídica de resolução do caso concreto, "uma norma jurídica geral construída a partir do exame de um caso concreto, que serve como padrão decisório para a solução de casos futuros semelhantes".[21] Desse modo, é essa norma jurídica criada e contida na fundamentação da decisão que servirá de base para a aplicação do precedente e a que se chama de *ratiodecidendi*.

Assim é que a fundamentação da sentença tem uma função relevantíssima, não apenas por se tratar de uma garantia do Estado Democrático de Direito e possibilitar o controle jurisdicional, por permitir o contraditório e o sistema recursal, como também por desempenhar um papel crucial na construção dos precedentes.

---

[19] *Op. cit.*, p. 267.
[20] DIDIER Jr., Fredie, *op. cit.*, p. 346-347.
[21] DIDIER Jr., Fredie, *Ibidem*, p. 308-311.

A respeito dos elementos essenciais da sentença, Facchini[22] faz uma análise comparativa entre os estilos de sentença, trazendo a lume que os juízes dos diversos sistemas jurídicos não o fazem da mesma forma. Diz o referido autor que algumas decisões são concisas, sem nenhuma citação de doutrina e jurisprudência, como no caso da França; outras analisam detidamente os fatos da causa a fim de se poder identificar qual seria o precedente aplicável ou de se exercer a arte do *distinguishing*, como sói ocorrer nos Estados Unidos. Segundo o autor, a maioria dessas diferenças possui razões históricas, feições ideológicas, políticas ou sociológicas.

Destaca que o método silogístico, de matriz iluminista, é utilizado na estruturação do pensamento do juiz em quase todos os ordenamentos de "Civil Law" (sistema romano-germânico), e, ao contrário, no "Common Law", prevaleceria o raciocínio analógico, partindo-se de um raciocínio de caráter indutivo.[23]

Facchini[24] menciona até que: "uma coisa que impressiona o observador estrangeiro que examina uma decisão norte-americana de certa importância, é o seu caráter exaustivo. Após uma completa análise da matéria de fato, passa-se ao exame das questões jurídicas".

Com efeito, a análise do direito comparado nos permite refletir sobre as razões do modelo de sentença brasileiro. Além da necessidade de fundamentação revelar uma importância para aplicação dos precedentes, a atual obrigatoriedade do relatório em todas as decisões judiciais coadunam com o entendimento segundo o qual o Brasil tem se aproximado, a cada dia, de um sistema misto, em que se aplicam precedentes.

Isso porque o art. 489 do CPC-2015 disciplina que o relatório é elemento essencial da sentença, enquanto o art. 165 do CPC-73 dizia que "as sentenças e os acórdãos serão proferidos com observância do disposto no art. 458; as demais decisões serão fundamentadas, ainda que de modo conciso", dispensando, pois, o relatório das decisões.

Com o CPC-2015, passa-se a ser exigido o relatório em todas as decisões judiciais, e não apenas nas sentenças e acórdãos, dado o seu importante papel, que muitas vezes era desprestigiado (art. 489, I). Como observa Didier,[25] é o relatório que possibilita a identificação da causa, dos fatos relevantes, e é justamente essa identificação que permitirá a aplicação ou não de um precedente, fazendo-se uso do *distinguishing*, se necessário.

Demais disso, sem olvidar elemento mais que essencial a toda decisão, importa destacar que a sentença (ou a decisão judicial) não pode ser contraditória em si mesma, isto é, a fundamentação deve manter coesão e sentido com o resultado lógico contido no dispositivo. É imprescindível, pois, que a sentença seja coesa, clara e técnica.

O dispositivo, como sabido, contém o resultado da análise judicante, de onde se extrai a norma jurídica construída ser aplicada no caso concreto. No teor do art. 489, III, CPC-2105, é nele que o juiz resolverá as questões principais que as partes lhe submeterem. Entretanto, essa resolução só será possível perpassando-se pela análise das questões de fato e de direito, contida nos fundamentos.

---

[22] FACCHINI NETO, Eugênio, *op.cit.*, p. 407- 408.
[23] *Ibidem*, p. 424.
[24] *Ibidem*, p. 415-416.
[25] DIDIER Jr., Fredie, *Ibidem*, p. 313.

3 Ausência e deficiência da fundamentação

Conforme prescreve a própria Carta Magna, a ausência de fundamentação é vício grave a ensejar a nulidade da decisão. Por essa razão, pode ser reconhecida de ofício, bem como é possível a sua invalidação por meio de ação rescisória.

A esse respeito, abordando o §1º do art. 489, Teresa Arruda Alvim,[26] sistematiza que:

> Há, grosso modo, três espécies de vícios intrínsecos das sentenças, que se reduzem a um só, em última análise: 1. ausência de fundamentação; 2. deficiência de fundamentação; e 3. ausência de correlação entre fundamentação e decisório. Todas são redutíveis à ausência de fundamentação e geram nulidade da sentença.

Sendo a própria CRFB/88, em seu art. 93, IX, que prescreve a pena de nulidade para a ausência de fundamentação nas decisões, o §1º apenas exemplificou hipóteses em que as decisões consideram-se não fundamentadas, justamente por apresentarem fundamentação deficiente ou insuficiente.

Nesse sentido, o Enunciado nº 303 do Fórum Permanente de Processualistas Civis diz que: "As hipóteses descritas nos incisos do §1º do art. 489 são exemplificativas" e o Enunciado 309 diz que o mesmo dispositivo aplica-se no âmbito dos Juizados Especiais. Quanto ao direito intertemporal, merece menção o Enunciado 308 do Fórum Permanente de Processualistas Civis que dispõe que "aplica-se o art. 489, §1º, a todos os processos pendentes de decisão ao tempo da entrada em vigor do CPC".

Como visto, a imposição constitucional de fundamentação das decisões judiciais, que obriga os magistrados a expor suas razões de decidir, positivada no art. 93, inciso IX da Carta Magna, onde se lê que "todos os julgamentos dos órgãos do Poder Judiciário serão públicos, fundamentadas todas as decisões, sob pena de nulidade [...]", trata-se de norma garantidora do caráter democrático da jurisdição, vez que apenas através da ciência dos motivos decisórios é possível estabelecer, claramente, o controle da atividade dos juízes, por via recursal.

3.1 Decisões consideradas não fundamentadas no novo Código

O Código de Processo Civil de 73, em seu art. 458, inciso II, firma como uma das condições da sentença, estendido o entendimento a qualquer outra espécie de decisão de mérito, os "fundamentos em que o juiz analisará as questões de fato e de direito", sem avançar, no entanto, neste quesito. Com isso, embora imperativa a necessidade de fundamentação, é notório que há certa margem de liberdade atribuída ao magistrado quanto à forma escolhida para fundamentar as sentenças.

Agora, com o advento do Novo Código de Processo Civil, foram estabelecidas hipóteses nas quais uma decisão será considerada não motivada, ensejando a possibilidade de sua integralização, reforma ou até mesmo anulação. Extrai-se do art. 489, §1º, incisos I a III do Novo CPC que:

---

[26] ALVIM, Teresa Arruda Alvim, *apud* DIDIER Jr., *op. cit.*, p. 326.

Art. 489.

§1º. Não se considera fundamentada qualquer decisão judicial, seja ela interlocutória, sentença ou acórdão, que:

I - se limitar à indicação, à reprodução ou à paráfrase de ato normativo, sem explicar sua relação com a causa ou a questão decidida;

II - empregar conceitos jurídicos indeterminados, sem explicar o motivo concreto de sua incidência no caso;

III - invocar motivos que se prestariam a justificar qualquer outra decisão;

A partir daí, conclui-se que: (a) as decisões que se limitam a citar dispositivos legais, sem a devida relação com o caso concreto em exame não serão consideradas fundamentadas, afastada assim a fundamentação implícita, em que a normal legal explica-se por seu próprio conteúdo; (b) os conceitos jurídicos indeterminados não poderão ser empregados sem a determinação devida de seu conteúdo para a solução do caso concreto, deixando de ser "standarts" para decisões que tangenciam o mérito da causa, sem enfrentá-lo cuidadosamente; e (c) as decisões que "invocarem motivos que se prestariam a justificar qualquer outra decisão" serão, também, desconsideradas, pondo fim às hoje chamadas decisões "Frankestein", nas quais argumentos utilizados em diversas decisões proferidas pelo mesmo juízo são agrupados para solucionar uma causa sem, muitas vezes, ter relação direta com ela.

É patente que todos estes novos parâmetros estabelecidos para a fundamentação da sentença são espelho do próprio caráter democrático do Novo Código de Processo Civil, primeiro na história brasileira a ser gestado e concebido sem influência de um Regime político autoritário.

Entende-se por fundamentação implícita aquela "que existe, embora não representada na sentença por símbolos gráficos, é dedutível por processo mental e lógico",[27] vez que, com argumentos primários e secundários, em termos de importância, com base no mesmo fato, "as razões explícitas para o acolhimento, ou não, dos primeiros, prestam-se a justificar, implicitamente, idêntica solução dada aos segundos".[28]

Aplicando o inciso I, do §1º do art. 489 do CPC de 2015 fica afastada esta prática, imprescindível que se faça a devida analogia ao caso *sub judice*. Com isso, o Novo Código pretende garantir, além da necessária fundamentação, que esta seja adequada e específica, considerando o imperativo de estabilidade das relações jurídicas, posição esta evidenciada na exposição de motivos do Código.

É considerado conceito jurídico indeterminado "a vaguidade semântica existente em certa norma com a finalidade de que ela, a norma, permaneça, ao ser aplicada, sempre atual e correspondente aos anseios da sociedade nos vários momentos históricos em que a lei é interpretada e aplicada".[29] Mister se faz diferenciá-lo da cláusula geral, já que ambos pertencem ao gênero de conceito vago, sendo esta uma norma jurídica orientadora, sob a forma de diretriz indeterminada, que deixa a cargo do juiz criar a solução adequada ao caso concreto.

---

[27] PERO, Maria Thereza Gonçalves. *A motivação da sentença civil*. São Paulo: Saraiva, 2001.

[28] TUCCI, José Rogério Cruz e. *A motivação da sentença no processo civil*. São Paulo: Editora Saraiva, 1987.

[29] ABREU, Frederico do Valle. Conceito jurídico indeterminado, interpretação da lei, processo e suposto poder discricionário do magistrado. *Revista Jus Navigandi*, Teresina, ano 10, n. 674, 10 maio 2005. Disponível em: <https://jus.com.br/artigos/6674>. Acesso em: 03 fev. 2016.

Para a aplicação de ambos, o magistrado deve valer-se de técnicas interpretativas, tais como: (a) conexões sistemáticas, onde enumera outras normas jurídicas que tratam de assunto semelhante; (b) conexões com os fatos e valores sociais, segundo impõe o art. 5º da Lei de Introdução às Normas do Direito Brasileiro (LINDB), já que o juiz deve levar em conta o bem comum e os fins sociais a que a norma se dirige; (c) considerar os contornos do caso concreto; (d) regras de experiência; e outras.

Ora, sendo assim, o Novo Código Processual, neste quesito, nada mais fez que positivar, por garantia, preceito que, em regra, já era aplicado antes do seu advento, diminuindo assim o âmbito de discricionariedade antes concedido ao juiz.

Desconsideradas as decisões que invocarem "motivos que se prestariam a justificar qualquer outra decisão", o Código de Processo Civil de 2015 se propõe a dar um ultimato às decisões "pré-prontas", elaboradas de acordo com a demanda *lato sensu*, sem, no entanto, atentar-se aos pormenores de cada caso concreto.

A aplicabilidade deste inciso é controversa, principalmente pelo argumento da celeridade processual que, embora seja um dos objetivos elencados pelos processualistas responsáveis pelo Novo Código, será, segundo os magistrados, o principal prejuízo conquistado com ele.

4 Da necessidade de fundamentação analítica no novo CPC

É cediço que o Novo Código de Processo Civil dedicou especial atenção à fundamentação da sentença no que diz respeito à interpretação do direito, relacionando-a diretamente ao contraditório, assegurando às partes o *direito* à *consideração dos argumentos*, ou seja, o direito a que os argumentos descritos no processo pelas partes sejam apreciados pelo órgão julgador.

A evolução do princípio do contraditório para uma versão mais participativa, possibilitará a redução do arbítrio judicial, tornando mais previsível a linha de análise do julgador, além de dar maior objetividade ao controle da motivação da decisão. Ademais, caso seja necessário, facilitará o manejo de recursos à superior instância, considerando que os envolvidos estarão familiarizados com o conteúdo fático e normativo tratado no processo. Pela leitura dos fundamentos da decisão, será feito o controle da decisão judicial e as partes poderão avaliar se ocorreu o contraditório pleno e efetivo.

Segundo Luiz Guilherme Marinoni:[30]

> [...] para que uma decisão possa ser considerada como fundamentada à luz dos arts. 93, IX, CRFB, e 7º, 9º, 10, 11 e 489 do CPC, exige-se: (i) a enunciação das escolhas desenvolvidas pelo órgão judicial para, (i.i) individualização das normas aplicáveis; (i.ii) verificação das alegações de fato; (i.iii) qualificação jurídica do suporte fático; (i.iv) consequências jurídicas decorrentes da qualificação jurídica do fato; (ii) o contexto dos nexos de implicação e coerência entre tais enunciados; e (iii) a justificação dos enunciados com base em critérios que evidenciam a escolha do juiz ter sido racionalmente apropriada.

Uma fundamentação genérica que serve para justificar qualquer decisão carece de referências às particularidades do caso, demonstrando claramente a inexistência de

---

[30] ARENHART, Sérgio Cruz; MARINONI, Luiz Guilherme; MITIDIERO, Daniel. *O Novo Processo Civil*. São Paulo: Revista dos Tribunais, 2015. p. 324.

consideração judicial pela demanda proposta pela parte. Com fundamentação padrão, desligada de qualquer aspecto da causa, a parte não é ouvida, porque o seu caso não é considerado.

Racionalmente, utilizando técnicas específicas de interpretação, através da fundamentação analítica, o julgador demonstrará o motivo pelo qual considerou determinado texto normativo em detrimento de outros possivelmente aplicáveis ao caso concreto. No caso de princípios em confronto, a justificativa que o levou a conferir peso maior a um deles em detrimento de outro e, finalmente, por que emprestou maior relevância a determinados fatos em prejuízo de outros que tenham sido trazidos ao processo.

Com as inovações trazidas pelo novo Código, o dever de motivação será constituído não só de argumentação interna, que consiste na subsunção dos fatos aos textos normativos ao caso concreto, mas também na argumentação externa, que consiste exatamente na tarefa de justificação, concretização e argumentação das premissas a serem utilizadas para a atividade de subsunção do fato à norma.

Caso não haja controvérsia com relação aos termos normativos aplicáveis ao processo, nem em relação à adequada interpretação dos enunciados ou aos fatos jurídicos relevantes a serem considerados, poderá ser utilizada apenas a fundamentação interna.

Das inovações trazidas pelo novo Código, o *art. 489, §1º, IV*, considera não fundamentada a decisão que não enfrentar todos os argumentos deduzidos no processo capazes de, em tese, infirmar a conclusão adotada pelo julgador. Importante ressaltar que o juiz não estará obrigado a enfrentar todos os argumentos para acolher a conclusão a que chegou, devendo abordar aqueles que lhe parecer mais relevante.

Nesta mesma senda, o art.1.013, §1º, do NCPC, preconiza que a apelação devolverá ao tribunal todas as questões suscitadas e discutidas no processo, ainda que não tenham sido solucionadas, desde que relativas ao capítulo impugnado. Da mesma forma, dispõe o enunciado 102 do Fórum Permanente de Processualistas Civis (FPPC) que o pedido subsidiário não apreciado pelo juiz – que acolheu o pedido principal – é devolvido ao tribunal com a apelação interposta pelo réu.

Noutro giro, se o juiz sentenciou favorável a uma das partes, deve apreciar e rejeitar, relacionando os motivos e os argumentos que poderiam conduzir a uma sentença contrária. A grande dificuldade dos juízes será diferenciar as alegações que trazem argumentos relevantes, que merecem uma fundamentação analítica, evitando, assim, um prejuízo à razoável duração do processo.

Na mesma linha interpretativa, o *art. 489, §1º, V*, preconiza que não será considerada fundamentada a *decisão* que se limita a invocar precedente ou enunciado de súmula, sem identificar seus fundamentos determinantes nem sua pertinência ao caso submetido à apreciação, ou seja, o julgador não pode invocar texto normativo sem explicar por que ele se aplica ao caso concreto. A mesma regra valerá para os precedentes e enunciados de súmula. O juiz deverá explicitar a *ratiodecidendi* e a similitude de situações que justifiquem sua pertinência ao caso submetido à sua apreciação, não bastando apenas a aplicação da literalidade de jurisprudências ou súmulas.

Hodiernamente, com a demanda crescente de processos que se acumulam e a cobrança da sociedade por uma justiça célere, desenhou-se a criação dos enunciados de súmula vinculante, para a Administração Pública e os órgãos do Judiciário. As súmulas passaram a ser utilizadas como instrumentos capazes de proporcionar segurança jurídica, isonomia e racionalização do ordenamento jurídico. E, mesmo as súmulas não vinculantes, meramente persuasivas, ganharam aplicabilidade imediata.

Nas lições de André Vasconcelos Roque:

> Para além dos enunciados de súmula, a referência a precedentes jurisprudenciais em geral é costumeiramente realizada no Brasil de forma abstrata, desconectada com as questões e circunstâncias que lhe deram origem, algo muito diferente do que ocorre nos países de *commomlaw* em geral. Um verdadeiro "*commomlaw* à brasileira". Os precedentes são formados e aplicados a milhares de processos, sem que as partes tenham a oportunidade de participar da discussão da tese jurídica travada nos tribunais superiores. Argumentos secundários, que constituem apenas *obter dictum*, são alçados de uma hora para a outra a *ratiodecidendi* e aplicados sem maior reflexão a outros casos que não lhe diziam respeito. E a ordem jurídica acaba engessada, porque a falta de consciência acerca da necessidade de investigação das circunstâncias que originaram o precedente elimina as condições para a evolução do direito mesmo em um ambiente de precedentes vinculantes, com a aplicação de técnicas como o *distinguishing e o overruling*. O litigante que, mesmo com argumentos sérios, pretenda a revisão da jurisprudência estará muito provavelmente fadado ao insucesso, diante da sistemática resistência dos tribunais em rediscutir a tese.[31]

A utilização de precedentes no Brasil necessita de um tempo para "maturação", não pode ser implementada de maneira irresponsável, pressionada pela crise estrutural vivenciada pelo Judiciário. O novo Código estabelece o dever do julgador de ir além da aplicação imediata de jurisprudência e enunciados sumulares, técnicas de interpretação e superação de precedentes precisarão ser estudadas e consolidadas.

Ademais, o *art. 489, §1º, VI*, considera não fundamentada a decisão que deixa de seguir enunciado de súmula, jurisprudência ou precedente invocado pela parte, sem demonstrar a existência de distinção no caso em julgamento ou a superação do entendimento se o juiz está obrigado a apreciar todos os fundamentos relevantes que poderiam infirmar a conclusão a que chegou. O mesmo ocorrerá quando esta alegação da parte consiste em um enunciado de súmula, jurisprudência ou precedente.

Não é imposta a obrigatoriedade ao julgador de seguir sem distinção os precedentes e os enunciados sumulares, podendo o juiz afastar sua aplicabilidade com a utilização de técnicas específicas, como o *distinguishing* ou o *overruling*. De qualquer maneira, será exigida a fundamentação analítica do juiz, que não poderá simplesmente por convencimento interno, discordar da aplicabilidade de tais dispositivos.

5 Utilização da técnica da ponderação na solução de conflitos entre princípios e/ou normas no novo Código

Vale ressaltar a referência feita à ponderação no *art. 489, §2º, do novo CPC*. O novo Código trouxe o postulado da ponderação, que consiste em atribuir pesos a elementos que se enlaçam. Essa técnica servirá para estruturar a interpretação e a aplicação do direito.

O dispositivo supracitado estabelece que no caso de colisão entre normas, o juiz deve justificar o objeto e os critérios gerais da ponderação efetuada, enunciando

---

[31] ROQUE, André Vasconcelos. O dever de fundamentação analítica no Novo CPC e a normatividade dos princípios. In: ALVIM, Thereza Arruda. et al. *O Novo Código de Processo Civil Brasileiro*. Estudos Dirigidos: Sistematização e Procedimentos. Rio de Janeiro: Forense, 2015.

as razões que autorizam a interferência na norma afastada e as premissas fáticas que fundamentam a conclusão.

A técnica da ponderação vem sendo aplicada no Direito Brasileiro, na solução de casos que envolvam princípios constitucionais e direitos fundamentais. Por exemplo, quando a Constituição protege, simultaneamente, valores ou bens em contradição ou sempre que a esfera de proteção de um determinado direito for constitucionalmente protegida de modo a confrontar a esfera de outro direito igualmente fundamental e constitucional. Com a implementação da exigência de fundamentação analítica da decisão, a utilização do postulado da ponderação para solução de conflitos deverá se estender a milhares de situações concretas.

6 Da interpretação da decisão judicial e o princípio da boa-fé

O CPC/2015, em seu art. 489, §3º, traz expressamente a previsão de que a decisão judicial deve ser interpretada a partir da conjugação de todos os seus elementos e de acordo com o princípio da boa-fé, dando ao tema o destaque merecido. Essa previsão parte do reconhecimento da insuficiência da lei na produção de uma norma apta a garantir a segurança jurídica. A norma é, como visto, na verdade, fruto da interpretação da decisão judicial, que a individualiza e concretiza, e de onde, também, a partir de sua fundamentação, é possível extrair uma norma geral aplicável como "modelo para solução de casos semelhantes".[32]

Nesse sentido, Marcelo Barbi Gonçalves afirma que "o intérprete deve escolher e valorar entre duas ou mais opções de significado a fim de se obter a norma jurídica individual do caso concreto".[33]

Ora, se é da interpretação da decisão judicial que se extrai a norma jurídica, essa atividade tem uma implicação evidente na eficácia desta norma, na definição dos limites da coisa julgada e, inclusive, na formação de precedentes, tornando mais robusto o elemento do *distinguishing*.

Compreendida a importância da interpretação da decisão judicial na formação da norma jurídica, com o objetivo de qualificar essa atividade, o dispositivo mencionado traz uma importante, embora simples, orientação ao intérprete do direito: para se compreender plenamente um texto é preciso, antes, compreender o seu contexto, considerando também os objetivos e os seus destinatários. É preciso considerar que a decisão judicial responde a um pedido, eventualmente contraposto, decorrente de uma situação a qual se aplica o direito.

Assim, a preocupação com a interpretação deve vir, inicialmente, do próprio juiz que, para garantir a clareza e a coerência da decisão, deve checar a lógica estabelecida entre os elementos da decisão, ou seja, demonstrar, da forma mais clara possível, como, dos fatos trazidos pelas partes, desenvolveu-se o raciocínio que o levou a dada conclusão. Para tornar possível a interpretação como recomenda o Código, é necessária a presença satisfatória dos elementos da decisão.

---

[32] BUSTAMANTE, Thomas da Rosa de, *apud* DIDIER Jr., Fredie, *op. cit.*, p. 389.
[33] GONÇALVES, Marcelo Barbi. Processo e linguagem: coisa julgada, segurança jurídica e pluralismo metodológico. *Revista de Processo – IBDP*, São Paulo, ano 40, v. 241, p. 57, marc./2015.

Fredie Didier Jr. traça, a partir daí, um esboço para uma teoria da interpretação judicial, estruturada sobre três premissas básicas: a análise conjunta da fundamentação e do dispositivo; a consideração das postulações de ambas as partes e a aplicação das normas de interpretação dos atos jurídicos.[34]

A primeira premissa decorre diretamente do dispositivo em questão, afinal, fundamentação e dispositivo são elementos indispensáveis a qualquer decisão judicial e a fundamentação traz em si o objetivo de justificar o dispositivo, que dela deve decorrer logicamente e que traz em si a resposta às postulações trazidas pelas partes (aqui já se revela a segunda premissa, demonstrando o quão intricado é e deve ser o processo interpretativo da decisão judicial).

A terceira premissa, por sua vez, traz a interpretação da decisão judicial, a aplicação dos artigos 112 e 113 do Código Civil, que preveem, respectivamente, o critério teleológico, privilegiando a intenção consubstanciada na declaração de vontade em detrimento do sentido literal da linguagem, e a atenção ao princípio da boa-fé e os usos do lugar, reforçando aquilo que determina o Novo Código de Processo Civil, que a decisão judicial deve ser interpretada de forma que se dê a ela maior eficácia.

O parágrafo 3º, do art. 489, assim como as demais previsões acerca dos elementos e da fundamentação das decisões judiciais, juntos, buscam dar à decisão judicial maior eficácia e robustez, privilegiando, assim, a segurança jurídica, num sistema que objetiva um processo mais democrático, também por isso, justo e eficiente.

7 Considerações finais

Descortinando-se a nova ordem processual civil brasileira, inteiramente concebida dentro de um regime democrático de direito e caracterizada pela sua adequação à ordem constitucional vigente, muitos dos institutos processuais civis até então existentes passarão por verdadeiras transformações, a exemplo do que se dará com o da sentença.

Ampliando-se o seu conceito restrito preconizado no CPC de 1973, o novo regramento processual civil engloba, neste instituto, as decisões interlocutórias, as monocráticas e os acórdãos, exigindo, para todas elas, além do relatório, a motivação e a fundamentação, verdadeiros pressupostos do exercício de direito de defesa, do contraditório, do devido processo legal e, via de consequência, garantia do próprio estado democrático de direito.

Com a nova sistemática processual civil, a decisão judicial estará adstrita a considerar todos os argumentos suscitados pelas partes, tornando mais participativo o contraditório e reduzindo eventual caráter arbitrário do julgado, o que, por certo, facilitará o seu controle recursal.

A importância da fundamentação de todas as decisões judiciais na iminente nova ordem processual mostra-se tão evidenciada que o legislador positivou as hipóteses em que o decidir seria eivado de nulidade por ausência de fundamentação.

Tal dever inova, ainda, na repercussão sobre limites objetivos da coisa julgada, na medida em que questões prejudiciais, expressa e incidentalmente decididas, também serão por ela atingidas, vedando-se o "fundamento surpresa", ainda mais quando

---

[34] DIDIER Jr., *op. cit.*, p. 391-393.

consideradas as tutelas de urgência e evidência, bem assim quando determinada a inversão do ônus da prova, tudo sob a égide da boa cooperação processual.

A motivação das decisões judiciais ganha ainda maior visibilidade quando considerada a crescente valorização dos precedentes - Incidentes de Resolução de Demandas Repetitivas; Incidentes de Assunção de Competências; Sistemática dos recursos repetitivos e de repercussão geral.

Essa correlação entre fundamentação da decisão e precedente, enfatizada no CPC -2015, permitirá que as sentenças, antes entendidas como simples normas individuais e concretas, possam representar norma jurídica geral, advinda a partir do exame de casos concretos, mas que servirão como padrão decisório para a solução de conflitos semelhantes.

Por evidente, a novel sistemática processual civil que se apresenta passará por um inexorável período de maturação, demandando de todos nós, operadores do direito, um comprometimento com o seu aprimoramento, certos de que, uma vez ultrapassado o seu período inicial de implantação, colheremos frutos, oxalá positivos, em especial quando considerada a crise estrutural vivenciada no Judiciário.

Referências

ABREU, Frederico do Valle. Conceito jurídico indeterminado, interpretação da lei, processo e suposto poder discricionário do magistrado. *Revista Jus Navigandi*, Teresina, ano 10, n. 674, 10 maio 2005. Disponível em: <https://jus.com.br/artigos/6674>. Acesso em: 03 fev. 2016.

ARAÚJO, José Henrique Mouta. O Conceito de Sentença e o Projeto do Novo CPC. *Revista Síntese de Direito Civil e Processual Civil*, São Paulo, v. 12, n. 70, p. 110-115, mar./abr. 2011.

ARENHART, Sérgio Cruz; MARINONI, Luiz Guilherme; MITIDIERO, Daniel. *O Novo Processo Civil*. São Paulo: Revista dos Tribunais, 2015.

BUENO, Cassio Scarpinella. Visão geral do(s) projeto(s) de Novo Código de Processo Civil. *Revista de Processo*, São Paulo, v. 235, p. 355-378, set. 2014.

BUENO, Cassio Scarpinella. *Novo Código de Processo Civil anotado*. São Paulo: Saraiva, 2015.

CAVALIERI FILHO, Sérgio. *Programa de Direito do Consumidor*. 3. ed. São Paulo: Atlas, 2011.

DANTAS, André Ribeiro. O dever de fundamentação das decisões judiciais. *Revista Forense*, Rio de Janeiro, v. 416, p. 68-88, jul./ dez. 2012.

DELLORE, Luiz. Da ampliação dos limites objetivos da coisa julgada no Novo Código de Processo Civil. *Quieta non movere. Revista de Informação Legislativa*. Brasília, ano 48, n. 190, p. 35-43, abr./jun 2011.

DIDIER Jr., Fredie; BRAGA, Paula Sarno; OLIVEIRA, Rafael Alexandria de. *Curso de direito processual civil*: teoria da prova, direito probatório, ações probatórias, decisão, precedentes, coisa julgada e antecipação dos efeitos da tutela. 10. ed. Salvador: Juspodivm, 2015.

DIDIER JR., Fredie. *Sobre a fundamentação da decisão judicial*. Disponível em: <http://www.frediedidier.com.br/artigos/sobre-a-fundamentacao-da-decisao-judicial/>. Acesso em: 03 fev. 2016.

FACCHINI NETO, Eugênio. A Sentença em Perspectiva Comparada. Estilos norte-americano, francês e italiano em confronto. *Revista de Processo*. São Paulo, v. 235, p. 407-434, set./2014.

GONÇALVES, Marcelo Barbi. Processo e linguagem: coisa julgada, segurança jurídica e pluralismo metodológico. *Revista de Processo – IBDP*, São Paulo, ano 40, v. 241, p. 57, março/2015.

HESSE, Konrad. *A Força Normativa da Constituição*. Porto Alegre: Sergio Antonio Fabris Editor, 1991.

MAZZEI, Rodrigo. Omissão de fundamentação (motivação) decisória em relação aos honorários de advogado judiciais (sistema atual e Projeto do Novo CPC). *Revista Forense*, Rio de Janeiro, v. 419, p. 189-208, jan./jun. 2014.

MITIDIERO, Daniel. Fundamentação e precedente – dois discursos a partir da decisão judicial. *Revista de Processo*, São Paulo, n. 206, abr./2012.

PERO, Maria Thereza Gonçalves. *A motivação da sentença civil*. São Paulo: Saraiva, 2001.

ROQUE, Andre Vasconcelos. O Dever de Fundamentação Analítica no Novo CPC e a Normatividade dos Princípios. In: ALVIM, Thereza Arruda. et al. *O Novo Código de Processo Civil Brasileiro*. Estudos Dirigidos: Sistematização e Procedimentos. Rio de Janeiro: Forense, 2015.

TUCCI, José Rogério Cruz e. *A motivação da sentença no processo civil*. São Paulo: Editora Saraiva, 1987.

TUCCI, José Rogério Cruz e. Garantias constitucionais da publicidade dos atos processuais e da motivação das decisões no Projeto do CPC – Análise e proposta. *Revista de Processo*, São Paulo, ano 35, v. 190, p. 257-269, dez. 2010.

WAMBIER, Teresa Arruda Alvim. et al. *Primeiros comentários ao Novo Código de Processo Civil:* artigo por artigo. São Paulo: Revista dos Tribunais, 2015.

Informação bibliográfica deste texto, conforme a NBR 6023:2002 da Associação Brasileira de Normas Técnicas (ABNT):

NASCIMENTO, Ângela Soraya Bezerra de Mello. et al. Fundamentação da sentença no Novo Código de Processo Civil. In: BRITTO, Alzemeri Martins Ribeiro de; BARIONI, Rodrigo Otávio (Coords.). *Advocacia pública e o Novo Código de Processo Civil*. Belo Horizonte: Fórum, 2016. p. 201-216. ISBN 978-85-450-0173-7.

BREVE ANÁLISE DA COISA JULGADA À LUZ DO NOVO CPC

ANDRÉA GUSMÃO

CLÁUDIA SOUZA ARAGÃO

DANIEL SILVA COSTA

DEYSE DEDA CATHARINO GORDILHO

LÍLIAN DE NOVAES COUTINHO FIUZA

NACHA GUERREIRO SOUZA AVENA

1 Introdução

A coisa julgada constitui-se um dos temas mais complexos do Direito Processual brasileiro. Analisando a história do nosso Direito Processual, poucos têm sido os pontos de concordância na doutrina, no que tange a esta relevante temática, a começar pela própria nomenclatura.

A denominação "coisa julgada" é a mais tradicional e amplamente empregada pela legislação processual brasileira, muito embora, para determinados doutrinadores, a expressão "caso julgado", como está previsto no art 6º, §3º da lei de introdução às normas do Direito Brasileiro, fosse mais adequada à realidade.

O Novo Código de Processo Civil trouxe relevantes alterações ao sistema processual brasileiro, conferindo ao capítulo da coisa julgada um tratamento cujo fim é o de melhor adequar o tema à necessidade e à realidade do sistema jurídico brasileiro.

A pretensão deste estudo é uma breve análise das modificações introduzidas pelo NCPC no que diz respeito ao tema, abrangendo o conceito adotado pelo legislador no art. 502 do NCPC; os seus limites objetivos e subjetivos, art. 503 *caput* do NCPC; a incidência da coisa julgada sobre as questões prejudiciais, expressamente prevista no parágrafo 1º do artigo 503, talvez a maior inovação no regramento da coisa julgada, pondo fim à ação declaratória incidental; as hipóteses em que o novo Código dispõe expressamente que não fazem coisa julgada, tais como: os motivos importantes que determinam o alcance do dispositivo da sentença, a verdade dos fatos, adotada como fundamento da sentença, e a decisão que concede a tutela antecipada, previstos nos arts. 504 e 304, parágrafo 6º, respectivamente; e, por fim, a possibilidade de ação rescisória contra decisão que ofenda a coisa julgada, art. 966, inciso IV.

Por certo, este esboço não pretende esgotar, muito menos encerrar os debates sobre o tema, mas tão somente trazer à baila, as mais relevantes discussões doutrinárias sobre a coisa julgada no NCPC.

2 Conceito legal

A existência da coisa julgada remonta suas origens ao direito romano clássico, cujo alcance e limites foram aos poucos desenvolvidos, ao longo de todo esse período até os dias de hoje, nos mais diversos ordenamentos jurídicos. Os romanos justificavam a coisa julgada com razões inteiramente práticas de utilidade social, argumentando que para que a vida social se desenvolvesse de modo mais seguro e pacífico possível, era necessário imprimir certeza ao gozo dos bens da vida e garantir o resultado do processo.[1]

No sistema jurídico brasileiro, a coisa julgada está prevista no art. 5º, inc. XXXVI da CF, dentre as garantias e direitos fundamentais, "a lei não prejudicará o direito adquirido, o ato jurídico perfeito e a coisa julgada", possuindo, portanto, status constitucional. A sua definição, entretanto, é tarefa do legislador infraconstitucional.

No NCPC, o conceito de coisa julgada consta no art. 502: "Denomina-se coisa julgada material, a autoridade que torna imutável e indiscutível a decisão de mérito não mais sujeita a recurso", que além de modificar o adotado pelo art. 467 do CPC de 1973, "denomina [como] coisa julgada material, a eficácia, que torna imutável e indiscutível a sentença não mais sujeita a recurso ordinário e extraordinário", põe fim a algumas discussões de ordem prática até então existentes.

Pois bem! Da análise do dispositivo, verifica-se como primeira novidade a adoção da nomenclatura "autoridade", em substituição à anteriormente utilizada no CPC de 1973, "eficácia", em uma clara opção do legislador pela teoria Liebman para a definição de coisa julgada, para quem esta seria uma qualidade da sentença, e não um efeito seu, ou seja, não seria gerado por ela - sentença.

Além disso, o NCPC pôs fim a uma discussão de ordem prática ao estabelecer, no art. 502, que a decisão de mérito é que se sujeita à coisa julgada, e não mais somente a sentença, conforme previa equivocadamente o CPC de 1973. Ou seja, tanto a sentença, quanto o acórdão, bem como as decisões monocráticas e, ainda, a decisão interlocutória que decida parcialmente o mérito da ação, podem fazer coisa julgada, contanto que decidam o mérito.

Assim, essencial para existir coisa julgada material é que a decisão tenha julgado o mérito, ainda que de forma parcial (o NCPC inova ao adotar expressamente a possibilidade de decisão interlocutória de mérito parcial, art. 354 e 356). Nessa concepção, as decisões terminativas do feito, ou seja, aquelas que extinguem o processo sem julgamento do mérito, portanto, não se incluem no conceito de coisa julgada material, adotado pelo NCPC.

A intenção de legislador ao usar o termo "decisão" e abandonar o termo "sentença" como era utilizado pelo CPC de 1973, foi adequar o dispositivo à realidade

---

[1] CHIOVENDA, Giuseppe. *Instituições de Direito Processual Civil*. Bookseller: Campinas, 1998. v. I.

do sistema brasileiro, usando uma expressão ampla e genérica, que abrangesse, de fato, aquilo que juridicamente é passível de ser objeto da coisa julgada material.

Por fim, ainda no que se refere ao texto legal, foram excluídos os termos ordinário e extraordinário existentes no final do art. 467 do CPC de 1973, para melhor adequação à regra já vigente no ordenamento jurídico brasileiro de que a coisa julgada exige inexistência de possibilidade de recurso, independentemente, de ser ordinário ou extraordinário.

Optou o legislador, ainda, por manter as expressões "imutável" e "indiscutível", previstas no art. 467 do CPC de 1973, que significam a impossibilidade de alteração e de rediscussão da decisão.

Assim, da definição adotada pelo NCPC no art. 502, extrai-se que é objeto da coisa julgada material, a decisão de mérito não mais sujeita a recurso.

2.1 Coisa julgada formal e material

Coisa julgada é a indiscutibilidade do conteúdo de determinadas decisões judiciais, pela estabilidade que adquirem. Existe a coisa julgada formal e a material, uma diferença conceitual mantida pelo NCPC, que se extrai da leitura dos arts. 485, 486 e 487 ao estabelecerem as hipóteses em que o legislador resolverá ou não o mérito, e quando o pronunciamento judicial que não resolve o mérito, sobre o qual, portanto, não incide a coisa julgada material, não impede que a parte proponha nova demanda judicial.

A coisa julgada formal, na sistemática da legislação nacional, é a impossibilidade de modificação e de discussão de uma decisão dentro de um mesmo processo, seja pelo não cabimento de recursos, seja porque a lei não mais os admite, seja pelo decurso do prazo, por desistência ou renúncia à sua interposição, ou ainda, pela preclusão lógica, em virtude da prática de um ato incompatível com a vontade de recorrer. Assim, a coisa julgada formal está relacionada ao esgotamento das vias recursais, tornando preclusa a possibilidade de se realizarem quaisquer outros atos processuais tendentes à alteração da decisão, sendo conceituada por alguns autores apenas como a preclusão máxima que torna imutável a decisão, mas ocorre sempre como um evento interno e só tem eficácia dentro do processo em que surgiu, o que não impede que o tema volte a ser ventilado em nova relação processual.

Já a coisa julgada material foi definida pelo art. 502 do NCPC como "a autoridade que torna imutável e indiscutível a decisão de mérito não mais sujeita a recurso", do que se pode definir a autoridade como uma qualidade que torna imutável o conteúdo da decisão de mérito, impedindo que este seja discutido em outras demandas (aspecto negativo), e assegura à parte vencedora o direito subjetivo que lhe foi reconhecido no processo (aspecto positivo).

Assim, atinge o direito material das partes, aplica-se a todos os sujeitos da relação processual, inclusive o juiz, e tem efeitos extraprocessuais, pois a relação jurídica de direito material não poderá mais ser discutida em qualquer processo. A exceção fica restrita às hipóteses de cabimento da denominada ação rescisória.

O fundamento da coisa julgada material é a necessidade de estabilidade nas relações jurídicas. É um mecanismo de fundamental importância para a manutenção da segurança jurídica das relações sociais, pois torna impossível a rediscussão da lide, com todas as questões, alegações e defesas que poderiam vir a surgir, o que se denomina de eficácia preclusiva, positivado no art. 508 do NCPC, porque torna irrelevante qualquer alegação que se poderia fazer ao acolhimento ou à rejeição do pedido.

Desta forma, enquanto a coisa julgada formal ocorre dentro do mesmo processo em que a decisão foi proferida, sem impedir que haja nova discussão da lide em outra demanda, a que se denomina princípio da inalterabilidade do julgamento; a material faz lei entre as partes, produzindo efeitos extraprocessuais. A coisa julgada formal se aplica a qualquer processo, tenha ou não havido decisão de mérito, enquanto que a material exige decisão de mérito; para a existência da coisa julgada material, imprescindível é que tenha havido primeiro a formal, o inverso, porém, não é verdadeiro; a coisa julgada formal pode existir sozinha, como decisões meramente terminativas, que extinguem o processo sem julgar a lide, ou seja, em que não há julgamento do mérito e, consequentemente, não há coisa julgada material.

A coisa julgada material, como já dita, possui o que se denomina de efeitos positivo e negativo. O efeito negativo impede nova decisão sobre o que já foi decidido, funciona como um pressuposto processual de validade negativo, ou seja, para que a relação processual se desenvolva validamente é necessário que não haja coisa julgada material, caso exista, o momento oportuno da parte alegá-la é na contestação, como matéria preliminar, consoante previsto no art. 337, inc. VII do CPC. Hipótese em que haverá extinção do processo sem julgamento do mérito, com fundamento no art. 485, inc. V do NCPC.

Já o efeito positivo impõe a observância da coisa julgada quando ela é utilizada como fundamento do pedido, diz respeito à possibilidade de se incorporar na decisão de um processo superveniente, a decisão proferida em um processo anterior, abarcada pelo trânsito em julgado. Um exemplo clássico do chamado efeito positivo da coisa julgada é a ação de alimentos posterior ao reconhecimento de paternidade julgado procedente. A decisão que reconheceu a paternidade será incorporada naquela que julgar os alimentos. A cognição do juiz se limitará às questões relativas a esta última, sendo-lhe vedado apreciar novamente a questão já decidida.

3 Formação da coisa julgada. Pressupostos

Não resta dúvidas de que a coisa julgada é um importante mecanismo de proteção e realização da segurança Jurídica, razão pela qual, como dito anteriormente, ganhou status constitucional, visto que a *res iudicata* se relaciona, pois, aos interesses da paz social e da certeza jurídica.

A Carta Magna de 1988 e o Código de Processo Civil Pátrio trazem em seu bojo apenas a expressão "coisa julgada". Não utilizam, pois, a expressão "coisa julgada formal", a qual consiste numa construção doutrinária. A coisa julgada estabiliza a discussão sobre uma determinada situação jurídica, consolidando um "direito adquirido" reconhecido judicialmente. A inviolabilidade da coisa julgada por lei posterior foi elencada à categoria de direito fundamental, conforme art. 5º da Constituição Federal de 1988.

Segundo Câmara, "existem duas formas de conferir estabilidade ao ato processual: a preclusão e a coisa julgada, as quais não se confundem com o fenômeno da estabilização".[2] Como é cediço, denomina-se preclusão, a perda da possibilidade de se praticar um ato processual. Da preclusão sempre resultará uma estabilidade processual.

Ocorre o trânsito em julgado da decisão quando precluem os recursos. O trânsito em julgado é efeito da preclusão dos recursos (ou por terem sido todos usados, ou por ter decorrido o prazo sem que o recurso admissível tivesse sido interposto).

O novo CPC avançou bastante no que concerne à temática da coisa julgada, superando para muitos doutrinadores e juristas, o modelo do código de 1973, considerado ultrapassado e incoerente em diversos pontos. O novo CPC adotou a tese de Liebman (que ainda corresponde ao entendimento majoritário no Brasil), que entendia que os efeitos da sentença são diferentes da autoridade da coisa julgada (*auctoritas rei iudicatae*). Para Liebman, a coisa julgada seria uma qualidade que se agregava à sentença de mérito após o esgotamento dos recursos, mas não era criada, gerada ou produzida pela própria sentença.

Segundo a doutrina tradicional para a formação da coisa julgada material, é essencial haver a coisa julgada formal. A coisa julgada formal, por sua vez, seria um evento intraprocessual (imutabilidade e indiscutibilidade da sentença compreendida como um fato interno do processo, impedindo a rediscussão da matéria naquele procedimento, mas não em outros).

Dessa forma, a coisa julgada formal seria, no dizer de Wambier, "um pressuposto lógico da coisa julgada material",[3] contudo, o inverso não se verificaria, já que é possível a formação da coisa julgada formal sem que se configure a coisa julgada material. Por sua vez, diferentemente da coisa julgada formal, que é endógena, a coisa julgada material operaria efeitos para além do processo, porque a norma do direito material passa a ser aquela decidida no caso concreto.

Consoante assevera Didier Jr., a coisa julgada como sendo um efeito jurídico "decorre de um fato jurídico que no caso é composto".[4] Para o ilustre autor, seria, pois, a coisa julgada, o resultado da combinação de dois fatos: a) Uma decisão jurisdicional fundada em cognição exauriente; b) O trânsito em julgado.

Analisando-se de forma pormenorizada o novo CPC, verifica-se que o art. 502 estabelece como pressuposto da coisa julgada a existência de uma decisão de mérito, contudo, é possível vislumbrar a coisa julgada também em decisões que não sejam de mérito.

Desta forma, o primeiro pressuposto para a formação da coisa julgada é a existência de uma decisão jurisdicional. Tal decisão judicial apta à coisa julgada deve fundar-se em cognição exauriente. Estariam, por conseguinte, excluídas deste contexto as decisões proferidas em cognição sumária (arts. 294 a 311 do NCPC). Uma decisão que concede liminarmente a tutela provisória, por exemplo, não teria aptidão para a formação da coisa julgada. Desta forma, ao empregar o legislador a expressão "decisão de mérito" no novo Código (em lugar de sentença, como anteriormente previsto), buscou este abarcar, tanto a hipótese clássica da estabilidade das sentenças de mérito,

---

[2] FREITAS CÂMARA, Alexandre. *O novo Processo Civil Brasileiro*. São Paulo: Atlas, 2015. p. 299.
[3] WAMBIER, Teresa Arruda Alvim. et al. *Primeiros comentários ao Novo código de Processo Civil*. São Paulo: Revista dos Tribunais, 2015. p. 1282.
[4] DIDIER JR., Fredie; BRAGA, Paula S.; OLIVEIRA, Rafael A. *Curso de Direito Processual Civil*. Teoria da Prova, Direito Probatório, Decisão, Precedente, Coisa Julgada e Tutela Provisória. Salvador: Juspodivm, 2015.

quanto os acórdãos e as decisões unipessoais (monocráticas) proferidas pelo relator, desde que abordem o mérito.

Ressalte-se, por oportuno, que o novo Código de Processo civil admite também a possibilidade de uma decisão interlocutória de mérito tornar-se indiscutível também pela coisa julgada.

O segundo pressuposto para a configuração da coisa julgada é o trânsito em julgado. É de fundamental importância, para que a coisa julgada esteja devidamente caracterizada, que contra a decisão proferida pelo magistrado (incluindo neste conceito os acórdãos e as decisões monocráticas proferidas pelo relator consoante já salientado) não caiba mais recurso, seja ele qual for (art. 502).

A imutabilidade da decisão em virtude do seu trânsito em julgado tem como consequência a impossibilidade de rediscussão da lide já julgada. Já a indiscutibilidade, conforme salienta Dellore, "tem o condão de fazer com que, em futuros processos (diferentes do anterior), a decisão a que anteriormente se chegou seja observada e respeitada".[5]

3.1 Regimes de formação da coisa julgada

No Direito Processual brasileiro, há três diferentes modos de formação da coisa julgada. No primeiro modo (regra geral do nosso CPC), a coisa julgada formar-se-ia *pro et contra,* ou seja, ocorreria independentemente do teor da decisão judicial a ser considerada. A decisão definitiva está apta a produzir a coisa julgada (arts. 502 e 503 do NCPC), independentemente da procedência ou da improcedência do pedido que neste contexto seria irrelevante.

Há, também, a situação em que a coisa julgada se formaria a depender do resultado do processo (coisa julgada *secundumeventum litis*). Nesta segunda espécie, que não é muito bem vista pela doutrina, coloca-se uma das partes em posição de vantagem perante a outra. As partes são tratadas de forma desigual sendo uma delas colocada em posição de desvantagem, uma vez que a coisa julgada dependerá do resultado do processo. Conforme assevera Didier Jr., "É o caso da coisa julgada no processo penal: a sentença condenatória sempre pode ser revista em favor do réu. Não parece haver exemplo no processo civil".[6]

Um terceiro tipo refere-se a denominada coisa julgada *secundum eventum probationis* que é a que se forma em caso de esgotamento das provas (somente se a demanda for julgada procedente, face o esgotamento da prova, ou improcedente, com suficiência de provas). No caso da decisão proferida ser no sentido da improcedência por insuficiência de provas, não haveria formação da coisa julgada. Pode-se elencar como exemplos do que acabamos de afirmar, a coisa julgada coletiva, a coisa julgada na ação popular e a coisa julgada no mandado de segurança individual ou coletivo.

---

[5] DELLORE, Luiz. Da ampliação dos limites da coisa julgada no novo Código de Processo Civil. *Revista de Informação Legislativa*, Brasília, ano 48, n. 190, p. 39, abr-jun 2011.
[6] DIDIER JR., Fredie; BRAGA, Paula S.; OLIVEIRA, Rafael A. *Curso de Direito Processual Civil.* Teoria da Prova, Direito Probatório, Decisão, Precedente, Coisa Julgada e Tutela Provisória. Salvador: Juspodivm, 2015. p. 519.

4 Conceito de limites objetivos e subjetivos da coisa julgada

Conforme previsto no o art. 489 do CPC/2015, cuja correspondência no CPC/1973 era o art. 458, a sentença é composta de três elementos, a saber: o relatório, a fundamentação e o dispositivo.

No relatório, constará a causa do litígio, os pedidos e os argumentos da defesa, além dos demais fatos e acontecimentos ocorridos ao logo do processo. Em resumo, seria uma recapitulação da lide, permitindo a sua compreensão a qualquer pessoa.

Na fundamentação, será exposto o raciocínio feito pelo magistrado ao analisar a inicial, a defesa, possíveis intervenções, bem como, todas as demais manifestações das partes e provas produzidas nos autos.

No dispositivo, será exposta a decisão da autoridade julgadora sobre o objeto litigioso, resolvendo as principais questões submetidas pelas partes.

Os limites à coisa julgada (objetivos e subjetivos) são tratados, principalmente, nos arts. 503 e 506 do NCPC/2015, além de constarem em outros dispositivos os quais serão citados nesse artigo. Doutrinariamente, foi feita uma diferenciação entre os limites legais da coisa julgada, os quais seriam limitações de ordem objetiva e subjetiva.

A importância de estudar os limites da coisa julgada surge da força gerada pela decisão judicial. A sentença é considerada como uma norma jurídica individualizada, que poderá afetar não só as partes do processo, mas todo o sistema processual, uma vez que essa decisão, por força da coisa julgada, se tornará indiscutível. A indiscutibilidade da coisa julgada, por sua vez, é o que a diferencia das demais normas em sentido amplo que, ao contrário da decisão judicial transitada em julgado, poderão ser alteradas em qualquer momento posterior à sua criação. Assim, os limites da coisa julgada surgem a partir da norma jurídica individualizada, que criou a segurança jurídica, conferindo indiscutibilidade à decisão transitada em julgado e definindo o seu objeto (limites objetivos) e as pessoas afetadas (limites subjetivos).

Os limites subjetivos estão definidos no art. 506 do NCPC/2015 e dizem respeito às pessoas que podem ser atingidas pela coisa julgada: "A sentença faz coisa julgada às partes entre as quais é dada, não prejudicando terceiros". O referido dispositivo traz um limite que diz respeito às pessoas sobre as quais recairão os efeitos da coisa julgada, não permitindo que os terceiros que não tenham participado da lide sejam prejudicados. Sobre o dispositivo legal mencionado, o mestre Didier Jr., conceitua:

> [...] Este dispositivo do CPC inspirou-se nas garantias constitucionais da inafastabilidade da jurisdição, do devido processo legal, do contraditório e da ampla defesa (art. 5º, XXXV, LIV e LV, CF). Isso porque, segundo o espírito do sistema processual brasileiro, ninguém poderá ser atingido pelos efeitos de uma decisão jurisdicional transitada em julgado, sem que se lhe tenha sido garantido o acesso à justiça, com um processo devido, onde se oportunize a participação em contraditório [...].[7]

Os limites objetivos previstos, principalmente, no art. 503 do NCPC (a decisão que julgar, total ou parcialmente, o mérito, tem força de lei nos limites da questão principal expressamente decidida) e no art. 504 (não fazem coisa julgada: I - os motivos, ainda que

---

[7] DIDIER JR., Fredie; BRAGA, Paula S.; OLIVEIRA, Rafael A. *Curso de Direito Processual Civil*. Teoria da Prova, Direito Probatório, Decisão, Precedente, Coisa Julgada e Tutela Provisória. Salvador: Juspodivm, 2015. p. 524.

importantes para determinar o alcance da parte dispositiva da sentença; II - a verdade dos fatos, estabelecida como fundamento da sentença), tratam de restringir o objeto da indiscutibilidade à parte dispositiva da sentença.

O art. 503 do NCPC traz uma inovação em relação ao CPC/1973, ao conceber a decisão parcial de mérito e prever que esta transite em julgado. O art. 504 do NCPC, por sua vez, estabelece expressamente que os motivos delineados pelo Julgador, bem como, a verdade dos fatos utilizada como fundamento para a decisão do juiz ou colegiado sobre o caso concreto, que seria a sua avaliação sobre os fatos narrados e as provas apresentadas, não estão sujeitas à coisa julgada.

Pelos ensinamentos de Theodoro Júnior, os motivos "limitam-se ao plano lógico da elaboração do julgado",[8] seria ele o raciocínio do juiz com a finalidade de chegar a uma conclusão sobre o litígio apresentado. Essa conclusão seria exposta na decisão, na parte dispositiva, que representaria uma resposta ao questionamento das partes processuais. Sobre tal decisão é que se deve recair a imutabilidade.

Quanto à verdade dos fatos, esta "seria a razão de decidir, que integraria a solução do pedido",[9] sobre ele não deveria recair a coisa julgada, por tratar da cognição do magistrado a respeito dos fatos trazidos à lide, que teriam sido comprovados tendo como base as provas e as alegações feitas pelas partes.

O resultado da limitação presente no art. 504, segundo Didier Jr., é que "outro órgão julgador pode dar às mesmas questões de direito, outra interpretação, ou pode ter outro convencimento acerca das mesmas questões de fato",[10] seria o respeito ao livre convencimento do magistrado para julgar a lide apresentada.

Contudo, o mesmo autor ressalta que apesar da não incidência da imutabilidade, a "sentença será um indício".[11] Significa dizer que a decisão não será prova de que os fatos ocorreram conforme o entendimento do juiz, mas servirá como "prova indireta", uma "presunção judicial da ocorrência do fato enunciado na sentença anterior".[12] Em outras palavras, a decisão pode não tornar indiscutível que o fato ocorreu conforme o entendimento do magistrado, mas serviria para gerar um indício.

5 Questões prejudiciais e coisa julgada. Modificações do novo CPC

Considera-se questão prejudicial aquela cuja solução dependerá não da possibilidade nem da forma do pronunciamento sobre outra questão, mas do teor mesmo desse pronunciamento. "A segunda questão depende da primeira não no seu ser, mas no seu modo de ser".[13]

---

[8] THEODORO JÚNIOR, Humberto. *Curso de Direito Processual Civil*. Teoria geral do direito processual civil, processo de conhecimento e procedimento comum. 56. ed. Rio de Janeiro: Forense, 2015. v. 1, p. 1110.

[9] THEODORO JÚNIOR, Humberto. *Curso de Direito Processual Civil*. Teoria geral do direito processual civil, processo de conhecimento e procedimento comum. 56. ed. Rio de Janeiro: Forense, 2015. v. 1, p. 111.

[10] DIDIER JR., Fredie; BRAGA, Paula S.; OLIVEIRA, Rafael A. *Curso de Direito Processual Civil*. Teoria da Prova, Direito Probatório, Decisão, Precedente, Coisa Julgada e Tutela Provisória. Salvador: Juspodivm, 2015. p. 541.

[11] DIDIER JR., Fredie; BRAGA, Paula S.; OLIVEIRA, Rafael A. *Curso de Direito Processual Civil*. Teoria da Prova, Direito Probatório, Decisão, Precedente, Coisa Julgada e Tutela Provisória. Salvador: Juspodivm, 2015. p. 541.

[12] DIDIER JR., Fredie; BRAGA, Paula S.; OLIVEIRA, Rafael A. *Curso de Direito Processual Civil*. Teoria da Prova, Direito Probatório, Decisão, Precedente, Coisa Julgada e Tutela Provisória. Salvador: Juspodivm, 2015. p. 541.

[13] MOREIRA, José Carlos Barbosa. *Questões prejudiciais e questões preliminares*. Direito processual civil – ensaios e pareceres. Rio de Janeiro: Borsoi, 1971. p. 83.

À *luz do código de 1973*, o comando da sentença estava limitado ao acolhimento ou à rejeição daquilo que expressamente foi demandado, de modo que não podia o julgador proferir sentença a favor do autor, de natureza diversa da pedida, e nem condenar o réu a quantidade superior ao objeto diverso do que lhe foi demandado (art. 460).

O art. 469, também do Código de 1973, restringia a imutabilidade da coisa julgada material, excetuando, dentre outras duas hipóteses, a apreciação da questão prejudicial, decidida incidentalmente no processo (art. 469, III).

Assim, no sistema processual anterior, para tornar imutável determinada questão prejudicial, com relevância extraprocessual, o sistema concebeu a chamada "Ação Declaratória Incidental", através da qual a resolução da questão prejudicial somente faria coisa julgada se a parte expressamente requeresse, se o juiz fosse competente em razão da matéria e se constituísse pressuposto necessário para o julgamento da lide (art. 470).

É indiscutível que tal sistema representava um desperdício significativo da atividade jurisdicional, pois quando as partes optavam por não ajuizar a ação declaratória incidental, limitando-se a discutir a questão prejudicial como fundamento para decidir sobre o objeto litigioso, havia profunda atividade cognitiva e decisória sobre a matéria de relevância extraprocessual, mas que, porém, não teria qualquer força vinculante às lides futuras, onde poderiam ser rediscutidas, com a evidente possibilidade de formação de decisões contraditórias.

O Código de Processo Civil de 2015, pretendendo reformular essa sistemática, prevê, em seu art. 503, *caput* e parágrafo primeiro, a possibilidade da questão prejudicial ao julgamento de mérito ser afetada pela coisa julgada material, sem que seja necessária ação declaratória incidental, impondo, para tanto, alguns requisitos expressos em seu texto, de forma cumulativa, como se segue:

> Art. 503. A decisão que julgar total ou parcialmente o mérito tem força de lei nos limites da questão principal expressamente decidida.
> §1º. O disposto no *caput* aplica-se à resolução de questão prejudicial, decidida expressa e incidentalmente no processo, se:
> I - Dessa resolução depender o julgamento do mérito;
> II - A seu respeito tiver havido contraditório prévio e efetivo, não se aplicando no caso de revelia;
> III - O juízo tiver competência em razão da matéria e da pessoa para resolvê-la como questão principal.
> §2º. A hipótese do §1º não se aplica se no processo houver restrições probatórias ou limitações à cognição que impeçam o aprofundamento da análise da questão prejudicial.

Há de se alertar que não se pode confundir questão prejudicial com a chamada *ratiodecidendi*. Esta é a tese jurídica que sustenta a decisão; como tese jurídica, não poderia se tornar indiscutível pela coisa julgada.[14] O art. 504 do Novo Código deixa claro que não fazem coisa julgada: I - os motivos, ainda que importantes para determinar o alcance da parte dispositiva da sentença; II - a verdade dos fatos, estabelecida como fundamento da sentença.

---

[14] DIDIER JR., Fredie; BRAGA, Paula S.; OLIVEIRA, Rafael A. *Curso de Direito Processual Civil*. Teoria da Prova, Direito Probatório, Decisão, Precedente, Coisa Julgada e Tutela Provisória. Salvador: Juspodivm, 2015. p. 534.

A finalidade clara da nova regra, sem dúvida, é solucionar o defeito do sistema processual vigente que leva ao desperdício de relevante atividade jurisdicional, evitando-se a rediscussão sobre a mesma questão jurídica e a prolação de futuras decisões eventualmente contraditórias.

5.1 Polêmica que envolve a mudança legislativa

Nas palavras de Teresa Arruda Alvim Wambier, Maria Lúcia Lins Conceição, Leonardo Ferres da Silva Ribeiro e Rogério Licastro Torres de Mello:

> [...] O legislador foi excessivamente cuidadoso: disse que a resolução de questão prejudicial, que fica acobertada pela coisa julgada: (a) deve ser expressa (não há decisões implícitas no direito brasileiro); (b) desta resolução deve depender o julgamento do mérito (se não depender, não se trata de questão prejudicial) (art. 503, §1º, I); e (c) deve ter a seu respeito, havido contraditório prévio e efetivo, não se aplicando no caso de revelia (art. 503, §1º, II). Se não houver contraditório, e discordância entre as partes, não se tratará de QUESTÃO! Este dispositivo, na verdade, só demonstra o cuidado do legislador, em não estender a autoridade da coisa julgada em desrespeito ao contraditório [...].[15]

Porém, a referida mudança não é menos polêmica do que tantas outras trazidas pelo *novel codex*, aliás, o tema "questão prejudicial incidental e coisa julgada" é alvo de discussões tão antigas quanto a moderna ciência processual. A doutrina já demonstrava a necessidade de romper o dogma de que a coisa julgada somente poderia recair sobre o objeto litigioso do processo.

A extensão da coisa julgada à questão prejudicial incidental faz lembrar, por semelhança, a *issuepreclusion* do direito estadunidense. Conforme salienta Zanella, "*issuepreclusion* é uma espécie do fenômeno *res judicata*, que torna imutáveis e indiscutíveis as questões prejudiciais decididas em um processo".[16] Esse fenômeno, outrora designado *collateralestoppel*, impede a rediscussão, em outro processo, de uma mesma questão prejudicial incidental, de fato ou de direito, que tenha sido efetivamente controvertida e decidida num processo como etapa essencial para o julgamento do caso.

A mesma, citando Gidi, ainda acrescenta:

> [...] O instituto da *issuepreclusion* é muito interessante e, ao menos do ponto de vista teórico, sua validade é irretorquível. Todavia, na prática, a necessidade de se analisar a presença de cada um desses requisitos torna-se um grande problema, que inviabiliza a sua aplicação. Em primeiro lugar, segundo observação dos relatores do *Restatement (second) ofjudgments*, definir se uma questão surgida em uma demanda é idêntica à outra decidida em demanda anterior é um dos problemas mais difíceis na aplicação da *issuepreclusion*. [...] Além de efetivamente controvertida e determinada, a questão deve ter sido essencial para o deslinde do feito, isto é, a questão deve ter sido necessária (*necessarystep*) para o resultado obtido na primeira [...]. Por fim, para invocar a *issuepreclusion*, a parte interessada tem que demonstrar que, no processo anterior, a parte prejudicada pela decisão da questão

---

[15] WAMBIER, Teresa Arruda Alvim. et al. *Primeiros comentários ao Novo código de Processo Civil*. São Paulo: Revista dos Tribunais, 2015. p. 823-824.
[16] PRATES, Marília Zanella. *A coisa julgada no direito comparado:* Brasil e Estados Unidos. Salvador: Juspodivm, 2013. p. 155-157.

poderia prever que ela poderia vir a ser invocada em uma segunda ação. O objetivo desse e de outros requisitos é evitar que a parte seja surpreendida no futuro. A análise de todos esses requisitos pode tomar muito tempo das cortes e demandar um nível de energia desproporcional ao resultado, tomando os processos desnecessariamente mais complexos e demorados [...].[17]

Na opinião de Antônio Gidi, José Maria Tesheiner e Marília Zanela Prates, acerca do então Projeto do novo CPC,

o direito brasileiro não deve adotar a coisa julgada sobre as questões prejudiciais sob o fundamento de que nos raros casos em que a coisa julgada sobre questões terá alguma utilidade prática, a inovação não trará economia processual. Pelo contrário, a complexidade e o tempo de duração aumentarão, tanto no primeiro processo, em que a questão será decidida pela primeira vez, quanto no segundo processo, em que a coisa julgada sobre aquela determinada questão vier a ser invocada.[18]

Tal entendimento está calcado na premissa de que a discussão das hipóteses em que a própria coisa julgada não se opera, ainda que previstas no texto da lei, demandará maior lapso temporal para o deslinde do feito, tal como a experiência norte americana da *issuepreclusion*.

As críticas lançadas ao novo texto legal dizem respeito à fluidez das formalidades que envolvem a extensão da imutabilidade da decisão, por trazer conceitos abertos, de difícil interpretação e identificação nos casos concretos, do que seja ou não objeto de coisa julgada. Os impedimentos à extensão da coisa julgada à questão prejudicial incidental, a saber, a objeção de impertinência (art. 503, §1º, I); a objeção de ausência de contraditório (art. 503, §1º, II), a objeção de incompetência (art. 503, §1º, III); objeção de cognição insuficiente (art. 503, §2º) traduzem complexidade tal que pode gerar efeito contrário ao desejado pelo legislador, tornando o processo mais demorado pela criação de novos debates processuais.

Como bem ressaltado por Freitas Câmara,[19] inobstante a controvérsia entre os processualistas, existe entre eles um consenso em torno de que os limites à formação da coisa julgada impostos às questões prejudiciais incidentais deverão, acima de qualquer coisa, ser muito claros para todos os que participam do processo, de maneira a assegurar um grau maior de harmonia e pacificação social.

Aduz o referido autor que,

[...] com a finalidade de se aperfeiçoar essa orientação, portanto, seria da maior conveniência a adoção de cuidados como: 1) formalizar a fixação da controvérsia sobre a questão prejudicial ainda na fase instrutória, mesmo que por decisão posterior ao saneamento, pois isso assegurará a efetividade do contraditório; 2) circunscrever a formação da coisa julgada sobre a questão prejudicial que diga respeito a existência, inexistência ou modo de

---

[17] GIDI, Antônio; TESHEINER, José Maria Rosa; PRATES, Marília Zanella. Limites objetivos da coisa julgada no Projeto de Código de Processo Civil. Reflexões inspiradas na experiência Norte Americana. *Revista de Processo*, São Paulo, n. 194, p. 194, 2011.

[18] GIDI, Antônio; TESHEINER, José Maria Rosa; PRATES, Marília Zanella. Limites objetivos da coisa julgada no Projeto de Código de Processo Civil. Reflexões inspiradas na experiência Norte Americana. *Revista de Processo*, São Paulo, n. 194, p. 194, 2011.

[19] FREITAS CÂMARA, Alexandre. *O novo Processo Civil Brasileiro*. São Paulo: Atlas, 2015.

ser de relação jurídica, para que somente sejam protegidas pelo julgado aquelas questões que poderiam ter sido objeto de uma demanda específica; 3) limitar a indiscutibilidade à questão decidida no mesmo sentido do pedido principal, pois isso evitará que a parte vitoriosa tenha necessidade de recorrer da sentença que lhe deu razão; 4) até mesmo, talvez, condicionar a produção do vínculo sobre processos futuros à declaração expressa do juiz de que a questão foi resolvida de maneira exauriente [...].[20]

6 Coisa julgada e seu limite temporal

Outro aspecto relevante no que concerne à coisa julgada diz respeito à sua eficácia temporal. Como regra, as decisões judiciais de mérito que não são mais passíveis de recurso tornam-se imutáveis e indiscutíveis, agasalhadas sob o manto da coisa julgada material. Entretanto, existem decisões judiciais que, pautadas em uma situação fática ou jurídica atual, têm sua eficácia projetada sobre o futuro e, modificando-se os fatos jurídicos sobre os quais houve pronunciamento jurisdicional, a autoridade da coisa julgada cessa seus efeitos temporais.

Com efeito, em algumas situações, a coisa julgada já surge gravada pela cláusula *rebus sic stantibus*, ou seja, afeta à teoria a imprevisão cujos efeitos se satisfazem enquanto duram as circunstâncias que a originaram. São as chamadas pela doutrina de relações jurídicas de trato continuado cuja vocação de imutabilidade é restrita à continuidade dos pressupostos que lhe deram causa. Esta é a lição extraída do I. Min. Teori Zavaski, *in verbis*:

> [...] Estabelecido que a sentença, nos casos assinalados, irradia eficácia vinculante também para o futuro, surge a questão de saber qual é o termo *ad quem* de tal eficácia. A solução é esta e vem de longe: a sentença tem eficácia enquanto se mantiverem inalterados o direito e o suporte fático sobre os quais estabeleceu o juízo de certeza. Se ela afirmou que uma relação jurídica existe ou que tem certo conteúdo, é porque supôs a existência de determinado comando normativo (norma jurídica) e de determinada situação de fato (suporte fático de incidência); se afirmou que determinada relação jurídica não existe, supôs a inexistência ou do comando normativo, ou da situação de fato afirmada pelo litigante interessado. A mudança de qualquer desses elementos compromete o silogismo original da sentença, porque estará alterado o silogismo do fenômeno de incidência por ela apreciado: relação jurídica que antes existia deixou de existir, e vice-versa. Daí afirmar-se que a força da coisa julgada tem uma condição implícita, a da clausula *rebus sic stantibus*, a significar que ela atua enquanto se mantiverem íntegras as situações de fato e de direito existentes quando da prolação da sentença. Alterada a situação de fato (muda o suporte fático mantendo-se o estado da norma) ou de direito (muda o estado da norma, mantendo-se o estado de fato), ou dos dois, a sentença deixa de ter a força de lei entre as partes que até então mantinha [...].[21]

Tais ensinamentos permitem concluir que uma vez que a decisão terminativa de mérito regula situações que se prolongam no tempo, fica vinculada aos acontecimentos futuros capazes de alterar aquela situação jurídica. Por exemplo, uma sentença condenatória de alimentos se perdura até o momento em que advir nova situação

---

[20] FREITAS CÂMARA, Alexandre. *O novo Processo Civil Brasileiro*. São Paulo: Atlas, 2015. p. 70-71.
[21] ZAVASCKI, Teori Albino. *Eficácia das Sentenças na Jurisdição Constitucional*. 3. ed. São Paulo: Revista dos Tribunais, 2013. p. 101-106.

fática, seja por parte do alimentado, seja por parte do alimentando. O mesmo ocorre em relação à sentença de concessão de benefícios previdenciários transitórios, como o auxílio doença, quando houver mudança na situação de fato do segurado.

Isso não que dizer, entretanto, que a decisão gravada pela cláusula *rebus sic stantibus* não faça coisa julgada material. Em verdade, modificando-se a situação fática ou jurídica que deu ensejo à relação jurídica continuativa, surge a possibilidade de propositura de uma nova ação, com causa de pedir e pedido absolutamente distinto daquele alcançado pela autoridade da coisa julgada. Afinal, a

> eficácia preclusiva só atinge aquilo que foi deduzido ou poderia ter sido deduzido pela parte à época da ação. A modificabilidade da decisão é decorrente da peculiar relação jurídica de direito material que ela certificou; é o direito material certificado que traz consigo a marca da modificabilidade, já que seus pressupostos são suscetíveis a variações no tempo.[22]

Assim, ainda que idêntica a lide, se a situação que deu causa à ação de alimentos, por exemplo, for modificada, qualquer rediscussão da matéria envolverá logicamente uma mudança na causa de pedir e no pedido, não havendo qualquer alteração na sentença anterior, e sim, uma nova decisão que regulará fatos supervenientes à decisão amparada pelo manto da coisa julgada.

Embora o art. 505, do NCPC não tenha trazido relevante alteração quanto ao tema, a jurisprudência do STF tem avançado significativamente no reconhecimento da atuação da cláusula *rebus sic stantibus* nas relações de trato sucessivo, em especial no que concerne a regime jurídico de servidor público, inclusive, admitindo a arguição da matéria em sede de embargos à execução, *ex vi* o quanto decidido no julgamento do RE 596.663 RJ, eleito como representativo da controvérsia, publicado em 26.11.2014, em acórdão da lavra do I. Min. Teori Zavascki:

> [...] Ementa: constitucional. Processual civil. Sentença afirmando direito à diferença de percentual remuneratório, inclusive, para o futuro. Relação jurídica de trato continuado. Eficácia temporal. Cláusula *rebus sic stantibus*. Superveniente incorporação definitiva nos vencimentos por força de dissídio coletivo. Exaurimento da eficácia da sentença.
> 1. A força vinculativa das sentenças sobre relações jurídicas de trato continuado atua *rebus sic stantibus*: sua eficácia permanece enquanto se mantiverem inalterados os pressupostos fáticos e jurídicos adotados para o juízo de certeza estabelecido pelo provimento sentencial. A superveniente alteração de qualquer desses pressupostos (a) *determina a imediata cessação da eficácia executiva do julgado, independentemente de ação rescisória* ou, salvo em estritas hipóteses previstas em lei, de ação revisional, razão pela qual (b) *a matéria pode ser alegada como matéria de defesa em impugnação ou em embargos do executado*.
> 2. Afirma-se, nessa linha de entendimento, que a sentença que reconhece ao trabalhador *ou ao servidor* o direito a determinado percentual de acréscimo remuneratório *deixa de ter eficácia a partir da superveniente incorporação definitiva do referido percentual nos seus ganhos*.
> 3. Recurso extraordinário improvido.[23]

---

[22] DIDIER JR., Fredie; BRAGA, Paula S.; OLIVEIRA, Rafael A. *Curso de Direito Processual Civil*. Teoria da Prova, Direito Probatório, Decisão, Precedente, Coisa Julgada e Tutela Provisória. Salvador: Juspodivm, 2015. p. 553.
[23] ZAVASCKI, Teori Albino. *Eficácia das Sentenças na Jurisdição Constitucional*. 3. ed. São Paulo: Revista dos Tribunais, 2013.

Com efeito, a Excelsa Corte, partindo da premissa de não ser possível eternizar vantagens já incorporadas aos servidores públicos, fixou precedente, em repercussão geral, de que a sentença condenatória que reconhece direito a determinado percentual de acréscimo remuneratório para servidor deixa de ter eficácia a partir da *superveniente incorporação definitiva do referido percentual em seus vencimentos*, por força de lei de reestruturação das carreiras posterior.

O Superior Tribunal de Justiça também pacificou tal entendimento, sendo a sua atual jurisprudência no sentido de se admitir a discussão do limite temporal da decisão acobertada pelo manto da coisa julgada na fase de execução, eis que a condenação da Fazenda Pública encontra limite objetivo naquilo em que o título executivo se apresentar inexigível (art. 741, parágrafo único, do CPC), face à declaração de inconstitucionalidade concretizado pelo controle difuso ou concentrado pelo STF.

Vê-se, por conseguinte, que a alteração da situação de fato ou das normas que fundamentaram decisão que envolve relação de trato continuado permite não só a propositura da ação revisional, como também pode ser suscitada como questão incidental.

7 Conclusão

Como dito alhures, este breve esboço não tem a pretensão de esgotar a matéria, restringindo-se a tecer singelas considerações sobre a coisa julgada, que é um dos mais importantes mecanismos de contenção da eternização dos conflitos judiciais, resultando numa inequívoca estabilização das relações jurídicas.

Conclui-se, do referido estudo, que o NCPC claramente optou por entender a coisa julgada como uma qualidade inerente à decisão, e não um efeito, esclarecendo que qualquer decisão de mérito está submetida à sua autoridade, abandonando a expressão sentença.

Depreende-se, ainda, que o novo CPC manteve a diferenciação entre coisa julgada formal (impossibilidade de discussão dentro do mesmo processo) e coisa julgada material (qualidade que torna imutável o conteúdo da decisão de mérito), tendo como pressupostos para sua formação uma decisão judicial de cognição exauriente, e seu respectivo trânsito em julgado.

Os limites da coisa julgada nascem a partir da autoridade da decisão que estabiliza a relação jurídica, conferindo indiscutibilidade à decisão transitada em julgado, definindo seu objeto (limites objetivos) e as pessoas alcançadas por esta autoridade (limites subjetivos).

O NCPC inovou no tratamento das questões prejudiciais, permitindo que as resoluções das questões prejudiciais no curso do processo sejam afetadas pela coisa julgada material, sem a necessidade de propositura de ação declaratória incidental, e na linha do digesto processual anterior, manteve o entendimento de que em algumas situações a coisa julgada já surge gravada pela cláusula *rebus sic stantibus*, cuja vocação de imutabilidade é restrita à continuidade dos pressupostos que lhe deram causa.

Referências

ARENHART, Sérgio Cruz; MARINONI, Luiz Guilherme; MITIDIERO, Daniel. *Novo Curso de Processo civil.* São Paulo: Revista dos Tribunais, 2015. v. 2.

CHIOVENDA, Giuseppe. *Instituições de Direito Processual Civil.* Bookseller: Campinas, 1998. v. I.

DANTAS, Bruno. et al. *Breves Comentários ao Novo Código de Processo Civil.* São Paulo: Editora Revista dos Tribunais, 2015.

DELLORE, Luiz. Da ampliação dos limites da coisa julgada no novo código de Processo Civil. *Revista de Informação Legislativa,* Brasília, ano 48, n. 190, p. 35-43, abr-jun 2011.

DIDIER JR, Fredie; BRAGA, Paula S.; OLIVEIRA, Rafael A. *Curso de Direito Processual Civil.* Teoria da Prova, Direito Probatório, Decisão, Precedente, Coisa Julgada e Tutela Provisória. Salvador: Juspodivm, 2015.

DONIZETTI, Elpídio. *Novo Código de Processo Civil Comentado.* São Paulo: Atlas, 2015.

FREITAS CÂMARA, Alexandre. *O novo Processo Civil Brasileiro.* São Paulo: Atlas, 2015.

FREITAS, Danielli Xavier. *Artigo (Jusbrasil).* Disponível em: <http://daniellixavierfreitas.jusbrasil.com.br/artigos/144381004/coisa-julgada-e-questao-prejudicial-no-novo-cpc-balanco-de-uma-polemica-e-propostas-de-melhoria>. Acesso em: 17 fev. 2016.

GIDI, Antônio; TESHEINER, José Maria Rosa; PRATES, Marília Zanella. Limites objetivos da coisa julgada no Projeto de Código de Processo Civil. Reflexões inspiradas na experiência Norte Americana. *Revista de Processo,* São Paulo, n. 194, p. 99-194, 2011.

MACHADO, Marcelo Pacheco. *Artigo (Jus Brasil).* Disponível em: <http://marcelopacheco2.jusbrasil.com.br/artigos/121942944/coisa-julgada-e-questao-prejudicial-no-novocpc-nao-se-mexe-em-time-ganhando>. Acesso em: 17 fev. 2016.

MOREIRA, José Carlos Barbosa. *Questões prejudiciais e questões preliminares.* Direito processual civil – ensaios e pareceres. Rio de Janeiro: Borsoi, 1971.

PRATES, Marília Zanella. *A coisa julgada no direito comparado:* Brasil e Estados Unidos. Salvador: Juspodivm, 2013.

THEODORO JÚNIOR, Humberto. *Curso de Direito Processual Civil, teoria geral do direito processual civil, processo de conhecimento e procedimento comum.* 56. ed. Rio de Janeiro: Forense, 2015. v. 1.

WAMBIER, Teresa Arruda Alvim. et al. *Primeiros comentários ao Novo código de Processo Civil.* São Paulo: Revista dos Tribunais, 2015.

ZAVASCKI, Teori Albino. *Eficácia das Sentenças na Jurisdição Constitucional.* 3. ed. São Paulo: Revista dos Tribunais, 2013.

Informação bibliográfica deste texto, conforme a NBR 6023:2002 da Associação Brasileira de Normas Técnicas (ABNT):

GUSMÃO, Andréa. et al. Breve análise da coisa julgada a luz do novo CPC. In: BRITTO, Alzemeri Martins Ribeiro de; BARIONI, Rodrigo Otávio (Coords.). *Advocacia pública e o novo código de processo civil.* Belo Horizonte: Fórum, 2016. p. 217-231. ISBN 978-85-450-0173-7.

A NOVA AÇÃO MONITÓRIA

LUIZ CLÁUDIO GUIMARÃES
CRISTIANE NOLASCO MONTEIRO DO REGO
ANDRÉ MONTEIRO DO REGO
MARCOS VINÍCIUS CAMINHA
MARIA AMÉLIA MACIEL MACHADO
ANDRÉ LUIZ RODRIGUES LIMA

1 Introdução

Desde o Projeto de Lei do Senado, de número 166/10 (PL 166/10), muita água passou sob a ponte até o advento da Lei nº 13.105/2015, pela qual se introduziu no ordenamento jurídico brasileiro o Novo Código de Processo Civil, cujos vetores são cinco: i) promover a sintonia entre o CPC e a CF; ii) aproximar a decisão judicial ao máximo da realidade social; iii) simplificar o processo; iv) aumentar a efetividade processual e o acesso à justiça; e v) melhorar a organicidade e a coesão do sistema processual.

Em que pese a amplitude das alterações empreendidas no sistema processual - pelo que se admite que, por meio do Novo Código, o legislador ordinário apenas dá prosseguimento ao propósito de imprimir sistematização ao processo civil brasileiro, o qual já ressentia das modificações tópicas a que vinha sendo submetido o Código de 1973 -, a abordagem a que se prende esta pesquisa é restrita às considerações sobre a pertinência da reinserção da Ação Monitória no Novo CPC, a partir de Projeto da Câmara, bem como a efetividade do instituto em sua versão remodelada em confronto com as críticas dirigidas à sua conformação original e ao trato que se concedeu à tutela de evidência nos incisos II e IV do artigo 311 do Novo Código.

Ao fim e ao cabo, haverá de se aferir se teria fracassado o legislador ao tentar extrair do instituto o máximo da sua potencialidade, ou se foi deferida tal tarefa ao intérprete aplicador do direito ao disponibilizar no sistema outros instrumentos que amplificam a sua eficácia, notadamente quando possa ser conjugado com a tutela antecipada.

2 O perfil da nova ação monitória. Definição. Estudo comparativo com o CPC de 1973

2.1 Definição/cabimento

Por ação monitória, entende-se como sendo

> o instrumento processual colocado à disposição do credor de quantia certa, de coisa fungível ou de coisa móvel determinada, com crédito comprovado por documento escrito sem eficácia de título executivo, para que possa requerer a juízo a expedição de mandado de pagamento ou de entrega de coisa para satisfação de seu direito.[1]

A Lei nº 9.079/1995 foi o veículo utilizado para a introdução deste instituto no direito processual civil brasileiro, com o que se alterou o Código de Processo Civil a pretexto de propiciar mais amplo acesso à Justiça, segundo a deixa do vetor "iv" mencionado na introdução.

Há, portanto, coincidência entre a definição doutrinária e aquela estampada no artigo 1102a do diploma legal mencionado, *verbis*:

Art. 1102a. A ação monitória compete a quem pretender, com base em prova escrita sem eficácia de título executivo, pagamento de soma em dinheiro, entrega de coisa fungível ou de determinado bem móvel.

Sob o ângulo do cabimento, a monitória pretende, segundo o perfil com que foi esboçada, se constituir numa via alternativa e eficaz à execução fundada em título executivo judicial ou extrajudicial consoante a hipótese.

Se para a via executiva tradicional são exigidos os atributos concomitantes de (a) liquidez, (b) certeza e (c) exigibilidade da dívida, a ausência de eficácia do título, por formação na origem, ou por perda superveniente desses atributos, em parte, ou na sua totalidade, a tutela jurisdicional a ser pleiteada deve se dar na forma do procedimento sob comento, condicionando-se o emprego das técnicas executivas respectivas à conversão do "mandado monitório" em "mandado de pagamento" ou de "entrega".

Nesse passo, a apresentação de "prova escrita sem eficácia de título executivo" deve ser feita conjuntamente com a petição inicial, ao que se deve observar os seguintes temperamentos jurisprudenciais:

1. a prova pode ter sido formada pelo credor ou pelo devedor da obrigação;[2]
2. em ação monitória fundada em cheque prescrito, ajuizada em face do emitente, é dispensável a menção ao negócio jurídico subjacente à emissão da cártula;[3]
3. a despeito de se constituir em instrumento de acesso ao Poder Judiciário àquelas situações de incompletude do título extrajudicial, a proposição da ação monitória pode se dar de modo concorrente com a execução fundada em título executivo, sob o argumento de que inexiste prejuízo para o réu em tais casos,[4] uma vez que tal inadequação pode ser suprida com o exame exauriente da situação substancial propiciada pelos Embargos.[5]

---

[1] NÉRY JR, Nelson. *Código de Processo Civil Comentado e Legislação Extravagante*. 13. ed. rev., ampl. e atual. São Paulo: Editora Revista dos Tribunais, 2013. p. 1478.
[2] STJ, 4ª. Turma, Resp 1.138.090/MT, rel. Min. Luis Felipe Salomão, j. um. 20.6.2013, DJe 1º.8.2013.
[3] STJ, 2ª. Seção, REsp 1.094.571/SP, rel. Min. Luis Felipe Salomão, j. um. 4.2.2013, DJe 14.2.2013.
[4] 4ª. Turma, REsp 981.440/SP, rela Min. Luís Felipe Salomão, j. um. 12.4.2012, DJe 2.5.2012.
[5] TJSP, Ap. 7.191.975-2, São José do Rio Preto, j. um. 30.9.2009, Boletim AASP 2.682.

2.2 Natureza jurídica

O estudo da natureza jurídica dos institutos é o que mais empolga na seara da Ciência do Direito, não se constituindo em exceção o intrincado problema que advém da monitória, a qual estaria, ao ver de Humberto Theodoro Júnior, no ponto intermediário entre a cognição e a execução (portanto, seria ela um *"tertium genus"*).

As correntes que concorrem entre si para propor diferentes diagnósticos sobre o assunto levam em conta a estrutura do procedimento específico haurido na índole do decreto da injunção e na sumariedade da cognição cujo contraditório se dá de modo eventual e diferido (1. a expedição liminar de mandado de pagamento, entrega de coisa ou cumprimento de obrigação de fazer ou não fazer; 2. a conversão do mandado em título executivo, sob condição resolutiva de ausência de resistência do réu; 3. o mecanismo de defesa do réu e a conversão do procedimento especial em comum), diante do que concluem com prevalência do olhar analítico particular em um outro ponto de impacto da estrutura que o instituto se enquadra como (1) um novo tipo de processo ou (2) um novo tipo de procedimento especial, ou (3) simplesmente ação de conhecimento de procedimento especial.

Em primeiro plano, não se pode deixar de reconhecer a procedência da brilhante descrição analítica ensejada pela corrente capitaneada por Donaldo Armelin, Sérgio Shimura, Carreira Alvim, Nelson Nery Júnior e Milton Flaks, segundo a qual a nota essencial da monitória consiste em se tratar de processo de conhecimento de cognição sumária com contraditório eventual e diferido, condicionado à oposição dos embargos, com inversão do ônus da prova.

Tampouco se pode deslembrar da lição de Chiovenda, que alude à óbvia prevalência da função executiva na monitória, tratando o decreto da injunção como categoria dos provimentos com prevalente eficácia executiva. Entendimento este recepcionado por Vicente Greco Filho e Ernane Fidelis dos Santos.

Brevitatis causae, pedimos vênia para aventar a possibilidade de que a chave para desvendar-se a natureza da ação monitória estaria na moldagem histórico-cultural do instituto segundo o direito positivo de cada um dos povos que o recepcionaram em seus sistemas.

No caso do Brasil, portanto, propõe-se que a análise do instituto percorra o caminho reverso a partir da opção legislativa para tradicionalmente designar o mecanismo de defesa do réu como "embargos", o que instaura reconhecida controvérsia na doutrina.

Ocorre, porém, que se reconhece atualmente o acerto em considerar que os referidos "embargos" na monitória não têm natureza de ação autônoma, mas sim, constituem verdadeira resposta do réu, como uma contestação, e não como uma ação autônoma, "só necessária nos processos de execução. Partilham desse entendimento Nelson Nery Junior, Rosa Maria Nery, Sérgio Shimura, Carreira Alvim e Clito Fornaciari Junior".[6]

Em prol da tese que se desprende do nominalismo utilizado pelo legislador para tomar a referência a embargos como "irrelevante", está que nas execuções contra

---

[6] GONÇALVES, Marcus Vinicius Rios; Lenza, Pedro (Coord.). *Direito processual civil esquematizado*. 7. ed. São Paulo: Saraiva, 2016. p. 655.

devedor insolvente ele também alude a embargos como mecanismo de defesa, na fase que precede a declaração (art. 755, do CPC de 1973), embora haja consenso quanto ao fato de essa defesa ter natureza de contestação, devendo-se tal opção ao propósito de não misturar, em um processo só, atos de execução e de cognição.[7]

Para estatuir em definitivo quanto a que tais embargos têm a natureza de contestação, invoca-se a Súmula 292 do STJ que, ao mencionar que cabe reconvenção depois de o procedimento vir a converter-se no comum, adotara idêntica solução, já que, se os embargos tivessem natureza de ação autônoma, não se poderia falar em procedimento comum da monitória.[8]

Diante desta solução encontrada pelo sistema normativo brasileiro, é mais razoável considerar que há um procedimento monitório, e não um processo monitório. E, com relação aos demais pontos de incidência dessa exegética, aceita-se em decorrência que a expedição do mandado monitório é decisão interlocutória inatacável por recurso. Quanto à desnecessidade de sentença, quando inexiste resistência do réu, tal fenômeno diz respeito à estrutura do procedimento. Tanto que se ela for oferecida, o procedimento será o comum e se concluirá com uma sentença. E, mesmo não oferecida, haverá a constituição de um título executivo judicial, tal como ocorreria em uma ação condenatória comum, com a diferença de que esse título não será a sentença, mas terá força e eficácia de sentença, revestindo-se da autoridade da coisa julgada material, o que viabiliza até mesmo o ajuizamento de ação rescisória (art. 701, §3º, do CPC).

Enfim, a atribuição de um terceiro gênero à ação monitória, uma espécie de Cabo da Roca em que se marca o término do processo de conhecimento e o início do oceano da execução, não se sustenta diante das claras opções legislativas que desvendam a essência de cada um dos componentes do instituto.

2.3 Antecedentes

Em parte, o desencanto da doutrina brasileira com o instituto pode ser explicado pelo fato de sua vantagem em relação ao procedimento comum só se dar quando o réu não resiste à pretensão inicial, pois, se oferecer embargos, se processará daí por diante pelo rito comum, ainda que seja facultativa a sua adoção.

Tal como já constava no Código de Processo de 1939 (depois reformado pelo atual de 1973), o art. 298 estabelecia ao réu a obrigação de pagar, em 24 horas, o valor constante do documento escrito, após o qual o feito tomava seu curso ordinário.

Para Cássio Scarpinella Júnior,[9] embora existam exemplos bem-sucedidos da "ação monitória" no direito processual civil europeu, a efetividade do modelo adotado pelo direito brasileiro atual esbarra, pelo menos, em dois pontos importantes de serem destacados. *Verbis*:

> O primeiro: o rol de títulos executivos *extrajudiciais*, entre nós, é extremamente amplo. [...] não é exagero indicar mais de duas dezenas de títulos executivos extrajudiciais criados

---

[7] *Idem, Ibidem.*

[8] *Idem, Ibidem.*

[9] BUENO, Cássio Scarpinella. *Curso Sistematizado de direito processual civil:* procedimentos especiais do Código de Processo Civil. Juizados Especiais. 3. ed. rev. e atual. São Paulo: Saraiva, 2014. t. II, v. II, p. 159.

pelo Código de Processo Civil (art. 585) e pela legislação processual civil extravagante, não merecendo esquecimento o disposto no art. 71, §3º da Constituição Federal.[10]

O segundo: a técnica de incentivo empregada pelo legislador brasileiro para o acatamento do "mandado monitório" parece desconhecer a realidade do profissional da advocacia no Brasil. Cumprido o mandado, não há verba sucumbencial (art. 1.102-C, Par. 1º). No entanto, como aquele profissional será remunerado pelo seu trabalho, quando são insuficientes (ou simplesmente inexistentes) os honorários *contratuais*?[11]

Há autores, porém, que, além de endossarem a conclusão do ilustre doutrinador supra mencionado, embasam a explicação para os resultados pífios do instituto *sub oculis* nas seguintes causas: a) à nossa cultura de litigiosidade, que não tem a isenção das custas e honorários como indutores suficientes ao cumprimento espontâneo da obrigação (artigo 1.102-C, §1º, do CPC/73); b) à possibilidade de uma moratória pela via judicial, decorrente da própria demora na oposição e na decisão dos embargos ao mandado monitório; c) ao fato de que a sentença dos embargos à ação monitória, tal qual modelada pelo CPC/73, desafia recurso de apelação dotado de efeito suspensivo (art. 520 do CPC/73); e d) à possibilidade de apresentação, para os casos de conversão *ex vi legis* do mandado monitório em título executivo judicial (art. 1.102-C do CPC/73), dos embargos pelo devedor sem limitação do âmbito de cognição (tal como se se tratasse de execução de título executivo extrajudicial).[12]

Esse entravamento do instituto vinha sendo explicado como decorrência da opção legislativa brasileira que primou por se afastar da solução adotada no direito comparado, especialmente em Portugal, no que se refere ao procedimento de injunção, o qual por sua simplificação compreende-se como dotado de eficácia máxima apta a reverter os atuais níveis críticos de inadimplemento que pairam sobre certos tipos de obrigação.

A facilidade de manejo e o seu acesso ao cidadão comum por conta de sua informalidade estão destacados no artigo a seguir transcrito, *verbis*:

> A injunção é um procedimento que permite a um credor de uma dívida ter um documento (a que se chama título executivo) que lhe possibilita recorrer a um processo judicial de execução para recuperar junto do devedor o montante que este lhe deve.
>
> Após a apresentação do requerimento de injunção pelo credor, o eventual devedor é notificado desse requerimento e, se não se opuser ao mesmo, é emitido o referido título executivo. Caso se oponha, o processo é remetido para um tribunal.
>
> A injunção apenas pode ser aplicada quando esteja em causa uma dívida igual ou inferior a € 15.000 ou uma dívida que resulte de uma transação comercial (mas neste último caso, só quando o contrato não tenha sido celebrado com um consumidor), e tem como vantagens:
> • Ser um procedimento célere e simplificado (em 2011, o tempo médio de resolução das injunções era de menos de 3 meses);
> • Evitar o recurso a uma ação num tribunal (exceto se o devedor apresentar oposição à injunção);
> • Ser bastante mais barata do que uma ação judicial.

---

[10] *Idem, ibidem.*

[11] *Idem, ibidem.*

[12] DUARTE, Zulmar; GAJARDONI, Fernando da Fonseca. *A ressureição da ação monitória no Novo CPC*. 02. fev. 2015. Disponível em: <http://jota.uol.com.br/ressureicao-da-acao-monitoria-novo-cpc>. Acesso em: 17. fev. 2016.

Hoje em dia, o procedimento de injunção é tramitado eletronicamente no Balcão Nacional de Injunções, o que permitiu não só aumentar os níveis de eficiência e eficácia no trabalho, em consequência da especialização, mas também retirar estes procedimentos dos tribunais que até 2008 tramitavam as injunções, libertando-os para os restantes processos e procedimentos judiciais.

O requerimento de injunção pode ser apresentado em papel ou em ficheiro informático (veja os modelos abaixo) em qualquer ponto do país, nos tribunais competentes em cada comarca para o receber. Nestes casos, são estes tribunais que remetem o requerimento, por via eletrónica, ao Balcão Nacional de Injunções.

A apresentação por advogado ou solicitador só pode ser efetuada através do sistema informático Citius.

Outra característica da injunção é o facto de poder ser apresentada pelo cidadão, sem obrigação de ter advogado constituído.

O facto de ser um procedimento eletrónico permite ainda o acompanhamento da evolução do procedimento através de meios eletrónicos pelos utilizadores, dispensando deslocações. Permite ainda que, no final do processo, e caso seja emitido o título executivo, este seja formado e disponibilizado eletronicamente, podendo quem o requereu aceder a ele através de endereço do Ministério da Justiça. É atribuída uma referência única a cada título executivo, que permitirá a sua consulta pelo requerente e também por qualquer outra entidade a quem o requerente disponibilize essa referência.[13]

Seria, portanto, de se cogitar que o legislador brasileiro não extraíra até o advento do Novo CPC, o máximo de potencialidade do instituto, ao optar por um *design* mais acanhado em relação ao modelo adotado no direito comparado, cujos exemplos mais marcantes são Alemanha e Itália, em que, inclusive, aceitam o procedimento monitório puro, o qual dispensa a prova documental escrita, sem força executiva que comprove a obrigação.

2.4 Estudo comparativo

Cabe, portanto, assinalar que o esforço para a reincorporação da ação monitória no Novo CPC envolveu a alteração substancial do perfil do instituto com vistas a torná-lo viável sob a ótica da efetividade processual e da melhoria do acesso à justiça, enquanto metas do Ordenamento Jurídico que também visam aproximar a decisão judicial ao máximo da realidade social.

Este novo perfil envolveu a previsão minudente das situações hipotéticas de cabimento, a abrangência da tutela, os requisitos à proposição e o procedimento de regência, sendo que as principais alterações que se identificam no arcabouço da ação monitória no Novo CPC em relação à sua disposição enxuta, prevista nos artigos 1.102-A, B e C do CPC de 1973 consistem:

- a uma, num tratamento extensivo e minudente ao regramento do instituto, com ampliação do seu foco;
- a duas, na positivação da intelecção jurisprudencial dos tribunais de superposição que fluiu ao longo dos 20 anos de vigência do instituto, a exemplo da

---

[13] REPÚBLICA PORTUGUESA. *Procedimento de injunção*. Disponível em: <https://www.citius.mj.pt/portal/article.aspx?ArticleId=1531&EmulatedPage=ProcedimentoInjuncao>.

súmula nº 339 do Superior Tribunal de Justiça, que expressamente admite o manejo de ação monitória em face da Fazenda Pública;
- a três, ampliação das tutelas contempladas pela ação monitória com a incorporação das de exigir coisa infungível, exigir bem imóvel e exigir cumprimento de obrigações de fazer e não fazer;
- a quatro, a restrição da legitimação passiva a devedor capaz;
- a cinco, a previsão da "prova oral documentada" como apta a instruir a inicial;
- a seis, a possibilidade de conversão do procedimento monitório em ordinário, com aproveitamento dos atos já praticados, com a simples intimação do acionante para adaptar a petição inicial ao procedimento comum;
- a sete, a inserção de dispositivo em que se prevê a condenação do devedor em honorários equivalentes ao percentual de 5% do valor da causa, quando citado ou diante do seu comparecimento espontâneo. 702: "independentemente de prévia segurança do juízo, o réu poderá opor, nos próprios autos, no prazo previsto no art. 701, embargos à ação monitória".
- a oito, a redação do artigo 702 foi elaborada de forma minuciosa, visando, principalmente, aprimorar a técnica processual referente aos embargos monitórios, incorporando novas linhas às regras previstas no artigo 1.102-C do antigo NCPC;
- a nove, passa a ser admitida a reconvenção do demandado e foi inserida hipótese específica de condenação em litigância de má-fé por abuso da defesa;
- a dez, em se tratando de ação monitória cuja cobrança se volte à obrigação de pagamento em dinheiro, uma vez recebida a citação, o réu poderá, no prazo de embargos monitórios, utilizar-se do benefício previsto no artigo 916 do NCPC, o qual permite o parcelamento do valor da dívida em seis parcelas mensais, mediante o depósito prévio de trinta por cento do valor da obrigação pecuniária, o que, porém, não se aplica na fase de cumprimento de sentença;
- a onze, a sentença com resolução de mérito, proferida na ação monitória, fará coisa julgada material, seja qual for o seu entendimento – convertendo a ação monitória em execução ou decidindo pela sua improcedência, contra a qual será cabível recurso de apelação (§9º do artigo 702 do NCPC). Também cabível, nesta medida, ação rescisória contra a sentença em questão (artigos 966 e seguintes do NCPC);
- a doze, em função da previsão do §4º do artigo 700 do NCPC de que os embargos monitórios só suspendem a ação monitória até o julgamento de primeiro grau, o efeito em que recebida a apelação não é automático, o que faz comportar a possibilidade de execução do título formado.

3 Vantagens da ação monitória sobre o procedimento comum. Visão crítica

Em que pesem as críticas, não há dúvidas de que a ação monitória preferirá, quando cabível, a ação que tenha idênticos objetos, mas à qual se imponha o rito ordinário em razão da qualidade da prova existente.

Realmente, a ação monitória, tal qual concebida no processo civil brasileiro no ano de 2009, ainda sob o regime do CPC de 1973, no âmbito das minirreformas inauguradas por volta do ano de 1994, mostrou-se como alternativa vantajosa para a tutela mais célere e efetiva de créditos documentados. Isso porque propicia a formação de título executivo judicial em tempo menor (celeridade), com menor dispêndio de atividade jurisdicional (economicidade), precisamente em razão de que no seu proceder a cognição sobre os fatos da causa, em consequência da qualidade da prova (documental), é realizada de maneira sumária, somente resvalando para cognição exauriente própria do rito ordinário se o demandado opuser embargos monitórios no prazo de quinze dias.

Destarte, o caráter dúplice da ação monitória, assim dependente do rito a ser adotado (sumário ou ordinário) para a formação do título judicial da postura adotada pelo réu, ao que se somam outras normas que permeiam o novo sistema processual brasileiro, no particular, voltadas ao estímulo para a composição da lide com brevidade, constituem fatores determinantes para que se dê preferência, quando possível, à ação monitória em detrimento da ação submetida a rito ordinário.

Alguns dos aspectos peculiares ao rito processual monitório estão incorporados ao nosso sistema processual desde a introdução desta espécie de procedimento especial em nosso ordenamento jurídico, como a expedição de mandado monitório para cumprimento da obrigação, sem a ouvida da parte adversa, capaz de formar, de modo escorreito, célere, o título executivo judicial autorizador da exigência, cumprimento ou execução da tutela jurisdicional, a depender da postura adotada pelo réu com a oposição ou não dos embargos. Ainda na vigência do CPC de 1973 se estimulava o cumprimento da obrigação, sem a oposição de embargos monitórios, mediante a estipulação de isenção de custas processuais e honorários de advogado nesta específica hipótese.

O novo Código de Processo Civil de 2015 incrementa sobremodo o incentivo ou o estímulo ao cumprimento da obrigação postulada, sem que se valha o demandado da oposição de embargos monitórios, quando lhe acrescenta aos regramentos, na espécie, condições melhoradas como são aquelas alusivas às custas processuais e honorários de advogado, à conduta das partes no âmbito do rito especial, à adequabilidade da inicial ao rito ordinário (conversibilidade), quando assim se imponha, além do tratamento que dá aos efeitos do recurso típico previsto no sistema para a impugnação da sentença nos embargos monitórios.

Deveras, a isenção de custas judiciais e a estipulação dos honorários de advogado em percentual modesto para a hipótese de não oposição dos embargos monitórios por parte do réu, além da imposição da majoração deste percentual de honorários advocatícios na hipótese de rejeição dos embargos monitórios conformam condições vantajosas para a parte demandada quando opte pela submissão ao comando jurisdicional monitório.

A imposição de sanção pecuniária ao comportamento processual que configure abuso ou má-fé das partes, quer no uso de tal meio expedito de provocação da prestação da jurisdição (ao autor), quer na resistência a ele oferecida (pelo réu), representa evidente desestímulo às condutas aventureira ou procrastinatória das partes.

Outro aspecto relevante e inovador, a contribuir para a identificação de vantagem no manejo da ação monitória, diz com a possibilidade, expressamente prevista no novo sistema processual brasileiro, de emenda da inicial e sua adaptação ao rito comum ou ordinário, quando o magistrado delibere no sentido da inidoneidade da prova documental.

Também o tratamento dado ao efeito do recurso de apelação cabível contra a sentença que rechaça os embargos monitórios, a ser recebido somente no efeito devolutivo, intelecção que deriva da compreensão conjunta do quanto disposto no art. 702, parágrafo 4º, c/c o art. 1.012, parágrafo 1º, do CPC/2015, constitui fator que torna extremamente vantajoso o rito monitório, permitindo a adoção de atos concretos e efetivos de constrição e submissão do demandado mediante cumprimento ou execução, embora provisório, do provimento jurisdicional monitório.

Enfim, a vantagem da ação monitória em relação à ação ordinária, cuja opção é dada ao jurisdicionado quando disponha de prova escrita sem eficácia de título executivo extrajudicial, está, portanto, assentada nos fatores temporal e econômico, ao encontro dos princípios e das normas constitucionais trazidas pela EC 45/2004, tocantes à atividade pública de prestação da jurisdição.

Trata-se, a bem da verdade, do estabelecimento de procedimento no qual o alcance da efetividade da atividade jurisdicional, mediante ações coercitivas sobre o jurisdicionado moroso ou inadimplente, situa-se em zona intermediária, quer no concernente à demanda de tempo, quer no concernente à demanda de recursos humanos e materiais para a sua concretização. A formação do título executivo que enseje ao Poder Judiciário a prática dos atos de imposição de conduta ou sua substituição, para a satisfação do demandante, não exige cognição exauriente, mas, de outro lado, está condicionada à postura que venha a adotar no processo, o jurisdicionado demandado.

O novo CPC estimula ainda mais o uso da ação monitória quando alarga o conceito de prova escrita, documental, admitindo aquela formada a partir de manifestação oral, desde que devidamente "documentada", na forma do art. 381 do mesmo CPC de 2015.

Enfim, o manuseio da ação monitória mostrou-se vantajoso e interessante, servindo ao encurtamento efetivo da atividade e do tempo despendidos para a formação do título executivo judicial em inúmeras situações, dentre as quais cheques e notas promissórias prescritas, contratos escritos não assinados por uma das testemunhas, duplicatas sem aceite protestadas, situação que tende a se consolidar e a expandir sob a égide do novo sistema processual brasileiro que se inaugura.

4 Cabimento da ação monitória contra a Fazenda Pública. Pontos críticos

Conforme já dito, o novo CPC expressamente prescreveu o cabimento da ação monitória quando demandada a Fazenda Pública, valendo-se de redação quase que literalmente idêntica à do reportado enunciado de súmula 339 do e. STJ.

Trouxe mais o CPC de 2015 outras normas textuais, expressas, voltadas ao tratamento específico do rito monitório quando no polo passivo estiver pessoa jurídica de direito público, com o claro escopo de resolver ou contornar alguns dos aspectos e questões invocadas como impeditivas do manejo da ação monitória contra a Fazenda Pública, em verdade, como adiante se verá, todos decorrentes do regime de direito público estruturado em princípios e normas constitucionais.

Efetivamente, no art. 701, parágrafo 4º, do CPC de 2015, se impôs a observância da regra de remessa necessária quando, sendo ré a Fazenda Pública, não forem os embargos monitórios oferecidos, na forma do art. 496 do mesmo CPC.

De outra parte, nitidamente com o mesmo objetivo de se tentar superar a incompatibilidade do instituto processual da ação monitória com normas e princípios constitucionais em se tratando de demanda contra a Fazenda Pública, o texto do CPC de 2015 trouxe, no mesmo art. 701, parágrafo 4º, a determinação expressa de observância, no que couber, do quanto disposto no título II do livro I da parte especial, a saber, a disciplina constante do seu capítulo V, do cumprimento da sentença que reconheça a exigibilidade da obrigação de pagar quantia certa pela Fazenda Pública, especificamente nos seus arts. 534 e 535.

Os aspectos cuidados especificamente no texto do novo CPC, ao disciplinarem a ação monitória quando manejada contra a Fazenda Pública, o duplo grau de jurisdição necessário e a observância ao rito especial de cumprimento da sentença que imponha à pessoa jurídica de direito público a obrigação de pagar quantia certa, embora acomodem parte dos sérios problemas e impedimentos que se contrapõem ao seu uso na espécie, não parecem suficientes ao propósito de pacificar o tema do cabimento e infirmar a tese contrária ao uso do rito monitório quando ré a Fazenda Pública.

A postulação inicial da ação monitória, porque fundada em prova escrita idônea, de expedição de mandado consistente na determinação do cumprimento imediato da obrigação, sem prévio contraditório, em especial, mas não limitada, à de dar, sujeita à deliberação do magistrado em juízo de cognição sumário, e o caráter dúplice da ação monitória, dependente tão somente da postura que adote o demandado de resistência ou não à pretensão declinada, trazem conotação de ordem incompatível, sob vários aspectos, com os princípios e normas constitucionais que informam o regime jurídico de direito público, sobretudo aqueles irradiados do regime republicano, consistentes na supremacia e na indisponibilidade do interesse público (primário ou secundário), dos quais decorrem tantos outros como são os da presunção de legitimidade dos atos administrativos, da legalidade, da probidade, da isonomia, da moralidade, da economicidade, da eficiência e da indisponibilidade de direitos, bens e recursos públicos.

Há dois aspectos que sobressaem à vista do rito monitório, de difícil compatibilização constitucional.

O primeiro consiste na expedição de mandado de cumprimento imediato da obrigação, inclusive, a de dar (pagamento de quantia certa), no prazo de 15 dias (art. 701 do CPC/2015). A este chamamento, consoante reconhecido no próprio sistema do novo CPC, a teor da norma inserta no parágrafo 4º do mesmo art. 701, jamais poderia ou poderá a pessoa jurídica de direito público atender, por absoluta ausência de competência do agente público à vista das normas constitucionais que impõem condutas necessariamente planejadas, com a intervenção do Poder Legislativo, na realização da despesa pública (leis orçamentárias), assim como a impositiva consideração do princípio da igualdade, mediante a observância da ordem cronológica das requisições (precatórios e RPV).

O segundo deles diz respeito à importância conotativa que se dá ao comportamento omissivo do agente público, como se pudesse significar, no processo, manifestação de vontade de presumida concordância com a célere formação de título executivo judicial, de igual maneira absolutamente incompatível com os princípios e as normas constitucionais que impõem ao administrador público o norte principiológico da legalidade e indisponibilidade dos direitos e interesses públicos, a significar que ele nada pode fazer senão previamente autorizado por lei e na forma como nela estiver disciplinado.

Dito de outra forma: ainda quando se façam as ressalvas, de resto contraditórias com o espírito do rito monitório, que expressa o parágrafo 4º do art. 701 do novo CPC, ao determinar a remessa necessária e o rito especial de cumprimento da sentença, importando em automático efeito suspensivo do mandado monitório até o julgamento necessário no 2º grau, quando cabível, na forma do art. 496 do mesmo CPC, e na necessária observância à ordem das requisições (precatório e RPV), parece insuperável e intransponível o óbice, decorrente do princípio da legalidade, de se atribuir à omissão do agente público, conformadora ou não de negligência, consciente ou não, a conotação de manifestação de vontade no sentido da aquiescência ou da submissão ao quanto postulado pela parte na ação monitória com arrimo em prova documental presumivelmente idônea. A presunção de veracidade dos fatos da causa, a dispensar cognição exauriente, é absolutamente incompatível com o exercício de função pública pelo agente nela investido, à míngua de lei que lhe dê forma e conteúdo, a tanto obviamente não se prestando a lei federal de natureza processual.

Curiosamente, a nova conformação do direito positivo processual civil brasileiro, inaugurada com o CPC de 2015, ao haver enfrentado a questão da ação monitória com a expressa determinação do seu cabimento contra a pessoa jurídica de direito público, hipótese em que se devem observar a remessa necessária e o rito especial de cumprimento de sentença resultante em requisição, jamais em constrição do bem público, não somente permite, mas parece impor reflexão a respeito da sua compatibilidade com os princípios e as normas constitucionais que se vêm de referir.

O argumento principal lançado e que prevaleceu na discussão resultante no enunciado 339 do e.STJ foi o de que a indisponibilidade dos interesses e direitos da pessoa jurídica de direito público seria relativa, por isso que ensejaria legítima e válida postura de transigência ou renúncia. Daí concluiu-se, equivocadamente, que o não agir do agente público, a sua simples omissão poderia ser compreendida no processo jurisdicional como significativa de manifestação de aquiescência ou submissão ao mandado monitório de expedição deferida àquele que detém contra a pessoa jurídica, prova escrita de obrigação, de tal forma que a presunção de veracidade deste contexto decorrente, por seu turno, ensejaria a possibilidade de, dispensada a cognição exauriente, se formar de título executivo judicial.

Todavia, em realidade, somente quando autorizado por lei e na forma nela estabelecida, poderá o agente público competente nela assim definido, desde que comprovada a vantagem para a Administração Pública, transigir ou transacionar para prevenir litígio ou extinguir relação processual em desenvolvimento, mas, necessariamente, mediante ato administrativo (comissivo) devidamente motivado, observados, assim, os princípios constitucionais que regram a atividade administrativa da legalidade, da isonomia, da moralidade, da probidade e da economicidade, hipótese em que estará a realizar a finalidade e o interesse público.

E é precisamente esse raciocínio jurídico que impõe a conclusão no sentido de que questionável é o cabimento da ação monitória contra a Fazenda Pública, porquanto com rito que se mostra incompatível, a toda evidência, com os princípios e as normas constitucionais constantes, em especial, dos arts. 1º, 37, 100 e 167 da CF, questão que possivelmente será levada ao conhecimento do e.STF.

5 Efeito suspensivo dos embargos monitórios. Reexame necessário e efeitos da apelação

É consabido que, uma vez citado para cumprir a obrigação constante no mandado monitório, consistente em pagar quantia certa, entregar coisa, fazer ou não fazer, o réu poderá opor embargos, independentemente de prévia segurança do juízo, no prazo de 15 (quinze) dias (art. 702, *caput*).

Os embargos, que poderão versar sobre qualquer matéria de defesa que poderia ser alegada no procedimento comum (art. 702, §2º), implicam, desde que tempestivos, automático efeito suspensivo da decisão que determina o cumprimento da obrigação (art. 701, §4º). Isso impede a formação do título executivo judicial. "Na verdade, a admissão dos embargos impede que o processo caminhe para a fase executiva".[14]

É importante salientar que a oposição de embargos não desconstitui o pronunciamento judicial que determina a expedição do mandado. A rigor, "os embargos impedem que o denominado decreto monitório (*d'ingiunzione*) produza seus efeitos, mas permanece íntegro como pronunciamento judicial até que haja decisão desses embargos".[15]

E justamente em razão do efeito suspensivo ínsito aos embargos,

> é praticamente unânime o entendimento de que não cabe recurso contra a decisão que determina a expedição do mandado de pagamento ou entrega de coisa, já que a suspensão dos efeitos desse pronunciamento pode ser alcançada através da oposição dos embargos, sem a necessidade de interposição de qualquer recurso processual.[16]

Cumpre anotar que o efeito suspensivo dos embargos somente abrange a porção do mandado que for efetivamente impugnada. Sendo parciais os embargos, o juiz poderá mandar autuá-los em apartado, sendo que a parte não embargada transita em julgado desde logo, constituindo-se, assim, de pleno direito, o título executivo da parcela incontroversa (art. 702, §7º), o que autoriza o imediato prosseguimento do processo, nos termos do Título II, do Livro I, da Parte Especial, no que for cabível.

Julgados os embargos, a eficácia do mandado monitório se exaure, se aqueles forem acolhidos, ou restaura-se, se rejeitados, na exata medida da rejeição, desafiando, em ambas as hipóteses, recurso de apelação (art. 702, §9º), a qual, nos termos do art. 1.012 do novo Código de Processo Civil, terá efeito suspensivo, além do seu ordinário efeito devolutivo (art. 1.013).

A este respeito, releva destacar que os embargos opostos contra o mandado monitório, "embora com semelhança aos embargos à execução, destes não se tratam. Por isso, o recurso não se enquadra em qualquer das hipóteses arroladas nos itens I a VI do art. 1012 do Código de Processo Civil, que prevê as exceções à regra consubstanciada no *caput* do referido artigo".[17]

---

[14] MARINONI, Luiz Guilherme. et al. *Novo Curso de Processo Civil*. Tutela dos Direitos Mediante Procedimentos Diferenciados. Revista dos Tribunais, 2015. v. 3, p. 240.

[15] SILVA, José Gomes da. *Ação Monitória: primeiros comentários ao procedimento monitório no novo código de processo civil*. Campo Grande: Contemplar, 2015. p. 120.

[16] MONTENEGRO FILHO, Misael. *Curso de Direito Processual Civil: Medidas de Urgência, Tutela Antecipada e Ação Cautelar - Procedimentos Especiais de Acordo com o Novo CPC*. 11. ed. São Paulo: Atlas, 2015. V. II, p.440.

[17] DA SILVA, José Gomes. *Ação Monitória* – Primeiros Comentários ao Procedimento Monitório no Novo Código de Processo Civil. Campo Grande: Contemplar, 2015. p. 125.

Montenegro Filho perfila o mesmo entendimento, ao vaticinar que:

> Contra o pronunciamento que julga os embargos é cabível a interposição do recurso de apelação (sem afastar a possibilidade de apresentação do recurso de embargos de declaração, se o pronunciamento estiver marcado por omissão, obscuridade e/ou contradição), recebido em ambos os efeitos (suspensivo e devolutivo), embora parte minoritária da doutrina afirme que o recurso deve ser recebido no efeito tão somente devolutivo na hipótese de rejeição dos embargos, permitindo a instauração da execução provisória.[18]

Marinoni, no entanto, ancorado em literal disposição do novo Código, diverge deste entendimento, salientando que:

> Se a finalidade do procedimento monitório é evitar o custo do procedimento comum quando esse não é justificado por uma defesa plausível (e para tanto a tutela antecipatória é imprescindível), não há como desconsiderar a importância da execução imediata na pendência do recurso de apelação interposto contra a sentença de improcedência dos embargos ao mandado.[19]

Daí porque prossegue pontificando que "[...] o art. 702, §4.º, do CPC, estabelece que a paralisação da ação monitória, por força dos embargos, só se opera até o julgamento em primeiro grau".[20]

Sendo ré a Fazenda Pública, a sentença que rejeita os embargos somente produz efeitos depois de confirmada pelo tribunal, nos termos do art. 496, inc. I, do novo Código, ressalvas as hipóteses previstas nos §§3º e 4º do mesmo artigo.

Noutro giro, segundo o multicitado autor, *verbis*:

> Transitada em julgado a sentença que julgou os embargos, se estes forem rejeitados, segue-se a execução da sentença, na forma do que prevê o art. 534 e 535, do CPC, culminando, no caso de prestação de pagamento de soma, com a expedição do devido precatório ou da requisição de pequeno valor devidos.[21]

Enfim, cabe apontar em curta síntese, tudo o que se disse neste tópico sobre o efeito suspensivo dos embargos monitórios:
- Os embargos, desde que tempestivos, suspendem a eficácia do mandado para cumprimento da obrigação, na parte em que aquele foi impugnado.
- A apelação, além do seu ordinário efeito devolutivo, é recebida no efeito suspensivo, ressalvadas as exceções previstas nos incisos I a VI do art. 1.012.
- Parte da doutrina admite a possibilidade de cumprimento provisório do mandado, a despeito da interposição de apelação, com fundamento no art. 702, §4º, do novo Código.

---

[18] MONTENEGRO FILHO, Misael. *Curso de Direito Processual Civil: Medidas de Urgência, Tutela Antecipada e Ação Cautelar* - Procedimentos Especiais de Acordo com o Novo CPC. 11. ed. São Paulo: Atlas, 2015. v. III, p. 443.
[19] MARINONI, Luiz Guilherme. et al. *Novo Curso de Processo Civil*. Tutela dos Direitos Mediante Procedimentos Diferenciados. Revista dos Tribunais, 2015. v. 3. p. 244.
[20] *Idem, Ibidem*.
[21] MARINONI, Luiz Guilherme. et al. *Novo Curso de Processo Civil*. Tutela dos Direitos Mediante Procedimentos Diferenciados. Revista dos Tribunais, 2015. v. 3. p. 246.

- A sentença que rejeita os embargos opostos pela Fazenda Pública, ressalvadas as hipóteses dos §§3º e 4º do art. 496 do novo Código, somente produz efeitos depois de confirmada pelo Tribunal.

6 Conversão do mandado monitório em título executivo judicial e os embargos da Fazenda Pública

Tal como abordado no Capítulo 3 deste artigo, uma das novidades no procedimento monitório trazido pelo NCPC foi a incorporação ao texto normativo de regra já pacificada pela jurisprudência dos tribunais, e sintetizada na Súmula 339 do STJ.[22] Nesta perspectiva, foi formalmente admitido, pelo §6º do artigo 700 do Diploma Novo, o cabimento da Ação Monitória contra a Fazenda Pública.

Resta, neste capítulo, investigar de que forma se dará a conversão do mandado monitório em título judicial, quando a ação for intentada contra a Fazenda Pública, e em que circunstâncias serão ofertados os seus embargos, definindo-se, ainda, o traçado deste procedimento.

Segundo o artigo 700 do Novo Código, sendo evidente o direito do autor, o juiz deferirá a expedição de mandado monitório. Diante do recebimento deste, abrem-se três alternativas para os litigantes em geral: i) cumprimento voluntário da obrigação; ii) não apresentação de defesa; e iii) oposição de embargos monitórios.

Sendo a Fazenda Pública litigante, ordinariamente não será factível o cumprimento voluntário da obrigação, máxime em se tratando de obrigação de pagar quantia em dinheiro, em razão do procedimento de expedição de precatórios e requisições de pequeno valor previsto no artigo 100 da Constituição.

Poderá a Administração, contudo, deixar de apresentar embargos, ocasião em que o mandado monitório se converterá em título executivo, viabilizando o cumprimento de sentença. Para os demais litigantes (particulares), a revelia na Ação Monitória autoriza, de plano, tal conversão, sem maiores formalidades. Na hipótese de ser ré a Fazenda Pública, contudo, a conversão deixa de ser automática, tornando impositiva a prévia certificação do fato, via remessa necessária - nos casos em que esta se aplica, naturalmente vinculada ao valor da obrigação imposta à Administração.[23]

É esta, afinal, a orientação contida nos parágrafos segundo e quarto do artigo 701 do Diploma Novo:

> §2º. Constituir-se-á de pleno direito, o título executivo judicial, independentemente de qualquer formalidade, se não realizado o pagamento e não apresentados os embargos previstos no artigo 702, observando-se, no que couber, o Título II do Livro I da Parte Especial.
> §4º. Sendo ré a Fazenda Pública, não apresentados os embargos previstos no artigo 702, aplicar-se-á o disposto no artigo 496, observando-se, a seguir, no que couber, o Título II do Livro I da Parte Especial.

Deixando, portanto, a Fazenda Pública de oferecer embargos monitórios, tem-se a primeira hipótese de conversão do mandado monitório em título executivo, que, no

---

[22] Cf. Súmula 339/STJ – É cabível ação monitória contra a Fazenda Pública.
[23] Cf. §§3º e 4º do art. 496 do Novo Código de Processo Civil.

entanto, somente poderá seguir o procedimento de cumprimento de sentença previsto no artigo 534 do Código após a realização de remessa necessária (nos casos em que esta se aplica). Antes da sua confirmação pela instância superior, ainda não se pode falar em efetividade do título executivo, que a rigor ainda não estará formado.

Neste ponto, tem-se a curiosidade de que mesmo sem a prolação de uma 'sentença' (já que o mandado monitório é apenas uma 'determinação' judicial) o órgão *ad quem* será convocado para a realização de reexame necessário.

Há, contudo, a opção de oposição de embargos pela Fazenda Pública, no prazo de 30 (trinta) dias.[24] Os embargos assumem natureza ampla, de verdadeira contestação, já que 'podem se fundar em matéria passível de alegação como defesa no procedimento comum',[25] obviamente limitada à produção de prova típica do procedimento monitório.

Como ocorre com os demais litigantes, caberá à Fazenda Pública apontar, em seus embargos, o valor correto da obrigação discutida, caso alegue que o autor pleiteia valor superior ao efetivamente devido, sob pena de indeferimento liminar da peça de oposição. Deverá, ainda, instruir os embargos com demonstrativo atualizado da porção da dívida que entende devida (art. 702. §§2º e 3º).

Trata-se de defesa que independe de apresentação de garantia (o que não poderia mesmo ser exigido da Fazenda Pública) e que, uma vez oferecida, suspende a eficácia da ordem de cumprimento da obrigação perseguida, ordinarizando-se, de certa forma, o procedimento injuntivo, já que, como visto, trata-se de defesa ampla.

Opostos os embargos, sendo os mesmos acolhidos, desfaz-se a presunção inicial de evidência das alegações trazidas pelo autor, liquidando-se a pretensão deste de formação de título executivo.

Diversamente, sendo rejeitados os embargos da Fazenda Pública, abre-se a possibilidade de apresentação de recurso de apelação pela Administração.

Como regra geral, com a rejeição dos embargos monitórios, o título judicial resta formado (conversão do mandado monitório em título executivo), passando-se à etapa de cumprimento de sentença, já que recurso de apelação não ostenta efeito suspensivo automático (*ope legis*), efeito que, todavia, poderá ser atribuído pelo órgão *ad quem*.

Na hipótese de serem rejeitados os embargos da Fazenda Pública, contudo, pensa-se, compartilhando o mesmo entendimento professado por Marinoni, Arenhart e Mitidieri, que haverá a sujeição também desta decisão de improcedência ao reexame necessário (artigo 496, I, do NCPC), de modo que, segundo ditos doutrinadores,[26] até a apreciação do apelo fazendário, "permanece inviável a efetivação da prestação buscada pelo autor".

Desta forma, somente depois de transitada em julgado a decisão proferida em sede de embargos monitórios é que se poderá promover a execução da sentença, segundo as prescrições dos artigos 534 e 535, dando-se efetividade ao título executivo judicial derivado da conversão do mandado monitório, com a expedição do precatório ou, sendo o caso, de requisição de pequeno valor.

---

[24] Artigo 183 do Código Novo.
[25] Cf. §1º do artigo 702 do Código Novo.
[26] MARINONI, Luiz Guilherme. et al. *Novo Curso de Processo Civil*. Tutela dos Direitos Mediante Procedimentos Diferenciados. Revista dos Tribunais, 2015. v. 3. p. 240.

7 Prova escrita constituída por prova oral e seu enfrentamento nos embargos monitórios

O parágrafo primeiro do artigo 700 do Novo Código de Processo Civil traz a inovação de acrescer aos documentos que permitem o ajuizamento de ação monitória, a "prova oral documentada, produzida antecipadamente nos termos do artigo 381".

Vale frisar que o artigo 381 trata da "Produção Antecipada de Prova", permitida nos casos descritos nos incisos I a III do artigo citado, constando dentre eles a viabilidade da produção medida quando "o prévio conhecimento dos fatos possa justificar ou evitar o ajuizamento de ação".

Assim, quando os fatos a serem documentados por meio do procedimento previsto no artigo 381 possam viabilizar, ou afastar, a necessidade da interposição de uma ação, será cabível a produção antecipada de prova para este fim.

Dos dispositivos relativos à seção da Produção Antecipada de Provas, artigos 382 e 383 do Novo Código de Processo Civil, se verifica que o Juiz não se pronunciará sobre a ocorrência ou a inocorrência do fato, nem sobre as suas consequências jurídicas, artigo 382, parágrafo segundo; observe-se, também, que havendo contencioso, haverá a citação dos interessados, mas que esses interessados não têm a faculdade de apresentar defesa ou recurso, nos termos do artigo 382, parágrafo quarto.

Concluído o procedimento previsto no artigo 381 e seguintes do Novo Código de Processo Civil, o registro probatório obtido com a produção antecipada de provas pode ser utilizado, nos termos do artigo 700, parágrafo primeiro, para instruir a petição inicial da ação monitória, desde que o interessado entenda que o mesmo constitui prova bastante e suficiente para exigir do acionado pagamento de quantia em dinheiro, entrega de coisa ou bem, ou ainda o adimplemento de obrigação de fazer ou de não fazer.

Proposta a ação com base nessa premissa, cabe, em primeiro lugar, ao Magistrado, verificar, segundo as palavras do próprio Código, a evidência do direito alegado pelo autor.

Entendendo evidente o direito alegado, o julgador deverá determinar a imediata expedição de mandado para cumprimento da obrigação que, se cumprida, implica na isenção de custas e na limitação de honorários em cinco por cento do valor do débito.

Porém, o acionado pode valer-se do artigo 702 do Código e optar por apresentar embargos à ação monitória, embargos que podem versar sobre qualquer matéria que puder ser alegada como defesa em procedimento comum.

Optando por apresentar embargos à ação monitória, o acionado fica, de logo, ciente de que se vencido, arcará com as custas processuais e com os honorários de advogado superiores aos 5% (cinco por cento) previstos para o caso de pagamento.

Ainda em se tratando do ônus processual das partes, vale abrir um parêntese para observar que o capitulo da ação monitória impõe, tanto ao autor da ação, quanto ao réu embargante, multa de 10%, caso tenha proposto ação ou embargos por má-fé, conforme parágrafos décimo e décimo primeiro do artigo 702. Porém, em verdade, tal multa no Código de 1973 já poderia ser imposta, em até 20% sobre o valor da causa, com base no artigo 17, incisos III e V, pelo que o que parece um avanço no controle da conduta das partes perante o Poder Judiciário, em verdade, é um retrocesso.

Coerente com o regime dispensado à prova, uma vez que qualquer matéria de defesa pode ser levantada nos embargos monitórios, sem dúvidas, pode o embargante questionar, tanto formal, quanto materialmente, a prova antecipadamente produzida, visto que esta é quem dá sustentação ao pedido do autor.

Portanto, compete ao embargante atacar a prova oral documentada na forma dos artigos 381 e seguintes do Novo Código de Processo Civil, em seu aspecto formal e também material.

Nessa linha de raciocínio, deve o embargante verificar, inicialmente, o preenchimento dos requisitos formais, ou seja, se foram observadas as exigências previstas no artigo 381, ou seja, se o requerente justificou a necessidade da produção da prova, se especificou os fatos sobre os quais a prova deve recair e se houve citação de todos os interessados.

Isso é viável e a matéria não restará preclusa na fase dos embargos monitórios, na medida em que o recurso cabível do procedimento de produção antecipada de prova compete apenas ao autor do pedido e no único caso de indeferimento total da produção da prova por ele requerida.

Assim, como não poderia o acionado, no procedimento preparatório, discutir nenhum aspecto formal da medida que visa gerar um documento contra si, sem dúvidas, que poderá fazê-lo nos embargos monitórios.

Da mesma sorte, ainda no que tange aos requisitos formais, tendo em vista os princípios que regem o Processo Civil, o embargado tem o direito de ser citado para a produção de provas, e, sem dúvidas, de intervir na sua produção.

Por isso, deve ser permitido ao acionado, por seus advogados, fazer perguntas às testemunhas, exercendo o contraditório, sob pena de afronta ao artigo 7º do próprio Código, e ao artigo 5º, inciso LV, da Constituição Federal, com a consequente nulidade da prova produzida.

Portanto, uma outra questão preliminar que poderá ser aviada e discutida nos embargos monitórios é o desrespeito ao contraditório e a nulidade da prova produzida.

Mas ainda não se encerram aí as questões preliminares. Sempre que a prova oral documentada for inconsistente, é possível atacar a própria expedição do mandado com base no parágrafo quinto, do artigo 700, ou seja, sustentar a alegação de que o Magistrado deveria ter intimado o autor para emendar a inicial e adaptá-la ao procedimento ordinário.

Isso porque se o depoimento reduzido a escrito é contraditório, inconsistente, inverossímil ou não venha a servir, por exemplo, para identificar corretamente o objeto (ex. coisa infungível) do pedido, deve o juiz aplicar o artigo 700, parágrafo quinto, e mandar o autor emendar a inicial para que seja processada pelo rito ordinário.

Em princípio, o *caput* do artigo 701 do Novo Código traz uma decisão, uma ordem de pagamento, sendo que tal decisão deve ser fundamentada:

> A decisão de citação do réu da ação monitória para pagamento deverá contar a exposição, ainda que sintética, das razões que conduziram o magistrado ao deferimento da inicial da ação (declarando-se a presença dos elementos de convicção acerca da comprovação do crédito, *in stato assertionis*) [...].[27]

---

[27] WAMBIER, Teresa Arruda Alvim. et al. *Primeiros Comentários ao Novo Código de Processo Civil Artigo por Artigo*. São Paulo: Revista dos Tribunais, 2015. p. 1036.

Constata-se, portanto, que se trata de decisão que determina pagamento, mas que não consta do rol do artigo 1.015, como hipótese de agravo de instrumento.

Além desses pontos acima evidenciados, questões formais também têm que ser cumpridas pelo autor da ação monitória, motivo por que cabe ao embargante verificar os requisitos da petição inicial da ação monitória, gerais e específicos, constantes do artigo 700, parágrafos segundo e seguintes do CPC.

Se presentes todos os requisitos formais, tendo em vista que, como dito acima, no procedimento de produção antecipada de provas não existe contestação ou recurso por parte de eventual interessado, leia-se embargante da futura ação monitória, cabe ainda discutir, nos embargos, o conteúdo da prova que foi documentada, além da existência ou não do próprio direito alegado.

Não é porque foi reduzido a termo na presença do Juiz, que no caso concreto exerce apenas um controle formal, que o depoimento colhido seja verdadeiro. Assim, os embargos podem e devem apontar inconsistências no depoimento ou depoimentos reduzidos a termo e, através de todos os meios de prova permitidos, combater o quanto consignado na prova apresentada pelo autor da ação monitória.

Importante destacar que os embargos que enfrentam a questão da validade formal e substancial da prova oral documentada versam sobre a existência do próprio direito alegado e, sendo assim, devem ser opostos nos próprios autos da ação monitória.

Que se diga ainda que esta intervenção processual do acionado suspende a ação até a sentença de primeiro grau, mas o Código não é expresso quanto à suspensão da ordem de pagamento em caso de apelação pelo que, para manter sustada a ordem de pagamento em segundo grau de jurisdição, a parte deve adotar medidas acautelatórias perante o Tribunal de Justiça.

No mérito, o ataque à prova oral reduzida a termo pode ser dar por todos os meios em direito admitidos, cabendo à parte embargante comprovar, por qualquer meio, que o depoimento reduzido a termo não corresponde à verdade ou que, mesmo correspondendo, a verdade não tem o condão de produzir o resultado pretendido pelo embargado, ou seja, o fato é verdadeiro, mas desse fato não resulta o direito a obter o pagamento, a coisa, o bem...

A prova oral documentada pode afirmar, por exemplo, que as partes celebraram um contrato verbal onde ficou acertado o pagamento de X, o fato pode ser verdadeiro, mas o embargante poderá provar, nos seus embargos, que efetuou o pagamento, ou que a dívida foi perdoada, resolvendo, assim, a lide a seu favor.

Em resumo, presentes todos os requisitos formais para o desenvolvimento do processo, cabe ao embargante discutir o mérito através dos meios jurídicos à sua disposição.

8 Conclusões

Embora o Novo CPC, por um lado, contribua para a ampliação dos títulos executivos extrajudiciais com a incorporação de novas espécies em seu artigo 784, sem prejuízo de outros previstos na legislação processual civil extravagante, o que corrobora com a crítica anterior, de que esta realidade funcionaria como inibidora à opção do credor pela ação monitória (uma vez que já estaria apto a optar pela execução), por outro lado, a introdução de novos mecanismos no perfil do instituto - especialmente a retirada do efeito suspensivo automático da apelação, a aceitação da prova oral documentada, a possibilidade do parcelamento da dívida e a previsão da verba honorária de 5% do valor da causa a título de sucumbência - será por si, espera-se, estímulo suficiente a que os jurisdicionados restabeleçam a confiança nesta via processual cuja maior virtude consiste na sumarização do conhecimento da demanda, resultando na agilidade do provimento jurisdicional e na sua rápida satisfação.

Com relação a estes aspectos centrais, abordados de forma exaustiva neste artigo, conclui-se que as alterações empreendidas no perfil da ação monitória vieram em boa hora, pois se encontram em consonância com a jurisprudência dominante e a melhor doutrina, com o que se dota o instituto de maior segurança e alcance prático.

Tal praticidade, no entanto, nem de longe o aproxima da acessibilidade decorrente da simplificação que o procedimento de injunção outorga aos jurisdicionados em Portugal.

Continua válida, no entanto, a ressalva quanto ao enfrentamento da questão da ação monitória com a expressa determinação do seu cabimento contra a pessoa jurídica de direito público, hipótese em que se devem observar a remessa necessária e o rito especial de cumprimento de sentença resultante em requisição, jamais em constrição do bem público, não somente permite, mas parece impor reflexão a respeito da plena compatibilidade do instituto com os princípios e as normas constitucionais constantes, em especial, dos arts. 1º, 37, 100 e 167 da CF, questão que, provavelmente, dado o seu caráter controverso, será levada ao conhecimento do e.STF.

A despeito do reconhecimento da importância das novidades implementadas no perfil do instituto, ainda assim, vale lembrar que a sumarização da cognição da demanda não se confunde com a antecipação da tutela de evidência tal qual configurada no artigo 311 do Novo CPC, ainda que ambas decorram da tendência de monitorização que orientou o legislador.

Enquanto tendência onipresente na nova codificação processual, onde toca diversos institutos com a sua técnica, a exemplo da estabilização da tutela antecedente, a tutela monitória, conforme o escólio do Prof. Eduardo Talamini, busca oferecer uma especial utilidade ao jurisdicionado – a rápida viabilização de resultados práticos (o que, no modelo atual, faz-se pela criação acelerada de um título executivo) –, nos casos em que cumulativamente, (a) há concreta e marcante possibilidade de existência do direito do autor (aferida mediante cognição sumária); e (b) há inércia do réu. Eis a função essencial da tutela monitória.[28]

Assim, conclui-se que não há possibilidade de antecipação *liminar* de tutela na ação monitoria, pois, uma vez interpostos os embargos monitórios, estes *sempre* suspenderão a eficácia do título, revelando a opção equivocada do operador pelo procedimento especial, quando o correto seria a busca de um provimento cautelar antecedente ou incidente.

Entendendo, equivocadamente, que as tutelas provisórias, sejam elas cautelares ou antecipadas, supririam a ausência da ação monitória, o legislador optou por excluí-la do Novo CPC.

---

[28] TALAMINI, Eduardo. Tutela de Urgência no Projeto do Novo Código de Processo Civil: a estabilização da medida urgente e a monitorização do Processo Civil Brasileiro. *Revista de Processo 2012 – RePro 209* – 13. jun. 2012. Disponível em: <https://www.google.com.br/search?q=tutela+de+urg%C3%AAncia+no+nvo+cpc+talamini&oq=tutela+de+urg%C3%AAncia+no+nvo+cpc+talamini&aqs=chrome..69i57.12396j1j8&sourceid=chrome&es_sm=0&ie=UTF-8>. Acesso em: 17. fev. 2016.

Tal situação, aparentemente contraditória, inspirou importantes processualistas a sugerirem a inversão do regramento do Novo CPC, a fim de que fosse excluída a estabilização da tutela urgente; e instituída, em seu lugar, a estabilização da tutela de evidência concedida em caráter preparatório, nela somando-se a explicitação da hipótese de tutela da evidência fundada em prova documental, tal como proposto pelo professor Eduardo Talamini, *verbis*:

> Daí a proposição que formulei ao final de minha exposição - e foi aprovada - na XXI Conferência Nacional da Ordem dos Advogados do Brasil, em 22.11.2012: 'O Projeto do novo CPC deveria contemplar a possibilidade de pleito e a obtenção de tutela da evidência em caráter preparatório, apta a ter seus efeitos estabilizados (sem autoridade de coisa julgada material), quando não impugnada pelo réu' consistente, nos moldes da atual ação monitória, supriria a lacuna que a extinção desse procedimento especial deixará. Assim: manter-se-ia uma tutela monitória pura, até mais eficaz do que a atual; cumprir-se-ia o escopo de máxima redução possível de procedimentos especiais; não se colocaria em risco a eficiência da tutela urgente.[29]

A resposta do legislador foi a reinserção da monitória em meio aos procedimentos especiais.

De outra parte, uma vez que se reconhece que a oposição de resistência pelo devedor por meio de "embargos" converte automaticamente o procedimento em comum, nesta nova fase, a monitória não se revela incompatível com a tutela provisória, seja ela cautelar ou antecipada, seja de urgência ou de evidência, desde que observadas as regras gerais dos artigos 294 e ss. do CPC.[30]

De fato, numa ação monitória de cobrança de dívida, caso o juiz verifique o intuito protelatório dos embargos (ou contestação), com base no artigo 306, I, do CPC, ele poderá deferir tutela satisfativa, acolhendo pedido do autor em réplica, para determinar ao réu que promova o pagamento, igualmente viabilizando o cumprimento provisório da decisão.

Finalmente, conforme se constata, esta orientação potencializa a eficácia da ação monitória ao acoplá-la com as tutelas provisórias, sejam elas cautelares ou antecipadas, ainda que disso decorra uma aparente redundância a depor em desfavor do propalado caráter científico do Novo CPC e até mesmo possa dela resultar em ameaça à simplificação do procedimento monitório.

Referências

BUENO, Cassio Scarpinella. *Curso Sistematizado de direito processual civil:* procedimentos especiais do Código de Processo Civil. Juizados Especiais. 3. ed. rev. e atual. São Paulo: Saraiva, 2014. t. II, v. II.

BORGES NETO, Arnaldo de Lima. *Réquiem à Ação Monitória*: A Incompletude dos Procedimentos Especiais no Novo Código de Processo Civil. Disponível em: <www.conteudojuridico.com.br>.

CAMPOS, Júlia Cruz. As Inovações da Ação Monitória no Novo Código de Processo Civil. *Revista Visão Jurídica*, Edição 114, 2015.

---

[29] TALAMINI, Eduardo, *op. cit.*
[30] GONÇALVES, Marcus Vinicius LENZA, Pedro (Coord.). *Direito Processual Civil esquematizado*. 7. ed. São Paulo: Saraiva, 2016. p. 653.

DUARTE, Zulmar; GAJARDONI, Fernando da Fonseca. *A ressurreição da ação monitória no Novo CPC.* 02. fev. 2015. Disponível em: <http://jota.uol.com.br/ressureicao-da-acao-monitoria-novo-cpc>. Acesso em: 17. fev. 2016.

GERMINI, Rodrigo dos Santos. *A ação monitória à luz do novo código de processo civil.* 26. jun. 2015. Disponível em: <http://www.jurisway.org.br/v2/dhall.asp?id_dh=15052>. Acesso em: 17. fev. 2016.

GONÇALVES, Marcus Vinicius Rios; LENZA, Pedro (Coord.). *Direito processual civil esquematizado.* 7. ed. São Paulo: Saraiva, 2016.

MARINONI, Luiz Guilherme. et al. *Novo Curso de Processo Civil.* Tutela dos Direitos Mediante Procedimentos Diferenciados. Revista dos Tribunais, 2015. v. 3.

MONTENEGRO FILHO, Misael. *Curso de Direito Processual Civil.* Medidas de Urgência, Tutela Antecipada e Ação Cautelar - Procedimentos Especiais de Acordo com o Novo CPC. 11. ed. São Paulo: Atlas, 2015. v. III.

NERY JÚNIOR, Nelson; NERY, Rosa Maria de Andrade. *Comentários ao Código de Processo Civil.* São Paulo: RT, 2013.

NÉRY JR, Nelson. *Código de Processo Civil Comentado e Legislação Extravagante.* 13. ed. rev., ampl. e atual. São Paulo: Editora Revista dos Tribunais, 2013.

NEVES, Daniel Amorim Assumpção. *Manual de direito processual civil.* 7. ed. rev. atual. e ampl. Rio de Janeiro: Forense, São Paulo: Método, 2015.

RAVAGNANI, Giovani dos Santos; CARDOSO, Igor Guilhen. *Análise Comparada entre Ação Monitória no Código de Processo Civil de 1973 e no Novo Código de Processo Civil.* Disponível em: <www.loboeibeas.com.br>.

REPÚBLICA PORTUGUESA. *Procedimento de injunção.* Disponível em: <https://www.citius.mj.pt/portal/article.aspx?ArticleId=1531&EmulatedPage=ProcedimentoInjuncao>.

RIBEIRO, Leonardo Ferres da Silva. *Tutela provisória:* tutela de urgência e tutela de evidência. Do CPC/1973 ao CPC/2015. São Paulo: Editora Revista dos Tribunais, 2015. (Coleção Liebman/coordenação: Teresa Arruda Alvim Wambier e Eduardo Talamini).

SILVA, José Gomes da. *Ação Monitória*: primeiros comentários ao procedimento monitório no novo código de processo civil. Campo Grande: Contemplar, 2015.

TALAMINI, Eduardo. *Tutela Monitória. A Ação Monitória – Lei nº 9.079/95.* 2. ed. São Paulo: RT, 2010.

TALAMINI, Eduardo. Tutela de Urgência no Projeto do Novo Código de Processo Civil: A Estabilização da Medida Urgente e a Monitorização do Processo Civil Brasileiro. *Revista de Processo 2012 – RePro 209*, 13. junho. 2012. Disponível em: <https://www.google.com.br/search?q=tutela+de+urg%C3%AAncia+no+nvo+cpc+talamini&oq=tutela+de+urg%C3%AAncia+no+nvo+cpc+talamini&aqs=chrome..69i57.12396j1j8&sourceid=chrome&es_sm=0&ie=UTF-8>. Acesso em: 17. fev. 2016.

TUCCI, José Rogério Cruz e. Ação monitória no novo processo civil português e espanhol. *Revista de Processo*, n. 103, jul./ set. 2001.

VASCONCELOS, Ronald. *Breves Comentários ao Novo Código de Processo Civil.* São Paulo: RT, 2015.

WAMBIER, Teresa Arruda Alvim. et al. *Primeiros Comentários ao Novo Código de Processo Civil Artigo por Artigo.* São Paulo: Editora Revista dos Tribunais, 2015.

Informação bibliográfica deste texto, conforme a NBR 6023:2002 da Associação Brasileira de Normas Técnicas (ABNT):

GUIMARÃES, Luiz Cláudio. et al. A nova ação monitória. In: BRITTO, Alzemeri Martins Ribeiro de; BARIONI, Rodrigo Otávio (Coords). *Advocacia pública e o novo código de processo civil.* Belo Horizonte: Fórum, 2016. p. 233-253. ISBN 978-85-450-0173-7.

INOVAÇÕES TRAZIDAS PELO NOVO CÓDIGO DE PROCESSO CIVIL AO CUMPRIMENTO, PELA FAZENDA PÚBLICA, DAS OBRIGAÇÕES DE PAGAR QUANTIA CERTA DECORRENTE DE TÍTULO EXECUTIVO JUDICIAL

AYRTON BITTENCOURT
GILBERTO BAHIA
HÉLIO VEIGA
JORGE SALOMÃO O. DOS SANTOS
RAIMUNDO L. DE ANDRADE
VICENTE BURATTO

1 Introdução

Dentro do extenso e complexo tema "Cumprimento de Sentença Contra a Fazenda Pública", decidiu-se fazer corte epistemológico que permitisse uma abordagem técnica e interessante, respeitando as limitações impostas ao presente artigo.

Por certo que a complexidade do objeto aqui proposto e a ser conhecido autoriza cortes metodológicos. O primeiro, considerando o fenômeno jurídico como direito posto, enquanto conjunto de prescrições jurídicas, num determinado espaço territorial e em preciso intervalo de tempo, e enquanto objeto cultural organizador dos comportamentos intersubjetivos, canalizados em direção aos valores que a sociedade quer ver realizados.

O segundo corte leva em consideração a manifestação do objeto de que estamos tratando em linguagem, para assim isolar a linguagem objeto e a metalinguagem descritiva do mesmo.

Por fim, o objeto de direito comportará a seção para congelar e surpreender, no seio da lógica semântica, a expressão fenomênica da Execução por quantia certa contra a Fazenda Pública decorrente de título executivo judicial, para conhecermos como se opera os meios executórios e de translação de numerários da Fazenda Pública ao sujeito ativo da ação executiva, se é que a mesma ocorrerá.

Ademais, o presente estudo tem por escopo apresentar à comunidade jurídica, as inovações trazidas pelo Código de Processo Civil de 2015, ao cumprimento de sentença que reconheça obrigação de pagar quantia certa contra a Fazenda Pública.

Não se consubstanciam, portanto, objeto da presente especulação, o cumprimento de sentença impositiva de obrigações de fazer, ou qualquer outra questão que não se consubstancie em inovação trazida pela Lei nº 13.105/2015, como, de maneira geral, o regime de precatórios, a Emenda Constitucional nº 62/09 e a decisão do STF nas ADI's 4.357 e 4.425, desde que não seja relevante a compreensão ou o debate das inovações legais ora em análise.

O tema abordado encontra-se ancorado especificamente no Capítulo V, do Título II, do Livro I, da Parte Especial do Novo Código, se lhe aplicando, ainda, o disposto no Capítulo I, do mesmo Livro, que encerra as disposições gerais relacionadas ao cumprimento de sentença e, no que for compatível, o Livro II da Parte Especial, que cuida especificamente do Processo de Execução.

Por certo que a edição da Lei nº 13.105/2015 inaugurou uma nova sistemática na defesa da Fazenda Pública em relação às execuções contra si deflagradas para cumprimento de obrigações de pagar quantia certa.

Igualou, neste particular, ressalvando as peculiaridades próprias da execução contra a Fazenda Pública, a alteração promovida no antigo Código De Processo Civil de 1973, levada a efeito pela Lei nº 11.232/2005, na forma pela qual o credor busca a satisfação forçada da obrigação que lhe é devida e o devedor maneja a sua defesa.

Com a entrada em vigor do Novo Código de Processo Civil, de forma geral, particulares e Entes Federativos estarão submetidos ao mesmo rito procedimental de satisfação de obrigações reconhecidas através de título judicial e defender-se-ão por meio de impugnação nos mesmos autos do processo de conhecimento, inaugurando apenas uma nova fase.

Finaliza-se, deste modo, a velha concepção do binômio processo de conhecimento e execução como feitos distintos e independentes, passando-se a ter um único processo, com fases de cognição e execução, dentro de uma mesma relação processual. Tal unificação dos procedimentos inegavelmente pretende dar concretude ao princípio da razoável duração do processo, insculpido no art. 5º, LXXVIII, da CF/88.

Feitas essas ponderações iniciais, far-se-á, também, uma abordagem sobre questões instigantes trazidas ou resolvidas com a nova legislação regradora do meio de defesa a ser lançado pela Fazenda Pública para resistir a pretensões executórias de pagamento em dinheiro.

2 O direito como sistema jurídico – Supremacia da Constituição

Vale repisar, porque valor do sistema, que a Supremacia da Constituição, aparentemente, poderá ser explicada através do conceito que o cientista do direito adote nas suas formulações dogmáticas.

Conceituada materialmente, a supremacia resultará, como afirmava Georges Burdeau, do fato de que a ordem jurídica repousa sobre ela, nela se origina e só nela obtém o seu fundamento de validade.

Do fato de ser a constituição a organizadora das competências, resulta sua superioridade material. Criando, assim, competências, ela é necessariamente superior às autoridades nestas investidas.

Formalmente conceituada, a supremacia constitucional promana da sua rigidez jurídica, ou seja, do modo mais solene previsto para a sua reforma ou revisão; da distinção entre normas – leis constitucionais e/ou leis ordinárias. A imutabilidade relativa ou o grau de estabilidade das regras constitucionais fomentam o conceito de rigidez constitucional.

Do conceito de constituição formal, segue-se o texto escrito e rígido. Rigidez, conforme usaremos, significará imutabilidade da Constituição por processos ordinários da elaboração legislativa. Portanto, só as constituições escritas entrariam nessa conceituação.

A constituição que buscamos estudar e que serve de validade para a execução contra a Fazenda Pública, tendo em vista a análise proposta neste artigo, diz respeito, por decorrência lógica, ao sistema de normas jurídicas em cujo ápice encontra-se a lei maior, enquanto norma superior da sociedade política, porém, jamais desvinculada da realidade social ou vazia de conteúdo axiológico.

Analisá-la-emos como uma estrutura em conexão de sentido, envolvendo-a num conjunto de valores positivados que a sociedade almeja ver implementados.

Quer se adote um sentido sociológico, político, ou jurídico de Constituição, o direito fundamental de uma sociedade política vai muito além dos debates filosóficos e metodológicos propostos pela doutrina.

Em verdade, no sentido sociológico de Constituição de Ferdinand Lassalle, a soma dos fatores reais de poder que vigoram em determinado país, se abstraídos, restaria o produto da razão humana, como conquista do movimento constitucionalista.

Em sentido político, a Constituição é considerada como decisão política fundamental e concreta do modo e forma de existência da unidade política.

Desse modo, a constituição não se dá a si mesma, mas vale em virtude da vontade política existencial do poder (constituinte). A essência da Constituição se encontra não na norma, mas na decisão política do titular do poder constituinte.

Esse conceito serviria tanto para as democracias, quanto para os regimes autoritários, além de desprezar a ideia da norma, enquanto entidade autônoma, e como veículo de uma vontade consciente do atingimento de fins racionais previamente propostos.

Já em sentido jurídico, a Constituição, considerada como norma, assume a feição de um "complexo normativo estabelecido de uma só vez, na qual, de uma maneira total, exaustiva e sistemática, se estabelecem as funções fundamentais do Estado e se regulam aos órgãos, o âmbito de suas competências e as relações entre elas".[1]

A constituição é a norma fundamental de organização do Estado e da vida jurídica do país. Nessa visão, acrescida pelos estudos do genial Hans Kelsen, a Constituição é considerada como norma pura.

O direito é o direito posto, o positivo, não cabendo qualquer tentativa de fundamentá-lo em posições filosóficas, políticas e sociológicas. O que ocorre antes da Constituição é assunto meta-jurídico, não competindo ao jurista estudá-lo.

Para Kelsen, a Constituição possuirá dois sentidos: a) Lógico – jurídico – norma fundamental hipotética, servindo de fundamento para a Constituição positiva;

---

[1] PELAYO, Garcia, *apud* SILVA, José Afonso da. *Aplicabilidade das normas constitucionais*. p. 18.

b) Jurídico positivo – equivalendo à norma positiva suprema, que serve de validade, regulação e criação de outras normas.

Nesta última asserção, o conceito de Constituição encontra-se dissociado do mundo fático e histórico em que se encontra inserido; resume-se a uma operação lógica.

Todavia, o Direito Constitucional, como de resto todos os demais ramos da Ciência Jurídica, não pode ser reduzido à pura norma, mas, como ensina Garcia Pelayo, "à síntese da tensão entre norma e realidade com que se defronta", o que vem ao encontro da teoria semiótica.[2]

É nesse sentido que José Joaquim Gomes Canotilho concebe a Constituição como lei fundamental, porém aberta e temporalmente adequada, não como Constituição técnica, mas como produto de um consenso, compromisso e tensão, sendo resultante do jogo político e dependente da conciliação da norma e do fato social.

Assim, para nós e para os desígnios deste artigo, a Constituição há de ser concebida sob a visão normativa, porém relativizada na sua conexão com a realidade social. "Cuida-se de um complexo, não de partes que se adicionam ou que se somam, mas de elementos e membros que se enlaçam num todo unitário", ensina o Prof. José Afonso da Silva.[3]

A vida social corrobora e denota, de maneira decisiva, a vontade dos constituintes.

Não obstante o ideário proposto, o conceito de Constituição, em sentido formal, afigura-se de suprema importância frente às normas fundamentais e aos princípios lógicos da realidade constitucional brasileira contemporânea, interferindo, de perto, nas normas relativas à execução contra a Fazenda Pública por quantia certa que pretendemos neste estudo conhecer melhor.

Ora, a adoção do método dedutivo positivista do direito como forma de apreender e conhecer o fenômeno jurídico, no sentido expresso do estudo da Constituição formal, não implica, obrigatoriamente, no acatamento da ideologia do positivismo.

Sobre o método, diz Norberto Bobbio, "não é senão um meio para atingir um determinado fim e, portanto, trata-se de avaliar se tal meio é idôneo para atingir o fim em questão, e saber avaliar precisamente a conveniência do próprio meio".[4]

Na ciência jurídica, o método dedutivo positivista é o método cientifico de conhecimento desse ramo do saber, sendo, portanto, basilar a sua adoção por todos aqueles que querem fazer ciência (descrição avaliatória da realidade) jurídica ou teoria do direito, pois, assim não procedendo, o estudioso do direito estará entrando em campo da filosofia ou da sociologia jurídica.

Nesse sentir, prelecionou o jusfilósofo recifense Lourival Vilanova:

> Com o esquema lógico da causalidade normativa, no qual o efeito é deonticamente vinculado à causa (ao fato jurídico), não poderemos sair do sistema para correlatar fatos econômicos e normas ou instituições jurídicas; fatos religiosos e textos legislativos; fatos demográficos, geopolíticos e decisões judiciárias, mobilidade social vertical ou horizontal e validade (legalidade, constitucionalidade) dos atos administrativos; macrossociologia ou microssociologia dos grupos e validez de uma resolução legislativa, de um decreto legislativo, de um Decreto-Lei ou de uma lei de reforma constitucional.[5]

---

[2] *Ibidem*, p. 20.
[3] SILVA, José Afonso da. *Aplicabilidade das normas constitucionais*. p. 22.
[4] BOBBIO, Norberto. *O positivismo jurídico – Lições de filosofia do direito*. Tradução Márcio Puglise. São Paulo: Ícone, 1995. p. 237.
[5] VILANOVA, Lourival. *Causalidade e Relação no Direito*. p. 18.

O direito se constitui numa unidade, porque suas normas são postas pela mesma autoridade, podendo, assim, todas serem reconduzidas à mesma fonte originaria constituída pelo poder legitimado para criar o direito, ou seja, a hierarquização das suas fontes (do direito), chegando ao final na norma hipotética fundamental, premissa lógica para o fechamento do sistema jurídico.

Na coerência do sistema ou do ordenamento jurídico, reside a negativa de existência de antinomias entre normas, e a completude encontra-se na plenitude de regramento do sistema e não na existência de situações não normatizadas pelo direito posto.

Assim, faz-se mister dizer que as normas jurídicas de maior relevância encontram-se na Constituição, e que estas normas se apresentam em duas espécies: regras e princípios.

Os Princípios são definidos e podem ser como as "ideias centrais de um sistema, ao qual dão sentido lógico, harmonioso, racional, permitindo a compreensão de seu modo de organizar-se".[6]

O caráter normativo dos Princípios passou por um lento processo de evolução na doutrina, vislumbrando-se três fases: a jusnaturalista, a juspositivista e a pós-positivista. Nas duas primeiras fases não se conferia aos princípios a natureza de norma de Direito. Somente na última fase, a pós-positivista, inverte-se o quadro, reconhecendo-se o caráter normativo dos princípios.

Esta espécie normativa tanto pode ser expressa no ordenamento jurídico, qaunto pode ser implícita, desempenhando relevante papel na interpretação do Direito.

Por seu turno, as regras são normas que prescrevem imperativamente uma exigência (impõe, permitem ou proíbem) que é ou não é cumprida, pelo que o professor e jurista Eros Graus identificou que as regras devem ser aplicadas por completo ou não, não comportando exceções.[7]

O que nos interessa, sobretudo nos limites deste estudo, é a distinção entre regras e princípios. "Princípios são pautas genéricas, não aplicáveis à maneira de "tudo ou nada", que estabelecem verdadeiros programas de ação para o legislador e para o intérprete". Já as regras são prescrições específicas que estabelecem pressupostos e consequências determinadas.

A regra, como leciona o procurador e jurista Márcio Yukio Tamada,[8] é formulada para ser aplicada a uma situação especificada, o que significa, em outras palavras, que ela é elaborada para um determinado número de atos ou fatos. O princípio é mais geral que a regra, porque comporta uma série indeterminada de aplicações. Os princípios permitem avaliações flexíveis, não necessariamente excludentes, enquanto as regras, embora admitindo exceções, quando contraditadas, provocam a exclusão do dispositivo colidente.

Em se tratando de conflito entre princípios, não há que se falar em exclusão de um princípio em benefício de outro, já que têm a mesma relevância jurídica. Assim, resolve-se a controvérsia aplicando a ideia de harmonização, de ponderação de interesses.

---

[6] SUNDFELD, Carlos Ari. *Licitação e Contrato Administrativo*. 2. ed. São Paulo: Malheiros, 1995. p. 18.
[7] GRAU, Eros. *Direito posto e Direito Pressuposto*. p. 52.
[8] TAMADA, Márcio Yukio. Princípios e regras: diferenças. In: *Âmbito Jurídico*, Rio Grande, v. XV, n. 97, fev. 2012. Disponível em: <http://www.ambito- juridico.com.br/site/index.php?n_link=revista_artigos_leitura&artigo_id=11088>. Acesso em: fev. 2016.

A depender do caso concreto, ponderando-se as circunstâncias do caso, verifica-se a qual princípio deve-se conferir maior peso, sem, contudo, excluir os demais. Isto é, se um princípio é aplicado preponderantemente numa situação concreta, isso não significa a declaração de nulidade do princípio afastado.

Para concluir, vale trazer à baila a tendência moderna de atribuição de força normativa aos princípios. Como precursores dessa corrente de pensamento, os jusfilósofos Ronald Dworkin e Robert Alexy sustentam que os princípios não são meros apontamentos programáticos, no sentido de que "seria interessante fazer assim". Pelo contrário, os princípios "impõem que se faça assim". Não se trata de uma mera recomendação, mas de um mandamento com força obrigatória, sob pena de declaração de nulidade do ato violador ao princípio. Assim, é direito de todo o cidadão exigir da Administração Pública o cumprimento dos princípios, exigência perfeitamente alinhada à ideia de Estado Democrático de Direito.

3 Dos princípios constitucionais processuais e dos princípios processuais

Fincadas estas premissas, não podemos olvidar a presença de princípios constitucionais processuais, ou seja, princípios constitucionais gerais, implícitos ou explícitos, que se aplicam ao Direito Processual e aos demais ramos do Direito, tais como os princípios gerais da economia, da segurança jurídica, da isonomia, da legalidade, da certeza do direito, da irretroatividade e da razoabilidade. Contudo, outros princípios constitucionais existem que dizem respeito especialmente ao Direito Processual.

Com o professor Paulo César Conrado,[9] podemos elencá-los em princípio do contraditório (art. 5º, LV, CF/88); princípio do juiz natural (art. 5º, incisos LIII e XXXVII, da CF/88); princípio da inafastabilidade da jurisdição (art. 5º, inciso XXXV, da CF/88); princípio da proibição da prova ilícita (art. 5ª inciso LVI, CF/88); princípio da publicidade (art. 5º, incisos LX, e art. 93, inciso IX da CF/88); princípio do duplo grau de jurisdição; princípio da motivação (art. 93, inciso IX, da CF/88); princípio do devido processo legal (art. 5º, incisos LIV, LV, LVII, da CF/88).

Todavia, a doutrina nacional, ainda sob a égide do Código de Processo Civil de 1973, já vinha apontando a existência de verdadeiras normas processuais principiológicas, posto que as mesmas, a despeito de não possuírem o status de normas constitucionais, operam com reconhecida força de princípios, pois que se prestam a dirigir a compreensão de outras normas processuais.

Podemos aduzir como princípios processuais infraconstitucionais no código de 1973, o princípio da publicidade (art. 155, do CPC); o princípio da instrumentalidade das formas (art. 244, do CPC); o princípio dispositivo e o princípio da inércia (art. 2º, do CPC); o princípio do impulso oficial (art. 262, do CPC); o princípio da identidade física do juiz (art. 132, do CPC) e o princípio da concentração (arts. 455 e 456 do CPC).

O Novo Código de Processo Civil inova em matérias de princípios processuais, posto que para se consagrar o modelo constitucional do processo civil, repetindo normas constitucionais que tratam, por exemplo, da inafastabilidade da jurisdição

---

[9] CONRADO, Paulo César. *Introdução à Teoria Geral do Processo Civil*. São Paulo: Max Limonad, 2000. p. 66–79.

(CF, art. 5º, XXXV e NCPC, art. 3º, caput), da razoável duração do processo (CF, art. 5º, LXXVIII e NCPC, art. 4º, caput), do contraditório e da ampla defesa (CF, art. 5º, LV e NCPC, art. 7º), da proteção à dignidade da pessoa humana e dos princípios da legalidade, da publicidade e da eficiência (CF, art. 1º, III e 37, caput, e NCPC, art. 8º) e da fundamentação das decisões judiciais (CF, art. 93, IX e NCPC, art. 11), a Parte Geral também inova, especificando e aclarando a verdadeira finalidade social do processo civil: a pacificação social.

Portanto, ao repetir a norma constitucional que trata da razoável duração do processo do Códex anterior, o Novo Código de Processo Civil vai além, ressaltando que se deve buscar, em prazo razoável, "a solução integral do mérito, incluída a atividade satisfativa" (art. 4º do NCPC).

De igual forma, quando se trata do princípio da cooperação processual, novamente se tem o mesmo destaque: "Todos os sujeitos do processo devem cooperar entre si para que se obtenha, em tempo razoável, decisão de mérito justa e efetiva" (art. 6º, do NCPC).

Conclui-se, portanto, que a resolução do mérito no âmbito processual passa a ser sinônimo de efetividade, pois é o que, de fato, resolve a questão de direito material e contribui para a pacificação social, ao contrário da sua longa existência entre nós, vez que, contraditoriamente, por muito tempo, o processo vem sendo utilizado como subterfúgio para não conhecer o mérito, invertendo a lógica e destoando das aclamadas instrumentalidade e efetividades processuais.

Contudo, não podemos nos esquecer do princípio da duração razoável do processo, já que quando da entrada em vigor da Emenda Constitucional nº 45/2004, a efetiva prestação jurisdicional foi erigida a princípio fundamental, tendo sido acrescentado o inciso LXXVIII ao art. 5º da Carta Magna, in *verbis:*

> A todos, no âmbito judicial e administrativo, são assegurados a razoável duração do processo e os meios que garantam a celeridade de sua tramitação.

Os motivos que levaram o legislador a erigir a questão do tempo do processo ao nível de garantia fundamental demonstram a insatisfação da sociedade com a prestação da tutela jurisdicional e o entendimento de que a jurisdição não deve ser apenas "prestada" pelo Estado como decorrência do direito de ação, mas que a tutela jurisdicional deve ser efetiva, tempestiva e adequada, sendo atribuição do Estado alcançar esse objetivo.

Contudo, no tocante à execução contra a Fazenda Pública por quantia certa, o novo Código de Processo Civil optou por não modificar, substancialmente, a sistemática anteriormente disposta pelo Código de Processo Civil de 1973, colocando em risco o princípio da duração razoável do processo e o da sua efetividade, alçados ao patamar de verdadeiras garantias e direitos fundamentais do cidadão.

Cumpre registrar, ademais, que não basta a tutela formal do direito. É necessário que sejam colocados à disposição, os meios concretos que permitam que a norma venha a atingir o efeito desejado - a efetividade do processo - com a consequente redução do prazo de duração entre o ajuizamento do pedido e a eficaz prestação jurisdicional.

As recentes alterações no cenário social da atualidade caracterizam-se pelo surgimento de novos e outros direitos e, portanto, novas demandas, exigindo que o Estado esteja suficientemente preparado para enfrentar os desafios da sociedade contemporânea, de forma a garantir a plena efetivação dos direitos consagrados.

Pois é diante de tal quadro factual e teórico que nos propomos a avaliar a reforma do Código de Processo Cível Brasileiro (Lei nº 13.105/2015), no tocante ao cumprimento de sentença que reconheça a exigibilidade de obrigação de pagar quantia certa pela Fazenda Pública, diante das prescrições constitucionais acerca do tema, para inferirmos da sua validade e conformação com a mens da Carta Maior de 1988.

4 Do procedimento relativo ao cumprimento de sentença

Sob a égide do Código de Processo Civil de 1973, desde a alteração levada a cabo pela Lei nº 11.232, de 2005, para incluir o art. 475-A e seguintes no Codex, o cumprimento das obrigações de pagar quantia certa reconhecida em título judicial, como regra, deixou de ser realizado em processo autônomo, denominado execução, com todos os seus consectários daí decorrentes (distribuição, autos apartados, citação, etc.), passando a ser uma sequência procedimental, vale dizer, efetivada nos autos do processo, com intimação do advogado da parte contrária para satisfazer a obrigação consignada no título executivo judicial, pelo que é mais apropriado chamar de cumprimento de sentença.

Essa fusão entre o processo de conhecimento e o (outrora chamado) de execução, antes apartados, e denominado pela doutrina de "sincretismo processual", visando, é óbvio, render homenagens aos princípios da efetividade, da instrumentalidade, da celeridade e da economia processuais.

Dentro do corte metodológico e científico proposto para a presente investigação, estudaremos a satisfação das obrigações de pagar quantia certa pela Fazenda Pública, lastreadas em título executivo judicial.

Portanto, nos ocuparemos do cumprimento de sentença (título fundado em decisão judicial transitada em julgado) que veicule obrigação de pagar quantia certa (dívida de valor líquida, certa e exigível) contra a Fazenda Pública (pessoa jurídica de direito público interno – União, Estados, DF, Municípios, suas Autarquias e Fundações Públicas).

A par do traço distintivo da natureza da dívida e do devedor (Fazenda Pública), importa ressaltar, ainda, o regime jurídico-constitucional dos bens públicos.

Diferentemente do regime de cumprimento forçado de sentença contra devedor submetido ao regime de direito privado, em que se verifica a expropriação de seus bens necessários à satisfação da dívida, com penhora, alienação judicial, adjudicação, etc., em se tratando de devedor sob o pálio do direito público, o regime é o constante no art. 100 e seguintes da CF/88, denominado precatório (incluindo-se a requisição de pequeno valor – RPV), previsto no art. 730 do CPC/1973.

Isso decorre da natureza dos bens do devedor da Fazenda Pública, inalienáveis, imprescritíveis e impenhoráveis, a teor do art. 183, §3º, da CF/88, arts. 100 e 101 do CC/2002, e arts. 832 e 833, I, do CPC/2015, que sempre foi assim, desde o CPC/1973 e o CC/1916, aliás, circunstância esta reconhecida pela nossa mais alta corte de justiça, *in verbis*:

> Desde a vigência do Código Civil, os bens dominicais, como os demais bens públicos, não podem ser adquiridos por usucapião. (STF Súmula nº 340).

Vale ressaltar que, apesar de introduzido no Processo Civil pátrio o procedimento de "cumprimento de sentença" das obrigações de pagar quantia certa, desde o ano de 2005 (isto é, há mais de 10 anos), as dívidas de mesma natureza da Fazenda Pública, reconhecidas em título judicial, ainda tinham sua satisfação submetida ao rito do processo de execução (arts. 566/645, 730/731 e 736/743 do CPC de 1973).

O novo regramento geral do "cumprimento de sentença" relativo à obrigação de pagar quantia certa (arts. 513/527) reproduz diversas disposições legais relativas aos assuntos, no CPC de 1973, especialmente aquelas relacionadas à definição do referido rito como desenrolar natural (nova fase procedimental) do processo de conhecimento, à apresentação da defesa do devedor nos próprios autos do processo originário (e não mais através de ação incidental de embargos), à dispensa de nova citação pessoal do devedor para pagamento (tal qual ocorria, e ainda ocorre no processo de execução, agora restrito aos títulos extrajudiciais, regulado pelo art. 910, nos casos em que envolvida esteja a Fazenda Pública).

5 Do cumprimento de sentença que reconheça a exigibilidade da obrigação de pagar quantia certa pela Fazenda Pública, segundo o novo CPC

5.1 Dos requisitos para o cumprimento da sentença

5.1.1 Da execução invertida

Além da mudança de nomenclatura, o artigo 534 do Novo Código de Processo Civil sugere que o procedimento se inicie por ato do exequente.

Não há razão, todavia, que justifique impedimento à própria Fazenda Pública, de deflagrar o procedimento, objetivando a satisfação da obrigação a que fora condenada, desde que tenha havido o trânsito em julgado, e não venha a se insurgir contra a coisa julgada material.

Com efeito, a Fazenda Pública é orientada pelos princípios insculpidos no art. 37, da Carta Magna, dentre os quais se encontram expressamente declinados o da eficiência e o da legalidade.

Portanto, no intuito de cumprir com o dever que lhe fora imposto pela lei e declarado pelo Poder Judiciário, parece-nos ser facultado à Fazenda Pública deflagrar o cumprimento de sentença, apresentando o valor que entende devido, na conformidade de planilha que atenda aos critérios legais.

A iniciativa decerto repercutiria em economia ao Erário, na medida em que favoreceria a concordância dos credores, atraídos pela celeridade e economicidade que tal ato importaria, reduzindo sobremaneira uma infinidade de atos processuais e recursos que poderiam surgir a partir da divergência, desafogando o Poder Judiciário e as próprias Procuradorias.

O que se defende, portanto, é a aplicação do art. 526 do Novo Código – que expressamente prevê a possibilidade de iniciativa do devedor no procedimento de cumprimento de obrigação de pagar imposto por decisão judicial entre particulares – ao mesmo procedimento quando for parte a Fazenda Pública.

O que o art. 526 do CPC/2015 consagra é a execução invertida, na medida em que traz uma regra possibilitando ao condenado em quantia certa liquidável por simples cálculo, a possibilidade de se antecipar a iniciativa executiva do credor, apresentado memória discriminada de cálculo, *in litteris*:

> Art. 526. É lícito ao réu, antes de ser intimado para o cumprimento da sentença, comparecer em juízo e oferecer em pagamento o valor que entender devido, apresentando memória discriminada do cálculo.
> §1º. O autor será ouvido no prazo de 5 (cinco) dias, podendo impugnar o valor depositado, sem prejuízo do levantamento do depósito a título de parcela incontroversa.
> §2º. Concluindo o juiz pela insuficiência do depósito, sobre a diferença incidirão multa de dez por cento e honorários advocatícios, também fixados em dez por cento, seguindo-se a execução com penhora e atos subsequentes.
> §3º. Se o autor não se opuser, o juiz declarará satisfeita a obrigação e extinguirá o processo.

Embora tal disposição não esteja repetida nos preceitos que tratam do cumprimento de sentença contra a Fazenda Pública, não se vislumbra qualquer prejuízo para que se adote tal conduta, vindo em boa hora tal inovação da Lei nº 13.105/2015.

Ao contrário, a utilização deste procedimento pelos Entes Federados, que são, sem titubeios, os maiores litigantes do Poder Judiciário, geraria uma enorme celeridade processual, evitando-se impugnações, decisões, perícias contábeis e recursos.

A "execução invertida", portanto, não só deve ser facultada às Fazendas Públicas pela inexistência de qualquer colidência com o seu regime próprio de cumprimento de sentença, como deve ser incentivada, pois certamente representará uma celeridade processual e um desafogo ao Poder Judiciário.

Cumpre notar, ademais, em contraponto, que para viabilizar a iniciativa do cumprimento de sentença no que diz respeito à obrigação de pagar, pela Fazenda Pública, a sua representação judicial responsável deve estar devidamente preparada, tanto do ponto de vista material, quanto do ponto de vista pessoal, o que decerto dificulta a iniciativa como opção dos Entes Públicos.

5.1.2 Discriminando o demonstrativo do débito

Sob o regime do Código de Processo de 1973, já era requisito necessário à execução das obrigações de pagar impostas à Fazenda Pública, como de resto ao cumprimento das obrigações de pagar de modo geral, a apresentação de planilha discriminada do débito.

A inovação que traz o Código de 2015, no seu art. 534, é a da especificação das informações que a planilha deve conter, tais como: o(s) índice(s) de correção monetária adotado(s) e seus períodos, os juros e suas taxas, os termos iniciais e finais desses encargos, se houver capitalização de juros, a respectiva periodicidade, e a especificação dos eventuais descontos obrigatórios.

Não é que antes do Novo CPC o exequente não tivesse o dever de apresentar essas informações, porém, como o CPC/73 não trazia esse detalhamento, exigindo, apenas, a apresentação de planilha discriminada, não havia a necessária padronização dos critérios de cálculo, favorecendo, muitas vezes, a homologação de cálculos contendo equívocos que não foram bem percebidos nem pelo Juiz, nem pela Fazenda Pública – e, algumas vezes, nem pelo próprio credor.

Com a exigência de apresentação detalhada de todos os critérios pertinentes à atualização dos cálculos, deverá ficar mais fácil identificar eventuais desconformidades, favorecendo o fiel cumprimento da condenação imposta à Fazenda Pública, com o pagamento do valor efetivamente devido – nem mais, nem menos.

Outra inovação é a exigência de indicação do número de inscrição do Credor no Cadastro de Pessoas Físicas ou no Cadastro Nacional de Pessoas Jurídicas, a possibilitar, quando do pagamento do título, o cumprimento de obrigações assessórias da Fazenda Pública para com a Fazenda Nacional.

5.1.3 Da multa pela mora no cumprimento de obrigação de pagar

Temos que reconhecer que mesmo na vigência do CPC/76 à Fazenda Pública já não se aplicava a multa então prevista no art. 475-J, cominada pelo voluntário inadimplemento das obrigações de pagar constantes de decisões judiciais, em até 15 (quinze) dias de seu trânsito em julgado.

Por coerência lógica, a multa em referência não poderia (mesmo antes do novo CPC) ser imposta aos Entes Públicos, suas Autarquias e Fundações, já que, por disposição constitucional expressa, essas Entidades satisfazem suas obrigações de pagar decorrentes de condenações judiciais por meio de Precatórios e Requisições de Pequeno Valor (art. 100, *caput* e §5º, da CF/89).

A inovação do CPC/2015 nessa área foi justamente no sentido de positivar a vedação da aplicação da referida multa aos Entes Públicos, normatizando o raciocínio lógico que até então era eminentemente doutrinário e jurisprudencial.

6 Dos meios de defesa da Fazenda Pública no cumprimento de sentença por quantia certa

De acordo com a sistemática do CPC/73, a defesa da Fazenda Pública contra a execução das obrigações de pagar, impostas por condenações judiciais, era feita por meio de embargos à execução, que se consubstanciava em uma ação autônoma, processada sob um novo número, autuada em apenso ao processo principal.

O novo CPC, a exemplo do já previsto na Lei nº 11.232/2005, põe fim a essa sistemática burocrática e despropositada, facultando à Fazenda Pública o exercício de sua defesa por meio de simples impugnação, formulada por petição apresentada nos mesmos autos do processo principal.

À exceção do meio – antes embargos, e a partir de março/2016, simples impugnação – as matérias que podem subsidiar a defesa da Fazenda Pública não sofreram alteração relevante, à exceção dos pontos abordados mais a frente.

Como já acontecia com os embargos à execução, também no caso de impugnação há condenação do vencido no pagamento de honorários advocatícios de sucumbência, o que não deve acontecer no cumprimento de sentença não impugnado, de acordo com o que se extrai do §7º do art. 85, do novo Código.

Uma vez preenchidos os requisitos do art. 534, do CPC/2015, a Fazenda Pública será intimada na pessoa de seu representante judicial, por carga, remessa ou meio eletrônico, para, querendo, no prazo de 30 (trinta) dias e nos próprios autos, impugnar a execução, podendo arguir (art. 535 do NCPC):

I - falta ou nulidade da citação se, na fase de conhecimento, o processo correu à revelia;
II - ilegitimidade de parte;

III - inexequibilidade do título ou inexigibilidade da obrigação;
IV - excesso de execução ou cumulação indevida de execuções;
V - incompetência absoluta ou relativa do juízo da execução;
VI - qualquer causa modificativa ou extintiva da obrigação, como pagamento, novação, compensação, transação ou prescrição, desde que supervenientes ao trânsito em julgado da sentença.

A alegação de impedimento ou suspeição observará o disposto nos arts. 146 e 148 (§1º), do NCPC.

No prazo de 15 (quinze) dias, a contar do conhecimento do fato, a parte alegará o impedimento ou a suspeição, em petição específica dirigida ao juiz do processo, na qual indicará o fundamento da recusa, podendo instruí-la com documentos em que se fundar a alegação e com rol de testemunhas (art. 146).

Entendemos que o prazo para a oposição de impedimento ou de suspeição aplicável à Fazenda Pública será o mesmo previsto no art. 146 do NCPC (quinze dias) e não o previsto no art. 535, do mesmo diploma legal, (trinta dias), devido a sua especificidade e previsão no §1º, do art. 535, do NCPC.

Se a impugnação da Fazenda Pública não preencher todos os requisitos previstos no art. 535, deverá o Juiz rejeitá-la, ouvindo-se, antes, porém, o seu representante processual, nos termos dos arts. 9º e 10 do CPC/2015, evitando-se, assim, a surpresa processual da parte potencialmente prejudicada pelo vício.

Quando a Fazenda Pública alegar que o exequente pleiteia quantia superior à resultante do título, deverá declarar de imediato na sua impugnação, o valor que entende correto, sob pena de não conhecimento da arguição (§2º).

Não olvidar do avanço relativo à impugnação parcial, posto que a parte incontroversa pelo não questionamento ou impugnação, será de logo objeto de cumprimento.

Todavia, matéria de defesa ampliada pelo novo CPC diz respeito à inexigibilidade da obrigação ou à inexequibilidade do título em decorrência de declaração de inconstitucionalidade pelo STF em controle Difuso ou Concentrado.

6.1 Da inexigibilidade do título por decisão do STF em controle difuso ou concentrado de inconstitucionalidade

A alegação de inexigibilidade do título judicial transitado em julgado, com base na declaração de inconstitucionalidade de lei ou ato normativo pela Suprema Corte, não é algo novo no sistema jurídico brasileiro, tendo sido inicialmente previsto na Medida Provisória nº 2180-35, de 24 de agosto de 2001, que, em seu art. 10, deu nova redação ao art. 741, parágrafo único, do CPC/73, *in litteris*:

> Art.10. O art. 741 da Lei nº 5.869, de 11 de janeiro de 1973, com a redação dada pela Lei nº 8.953, de 13 de dezembro de 1994, passa a vigorar acrescido do seguinte parágrafo único:
> Parágrafo único. Para efeito do disposto no inciso II deste artigo, considera-se também inexigível o título judicial fundado em lei ou atos normativos declarados inconstitucionais pelo Supremo Tribunal Federal ou em aplicação ou interpretação tidas por incompatíveis com a Constituição Federal. (NR)

Com a perspectiva de preservação do princípio da supremacia da constituição, agregou-se ao sistema um mecanismo com efeito rescisório, para expurgar do sistema, decisões transitadas em julgado, tidas por incompatíveis com o texto constitucional.

Discutia-se, na doutrina e na jurisprudência, o alcance que poderia ser dado a tal preceito normativo. As maiores divergências se cingiam à sua incidência a decisões transitadas em julgado antes da vigência do dispositivo que flexibilizou a coisa julgada, bem como a sua aplicação em casos de decisão do STF em caso concreto.

Quanto ao momento do trânsito em julgado, o STJ pacificou o entendimento de que o art. 741, parágrafo único, do CPC/73, só poderia ser aplicado a decisões transitadas em julgado após a sua vigência, como se afere do julgado[10] abaixo, a saber:

> 2. O STJ consolidou o entendimento de que "o parágrafo único do art. 741 do CPC, acrescentado pela MP 2.180-35/2001, aplica-se às sentenças que tenham transitado em julgado em data posterior a 24.8.2001, não estando sob o seu alcance aquelas cuja preclusão máxima tenha ocorrido anteriormente, ainda que eivadas de inconstitucionalidade".[11]

No que se refere às declarações de inconstitucionalidade pelo STF, o STJ entendeu que tanto as proferidas em controle difuso, quanto às prolatadas em controle concentrado, são aptas a desconstituir o título judicial que com elas conflitem, como se extrai da seguinte passagem do julgamento[12] abaixo:

> 3. A Primeira Seção deste Superior Tribunal de Justiça, sob a égide dos recursos repetitivos, art. 543-C do CPC e da Resolução STJ 08/2008, no Resp 1.189.619/PE, de relatoria do em. Ministro Castro Meira, DJe 02.09.2010, consolidou o entendimento de que a norma do art. 741, parágrafo único, do CPC, deve ser interpretada restritivamente, porque excepciona o princípio da imutabilidade da coisa julgada, sendo necessário que a inconstitucionalidade tenha sido declarada em precedente do Supremo Tribunal Federal, em controle concentrado ou difuso.

Consolidando o entendimento jurisprudencial assentado no STJ, a Lei nº 13.105/2015 estabeleceu a possibilidade de desconsideração da coisa julgada, por choque com decisão do STF, seja em controle concreto ou abstrato, inserindo em seu texto o seguinte dispositivo, *in verbis*:

> Art. 535. [...]
> §5º. Para efeito do disposto no inciso III do *caput* deste artigo, considera-se também inexigível a obrigação reconhecida em título executivo judicial fundado em lei ou ato normativo considerado inconstitucional pelo Supremo Tribunal Federal, ou fundado em aplicação ou interpretação da lei ou do ato normativo tido pelo Supremo Tribunal Federal como incompatível com a Constituição Federal, em controle de constitucionalidade concentrado ou difuso.

---

[10] AgRg no AREsp 409.096/RJ, Rel. Ministro HERMAN BENJAMIN, SEGUNDA TURMA, julgado em 10.06.2014, DJe 14.08.2014.

[11] REsp 1.050.129/SP, Rel. Min. Nancy Andrighi, Corte Especial, DJe 7.6.2011.

[12] REsp 1266214/DF, Rel. Ministro MAURO CAMPBELL MARQUES, SEGUNDA TURMA, julgado em 15.09.2011, DJe 21.09.2011.

Trouxe a nova legislação também formas distintas de rescisão da coisa julgada, a depender do momento em que se formou, frente à decisão de inconstitucionalidade proferida pelo STF, como se afere da interpretação conjunto do art. 535, §§5º, 7º e 8º, do CPC/2015.

Assim, se a coisa julgada rescindenda se formou após a decisão do STF, poderia ser desconstituída por intermédio de alegação da inexigibilidade do título na impugnação formulada contra o seu cumprimento. Já se a decisão a ser rescindida se formou antes da declaração de inconstitucionalidade, o juízo rescisório só poderá ser feito por meio de ação autônoma, conforme dispõe o art. 966, V, do CPC/2015.

É oportuno ressaltar que o CPC/2015, para evitar discussões quanto ao momento de incidência dos dispositivos ora abordados, estabeleceu em seu art. 1.057 que:

> O disposto no art. 525, §§14 e 15, e no art. 535, §§7 e 8º, aplica-se às decisões transitadas em julgado após a entrada em vigor deste Código, e, às decisões transitadas em julgado anteriormente, aplica-se o disposto no art. 475-L, §1º, e no art. 741, parágrafo único, da Lei nº 5.869, de 11 de janeiro de 1973.

Intimamente relacionado com este tema, recente decisão do STF, no RE nº 590089/RS, Rel. Min. Marcos Aurélio, em que houve uma mudança de paradigma quanto ao cabimento de ação rescisória em relação a decisões proferidas pela Corte Suprema.

Isso porque era pacífico o entendimento pelo cabimento de ação rescisória quando a coisa julgado vulnerasse uma decisão do STF, a fim de se emprestar a máxima densidade às normas constitucionais, pouco importando se a decisão rescindenda fosse anterior ao julgamento pela Corte Constitucional, *in literris*:

> Embargos de Declaração em Recurso Extraordinário. 2. Julgamento remetido ao Plenário pela Segunda Turma. Conhecimento. 3. É possível ao Plenário apreciar embargos de declaração opostos contra acórdão prolatado por órgão fracionário, quando o processo foi remetido pela Turma originalmente competente. Maioria. 4. *Ação Rescisória. Matéria constitucional. Inaplicabilidade da Súmula 343/STF. 5. A manutenção de decisões das instâncias ordinárias divergentes da interpretação adotada pelo STF revela-se afrontosa à força normativa da Constituição e ao princípio da máxima efetividade da norma constitucional. 6. Cabe ação rescisória por ofensa à literal disposição constitucional, ainda que a decisão rescindenda tenha se baseado em interpretação controvertida, ou seja, anterior à orientação fixada pelo Supremo Tribunal Federal.* 7. Embargos de Declaração rejeitados, mantida a conclusão da Segunda Turma para que o Tribunal *a quo* aprecie a ação rescisória (Recurso Extraordinário nº 328.812-ED/AM, Relator o Min. Gilmar Mendes, DJe 2.5.2008, grifos nossos).

Ocorre, entretanto, que no RE nº 590089/RS o STF entendeu por julgar improcedente a rescisória sob o fundamento de que a decisão rescindenda seguiu o mesmo posicionamento que, à época, era trilhado pelo STF, embora tenha este entendimento sido alterado posteriormente.

Preservou, desse modo, a segurança jurídica em detrimento da supremacia constitucional, emprestando, neste caso, efeitos prospectivos à decisão posterior que alterou o entendimento sobre a matéria.

Com esta nova posição do STF, aparentemente, houve um temperamento das disposições contidas no art. 535, §§5º, 7º e 8º, do CPC/2015. Isso porque, ainda que tenha colidência entre a decisão exequenda e a posição atual do STF, necessário se faz verificar se quando de sua prolação a decisão rescindenda estava alinhada com a posição da Corte Suprema.

Em síntese, o STF, no julgamento referido, indicou que em caso de mutação jurisprudencial, a decisão modificadora terá sempre efeito prospectivo, resguardando-se a coisa julgada material, corolário de um estado democrático de direito.

Por fim, a parte final do art. 535, §8º, do CPC/2015 estabelece que se a decisão exequenda for proferida antes da declaração de inconstitucionalidade pelo STF, "[...] caberá ação rescisória, cujo prazo será contado do trânsito em julgado da decisão proferida pelo Supremo Tribunal Federal".

Tal dispositivo, se interpretado de forma literal frente à nossa realidade de letargia na solução das demandas levadas ao Poder Judiciário, provocaria situações inusitadas, como, por exemplo, a rescisão de uma coisa julgada formada há muitos anos atrás.

Obviamente que esta solução não se compatibiliza com o nosso sistema jurídico, ofendendo direta e flagrantemente a segurança jurídica, motivo pelo qual uma interpretação razoável seria apenas a renovação do prazo em curso.

Neste contexto, o julgamento do STF teria um efeito interruptivo do prazo em curso para a propositura da rescisória, o que significa dizer que a declaração de inconstitucionalidade proferida no prazo bienal do trânsito em julgado da decisão teria o condão de reinaugurar os 2 (dois) para o ajuizamento da ação rescisória.

6.2 Litisconsórcio ativo

De acordo com o art. 5º, §1º, da Resolução nº 115/2010, do Conselho Nacional de Justiça, "os precatórios deverão ser expedidos individualizadamente, por credor, ainda que exista litisconsórcio".

A exigência do novo CPC, de que cada autor/credor apresente a sua planilha discriminada, vem em socorro da norma acima transcrita, facilitando a expedição do precatório ou da Requisição de Pequeno Valor, nos termos exigidos pelo CNJ.

Na hipótese de litisconsórcio numeroso, cuja iniciativa conjunta de cumprimento de sentença venha a causar transtornos ao expedito andamento do feito ou à defesa, o Juiz deverá limitar o número de litisconsortes em cada procedimento de cumprimento, podendo a Fazenda Pública assim o requerer, caso não o faça de ofício o Juiz da causa.

7 Do cumprimento provisório de sentença condenatória em obrigação de pagar contra a Fazenda Pública

O tema suscita divergências, uma vez que existe norma expressa, em legislação especial (art. 2º-B, da Lei nº 9.494/97) obstando a execução provisória – ou, com o advento do Novo Código, o cumprimento provisório – de sentença impositiva de obrigação de pagar à Fazenda Pública.

Passando ao largo da discussão acima proposta, a Dra. Cláudia Aparecida Cimardi[13] entende que se pode postular o cumprimento provisório da obrigação de

---

[13] WAMBIER, Teresa Arruda Alvim. et al. *Breves Comentários ao Novo Código de Processo Civil*. São Paulo: Revista dos Tribunais, 2015. p. 1.392.

pagar, contida em sentença condenatória da Fazenda Pública à luz do Novo Código, condicionando-se, todavia, a expedição de precatório/RPV ao efetivo trânsito em julgado da decisão judicial condenatória, em respeito ao art. 100, §5º, da CF/88.

Na opinião de Luiz Guilherme Marinoni,[14] é "flagrantemente inconstitucional" a norma do art. 2º-B, da Lei nº 9.494/97, sendo também possível o pedido de cumprimento provisório de sentença impositiva de obrigação de pagar contra a Fazenda Pública.

O entendimento do festejado autor independe do advento do novo CPC. Para ele, a norma legal impeditiva da execução provisória contra a Fazenda Pública viola a Constituição Federal. Porém, destaca a necessidade de se aguardar a decisão do STF no julgamento do RE 573.872/RS, com Repercussão Geral reconhecida nos idos de 2008.

Considerando não ter havido declaração de inconstitucionalidade do art. 2º-B, da Lei nº 9.494/97, em controle concentrado de constitucionalidade, essa discussão deve ser travada em controle difuso.

Entretanto, como o propósito do cumprimento de sentença de obrigação de pagar contra a Fazenda Pública é precisamente a expedição do precatório/RPV, o que é vedado antes do trânsito em julgado da sentença condenatória, pelo §5º do art. 100, da CF/88, acredita-se na constitucionalidade do art. 2º-B, da Lei nº 9.494/97.

Destarte, a par do debate acerca da constitucionalidade ou não do art. 2º-B, da Lei nº 9.494/97, o que se pretende no presente tópico é desvendar se o advento do Novo CPC promoveu a sua revogação ou trouxe alguma inovação quanto a essa matéria.

De início, importa destacar que revogação expressa não houve. Não há norma revogando expressamente o art. 2º-B, da Lei nº 9.494/97, no novo CPC. No que diz respeito à possibilidade de revogação tácita, importa verificar, de início, que nas disposições gerais do cumprimento de sentença (Capítulo I), há dispositivos (e.g. art. 513, §1º, e 519) que se referem ao cumprimento provisório.

Entretanto, nenhum desses dispositivos se refere à Fazenda Pública.

Não sem propósito, observa-se, ainda, que essa modalidade de cumprimento de sentença é objeto de capítulo distinto daquele que cuida do cumprimento pela Fazenda Pública, qual seja, o Capítulo II, intitulado "Cumprimento provisório da sentença que reconhece a exigibilidade de obrigação de pagar quantia certa".

Mais uma vez, verifica-se que os arts. 520 a 522 do novo Código não fazem qualquer referência à Fazenda Pública.

Finalmente, no Capítulo V, que cuida especificamente do cumprimento da obrigação de pagar pela Fazenda Pública, decorrente de condenação judicial, não há norma tratando da questão.

Desse modo, forçoso concluir que continua em vigor o art. 2º-B, da Lei nº 9.494/97, impositiva do trânsito em julgado da decisão condenatória em obrigação de pagar proferida contra a Fazenda Pública, como condição para a sua exequibilidade, sendo inviável o cumprimento provisório de obrigação de pagar contra a Fazenda Pública.

---

[14] MARINONI, Luiz Guilherme. et al. *Novo Código de Processo Civil Comentado*. São Paulo: Revista dos Tribunais, 2015. p. 568.

8 Regime de precatório. Condicionamentos ao procedimento de cumprimento de sentença contra a Fazenda Pública. Regras de pagamento de obrigações de pequeno valor

O cumprimento de sentença contra a Fazenda Pública sofre restrições, em razão do mecanismo criado pelo legislador constituinte para que os Entes Federativos cumpram as determinações judiciais que imponham pagamentos em dinheiro.

Assim, a impugnação da Fazenda Pública necessariamente tem efeito suspensivo, pois contra ela não se pode, antes da preclusão de todas as decisões judiciais, constranger seu patrimônio para satisfação de sua dívida, impondo-se, necessariamente, a expedição de precatório e obrigações de pequeno valor, nos moldes previstos no art. 100 da CF/88.

Ainda em razão do regime próprio de pagamento de seus débitos decorrentes de decisões judiciais, não se pode aplicar à Fazenda Pública a multa prevista no art. 523, §1º, do CPC/2015, como meio de coerção indireta para cumprimento voluntário das obrigações encartadas em decisão judicial transitada em julgado.

Merece destaque ainda, a formatação do pagamento de obrigações de pequeno valor prevista no art. 535, §2º, II, do CPC/2015, a qual indica que as requisições serão feitas pelo juízo executante, além de estabelecer o prazo de 2 (dois) meses para o seu pagamento.

Pondera-se a constitucionalidade dessas regras frente à autonomia dos estados e municípios. A quantificação do valor, sem sombra de dúvidas, mesmo porque o legislador constitucional assim determinou, deve ser fixada por cada Ente Federado, observando-se o piso estabelecido no art. 100, §4º, da CF/88.

Quanto à expedição do ofício requisitório e o prazo de pagamento, em uma análise apriorística, deve ser facultado a cada Ente Federativo fixar o seu *modus operandi*, realçando o fato, por exemplo, de que não se poderia criar prazos mais dilatados ou próximos àqueles previstos para o pagamento de precatórios, pois seria visível a intenção de burlar o instituto da requisição de pequeno valor.

Nesta linha de raciocínio, para compatibilizar tal regramento com o princípio federativo, a disposição contida no art. 535, §2º, II, do CPC/2015, poderá ser encarada como preceito supletivo, em caso de não normatização de tal matéria pelos estados e municípios.

Portanto, como já dito acima, não havendo impugnação ao cumprimento de sentença, seguir-se-á a expedição do precatório ou da RPV competente, como já acontecia na sistemática do CPC/73.

Também não há novidade quanto à possibilidade de expedição de precatório pelo valor incontroverso, em caso de impugnação parcial, o que cuidou o novo CPC de positivar em norma expressa – art. 535, §4º.

Deve-se, porém, fazer uma ressalva para a hipótese de expedição do precatório/RPV quando rejeitada a impugnação.

Nesse caso, a interpretação do §3º, do art. 535, do Novo CPC, deve se sujeitar à norma do art. 100, da CF/88, que exige o trânsito em julgado não apenas da decisão condenatória da Fazenda Pública, na ação certificadora do direito, mas também da decisão da impugnação ao cumprimento de sentença.

Portanto, transitada em julgado a decisão judicial que rejeitou os argumentos da Fazenda Pública, esgrimidos na impugnação ao cumprimento de sentença, é que deverá ser expedido o competente precatório/RPV.

Enquanto os precatórios continuam sendo expedidos pelo Presidente do Tribunal competente, como já acontecia na sistemática do Código revogado, inova o CPC/2015 ao estabelecer que as RPV's serão expedidas diretamente pelo Juiz da execução.

Diz o novo CPC que o Juiz da causa expedirá a RPV encaminhando-a à autoridade na pessoa de quem o Ente Público foi citado para o processo, e que seu pagamento será realizado no prazo de dois meses, contados da entrega da requisição, por meio de depósito na agência de banco oficial mais próxima da residência do exequente.

Aqui, várias são as novidades.

Na sistemática anterior, a expedição das Requisições de Pequeno Valor se sujeitava aos Regimentos Internos dos Tribunais. Exemplificativamente, no Tribunal de Justiça do Estado da Bahia, a RPV também era requisitada pela Presidência do Tribunal, o que já não ocorria no Tribunal Regional do Trabalho da 5ª Região, onde a requisição já era feita diretamente pelo Juiz da execução.

O novo CPC põe fim a essa dicotomia, impondo a expedição da RPV ao juiz da execução.

Também inova o CPC/2015 ao estabelecer o prazo de 2 (dois) meses para o cumprimento da ordem de pagar as RPV's. No Estado da Bahia, por exemplo, o prazo para o pagamento da RPV era de 90 (noventa) dias, de acordo com o quanto disposto no art. 2º da Lei Estadual nº 9.446, de 09.05.2005.

Inova o CPC, novamente, ao estabelecer que o ofício será dirigido à autoridade na pessoa de quem a Fazenda Pública foi citada para a ação.

Não havia regra desse teor na sistemática do CPC/73, e, diante de sua ausência, as Requisições de Pequeno Valor eram destinadas aos mesmos Órgãos Públicos a que normalmente são remetidos os precatórios: Secretaria da Fazenda ou Procuradoria Geral da Unidade Federativa.

Diante da lacuna normativa que havia na sistemática anterior, no Estado da Bahia, o dinheiro era depositado diretamente em conta corrente de titularidade do credor, por ele indicada nos autos do processo ou da requisição.

A partir de março/2016, o dinheiro deverá ser depositado em agência de banco público próxima à residência do credor, decerto dependendo o seu levantamento de alvará a ser expedido pelo Juízo da execução.

À exceção da satisfação propriamente dita, da RPV, as alterações foram interessantes, eliminando etapas desnecessárias, unificando e simplificando o procedimento.

Contudo, poder-se-ia ter aproveitado o ensejo do novel Código de Processo Civil para estabelecer, ao menos facultativamente, o pagamento da RPV por meio de depósito diretamente em conta de titularidade do credor, por ele previamente indicada, evitando-se a prática de uma série de atos desnecessários, seja pelo Poder Judiciário, seja pela Instituição Financeira Pública destinatária do recurso.

9 Das conclusões

i. As normas jurídicas enfeixam um sistema, na exata proporção que se relacionam de várias maneiras, sempre por força e vontade do vetor unificador, que em última "*ratio*", se encontram nos princípios;

ii. Segundo sua posição no sistema, os princípios podem ser classificados em princípios constitucionais e infraconstitucionais, sendo que em ambas as espécies localizamos princípios com densidade geral e processual;

iii. O princípio da duração razoável do processo, previsto no art. 5º, inciso LXXVIII, encontra repetição no NCPC, na dicção do seu art. 4º, caput, como a confirmar o seu caráter de direito fundamental dos cidadãos;
iv. Os princípios implícitos da supremacia e indisponibilidade do interesse público, plasmado no Código Civil brasileiro na impossibilidade de desafetação dos bens públicos, bem como no NCPC na impenhorabilidade dos bens públicos, corroboram a observação de rito constitucional específico – precatórios e RPV's, como forma de quitação e efetivação das sentenças contra a Fazenda Pública;
v. O cumprimento da obrigação de pagar quantia certa pela Fazenda Pública, reconhecida através de título judicial, é um procedimento jurisdicional constitucionalmente diferenciado, não podendo, assim, o NCPC inovar para além dos limites constitucionais sobejamente tracejados no art. 100 da CF/88;
vi. A nova forma procedimental para o cumprimento das obrigações fazendárias, judicialmente reconhecidas, contribui, sem dúvida, para concretizar o princípio da razoável duração do processo, sobretudo, se se adotar o expediente da "execução invertida".
vii. Certamente, a doutrina e os tribunais terão um longo caminho pela frente para pavimentar um caminho seguro na aplicação das regras da desconsideração da coisa julgada, pois nitidamente estão em conflito princípios essenciais à estabilidade de um Estado Democrático de Direito.
viii. Por fim, não se pode olvidar das peculiaridades intrínsecas às Fazendas Públicas pelas regras próprias geradas pela opção legislativa constitucional de pagamento das condenações judiciais por intermédio de precatórios e requisições de pequeno valor, sob pena de a norma infraconstitucional ser maculada de inconstitucional.

Referências

ABBAGNANO, Nicola. *Dicionário de filosofia*. Tradução De Alfredo Bosi. São Paulo: Mestre Jou, 1982.

AGUILLAR, Fernando Herren. *Metodologia da ciência do direito*. São Paulo: Max Limonad, 1996.

ALEXY, Robert. *Teoria de los derechos fundamentales*. Madrid: Centro de Estudios Constitucionales, 1997.

AMARAL, Luciano. *Direito tributário brasileiro*. São Paulo: Saraiva, 2014.

ASSIS, Araken de. *Manual da Execução*. 11. ed. São Paulo: RT, 2007.

BERTALANFFY, Ludwig Von. *Teoria geral dos sistemas*. Trad. Francisco M. Guimarães. 3. ed. Petrópolis: Editora Vozes, 1977.

BOBBIO, Norberto. *O positivismo jurídico* – Lições de filosofia do direito. Tradução Márcio Puglise. São Paulo: Ícone, 1995.

BOBBIO, Norberto. *Teoria do ordenamento jurídico*. Trad. Maria Celeste Cordeiro L. Santos. 4. ed. Brasília: UNB, 1994.

BUENO, Cassio Scarpinella. *Novo Código de Processo Civil Anotado*. São Paulo: Saraiva, 2015.

CAETANO, Marcelo. *Manual de direito constitucional*. São Paulo: Forense, 1963.

CANOTILHO, José Joaquim Gomes. *Constituição dirigente e vinculação do legislador*. Coimbra: Almedina, 1995.

CASTRO, Cristiane Souza de. *Execução Forçada contra a Fazenda Pública*. São Paulo: LTr, 2006.

CONRADO, Paulo Cesar. *Introdução à Teoria Geral do Processo Civil*. São Paulo: Max Limonad, 2000.

CUNHA, Leonardo José Carneiro da. *A Fazenda Pública em Juízo*. 5. ed. São Paulo: Dialética, 2007.

DWORKIN, Ronald. *Levando os direitos a sério*. Tradução de Nelson Boeira. São Paulo: Martins Fontes, 2002.

FARRELL, Martin Diego. *La metodologia del positivismo lógico*. Buenos Aires: Editorial Astrea, 1979.

FATONE, Vicente. *Lógica e introducción a la filosofia*. Buenos Aires: Editorial Kapelusz, 1969.

FERRAZ JR., Tércio Sampaio. *Conceito de sistema no direito*. São Paulo: Altas, 1980.

FERRAZ JR., Tércio Sampaio. *Direito, retórica e comunicação*. São Paulo: Saraiva, 1997.

FERRAZ JR., Tércio Sampaio. *Introdução ao estudo do direito – técnica, decisão, denominação*. 2. ed. São Paulo: Atlas, 1994.

FERRAZ JR., Tércio Sampaio. *Teoria da norma jurídica*. 3. ed. Rio de Janeiro: Forense, 1997.

FERREIRA FILHO, Manoel Gonçalves. *Curso de direito constitucional*. 18. ed. São Paulo: Saraiva, 1991.

FAGUNDES, Miguel Seabra. *O Controle dos Atos Administrativos pelo Poder Judiciário*. 5. ed. Rio de Janeiro: Forense, 1979.

GRINOVER, Ada Pellegrini. *Os Princípios Constitucionais e o Código de Processo Civil*. São Paulo: José Bushatsky Editor, 1975.

GOMES, Luiz Flávio. *Normas, Regras e Princípios*: Conceitos e Distinções. *Jus Navigandi*, Teresina, ano 9, n. 851, 1 nov 2005. Disponível em: <http://jus.com.br/revista/texto/7527/normas-regras-e-principios>. Acesso em: 31 jan. 2012.

MARINONI, Luiz Guilherme; ARENHART, Sérgio Cruz. *Curso de Processo Civil*. São Paulo: RT, 2007. v. III.

MARINONI, Luiz Guilherme. et al. *Novo Código de Processo Civil Comentado*. São Paulo: Revista dos Tribunais, 2015.

MONTENEGRO FILHO, Misael. *Curso de Direito Processual Civil*. São Paulo: Atlas, 2005. v. II.

MORAES, Alexandre de. *Direito Constitucional*. 17. ed. São Paulo: Atlas, 2005.

MOTTA FILHO, Sylvio Clemente da; SANTOS, William Douglas Resinente dos. *Direito Constitucional*: Teoria, Jurisprudência e 1000 Questões. 16. ed. Rio de Janeiro: Elsevier, 2005.

PONTES DE MIRANDA, Francisco Cavalcanti. *Tratado de Direito Privado*. 3. ed. Rio de Janeiro: Borsoi, 1971.

SUNDFELD, Carlos Ari. *Licitação e Contrato Administrativo*. 2. ed. São Paulo: Malheiros, 1995.

TAMADA, Marcio Yukio. Princípios e regras: diferenças. *Âmbito Jurídico*, Rio Grande, v. XV, n. 97, fev 2012. Disponível em: <http://www.ambito-juridico.com.br/site/index.php?n_link=revista_artigos_leitura&artigo_id=11088>. Acesso em: fev. 2016.

THEODORO JÚNIOR, Humberto. *Curso de Direito Processual Civil*. 41. ed. Rio de Janeiro: Forense, 2004. v. I.

VIANA, Juvêncio Vasconcelos. Novas Considerações acerca da Execução contra a Fazenda Pública. *Revista Dialética de Direito Processual*, São Paulo, n. 5, p. 54-68, ago. 2003.

WAMBIER, Teresa Arrruda Alvim. et al. *Breves Comentários ao Novo Código de Processo Civil*. São Paulo: Revista dos Tribunais, 2015.

Informação bibliográfica deste texto, conforme a NBR 6023:2002 da Associação Brasileira de Normas Técnicas (ABNT):

BITTENCOURT, Ayrton. et al. Inovações trazidas pelo novo código de processo civil ao cumprimento pela Fazenda Pública das obrigações de pagar quantia certa decorrentes de título executivo judicial. In: BRITTO, Alzemeri Martins Ribeiro de; BARIONI, Rodrigo Otávio (Coords.). *Advocacia pública e o novo código de processo civil*. Belo Horizonte: Fórum, 2016. p. 255-274. ISBN 978-85-450-0173-7.

MEIOS DE DEFESA DO EXECUTADO NO NOVO CPC

ALINE SOLANO SOUZA CASALI BAHIA
CINTHYA VIANA FINGERGUT
CRISTINA SACRAMENTO BARROS SILVA
JULIANA MENDES SIMÕES
ROSANA JEZLER GALVÃO

1 Introdução

O Princípio do contraditório está presente na execução civil. Contudo, por política que buscava privilegiar a eficácia abstrata do título executivo, e para permitir que a tutela satisfativa fosse efetiva, é que se consolidou a cultura de que a cadeia de atos da execução seria uniforme, evitando que o executado, durante este processo, pudesse se defender com a mesma amplitude e dialeticidade que marcam a defesa do demandado na tutela cognitiva.

É inerente à defesa do demandado o objetivo de tentar impedir o sucesso da tutela pretendida pelo autor, seja no processo de conhecimento, seja no processo de execução. Segundo Marcelo Abelha, as matérias de defesa, sejam elas rituais ou substanciais, estão limitadas a obstar, impedir ou retardar a entrega do bem da vida ao autor.

A tutela jurisdicional executiva é prestada em prol da satisfação da norma jurídica concreta favorável ao exequente (art. 797). Através de expropriação, o patrimônio do executado será afetado pela tutela jurisdicional executiva.

Mas como deveria o executado defender-se contra a injustiça ou a irregularidade de uma execução, se o procedimento executivo, por opção do legislador, não seria adequado para os debates que envolvessem a dialeticidade de um processo cognitivo?

Este trabalho buscou fazer um estudo dos meios de defesa do executado no Novo CPC (Lei nº). Antes do Novo CPC, o processo de Execução já havia sido reformado, recentemente, pelas Leis nº 11.232, de 22.12.2005[1] e pela Lei nº 11.328, de 2006.[2] Como

---

[1] A Lei nº 11.232, de 22.12.2005, estabeleceu o cumprimento de sentença, nos autos do processo de conhecimento, em substituição à ação autônoma de execução de sentença.
[2] A Lei nº 11.328, de 2006, regulamentou a ação executiva autônoma, limitada aos títulos executivos extrajudiciais.

será demonstrado nos tópicos a seguir, o Novo CPC pouco alterou a disciplina sobre o cumprimento de sentença e sobre a execução dos títulos extrajudiciais.

O sistema de defesa do executado foi sistematizado da seguinte forma. Inicialmente, serão apresentadas as defesas típicas do executado, sendo elas a impugnação ao cumprimento de sentença, no caso de título executivo judicial e os embargos do executado, no caso de título executivo extrajudicial.

Será tratado, no item seguinte, sobre as defesas atípicas do executado. Em relação a este item, este artigo não teve a pretensão de esgotar o assunto. Foram elencadas como defesas atípicas do executado: a impugnação de indisponibilidade dos ativos (prevista no artigo 854, parágrafos 2º e 3º do novo CPC), a impugnação à arrematação (prevista no artigo 903, parágrafo 10 do novo CPC), a impugnação à avaliação descrita no artigo 874 (modificação qualitativa ou quantitativa da penhora), a impugnação por simples petição para controle da validade e adequação da penhora e da avaliação quando estas forem realizadas após o momento que o executado tinha para oferecer os embargos ou a impugnação do executado. (art. 917, parágrafo 1º e artigo 525, parágrafo 11). Tratamos também de algumas ações autônomas e da exceção de pré-executividade.

2 Das defesas típicas

O legislador disponibilizou ao executado, dois meios típicos de se opor à execução (em sentido amplo) contra si instaurada. Tratando-se de execução fundada em título judicial, o demandado dispõe da impugnação ao cumprimento de sentença, prevista no artigo 525, que se processa nos mesmos autos. No caso de execução por título extrajudicial, o executado dispõe de uma ação com conteúdo de defesa, denominada de embargos do executado, cuja disciplina está regulamentada nos artigos 916 e ss. do CPC.

2.1 Do cumprimento de sentença

2.1.1 Noções gerais

O cumprimento de sentença está descrito no CPC/15, no Título II, sendo subdividido em 6 (seis) capítulos: (I) disposições gerais (II); cumprimento provisório; (III) cumprimento definitivo da sentença que reconheça a exigibilidade de obrigação de pagar quantia certa; (IV) cumprimento da sentença que reconheça a exigibilidade de obrigação de prestar alimentos; (V) da sentença que reconheça a exigibilidade de obrigação de pagar quantia certa pela Fazenda Pública; (VI) do cumprimento da sentença que reconheça a exigibilidade de obrigação de fazer, de não fazer ou de entregar coisa.

O cumprimento da sentença sofreu alterações significativas com as reformas anteriores, notadamente, com a Lei nº 11.235/2005. Algumas delas foram consolidadas pelo CPC/15, após a jurisprudência ter se firmado, a exemplo, do termo inicial para pagar pagamento da multa (art. 475-J).[3] Outras seguiram direção diametralmente oposta do

---

[3] ARMELIN, Donaldo. et al. *Comentários à execução civil:* título judicial e extrajudicial (artigo por artigo) – de acordo com as Leis nº 11.232/2005 e 11.382/06. São Paulo: Saraiva, 2010. p. 45.

entendimento do STJ,[4] *v.g.*, que entendia ser inaplicável a multa do art. 475-J na execução provisória, mas no CPC/15 passa ser possível, conforme previsto no §2º do art. 520.[5]

Todas essas questões e outras relacionadas às mudanças no cumprimento de sentença são abordadas neste texto, na medida em que são aspectos que poderão ser questionados na impugnação do executado, considerando que este é o meio de defesa que deve ser utilizado em todas as modalidades de execução do julgado, seja ele de natureza provisória ou definitiva; seja nas variadas formas de obrigação (pagar quantia certa, fazer, não fazer); assim como nas execução movidas contra a Fazenda Pública, onde não há mais espaço para embargos, como ação autônoma.

Assim, manteve-se a ideia do processo sincrético, no qual a execução não tem processamento autônomo,[6] uniformizando o sistema de defesa, apresentado nesta fase do processo. Nesse contexto, o novo CPC simplifica o procedimento da impugnação, que se inicia a requerimento do exequente, assentado nas várias modalidades de título executivo judicial (art. 515, CPC/15).

A novidade é considerar como título executivo as "decisões homologatórias de autocomposição judicial", e não mais "sentença homologatória de conciliação ou transação". Atente-se que o título executivo judicial não seria apenas a sentença como no CPC/73. Constata-se, ainda, que não cabe ao juiz iniciar a fase executória, sendo atribuição do devedor a iniciativa pelo cumprimento da decisão, demonstrado interesse na efetivação do direito reconhecido na decisão judicial.

Outra novidade que não passa despercebida, diz respeito à possibilidade de "protesto da decisão judicial transitada em julgado" (art. 517), que, da mesma forma, pode ser veiculado com base em decisão interlocutória. A validade deste ato, contudo, poderá ser objeto de impugnação pelo executado nos próprios autos (art. 518), onde também poderá arguir as matérias previstas no art. 525.

2.1.2 Início da execução do cumprimento de sentença

Tem-se como início da execução do cumprimento provisório ou definitivo da sentença ou decisão com o requerimento do exequente, dirigido ao juiz competente, devendo ser citado o devedor para pagar o débito em 15 (quinze) dias, acrescido de custas, se houver, nas formas elencadas no §2º do art. 513.

Diferentemente do CPC/73, agora o início da contagem do prazo para pagamento será feito considerando apenas dias úteis,[7] e a intimação dar-se-á na pessoa do advogado constituído nos autos (art. 513, §2º), acabando a celeuma existente acerca deste tema. Se não houver advogado, a intimação poderá ocorrer por aviso de recebimento (AR) e por

---

[4] STJ, Corte Especial, RESP 1.059.478/RS, Rel. para Acórdão Min. Aldir Passarinho Junior, DJE 15.02.2010, com trânsito em julgado em 19.05.2011.
[5] RODRIGUES, Rafael Ribeiro. A multa do artigo 475-J na execução provisória, o Novo Código de Processo Civil, a posição do Superior Tribunal de Justiça e temas correlatos. In: ARRUDA ALVIM, Thereza Arruda. *O Novo Código de Processo Civil Brasileiro – Estudos dirigidos:* Sistematização e Procedimentos. Rio de Janeiro: Forense, 2015. p. 624.
[6] CUNHA, Leonardo José Carneiro da. *A Fazenda Pública em Juízo.* 8. ed. São Paulo: Dialética, 2010. p. 272.
[7] ARRUDA ALVIM, Thereza. *O Novo Código de Processo Civil Brasileiro – Estudos Dirigidos:* Sistematização e Procedimentos. Rio de Janeiro: Forense, 2015.

meio eletrônico; e, ainda, por edital, quando for revel. Apenas quando o cumprimento for tardio, caso a execução seja requerida após um ano, o devedor será intimado pessoalmente.[8]

Interessante observar que o CPC/15 não fala em despesas processuais – termo mais genérico – mas apenas do "débito acrescido de custas", o que significa dizer que para o exequente obter o reembolso de outras despesas despendidas no feito, estas devem ser mencionadas no título executivo judicial, como é o caso, *v.g.*, dos honorários do perito.

O acréscimo de multa 10% sobre o montante da condenação, caso não ocorra o pagamento espontâneo, foi mantido no CPC/15, sendo expressamente previsto o "acréscimo de honorários advocatícios", consolidando situação prevista no enunciado da Súmula 517/STJ,[9] de 02 de março de 2015.[10]

Importante ressaltar que esta multa não se aplica à Fazenda Pública (art. 534, §2º), assim como não há previsão para inclusão de honorários, circunstância que não se revela clara, dando margem a interpretações. Na prática do CPC/73, os honorários não eram arbitrados contra o ente público, caso não fosse embargada a execução, tendo como fundamento no art. 1º-D da Lei nº 9.494/1997, que dispõe que "não serão devidos honorários advocatícios pela Fazenda Pública nas execuções não embargadas".

De outra parte, poder-se-ia argumentar que quando o legislador quis excluir a multa de 10%, expressamente o fez no §2º do art. 534, afirmando não se aplicar à Fazenda Pública referida sanção. Da leitura do art. 534 e 535, percebe-se o afastamento da multa de 10%, mas o silêncio quanto aos honorários advocatícios.

Em se tratando de execução contra a Fazenda Pública, é indispensável fazer algumas considerações importantes, na medida em que se submete ao regime dos precatórios, instituído pelo art. 100 da Constituição Federal, não sendo sujeito à execução forçada e à aplicação de técnicas expropriatórias, como penhora de bens. A execução da sentença, portanto, somente se processa após o trânsito em julgado da sentença que julgar a impugnação.[11] Ora, inexistindo impugnação, tendo o ente público concordado com os cálculos apresentados pelo exequente, não há que se falar em aplicação de honorários advocatícios, porquanto, não houve pretensão resistida ao pagamento da quantia, mas plena aceitação do requerimento do exequente. Por este motivo, ante a ausência de impugnação da Fazenda Pública, no nosso entender, torna-se incompatível com o princípio da cooperação o arbitramento de honorários.

2.1.3 Documentação obrigatória na execução do cumprimento da decisão

O requerimento do exequente deverá ser instruído com o demonstrativo discriminado e atualizado do débito (art. 524), tornando-se requisito indispensável para

---

[8] ARRUDA ALVIM, Thereza. *O Novo Código de Processo Civil Brasileiro – Estudos Dirigidos*: Sistematização e Procedimentos. Rio de Janeiro: Forense, 2015. p. 311.

[9] ARRUDA ALVIM, Thereza. *O Novo Código de Processo Civil Brasileiro – Estudos Dirigidos*: Sistematização e Procedimentos. Rio de Janeiro: Forense, 2015. p. 313.

[10] STJ. Súmula 517: "São devidos honorários advocatícios no cumprimento de sentença, haja ou não impugnação, depois de escoado o prazo para pagamento voluntário, que se inicia após a intimação do advogado da parte executada".

[11] CUNHA, Leonardo José Carneiro da. *A Fazenda Pública em Juízo*. 8. ed. São Paulo: Dialética, 2010. p. 279.

propositura da execução a cargo da parte, como já entendia a jurisprudência. Este documento sempre foi exigido para viabilizar a defesa do devedor, que precisa saber, com clareza e precisão, o *quantum* está sendo cobrado, a forma como foram realizados os cálculos, os índices de correção aplicados.[12]

A falta do demonstrativo atualizado de débito poderá ser objeto de impugnação do devedor, diante da inexequibilidade do título ou do excesso a execução, movida sem explicitar como chegou aos valores exigidos.[13] Para outros, configuraria ainda ausência de interesse processual da exequente (TJ-SC - Agravo de Instrumento AI 301446 SC 2007.030144-6) ao ajuizar dívida ilíquida, resultando em cerceamento da defesa, na medida em que o demonstrativo aponta o montante a ser cobrado pela exequente, sem o qual não pode defender-se adequadamente.

Há situações, ainda, em que a parte executa valor inferior àquele objeto da condenação, seja porque busca a satisfação imediata da quantia, abrindo mão de uma parte (*v.g.*, dos juros e da correção), seja porque visa o recebimento imediato apenas da parte incontroversa (execução parcial). Em qualquer hipótese, é necessário esclarecer qual é o objeto da demanda (parcial ou total), bem como os motivos da renúncia do crédito (v.g., espontânea ou em razão de acordo superveniente), que pode implicar na extinção da execução (art. 924, IV).

Da mesma forma, o devedor pode efetuar o pagamento da quantia executada, através de depósito, o que acarretará a extinção da execução (art. 924, II); porém, se este for parcial, ensejará na aplicação de multa e honorários, e expedição de mandado de penhora para cobrança do saldo remanescente (art. 520,§3º).

2.1.4 Impugnação do devedor

O meio de defesa utilizado na execução provisória ou definitiva da sentença que determina obrigação de pagar quantia é a impugnação.

Diversamente do previsto no §1º do artigo 475-J CPC/73, a impugnação será apresentada *independentemente do auto de penhora e avaliação*,[14] o que amplia o contraditório e confere maior efetividade e celeridade.

O prazo para apresentar impugnação inicia-se quando termina o prazo de 15 dias para efetuar o pagamento voluntário, independentemente de nova intimação, nos próprios autos (art. 525). Trata-se de prazo sucessivo, consequentemente, *não estará sujeito a nova intimação*. Assim, intimado o devedor, tem *15 (quinze) dias* para pagar, somados de mais *15 (quinze) dias* para impugnar, totalizando *30(trinta) dias*.[15]

O §11º do CPC/15 menciona que *fatos supervenientes* poderão ser arguidos por simples petição, no prazo de 15 (dias) em que tomou conhecimento ou foi intimado do ato,[16] v.g., para tratar da validade e da adequação da penhora e avaliação e atos executivos

---

[12] STJ, REsp 1262401/BA.
[13] STJ, REsp 1.115.217/RS, Rel. Min. Luiz Fux, 1ª Turma, DJ 02.02.2010, DJe 19.02.2010.
[14] Acesso em: file:///C:/Users/Samsung/Downloads/inovacoes_processo_execucao%20(1).pdf.
[15] CONCEIÇÃO, Maria Lúcia Lins Conceição; RIBEIRO, Leonardo Ferres da Silva; MELLO, Rogério Licastro Torres de. *Primeiros comentários ao novo Código de Processo Civil:* artigo por artigo. São Paulo: Revista dos Tribunais, 2015. p. 870-871.
[16] CONCEIÇÃO, Maria Lúcia Lins Conceição; RIBEIRO, Leonardo Ferres da Silva; MELLO, Rogério Licastro Torres de. *Primeiros comentários ao novo Código de Processo Civil:* artigo por artigo. São Paulo: Revista dos Tribunais, 2015. p. 871.

subsequentes. Muitas vezes, a penhora pode ocorrer após a impugnação, momento em que se novamente intimado e se constata a inadequação do ato expropriatório, *v.g.*, com a penhora de bens absolutamente impenhoráveis.[17]

A matéria que pode ser objeto de *impugnação* está vinculada às hipóteses previstas no §1º do art. 525: I - falta ou nulidade da citação; II — ilegitimidade de parte; III — inexequibilidade do título ou inexigibilidade da obrigação; IV — penhora incorreta ou avaliação errônea; V — excesso de execução ou cumulação indevida de execuções; VI — incompetência absoluta ou relativa do juízo da execução; VII — qualquer causa modificativa ou extintiva da obrigação, desde que supervenientes à sentença.

Este dispositivo não traz novidades em relação ao art. 475-L e 741 do CPC/73. No novo CPC, a novidade é que existe apenas uma modalidade de defesa cuja matéria a ser alegada está indicada no §1ºdo art. 525, sem processos autônomos (embargos), para todas as obrigações (pagar, entregar coisa, fazer e não fazer). Resta evidenciado que, nesta fase, a cognição é limitada[18] e o rol transcrito acima do art. 525, §1º, é taxativo, pois somente essas matérias podem ser arguidas para defesa na execução provisória e definitiva. A grande novidade é que quando o devedor discordar do valor, poderá este ter seu pedido rejeitado liminarmente, caso deixe de apontar o valor correto ou não apresente o demonstrativo (art. 525, §5º). A execução, neste caso, somente continua, se tiver sido proposta com base em outros fundamentos.

Convém ressaltar que as hipóteses do inciso I e II, ausência de citação no processo de conhecimento implica na falta de pressuposto de existência da relação jurídica processual,[19] o que implica em dizer que não houve a tringularização desta relação. Há um processo, mas falta dar ciência à outra parte, para exercer o contraditório, que é princípio constitucional-processual (art.1º). Aliás, ganha destaque no CPC/15 o princípio da não surpresa, ao disciplinado que não proferirá decisão contra uma das partes sem que ela seja previamente ouvida (art.9º).[20]

A ilegitimidade da parte, como condição da ação (art. 485, V e VI), pode ser alegada a qualquer tempo e grau de jurisdição, consequentemente, acarretaria, assim como a falta de citação, na nulidade da execução.

Ainda que nessas situações seja permitido não adentrar no mérito, verifica-se que o art. 488 traz nova regra importante para resolução definitiva da demanda, e desde que favorável à parte que não se pronunciou (porque não foi intimada ou por ter se configurado seu interesse). De modo que não resolve a demanda satisfatoriamente, a decisão que simplesmente extingue o feito, meramente por questões processuais, como, por exemplo, a ausência de citação, quando, no entanto, há elementos para adentrar no mérito.[21]

---

[17] AgRg no AREsp 565.827/PE, Rel. Min. Assusete Magalhães – 2ª Turma - Data do Julgamento: 23.06.2015 - DJe 01.07.2015.

[18] CONSULTOR JURÍDICO. *Novo CPC traz mudanças no cumprimento definitivo de sentença*. Disponível em: <http://www.conjur.com.br/2015-nov-17/paradoxo-corte-cpc-traz-mudancas-cumprimento-definitivo-sentenca>. Acesso em: 16 de fev. 2016.

[19] ABELHA, Marcelo. *Manual de Direito Processual*: teoria geral: premissas e institutos fundamentais. 5. ed. rev., atual., e ampl. São Paulo: Revista dos Tribunais, 2010. p. 197.

[20] Mesmo na tutela de urgência, em que é possível o deferimento liminarmente, sem ouvida da parte contrária, o contraditório fica resguardado para momento posterior, denominado contraditório diferido.

[21] ALVEZ, Rodrigo Lucas da Gama. *A subsistência das condições da ação no novo código de processo civil*. In. *op. cit.*, ALVIM; CAMARGO. et al. 2015. p. 250-251.

A penhora incorreta ou a avaliação errônea, frise-se, pode ser objeto tanto de impugnação, quanto de simples petição (§11). A penhora pode recair sobre sócio que não fez parte do processo de conhecimento, ou terceiro estranho à lide. Em outras hipóteses, a avaliação pode ser aquém do valor de mercado do bem ou superestimada.

O excesso de execução exige do devedor que apresente, em contrapartida, o valor que entende correto, sob pena de rejeição liminar (art. 525, §4º), sendo idêntica ao CPC/73. Segundo alguns doutrinadores, é possível que o juiz conheça este vício de ofício, por se tratar de questão de ordem pública, considerando que não há título que justifique o excesso flagrante.[22]

A incompetência absoluta e relativa pode ser arguida, sendo que aquela é questão de ordem pública, podendo ser alegada a qualquer tempo e grau de jurisdição, enquanto a outra, deve ser alegada na impugnação, sob pena de preclusão.

Causas modificativas, extintiva da obrigação, como pagamento, novação, compensação, transação, ou prescrição, podem ser alegadas, desde que supervenientes à sentença. É mesmo a hipótese de nulidade de execução, quando a obrigação de pagar foi cumprida após a sentença.

O impedimento ou a suspeição do juiz deve ser alegado em incidente, previsto nos arts.146 e 148.[23]

2.1.5 Efeitos da impugnação

Em regra, a impugnação não possui efeito suspensivo, contudo, o juiz poderá atribuir-lhe tal efeito, desde que relevantes os fundamentos e quando o prosseguimento da execução puder causar dano grave ou de difícil reparação ao executado. É o que se chama de efeito *"ope judice"*, porque é o juiz da causa que irá analisar o caso, avaliando o risco e a possibilidade de dano ao devedor. De toda forma, o exequente poderá requerer o prosseguimento da execução, desde que preste caução suficiente e idônea (art. 525, §10º). A decisão que resolver a impugnação é recorrível mediante recurso de agravo de instrumento.[24]

2.1.6 Coisa julgada inconstitucional na impugnação de sentença

A inexequibilidade do título executivo, prevista no inciso III do art. 525, pode ser arguida na *impugnação*, tendo como fundamento (i) lei ou ato normativo considerado inconstitucional pelo STF, em controle de constitucionalidade concentrado ou difuso; ou (ii) na aplicação ou interpretação da lei ou do ato normativo tido pelo STF como incompatível com a Constituição Federal, diz o §12 deste dispositivo.

Todavia, se a decisão do STF tiver sido proferida após o trânsito em julgado da decisão exequenda, será cabível a propositura de *ação rescisória (§15)*, e não impugnação. O termo inicial da contagem é o do trânsito em julgado da decisão proferida pelo STF.

---

[22] CONCEIÇÃO, Maria Lúcia Lins Conceição; RIBEIRO, Leonardo Ferres da Silva; MELLO, Rogério Licastro Torres de. *Primeiros comentários ao novo Código de Processo Civil:* artigo por artigo. São Paulo: Revista dos Tribunais, 2015. p. 875.

[23] CONCEIÇÃO, Maria Lúcia Lins Conceição; RIBEIRO, Leonardo Ferres da Silva; MELLO, Rogério Licastro Torres de. *Primeiros comentários ao novo Código de Processo Civil:* artigo por artigo. São Paulo: Revista dos Tribunais, 2015. p. 874.

[24] Disponível em: file:///C:/Users/Samsung/Downloads/inovacoes_processo_execucao%20(1).pdf.

A rescisória tem como escopo a impugnação de decisão transitada em julgado, e eventualmente, promover novo julgamento para causa,[25] não sendo possível falar em direito adquirido ou ofensa à coisa julgada.

Chama atenção que tal dispositivo não é mencionado no art. 966, que trata da ação rescisória, embora o integre – ainda que em outro título do código –, outra hipótese em que esta ação pode ser movida.

2.1.7 Cumprimento de sentença que reconhece a exigibilidade de obrigação de pagar quantia certa pela Fazenda Pública

Como foi dito anteriormente, a forma de defesa da Fazenda Pública será por meio de impugnação, e não por embargos do devedor. Não há penhora, nem multa pela ausência de pagamento espontâneo, na medida em que este é vedado, diante das normas constitucionais que instituíram o regime dos precatórios judiciais (art.100, CF).

Merece realce o prazo para impugnação, positivado como 30(trinta) dias, que era admitido no CPC/73 por força de uma medida cautelar na ADC-MC nº11-8/DF, na qual se questionava a constitucionalidade da ampliação do prazo por Medida Provisória nº 2180-35/2001.

A intimação da Fazenda Pública deve ser intimada na pessoa de seu representante legal, por carga, remessa dos autos ou correio eletrônico. Cabe aqui salientar que o representante legal que receberá a intimação deve ser aquele indicado na Lei Orgânica da Procuradoria de cada Estado, ou com base nos convênios pactuados com o Presidente dos Tribunais Estaduais, com vistas a dar celeridade ao processo e uniformizar o procedimento de intimação.

As matérias que poderão ser arguidas na impugnação da Fazenda Pública são as mesmas tratadas no §1º art. 525.

Caso a execução não seja impugnada, ou rejeitada, o precatório será expedido, para o Presidente do Tribunal competente, ou efetuado o processamento da requisição de pequeno valor – RPV, que deverá ser expedido no prazo de 2 (dois) meses, o que levará à organização do Estado para conferir efetividade a esta norma legal.

2.1.8 Cumprimento de sentença que reconheça a exigibilidade de obrigação de fazer, de não fazer ou de entregar coisa

Trata-se de hipótese em que a decisão judicial assegurou tutela específica ou a obtenção de resultado prático equivalente (art. 536), na qual não precisa do requerimento do credor, podendo o juiz de ofício determinar o cumprimento da obrigação, inclusive, com fixação de multa *(astrientes)*.

Importante pontuar que o regramento do art. 534 e 535 do CPC/15 somente é aplicável quando a Fazenda Pública é demanda para pagamento de quantia certa, portanto, nas demais obrigações, sujeita-se aos regramentos específicos do seu cumprimento, sujeitando-se, inclusive, ao pagamento de multa.

---

[25] ABELHA, Marcelo. *Manual de Direito Processual:* teoria geral: premissas e institutos fundamentais. 5. ed. rev., atual., e ampl. São Paulo: Revista dos Tribunais, 2010. p. 546.

É o que ocorre quando a parte ajuíza ação para obtenção de medicamento não fornecido pelo SUS, ou para internação. Na hipótese de não cumprimento, de logo, o magistrado pode fixar a multa a fim de compelir e dar efetividade ao comando judicial.

O devedor deve valer-se da *impugnação* para realizar sua defesa, com base nas hipóteses descritas no §1º art. 525.

2.2 Dos embargos do executado no novo Código de Processo Civil

Entre as formas de defesa do executado, o NCPC confirma os embargos como uma delas, mas ao invés de nominá-la no capítulo de "Embargos de Devedor" como no atual CPC, passa a chamar de "Embargos à Execução", concedendo-lhe todo um título do Código, estando previsto no art. 914 e seguintes, anteriormente, art.736 e ss.

Os embargos caracterizam-se como processo de conhecimento autônomo em relação ao processo executivo fundado em título extrajudicial, apesar de estarem ligados por uma relação de prejudicialidade, uma vez que deverá ser apreciado antes do desfecho do processo executivo.

A demanda de embargos do executado se identifica, além de outros elementos, por um pedido imediato, consistente na postulação de uma sentença de mérito.

Nesse tipo de defesa do executado, ainda permanece a não exigência de existir, na ação de execução, uma penhora, caução, ou depósito. A forma de processamento dos embargos não foi alterada, contudo, foi acrescido o parágrafo 2º ao art. 914, sobre a execução por carta precatória em substituição ao antigo art. 747.

O prazo previsto no art. 915, *caput*, permanece o mesmo – 15 dias – excluiu-se a ressalva do termo *a quo* dessa contagem, fazendo referência ao novo art. 231, que engloba todas as hipóteses de contagem de prazo. Sem esquecer que no novo CPC, os prazos processuais, como este, *fluirão apenas em dias úteis* (art. 219, *caput*).

Na hipótese de haver mais de um executado, o NCPC inclui em seu art. 915, §1º, a hipótese já consagrada pela jurisprudência quanto à equiparação da figura do companheiro(a) à do cônjuge, e nesse caso o prazo correrá a partir da juntada do último mandado aos autos.

Nos casos de execução por carta precatória, anteriormente prevista, e agora entendendo-se como qualquer tipo, também a rogatória ou de ordem, foram acrescidos ao art. 915, §2º, os incisos I e II, que estabeleceram como termo inicial para a contagem do prazo dos embargos a juntada, na carta, da certificação da citação, quando os embargos versarem unicamente sobre vícios ou defeitos da penhora, da avaliação ou da alienação dos bens ou no caso de os embargos versarem sobre questões diversas destas, o prazo contar-se-á a partir da juntada, nos autos de origem, do comunicado de que trata o §4º deste artigo ou, não havendo este, da juntada da carta devidamente cumprida.

Cabe destacar que o NCPC mantém a não autorização aos Embargos do Executado da aplicação do benefício previsto no novo art. 229 (atual 191), que versa sobre a hipótese de prazos em dobro, quando existirem litisconsortes com procuradores distintos. Porém, passa a exigir *mais uma nova condição*: além de os procuradores dos litisconsortes serem diferentes, *eles terão que ser necessariamente também de escritório de advocacia distintos*.

Seguindo-se ao art. 916 que trata da possibilidade de parcelamento da dívida em 6 vezes, sob condição de depósito prévio de 30% do valor da dívida, acrescido de custas e honorários advocatícios, o NCPC instituiu um prazo de 05 dias – antes inexistente - para o Juiz decidir após a ouvida do exequente *apenas* sobre o cumprimento das condições legais previstas no *caput* do art. 916, não podendo criar novas "justificativas" à sua recusa.

Até a resposta do Juiz, e no caso de ultrapassar esse prazo, o executado ficará responsável por depositar as parcelas vincendas da dívida, podendo o exequente levantar os valores já depositados.

Teremos, nesse caso, duas alternativas, a saber: i) no caso do Juiz *deferir* a proposta do executado, serão encerrados os atos executivos e o exequente poderá levantar todo o valor do seu crédito; ou ii) se for *indeferida* por alguma razão, os atos executivos continuam e o valor até então depositado é convertido em penhora.

O que se observa é que os novos parágrafos fornecem disciplina mais bem acabada, pondo fim, assim, às discussões que se estabeleceram na doutrina e na jurisprudência sobre o atual art. 745-A.

O §6º do art. 916 prevê que o pedido de parcelamento representará *renúncia* ao direito de o executado embargar à execução, ao contrário do texto atual, que fala de simples 'vedação à oposição de embargos'.

Não há que se falar que esta nova regra (*renúncia*) estaria contrária ao dispositivo constitucional do inciso XXXV do art. 5º, que dispõe que "a lei não excluirá da apreciação do Poder Judiciário, lesão ou ameaça a direito," pois o pedido de parcelamento previsto no art. 916 representa uma *escolha do executado*. Se optou pela moratória, não pode, depois, pretender embargar à execução.

Entretanto, encontramos no NCPC, o parágrafo 7º, que faz expressa e, diga-se, estranha, opção quanto à inaplicabilidade do instituto *ao cumprimento de sentença*. Isso porque a moratória é aplicável à ação monitória nas condições enunciadas pelo §5º do art. 701.[26]

As matérias arguíveis pelo executado nos embargos à execução estão previstas no art. 917 do NCPC, que na prática repete o disposto nos arts. 739-A, §5º, 743, e 745 do CPC atual, contudo, com preocupação de uma redação mais detalhada.

Além disso, soluciona questões como a hipótese de rejeição parcial dos embargos, quando um de seus fundamentos for o excesso de execução não comprovado desde logo (§§3º e 4º). Outro aspecto é a inclusão do inciso V, segundo o qual os embargos veicularão indistintamente a alegação de incompetência absoluta ou relativa do juízo da execução, e o §6º, que trata da arguição de impedimento e suspeição aos arts. 146 e 148, descartadas, para aquele fim, as exceções referidas no art. 742 do CPC atual, abolidas pelo novo CPC.

Outra novidade que objetiva a simplificação das manifestações do executado, tudo em busca da solução mais célere do litígio, está no §1º, que autoriza expressamente que eventuais questionamentos sobre a penhora e a avaliação sejam realizados por meras petições, *independentemente dos embargos*. Para tanto, o executado deve observar apenas o prazo de quinze dias da ciência do ato sobre o qual deseja se manifestar.

Esta hipótese está em consonância com a regra do *caput* do art. 914, pela qual a apresentação dos embargos *não* pressupõe penhora prévia. Assim, pode acontecer que

---

[26] Enunciado do Fórum Permanente de Processualistas Civis (FPPC) que se refere a este artigo: Enunciado nº 331 do FPPC: O pagamento da dívida objeto de execução trabalhista pode ser requerido pelo executado nos moldes do art. 916.

haja penhora apenas quando rejeitados os embargos (na hipótese de a eles ser concedido efeito suspensivo) ou, na hipótese oposta, após eles terem sido apresentados.

O dispositivo evidencia que, em ambas as situações, caberá ao executado, querendo, manifestar-se sobre o que é novo no processo, desde que o faça no prazo de 15 dias.

As hipóteses de rejeição liminar dos embargos pelo Juiz estão elencadas no art. 918, que traz como novidade no inciso II, a autorização do indeferimento liminar, na hipótese de *improcedência liminar* do pedido (contida no art. 332), e não mais só nos casos de defeito formal (art. 330).

Já o parágrafo único do art. 918 dispõe que o oferecimento de embargos manifestamente protelatórios consiste em conduta atentatória à dignidade da justiça, como previa o parágrafo único do art. 740 do CPC atual. À falta de qualquer distinção, o regime jurídico aplicável à hipótese é o genérico, constante do art. 81.

Uma das principais características do NCPC foi que o efeito suspensivo passou a ser *exceção*, apesar da possibilidade de sua concessão face à verossimilhança e quaisquer prejuízos vislumbrados, e os meios de ataque da execução serão distintos, conforme a natureza do título executado.

O art. 919 do NCPC prevê, a exemplo do atual art. 739-A, que os embargos do executado não terão efeito suspensivo, mas elenca as hipóteses em que ao Juiz é dada a faculdade de concedê-la, a requerimento do embargante, quando verificados os requisitos para a concessão da tutela provisória, sem se esquecer do outro requisito, qual seja, a prévia garantia da execução por penhora, depósito ou caução suficiente, que pode ser modificada ou revogada a qualquer tempo, em decisão fundamentada, no caso de cessar as razões que a motivaram.

Quanto à presença dos elementos da tutela provisória para a concessão do efeito suspensivo aos embargos à execução, destaca-se que a tutela provisória pode ser fundamentada na urgência e na evidência (art. 294, *caput*), não havendo razão nenhuma para descartar que o embargante não possa trazer a conhecimento do magistrado, com as adaptações cabíveis, nenhuma das hipóteses do art. 311, sobre a tutela da evidência.

A diferença do §5º do art. 919, quando comparado com o seu congênere no §6º do art. 739-A do CPC atual, é justificada pela correta previsão do §1º do art. 919: a concessão de efeito suspensivo pressupõe a prévia garantia de juízo e, por isso, não há porque admitir, como faz o CPC atual, que a despeito dele, a penhora seja permitida.

A interpretação que deve ser atribuída a este dispositivo é que é permitido os ajustes necessários à penhora, à substituição do bem penhorado e à avaliação. Assim, conclui-se pela leitura do §5º do art. 919, que a atribuição de efeito suspensivo aos embargos só impede a alienação do bem, *mas não a prática de todos os atos imediatamente anteriores ao início da fase expropriatória (art. 875).*

Vale ressaltar que, nesse capítulo/título do NCPC, não há previsão expressa de recurso contra a decisão que *indefere* o pedido de atribuição de efeito suspensivo aos embargos, formulado pelo embargante.

Entretanto, essa decisão não é irrecorrível, tendo em vista que essa possibilidade de recurso decorre do correto entendimento de que o efeito suspensivo atribuído aos embargos se reveste de uma própria manifestação da 'tutela provisória', a justificar a incidência na espécie do inciso I do referido art. 1.015 (tutelas provisórias). Até porque, não fosse assim, o embargante poderia agravar de instrumento do pedido reformulado com base no §2º do art. 919, com fundamento no inciso X do art. 1.015 (concessão, modificação ou revogação do efeito suspensivo aos embargos à execução).[27]

Seguindo-se à sistemática processual, com o recebimento dos embargos, o exequente será ouvido, e o Juiz poderá decidir de plano, ou, se entender necessário designar audiência. Contudo, tal qual o CPC atual, o novo é silente sobre o comparecimento das partes para a audiência de conciliação ou de mediação do art. 334.

Esta ausência de previsão deve ser interpretada como tomada de opção consciente do legislador de não submeter os embargos à execução ao procedimento comum, o que não impede, de qualquer sorte, que o magistrado, se achar necessário, designe audiência para aquele fim, fazendo-o com fundamento no inciso V do art. 139.

No rito normal do processo, encontraremos, ainda, as hipóteses de suspensão e de extinção dos embargos à execução, previstos no NCPC, nos arts. 921 a 925. O art. 921 regula os casos de suspensão da execução, que terminou por ampliar (05 incisos e 05 parágrafos) o rol do art. 791 do CPC atual, que possuía 03 incisos, de uma forma mais coerente com o novo CPC.[28]

Enunciados do Fórum Permanente de Processualistas Civis (FPPC) que se referem a este artigo.[29]

Conforme o art. 923, com a suspensão da execução, o Juiz fica impedido de praticar outros atos processuais, *salvo quando houver arguição de impedimento ou suspeição*, o que não acontece com o art. 793 do CPC atual, que permite, sem ressalvas, a prática de atos urgentes.

No caso da necessidade da prática de "atos urgentes", não se pode negar, sob pena de ir contra o art. 5º, XXXV, da CF, que eventuais atos urgentes sejam tomados pelo substituto legal do magistrado, aplicando-se o disposto no §3º do art. 146.

O art. 924 versa sobre a extinção do processo de execução, que, da mesma forma que o art. 921 (suspensão) prevê mais hipóteses que o art. 794 do CPC atual. Vale destacar, os casos em que a petição inicial for indeferida (inciso I, que traz à mente não só a hipótese do art. 330, mas também do art. 801) e ao expresso reconhecimento da ocorrência de prescrição intercorrente para aquele fim (inciso V). Sobre esta hipótese, cabe destacar a regra do art. 1.056 do novo CPC, constante de seu Livro Complementar, que estabelece "[...] como termo inicial do prazo da prescrição previsto no art. 924, inciso V, inclusive, para as execuções em curso, a data de vigência deste Código".

Por fim, o art. 925 dispõe sobre a extinção, prevendo que esta só produz efeito quando declarada por sentença.

3 Das defesas atípicas

Conforme visto nos tópicos antecedentes, a defesa do executado no Novo Código de Processo Civil – tal como o era no Diploma de 1973 – faz-se, via de regra, pela

---

[27] Enunciado do Fórum Permanente de Processualistas Civis (FPPC) que se refere a este artigo: *Enunciado nº 80 do FPPC*: A tutela antecipada prevista nestes dispositivos pode ser de urgência ou de evidência.

[28] Súmula nº 150, STF: Prescreve a execução no mesmo prazo de prescrição da ação. Súmula nº 314, STJ: Em execução fiscal, não localizados bens penhoráveis, suspende-se o processo por um ano, findo o qual se inicia o prazo da prescrição quinquenal intercorrente.

[29] – Enunciado nº 194 do FPPC: A prescrição intercorrente pode ser reconhecida no Procedimento de cumprimento de sentença.

impugnação ao cumprimento de sentença (em caso de título judicial) e pelos embargos (em caso de título extrajudicial). Elas permanecem sendo, portanto, as modalidades típicas de defesa em sede de processo executivo.

Em se tratando de defesa do Executado, há de se anotar que o novo Código de Processo Civil contempla, em diversos dispositivos do Livro das Execuções, a possibilidade de o executado opor-se aos atos do processo executivo por meio de simples petição. Tal prerrogativa, já encontradiça no Código de 1973, a exemplo da previsão dos chamados embargos à arrematação (então amalgamados no art. 694, parágrafo 1º, incisos I e II), torna-se agora ferramenta mais presente e passível de manejo pelo executado.

É que o novo Códex ampliou as hipóteses de cabimento de oposição do executado por simples petição nos autos, autorizando-as, basicamente, em duas circunstâncias: aquelas, cujo objeto seja a discussão de matéria de ordem pública, como vícios aptos a ensejarem nulidade, e aquelas outras que dizem respeito à penhora – extensão, valor, natureza do bem penhorado etc.

Na primeira circunstância, a possibilidade de oposição do executado, por simples manifestação, justifica-se por razões óbvias: se se trata de matéria cognoscível de plano e em qualquer grau de jurisdição, é razoável facultar ao executado, que a suscite por meio de petição simples; na segunda circunstância, ao permitir a insurgência do executado por meio de simples manifestação, visa o legislador à preservação da penhora em múltiplos aspectos – natureza, situação e qualidade do bem constrito, suficiência e aptidão para fazer face ao crédito cobrado.

Essas hipóteses de impugnação, por meio de simples petição, podem, assim, ser consideradas como espécies de defesa atípicas do Executado. Ao prevê-las, resguardando a regularidade de institutos como a penhora e a arrematação, o legislador demonstra preocupação com o resultado útil do processo, vale dizer, com sua efetividade.

Vejamos, pois, algumas dessas espécies de defesa, que se encontram dispostas de modo esparso no Livro de Execuções do Novo CPC.

3.1 Da impugnação para validade e adequação da penhora e da avaliação

Ao prever a possibilidade de o executado insurgir-se contra questões relativas à penhora e à avaliação, por meio de simples petição, em momento posterior àquele previsto para impugnação ao cumprimento de sentença (na execução de título judicial) e ao da oferta de embargos (na execução de título extrajudicial), o Novo Código de Processo Civil assim o fez na esteira da uniformização que promoveu em relação à sistemática do processo de execução, da qual decorreu que a penhora não mais precede, necessariamente, a apresentação de defesa do executado.

Conforme consabido, o processo de execução previsto no Código de 1973 sofreu significativas alterações com o advento das Leis nº 11.232/2005 e 11.382/2006.

Antes de tais alterações, o Código de Processo Civil de 1973 estabelecia que o prazo para a defesa do Executado (tanto para a apresentação de embargos, quanto de

---

– Enunciado nº 195 do FPPC: O prazo de prescrição intercorrente previsto no art. 921, §4º, tem início, automaticamente, um ano após a intimação da decisão de suspensão de que trata o seu §1º.
– Enunciado nº 196 do FPPC: O prazo da prescrição intercorrente é o mesmo da ação.

impugnação ao cumprimento de sentença) contava-se a partir de sua intimação acerca da penhora. A regra do Código de 1973, então, era que a penhora antecedesse a apresentação da defesa no processo executivo.

Com a superveniência da Lei nº 11.382/2006, o prazo para apresentação dos embargos, na execução de título extrajudicial, passou a ter como marco inicial a juntada do mandado de citação cumprido aos autos. Já o *dies a quo* para apresentação da impugnação ao cumprimento de sentença, na execução de título judicial, não sofreu modificação, e o prazo continuou a ser computado a partir da intimação da penhora.

Instalou-se, assim, uma sistemática híbrida, com termos iniciais distintos para a contagem do prazo legal de apresentação de embargos (intimação da penhora) e impugnação ao cumprimento de sentença (juntada do mandado de citação).

Uniformizando os procedimentos da execução civil, o novo Código de Processo Civil adotou marco inicial único para a deflagração do prazo para apresentação de defesa (tanto de impugnação ao cumprimento de sentença, quanto de embargos): o prazo é de 15 dias e começa a correr, de forma automática, independentemente de intimação da penhora ou juntada de mandado aos autos, logo após o término do prazo de que dispõe o Executado para efetuar o pagamento voluntário. É o que dispõe o art. 525, *caput* e parágrafo 11º, do Novo CPC, em relação à impugnação ao cumprimento de sentença.

No que concerne aos embargos, a previsão é do art. 917 e respectivo parágrafo primeiro, do Novo CPC, que prevê que a incorreção da penhora ou da avaliação poderá ser impugnada por simples petição, no prazo de 15 (quinze) dias, contados da ciência do ato.

Com a uniformização de procedimentos operada pelo novo CPC, a penhora deixou de ser requisito para apresentação de embargos e/ou impugnação ao cumprimento de sentença, aumentando, em muito, a probabilidade da constrição acontecer em momento posterior à defesa do Executado. Para que ele possa, então, manifestar-se contra a penhora, eventualmente impugnando-a, o legislador introduziu, expressamente, a possibilidade de que venha a fazê-lo por meio de simples petição, no prazo de 15 dias, contados do fato ou da ciência do ato.

Dessa maneira, o novel legislador objetivou o saneamento de questões alusivas à garantia do crédito exequendo, para que, uma vez finalizados os embargos ou a impugnação ao cumprimento de sentença, a satisfação do credor possa acontecer de forma mais célere e efetiva.

3.2 Da impugnação à indisponibilidade dos ativos financeiros

Outra possibilidade de defesa atípica do Executado, por simples manifestação, está prevista em caso de realização de indisponibilidade eletrônica de ativos financeiros de sua titularidade.

Trata-se de modalidade de constrição largamente aplicada aos processos executivos na atualidade, por duas razões: a uma, por atender à ordem legal estabelecida para a penhora, efetivando a primazia de que goza o dinheiro em detrimento dos demais bens; e, a duas, por ser medida dotada de extrema praticidade, estando ao alcance do magistrado efetuá-la virtualmente, graças a Convênio firmado entre o Banco Central do Brasil e o Poder Judiciário – o chamado *Bacenjud*.

Nos termos do art. 854, do Novo CPC, após a efetivação da indisponibilidade de numerário existente em depósito ou aplicação financeira do Executado, o juiz deverá, no prazo de 24 horas, contadas do recebimento da resposta da providência, determinar o cancelamento de eventual indisponibilidade excessiva, tendo a instituição financeira igual prazo para cumpri-lo.

O Executado, por sua vez, somente será intimado após a realização da medida que tornar indisponíveis os recursos financeiros por ele titularizados. A intimação pode ser por meio de advogado, se o Executado o houver constituído, ou pessoalmente, em caso de não havê-lo. A partir da data dessa intimação, o Executado terá prazo de 05 dias para alegar e demonstrar, por meio de simples petição, que a verba tornada indisponível é de natureza impenhorável ou que ainda permanece excessiva a indisponibilidade (mesmo depois de eventual cancelamento determinado pelo juiz, na forma do parágrafo primeiro da norma acima colacionada).

Eis, pois, mais um a hipótese introduzida pelo novo CPC para defesa do Executado, através de simples petição.

Apesar de o novo CPC estabelecer prazo de 05 dias, contados da intimação do Executado, para arguição de impenhorabilidade da quantia tornada indisponível ou eventual excesso no bloqueio de numerário, entendemos que tal prazo não é preclusivo, em razão da natureza das matérias ventiladas. O caráter impenhorável das verbas assim legalmente consideradas é matéria de ordem pública, devendo ser conhecida e julgada quando suscitada no processo executivo, sob pena de nulidade da penhora. Também assim a questão de eventual excesso, já que os atos expropriatórios devem ater-se aos limites do *quantum* em cobrança, sob pena de macularem a regularidade da garantia da execução.

3.3 Da impugnação à arrematação

No que diz respeito à arrematação, o Novo CPC também contempla hipótese de defesa do Executado, por simples manifestação, em moldes muito similares aos dos embargos à arrematação do CPC de 1973 (art. 694, parágrafo 1º, incisos I e II). A previsão, no Diploma Processual de 2015, está insculpida no art. 903, parágrafos 1º e 2º.

De acordo com as dicções legais que regem a espécie, o Executado terá prazo de 10 dias para, por meio de simples petição, volver-se contra a arrematação, alegando, para tanto, invalidade, ineficácia ou resolução. Somente após o decurso desse prazo é que poderá ser expedida a carta de arrematação, consoante intelecção do parágrafo 3º, do art. 903, supra.

É de concluir-se, portanto, que tal decêndio constitui-se em prazo preclusivo, pois o não manejo de petição pelo Executado, dentro desses 10 dias, além de ensejar a expedição da carta de arrematação, traz como consequência a necessidade de posterior propositura de ação autônoma para pleitear a invalidação da arrematação, consoante teor do parágrafo 4º, do art. 903.

É sobre as ações autônomas de impugnação que nos debruçaremos no tópico seguinte.

3.4 Ações autônomas

Em regra geral, os embargos à execução, no caso dos títulos executivos extrajudiciais, e a impugnação ao cumprimento de sentença, no caso dos títulos executivos judiciais, são os meios de defesa do executado com previsão expressa no Código de Processo Civil vigente, no entanto, algumas limitações como o prazo e o processo de conhecimento restritivo, muitas vezes prejudica o executado, resultando na necessidade deste se socorrer com outros meios de defesas atípicas.

Não houve muita alteração quanto às ações autônomas já existentes no novo Código Processual surgido da lei aprovada e sancionada de nº 13.105, de 16 de março de 2015, o executado poderá continuar exercendo o seu direito de ação, propondo ações autônomas, para discutir o título executivo ou a sua dívida, e poderá socorrer-se de algumas ações entre as quais citamos a ação rescisória, a ação anulatória, a ação declaratória, a consignação em pagamento, repetição de indébito e, excepcionalmente, o mandado de segurança.

No novo Código de Processo Civil que entrou em vigor no mês de março do corrente ano de 2016, podemos identificar, expressamente, a possibilidade da propositura de ação autônoma, apesar de inexistir procedimento próprio como meio de defesa do executado, no parágrafo 4º, do artigo 903, em seu texto, há menção desse tipo de ação.

A ação autônoma pode ser proposta antes, no andamento ou depois da execução, e se trata de defesa heterotópica, já que se dá fora do processo de execução e é prejudicial à execução, possui natureza jurídica desconstitutiva negativa, ou seja, busca a desconstituição de uma decisão já proferida em outra ação, o título judicial, ou desconstituir o título executivo extrajudicial.

O novo Código mantém a possibilidade do executado se defender através de ações autônomas, alinhando-se ao princípio constitucional do contraditório e da ampla defesa consagrado no artigo 5º, LV da CF/88, que concede às partes o direito de resposta e de defender-se da forma mais ampla possível, assim, podemos afirmar que além dos embargos e das impugnações, o executado poderá utilizar-se de ações autônomas para se defender.

Também podemos verificar a possibilidade de ação autônoma como defesa do executado no artigo 776 do novo diploma processual, que manteve expressamente a hipótese de o executado acionar o exequente para pleitear danos sofridos.

Assim, o executado poderá, em algumas hipóteses, propor embargos à execução e outra ação ordinária para se defender, tais como ação anulatória de débito e declaratória de inexistência de relação jurídica, ou ainda, se não propor os embargos utilizar uma dessas ações para se defender da execução contra si proposta.

Temos ainda no novo Código, mais precisamente no artigo 784 que trata dos títulos extrajudiciais, no parágrafo primeiro, a previsão de possibilidade de ação autônoma do executado quando menciona que a propositura de ação não inibe a execução, "§1º. A propositura de qualquer ação relativa a débito constante de título executivo não inibe o credor de promover-lhe a execução".

Quando o legislador menciona, no texto legal citado anteriormente, "qualquer ação relativa ao débito" quis se referir aos embargos que não possuem mais o efeito suspensivo automático, como também outras ações propostas pelo executado antes ou durante o processo de execução.

Para que essas ações inibam o credor de executar, será necessária uma ação cautelar dirigida ao juiz da causa principal, no sentido de ser imprescindível a suspensão da execução.

Temos a ação rescisória com previsão nos artigos 966 a 975 do novo Código, que possui a finalidade de desconstituir a decisão alcançada pela coisa julgada, podendo excepcionalmente o executado se valer de ação anulatória mesmo após o trânsito em julgado, quando a pretensão for anular os atos praticados pelas partes no processo de execução homologados pelo juiz, como prevê o artigo 966, §4º, do novo diploma processual, que trata de ação rescisória, mas também disciplina que os atos homologados ficam sujeitos à anulação, quando maculados por vícios.

É certo que, em regra, se a execução for de título judicial transitado em julgado, caberá a ação rescisória quando o executado quiser defender-se do título gerado, no entanto, poderá recorrer-se da ação anulatória, pois, quando ocorrer eventual vício no ato de direito material praticado pelas partes, o meio de defesa processual adequado é a ação anulatória, se o vicio se verificar no próprio ato jurisdicional e se pretender retirá-lo do ordenamento jurídico é que o meio adequado será a ação rescisória.

Os embargos de terceiro constitui outra hipótese de defesa heterotópica, por ser o meio adequado para início de uma nova relação processual proposta por um terceiro, que irá influenciar a relação processual originária, e está previsto nos arts. 674 a 680 do novo CPC, com rito especial para o seu trâmite.

E se estivermos diante de uma situação de um processo que gerou um título judicial inexistente, seja por falta de alguma condição da ação ou pressuposto processual, ou ainda vício insanável, o meio adequado a ser utilizado pelo executado será uma ação declaratória de inexistência ou *querela nullitati,* que terá por fundamento os artigos 525, §1º, I e 535, I do novo CPC, mas não possui procedimento próprio no novo diploma, e surgiu da construção doutrinária e jurisprudencial.

E, por fim, não podemos deixar de mencionar que se for proferido ato executório do qual não caiba defesa, recurso nem correção, e havendo risco eminente de dano irreparável e ainda não houver trânsito em julgado, poderá o executado excepcionalmente socorrer-se da ação de mandado de segurança, medida aceita pelos tribunais em casos muito específicos, e caberá ao julgador decidir se o caso merece ou não tratamento excepcional.

Essas ações correm em separado da ação executiva e com ela não se confundem, podem gerar conexão, mas nunca a litispendência ou coisa julgada, porque os objetos e os pedidos são diferentes, apesar da decisão de uma influenciar na outra.

3.5 Exceção de pré-executividade

A exceção de pré-executividade não existia, ela foi construída através da doutrina e da jurisprudência, e Pontes de Miranda foi o responsável pela inserção desta exceção no cenário processual civil brasileiro, quando defendeu, em um parecer de número 95, sobre diversos pedidos de falência contra a Cia. Siderúrgica Mannesmann, fundados em títulos extrajudiciais nulos, que o executado poderia se defender sem apresentar garantia do juízo, em algumas hipóteses, demonstrando a injustiça e a inadequação da penhora de bens do executado, quando o processo de execução não atendia os requisitos legais ou estavam maculados com vícios insanáveis.

E foi essa discussão que colocou a exceção de pré-executividade em nosso ordenamento jurídico, como forma de defesa do executado, em se tratando de matérias de ordem pública, sem necessidade de garantir o juízo, tudo alinhado ao princípio do devido processo legal que consagra que ninguém será privado de seus bens sem o devido processo legal.

Por ser construção doutrinária, a exceção de pré-executividade passou a ser alvo de discussões quanto à sua terminologia, para alguns se tratava de objeção, para outros era uma exceção, mas, independentemente dessas discussões, os tribunais passaram a utilizar e a aceitar o termo exceção de pré-executividade, o que permanece entre a maioria.

No Código processual ainda vigente, o CPC/73, não há previsão expressa que autorize o executado a utilizar como meio de defesa, a exceção de pré-executividade sem necessidade de garantia do juízo; já no Código que entrou em vigor neste ano de 2016, indiretamente está prevista a possibilidade de defesa do executado dentro do processo independente de oposição de embargos à execução e sem garantia do juízo, quando a matéria a ser tratada for de ordem pública.

Há de ser ressaltado que a alteração do atual CPC/73, feita pela Lei nº 11.382/2006, que alterou o *caput* do artigo 736, trouxe modificação considerável quanto à hipótese de manutenção ou não da exceção de pré-executividade no nosso ordenamento jurídico como defesa atípica do executado.

A garantia do juízo, seja através de penhora, depósito ou caução deixou de ser imprescindível para que o executado oponha embargos e se defenda da execução, o que fez levantar a discussão entre os doutrinadores e julgadores se deveria ser mantida a exceção de pré-executividade, já que a sua finalidade era autorizar que a parte executada pudesse se defender de matérias de ordem pública sem que seus bens ficassem restritos.

Gisele Leite trouxe em artigo de sua autoria, a opinião de alguns processualistas no sentido de que "processualistas de peso como Luiz Rodrigues Wambier, Tereza Arruda Alvim Wambier e José Miguel Garcia Medina igualmente se posicionam enxergando ante a inovação da Lei de 2006, senão a completa extinção da mesma, ao menos, a deixou bastante reduzida e esvaziada. Mas, outros doutrinadores como Araken de Assis, Humberto Theodoro Júnior e Eduardo Arruda Alvim ainda defendem a subsistência do instituto".[30]

O novo CPC/2015 trouxe uma inovação para esta matéria no artigo 803, §4º, quando prevê que por simples petição, independente de embargos, poderá o executado suscitar as nulidades da execução trazidas nos incisos I, II e III deste artigo quando: o título executivo extrajudicial não corresponder à obrigação certa, líquida e exigível; o executado não for regularmente citado; for instaurada antes de se verificar a condição ou de ocorrer o termo.

Assim, apesar de não haver referência expressa à nominação exceção de pré-executividade, esta petição, independente de embargos para suscitar nulidades, nada mais é do que a mesma exceção de pré-executividade já existente, e que de forma indireta foi inclusa no texto do novo diploma processual, e que, com certeza, será utilizada pelas partes muitas vezes, com a denominação de exceção de pré-executividade.

---

[30] *Cf*: A Recente Reforma do Código de Processo Civil, operada pela Lei nº 11.382/2006 e a Objeção de Pré-executividade em matéria fiscal, *Revista Panóptica*, edição 14, 2008.

Esta foi a inovação trazida pelo Código de Processo de 2015, que entrou em vigor em março, porque se com a alteração trazida pela Lei nº 11.382/2006 ao *caput* do artigo 736 do CPC/1973 alguns juristas discutiam que seria desnecessária e até mesmo ilegal a manutenção da exceção de pré-executividade, o novo CPC encerra esta discussão para manter no ordenamento jurídico a hipótese da pré-executividade, como meio de defesa do executado, agora com base legal no §4º do artigo 803 do CPC/15, mesmo com a previsão de que os embargos poderão ser opostos, independentemente de penhora, depósito ou caução, redação do artigo 776 do CPC/1973 mantida no artigo 914 do CPC/2015.

4 Conclusão

Este artigo buscou fazer um estudo dos meios de defesa do executado no Novo CPC (Lei nº 13.105/2015). Antes do Novo CPC, o processo de Execução já havia sido reformado, recentemente, pelas Leis nº 11.232, de 22.12.2005[31] e pela Lei nº 11.328 de 2006.[32] Como visto, o novo CPC alterou o sistema do cumprimento de sentença e a execução, notadamente, estabelecendo o termo inicial da contagem do prazo para pagar e oferecer impugnação; a intimação do devedor na pessoa do advogado e, quando ausente, determinando diversas formas de intimação; modificando diametralmente entendimento do STJ, ao permitir a execução definitiva da multa na execução provisória, diametralmente a posição do STJ; e a incidência de honorários, nas execuções embargadas ou não.

Em relação aos embargos à execução, as matérias estão previstas no art. 917 do NCPC, que na prática repete o disposto nos arts. 739-A, §5º, 743, e 745 do CPC atual, contudo, com preocupação de uma redação mais detalhada. Além disso, soluciona questões como a hipótese de rejeição parcial dos embargos quando um de seus fundamentos for o excesso de execução não comprovado desde logo (§§3º e 4º). Outro aspecto é a inclusão do inciso V, segundo o qual os embargos veicularão, indistintamente, a alegação de incompetência absoluta ou relativa do juízo da execução, e o §6º, que trata da arguição de impedimento e suspeição aos arts. 146 e 148, descartadas, para aquele fim, as exceções referidas no art. 742 do CPC atual, abolidas pelo novo CPC.

Outra novidade que objetiva a simplificação das manifestações do executado, tudo em busca da solução mais célere do litígio, está no §1º, que autoriza que eventuais questionamentos sobre a penhora e a avaliação sejam realizados *por simples petição, independentemente dos embargos*. Tal prerrogativa, já encontradiça no Código de 1973, a exemplo da previsão dos chamados embargos à arrematação (então amalgamados no art. 694, parágrafo 1º, incisos I e II), torna-se agora ferramenta mais presente e passível de manejo pelo executado.

Com a uniformização de procedimentos operada pelo novo CPC, a penhora deixou de ser requisito para apresentação de embargos e/ou impugnação ao cumprimento de sentença, aumentando, em muito, a probabilidade da constrição acontecer em momento posterior à defesa do Executado. Para que ele possa, então, manifestar-se contra

---

[31] A Lei nº 11.232, de 22.12.2005, estabeleceu o cumprimento de sentença, nos autos do processo de conhecimento, em substituição à ação autônoma de execução de sentença.
[32] A Lei nº 11.328, de 2006, regulamentou a ação executiva autônoma, limitada aos títulos executivos extrajudiciais.

a penhora, eventualmente impugnando-a, o legislador introduziu, expressamente, a possibilidade de que venha fazê-lo por meio de simples petição.

Não houve muita alteração quanto às ações autônomas já existentes, no novo código processual, surgido da lei aprovada e sancionada, de nº 13.105, de 16 de março de 2015, o executado poderá continuar exercendo o seu direito de ação, propondo ações autônomas, para discutir o título executivo ou a sua dívida, e poderá socorrer-se de algumas ações entre as quais citamos a ação rescisória, a ação anulatória, a ação declaratória, a consignação em pagamento, repetição de indébito e, excepcionalmente, o mandado de segurança.

O sistema de defesa do executado foi sistematizado da seguinte forma: (a) impugnação ao cumprimento de sentença, para defesas típicas do executado e no caso de título executivo judicial; e (b) embargos do executado, no caso de título executivo extrajudicial. Foram abordadas como defesas atípicas do executado, sem pretender esgotá-las: a impugnação de indisponibilidade dos ativos (prevista no artigo 854, parágrafos 2º e 3º do novo CPC), a impugnação à arrematação (prevista no artigo 903, parágrafo 10 do novo CPC), a impugnação à avaliação descrita no artigo 874 (modificação qualitativa ou quantitativa da penhora), a impugnação por simples petição para controle da validade e adequação da penhora e da avaliação quando estas forem realizadas após o momento que o executado tinha para oferecer os embargos ou a impugnação do executado (art. 917, parágrafo 1º e artigo 525, parágrafo 11). Tratamos, também, de algumas ações autônomas, e da exceção de pré-executividade – que agora poderá ser substituída por uma sistemática mais ágil e objetiva. Assim, diante de nulidade no procedimento executório, por simples petição, o devedor poderá arguir os vícios que entender existentes, realizando o contraditório para aquela situação específica, vez que não pode ter a mesma amplitude do processo de conhecimento.

Referencias

ABELHA, Marcelo. *Manual de Execução Civil*. 5. ed. rev. e atual. Rio de Janeiro: Forense, 2015.

ABELHA, Marcelo. *Manual de Direito Processual:* teoria geral: premissas e institutos fundamentais. 5. ed. rev. atual. e ampl. São Paulo: Revista dos Tribunais, 2010.

ALVES, Vilson Rodrigues. *Novo Código de Processo Civil*. Leme: BH Editora e Distribuidora, 2015.

ALVIM, Arruda. *Execução Civil e temas afins – do CPC/1973 ao Novo CPC*: estudos em homenagem ao professor Araken de Assis. São Paulo: Editora Revista dos Tribunais, 2014.

ARMELIN, Donaldo; CIANCI, Mirna; QUARTIERI, Rita; BONÍCIO, José Magalhães. *Comentários à execução civil:* título judicial e extrajudicial (artigo por artigo) – de acordo com as Leis nº 11.232/2005 e 11.382/06. São Paulo: Saraiva, 2010.

ARRUDA ALVIM, Thereza. *O Novo Código de Processo Civil Brasileiro* – Estudos Dirigidos: Sistematização e Procedimentos. Rio de Janeiro: Forense, 2015.

ASSIS, Arahen de; THEODORO JR., Humberto; ALVIM, Eduardo Arruda. A Recente Reforma do Código de Processo Civil, operada pela Lei nº 11.382/2006 e a Objeção de Pré-executividade em matéria fiscal. *Revista Panóptica*, n. 14, 2008.

BRASIL. *Constituição da República Federativa do Brasil, 1988*. Disponível em: http://www.planalto.gov.br/ccivil_03/Constituicao/Constituicao.htm.

BRASIL. *Lei nº 13.105, de 16 de março de 2015 - Novo CPC*. Disponível em: http://www.planalto.gov.br/ccivil_03/_Ato2015-2018/2015/Lei/L13105.htm

BRASIL. Lei nº 5.869, de 11 de janeiro de 1973 – CPC vigente. Disponível em: http://legis.senado.gov.br/legislacao/ListaPublicacoes.action?id=102373

CARDOSO, Helio Apoliano. *Embargos a Execução no Novo CPC*. Teoria e Prática. 2. ed. São Paulo: JH Mizuno, 2016.

CUNHA, Leonardo José Carneiro da. As defesas do executado. In: DIDIER JR. Fredie. *Leituras complementares de processo civil*. 6. ed. Salvador: Juspodivm, 2008.

CUNHA, Leonardo José Carneiro da. *A Fazenda Pública em Juízo*. 8. ed. São Paulo: Dialética, 2010.

CONCEIÇÃO, Maria Lúcia Lins Conceição; RIBEIRO, Leonardo Ferres da Silva; MELLO, Rogério Licastro Torres de. *Primeiros comentários ao novo Código de Processo Civil*: artigo por artigo. São Paulo: Revista dos Tribunais, 2015.

DIDIER JR. Fredie. *Curso de Direito Processual Civil*: Execução. 5. ed. São Paulo: Podium, 2013. v. 5, p. 408.

FUX, Luiz. *Novo Código de Processo Civil Temático*. São Paulo: Editora Mackenzie, 2015.

LACERDA, Galeno. Execução de titulo extrajudicial e segurança do Juízo. *Revista Ajuris*, v. 23.

LEITE, Gisele. A exceção de pré-executividade e o novo CPC. *Portal Jurídico Investidura*, Florianópolis/SC, 03 ago. 2015. Disponível em: <investidura.com.br/biblioteca-juridica/colunas/novo-cpc-por-gisele-leite/331520>. Acesso em: 12 fev. 2016.

LIVRAMENTO, Geraldo Aparecido do. *Execução no Novo CPC*. São Paullo: JH Mizuno, 2015.

MARTINS, Uba Lobato. *Hipóteses de cabimento de exceção de pré-executividade na Execução Fiscal. Âmbito Jurídico*. Disponível em: <www.ambitojuridico.com.br>. Acesso em: 11 fev. 2016.

PARIZATTO, João Roberto. *Execução no atual e no novo CPC*. São Paulo: Editora Edipa, 2014.

RODRIGUES, Bruno Leandro Savelis. Defesas do Devedor na Execução Forçada: Ações Autônomas de Defesa do Executado. Disponível em: <http://www.aquino.adv.br/blog/defesas-do-devedor-na-execucao-forcada-acoes-autonomas-de-defesa-do-executado/>devedor. Acesso em: 11 fev. 2016.

RODRIGUES, Rafael Ribeiro. A multa do artigo 475-J na execução provisória, o Novo Código de Processo Civil, a posição do Superior Tribunal de Justiça e temas correlatos. In: Alvim, Thereza. *O Novo Código de Processo Civil Brasileiro* – Estudos dirigidos: Sistematização e Procedimentos. Rio de Janeiro: Forense, 2015.

SCALABRIN, Felipe; COSTA, Miguel do Nascimento; CUNHA, Guilherme Antunes da. *Lições de Processo Civil Execução conforme o novo CPC de 2015*. São Paulo: Livraria do Advogado, 2015.

TUCCI, José Rogério Cruz e. *Novo CPC traz mudanças no cumprimento definitivo de sentença*. Disponível em: <http://www.conjur.com.br/2015-nov-17/paradoxo-corte-cpc-traz-mudancas-cumprimento-definitivo-sentenca>. Acesso em: 16 de fev. 2016.

Informação bibliográfica deste texto, conforme a NBR 6023:2002 da Associação Brasileira de Normas Técnicas (ABNT):

BAHIA, Aline Solano Souza Casali. et al. Meios de defesa do executado no novo CPC. In: BRITTO, Alzemeri Martins Ribeiro de; BARIONI, Rodrigo Otávio (Coords.). *Advocacia pública e o novo código de processo civil*. Belo Horizonte: Fórum, 2016. p. 275-295. ISBN 978-85-450-0173-7.

FRAUDE CONTRA CREDORES

ADILSON BRITO AGAPITO
MARIA DAS GRAÇAS FARIAS
NAILDES RIOS ALVES
PAULO CÉSAR RIBEIRO DOS SANTOS
ZULEIK CARVALHO OLIVEIRA

1 Introdução

A relação de devedor e credor é muito antiga mesmo antes de ter uma legislação que evitasse a fraude e protegesse o credor contra os atos maliciosos do devedor.

Antes da Lei Poetelia Papiria, lei aprovada em Roma antiga, no ano de 326 A.C, que aboliu a forma contratual Nexum, ou servidão por dívida, o devedor impontual respondia com o *próprio corpo* pela obrigação assumida, ficava, portanto, exposto à vingança do credor em detrimento da sua liberdade e até mesmo da vida, análogo ao escravo.

A partir da Lei Poetelia Papiria, a execução da dívida passou a incidir do *corpo* do devedor para o seu *patrimônio*, ou seja, o devedor responderia com os seus bens os débitos por ele contraídos. Este princípio tornou-se universal, adotado, inclusive, na nossa legislação, de que o patrimônio do devedor responde por suas dívidas.

O credor conta apenas com a garantia comum a todos os credores que é o patrimônio do devedor.

O devedor pode comprometer essa garantia por diversos meios, como exemplo: alienação de bens, doação, remissão de dívidas, renúncia de herança, pagamento antecipado de dívidas vincendas, constituição de direitos de preferência a um ou alguns dos credores quirografários e outros recursos constituindo a fraude contra credores disciplinada nos arts. 158 a 165 do Código Civil.[1]

---

[1] O art. 158 do Código Civil assim dispõe: "Os negócios de transmissão gratuita de bens ou remissão de dívida, se os praticar o devedor já insolvente, ou por eles reduzidos à insolvência, ainda quando o ignore, poderão ser anulados pelos credores quirografários, como lesivos dos seus direitos".

2 Das definições e dos conceitos

2.1 Conceitos de fraude e generalidades

A fraude contra credores é um defeito do negócio jurídico que não se caracteriza como falha no consentimento e esta denominação de fraude é uma especialização semântica do direito moderno.

Conforme doutrina do jurista Caio Pereira,

> no direito romano, a fraude – *fraus* – designava procedimento malicioso, quer se apresentasse sob a modalidade do dolo, quer da fraude propriamente dita. Esta confusão atingiu, no passado, o nosso direito positivo, visto como o Código Comercial - de 1850 - emprega o vocábulo como sinônimo de simulação. Teixeira de Freitas com precisão delimitou o conceito de fraude e extremou-a dos demais defeitos dos negócios jurídicos, de sorte que, ao ser elaborado o Projeto e votado o Código Civil, já nossa doutrina sabia destacar com clareza as falhas da declaração de vontade, o que a doutrina francesa nem sempre fez com precisão científica.[2]

Gomes, no seu livro *"Obrigações"*, também asseverava que "Generalidades".[3] Por diversos modos, a lei tutela o crédito, favorecendo sua conservação e execução. Mas o sistema de proteção ao direito do credor não se esgota com as medidas conservatórias e coativas que podem ser usadas com a finalidade de obter a satisfação do crédito. O Código põe à disposição de quem se propõe a ingressar numa relação obrigacional na qualidade de credor diversas garantias, cuja função consiste, exatamente, em acautelar seu interesse. Oferece-lhe, ademais, meios indiretos para influir sobre o devedor no sentido de que cumpra a obrigação. Nessas condições, a tutela e a garantia dos créditos podem objetivar-se pelos seguintes meios:

a) *medidas acautelatórias;*
b) *medidas conservatórias;*
c) *medidas coercitivas;*
d) *medidas coativas.*

Destinam-se as mediadas conservatórias a preservar a garantia genérica representada pelo patrimônio do devedor, impedindo que este o desfalque em detrimento do direito do credor. Entre essas medidas, incluem-se o sequestro e a ação pauliana. Nos contratos bilaterais, a diminuição do patrimônio do devedor, capaz de comprometer ou tornar duvidosa a prestação a que se obrigou, dá ao credor, a pretensão de exigir garantia do cumprimento ou permite que se recuse a satisfazer a prestação que lhe incumbia em primeiro lugar. Não se compreenderia a passividade do credor diante de atos do devedor que importem inequivocamente na diminuição do seu patrimônio, de tal modo que se abale a legítima expectativa de realização do crédito. Como intuitivo, a lei lhe proporciona meios para a conservação do seu direito de crédito, que visam precisamente a impedir sua frustração. As medidas conservatórias são de natureza

---

[2] PEREIRA, Caio Mário da Silva. *Instituições de Direito Civil - Introdução ao Direito Civil*. 3. ed. Rio de Janeiro: Forense, 2003. v. I.
[3] GOMES, Orlando. *Obrigações*. Rio de Janeiro: Forense, 2008.

processual, porquanto, por seu contexto, não podem ser empregadas sem a intervenção da autoridade judicial. Seu estudo, por conseguinte, exorbita do Direito Civil. Contudo, referências sumárias justificam-se aos vários modos de proteção preventiva dos créditos para que não fique prejudicada a visão de conjunto do sistema de segurança que os reforça. As principais medidas conservatórias são: a) o arresto; e b) a ação pauliana.

2.2 Fraude e figuras afins. Dolo e má-fé, simulação e fraude à lei

2.2.1 Dolo e má-fé. Dolo

Segundo Beviláqua, "Dolo é o artifício ou expediente astucioso empregado para induzir alguém à prática de um ato, que o prejudica, e aproveita ao autor do dolo ou a terceiro".[4]

O dolo ocorre tanto na esfera penal, quanto na esfera civil. Na esfera penal ocorre o dolo quando o agente quis o resultado ou assumiu o risco de produzi-lo (Código Penal art. 15, nº I). Na esfera civil ele pode ser civil e processual.

O dolo civil consiste na intervenção do autor do dolo na efetuação de um ato jurídico para viciar o consentimento do agente e sua sanção é a anulabilidade prevista no art. 145, combinado com o art. 171, do Código Civil:

> Art. 145 – São os negócios jurídicos anuláveis por dolo, quando este for a sua causa.
> Art. 171 – Além dos casos expressamente declarados na lei, é anulável o negócio jurídico:
> II – por vício resultante de erro, dolo, coação, estado de perigo, lesão ou fraude contra credores.

O dolo processual decorre do comportamento do litigante na causa, por exemplo, práticas de atos infundados com o objetivo de preterir o julgamento do feito, afirmações falsas sobre coisas, comportamento de modo temerário, passível o litigante de penalidade tais como perdas e danos, honorário de advogado, custas em décuplo.

O professor Monteiro leciona que:

> Não se deve confundir o dolo com a fraude, que, por certo, são aspectos diversos de um mesmo problema. Têm eles ponto comum, o emprego de manobras insidiosas e desleais. Mas a diferença está em que, no dolo, essas manobras conduzem a própria pessoa que delas é vítima a concorrer para a formação do ato, ao passo que a fraude se consuma sem a intervenção pessoal do prejudicado. Além disso, o dolo geralmente antecede a prática do ato, ou no máximo, com este é concomitante; não há dolo posteriori. A fraude, ao inverso, é sempre subsequente aos atos de que se originam os direitos das pessoas prejudicadas.[5]

2.2.2 A simulação

Ainda segundo Monteiro, temos o seguinte conceito sobre a simulação:

> Como o erro, simulação traduz uma inverdade. Ela caracteriza-se pelo intencional desacordo entre a vontade interna e a declarada, no sentido de criar, aparentemente, um

---

[4] BEVILÁQUA, Clovis. *Comentários ao Código Civil*. 1916. v. I, p. 363.
[5] MONTEIRO, Washington de Barros. *Curso de Direito Civil. Parte Geral*. São Paulo: Saraiva, 2007. p. 204.

ato jurídico, que, de fato, não existe, ou então oculta, sob determinada aparência, o ato realmente querido. O que verdadeiramente caracteriza a simulação é o seu conhecimento pela outra parte, sendo apenas ignorada de terceiros. Distingue-se, pois, do dolo, em que somente um dos interessados conhece a maquinação. O dolo é sempre urdido contra uma das partes, quer pela outra parte, quer por terceiro. A simulação, ao contrário , é uma entente de ambas as partes contra terceiro. Por outras palavras, no dolo, uma das partes é enganada pela outra: na simulação, nenhuma das partes é iludida; uma e outra têm conhecimento da burla, levada a efeito para ludibriar terceiro. Não é possível, portanto, a coexistência, no mesmo ato jurídico, de dolo e de simulação. A terceira característica desta é a proposital divergência entre a vontade interna, ou real, e a vontade declarada no ato. Este não corresponde à verdadeira intenção das partes, que, deliberadamente, disfarçam seu pensamento, concretizado ou apresentado sob a aparência irreal ou fictícia. Finalmente, a simulação perpetra-se no sentido de iludir terceiros, levando-os a acreditar que são positivos e certos, negócios jurídicos fantasiosos, imaginários, não realmente queridos pelos interessados.[6]

Já Pereira entende que:

Há, sem dúvida, certa semelhança entre a fraude e a simulação, porque em ambas o agente procede maliciosamente e do ato pode resultar (simulação), ou resultará sempre (fraude) um dano à terceiro. Mas não se confundem os dois defeitos, porque pela simulação a declaração de vontade se disfarça na consecução de um resultado que tem a aparência de um ato negocial determinado, enquanto que na fraude o ato é real, a declaração de vontade está na conformidade do querer íntimo do agente, tendo como efeito um resultado prejudicial a terceiro.[7]

Entendo que a simulação de uma dívida é uma figura afim com a fraude contra credores, quando o credor concorre com os demais credores da mesma classe especialmente privilegiados, haverá entre eles rateio proporcional ao valor dos respectivos créditos, se o produto não bastar para o pagamento integral de todos, como disciplina o art. 962 do Código Civil. Assim, parte do patrimônio insuficiente do devedor ficará para ele em detrimento dos demais credores.

A simulação está prevista no art. 167 do Código Civil:
É nulo o negócio jurídico simulado, mas subsistirá o que se dissimulou, se válido for na substância e na forma.
§1º. Haverá simulação nos negócios jurídicos quando:
I – aparentarem conferir ou transmitir direitos a pessoas diversas daquelas as quais realmente se conferem, ou transmitem;
II – contiverem declaração, confissão, condição ou cláusula não verdadeira;
III – os instrumentos particulares forem antedatados, ou pós-datados.
§2º. Ressalvam-se os direitos de terceiros de boa-fé em face dos contraentes do negócio jurídico simulado.

---

[6] MONTEIRO, Washington de Barros. *Curso de Direito Civil. Parte Geral*. São Paulo: Saraiva, 2007. p. 218.
[7] PEREIRA, Caio Mário da Silva. *Instituições de Direito Civil - Introdução ao Direito Civil*. 3. ed. Rio de Janeiro: Forense, 2003. v. I, p. 319.

2.2.3 A fraude à lei

A fraude à lei é o procedimento aparentemente correto do autor que tem como objetivo burlar a lei. O agente altera a situação de fato e simula uma situação que a norma não lhe atinge. Por exemplo, a venda de ascendente para descendente sem a permissão dos demais descendentes, o autor da venda vende a terceiro para, posteriormente, o imóvel ser transferido ao descendente preferido.

3 Fraude contra credores X fraude à execução. Diferenças e proximidades

A fraude contra credores consiste em atos gratuitos ou onerosos, maliciosos, praticados pelo devedor com a intenção de tornar insolvente, diminuir o seu patrimônio a fim de lesar o direito do credor quirografário de receber o seu crédito.

A fraude contra credores, que vicia o negócio de simples anulabilidade, somente é atacável por ação pauliana ou revocatória,[8] que requer os seguintes pressupostos:[9]
   a) Ser crédito do autor anterior ao ato fraudulento.
   b) Que o ato que se pretende revogar tenha causado prejuízos.
   c) que haja intenção de fraudar, presumida pela consciência do estado de insolvência.[10]
   d) Pode ser intentada contra o devedor insolvente, contra a pessoa que com ele celebrou a estipulação fraudulenta, ou terceiros adquirentes que hajam procedido de má-fé.[11]
   e) Prova da insolvência do devedor.[12]
   f) Perdem os credores a legitimação ativa para movê-la, se o adquirente dos bens do devedor insolvente que ainda não pagou o preço, que é ocorrente, depositá-lo em juízo, com citação em edital de todos os interessados.[13]

O principal efeito da ação pauliana é revogar o negócio lesivo aos interesses dos credores, repondo o bem no patrimônio do devedor, cancelando a garantia real concedida (CC, art. 165 e parágrafo único) em proveito do acervo sobre que se tenha de efetuar o concurso de credores, possibilitando a efetivação do rateio, aproveitando a todos os credores e não apenas ao que a intentou.

A doutrina conceitua a fraude contra credores como um ato de má-fé, malicioso, do devedor, com o objetivo de diminuir o seu patrimônio como consequência à insuficiência do patrimônio para a garantia da dívida.

Diniz, assim conceitua a fraude contra credores:

> Constitui fraude contra credores a prática maliciosa, pelo devedor, de atos que desfalcam o seu patrimônio, com o escopo de colocá-lo a salvo de uma execução por dívidas em detrimento dos direitos creditórios alheios. Dois são os seus elementos: o objetivo (*eventus*

---
[8] EJSTJ, 14:53; RT, 472:213; 553:248; 599:261.
[9] RT, 461:195.
[10] RT, 456:195.
[11] CC art. 161: RT, 106:214.
[12] RT, 470:100; 480:67; 461:137.
[13] CC, art. 160.

damni), que é todo ato prejudicial ao credor, por tornar o devedor insolvente ou por ter sido realizado em estado de insolvência, devendo haver nexo causal entre o ato do devedor e a sua insolvência, e o subjetivo (*consilium fraudis*), que é a má-fé, a intenção de prejudicar do devedor ou do devedor aliado a terceiro, ilidindo os efeitos da cobrança.[14]

Rodrigues conceitua fraude contra credores nos seguintes termos:

> Diz-se haver fraude contra credores, quando o devedor insolvente, ou na iminência de torna-se tal, pratica atos suscetíveis de diminuir seu patrimônio, reduzindo, desse modo, a garantia que este representa, para resgate de suas dívidas. Note-se, porém, que a fraude contra credores só se caracteriza quando for insolvente o devedor, ou quando se tratar de pessoa que, através de atos malsinados, venha a se tornar insolvente, porque, enquanto solvente o devedor, ampla é a sua liberdade de dispor de seus bens, pois, a prerrogativa de aliená-los é elementar do direito de propriedade. Entretanto, se ao transferi-los a terceiros já se encontrava insolvente o devedor, permite a lei que torne-se sem efeito tal alienação, quer pela prova do *consilium fraudis*, quer pela presunção legal do intuito fraudulento. Aqui, o direito de livre disposição do devedor esbarra na barreira representada pelo interesse dos credores, e só não é por ela vencida quando houver que respeitar interesse de terceiro de boa-fé. Se tivermos em conta que o patrimônio do devedor responde por suas dívidas, se considerarmos que o patrimônio de um indivíduo se compõe de ativo e passivo, e se imaginarmos que o devedor insolvente é aquele cujo passivo supera o ativo, podemos concluir que, ao afastar bens de seu patrimônio, o devedor insolvente, de um certo modo, está dispondo de valores que não mais lhe pertencem, pois tais valores se encontram vinculados ao resgate de seus débitos.[15]

Para Monteiro, a fraude contra credores compõe-se de dois elementos, um objetivo e outro subjetivo.

> O elemento objetivo (*eventus damni*) é todo ato prejudicial ao credor, por tornar o devedor insolvente, ou por ter sido praticado em estado de insolvência. No primeiro caso, entre o ato do devedor e a insolvência deste deve estar entremeado, evidente, o nexo causal, a relação de causa a efeito. O elemento subjetivo (*consilium fraudis*) é má-fé, o intuito malicioso de prejudicar. Pode advir do devedor, isoladamente, como na renúncia de herança, ou do devedor aliado à terceiro, como na venda fraudulenta. Na conceituação de *consilium fraudis* não tem relevância o *animus nocendi*, o propósito deliberado de prejudicar credores. Basta que o devedor tenha consciência de que de seu ato advirão prejuízos. A fraude pode existir sem ser premeditada (*fraus non in consilio, sed in eventu*). Igualmente, com relação ao cúmplice do fraudador (*particeps fraudis*) não se cuida da intenção de prejudicar, bastando o conhecimento que ele tenha, ou deva ter, do estado de insolvência do devedor e das consequências que, do ato lesivo, resultarão para os credores.

Pereira descreve as situações que decorre a fraude contra credores:

> Ocorre, frequentemente, a fraude, quando, achando-se um devedor assoberbado de compromissos, com o ativo reduzido ou o passivo elevado, procura subtrair aos credores uma parte daquele ativo, e neste propósito faz uma liberalidade a um amigo ou parente, ou vende a vil preço um bem qualquer, ou concede privilégio a um credor mediante a

---

[14] DINIZ, Maria Helena. *Curso de Direito Civil Brasileiro*. 33. ed. Teoria Geral do Direito Civil, 2016. v. 1, p. 312.
[15] RODRIGUES, Silvio. *Direito Civil - Parte Geral*. São Paulo: Saraiva, 2003. v. I, p. 245.

outorga de garantia real, ou realiza qualquer ato, que a má-fé engendra com grande riqueza de imaginação. Afirmamos que inexiste aqui um vício do consentimento, porque o agente assim procede porque assim quer, sem que a declaração de vontade sofra uma distorção que a coloque em divergência com o querer interior. Mas, não podendo a ordem jurídica compadecer-se de um processo desleal, acusa esta emissão volitiva de imperfeição, e, extremando o processo defraudatório como figura específica de defeito no negócio jurídico, concede ao prejudicado ação para revogá-lo.[16]

3.1 Similitudes e diferenças entre fraude contra credores e fraude contra a execução

A grande diferença se encontra no momento da sua ocorrência, enquanto a fraude contra credores se configura antes da demanda judicial, já a fraude à execução é caracterizada quando já houve a demanda judicial e o exequente cria obstáculos para o adimplemento do bem, seja ao pagamento ou a entrega da coisa certa.

O que compõe a fraude contra credores na forma objetiva é o resultado do dano e, de forma subjetiva, é o plano de querer fraudar, já no plano subjetivo, não é necessário que se configure a intenção maliciosa do alienante perante os credores, basta apenas que a ciência de que este era ou passou a ser insolvente com o ato.

Já a fraude em execução é declarada incidental no processo de execução, dispensado o processo autônomo de declaração; ela acarreta na ineficácia da alienação fraudulenta, em razão do credor exequente, assim, é conceituada como um ato de oneração ou disposição de coisa ou direito, praticado após a instauração de processo judicial, cujo resultado poderá ser frustrado sem a incidência da responsabilidade patrimonial sobre o bem alienado ou onerado.

O dano é caracterizado pela efetiva redução do devedor ao estado de insolvência, ou seja, é preciso que, por força de determinada alienação ou oneração, o patrimônio remanescente do devedor se torne inferior às suas dívidas. Dentre os requisitos necessários para a configuração da fraude contra credores, é o elemento subjetivo, "fraude", o de maior complexidade, posto que sua verificação seja diferenciada em atos gratuitos e onerosos, e ocasiona discussões acerca da forma como se caracteriza o conhecimento da redução do devedor ao estado de insolvência, da ótica do próprio devedor e do terceiro adquirente.

Assim, a diferença extrai-se quando a fraude contra os credores é aproveitada a todos os credores, por ser um ato anulado, enquanto na fraude à execução, os efeitos da sentença voltam apenas para o exequente e não abarca todos os outros.

Há outros pontos de semelhança e diferenças entre as espécies de fraude, decorrente da análise das partes prejudicadas com o ato fraudulento. Não restam dúvidas de que o credor, em qualquer das hipóteses de fraude, é o principal prejudicado, mas, em duas das modalidades, não é o único. Sendo a fraude contra credores a menos grave de todas as fraudes do devedor e, ainda, por ser a única que exige a observância de um requisito subjetivo, o seu reconhecimento é tratado de forma menos drástica e mais cautelosa, prescindindo, portanto, do ajuizamento de uma ação autônoma, chamada de ação pauliana.

---

[16] PEREIRA, Caio Mário da Silva. *Instituições de Direito Civil - Introdução ao Direito Civil*. 3. ed. Rio de Janeiro: Forense, 2003. v. I, p. 319.

Feitas essas considerações, estão apontadas as principais semelhanças e diferenças existentes entre as modalidades de alienação fraudulenta de bens do devedor.

Na fraude contra credores temos um vício social do negócio jurídico, estudado no Direito Civil. É um instituto de direito material e encontra-se regulamentado entre os arts. 158 a 165 do CC. Ocorre quando o devedor insolvente ou próximo da insolvência aliena (gratuita ou onerosamente) seus bens, com o intuito de impedir que seu patrimônio seja utilizado pelos credores para saldar as dívidas.

A fraude contra credores independe de processo e sua configuração exige 2 requisitos: o dano (*eventus damni*) e a fraude (*consilium fraudis*).

O *eventus damni* é o prejuízo causado ao credor. Para que se configure a fraude contra credores, deve ser demonstrado que a alienação acarretou prejuízo ao credor. Deve ser comprovado que a disposição de bens levou o devedor à insolvência ou agravou ainda mais esse estado. É classificado como pressuposto *objetivo*.

O *consilium* é a intenção de causar dano aos credores. É o pressuposto *subjetivo* para a configuração da fraude contra credores. Sua comprovação é dispensável no caso das doações sem encargo (doações puras).

No entanto, o Código Civil presume o *consilium fraudis* em duas hipóteses: quando a insolvência do devedor for notória; e, quando houver motivo para que a insolvência do devedor seja conhecida pelo adquirente. Nessas duas hipóteses, não precisam os credores demonstrar o conluio fraudulento.

A consequência do ato praticado em fraude é a *anulabilidade* dos atos praticados, segundo o Código Civil. Mas parte da doutrina entende que, na verdade, esse ato é válido, mas relativamente ineficaz. A ineficácia é relativa apenas em relação ao credor, respeitando-se o terceiro de boa-fé.

Já a fraude à execução, regulamentada pelo artigo 783 do NCPC, não se confunde com a fraude contra credores, pois não depende de ação própria para o seu reconhecimento. A fraude à execução pode ser reconhecida dentro do próprio processo de execução. O bem alienado pode sim ser apreendido e penhorado no bojo da execução. Quanto aos requisitos, a fraude à execução dispensa o requisito subjetivo, pois se trata de um ato atentatório à dignidade da justiça. A sanção é mais severa e a forma de sua configuração é mais facilitada; não é preciso demonstrar qualquer conluio fraudulento. A fraude à execução ocorre quando já há um processo em curso e o devedor faz a alienação.

Apesar do nome, não é preciso que esse processo esteja em fase de execução; pode estar até em fase de conhecimento. No entanto, de acordo com o entendimento do STJ, é preciso que tenha havido citação válida do réu para o reconhecimento de fraude à execução.

Alguns autores como Dinamarco criticam esse entendimento e dizem que a citação válida não seria um requisito, pois, às vezes, antes da citação, o devedor já pode ter tido notícia da ação.

A fraude contra credores e a fraude à execução são atos atentatórios à dignidade da justiça, mas que requerem pressupostos diferentes para a sua existência, tendo consequências diversas, expendidas neste estudo. Na fraude contra credores, existe prova da sua existência, já a fraude à execução é presumida.

4 Hipóteses de cabimento. O atual art. 593, I a III do CPC. Sua alteração pelo novo CPC. Quando ocorre? Critério objetivo de reconhecimento da fraude à execução

4.1 Hipótese de cabimento: O atual art. 792 do NCPC. Quando ocorre?

Segundo disposições do quase antigo artigo 593 do atual CPC, são cabíveis as seguintes hipóteses de fraude à execução: a) *quando sobre os bens alienados ou onerados pender ação fundada em direito real; b) quando o devedor estiver na situação de insolvência; e c) nos demais casos previstos em lei.*

Nota-se que o citado artigo encontra-se disposto no capitulo IV, que trata da disciplina da responsabilidade patrimonial do devedor, dispondo, inicialmente, que *todos* os seus bens estarão sujeitos ao cumprimento das obrigações assumidas pelo devedor, salvo àqueles tidos por lei como não responsável pelo cumprimento da obrigação.

Percebe-se que neste campo não houve alteração no novo Código de Processo Civil, permanecendo válida a ideia da responsabilização patrimonial como vínculo obrigacional; ao devedor compete conservar seu patrimônio como forma de manter equilibrada a relação existente entre o seu patrimônio e as obrigações por ele assumidas.

Como diz Oliveira:

> Em princípio, toda pessoa tem direito à livre disponibilidade de seus bens, salvo raras exceções previstas em lei. Porém, aquele que possui dívidas, deve dosar a alienação ou a oneração desses bens de tal forma que ela não venha a criar empecilhos na liquidação de suas dívidas contraídas junto a terceiros. Portanto, o devedor, ao desfazer-se de seu patrimônio ou desfalca-lo, deve ter a cautela de procurar manter o equilíbrio entre o patrimônio restante e o valor de suas obrigações presentes e futuras contraídas, cuja garantia de liquidação depende desse patrimônio remanescente.[17]

O que notamos, portanto, é a lei processual civil atribuindo *ineficácia* ao ato do devedor que, de modo inconsequente, dispôs de seus bens mais do que deveria, deixando o credor desamparado naquilo exatamente que almejava adquirir como decorrência do natural adimplemento da obrigação a que se comprometeu satisfazê-la o devedor impontual.

Essa atitude desmesurada do devedor de começar a dispor de seu patrimônio de maneira a prejudicar o credor, no caso específico da fraude à execução, na verdade, quando ocorrida no âmbito daquela, se constitui em ato *atentatório* à *dignidade da justiça*. Essa se compromete a dar efetiva prestação jurisdicional ao credor-exequente, que se vale do processo de execução forçada para obter no patrimônio do devedor justamente aquilo que previa receber por conta do inadimplemento de parte do devedor.

Assim, podemos falar que um dos pressupostos da fraude à execução é o início de um processo, que pode ser de execução, conhecimento ou cautelar.

Além disso e, principalmente, a ocorrência de uma transmissão ou oneração de um bem por quem quer que seja, sofre uma ação.

---

[17] OLIVEIRA. José Sebastião de. *Fraude à Execução – Doutrina e Jurisprudência*. São Paulo: Saraiva, 1988. p. 60.

Quanto aos "efeitos da situação patrimonial do devedor", no dizer de Oliveira:

> Trata-se dos reflexos da demanda, ou seja, levar o devedor ao estado de insolvabilidade (art. 593, II e III) ou à alienação como também à oneração do bem determinado e querido, em sua ação fundada em direito real (art. 593, I), hipótese em que não há de se perquirir o estado patrimonial do alienante que está a sofrer a ação.[18]

Os pressupostos, portanto, são, inicialmente, que haja uma "demanda iniciada ou execução a iniciar-se",[19] da qual o demandado já tenha sido citado; além disso, que ocorra uma alienação ou oneração de um bem jurídico e que este ato leve a quem figure no polo passivo à situação de insolvência (art. 593, III do CPC/73 e 793, IV do NCPC). Relativamente à hipótese que trata de litigiosidade sobre determinado bem, essa prova da insolvência é dispensada.

Há que se falar em fraude à execução quando sob a égide de uma disputa judicial acerca de um determinado bem, um dos contendores, em detrimento do outro, obviamente aquele que detém o bem jurídico, dele se desfaz, prejudicando, assim, a atividade satisfativa daquele que fora vencedor da demanda que incidira sobre a coisa litigiosa.

O novo CPC traz a lume, a renovação de um termo cuja previsão no código de processo de 1939 trouxe grandes debates. Trata-se da palavra "reipersecutória". O texto de 1939 falava de "ação reipersecutória", mais precisamente: "quando sobre eles for movida ação real ou reipersecutória".

No novo texto, a expressão ganhou reforço da palavra pretensão. Diz-se "quando sobre o bem pender ação fundada em direito real ou com pretensão reipersecutória". Esse retorno poderá suscitar novos debates em torno do assunto? Fica a indagação.

4.2 Quais são as possibilidades, previstas no CPC, para se levar ao conhecimento de terceiro a existência de demanda em curso contra o devedor, para que o direito deduzido em juízo também produza efeitos em relação a eles (oponibilidade) como de prevenção à fraude? Da publicidade

Outra questão que ganhou acalorados debates e que agora parece ter sido assimilada pelo legislador processual civil diz respeito à publicidade da demanda real. A averbação nos registros imobiliários acerca da existência da demanda fundada em direito real ou em pretensão reipersecutória é exigência decorrente do repaginado instituto.

Na verdade, abre-se a partir da averbação no registro imobiliário ou outro qualquer, novas hipóteses de arguição de fraude à execução. São elas: o registro da pendência de execução ajuizada. E aqui o registro da citação válida não prevalece a meu ver, bastando que seja levado para registro a certidão do cartório distribuidor ao de registro de imóveis, ou assemelhados, nos termos do atual artigo 828 do NCPC.[20]

---

[18] OLIVEIRA. José Sebastião de. *Fraude à Execução – Doutrina e Jurisprudência*. São Paulo: Saraiva, 1988. p. 73.

[19] OLIVEIRA. José Sebastião de. *Fraude à Execução – Doutrina e Jurisprudência*. São Paulo: Saraiva, 1988. p. 74.

[20] Art. 828. O exequente poderá obter certidão de que a execução foi admitida pelo juiz, com identificação das

Essa exigência de averbação de ação fundada em direito real está prevista na Lei de Registro Públicos de nº 6.015, de 31 de dezembro de 1973. Para alguns doutrinadores, esta regra era facultativa. Ao credor compete fazer o registro se quisesse transferir o ônus *probandi* ao devedor. Outros, tais como o professor Arruda Alvim, a tem como desnecessária. Sobre o tema, leciona Oliveira, citando o mestre Arruda Alvim:

> Diversamente, manifesta-se Arruda Alvim: 'Afigura-se-nos que a inscrição de demanda real é desnecessária, para o fim de, se alienada a coisa durante a demanda, apesar de esta não estar inscrita, operarem-se os efeitos da sentença em face do terceiro adquirente (art. 42, §3º, e 593, nº I), tratando-se de ação real ou reipersecutória.[21]

Como visto, pelo atual comando processual, a averbação no registro do bem, quando existente, passou a ser condição de validade da arguição de fraude à execução. Em linhas gerais, basta, no dizer do Prof. Lima,

> a simples propositura de uma ação: a) fundada em direito real, vinculada ao bem objeto da alienação, ou oneração pelo devedor; b) qualquer outra, cujo resultado necessite que o devedor seja solvente. A primeira é determinada a um bem; a segunda é indeterminada, abrangendo qualquer bem.[22]

4.3 Critério objetivo de reconhecimento da fraude à execução. Terceiros de boa-fé

Ponto controverso nos parece, sobre o qual o novo Código preferiu silenciar a respeito, diz respeito à questão do terceiro de boa-fé. Para alguns doutrinadores, a boa-fé é indiferente quando o assunto se trata de fraude à execução, ante seu caráter *in re ipsa*. Tem-se como presumida a má-fé, tanto do devedor, quando do adquirente. A jurisprudência parece reconhecer na ciência da existência da demanda (REsp nº 956943/PR),[23] por parte do terceiro, o *pressuposto da boa-fé*, ou seja, a tese no sentido

---

partes e do valor da causa, para fins de averbação no registro de imóveis, de veículos ou de outros bens à penhora, arresto ou indisponibilidade.

[21] OLIVEIRA. José Sebastião de. *Fraude à Execução – Doutrina e Jurisprudência.* São Paulo: Saraiva, 1988. p. 67.

[22] LIMA. Alcides de Mendonça. *Comentários ao Código de Processo Civil.* 7. ed. Rio de Janeiro: Forense, 1991. v. IV, p. 438.

[23] PROCESSO CIVIL. RECURSO REPETITIVO. ART. 543-C DO CPC. FRAUDE DE EXECUÇÃO. EMBARGOS DE TERCEIRO. SÚMULA Nº 375/STJ. CITAÇÃO VÁLIDA. NECESSIDADE. CIÊNCIA DE DEMANDA CAPAZ DE LEVAR O ALIENANTE À INSOLVÊNCIA. PROVA. ÔNUS DO CREDOR. REGISTRO DA PENHORA. ART. 659, §4º, DO CPC. PRESUNÇÃO DE FRAUDE. ART. 615-A, §3º, DO CPC.
1. Para fins do art. 543-c do CPC, firma-se a seguinte orientação: 1.1. É indispensável citação válida para configuração da fraude de execução, ressalvada a hipótese prevista no §3º do art. 615-A do CPC.
1.2. O reconhecimento da fraude de execução depende do registro da penhora do bem alienado ou da prova de má-fé do terceiro adquirente (Súmula nº 375/STJ).
1.3. A presunção de boa-fé é princípio geral de direito universalmente aceito, sendo milenar a parêmia: a boa-fé se presume; a má-fé se prova.
1.4. Inexistindo registro da penhora na matrícula do imóvel, é do credor o ônus da prova de que o terceiro adquirente tinha conhecimento de demanda capaz de levar o alienante à insolvência, sob pena de tornar-se letra morta o disposto no art. 659, §4º, do CPC.
1.5. Conforme previsto no §3º do art. 615-A do CPC, presume-se em fraude de execução a alienação ou a oneração de bens realizada após a averbação referida no dispositivo.
2. Para a solução do caso concreto: 2.1. Aplicação da tese firmada.
2.2. Recurso especial provido para se anular o acórdão recorrido e a sentença e, consequentemente, determinar o prosseguimento do processo para a realização da instrução processual na forma requerida pelos recorrentes.

de que se aquele terceiro não tinha conhecimento da demanda ou do ato de constrição do bem, privilegia-se o ato de aquisição do bem pelo terceiro de boa-fé. É o que nos diz Amilcar de Castro, citado por Oliveira.[24] Por outro lado, Amilcar de Castro, ao comentar o assunto, só admitiu que a fraude à execução faz presunção absoluta contra terceiro, quando ocorrer a inscrição da citação, no caso previsto no art. 593, I, ou da inscrição do ato de apreensão, e.g., penhora ou arresto, previsto no art. 593, I e III, do Código de Processo Civil, no cartório de Registro de Imóveis, conforme dispõe a Lei nº 6.015, de 31 de dezembro de 1973 (Lei dos Registros Públicos). Excluindo essa hipótese, ou seja, de não ter sido registrada, ou inscrita a penhora, ou o arresto, o sequestro, ou a citação, não impede a alegação de fraude contra a execução, e, somente, tem a significação de ficar o exequente no ônus de provar que o adquirente tinha conhecimento, ou de que sobre os bens estava sendo movido litígio fundado em direito real, ou que pendia contra o alienante demanda capaz de lhe alterar o patrimônio, de tal sorte que ficaria reduzido à insolvência. Feita a inscrição, as alienações posteriores peremptoriamente presumem-se feitas em fraude de execução, independentemente de qualquer outra prova.

O elemento prova – a nosso ver - no novo CPC, em se tratando de fraude à execução, figura como ponto central. Particularmente ao ônus de se provar a alienação ou a oneração em fraude à execução. Nesse sentido, as hipóteses dos incisos II e II do artigo 792 do NCPC são categóricas, ou seja, havendo averbação no registro de bens, da pendência judicial, da hipoteca judiciária ou de qualquer outro ato de constrição judicial, tem-se, à evidência, caracterizada a fraude à execução. Essas duas hipóteses contemplam aquele credor diligente, que foi ágil em dar publicidade, que o ato de registro faz surgir, da existência de demandas que podem resultar na constrição de qualquer bem do devedor ou acionado, a fim de que eventuais terceiros não queiram ou venham sustentar haver adquirido o bem alienado ou onerado em boa-fé.

As demais hipóteses em nada alteram as disposições do anterior dispositivo legal, não sendo o caso de abordá-las neste artigo, cuja preocupação foi a de examinar as novidades inseridas ao instituto pelo novo CPC.

Complementando assim nossas observações acerca das inovações, convém citar ainda, o novel §2º do artigo 792. Por esse dispositivo legal, compete ao adquirente de coisa móvel, o ônus de provar, mediante exibição de certidões ou declarações pertinentes, que adotou as cautelas necessárias na aquisição do bem.

Cahali, já advertia que:

> Inexistente qualquer tipo de registro (do contrato ou da ação) em cartório ou nas repartições administrativas competentes, só mesmo em razão de circunstâncias de fato é que se pode admitir o entendimento afirmado em jurisprudência no sentido de que, embora o embargante tivesse exibido certificado de propriedade de veículo em seu nome, "na verdade, ao adquiri-lo do último detentor, sabia ou deveria saber que havia pendência judicial acerca da posse da coisa.[25] [26]

(REsp 956.943/PR, Rel. Ministra NANCY ANDRIGHI, Rel. p/ Acórdão Ministro JOÃO OTÁVIO DE NORONHA, CORTE ESPECIAL, julgado em 20.08.2014, DJe 01.12.2014).

[24] OLIVEIRA. José Sebastião de. *Fraude à Execução – Doutrina e Jurisprudência*. São Paulo: Saraiva, 1988. p.112.

[25] 53. 6ª C. do TAlçCivSP, 26.08.1986- julgados 100/144.

[26] CAHALI. Yussef Said. *Fraude contra credores*. 2. ed. São Paulo: Revista dos Tribunais, 1999. p. 537.

5 Construção jurisprudencial acerca do tema. Casuísticas envolvendo as hipóteses de fraude à execução

No Novo Código, o reconhecimento da fraude à execução, veio através do artigo 792, que ampliou e melhorou a redação do artigo 593, I e II, do CPC de 1973.

A jurisprudência dos nossos Tribunais acerca do tema assevera o que se segue.

Da análise dos estudos realizados até então, percebe-se que não há uniformidade doutrinária-jurisprudencial no que diz respeito aos aspectos integrantes da fraude à execução, assim como a prova da sua ocorrência. Embora não haja uma homogeneidade, tanto na doutrina, quanto na jurisprudência, ao definir o marco inicial da fraude à execução, existe a possibilidade de se fixar, através da dinâmica jurídico-social, um ponto comum, que serviria como ponto de partida ao referido Instituto, nas diversas áreas, seja na esfera Criminal, Cível ou Trabalhista. Para tanto, faremos um apanhado rápido do Instituto ao longo do tempo, terminando por esboçar o entendimento no NCPC.

Durante todo o Brasil Colônia, as relações jurídicas tinham como fonte a Legislação Portuguesa, através das Ordenações Filipinas, sobre a influência precedente do Direito Canônico e do Direito Romano.

Após a Declaração de Independência do Brasil – em 1822, houve o surgimento de um Ordenamento Jurídico, instituindo-se um Direito Pátrio, de acordo com os interesses de desenvolvimento do novo País. Foi quando surgiu a primeira Carta Política do Brasil e o primeiro Diploma Normativo, com a Edição do Código Comercial pela Lei nº 556, que o promulgou.

Após algum tempo, o Código Comercial mostrou que necessitava sofrer algumas modificações, o que ocorreu com o Decreto Imperial nº 737/1850, que derrogou parcialmente o Livro III, das Ordenações Filipinas.

O Decreto Imperial sinalizou que a execução fosse direcionada contra a pessoa do devedor, caso não adimplisse a sua obrigação. O seu artigo 574 permitia, inclusive, a prisão civil do devedor.

O artigo 737 do CTN já trazia em seu bojo a construção legal do Instituto da Fraude à Execução.

Com a República, veio a Constituição de 1931, quando passou a ser dos Estados brasileiros a competência para legislar sobre os Processos Civil e Penal, oportunidade em que os legisladores estaduais seguiam à risca o Regulamento nº 737, apesar de adotarem a expressão contida no Decreto nº 763/80.

Com a promulgação da Constituição Federal de 1934, a União Federal readquiriu a competência para legislar em matéria processual, ficando os Estados, apenas, com a competência supletiva. Assim, foram efetuadas novas modificações para adequar o Instituto à sociedade sócio jurídica da época.

Com a promulgação da Constituição de 1937 e a edição do Código de Processo Civil de 1939, o legislador manteve o Instituto da fraude à execução, que foi inserido no Livro VIII, do Título I, do artigo 593.

No Novo Código de Processo Civil, o Instituto foi transportado com as suas características principais, definido os seus pressupostos gerais e específicos, continuando a priorização pela satisfação dos direitos creditórios, e tornando efetiva a prestação jurisdicional.

O que se discute no momento é se a nova sistemática do NCPC se harmoniza com a regra da Súmula 375[27] do STJ.

Para a maioria dos juristas, a resposta é positiva.

A parte inicial da Súmula 375 do STJ foi chancelada pelo artigo 792, que dispõe acerca do reconhecimento da fraude à execução, que depende da prévia averbação do processo ou da constrição judicial que recai sobre o bem alienado.

Já a segunda parte da Súmula 375 do STJ *não* foi reafirmada pelo §2º do artigo 792 do NCPC, que prescreve: "No caso de aquisição de bem não sujeito a registro, o terceiro adquirente tem o ônus de provar que adotou as cutelas necessárias para a aquisição, mediante a exigibilidade das certidões pertinentes, obtidas no domicílio do devedor e no local onde se encontra o bem".

Portanto, o NCPC no seu art. 792, §2º, trouxe regra expressa em sentido contrário à segunda parte da Súmula 375 do STJ, posto que, impôs ao terceiro adquirente, o ônus de provar que "adotou as cautelas necessárias para a aquisição, mediante a exibição de certidões pertinentes, obtidas no domicílio do vendedor e no local onde se encontra o bem".

Devendo, assim, ser alterado o entendimento jurisprudencial anterior, que terminava por impor ao exequente provar a má-fé do adquirente. Trazendo, assim, o NCPC, a inversão do ônus da prova, cabendo ao adquirente fazer prova da sua boa-fé.

5.1 Casuísticas atuais envolvendo as hipóteses de fraude à execução - Hipóteses de não cabimento contemplada pelos tribunais

A nova legislação albergada no Novo Código de Processo Civil traz a nítida intenção de fazer valer ao máximo a sistematicidade e a efetividade em detrimento da pureza doutrinária. Nesse sentido, as inovações trazidas pelo Novo Código de Processo Civil.

Fraude à execução por insolvência – É uma das inovações trazidas pelo NCPC, é a hipótese da demanda, que possa levar à insolvência o devedor. Conforme se infere do quanto preceituado no art. 792.

> Art. 792. Considera-se fraude à execução a alienação ou a oneração de bem.
> [...]
> IV – quando ao tempo da alienação, tramita contra o devedor ação capaz de conduzi-lo à insolvência.

Esta questão, embora sumulada pelo STJ há muito tempo (Enunciado 375), continua sendo objeto de controvérsia. Uma delas, o que seria bem sujeito a registro.

O art. 790, §2º do NCPC, assim preceitua: "No caso de aquisição de bem não sujeito a registro, o terceiro adquirente tem o ônus de provar que adotou as acautelas necessárias para aquisição, mediante a exibição, das certidões pertinentes, obtidas no domicílio do vendedor e no local onde se encontra o bem".

---

[27] O reconhecimento da fraude à execução depende do registro da penhora do bem alienado ou da prova de má-fé do terceiro adquirente. (Súmula 375, CORTE ESPECIAL, julgado em 18.03.2009, DJe 30.03.2009).

A discussão tem início quando se questiona: o que são bens sujeitos à registro?

O entendimento inicial é que os bens móveis, normalmente, não estão sujeitos a registro de propriedade.

Já os bens imóveis, necessariamente, terão que ser registrados em cartório.

Entretanto, há exceções a serem contempladas nas duas hipóteses.

De referência aos bens móveis, há exceções, quando diz respeito a embarcações, tais como, iates, navios e similares. O mesmo ocorrendo quando se trata de aeronaves, quando há necessidade do registro em órgão próprio, para que se perfaça a transação.

Outra exceção é quando se trata de veículos, automóveis, caminhões e congêneres, que, apesar da transmissão ocorrer com a entrega física da coisa, há um registro declarativo junto ao Órgão competente.

Em relação aos imóveis, há alguns que não são registrados nos cartórios imobiliários - ou em qualquer registro. Nessa hipótese, a detenção física do imóvel poderá ser considerada como posse, sendo protegida juridicamente. Não só é reconhecida pelo direito como pode ser registrada em determinado órgão, como posse, a exemplo da posse precária em terrenos da União.

Também existem casos em que o imóvel tem registro de propriedade, mas o direito maior é do possuidor, a exemplo dos "contratos de gaveta", podendo ser revestido de natureza de Direito Processual ou Real.

A ideia trazida pelo artigo 593 do CPC/73, de impor ao adquirente o dever de obter certidões dos distribuidores cíveis – Justiça Comum, Justiça do Trabalho e Justiça Federal, era para evitar a aquisição de bem móvel ou imóvel, em fraude à execução.

Estabelecendo a hipótese de fraude à execução em razão da possibilidade de insolvência do devedor, não se pensava em má-fé ou boa-fé do comprador do bem. Seu objetivo era único e exclusivamente proteger a eficácia das discussões judiciais, evitando que devedores insolventes dilapidassem seu patrimônio em prejuízo dos credores, criando para o comprador uma situação de insegurança jurídica.

Naquela ocasião, o Superior Tribunal de Justiça rompeu com a interpretação do artigo 593 do CPC/73, indo de encontro à Doutrina e até à Jurisprudência dominante, ao introduzir a necessidade de prova da má-fé pelo credor, como um dos requisitos necessários para aceitar a alegação de fraude à execução. Nesse passo, o credor teria que provar que o comprador sabia da existência de situação de insolvência, quando não existia registro da constrição no cartório imobiliário ou nos registros de bens móveis, que são sujeitos ao registro.

Desconsideração da personalidade jurídica – é outra inovação trazida pelo NCPC, que cuida de proteger o patrimônio daqueles que investem em uma atividade econômica organizada. O entendimento dos juristas é o de que, ao proteger o patrimônio dos sócios, a legislação procurou, de certa forma, incentivar o empreendedorismo no País.

Por outro lado, o NCPC se preocupou em evitar que a desconsideração da personalidade jurídica seja utilizada por pessoas físicas inescrupulosas, para a prática de ilicitudes, como acontece com certa frequência.

Entende Marinoni, que o objetivo do incidente, consagrado no NCPC/2015 é o de "evitar que a autonomia patrimonial da pessoa jurídica possa ser usada como instrumento para fraudar a lei ou para o abuso do direito".[28]

---

[28] MARINONI, Luiz Guilherme; ARENHART, Sérgio C.; MITIDIERO, Daniel. *Novo Código de Processo Civil Comentado*. São Paulo: Revista dos Tribunais, 2015. p. 207.

Ainda que previsto tal instituto em diversos diplomas legais, padecia de regulamentação o seu procedimento, e o NCPC, em brilhante iniciativa, atentou-se a esta carência, aplicando o incidente de desconsideração da personalidade jurídica em qualquer tipo de processo, inclusive, nos de competência dos juizados especiais (art. 1.062).

O parágrafo 4º do artigo 795 do CPC/73 consagra a obrigatoriedade da observância do incidente de desconsideração da personalidade jurídica, porém, o §2º do artigo 134 consagra hipóteses de dispensa do incidente.

O Superior Tribunal de Justiça adota o entendimento, fundamentado nos princípios da celeridade e da economia processual, que estando presentes os requisitos para desconsideração da personalidade jurídica, provando-os o credor de forma incidental, torna-se prescindível a propositura de uma ação autônoma.

Nesse sentido, o dito Tribunal assim preleciona:

> DIREITO CIVIL E DO CONSUMIDOR. DESCONSIDERAÇÃO DA PERSONALIDADE JURÍDICA. PRESSUPOSTOS PROCESSUAIS E MATERIAIS. OBSERVÂNCIA. CITAÇÃO DOS SÓCIOS EM PREJUÍZO DE QUEM FOI DECRETADA A DESCONSIDERAÇÃO. DESNECESSIDADE. AMPLA DEFESA E CONTRADITÓRIO GARANTIDOS COM A INTIMAÇÃO DA CONSTRIÇÃO. IMPUGNAÇÃO AO CUMPRIMENTO DE SENTENÇA. VIA ADEQUADA PARA A DISCUSSÃO ACERCA DO CABIMENTO DA DISRFGARD. RELAÇÃO DE CONSUMO. ESPAÇO PRÓPRIO PARA A INCIDÊNCIA DA TEORIA MENOR DA DESCONSIDERAÇÃO. ART. 28, §5º, CDC. PRECEDENTES.
>
> 1. A desconsideração da personalidade jurídica *é* instrumento afeito a situações limítrofes, nas quais a má-fé, o abuso da personalidade jurídica ou a confusão patrimonial estão revelados, circunstâncias que reclamam, a toda evidência, providência expedida por parte do Judiciário. Com efeito, exigir o amplo e prévio contraditório em ação de conhecimento própria para tal mister, no mais das vezes, redundaria em esvaziamento do instituto nobre.
>
> 2. A superação da pessoa jurídica afirma-se como um incidente processual e não como um processo incidente, razão pela qual pode ser deferida nos próprios autos, dispensando-se também a citação dos sócios, em desfavor de quem foi superada a pessoa jurídica, bastando a defesa apresentada a posteriori, mediante embargos, impugnação ao cumprimento de sentença ou exceção de pré-executividade.
>
> 3. Assim, não prospera a tese segundo a qual não seria cabível, em sede de impugnação ao cumprimento de sentença, a discussão acerca da validade da desconsideração da personalidade jurídica. Em realidade, se no caso concreto e no campo do direito material fosse descabida a aplicação da Disregard Doctrine, estar-se-ia diante de ilegitimidade passiva para responder pelo débito, insurgência apreciável na via da impugnação, consoante art. 475-L, inciso IV. Ainda que assim não fosse, poder-se-ia cogitar de oposição de exceção de pré-executividade, a qual, segundo entendimento de doutrina autorizada, não só foi mantida, como ganhou mais relevo a partir da Lei nº 11.232/2005.
>
> 4. Portanto, não se havendo falar em prejuízo *à* ampla defesa e ao contraditório, em razão da ausência de citação ou de intimação para o pagamento da dívida (art. 475-J do CPC), e sob pena de tornar-se infrutuosa a desconsideração da personalidade jurídica, afigura-se bastante - quando, no *âmbito* do direito material, forem detectados os pressupostos autorizadores da medida - a intimação superveniente da penhora dos bens dos ex-sócios, providência que, em concreto, foi realizada.
>
> 5. No caso, percebe-se que a fundamentação para a desconsideração da pessoa jurídica está ancorada em "abuso da personalidade" e na "ausência de bens passíveis de penhora", remetendo o voto condutor *às* provas e aos documentos carreados aos autos. Nessa circunstância, o entendimento a que chegou o Tribunal *a quo*, além de ostentar fundamentação consentânea com a jurisprudência da Casa, não pode ser revisto por força da Súmula 7/STJ.

6. Não fosse por isso, cuidando-se de vínculo de *índole* consumerista, admite-se, a título de exceção, a utilização da chamada "teoria menor" da desconsideração da personalidade jurídica, a qual se contenta com o estado de insolvência do fornecedor somado à má administração da empresa, ou, ainda, com o fato de a personalidade jurídica representar um "obstáculo ao ressarcimento de prejuízos causados aos consumidores", mercê da parte final do *caput* do art. 28, e seu §5º, do Código de Defesa do Consumidor.

7. A investigação acerca da natureza da verba bloqueada nas contas do recorrente encontra *óbice* na Súmula 7/STJ.

8. Recurso especial não provido.[29]

Como vimos acima, o entendimento majoritário do Tribunal, até então, é de que a propositura de uma ação autônoma acarretaria mais morosidade ao processo, retardando ainda mais a satisfação do direito do credor.

A novidade no NCPC, albergada em seus artigos 133 a 137, disciplina o procedimento que poderá levar à desconsideração da pessoa jurídica. Apesar de ser tratada há muito tempo pela Doutrina e acolhida pelos Tribunais, a decisão a ela inerente não poderia, à luz da Constituição Federal, ser proferida sem ser antecedida de contraditório amplo, inclusive, com produção de provas, como vinha ocorrendo. Assim, o novo Código de Processo Civil, tira do juiz a autonomia de proferir uma decisão, que equivale àquela que coloca alguém na posição de réu, sujeitando seu patrimônio a responder por uma dívida, sem ouvir antes, o terceiro. Entendendo o legislador do NCPC, ao tratar o procedimento que pode culminar em uma decisão de desconsideração da pessoa jurídica como uma forma de Intervenção de Terceiros.

Ressalta-se que o NCPC somente disciplina o procedimento a ser observado, os pressupostos são temas de direito material, portanto, matéria diversa da por ele disciplinada.

Outra inovação do NCPC está albergada no §2º do artigo 133, que inclui na lei de modo expresso, já que antes já era tratada pela doutrina e admitida por parte de jurisprudência – de haver a desconsideração inversa. Tendo como exemplo, quando em um divórcio, um dos cônjuges descobre que o patrimônio comum do casal e, que seria partilhado, se encontra em nome da empresa em que é sócio majoritário o outro cônjuge.

Já existindo decisão do STJ acerca do caso, como segue:

"É possível a desconsideração inversa da personalidade jurídica".

No que diz respeito ao artigo 134 do NCPC, ali prescreve: "incidente de desconsideração *é* cabível em todas as fases do processo de conhecimento, no cumprimento de sentença e na execução fundada em título executivo extrajudicial".

Portanto, o incidente pode ser em qualquer fase do processo e, em qualquer processo.

Segundo Marinoni "a atribuição originaria *é* do relator, embora de sua decisão caiba recurso de agravo interno para o colegiado (art. 136, parágrafo *único*, CPC)".[30]

Instaurado o incidente, deve-se comunicar o distribuidor (art. 134, §1º) para as anotações de praxe e o processo ficará suspenso até o seu término (art. 134, §3º).

---

[29] REsp 1.096.604/DF, rel. Min. Luis Felipe Salomão, 4ª Turma, julgado em 02.08.2012, DJE 16.10.2012.
[30] MARINONI, Luiz Guilherme; ARENHART, Sérgio C.; MITIDIERO, Daniel. *Novo Código de Processo Civil Comentado*. São Paulo: Revista dos Tribunais, 2015. p. 208.

Se antecedente a propositura da ação, o credor reputar preenchidos os requisitos para a desconsideração da personalidade jurídica, poderá requerê-la, fundamentadamente, na própria petição inicial, situação a qual dispensará a instauração do incidente (art. 134, §2º), desde que demonstre que foram satisfeitos os pressupostos materiais em sua íntegra.

No incidente, assim como no requerimento em petição inicial, o sócio e a pessoa jurídica serão citados para, conforme previsto no artigo 135, do NCPC, manifestar-se e requerer as provas que entender cabíveis, no prazo comum de 15 (quinze) dias (não se aplica a causa de aumento de prazo do art. 229), consagrando, assim, a exigência do contraditório e da ampla defesa para superação da personalidade jurídica, antes de ser proferida a decisão.

Ao contrário do que preceitua o Código anterior, o Superior Tribunal de Justiça sedimentou entendimento que a pessoa jurídica tem legitimidade para impugnar a decisão interlocutória que desconsidera sua personalidade. O NCPC não deixa claro se o devedor principal, no processo em que se instaura o incidente, será intimado a se manifestar, ou se o direito ao contraditório será apenas do pretenso responsável patrimonial secundário. Questão esta que ficará a cargo da jurisprudência solucionar, futuramente.

Percebe-se que o procedimento para desconsideração da personalidade jurídica foi totalmente regulamentado pelo NCPC, não obstante, não explicita qual a forma processual de defesa dos sócios na execução, após sua decretação.

O artigo 790 traz o rol dos responsáveis patrimoniais secundários, os quais, mesmo não sendo devedores, ficam seus bens sujeitos à satisfação da divida, e dentre eles, no inciso II, o sócio, e no inciso VI, o responsável, nos casos de desconsideração da personalidade jurídica. Já o artigo 779 estabelece as hipóteses de legitimidade passiva, na qual o sujeito passivo é o executado.

O artigo 137 do NCPC estabelece que:

"acolhido o pedido de desconsideração, a alienação ou a oneração de bens, havida em fraude de execução, será ineficaz em relação ao requerente".

Levando a crer que somente as alienações posteriores à decretação da desconsideração poderão ser consideradas como fraude à execução. O que não é verdade, já que o parágrafo 3º do artigo 792 estabelece que "a fraude à execução verifica-se a partir da citação da parte cuja personalidade se pretende desconsiderar".

Em razão de entendimentos opostos, mais uma vez, a efetiva interpretação da lei ficará a cargo da jurisprudência e da doutrina a ser sedimentada, a partir da aplicação da nova legislação.

Em um ponto todos concordam que as inovações do NCPC trazem aos sócios maior segurança jurídica, dando efetividade ao que a Constituição Federal já prévia. Terão os Sócios, antes de haver a constrição de seus bens, direito de exercer o contraditório e a ampla defesa. Direitos basilares do processo acobertados pela CF.

Qualquer decisão, que não seja norteada por essas premissas, deverão se traduzir em hipóteses de não cabimento contemplado pelos tribunais.

5.2 Fraude à execução antes da citação válida, é possível?

Conforme artigo 238 do NCPC: "Citação é o ato pelo qual são convocados o réu, o executado ou o interessado para integrar a relação processual".

Dúvidas não restam que a citação é um dos atos processuais mais importantes do processo, como disposto no artigo há pouco transcrito, é a comunicação ao réu, o executado ou o interessado, que corre contra ele(s) uma ação judicial.

Para Daniel Amorim Assumpção Neves,

> a necessidade da citação do demandado em ação judicial dá-se em razão da necessidade de que tenha ciência da demanda judicial. Dessa forma, apesar de não ser a regra geral, pode o credor provar que, apesar da inexistência da citação, o demandado já tinha ciência inequívoca da existência da ação, quando então se poderá configurar a fraude à execução. O mais importante, nesse tema, é a prova de que o demandado tinha plena ciência da existência de processo judicial movido contra ele quando alienou bens de seu patrimônio.[31]

Uma das nulidades da execução no NCPC, que, inclusive, segue o entendimento no CPC/73, é: "quando o executado não for regularmente citado".

Para Wambier, o termo "nulidade" empregado no dispositivo II, do artigo 803 do NCPC, deve ser entendido como vícios. Entendendo que:

> A ausência de citação para alguns, é vício que conduz à inexistência jurídica do processo e, para outros, se situa no plano da validade. Não há dúvida, seja no plano da inexistência, seja no da validade, que o vício em questão é dos mais graves e fere de morte o processo de execução, conduzindo-o à extinção.[32]

O artigo 804 do NCPC, assim dispõe "A alienação de bem gravado por penhor, hipoteca ou anticrese será ineficaz em relação ao credor pignoratício, hipotecário ou anticrético não intimado".

O dispositivo legal acima, em seus §§2º a 6º, se reporta à ineficácia da alienação forçada por falta de intimação dos credores e de demais terceiros.

E, apesar da maioria se encontrar prevista no art. 799, não se trata de repetição, na medida em que aquela impõe intimação de execução de terceiro em razão da penhora já existente no bem objeto da garantia. Ao passo que neste (art. 804), exige a intimação da alienação, sob pena de ser considerada ineficaz.

Para Maria Lins Conceição e outros,

> voltando-se os atos executivos contra bens gravados por penhor; hipoteca; anticrese ou alienação fiduciária; bem objeto de promessa de compra e venda; ou ainda imóveis submetidos ao regime do direito de superfície; enfiteuse ou concessão; há necessidade de duas intimações, uma acerca da penhora, para que esses terceiros possam acompanhar a execução, e outra, da alienação, permitindo o exercício do direito de preferência.[33]

Continuando, conclui: "A consequência trazida pela lei para a não intimação da alienação é a ineficácia. A alienação judicial será, pois, válida, porém ineficaz em relação

---

[31] NEVES, Daniel A. A. *Manual de Direito Processual Civil - Volume único (2016)*.
[32] WAMBIER, Tereza Arruda Alvim. et al. *Primeiros Comentários ao Novo Código de Processo Civil*. São Paulo: Revista dos Tribunais, 2015.
[33] WAMBIER, Tereza Arruda Alvim. et al. *Primeiros Comentários ao Novo Código de Processo Civil*. São Paulo: Revista dos Tribunais, 2015.

àquele que deveria ter sido intimado e não foi, cujo direito, crédito ou execução não fica prejudicado com a alienação".[34]

Citando, ainda, Wambier e outros:

> Trata-se de expressão no âmbito do NCPC, das garantias constitucionais do devido processo legal, do contraditório e da ampla defesa preconizada no art. 5º, inciso LIV e L, da CF. A citação por assim dizer, torna concreta, no âmbito do processo civil positivado, a cláusula do devido processo legal, segundo a qual é vedada a perda de bens sem a anterior atividade jurisdicional, com plena participação do réu em seu processamento.[35]

Nos comentários ao NCPC, Wambier e outros fazem algumas anotações que entendem necessárias ao correto entendimento do texto. Como a troca da expressão "a fim de se defender – CPC/73", por "para integrar a relação processual – parte final do art. 238 do NCPC". Esclarecendo, em síntese, que

> a resistência não é a única possibilidade de atuação do integrante do polo passivo da demanda judicial, que, além da defesa, o sujeito passivo tem à sua disposição outros comportamentos legalmente previstos, tais quais o reconhecimento jurídico do pedido, a inércia (revelia) e, até o pagamento no processo executivo de título extrajudicial. Também nas ações de jurisdição voluntária, a citação não tem por fito propriamente a comunicação para apresentação de defesa, mas, a ciência acerca de aforamento de determinada ação judicial de interesse do citando.[36]

Sendo a citação válida necessária ao aperfeiçoamento da relação processual, se constituindo em peça chave para a constituição e o desenvolvimento do processo, não há dúvidas que não pode ser considerada fraude à execução, antes da citação válida. Segundo Arruda Alvin "a citação é indispensável, sendo esta uma exigência para a existência do processo".

Vale-se ressaltar, que a citação deve ser feita, em estrita atenção aos ditames da lei, posto que a citação seja pressuposto de existência e a citação válida é pressuposto de validade da relação processual.

Vimos acima que a falta de citação válida é um dos vícios que torna nula a sentença. Apesar de o art. 239 do NCPC reconhecer que o ato citatório se vincula à validade da relação processual, há exceções quando a ausência de citação inicial não se constituirá em vício processual, quais sejam: indeferimento da petição inicial e julgamento de improcedência liminar do pedido. As duas hipóteses se configuram em pronunciamentos judiciais favoráveis ao réu, e a falta da citação inicial, nenhum prejuízo lhe trará, conforme se infere da transcrição do artigo abaixo:

Artigo 239: "Para valida do processo é indispensável a citação do réu ou do executado, ressalvadas as hipóteses de indeferimento da petição inicial ou de improcedência liminar do pedido.

---

[34] WAMBIER, Tereza Arruda Alvim; CONCEIÇÃO, Maria Lúcia Lins et al. *Primeiros Comentários ao Novo Código de Processo Civil*. São Paulo: Ed. Revista dos Tribunais, 2015.
[35] WAMBIER, Tereza Arruda Alvim et al. *Primeiros Comentários ao Novo Código de Processo Civil*. São Paulo: Ed. Revista dos Tribunais, 2015.
[36] WAMBIER, Tereza Arruda Alvim et al. *Primeiros Comentários ao Novo Código de Processo Civil*. São Paulo: Ed. Revista dos Tribunais, 2015.

Já o artigo 277, que corresponde ao artigo 244 do CPC/73, foi redigido sendo retirada a expressão, "sem cominação de nulidade", isso quer dizer que a norma se aplica ainda que se trate de nulidade cominada. Neste caso, haverá a sanabilidade do vício, princípio decorrente da instrumentalidade das formas, conforme entendimento de Wambier.[37]

Cumpre ressalvar que não é uma inovação apresentada pelo NCPC, pois já estava presente no CPC/73, a exemplo de quando o réu comparecia à audiência e contestava, apesar da citação ser nula, o vício foi sanado com a ação do réu.

O descrito no artigo 281 é um princípio conhecido como concatenação. O ato nulo macula os subsequentes, desde que dele dependente.

Já a segunda parte do artigo 281 assevera que os atos que não tenham relação com o ato viciado não perderão seus efeitos, devendo ser preservados, já que não foram contaminados pelo vício do ato anterior, incidindo o princípio do aproveitamento dos atos processuais.

O art. 282 deixa mais claro as regras que decorrem do princípio da concatenação. O ato nulo macula os subsequentes que dele dependam. Se não ocorrer a dependência, incide o princípio do aproveitamento, devendo ser preservados os atos que não foram contaminados pelo vício anterior.

Entretanto, o aproveitamento está ligado a uma condição, a de que somente poderá haver o aproveitamento dos atos se o mesmo não der origem a prejuízo para qualquer das partes.

No art. 283, mais uma vez, o NCPC se refere ao princípio do aproveitamento, agora ligado às nulidades de forma, refere-se ao erro de forma do processo e deve ser entendido como prejuízo processual, que é aquele que ocorre quando às partes são subtraídas oportunidades de alegar e provar o direito que afirmam ter. Aqui o aproveitamento só poderá ocorrer se não der origem a prejuízo para qualquer das partes. Tratando-se, portanto, de prejuízo processual.

A invalidade pode ocorrer de duas maneiras, pode ser do procedimento ou de cada um dos atos do procedimento. No caso da invalidade do procedimento, o defeito consubstancia na ausência de pressupostos processuais ou de condições da ação, chamado vícios de fundo, os pressupostos e as condições da ação são indispensáveis para a admissibilidade do processo. Já no caso da invalidade dos atos do procedimento, o defeito variará de acordo com os requisitos de validade próprios de cada ato do procedimento.

Em regra, os atos das partes poderão ser invalidados apenas quando não houver coisa julgada material, e podem ser declarados inválidos *ex oficio* ou por simples posicionamento ao Juiz. O art. 485 do NCPC traz nos seus incisos as hipóteses que podem ter uma sentença terminativa ou processual. Essas matérias impedem o Juiz de apreciar o mérito, levando a prolação de decisão em que declara a existência desses óbices, segundo Wambier e outros.

No NCPC, o artigo 486 e incisos explicita que o pronunciamento judicial que não resolve o mérito não obsta a parte a propor uma nova ação, mas, desde que o vício seja corrigido e haja prova nos autos, de pagamento das custas e dos honorários advocatícios.

---

[37] WAMBIER, Luiz Rodrigues; TALAMINI Eduardo. *Curso avançado de processo civil - Teoria Geral do Processo e processo de conhecimento*. 15. ed. São Paulo: Revista dos Tribunais, 2000. v. I.

Outra mudança no NCPC é em relação à forma de arguir a exceção, de incompetência absoluta e relativa. Agora, deve ser alegada como preliminar de contestação, não mais necessitando de exceção instrumental para ser arguida, como expressa o artigo 337, II do NCPC.

Se no prazo e forma previstos para a arguição da nulidade do ato eivado de vício a parte não o fizer, o ato é convalidado, ou seja, a lei atribui-lhe retroativamente seu valor.

Nesta modalidade de invalidade, a nulidade deve ser alegada na primeira oportunidade em que couber à parte falar nos autos, sob pena de preclusão, isto é, o que prevê o artigo 278 do NCPC.

A nulidade absoluta decorre da violação de norma cogente que tutela interesse indisponível da parte ou do próprio Estado - Jurisdição. Esta nulidade deve ser decretada de ofício pelo juiz e a qualquer tempo.

A nulidade absoluta pode ocorrer tanto de atos que podem ser repetidos ou supridos, como no caso de vício da citação, que pode ser suprida por uma nova citação, quanto em atos cuja repetição ou o seu suprimento não possa ocorrer, como nos casos de ilegitimidade ativa, por exemplo.

Cabe pontuar que o artigo 276 do NCPC, cuja redação é idêntica à do Código anterior, diz que a decretação da nulidade não pode ser requerida pela parte que lhe deu causa. Este dispositivo se refere ao princípio jurídico de que ninguém pode se beneficiar da própria torpeza, este disposto se refere às nulidades de forma, assim, as nulidades relativas.

O dispositivo prestigia o princípio da boa-fé e tem como escopo de evitar fraudes, isto é, que alguém gere um vício no processo, uma nulidade de forma, propositadamente, para que, no futuro, possa obter algum tipo de vantagem.

5.3 Alegação de ser bem de família pelo adquirente fraudulento

É dever do Estado, albergado no art. 226, *caput*, da nossa Lei Maior, conferir proteção especial à família. No âmbito dessa proteção especial é que são editadas as normas que se referem ao bem familiar.

Também é uma proteção conferida pela Lei nº 8.009/90, por meio da qual um único imóvel residencial (casal ou entidade familiar) é, em regra, considerado impenhorável, isto é, não responderá por qualquer tipo de dívida, salvo nas hipóteses que são prescritas em lei.

Portanto, a finalidade da impenhorabilidade é a de proteger a família, assegurando a seus membros uma existência digna, conforme os ditames da justiça social, protegendo os economicamente débeis.

São várias as hipóteses de fraude à execução e de diferentes formas são tratadas. Aqui nos restringiremos a uma análise da alegação de ser bem de família, pelo adquirente fraudulento, à luz do NCPC.

A boa-fé constitui fundamento das relações humanas, tanto na constituição das obrigações, quanto na sua execução; quer na confecção dos atos jurídicos, quer em quaisquer atos que possam atingir os interesses de terceiros.

Com a evolução social e das relações jurídicas, a sociedade se deu conta de que, além dos direitos individuais, precisam ser tutelados os direitos sociais, principalmente no que se refere às relações contratuais, nas quais o princípio da boa-fé surge com grande força. A complexidade dos negócios exige cada vez mais que os pactuantes se comportem de forma correta, com probidade e respeito ao próximo e à sociedade de forma geral. Com o escopo de se evitar as disparidades inaceitáveis e o enriquecimento ilícito.

A doutrina moderna reconhece a influência da boa-fé em todas as áreas do direito e, principalmente, nos casos de alegação de fraude à execução, pois é aí que a má-fé encontra campo fértil para se desenvolver, e a existência desta se caracteriza justamente por correr na contramão da boa-fé.

Os Tribunais, até então, têm se preocupado com o tema, fazendo prevalecer o entendimento de que, na alienação onerosa em fraude à execução, deve estar presente, além do elemento objetivo *(dano suportado pelo credor em face da insolvência do devedor)*, o elemento subjetivo, (a ciência efetiva ou presumida pelo terceiro adquirente da existência de demanda contra o alienante), sob pena de prevalecer a boa-fé do adquirente e não se caracterizar a fraude à execução.

Com este posicionamento, os Tribunais têm entendido que somente quando se demonstrar a existência da ciência do adquirente, que se traduz no conhecimento de que o alienante era devedor, que havia demanda pendente e que existia insolvência de forma a dar prejuízo ao credor, é que se pode falar em fraude à execução.

Para Cahali,

> sendo de natureza relativa à presunção de fraude pela alienação do bem estando em curso execução contra o alienante, aquela cede espaço para proteger o terceiro adquirente comprovadamente de boa-fé". De um lado, essa presunção é em benefício do credor e se justifica em razão das regras de experiência, pois o adquirente de bens (principalmente quando imóveis) deve ser diligente em obter certidões dos cartórios distribuidores para saber se existem demandas contra o alienante ou ônus sobre os bens. No entanto, como se trata de presunção relativa, nada impede que o adquirente faça prova capaz de elidir tal presunção, com a demonstração de sua cautela e boa-fé, justificando o desconhecimento da demanda pendente e do estado de insolvência do devedor.[38]

Em sentido contrário, existem decisões, principalmente do STJ, entendendo que haveria presunção relativa, mas não em favor do credor, e sim, em benefício do terceiro adquirente. É o que sustentam alguns doutrinadores, dentre eles, Hélio da Silva Nunes e Gelson Amaro de Souza, afirmando que ocorreu uma inversão do ônus da prova, ou seja, não existindo anotação no Registro Imobiliário, é o credor que deverá provar a insolvência e a ciência da demanda.

A partir desse entendimento do STJ, os tribunais estaduais, em sua grande maioria, também passaram a decidir de igual forma. No entanto, como dissemos acima, parte da doutrina continua questionando essa posição, pois, se de um lado se privilegia a boa-fé do adquirente, sob o fundamento de se procurar dar segurança aos negócios jurídicos, também é de se esperar que um Estado Democrático de Direito deva contar com um sistema jurídico capaz de tornar efetiva a prestação jurisdicional, o que acaba por não ocorrer em sua plenitude com o entendimento adotado pelo STJ, que deixa ao credor o ônus da prova da má-fé do adquirente, a qual, na maioria das vezes, não é de fácil demonstração.

---

[38] CAHALI, Yussef Said. *Fraude Contra Credores*. 2. ed. São Paulo: Revista dos Tribunais, 1999. p. 75.

Esta questão não é pacífica. Se de um lado, existem doutrina e jurisprudência que se posicionam no sentido de que há presunção relativa da fraude em favor do credor, ou seja, presunção de que o terceiro participante do negócio conhecia a litigiosidade existente sobre o bem alienado ou onerado, razão pela qual pode ser declarada a fraude à execução, cabendo a esse terceiro (adquirente de boa-fé) provar o contrário, de outro lado, existe uma corrente contrária, que entende que a presunção relativa é em benefício do adquirente de boa-fé, fazendo-se necessário que o autor (credor) comprove que aquele tinha ciência da litigiosidade do bem alienado ou onerado, para depois ser declarada a fraude à execução.

Humberto Theodoro Júnior defende a posição segundo a qual, para que se configure a fraude à execução tipificada no inciso II do art. 593 do CPC/73, deverão estar presentes os seguintes requisitos: (a) que a ação já tenha sido ajuizada; (b) que o adquirente, ou o beneficiado com a oneração do bem, tenha ciência da demanda, seja em função de que há dela registro público, seja mediante outra forma inequívoca; (c) que a alienação ou a oneração dos bens seja capaz de reduzir o devedor alienante à insolvência, militando em favor do credor a presunção relativa (*juris tantum*).

É, portanto, a presunção relativa (*juris tantum*) em benefício do adquirente, embora tenha quem defenda que a presunção relativa deva incidir em benefício do credor, e não do adquirente, como é o caso de Ronaldo Brêtas C. Dias, que defende que o art. 793, II, do CPC estabelece presunção relativa da fraude em benefício do credor, e, como se trata de presunção, cabe ao adquirente o ônus de provar que não estão presentes os pressupostos da fraude à execução, o que deve ser feito através de Embargos de Terceiros.

Além disso, a mesma praxe comercial recomenda que se o alienante for pessoa jurídica, se exija também, certidões da Justiça Federal do Trabalho, das Fazendas Nacional, Estadual e Municipal, além do INSS e FGTS, etc., em que se pode apurar a existência de débitos vencidos e não pagos. Se o adquirente for negligente, não tomando os cuidados mínimos para se assegurar da garantia do negócio que está realizando, deve arcar com o ônus de sua desídia.

Dessa forma, no mundo moderno, onde todos têm acesso à informação, principalmente pelos meios de comunicação, tanto em rádios, jornais, revistas, televisões ou computadores, através dos quais se discutem e se explicam diariamente os direitos das pessoas, se o adquirente do bem alienado em fraude à execução não tomou as cautelas mínimas de obter certidões forenses, entendemos que, em face do princípio da proporcionalidade, e levados em conta os pontos aqui levantados, deve prevalecer a presunção relativa em benefício do credor, restando ao adquirente o ônus de provar que não tinha como ter ciência da demanda pendente ou da penhora não registrada. Prevalece, assim, nesse caso, o princípio da efetividade do processo.

Cumpre consignar, que, apesar do entendimento majoritário do Tribunal, de que haveria presunção relativa, mas não em favor do credor, e sim em benefício do terceiro adquirente, já havia decisão dos Tribunais contrárias a este entendimento, que já assinalavam o entendimento abraçado pelo NCPC, conforme se vê abaixo:

Data de publicação: 18.11.2002
Ementa: PROCESSO CIVIL. *EMBARGOS DO DEVEDOR OPOSTOS POR QUEM FRAUDOU A EXECUÇÃO.* ALEGAÇÃO DE QUE O IMÓVEL CONSTITUI BEM DE FAMÍLIA. ILEGITIMIDADE *AD CAUSAM.* Avalistas que, pendente *execução,* constituíram

sociedade, integralizando o respectivo capital com imóvel em que residiam; reconhecida a trapaça, o imóvel não lhes retornou ao patrimônio pessoal, porque o negócio subsiste a despeito da fraude à *execução* (é, tão somente, ineficaz em relação ao credor), de modo que não podem, em *embargos* do *devedor,* postular no interesse da sociedade, inconfundível com os sócios. Recurso especial conhecido e provido. *Encontrado em:* 65536 - SP (RSTJ 77/194, RT 727/134) ILEGITIMIDADE ATIVA. *DEVEDOR,* AVALISTA, OPOSIÇÃO, *EMBARGOS DO DEVEDOR,* OBJETIVO, IMPENHORABILIDADE, IMÓVEL RESIDENCIAL, OBJETO, POSTERIORIDADE, TRANSFERENCIA... À *EXECUÇÃO,* NÃO OCORRÊNCIA, NULIDADE, NEGÓCIO JURÍDICO, OCORRÊNCIA, INEFICÁCIA, EXCLUSIVIDADE.

6 O CPC criou uma teoria de fraude aplicável ao processo, já que há dificuldade de se estabelecer quais fatos podem, ou não, ser determinados como fraudulentos em face de lacunas legais. Como o novo CPC a disciplina?

Peña expõe os motivos ensejadores da criação do instituto da fraude à execução com instrumento processual de efetivação da tutela jurisdicional, ao lado da fraude contra credores, visando garantir o crédito, evitando que manobras do devedor afastem da esfera patrimonial bens capazes de garantir o pagamento da dívida, a entrega do direito real ou com pretensão reipersecutória:

"É de Giuseppe Chiovenda a célebre assertiva que "o processo deve dar, quando for possível, a quem tem direito, tudo aquilo que ele tenha direito de conseguir".[39]

No entanto, [...] nem sempre o Estado consegue cumprir a sua função jurisdicional de realizar coativamente a atividade que deveria ter sido exercida de forma espontânea pelos próprios sujeitos da relação jurídica de direito material.

> O que se verifica é que muitas vezes essa inefetividade do processo executivo causada pela inexistência de bens penhoráveis do devedor é por ele mesmo provocada, valendo-se até mesmo da morosidade do andamento do processo para praticar fraudes, principalmente retirando ou onerando os bens do seu patrimônio, capazes de garantir o processo de execução.

Diante dessa problemática, o Instituto da fraude à execução foi concebido como uma das medidas capazes de sanar o problema da falta de efetividade do processo executivo [...] o sistema de proteção dos credores prevê, ainda, o instituto da fraude contra credores (código civil, arts. 158 e seguintes), o qual, assim como o instituto da fraude à execução, visa garantir o crédito, evitando que manobras do devedor afastem da sua esfera patrimonial bens capazes de garantir o pagamento da dívida, proporcionando a tão desejada efetividade do processo executivo.

No novo Código de Processo Civil de 2015, diante da dificuldade de se estabelecer quais fatos podem, ou não, ser determinados como fraudulentos, e, inspiração nas diversas discussões doutrinárias e jurisprudenciais acerca da fraude à execução, encontra-se assim disciplinado:

---

[39] PEÑA, Ricardo Chemale Selistre. *Fraude à execução.* Porto Alegre: Livraria do Advogado Editora, 2009. p. 31-32.

Art. 792. A alienação ou a oneração de bem é considerada fraude à execução:

I - quando sobre o bem pender ação fundada em direito real ou com pretensão reipersecutória, desde que a pendência do processo tenha sido averbada no respectivo registro público, se houver;

II - quando tiver sido averbada, no registro do bem, a pendência do processo de execução, na forma do art. 828;

III - quando tiver sido averbado, no registro do bem, hipoteca judiciária ou outro ato de constrição judicial originário do processo onde foi arguida a fraude;

IV - quando, ao tempo da alienação ou da oneração, tramitava contra o devedor ação capaz de reduzi-lo à insolvência;

V - nos demais casos expressos em lei.

§1º. A alienação em fraude à execução é ineficaz em relação ao exequente.

§2º. No caso de aquisição de bem não sujeito a registro, o terceiro adquirente tem o ônus de provar que adotou as cautelas necessárias para a aquisição, mediante a exibição das certidões pertinentes, obtidas no domicílio do vendedor e no local onde se encontra o bem.

§3º. Nos casos de desconsideração da personalidade jurídica, a fraude à execução verifica-se a partir da citação da parte cuja personalidade se pretende desconsiderar.

§4º. Antes de declarar a fraude à execução, o juiz deverá intimar o terceiro adquirente, que, se quiser, poderá opor embargos de terceiro, no prazo de 15 (quinze) dias.

O art. 792 do NCPC possui correspondência com o art. 593, do CPC de 1973. Amplia as hipóteses de fraude à execução em quatro incisos, num rol meramente exemplificativo, *ex vi* do seu inciso V, a prever a incidência deste noutros casos expressamente previstos em lei. No §1º, do referido artigo 792, consolidada a teoria da ineficácia dos efeitos DO ato fraudulento em relação ao exequente, conforme Doutrina e Jurisprudência.

Art. 792, §1º. A alienação em fraude à execução é ineficaz em relação ao exequente.

Daniel A. A. Neves, em sua obra Novo Código de Processo Civil, observa que o legislador refere-se apenas à alienação: "Faltou dizer que à oneração também. Na realidade, o melhor teria sido dizer que o ato praticado em fraude à execução é ineficaz".[40]

A fraude à execução além do prejuízo ao credor de relação de direito material, afeta, também, a prestação da tutela jurisdicional, sendo considerada atentatória à dignidade da justiça, portanto, matéria de ordem pública.

"Como é curial, a fraude à execução pode ser reconhecida incidentalmente, sem necessidade de ação própria, Além disso, por tratar-se de questão de ordem pública, pode ser declarada de ofício".

No §2º, (aplicável aos diversos incisos do art. 792, mormente no caso de aquisição de bem não sujeito a registro), encontra-se estabelecida a inversão legal do ônus da prova, acatando, assim, o legislador, o quanto lecionado no voto vencido da Rel. Ministra Nancy Andrighi, no REsp965. 943, nos moldes do 543-C do CPC/73, ressoado pela doutrina: "O terceiro adquirente tem o ônus de provar que adotou as cautelas necessárias para a aquisição, mediante a exibição das certidões pertinentes, obtidas no domicílio do vendedor e no local onde se encontra o bem".

Rita Dias Nolasco, Rodolfo da Costa Manso Real Amadeo e Gilberto Gomes Bruschi, no artigo intitulado *"Fraude à execução no novo CPC"*, ao comentarem o projeto

---

[40] NEVES, Daniel A. A. *Novo Código de Processo Civil – Lei nº 13.105/2015*. 2. ed. rev., atual. e ampl. Rio de Janeiro: Forense: São Paulo: Método, 2015. p. 413.

de lei que resultou a normatividade contida no §2º em apreço, assim como o fizeram a Minsitra Nancy Andrighi (em coautoria com Daniel Bittencourt Guariento), defendem, com razão, que: "De acordo com a teoria da distribuição dinâmica – acolhida no art. 380, §1º do projeto aprovado pela Câmara -, o ônus da prova deve recair sobre quem tiver melhores condições de produzi-la, conforme as circunstâncias fáticas de cada caso. E, na imensa maioria das situações, é o terceiro adquirente que reúne melhores condições para provar que agiu de boa-fé, e não o credor, que tem extrema dificuldade em provar a má-fé desse terceiro. Prova maior desse fato é que não houve reconhecimento da fraude de execução em nenhum dos 21 acórdãos que deram origem à sumula 375.

Súmula 375: O reconhecimento da fraude à execução depende do registro da penhora do bem alienado ou da prova de má-fé do terceiro adquirente.

STJ, REsp repetitivo 956.943/PR: O reconhecimento da fraude de execução depende do registro da penhora do bem alienado ou da prova de má-fé do terceiro adquirente (Súmula nº 375/STJ). A presunção de boa-fé é princípio geral de direito universalmente aceito, sendo milenar a parêmia: a boa-fé se presume; a má-fé se prova. Inexistindo registro da penhora na matrícula do imóvel, é do credor o ônus da prova de que o terceiro adquirente tinha conhecimento de demanda capaz de levar o alienante à insolvência, sob pena de tornar-se letra morta o disposto no art. 659, §4.º, do CPC [de 1973, correspondente ao art. 844 do CPC/2015].[41]

Como se vê, diante do NCPC, o entendimento jurisprudencial que impõe ao exequente provar a má-fé do adquirente deve necessariamente ser alterado. Há, por força de lei, inversão no ônus desta prova, cabendo ao terceiro-adquirente fazer prova de sua boa-fé e não o contrário. A Súmula 375 do STJ deve ser, na sua segunda parte, revogada, só se justificando a sua manutenção quanto à exigência da citação.

"No caso de aquisição de bem não sujeito a registro, impõe-se ao terceiro adquirente o ônus de, mediante certidões pertinentes, provar que adotou as cautelas necessárias para aquisição".

Relativamente ao §3º, do art. 792, estabelece-se possibilidade de reconhecimento de fraude à execução a partir da citação da parte cuja personalidade se pretende desconsiderar.

Neves[42] assevera que o referido parágrafo contraria o disposto no art. 137 do mesmo Diploma Legal, ao tempo em que ressalta que melhor teria sido a determinação de citação dos terceiros (sócios ou sociedade em caso de despersonalização inversa) e não da pessoa cuja personalidade se pretende desconsiderar.

O §3º prevê o termo inicial da fraude à execução nos casos de desconsideração da personalidade jurídica: a partir da citação da parte cuja personalidade se pretende desconsiderar. Contraria expressamente o disposto na art. 137 do Novo CPC, que prevê fraude à execução apenas após a decisão que desconsidera a personalidade jurídica.

O legislador parece ter considerado uma presunção absoluta da ciência dos sócios da existência de ação movida contra a sociedade. Acredito que teria sido mais adequado trabalhar com uma presunção relativa, ou ainda, que prevê a citação não da parte cuja personalidade se pretende desconsiderar, mas dos terceiros que são afetados por tal

---

[41] STJ, REsp repetitivo 956.943/PR, Rel. p/ Acórdão Min. João Otávio de Noronha, Corte Especial, DJe 01.12.2014.
[42] NEVES, Daniel A. A. *Novo Código de Processo Civil – Lei nº 13.105/2015*. 2. ed. rev., atual. e ampl. Rio de Janeiro: Forense: São Paulo: Método, 2015.

decisão. Dessa forma, cientes os sócios ou a sociedade nas hipóteses de desconsideração inversa, já se poderia presumir a fraude à execução. Infelizmente, em nenhuma das conflitantes normas existe essa regra".

José Miguel Garcia Medina transcreve jurisprudência, (em sede de repetitivo), estabelecendo a citação do sócio ou da pessoa jurídica, na forma prevista no NCPC, "Art. 135. Instaurado o incidente, o sócio ou a pessoa jurídica será citado para manifestar-se e requer provas cabíveis no prazo de 15 (quinze) dias".

O §4º, do art. 792, em respeito ao contraditório, determinada a necessidade de intimação do terceiro adquirente, que, se quiser, poderá opor embargos de terceiro, no prazo de 15 (quinze dias), transcrevemos:

Por fim, o §4º traz mais uma inovação, a nosso ver, bastante salutar: "antes de declarar a fraude à execução, o juiz deverá intimar o terceiro adquirente, que, se quiser, poderá opor embargos de terceiro no prazo de quinze dias". Dessa forma, antes de reconhecer a fraude, em respeito ao contraditório, o juiz deverá intimar o terceiro. Até aí perfeito! A conduta sugerida ao terceiro é que não parece a mais apropriada.

Com efeito, ao invés de permitir ao terceiro manifestar-se nos autos e influir na decisão a respeito do reconhecimento, ou não, da fraude, criando um incidente, o NCPC impõe ao terceiro que se manifeste por meio de uma ação, os embargos de terceiro.

Pior ainda, é inócua previsão de 15 (quinze) dias para o seu ajuizamento. E se o terceiro não o fizer nesse prazo? Haverá alguma consequência? A resposta que se impõe é negativa. Isso porque não se cogita, obviamente, de preclusão, posto ser um fenômeno endoprocessual. Ademais, o prazo para a propositura dos embargos de terceiro está ditado pelo art. 675, ou seja: no processo de conhecimento podem ser opostos a qualquer tempo, enquanto no processo de execução, até cinco dias depois da adjudicação, alienação por iniciativa particular ou da arrematação, mas sempre antes da respectiva carta.

O Código Tributário Nacional, em seu art. 185, alterado pela Lei nº 118/2005, com vigência em 09.5.2005, prevê presunção absoluta (*jure et jure*) de fraude à execução em havendo alienação ou oneração de bens quando o crédito tributário já esteja inscrito em dívida ativa.

> Art. 185. Presume-se fraudulenta a alienação ou a oneração de bens ou rendas, ou seu começo, por sujeito passivo em débito para com a Fazenda Pública, por crédito tributário regularmente inscrito como dívida ativa.[43]
> Parágrafo único. O disposto neste artigo não se aplica na hipótese de terem sido reservados, pelo devedor, bens ou rendas suficientes ao total pagamento da dívida inscrita.[44]
> Art. 185-A. Na hipótese de o devedor tributário, devidamente citado, não pagar nem apresentar bens à penhora no prazo legal e não forem encontrados bens penhoráveis, o juiz determinará a indisponibilidade de seus bens e direitos, comunicando a decisão, preferencialmente por meio eletrônico, aos órgãos e entidades que promovem registros de transferência de bens, especialmente ao registro público de imóveis e às autoridades supervisoras do mercado bancário e do mercado de capitais, a fim de que, no âmbito de suas atribuições, façam cumprir a ordem judicial.[45]

---

[43] Redação dada pela Lcp nº 118, de 2005.
[44] Redação dada pela Lcp nº 118, de 2005.
[45] Incluído pela Lcp nº 118, de 2005.

§1º. A indisponibilidade de que trata o *caput* deste artigo limitar-se-á ao valor total exigível, devendo o juiz determinar o imediato levantamento da indisponibilidade dos bens ou valores que excederem esse limite.[46]

§2º. Os órgãos e as entidades aos quais se fizer a comunicação de que trata o *caput* deste artigo enviarão imediatamente ao juízo a relação discriminada dos bens e direitos cuja indisponibilidade houverem promovido.[47]

Transcrevemos abaixo Acórdão (em sede de repetitivo) a reconhecer a inaplicabilidade da súmula 375, às ações executivas fiscais.

VII. Súmula 375 do STJ e execução fiscal. A Súmula 375 do STJ não tem sido aplicada à execução fiscal (cf. STJ, REsp repetitivo 1.141.990/PR, nota jurisprudencial supra): "não incidência da Súmula 375/STJ em sede de execução tributária, uma vez que o art. 185 do CTN, seja em sua redação original, seja na redação dada pela LC 118/2005, presume a ocorrência de fraude à execução quando, no primeiro caso, a alienação se dá após a citação do devedor na execução fiscal e, no segundo caso (após a LC 118/2005), a presunção ocorre quando a alienação é posterior à inscrição do débito tributário em dívida ativa".[48]

Bem como, transcrevemos teor do HC 15.317/SP, a tratar de crime de fraude à execução.

VIII. Crime de fraude à execução. Não se descarta a ocorrência do crime previsto no art. 179 do CP, que ocorre quando alguém "fraudar execução, alienando, desviando, destruindo ou danificando bens, ou simulando dívidas". Não comete tal crime o devedor "se resta comprovado não haver seu patrimônio sofrido qualquer abalo em decorrência do ato, sendo – ainda – sintomática a aquisição com o valor recebido de imóvel de preço superior".[49]

7 Conclusão

A preocupação do legislador foi louvável diante da elaboração da Lei nº 13.105, de 16 de março de 2015 (Novo Código de Processo Civil), pelo fato desta consubstanciar um tratamento sério, eis que cuida da matéria que se sobreleva, em princípio, por se alegar ofensa de autoridade pública a direito comprovado. O CPC esquadrinha, com toda a carga processualística, a garantia mandamental sobre a matéria.

Há de se convir que a Lei em comento representa significativo avanço sem o processualismo exagerado, podemos dizer que a atual Lei se firmará, no mundo jurídico, atendendo às finalidades básicas de uma ritualística processual.

Não se pode desejar nada mais de uma Lei Processual, do que servir como mero instrumento de realização e aplicação do Direito Material. No momento em que a Lei Processual simplifica o procedimento, o legislador por estar cônscio de se achar no cumprimento de sua missão.

Essa Lei (Lei nº 13.105, de 16 de março de 2015 - Novo Código de Processo Civil) em 1.071 artigos entrecortados por diversos parágrafos e incisos desceu a detalhes e minudências.

É proverbial a expressividade de Jean Jaques Rousseau, quando entende que uma Lei perfeita, há de ser oba de Deus, tal a notória dificuldade para, em normas gerais e abstratas, o legislador apreender todas as hipóteses possíveis que devam sofrer o crivo do texto legal.

---

[46] Incluído pela Lcp nº 118, de 2005.
[47] Incluído pela Lcp nº 118, de 2005.
[48] STJ, AgRg no REsp 1.341.624/SC, 1ª T., j. 06.11.2012, rel. Min. Arnaldo Esteves Lima.
[49] STJ, HC 15.317/SP, 6.ª T., j. 11.09.2001, rel. p/ ac. Min. Fernando Gonçalves.

Referências

AMORIM, José Roberto Neves; MARTINS, Sandro Gilbert. *Direito Processual Civil*. Série provas e concursos. Rio de Janeiro: Elsevier, 2008.

ALVIM NETTO, José Manoel de Arruda. O direito de defesa e a efetividade do processo 20 anos após a vigência do Código. *Revista de Processo*, São Paulo, v. 79, 1995.

BARROSO, Darlan; ROSIO, Roberto. *Elementos do Direito* - Processo Civil. São Paulo: Revista dos Tribunais, 2012.

BEVILÁQUA, Clovis. *Comentários ao Código Civil*. 1916. v. I.

CAHALI, Yussef Said. *Fraude Contra Credores*. 2. ed. São Paulo: Revista dos Tribunais, 1999.

DIDIER JR, Fredie. *Curso de Direito Processual Civil* - Curso de Direito Processual Civil – Reescrito com Base no Novo CPC (2016). Salvador: Juspodivm, 2016. v. I.

DINIZ, Maria Helena. *Curso de Direito Civil Brasileiro* - Teoria geral do Direito Civil. 33. ed. São Paulo: Saraiva, 2016. v. I.

GOMES, Orlando. *Obrigações*. Rio de Janeiro: Forense, 2008.

LIMA. Alcides de Mendonça. *Comentários ao Código de Processo civil*. 7. ed. Rio de Janeiro: Forense, 1991. v. IV.

MARINONI, Luiz Guilherme; ARENHART, Sérgio C.; MITIDIERO, Daniel. *Novo Código de Processo Civil Comentado*. São Paulo: Revista dos Tribunais, 2015.

MONTEIRO, Washington de Barros. *Curso de Direito Civil*. Parte Geral. São Paulo: Saraiva, 2007.

NEVES, Daniel Amorim Assumpção. *Manual de Direito Processual Civil* (2016). Salvador: Juspodivm, 2016. volume único.

NEVES, Daniel A. A. *Novo Código de Processo Civil* – Lei nº 13.105/2015. 2. ed. rev., atual. e ampl. Rio de Janeiro: Forense: São Paulo: Método, 2015.

OLIVEIRA. José Sebastião de. *Fraude à Execução* – Doutrina e Jurisprudência. São Paulo: Saraiva, 1988.

OVÍDIO, A. Baptista da Silva. *Curso de processo civil*. São Paulo: Revista dos Tribunais, 2008. v. 1.

PEÑA, Ricardo Chemale Selistre. *Fraude à execução*. Porto Alegre: Livraria do Advogado Editora, 2009.

PEREIRA, Caio Mário da Silva. *Instituições de Direito Civil* - Introdução ao Direito Civil. 3. ed. Rio de Janeiro: Forense, 2003. v. I.

RODRIGUES, Silvio. *Direito Civil* - Parte Geral. São Paulo: Saraiva, 2003. v. I.

WAMBIER, Tereza Arruda Alvim. et al. *Primeiros Comentários ao Novo Código de Processo Civil*. São Paulo: Revista dos Tribunais, 2015.

WAMBIER, Luiz Rodrigues; TALAMINI Eduardo. *Curso avançado de processo civil* - Teoria Geral do Processo e processo de conhecimento. 15. ed. São Paulo: Revista dos Tribunais, 2000.

Informação bibliográfica deste texto, conforme a NBR 6023:2002 da Associação Brasileira de Normas Técnicas (ABNT):

AGAPITO, Adilson Brito. et al. Fraude contra credores. In: BRITTO, Alzemeri Martins Ribeiro de; BARIONI, Rodrigo Otávio (Coords.). *Advocacia pública e o novo código de processo civil*. Belo Horizonte: Fórum, 2016. p. 297-326. ISBN 978-85-450-0173-7.

AÇÃO RESCISÓRIA NO NCPC

MAURÍCIO LUIZ BRITTO DA MOTA
LILIANE MATOS FERREIRA ALBIANI ALVES
MARIA LAURA CALMON DE OLIVEIRA
JAILTON AZEVEDO CÂNCIO
LUÍS GERALDO MARTINS DA SILVA
DANIEL VIANA DE CASTRO OLIVEIRA

1 Introdução

A demanda rescisória é o instrumento jurídico positivado destinado à desconstituição da decisão que apresentar um dos vícios elencados taxativamente na norma processual positivada, com eventual rejulgamento da causa pelo órgão colegiado competente.

Trata-se de ação de suma relevância no ordenamento, precisamente pelos valores jurídicos que salvaguarda, cuja relevância o legislador, ao longo da história, prestigiou a ponto de, em seu nome, permitir o desfazimento da coisa julgada.

O presente artigo analisa este importante instituto, com ênfase nas inovações trazidas pela Lei nº 13.105/2015, denominada Novo Código de Processo Civil (NCPC), que, antes mesmo de decorrido o período de *vacatio legis*, estabelecido em seu art. 1.045, já foi modificada pela recente Lei nº 13.256, de 4 de fevereiro de 2016.

Embora o novo diploma legal tenha encampado alguns entendimentos já firmados pela doutrina e jurisprudência, parece certo que muitas das mudanças implementadas pela nova legislação terão o condão de gerar muitas divergências interpretativas.

Com efeito, estão a reclamar debate e reflexão dos operadores de direito importantes questões trazidas pelo NCPC para o regramento da ação rescisória, tais como: i) a possibilidade de rescisão parcial do julgado (art. 978, §3º); ii) o cabimento de ação rescisória para impugnar decisões terminativas (art. 966, §2º); iii) como ocorre a contagem do prazo decadencial para ajuizamento da demanda (uma vez que o art. 975, *caput*, do NCPC, estabeleceu que seu termo inicial não mais será o trânsito em julgado da decisão rescindenda, mas sim, o "trânsito em julgado da última decisão proferida no processo").

Inovações desta monta, que se podem reputar instituidoras de novos paradigmas em instituto jurídico tão caro ao ordenamento pátrio, merecem atenta reflexão de todo operador do direito.

Esta é, portanto, a proposta do texto que se segue: contribuir, com debate e reflexões, para a melhor interpretação e compreensão do instituto, à luz dos novos contornos conferidos pelo NCPC.

2 Noções fundamentais sobre a ação rescisória

2.1 Natureza jurídica, pressupostos e objeto

Não há dissenso quanto à *natureza jurídica da ação rescisória:* trata-se de ação autônoma de impugnação.

Decerto, há dois meios de impugnar decisões judiciais: as ações autônomas e os recursos. A diferença entre eles está na instauração, ou não, de um novo processo, bem como no fato de todos os recursos serem interpostos antes da formação da coisa julgada, ao passo que, da ocorrência desse fenômeno, depende a rescisória, como leciona Bernardo Pimentel Souza.[1]

Fredie Didier Jr. e Leonardo José Carneiro da Cunha[2] acrescentam que a ação rescisória não é recurso também por não atender ao princípio da taxatividade, i.e., por não estar prevista em lei como recurso.

Barbosa Moreira[3] define a ação rescisória como "ação por meio da qual se pede a desconstituição de sentença transitada em julgado, com eventual rejulgamento, a seguir, da matéria nela julgada".

Trata-se, portanto, de ação constitutiva negativa (ou desconstitutiva), pois visa ao desfazimento da coisa julgada material – ou seja, busca a desconstituição de um julgado proferido em outro processo.

Vale frisar que a rescisória é demanda cognitiva: o processo que decorre de seu ajuizamento é de conhecimento.

Além dos pressupostos processuais e das condições da ação, cuja presença a norma positivada exige de todas as demandas, avultam da definição supra, os *pressupostos específicos da ação rescisória,* que são três: a) decisão de mérito transitada em julgado; b) configuração de um dos fundamentos de rescindibilidade, taxativamente[4] arrolados no art. 966 do NCPC; e c) prazo decadencial de dois anos (art. 975, *caput,* do NCPC).

O primeiro dos pressupostos acima vem a ser o *objeto da ação rescisória:* a decisão de mérito transitada em julgado.

Ao dispor ser cabível a rescisória em face de "decisão de mérito, transitada em julgado" (art. 966), o novo diploma processual vem sendo elogiado no que se tem

---

[1] SOUZA, Bernardo Pimentel. *Introdução aos Recursos Cíveis e à Ação Rescisória.* 4. ed. São Paulo: Saraiva, 2007. p. 477.
[2] DIDIER JR., Fredie; CUNHA, Leonardo José Carneiro da. *Curso de Direito Processual Civil.* 3. ed. Salvador: Juspodivm, 2007. v. 3. p. 293.
[3] MOREIRA, Barbosa, 1993. p. 90 *apud* CÂMARA, Alexandre Freitas. 2006. p. 9.
[4] Na sistemática do CPC de 1973, Fredie Didier Jr. e Leonardo José Carneiro da Cunha (DIDIER JR., Fredie; CUNHA, Leonardo José Carneiro da. *Curso de Direito Processual Civil.* 3. ed. Salvador: Juspodivm, 2007. v. 3. p. 246), citando o mestre Barbosa Moreira (2005. p. 154) lembravam que o art. 1.030 do CPC/73 traz hipóteses de rescisão da sentença que julga partilha, as quais deviam ser acrescidas ao elenco do art. 485 do CPC. Tal lição permanece válida, eis que a mencionada norma contida no CPC/73 foi reproduzida de forma praticamente literal no art. 658 do NCPC.

considerado um aprimoramento do CPC de 1973, que, impropriamente, previa o cabimento contra "sentença de mérito transitada em julgado" (art. 485, *caput*).

A propósito, assinalando que também os acórdãos dos tribunais e as decisões interlocutórias em primeiro grau de jurisdição resolvem o mérito da causa, ensina Humberto Theodoro, com razão, que:

> Duas consequências podem-se extrair do dispositivo legal inovador:
>
> (a) o mérito não é solucionável apenas pela sentença, ou pelo acórdão que a substitui, em caso de recurso; pode, também, ser enfrentado, pelo menos em parte, em decisão incidental (NCPC, art. 356, I), que não ponha termo ao processo (pense-se no indeferimento em parte da petição inicial pelo reconhecimento da prescrição de algumas das pretensões cumuladas pelo autor; e nos pedidos cumulados, quando apenas um ou alguns são contestados);
>
> (b) decidindo parte do litígio antes da sentença, a decisão interlocutória fará coisa julgada material (NCPC, art. 502) e se tornará suscetível de eventual ataque por ação rescisória (NCPC, art. 966).[5]

Também Scarpinella Bueno aplaude a modificação terminológica:

> Chama a atenção, desde logo, a referência, no *caput* do art. 966, do cabimento da rescisória contra decisão de mérito (não mais a sentença, como consta do *caput* do art. 485 do CPC atual), o que significa, pertinentemente, que também as decisões interlocutórias de mérito, desde que transitadas materialmente em julgado, podem ser objeto de rescisão, além de sentenças e acórdãos.[6]

Deve-se registrar que, há muito, a doutrina apontava que, malgrado o art. 485 do CPC de 1973 utilize a expressão "sentença", a demanda pode ser ajuizada em face de qualquer decisão judicial que resolva o mérito: sentença, acórdão, decisão monocrática e decisão interlocutória – a propósito, cf. Bernardo Pimentel Souza.[7]

Nos termos do novo Código (art. 487), haverá resolução de mérito quando o juiz:

I - acolher ou rejeitar o pedido formulado na ação ou na reconvenção;

II - decidir, de ofício ou a requerimento, sobre a ocorrência de decadência ou prescrição;

III - homologar:

a) o reconhecimento da procedência do pedido formulado na ação ou na reconvenção;

b) a transação;

c) a renúncia à pretensão formulada na ação ou na reconvenção.

Ainda conforme a norma positivada (art. 485 do NCPC), não haverá resolução do mérito quando o juiz:

I - indeferir a petição inicial;

II - o processo ficar parado durante mais de 1 (um) ano por negligência das partes;

III - por não promover os atos e as diligências que lhe incumbir, o autor abandonar a causa por mais de 30 (trinta) dias;

IV - verificar a ausência de pressupostos de constituição e de desenvolvimento válido e regular do processo;

---

[5] THEODORO JÚNIOR, Humberto. A ação rescisória no Novo Código de Processo Civil. *Revista Brasileira de Direito Processual – RBDPro*, Belo Horizonte, ano 23, n. 90, p. 279-306, abr./jun. 2015.

[6] BUENO, Cássio Scarpinella. *Novo Código de Processo Civil anotado*. São Paulo: Saraiva, 2015. p. 607.

[7] SOUZA, Bernardo Pimentel. *Introdução aos Recursos Cíveis e à Ação Rescisória*. 4. ed. São Paulo: Saraiva, 2007. p. 479-480.

V - reconhecer a existência de perempção, de litispendência ou de coisa julgada;
VI - verificar ausência de legitimidade ou de interesse processual;
VII - acolher a alegação de existência de convenção de arbitragem ou quando o juízo arbitral reconhecer sua competência;
VIII - homologar a desistência da ação;
IX - em caso de morte da parte, a ação for considerada intransmissível por disposição legal; e
X - nos demais casos prescritos neste Código.

A lição clássica sempre foi a de que seria incabível o manejo da ação rescisória para desconstituir sentença terminativa, assim entendida aquela que não examinou o *meritum causae*. Assim se dava porque a extinção do feito, sem resolução do mérito, não obsta a repropositura da ação (art. 486 do NCPC), o que importaria na ausência de interesse para a apresentação da ação rescisória.

Mas, já antes do novel Código de Processo Civil vir a lume, Fredie Didier Jr. e Leonardo José Carneiro da Cunha alertavam para a existência de "respeitável entendimento doutrinário no sentido de admitir a rescisória contra decisão que, embora não seja de mérito, tornou a questão preclusa, impedindo sua revisão".[8] Referiam-se os citados autores aos mestres Humberto Theodoro Jr. e Bernardo Pimentel Souza. Por sua eloquência, confira-se a lição deste último:

> A ação rescisória, em síntese, tem geralmente com alvo *decisum* de mérito protegido pela *res iudicata*: excepcionalmente, pode ter em ira até mesmo julgado irrecorrido que não tratou de matéria de mérito. Assim, não é difícil responder à seguinte pergunta: é admissível ação rescisória contra o último julgado proferido no processo, ainda que nele não tenha sido resolvida a matéria de mérito, solucionada apenas na decisão recorrida? Tudo indica que a resposta afirmativa é a melhor. Quando o recurso não ultrapassa a barreira da admissibilidade, é o *decisum* recorrido que adquire a *auctoritas rei judicatae*, após o decurso *in albis* do prazo recursal para a impugnação do último julgado proferido no processo. Não é juridicamente possível a interposição de outro recurso, nem o ajuizamento de nova ação – tendo em vista o disposto nos artigos 301, §3º, e 467. Porém, se o vício previsto no art. 485 diz respeito à última decisão, de nada adianta atacar o primeiro *decisum*, pois ele não está contaminado por defeito que autoriza a rescisão. Realmente, se o vício reside no último julgado, ele é que deve ser combatido via ação rescisória. Mais uma vez a cláusula inserta no *caput* do artigo 485 deve ser temperada *cum grano salis*.[9]

A lição dos eminentes processualistas restou positivada no §2º do art. 966 do NCPC, *in verbis*:

> §2º. Nas hipóteses previstas nos incisos do *caput*, será rescindível a decisão transitada em julgado que, embora não seja de mérito, impeça:
> I – nova propositura da demanda; ou
> II – admissibilidade do recurso correspondente.

---

[8] DIDIER JR., Fredie; CUNHA, Leonardo José Carneiro da. *Curso de Direito Processual Civil*. 3. ed. Salvador: Juspodivm, 2007. v. III. p. 297-298.
[9] SOUZA, Bernardo Pimentel. *Introdução aos Recursos Cíveis e à Ação Rescisória*. 4. ed. São Paulo: Saraiva, 2007. p. 485-486.

Analisando o novo Código, Humberto Theodoro reafirma seu antigo entendimento que fora assinalado linhas acima:

> Ainda sob o regime do CPC de 1973, defendíamos o entendimento de que poderia acontecer a necessidade de recorrer-se à rescisória, quando a decisão última (rescindenda), embora não sendo de mérito, importou tornar preclusa a questão de mérito decidida no julgamento precedente.
>
> Assim, se, por exemplo, o Tribunal recusou conhecer de recurso mediante decisão interlocutória que violou disposição literal de lei, não se pode negar à parte prejudicada o direito de propor a rescisória, sob pena de aprovar-se flagrante violação da ordem jurídica.
>
> É certo que a decisão do Tribunal não enfrentou o mérito da causa, mas foi por meio dela que se operou o trânsito em julgado da sentença que decidiu a lide e que deveria ser revista pelo Tribunal por força da apelação não conhecida.
>
> Não se pode, outrossim, dizer que se na sentença existir motivo para a rescisória, esta deveria ser requerida contra a decisão de primeiro grau e não contra o acórdão do Tribunal, cujo conteúdo teria sido meramente terminativo.
>
> É que nem sempre é possível fazer-se o enquadramento da sentença nos permissivos da rescisória (CPC/1973, art. 485; NCPC, art. 966). Mas, se houve o *error in iudicando* no acórdão, o apelante sofreu violento cerceamento do direito de obter a revisão da sentença de mérito, pela via normal da apelação, que é muito mais ampla do que a da rescisória.
>
> Tendo-se em vista a instrumentalidade do processo e considerando-se que o *error in iudicando*, embora de natureza simplesmente processual, afetou diretamente uma solução de mérito, entendo que, nessa hipótese excepcional, a *mens legis* deve ser interpretada como autorizadora da ação rescisória, a fim de que, cassada a decisão ilegal do Tribunal, se possa completar o julgamento de mérito da apelação, cujo trancamento se deveu à flagrante negação de vigência de direito expresso.
>
> Também esse caso excepcional de cabimento da rescisória contra decisão terminativa foi contemplado pelo NCPC, que prevê tal possibilidade quando a decisão não foi sobre o mérito, mas impediu, ilegalmente, o reexame recursal do mérito (art. 966, §2º, II). É o que se passa, por exemplo, nas incorretas decisões sobre descabimento ou deserção de recurso. Rejeitou, o novo Código, dessa forma, a tese, às vezes defendida pela jurisprudência, de que a rescisória só poderia se voltar contra a decisão de mérito recorrido, e nunca contra a decisão terminativa que ilegalmente não admitira o recurso.
>
> Como se vê, o novo CPC é mais liberal no trato dos casos de cabimento da rescisória, enfrentando e superando as polêmicas existentes cuja solução jurisprudencial era, quase sempre, de cunho restritivo, muito embora nem sempre se mostrassem razoáveis em seu rigorismo.[10]

Outra inovação que restou positivada no Novo CPC é a explicitação do cabimento da rescisória para impugnar apenas um capítulo da decisão (art. 966, §3º). Bem de ver, a possibilidade de rescisão parcial da decisão judicial já era advogada por muitos doutrinadores. Nesse sentido, Fredie Didier Jr. e Leonardo José Carneiro da Cunha pontificavam:

> A ação rescisória pode impugnar toda a decisão judicial ou apenas algum ou alguns de seus capítulos, quanto então é designada de *ação rescisória parcial*.[11]

---

[10] THEODORO JÚNIOR, Humberto. A ação rescisória no Novo Código de Processo Civil. *Revista Brasileira de Direito Processual – RBDPro*, Belo Horizonte, ano 23, n. 90, p. 279-306, abr./jun. 2015.

[11] DIDIER JR., Fredie; CUNHA, Leonardo José Carneiro da. *Curso de Direito Processual Civil*. 3. ed. Salvador: Juspodivm, 2007. v. 3. p. 299-300.

Vale registrar, por fim, que a ação rescisória se presta ao desfazimento da coisa julgada por motivos de invalidade ou por motivos de justiça; seja qual for a natureza do motivo, porém, induvidosamente será sempre um vício de extrema gravidade, a macular o pronunciamento jurisdicional, suficiente, portanto, para que o ordenamento preveja um remédio para retirá-lo do mundo jurídico.

Para que se dimensione a enorme relevância da ação rescisória e dos valores por ela tutelados, não se pode perder de vista que o ordenamento atribui ao instituto o poder de desconstituir um fenômeno tão caro ao Estado Democrático de Direito quanto a coisa julgada. E a importância desta, a seu turno, é muito bem ressaltada por Nelson Nery Júnior, quando repudia com veemência a tese de sua relativização (ou desconsideração, terminologia que considera a correta), *in verbis*:

> [...] A segurança jurídica, trazida pela coisa julgada material, é manifestação do Estado Democrático de Direito (CF 1º *caput*). Entre o *justo absoluto*, utópico, e o *justo possível*, realizável, o sistema constitucional brasileiro, a exemplo do que ocorre na maioria dos sistemas democráticos ocidentais, optou pelo segundo (*justo possível*), que é consubstanciado na segurança da coisa julgada material. Descumprir-se a coisa julgada, é negar o próprio Estado Democrático de Direito, fundamento da República brasileira.
>
> A lei não pode modificar a coisa julgada material (CF 5º XXXVI); a CF não pode ser modificada para alterar-se a coisa julgada material (CF 1º *caput* e 60 §4º); o juiz não pode alterar a coisa julgada (CPC 467 e 461). [...] A coisa julgada material é instrumento de pacificação social.[12]

Assim delineada a importância do instituto, tem-se, em síntese, que, na disciplina do NCPC, a ação rescisória é cabível para impugnar, total ou parcialmente, decisão de mérito, transitada em julgado, que ostente um dos vícios previstos taxativamente no art. 966 do novo Código, bem como decisão que, embora não seja de mérito, obste a repropositura da demanda ou impeça a admissibilidade do recurso correspondente.

Esclarecidos a natureza jurídica, os pressupostos e o objeto da Ação Rescisória, passemos a analisar as hipóteses de cabimento da referida demanda, nos termos previstos no Novo Código de Processo Civil:

3 Hipóteses de cabimento da rescisória no novo CPC

O art. 966 do Novo CPC, dispõe que:

> Art. 966. A decisão de mérito, transitada em julgado, pode ser rescindida quando:
> I – se verificar que foi proferida por força de prevaricação, concussão ou corrupção do juiz;
> II – for proferida por juiz impedido ou por juízo absolutamente incompetente;
> III – resultar de dolo ou coação da parte vencedora em detrimento da parte vencida ou, ainda, de simulação ou colusão entre as partes, a fim de fraudar a lei;
> IV – ofender a coisa julgada;
> V – violar manifestamente norma jurídica;
> VI – for fundada em prova cuja falsidade tenha sido apurada em processo criminal ou venha a ser demonstrada na própria ação rescisória;

---

[12] NERY JR., Nelson. *Teoria Geral dos Recursos*. 6. ed. São Paulo: Ed. Revista dos Tribunais, 2004. v. 1. p. 501.

VII – obtiver o autor, posteriormente ao trânsito em julgado, prova nova cuja existência ignorava ou de que não pôde fazer uso, capaz, por si só, de lhe assegurar pronunciamento favorável;

VIII – fundada em erro de fato verificável do exame dos autos.

Eis aí, portanto, as causas de pedir da ação rescisória. Assim, cada hipótese (e não cada inciso, frise-se) nele elencada constitui uma causa de pedir, sendo certo que se pode ajuizar a demanda com mais de uma causa de pedir. Nesse último caso, no qual se postula a rescisão de decisão por mais de um fundamento, cuida-se, em verdade, de cumulação de ações rescisórias no mesmo processo.

Naturalmente, não é a qualificação jurídica (o inciso invocado) utilizada pela parte que constitui a verdadeira causa de pedir, mas sim, o fato narrado na petição inicial. Significa dizer que, ainda que a parte indique equivocadamente o dispositivo legal apto a rescindir o julgado hostilizado, o Tribunal pode acolher o pedido pelo fundamento correto, desde que a narração do fato conste da inicial.

Apesar de algumas modificações redacionais, o art. 966 do NCPC manteve, em geral, as hipóteses clássicas de Ação Rescisória, previstas no art. 485 pelo CPC de 1973.

A primeira hipótese de rescindibilidade (art. 966, I, do Novo CPC, correspondente ao art. 485, I, do CPC de 1973) dá-se quando se verificar que a decisão foi proferida por força de *prevaricação, concussão e corrupção do juiz*. Trata-se de conceitos jurídicos determinados, juridicamente positivados no Código Penal (arts. 316, 317 e 319): prevaricação consiste em "retardar ou deixar de praticar, indevidamente, ato de ofício, ou praticá-lo contra disposição expressa de lei, para satisfazer interesse ou sentimento pessoal" (CP, art. 319); concussão significa "exigir, para si ou para outrem, direta ou indiretamente, ainda que fora da função ou antes de assumi-la, mas em razão dela, vantagem indevida" (CP, art. 316); já a corrupção passiva configura-se quando o servidor público *lato sensu* "solicitar ou receber, para si ou para outrem, direta ou indiretamente, ainda que fora da função ou antes de assumi-la, mas em razão dela, vantagem indevida, ou aceitar promessa de tal vantagem" (CP, art. 317).

A conduta criminosa do magistrado pode ser aferida na própria ação rescisória pelo órgão colegiado incumbido de seu julgamento, do que deflui que sua admissibilidade não está condicionada à prévia condenação criminal, sequer à instauração da ação penal.

Caso haja condenação criminal precedente, porém, restará comprovada a prática de um dos delitos pelo magistrado prolator da decisão rescindenda e, nesta hipótese, a sentença penal condenatória haverá de influir no julgamento da rescisória.

É também rescindível o *decisum* proferido por *magistrado impedido ou absolutamente incompetente*. Aqui se cuida de vício de atividade ou *error in procedendo*, na terminologia clássica de Chiovenda. Essa hipótese, prevista no inciso II do art. 966 do Novo Código, é mera repetição do que já consta no art. 485, II do diploma processual anterior.

O inciso III do art. 966 do CPC afirma a rescindibilidade da sentença quando esta "resultar de *dolo ou coação da parte vencedora* em detrimento da parte vencida ou, ainda, de *simulação ou colusão entre as partes*, a fim de fraudar a lei" (destaques não são do original).

Temos aí a primeira alteração substancial em relação às hipóteses de rescindibilidade, pois o legislador veio a incluir como hipóteses de cabimento também *a coação da parte* vencedora em detrimento da parte vencida e *a simulação entre as partes*, a fim de fraudar a lei.

De fato, não tinha sentido permitir a rescisão da sentença em caso de dolo de uma das partes, e não admiti-la nos casos em que a parte vencedora se utilizou de *coação*, que implica na utilização de violência física ou psicológica, a fim de incutir temor de dano iminente e considerável à outra parte, sua família ou mesmo aos seus bens. Se, por ter sido coagida, a parte deixou de proceder diligentemente na defesa do seu direito, omitiu a verdade, se viu impedida de produzir provas consistentes, deixou de apresentar impugnações e de interpor recursos quando necessário, haverá a possibilidade de rescindir a sentença que lhe foi desfavorável.

Não se compreende a razão pela qual o legislador houve por bem restringir a rescindibilidade ao caso em que o dolo ou a coação é promovida pela *parte vencedora*, deixando de tratar dos casos em que tais atos são *promovidos por terceiro*. Resta saber se os Tribunais, conferindo ao dispositivo uma interpretação extensiva, admitirão a rescisória nos casos em que a parte vencedora, embora não tenha ela própria ludibriado a outra parte ou promovido a coação, tenha se beneficiado, consciente ou inconscientemente, de tais atos, embora exercidos por outrem.

Para que haja possibilidade de rescisão do julgado, exige-se nexo de causalidade entre o dolo ou a coação e o pronunciamento do juiz. Em outras palavras, o proveito alcançado por uma das partes na demanda há de ter sido decorrência do dolo ou da coação.

Vejamos agora as outras hipóteses previstas no mesmo dispositivo: a *simulação* e a *colusão processual*.

A simulação, em termos genéricos, consiste em realizar ato que tem aparência normal, mas que, a verdade, não visa ao efeito que juridicamente devia produzir.[13] Exemplo sempre mencionado é o caso da amante de um homem casado que propõe demanda postulando o reconhecimento de domínio de imóvel, ao passo que o demandado reconhece a procedência do pedido para encobrir a doação que pretendia mas não podia fazer.[14]

A previsão da simulação como hipótese de rescindibilidade, na verdade, não constitui uma real novidade. Isso porque a simulação, em si mesma, já fazia parte do conceito da colusão processual (art. 129 do CPC da 1973), cuja definição também pode ser encontrada no art. 142 do Novo CPC, nos seguintes termos: "Convencendo-se, pelas circunstâncias, de que autor e réu se serviram do processo para praticar *ato simulado ou conseguir fim vedado por lei*, o juiz proferirá decisão que impeça os objetivos das partes, aplicando, de ofício, as penalidades da litigância de má-fé". (destaques não são do original).

Assim, ocorre a colusão processual quando as partes utilizam-se do processo para praticar ato simulado ou atingir fim ilícito. O uso do processo para a obtenção de tal fim ilícito não pode ser admitido pelo ordenamento, daí ensejar a rescisão do julgado.

Igualmente rescindível é a decisão que ofenda a *coisa julgada* (Novo CPC, art. 966, IV). Cuida-se de mais um vício de atividade ou *error in procedendo*, tal qual a previsão do inciso II do mesmo dispositivo.

---

[13] PEREIRA, Caio Mário da Silva. *Instituições de Direito Civil:* teoria geral do direito civil. 28. ed. atual. Rio de Janeiro: Forense, 2015. v. 1, p. 449 e ss.
[14] CÂMARA, 2006. p. 15.

Sob um certo sentido, a hipótese de cabimento em apreço aparenta trazer consigo um paradoxo, pois permite a desconstituição de decisão que transitou em julgado precisamente para prestigiar a coisa julgada. Mas o paradoxo é só aparente, eis que a segunda decisão, em verdade, jamais transitou em julgado, conforme abalizada corrente doutrinária, na qual se inserem Nery Júnior e Nery.[15]

Uma das mais controversas alterações nas hipóteses de cabimento de rescisória operou-se com a redação do inciso V, do art. 966. O Novo Código de Processo Civil alterou a expressão "violar literal disposição de lei", passando agora o dispositivo a contar com a expressão "violar manifestamente norma jurídica".

A amplitude do alcance da locução "norma jurídica" transcende aquele da "disposição da lei", ampliando os contornos do cabimento da ação rescisória para esta hipótese. A violação literal a dispositivo de lei limita-se ao direito positivo, à violação ao direito posto enquanto legislação. A doutrina tem entendido que o objetivo teleológico da expressão contida no CPC/73 é ampla, abrangendo não somente as normas infraconstitucionais, mas também aquelas advindas diretamente da Constituição Federal.

Por outro lado, ao utilizar a expressão "norma jurídica", o legislador adentra não somente na seara do direito positivado ou dos princípios gerais do Direito (que decorrem, em sua essência, de norma também positivada, contida no art. 4º da LINDB), mas sim, de todo o sistema jurídico, uma vez que a norma jurídica é produto final teórico que advém de toda a construção jurídica. Sacha Calmon Navarro Coelho, na obra "Norma Jurídica e Lei são figuras teóricas diferentes", preleciona acerca do instituto ao afirmar que:

> As normas em si mesmas são 'entes teóricos' derivados do sistema jurídico como um todo. Uma norma jurídica, diga-se por oportuno, resulta da conjunção de significados normativos defluentes de diversas leis ou artigos de leis, editados em épocas diferentes por corpos legislativos [...]
> Frise-se que a norma – produto do universo legislado – não se confunde com os seus veículos, os entes positivos (leis, Decretos-Lei, etc).
> Tampouco se confunde com as proposições jurídicas que a Ciência do Direito produz ao descrever a norma, sob a forma, quase sempre, de juízos hipotéticos.
> A norma, ainda que condicional, é sempre prescritiva (porque o Direito é, basicamente, prático, finalístico, teleológico).
> As leis são enunciados literais buscando um fim.
> As proposições normativas são descrições das normas jurídicas, que defluem do universo legislado, produzidas por um sujeito (jurista ou juiz).

Nesse contexto, a ampliação do objeto pode acarretar tortuosas discussões acerca do cabimento da rescisória, pois são inúmeras as hipóteses de violação à norma jurídica, passando pela legislação positivada, princípios de direito e até mesmo alcançando precedentes e jurisprudência firmada pelos diversos Tribunais.

Atente-se para o fato de que, antes mesmo da vigência do Novo CPC, já foi ele alterado, em diversos dispositivos, pela Lei nº 13.256, de 4 de fevereiro de 2016. E, no que diz respeito especificamente à ação rescisória, essa lei adicionou dois parágrafos ao art. 966, com o seguinte teor:

---

[15] NERY JR., Nelson. *Teoria Geral dos Recursos*. 6. ed. São Paulo: Revista dos Tribunais, 2004. v. 1, p. 679.

§5º. Cabe ação rescisória, com fundamento no inciso V do *caput* deste artigo, contra decisão baseada em enunciado de súmula ou acórdão proferido em julgamento de casos repetitivos que não tenha considerado a existência de distinção entre a questão discutida no processo e o padrão decisório que lhe deu fundamento.

§6º. Quando a ação rescisória fundar-se na hipótese do §5º deste artigo, caberá ao autor, sob pena de inépcia, demonstrar, fundamentadamente, tratar-se de situação particularizada por hipótese fática distinta ou de questão jurídica não examinada, a impor outra solução jurídica. (NR)

Marinoni já demonstra preocupação quanto à extensão desta norma, dando interpretação restritiva ao dispositivo legal, conforme se depreende do seguinte trecho:

> A propósito, o direito anterior falava em violação à literal disposição de lei, mas o sentido outorgado ao dispositivo era o mesmo que hora está albergado no novo Código. Obviamente, não se admite a utilização da ação rescisória nos casos em que existente ao tempo da formação da coisa julgada divergência sobre a interpretação acolhida na decisão de mérito, porque isso importaria em manifesta violação da regra da irretroatividade da ordem jurídica e, portanto, manifesta violação do direito à segurança jurídica [...]. A Ação rescisória constitui remédio extremo e assim não pode ser confundida com mero recurso. Em outras palavras: a sentença que possui interpretação divergente daquela que é estabelecida pela doutrina e pelos tribunais, exatamente pelo fato de que interpretações diversas são plenamente viáveis e lícitas enquanto inexistente precedente constitucional ou federal firme sobre a questão, não abre ensejo para a ação rescisória.[16]

Ainda sobre o assunto, complementa o citado jurista:

> A ação rescisória somente é cabível nos casos de ofensa manifesta à norma jurídica. Esse requisito de indiscutibilidade vale, desde a origem do instituto, para qualquer espécie de norma jurídica. Assim, é irrelevante saber a categoria da norma jurídica em discussão [...]. De outro modo, estar-se-ia legitimando evidente paradoxo no sistema jurídico nacional, em que o ordenamento pátrio autorizaria mais de uma interpretação adequada e aceitável aos textos normativos [...].

Destarte, há um longo caminho a ser percorrido até a doutrina e a jurisprudência cristalizarem um denominador comum para a interpretação deste dispositivo, de forma a garantir a segurança jurídica naturalmente advinda da coisa julgada.

Dispõe o art. 966, inciso VI, do Novo CPC, que pode ser rescindida a decisão que "for fundada em prova cuja falsidade tenha sido apurada em processo criminal ou venha a ser demonstrada na própria ação rescisória".

Esta é uma das hipóteses de rescindibilidade que visam a corrigir injustiça na decisão atacada.

A *falsidade da prova* pode ser material ou ideológica, ou seja, pouco importa se a mácula no elemento probatório é de construção ou de conteúdo: basta que o fato atestado pela prova não corresponda à verdade.

---

[16] MARINONI, Luiz Guilherme. *Novo curso de Processo Civil:* tutela dos direitos mediante procedimento comum. São Paulo: Editora Revista dos Tribunais, 2015. v. II, p. 590.

De outra parte, exige-se o nexo de causalidade entre a prova viciada e a conclusão a que chegou o magistrado. Se a decisão subsistir amparada em outro substrato probatório, não merece acolhida a rescisória.

No inciso VII do art. 966, observa-se mais uma vez a ampliação do objeto da ação rescisória no novo Código, em relação ao anterior. Com efeito, substituiu-se a antiga expressão "documento novo" por "prova nova", obtida posteriormente ao trânsito em julgado, cuja existência o autor da rescisória ignorava ou de que não pôde fazer uso, capaz, por si só, de lhe assegurar pronunciamento favorável.

A antiga expressão limitava-se à prova documental como elemento ensejador da demanda rescisória. Com o advento do novo CPC, no entanto, passa-se a admitir também todas as outras espécies de prova. Afinal, prova é o gênero do qual documento é espécie.

No inciso VIII, trata-se da possibilidade de propor ação rescisória com base em *erro de fato,* verificável do exame dos autos. Não houve, aqui, alteração substancial em relação ao CPC de 1973, que conta com dispositivo análogo, constante do art. 485, IX.

O cabimento da ação rescisória com base em erro de fato está sujeita às seguintes restrições ou pressupostos: a) é exigido nexo de causalidade entre o erro de fato e a conclusão do juiz que proferiu o julgado rescindendo; b) como expresso na norma, o erro tem que ser verificável nos atos ou nos documentos existentes na causa matriz, sendo inadmissível a produção de novas provas do erro nos autos da ação rescisória; c) o fato não represente ponto controvertido sobre o qual o juiz deveria ter se pronunciado, conforme §1º do art. 966 do CPC.

Percebe-se, pois, cuidar-se de mais uma hipótese de rescindibilidade tendente à correção de injustiça na sentença, porquanto não se concebe uma sentença justa sem a correta apreensão ou avaliação dos fatos pelo juiz.

Impende ressaltar que o Novo CPC suprimiu a rescisória quando houver fundamento para invalidar confissão, desistência ou transação, que dê fundamento à sentença (anteriormente no inciso VIII do art. 485 do CPC de 1973). Em rigor, a hipótese é (sempre foi) de 'ação anulatória' e, por isso, no art. 966 §4º, o Novo CPC dispõe que "os atos de disposição de direitos, praticados pelas partes ou por outros participantes do processo e homologados pelo juízo, bem como os atos homologatórios praticados no curso da execução, estão sujeitos à anulação, nos termos da lei".

Além das hipóteses de cabimento da ação rescisória previstas no art. 966, o art. 525, §15, do Novo Código de Processo Civil, prevê a possibilidade de ajuizamento de ação rescisória de decisão judicial, quando a obrigação nela expressa for inexigível por encontrar-se fundada em lei ou ato normativo considerado inconstitucional pelo Supremo Tribunal Federal, ou esteja fundado em aplicação ou interpretação da lei ou ato normativo tido pelo STF como incompatível com a Constituição Federal, seja em controle de constitucionalidade concentrado ou difuso.

Leia-se o dispositivo:

> Art. 525. Transcorrido o prazo previsto no art. 523 sem o pagamento voluntário, inicia-se o prazo de 15 (quinze) dias para que o executado, independentemente de penhora ou nova intimação, apresente, nos próprios autos, sua impugnação.
> §1º. Na impugnação, o executado poderá alegar:
> [...]
> III - inexequibilidade do título ou inexigibilidade da obrigação;
> [...]

§12. Para efeito do disposto no inciso III do §1º deste artigo, considera-se também inexigível a obrigação reconhecida em título executivo judicial fundado em lei ou ato normativo considerado inconstitucional pelo Supremo Tribunal Federal, ou fundado em aplicação ou interpretação da lei ou do ato normativo tido pelo Supremo Tribunal Federal como incompatível com a Constituição Federal, em controle de constitucionalidade concentrado ou difuso.
[...]
§15. Se a decisão referida no §12 for proferida após o trânsito em julgado da decisão exequenda, caberá ação rescisória, cujo prazo será contado do trânsito em julgado da decisão proferida pelo Supremo Tribunal Federal.

É importante observar que a ação rescisória com base no art. 525, §15, somente é cabível quando a decisão do STF de inconstitucionalidade for proferida *depois do trânsito em julgado da decisão exequenda*. Em outras palavras, se o reconhecimento de inconstitucionalidade pelo STF se der antes do trânsito em julgado da decisão exequenda, o questionamento da exigibilidade de seu título-causa deve ser feito por outras vias, como a *impugnação*, nos termos do NCPC art. 525, *caput*.

Nesse sentido, destaque-se que o CPC de 1973 já considerava inexigível o título nessas condições, porém não permitia o ajuizamento de ação rescisória fundada na inconstitucionalidade, pelo que o seu questionamento se dava, *apenas*, por outras vias como, por exemplo, os *Embargos à Execução*.

Vistos os vícios de rescindibilidade, passemos a considerar as questões atinentes ao prazo para a propositura da ação rescisória.

4 Prazo da ação rescisória no novo CPC

O artigo 975 do NCPC prevê os prazos decadenciais para a propositura da ação rescisória, nos seguintes termos:

> Art. 975. O direito à rescisão se extingue em 2 (dois) anos contados do trânsito em julgado da última decisão proferida no processo.
> §1º. Prorroga-se até o primeiro dia útil imediatamente subsequente o prazo a que se refere o *caput*, quando expirar durante férias forenses, recesso, feriados ou em dia em que não houver expediente forense.
> §2º. Se fundada a ação no inciso VII do art. 966, o termo inicial do prazo será a data de descoberta da prova nova, observado o prazo máximo de 5 (cinco) anos, contado do trânsito em julgado da última decisão proferida no processo.
> §3º. Nas hipóteses de simulação ou de colusão das partes, o prazo começa a contar, para o terceiro prejudicado e para o Ministério Público, que não interveio no processo, a partir do momento em que têm ciência da simulação ou da colusão.

O prazo geral para a propositura da Ação Rescisória é de *dois anos*, contados do *trânsito em julgado da última decisão proferida no processo*, como consigna o *caput* do art. 975.

Assim, mesmo que haja trânsito em julgado parcial, nos casos de decisão interlocutória de mérito ou de capítulo de mérito não impugnado por recurso, há apenas um termo inicial para a ação rescisória, que é o trânsito em julgado da última decisão proferida. Vale dizer que esse entendimento já vem sendo adotado pelo STJ.

Há quem diga que o *caput* do art. 975 padece de inconstitucionalidade. É o caso de Humberto Theodoro Júnior, que assim se posiciona:

> [...]
> O prazo decadencial de dois anos para propor a ação rescisória (CPC/1973, art. 495) foi mantido pelo novo Código (art. 975). Estipulou-se, porém, que sua contagem se daria, não mais do trânsito em julgado da decisão rescindenda, e sim, a partir do "trânsito em julgado da última decisão proferida no processo" (NCPC, art. 975, *caput*). Com isso, pretendeu-se seguir a orientação preconizada pela Súmula nº 401 do STJ, segundo a qual a rescisória não obedece ao fracionamento da solução do mérito por capítulos, em diversas decisões, devendo ocorrer uma única vez, ou seja, depois que o processo já tenha se encerrado, mesmo que a última decisão transitada em julgado não tenha sido um julgamento de mérito.
>
> Esse entendimento, todavia, atrita com a clássica posição da doutrina e do Supremo Tribunal Federal, que sempre consideraram possível o fracionamento do julgamento do mérito, do qual decorreria a formação também fracionária da coisa julgada e, consequentemente, o estabelecimento de prazos distintos para manejo de rescisória contra cada um dos capítulos autônomos com que a resolução do objeto litigioso se consumou. Aliás, o dispositivo do art. 975, que unifica o prazo da ação rescisória, sem respeitar a formação parcelada da *res iudicata*, padece de inconteste inconstitucionalidade. O STF, analisando justamente a Súmula 401 do STJ, que serviu de base para a regra do NCPC, abordou o seu conteúdo para, reconhecendo a natureza constitucional do tema, reafirmar que, à luz da garantia do art. 5º, XXXVI, da CF, não é possível recusar a formação de coisa julgada parcial, quando as questões de mérito se apresentem como autônomas e independentes entre si, e foram submetidas a julgamento que fracionadamente se tornaram definitivos em momentos processuais distintos.
>
> Entre os fundamentos do aresto do STF, merecem destaque os seguintes:
>
> a) Precedente recente da Suprema Corte havia concluído pela executoriedade imediata de capítulos autônomos de acórdão condenatório, reconhecendo o respectivo trânsito em julgado, com exclusão apenas daqueles capítulos que teriam sido objeto de embargos infringentes.
>
> b) O mesmo entendimento estaria contido nas Súmulas 354 ("em caso de embargos infringentes parciais, é definitiva a parte da decisão embargada em que não houve divergência na votação") e 514 ("admite-se ação rescisória contra sentença transitada em julgado, ainda que contra ele não se tenha esgotado todos os recursos").
>
> c) O STF admite a coisa julgada progressiva, ante a recorribilidade parcial prevista no processo civil.
>
> d) No plano constitucional, a coisa julgada, reconhecida no art. 5º, XXXVI, da CF, como cláusula pétrea, constitui aquela que pode ocorrer de forma progressiva, quando fragmentada a sentença em partes autônomas.
>
> e) Ao ocorrer, em datas diversas, o trânsito em julgado de capítulos autônomos da sentença ou do acórdão, ter-se-á a viabilidade de rescisórias distintas, com fundamentos próprios. Em tal caso, a extensão da ação rescisória não seria dada pelo pedido, mas pela sentença, que comporia o pressuposto da rescindibilidade.
>
> f) O acórdão do STF, por fim, prestigiou a Súmula nº 100 do TST, cujo inciso II dispõe que "havendo recurso parcial no processo principal, o trânsito em julgado dá-se em momentos e em tribunais diferentes, contando-se o prazo decadencial para a ação rescisória do trânsito

em julgado de cada decisão, salvo se o recurso tratar de preliminar ou prejudicial que possa tornar insubsistente a decisão recorrida, hipótese em que flui a decadência a partir do trânsito em julgado da decisão que julgar o recurso parcial.[17]

O prazo da ação rescisória prorroga-se para o primeiro dia útil quando encerrar em férias forenses, recesso, feriados ou em dia em que não houver expediente forense.

Regras especiais quanto ao prazo foram estabelecidas nas hipóteses de descoberta de prova nova, simulação e colusão processual.

Na hipótese do art. 966, VII (prova nova), o termo inicial conta-se a partir da descoberta da nova prova, observado o prazo máximo de 05 (cinco) anos do trânsito em julgado da última decisão. Ou seja, descoberta a prova nova, conta-se, a partir daí, o prazo decadencial de 02 (dois) anos. No entanto, a parte há de encontrar a prova nova e propor a demanda antes de expirado o prazo máximo de 05 (cinco) anos, pois, ultrapassado esse prazo, a decisão não mais poderá ser rescindida.

Nos casos de simulação ou colusão processual, o prazo de 02 (dois) anos começa a contar, para o terceiro prejudicado e para o Ministério Público, que não interveio no processo, a partir do momento em que têm ciência da simulação ou da colusão. Interessante notar é que, aqui, não se estabeleceu um prazo máximo, tal como na hipótese da descoberta de nova prova, o que causa certa perplexidade.

O mesmo problema acerca da ausência de definição máxima de prazo ocorre na hipótese de rescindibilidade contida no seu artigo 525, §15, e repetida no art. 535, §§5º e 8º.

É o caso da inexigibilidade de título executivo judicial fundado em lei ou ato normativo considerado inconstitucional pelo Supremo Tribunal Federal, ou fundado em aplicação ou interpretação da lei ou do ato normativo tido pelo Supremo Tribunal Federal como incompatível com a Constituição Federal em controle de constitucionalidade concentrado ou difuso.

Vimos, anteriormente, que se a decisão do STF for proferida após o trânsito em julgado da decisão exequenda, caberá ação rescisória.

Também nesse caso o Novo Código de Processo Civil estabelece o termo inicial da ação rescisória, que será contado do trânsito em julgado da decisão proferida pelo Supremo Tribunal Federal, mas não estipula qualquer prazo máximo.

Impende transcrever o §8º do art. 535:

> §8º. Se a decisão referida no §5º for proferida após o trânsito em julgado da decisão exequenda, caberá ação rescisória, cujo prazo será contado do trânsito em julgado da decisão proferida pelo Supremo Tribunal Federal.

Figure-se, então, a hipótese de uma decisão transitada em julgado há quinze ou vinte anos. Depois de há muito passada em julgado, sobrevém acórdão do Supremo Tribunal Federal reputando inconstitucionais os atos normativos em que se fundava aquela decisão. Admitir-se-á, nesse caso, a partir do trânsito em julgado do acórdão do STF, a propositura da ação rescisória? Para nós, a resposta só pode ser negativa.

---

[17] THEODORO JÚNIOR, Humberto. A ação rescisória no Novo Código de Processo Civil. *Revista Brasileira de Direito Processual – RBDPro*, Belo Horizonte, ano 23, n. 90, p. 279-306, abr./jun. 2015.

Considerar que, a qualquer tempo, pode ser manejada a ação rescisória, nos termos contidos no §15, do art. 525 e §8º do art. 535 do NCPC, importaria em grave violação do princípio da coisa julgada, previsto no artigo 5º, inciso XXXVI, da CF/88, e a sua interpretação literal acarretará instabilidade jurídica.

Devemos aguardar para ver como se posicionarão os nossos tribunais diante dos tormentosos problemas que certamente surgirão acerca do prazo para a propositura da ação rescisória.

Passada em revista as questões atinentes ao prazo, é chegada a hora de considerar a quem compete processar e julgar a demanda rescisória, quem tem legitimidade para a sua propositura e alguns aspectos procedimentais no seu processamento.

5 Competência, legitimidade e aspectos procedimentais

A competência para processar e julgar a ação rescisória é originária dos tribunais. Cada tribunal tem competência para julgar a ação rescisória relativa a seus próprios julgados e aos julgados de juízes de primeiro grau a ele vinculados.

Com a formação progressiva da coisa julgada, no caso de decisão interlocutória de mérito ou capítulo de decisão não impugnado por recurso, a questão que se coloca diz respeito à possibilidade de haver competência repartida para o julgamento de diversas ações rescisórias: cada uma atacando decisões diversas, transitadas em julgado em momentos diferentes.

Quer nos parecer que o Novo CPC, ao consagrar a regra de único prazo para a propositura da ação rescisória, independentemente do momento em que transitaram em julgado as sucessivas decisões de mérito proferidas, admite apenas uma única ação rescisória por processo. Nesse caso, poderemos ter competência por absorção, cabendo ao tribunal de maior hierarquia o julgamento da demanda rescisória.

No tocante à *competência*, regra importante, asseguradora do princípio de economia processual e de garantia de efetivo acesso à tutela jurisdicional, foi instituída pelo §5º do art. 968 do Novo Código de Processo Civil (NCPC), qual seja, o reconhecimento da incompetência do tribunal a que a rescisória foi endereçada não será motivo de imediata extinção do processo, sem resolução de mérito. Caberá ao Tribunal, ou ao relator, em tal circunstância, intimar o autor "para emendar a petição inicial, a fim de adequar o objeto da ação rescisória".

A regra aplica-se aos seguintes casos:
- ação em que se postula rescisão de decisão que não apreciou o mérito, e não se enquadra nas hipóteses do §2º do art. 966 (NCPC, art. 968, §5º, I);
- ação rescisória que enfoca decisão que tenha sido posteriormente substituída por outra, como ocorre nos julgamentos recursais (NCPC, art. 1.005).

O equívoco da parte quanto ao órgão jurisdicional competente para o julgamento da rescisória pode acontecer de várias maneiras: i) quando, por exemplo, a decisão é confirmada por tribunal superior, e a rescisória é proposta contra o acórdão da instância de segundo grau e não contra o acórdão do STJ ou do STF; ii) quando o autor visa desconstituir acórdão que não chegou a ser reexaminado pelo tribunal superior, em virtude de não conhecimento do recurso, e não obstante a ação rescisória é proposta perante o tribunal que pronunciou o último acórdão; iii) quando o ato judicial é daqueles que devem ser objeto de ação anulatória comum e não de ação rescisória; e iv) qualquer outro caso em que, observado o correto enquadramento do objeto da pretensão rescisória, a competência caberá a outro órgão jurisdicional, que não aquele ao qual o autor endereçou sua demanda.

A diligência prevista no §5º do art. 968, na verdade, tem duplo objetivo: primeiro, corrigir o defeito da petição que configurou mal o objeto do pleito rescisório; depois, definir adequadamente o tribunal competente, que, uma vez melhor identificado o objeto litigioso, será outro, e não aquele perante o qual a ação foi aforada. Nesse caso, após a retificação da inicial, os autos serão remetidos ao tribunal competente (§6º do art. 968).

Quanto à *legitimidade*, estabelece o art. 967 do NCPC que podem propor a ação rescisória: quem foi parte no processo ou o seu sucessor a título universal ou singular; o terceiro juridicamente interessado; o Ministério Público, se não foi ouvido no processo em que era obrigatória a sua intervenção ou se a decisão rescindenda resultou de simulação ou de colusão entre as partes, a fim de fraudar a lei, bem como em outros casos em que se impunha a sua atuação; aquele que não foi ouvido no processo em que lhe era obrigatória a intervenção.

Dessa forma, observa-se que, em relação à legitimidade ativa para a rescisória, houve inclusão de duas situações no novo regramento processual. A primeira, com relação ao Ministério Público. O inciso III do art. 967 não só reconhece legitimidade para aquela instituição quando o fundamento da rescisória for a simulação ou a colusão das partes para fraudar a lei, mas também para evidenciar que sua legitimidade dá-se 'em outros casos em que se imponha sua atuação' (alínea c). A segunda hipótese reconhece legitimidade 'àquele que não foi ouvido no processo em que lhe era obrigatória a intervenção', caso típico de litisconsorte necessário preterido (inciso IV do art. 967). Sem prejuízo da legitimidade ativa, o Ministério Público atuará na rescisória, se for o caso, na qualidade de fiscal da ordem jurídica (parágrafo único do art. 967)".

Sobre o tema, oportuno trazer o Enunciado do Fórum Permanente de Processualistas Civis (FPPC), nos seguintes termos:

> Enunciado nº 339 do FPPC: O CADE e a CVM, caso não tenham sido intimados, quando obrigatório, para participar do processo (art. 118, Lei nº 12.529/2011; art. 31, Lei nº 6.385/1976), têm legitimidade para propor ação rescisória contra a decisão ali proferida, nos termos do inciso IV do art. 967.

O Código de 1973 não cuidava da intervenção do Ministério Público na ação rescisória, como *custos legis*. Nada obstante, a doutrina entendia ser obrigatória, em função da "natureza da lide". No particular, é o entendimento de Humberto Theodoro Júnior, no sentido de que,

> tendo o novo CPC disciplinado a matéria, prevendo que tal intervenção se daria nas hipóteses do art. 178, não o fez no sentido de generalizar a atuação do Ministério Público. Se fosse essa a intenção do legislador, a norma simplesmente teria disposto que sua audiência se daria em toda ação rescisória em que o parquet não fosse autor.
>
> Se, todavia, a regra legal condicionou sua intervenção aos limites do art. 178, prevalecerão para a rescisória, as restrições que esse dispositivo traça, como, por exemplo, a de que a participação da Fazenda Pública não configura por si só, hipótese de intervenção do Ministério Público (parágrafo único do art. 178). Portanto, se o regime interventivo do MP na ação rescisória é o geral do processo civil, não se pode ter como obrigatória a

sua atuação de fiscal da lei em toda demanda da espécie, mas apenas naquelas em que o interesse público se fizer efetivamente presente. Esse é o regime geral traçado para a atuação do Ministério Público em processo inter alios, definido pelo art. 178 do NCPC, e que o parágrafo único do art. 967 manda observar também nas ações rescisórias".[18]

A legitimidade de quem foi parte no processo ou seu sucessor a título universal ou singular não suscita maiores dúvidas. Tem legitimidade, por exemplo, o cessionário, para rescindir a decisão que rescindiu o compromisso de compra e venda.

A decisão de mérito, quando proferida sem ser ouvido no processo alguém cuja intervenção era obrigatória, é nula, se unitário o litisconsórcio, e ineficaz, se necessário. Em princípio, a hipótese não seria de ação rescisória, porque a nulidade ou a ineficácia pode ser decretada a qualquer tempo. Todavia, ela é admissível, por disposição expressa.

Quanto ao terceiro juridicamente interessado, chama-se a atenção para a circunstância de que a ação rescisória, via de regra, não se restringe ao juízo *rescindens*, mas envolve pedido de novo julgamento da causa, o chamado juízo *rescissorium*. Daí extrai-se importante conclusão, qual seja, a de que o interesse que justifica a assistência pode não ser suficiente para legitimar a propositura de ação rescisória. Somente quem deveria ou poderia ter atuado no processo como parte é que pode propor ação rescisória. Assim não se entendendo, estar-se-ia a admitir que uma pessoa sem legitimação para o julgamento originário, pudesse tê-la para novo julgamento da mesma causa.

Tem-se, portanto, como regra, que tem legitimidade para propor ação rescisória apenas o terceiro alcançado pela autoridade da coisa julgada, ou pelo chamado efeito extensivo do julgado. Assim, rejeitado, por insuficiência de provas, pedido formulado em ação popular, outro cidadão não tem interesse legítimo para rescindir a decisão, porque pode simplesmente renovar o pedido. Julgado improcedente o pedido formulado em ação coletiva relativa a direitos individuais homogêneos, o titular do direito individual não tem interesse legítimo para rescindir a decisão, porque não prejudicado pela coisa julgada (art. 103, §2º, da Lei nº 8.078/1990).

A mera sujeição à eficácia da sentença não legitima necessariamente o terceiro. Considere-se, por exemplo, a hipótese de ação reivindicatória julgada procedente. O credor do réu, que não pôde intervir no processo como assistente, porque seu interesse era apenas econômico, e não jurídico, tampouco tem legitimidade para pedir novo julgamento da causa, por ação rescisória. Julgada procedente ação de cobrança, não tem legitimidade para pedir novo julgamento da causa o credor do réu, que sofreu prejuízo de fato. Apenas pode pedir a rescisão por colusão entre as partes.

Quantos aos *aspectos procedimentais* relativos aos requisitos da petição inicial previstos no art. 968 do NCPC, cabe registrar que o valor

> não é mais rotulado, diferentemente do que se extrai do inciso II do art. 488 do CPC de 1973, como multa. O que ocorre, como se lê do inciso II do art. 968, é que ele será convertido em multa caso a ação seja, por unanimidade de votos, declarada inadmissível ou improcedente. A nova redação quer evitar a fundada pecha de inconstitucionalidade que paira sobre a regra, que contrasta, a olhos vistos, com o inciso XXXV do art. 5º da CF, e também com o princípio da isonomia, ao afastá-la das pessoas de direito público

---

[18] THEODORO JÚNIOR, Humberto. A ação rescisória no Novo Código de Processo Civil. *Revista Brasileira de Direito Processual – RBDPro*, Belo Horizonte, ano 23, n. 90, p. 279-306, abr./jun. 2015.

nele mencionadas. Há uma agravante que merece ser evidenciada na redação final dada ao dispositivo aqui anotado: ela só foi alcançada na última etapa do processo legislativo, na votação plenária do Senado de dezembro de 2014. Se o intuito foi, realmente, o de alterar a natureza jurídica daquele depósito, há nisso, flagrante inconstitucionalidade formal, porque o art. 921, II, do Projeto do Senado e o art. 980, II, do Projeto da Câmara preservavam, no particular, a mesma redação do art. 488, II, do CPC atual, rotulando, inequivocamente, aquele valor de multa, e não, como hoje alguém quererá extrair do texto do novo CPC, em algo que multa não é, justamente porque nela converte-se. Os §§3º e 4º do art. 968 disciplinam o indeferimento da petição inicial em consonância com os demais casos regulados pelo novo CPC (arts. 330 e 332, respectivamente). A despeito do silêncio do dispositivo, é irrecusável que, diante de seus pressupostos, a aplicação do art. 321 e a possibilidade de a petição inicial ser emendada. Sem prejuízo da última afirmação, os §§5º e 6º do art. 968, que não encontram similar no CPC atual, regulam uma distinta hipótese de emenda da petição inicial da ação rescisória, quando for reconhecida a incompetência do órgão julgador, com estabelecimento de contraditório complementar pelo réu. Questão pertinente que, por ora, basta ser aventada, é saber o que ocorrerá se o órgão jurisdicional ao qual a rescisória for encaminhada entender indevida a emenda.[19]

Eis o Enunciado do FPPC acerca do assunto:

Enunciado nº 284: Aplica-se à ação rescisória o disposto no art. 321.

No tocante ao depósito do percentual de 5% do valor da causa, o Novo CPC expressamente isenta a União, os Estados, o Distrito Federal, os Municípios, as suas respectivas autarquias e fundações de direito público, o Ministério Público, a Defensoria Pública e os que tenham obtido o benefício de gratuidade da justiça do depósito da caução.

Houve, também, o estabelecimento de limite para o valor do depósito, que não poderá ser superior a 1.000 (mil) salários-mínimos.

Ademais, no que diz respeito às disposições contidas no art. 974 do NCPC, merece registro o fato de que o tribunal determinará a reversão do depósito em favor do réu, se, por unanimidade, o pedido for considerado inadmissível ou improcedente, sem prejuízo de fixar, em detrimento do autor, as verbas de sucumbência (despesas e honorários advocatícios).

Embora, no que tange ao procedimento, não tenham sido feitas muitas alterações no rito da ação rescisória, merece destaque a possibilidade de delegação de competência em matéria probatória, prevista no art. 972 do CPC, o qual possibilita ao relator "delegar a competência ao órgão que proferiu a decisão rescindenda, fixando prazo de 1 (um) a 3 (três) meses para a devolução dos autos".

Por fim, vale dizer que a propositura da ação rescisória, por si só, não obsta a execução da decisão exequenda, salvo se o tribunal conceder a tutela provisória, determinando a suspensão dos atos da execução.

---

[19] BUENO, Cassio Scarpinella. *Novo Código de Processo Civil anotado*. São Paulo: Saraiva, 2015. p. 608.

Referências

BRASIL. Lei nº 5.869, de 11 de janeiro de 1973. *Diário Oficial da República Federativa do Brasil*, Poder Legislativo, Brasília, DF, 17 de janeiro de 1973.

BRASIL. Lei nº 13.105, de 16 de março de 2015. *Diário Oficial da República Federativa do Brasil*, Poder Legislativo, Brasília, DF, 17 de março de 2015.

BRASIL. Lei nº 13.256, de 4 de fevereiro de 2016. *Diário Oficial da República Federativa do Brasil*, Poder Legislativo, Brasília, DF, 5 de fevereiro de 2016.

BUENO, Cassio Scarpinella. *Novo Código de Processo Civil anotado*. São Paulo: Saraiva, 2015.

COELHO, Sacha Calmon Navarro. Norma Jurídica e Lei São Figuras Teóricas Diferentes. *Revista Brasileira de Estudos Políticos*, v. 98, 2008. Disponível em: <http://www.pos.direito.ufmg.br/rbep/index.php/rbep/article/view/73/71>. Acessado em: 10 jan. 2016.

DIDIER JR., Fredie; CUNHA Leonardo José Carneiro da. *Curso de Direito Processual Civil*. 3. ed. Salvador: Juspodivm, 2007. v. III.

MARINONI, Luiz Guilherme. *Novo curso de processo civil*: tutela dos direitos mediante procedimento comum. São Paulo: Editora Revista dos Tribunais, 2015. v. II.

NERY JR., Nelson. *Teoria Geral dos Recursos*. 6. ed. São Paulo: Revista dos Tribunais, 2004. v. I.

PEREIRA, Caio Mário da Silva. *Instituições de Direito Civil*: teoria geral do direito civil. 28. ed. atual. Rio de Janeiro: Forense, 2015. v. I.

SOUZA, Bernardo Pimentel. *Introdução aos Recursos Cíveis e à Ação Rescisória*. 4. ed. São Paulo: Saraiva, 2007.

THEODORO JÚNIOR, Humberto. A ação rescisória no Novo Código de Processo Civil. *Revista Brasileira de Direito Processual – RBDPro*, Belo Horizonte, ano 23, n. 90, p. 279-306, abr./jun. 2015.

Informação bibliográfica deste texto, conforme a NBR 6023:2002 da Associação Brasileira de Normas Técnicas (ABNT):

MOTA, Maurício Luiz Britto da. et al. Ação rescisória no NCPC. In: BRITTO, Alzemeri Martins Ribeiro de; BARIONI, Rodrigo Otávio (Coords.). *Advocacia pública e o novo código de processo civil*. Belo Horizonte: Fórum, 2016. p. 327-345. ISBN 978-85-450-0173-7.

PRINCIPAIS INOVAÇÕES DO NOVO CÓDIGO DE PROCESSO CIVIL NO ÂMBITO RECURSAL

ADRIANO FERREIRA DA SILVA
CRISTIANE DE ARAÚJO GÓES MAGALHÃES
FABIANA ARAÚJO ANDRADE COSTA
FERNANDO PEREIRA LIMA
MARIA DA CONCEIÇÃO GANTOIS ROSADO
VERÔNICA SILVA BRITO

1 Introdução

O presente trabalho visa discorrer, em linhas gerais, sobre as transformações no âmbito recursal trazidas pelo Novo Código de Processo Civil - NCPC, aprovado pelo Senado Federal em 17 de dezembro de 2014, inclusive, com as alterações trazidas pela Lei nº 13.256, de 04 de fevereiro de 2016, que entrará em vigor em março do ano corrente.

Nenhum operador do Direito poderá se descuidar de observar as modificações que se darão no tema "recursos", e o presente artigo vem apresentar, de forma objetiva, as principais alterações, trazendo um ponto de partida para a discussão do assunto, não se almejando aqui apresentar soluções para os aspectos controvertidos já sinalizados pela doutrina.

O grande diferencial do Novo Código de Processo Civil é ser o primeiro código processual elaborado democraticamente, sendo um potencial instrumento que reforça as garantias constitucionais, tais como contraditório, ampla defesa, publicidade, impessoalidade, celeridade, moralidade e transparência nas decisões judiciais, buscando um sistema mais célere e justo, na tentativa de aproximar mais o processo civil da Constituição Federal.

Nesse contexto, o regime recursal sofreu mudanças relevantes e o objetivo do presente trabalho é descortiná-las, inicialmente tratando das alterações que impactam todos os recursos para, em seguida, tratar dos principais recursos separadamente, além de destinar tópico específico para tratar da supressão dos embargos infringentes.

2 Novidades no âmbito recursal: aspectos gerais

O Novo Código de Processo Civil tem por objetivo principal a uniformização do entendimento jurisprudencial dos mais diversos órgãos de justiça do país, de modo a viabilizar a celeridade do Poder Judiciário, no que tange ao tempo necessário para a efetiva prestação jurisdicional aos cidadãos, bem como à satisfação do bem da vida perseguido por estes em juízo.

Dito isso, inovou o Novo Código de Ritos em seu artigo 995, ao dispor que "os recursos não impedem a eficácia da decisão, salvo disposição legal ou decisão judicial em sentido diverso".[1]

Como visto, o referido dispositivo estabeleceu, como regra, que os recursos apresentados em face das decisões proferidas pelo Poder Judiciário apenas serão recebidos no seu efeito devolutivo, logo, não havendo determinação *ope legis* ou *ope judicis* de suspensão de seus efeitos, poderão ser estas imediatamente executadas, garantindo-se, assim, a rápida satisfação do direito pleiteado pelos jurisdicionados em juízo.

Trata-se de inovação, pois seu correspondente no Código de Processo Civil de 1973, o artigo 497, ao dispor que "o recurso extraordinário e o recurso especial não impedem a execução da sentença",[2] consagra a ideia, grosso modo, de que os recursos classificados pela doutrina como ordinários serão sempre recebidos nos efeitos devolutivo e suspensivo, postergando, portanto, a fase satisfativa da prestação jurisdicional.

Nesse sentido, afirma José Cairo Júnior que, "no processo civil, a regra é a do recebimento do recurso no seu duplo efeito, suspensivo e devolutivo, salvo nas hipóteses previstas pelo art. 520 do Código de Processo Civil".[3]

A mudança veio em boa hora, vez que o recebimento dos recursos no processo civil em seu duplo efeito, além de prejudicar sobremaneira aos jurisdicionados, que atualmente se veem reféns da burocracia procedimental para tutela de seus direitos, muitas vezes manifestamente demonstrado, consiste em desprestígio à decisão proferida em primeira instância que, para a produção de seus efeitos, depende de ratificação do respectivo Tribunal de segunda instância, salvo disposição legal em sentido diverso.

Não obstante a alteração supramencionada, o Novo Código de Processo Civil, no parágrafo único do art. 995, prevê a possibilidade de suspensão da eficácia da decisão recorrida por decisão do relator, desde que demonstrado pelo recorrente, cumulativamente, que da imediata produção de seus efeitos há risco de dano grave, de difícil ou impossível reparação, bem como a probabilidade de provimento do recurso.

O requerimento de suspensão da eficácia de decisão, recém-criado pelo novel Código de Processo, tem por escopo substituir a medida cautelar inominada, largamente utilizada para atribuição de efeito suspensivo a recurso especial e extraordinário, haja vista que o processo cautelar, a princípio, fora extinto no novo CPC.

Desta forma, não há dúvidas de que o procedimento em questão aplica-se apenas aos recursos cuja interposição se dá no juízo *a quo*, para posterior remessa e apreciação

---

[1] BRASIL. Lei nº 13.105, de 16 de março de 2015. Código de Processo Civil. *Diário Oficial da União* de 17 mar. 2015. p. 1.
[2] BRASIL. Lei nº 5.869, de 11 de janeiro de 1973. Código de Processo Civil. *Diário Oficial da União* de 17 jan. 1973. p. 1.
[3] CAIRO JÚNIOR, José. *Curso de direito processual do trabalho*. 5. ed. Salvador: Juspodivm, 2012. p. 639.

pelo juízo *ad quem*, ou seja, o requerimento de suspensão da eficácia de decisão visa impedir que durante o lapso temporal referente à interposição do recurso no juízo de origem, com sua regular tramitação, e a efetiva análise do mesmo pelo relator, na instância superior, seja o recorrente prejudicado por eventual decisão que lhe enseje risco de dano grave, de difícil ou impossível reparação.

Portanto, trata-se de verdadeiro instrumento cautelar, que visa a tutela do direito dos jurisdicionados que eventualmente possam ser prejudicados pela necessidade de cumprimento das formalidades inerentes à tramitação dos recursos, as quais, voltando-se as vistas à realidade do judiciário, no âmbito nacional, pode levar alguns meses ou, o que é lamentável, vários anos.

Na esteira do quanto dito alhures, o incidente em análise é aplicável ao recurso de apelação, recurso ordinário, recurso especial e recurso extraordinário, cujo procedimento está previsto no art. 1.012, §§3º e 4º, no que se refere ao primeiro, e no art. 1.029 §5º cumulado com o art. 1.027 §2º, quanto aos demais, todos do NCPC.

Outro ponto que merece destaque é a possibilidade de desistência de recurso sem prejuízo da análise de questão cuja repercussão geral já tenha sido reconhecida, bem como daquele objeto de julgamento de recursos extraordinários ou especiais repetitivos, previsto no art. 998, parágrafo único do Novo Código de Processo Civil.

No entanto, há que se chamar atenção para o fato do dispositivo em análise exigir, para que se dê prosseguimento no julgamento da demanda com a finalidade única e exclusiva de firmamento da tese jurídica, que já tenha sido reconhecida a repercussão geral no recurso extraordinário, ou, de outro modo, que o recurso especial ou extraordinário interposto tenha sido afetado pela técnica processual dos recursos repetitivos.

Logo, interposto o recurso extraordinário, ainda que o relator tenha se manifestado pela existência da repercussão geral, se não houve o reconhecimento da mesma pelo Supremo Tribunal Federal, a desistência do recurso ensejará a impossibilidade de discussão da tese jurídica objeto da irresignação.

De igual modo se procederá aos recursos especiais e/ou extraordinários que, muito embora tenham sido selecionados pela presidência do Tribunal de Justiça ou de Tribunal Regional Federal como representativos da controvérsia, para fins de julgamento em sede de repetitivos, haja a desistência dos mesmos antes de sua afetação pelos respectivos juízos *ad quem*.

Por fim, no que tange aos aspectos gerais no âmbito recursal, vale registrar que a nova codificação processual, em seu art. 1.003, §5º, uniformizou, com exceção dos embargos de declaração, o prazo para interpor os recursos e para responder-lhes para 15 (quinze) dias, sendo que, por força do art. 219, somente serão computados, para fins de contagem do prazo, os dias úteis.

Esta uniformização corrigiu o problema pelo qual passam a Fazenda Pública e o Ministério Público sob a égide do Código de Processo Civil de 1973, pois, muito embora possuam prazo em dobro para a interposição de recursos, conforme disposto em seu art. 188, os prazos para responder aos recursos são simples, conforme entendimento pacífico doutrinário e jurisprudencial.

3 Apelação

Dentre as alterações significativas trazidas pelo Novo Código de Processo Civil, indubitavelmente destacam-se as mudanças ocorridas no recurso de apelação, cujo regramento está detalhado nos artigos 1.009 a 1.014.

O art. 1.009, *caput*, do Novo Código de Processo Civil, diz, *in verbis*: "Da sentença cabe apelação", inaugurando os dispositivos que tratam do recurso de apelação, vindo a primeira grande inovação no seu §1º, quando determina que "as questões resolvidas na fase de conhecimento, se a decisão a seu respeito não comportar agravo de instrumento, não são cobertas pela preclusão e devem ser suscitadas em preliminar de apelação, eventualmente interposta contra a decisão final, ou nas contrarrazões".

De logo, verifica-se que, por tal dispositivo, foi retirado o agravo retido, estabelecendo a nova regra que as decisões interlocutórias irrecorríveis por agravo de instrumento devem ser questionadas em sede de preliminar na apelação ou nas contrarrazões. E neste último caso, o §2º do dispositivo supramencionado também estabelece que deverá ser oportunizado à outra parte, o prazo de 15 dias para se manifestar sobre as questões levantadas em sede de preliminar (contrarrazões das contrarrazões).

Conclui-se, como bem pontua Alexandre Câmara, que "a apelação, então, poderá ser interposta para impugnar a sentença ou as decisões interlocutórias não agraváveis". E, mais: "é, pois, perfeitamente possível que a parte apele sem oferecer à sentença qualquer impugnação, limitada sua irresignação ao conteúdo de alguma decisão interlocutória não agravável".[4]

Outra alteração trazida pelo NCPC na apelação refere-se à questão do efeito suspensivo. O art. 1.012 do NCPC, que trata do tema, em seu §1º, acrescentou o inciso VI (decretação de interdição), aumentando o rol taxativo em que a apelação terá efeito meramente devolutivo. Assim, se for decretada a interdição de uma pessoa e houver recurso, este será recebido no efeito devolutivo, apenas.

Ainda sobre efeito suspensivo, como já pontuado no tópico anterior deste artigo, importante destacar o §3º do art. 1012 do NCPC, que estabelece a possibilidade de pedido de concessão de efeito suspensivo, cujo dispositivo não tem correspondente no atual Código de Ritos. Passa a ser possível formular pedido específico para concessão de efeito suspensivo nas hipóteses do §1º do art. 1.012 do NCPC, que pode ser dirigido ao Tribunal, no caso de ter havido a interposição e ainda não ter havido a distribuição, ou diretamente ao relator, caso a apelação já tenha sido distribuída. Aqui, o apelante pleiteia que se volte à regra geral do recurso de apelação.

Os requisitos para que este pedido seja formulado são: i) a probabilidade de provimento do recurso, ou seja, aparência do "bom direito" do recorrente; ou ii) risco de que a eficácia da decisão decorra dano grave ou de difícil reparabilidade, mais fundamentação relevante[5] (art. 1.012, §4º). Claro está que o legislador nesse ponto deixou uma "cláusula aberta", dando margem a requisitos subjetivos, cuja existência caberá ao julgador analisar.

---

[4] CÂMARA, Alexandre Freitas. *O Novo Processo Civil Brasileiro*. São Paulo: Atlas, 2015. p. 510.
[5] WAMBIER, Teresa Arruda Alvim. et al. *Primeiros comentários ao novo Código de Processo Civil artigo por artigo*. São Paulo: Revista dos Tribunais, 2015. p. 1445.

Registre-se que, especificamente para a suspensão da eficácia de sentença, nas hipóteses listadas no §1º do art. 1.012 do Novo Código de Processo Civil, houve uma mitigação dos requisitos cumulativos exigidos pelo art. 995, parágrafo único do NCPC.

Melhor dizendo, formulando-se pedido de suspensão da eficácia de decisão em sede de recurso especial, recurso extraordinário ou recurso ordinário, a norma processual impõe ao requerente a demonstração do risco de dano grave, de difícil ou impossível reparação, advindo da imediata produção dos efeitos da decisão impugnada, bem como a probabilidade de provimento do recurso interposto. Já nos casos previstos no art. 1.012, §1º, do NCPC, demonstrando o apelante apenas um dos requisitos supramencionados, é suficiente para que o relator designado suspenda a eficácia da sentença guerreada (art. 1.012 §4º NCPC).

Já no que tange ao efeito devolutivo, imperioso destacar o §3º do art. 1.013, que trouxe outra novidade: a possibilidade de o Tribunal *ad quem* julgar imediatamente o mérito da ação. Tal inovação vem atender ao principio da celeridade processual, um dos escopos principais buscados pelo NCPC com as mudanças trazidas. O Tribunal deve enfrentar diretamente o mérito da lide quando esta estiver em condições de imediato julgamento, independentemente de ser, ou não, a matéria discutida, exclusivamente de direito. E, para isso, o requisito é que o processo não deve necessitar de produção de mais nenhuma prova, caso contrário, precisará ser encaminhado para o juízo de primeiro grau novamente.

O legislador elenca, no referido §3º, os casos de cabimento desse julgamento, quais sejam: nos casos de i) recurso que almejar modificação de sentença terminativa (art. 485); ii) quando decretar nulidade de sentença por não ser ela congruente com o pedido ou a causa de pedir – aqui seria o caso de decisões *extra* ou *ultra petita*; ou iii) nulidade de sentença por falta de fundamentação; ou, ainda, iv) constatar omissão de exame de pedido (decisões *citra petita*) - hipótese em que poderá julgá-lo.

Opera-se também o efeito translativo no caso do §4º do art. 1.013, quando reformada a sentença que tenha recohecido a decadência ou a prescrição, o Tribunal verifique que já há condições de imediata apreciação do restante do mérito da causa (já que prescrição e decadência são questões de mérito) e, neste caso, não haverá necessidade de remeter o feito ao juízo *a quo*.

Outra novidade diz respeito ao juízo de admissibilidade, que não é mais realizado em primeira instância, como se constata no artigo 1.010, §3º do NCPC, que assim preceitua:

> Art. 1.010. A apelação, interposta por petição dirigida ao juízo de primeiro grau, conterá:
> [...]
> §1º. O apelado será intimado para apresentar contrarrazões no prazo de 15 (quinze) dias.
> §2º. Se o apelado interpuser apelação adesiva, o juiz intimará o apelante para apresentar contrarrazões.
> §3º. Após as formalidades previstas nos §§1º e 2º, os autos serão remetidos ao tribunal pelo juiz, independentemente de juízo de admissibilidade.[6]

O dispositivo supra deixa clara a nova regra de que o juízo de admissibilidade não é mais realizado em primeira instância, que somente colhe as razões e contrarrazões,

---

[6] BRASIL, *op. cit.*

tomando as providencias previstas nos §§1º e 2º. Tal responsabilidade passa a ser do Tribunal *ad quem*, que julgará o recurso (incumbido o exame da admissibilidade, primeiramente, ao relator, com base no art. 932, III, e, posteriormente, ao órgão colegiado competente para julgá-lo).

A principal consequência é o fim de um foco de recorribilidade, posto que uma decisão é eliminada e, correlatamente, um eventual recurso. Não mais haverá possibilidade de interposição de agravo de instrumento, prevista no atual Código de Ritos, pois não haverá mais decisão do juízo de primeiro grau inadmitindo a apelação.

É oportuno pontuar, contudo, que a apelação torna possível o juízo de retratação pelo juízo *a quo*, nos casos de sentenças sem resolução do mérito, ou de improcedência liminar do pedido, como se observa nos arts. 331, 332, §3º, e 485, §7º. Há impedimento, porém, quanto ao juízo de retratação se a apelação é intempestiva (Enunciado 293 do FPPC - Fórum Permanente de Processualistas Civis).[7] Nesse caso, o juízo de primeira instância se limitará a declarar que não poderá se retratar por ser intempestivo o recurso, determinando a remessa ao Tribunal.

4 Agravo de instrumento

Conforme salientado no tópico anterior, ao contrário do Código de Processo Civil de 1973, que prevê o agravo de instrumento e o agravo retido para impugnação das decisões interlocutórias, o Novo Código de Processo Civil não mais contempla a forma retida do agravo e, por força dessa opção legislativa, promove significativa alteração no tratamento processual das preclusões.

Com efeito, a partir de 16 de março de 2016, as matérias outrora impugnáveis por meio de agravo retido, não mais se sujeitarão à preclusão, podendo a discussão ser travada no bojo do recurso de apelação ou nas contrarrazões de apelação, conforme prevê o art. 1009, §1º, do novo Código de Ritos.

Na esteira das modificações promovidas no agravo de instrumento, vale destacar a indicação do rol das hipóteses de cabimento do recurso, reservando-se, para aquelas situações sobre as quais não haja expressa previsão legal do cabimento do agravo, a impugnação da matéria em sede de recurso de apelação ou nas contrarrazões de apelação.

Ao elencar as hipóteses de cabimento do recurso – art. 1015 do NCPC – o legislador ressuscita na doutrina a discussão acerca do cabimento do mandado de segurança contra decisões não previstas no art. 1015 do NCPC, cuja solução não possa aguardar o desate da lide para serem apreciadas em sede de apelação.

Para Alexandre Câmara,[8] "a existência de um rol taxativo não implica dizer que todas as hipóteses nele previstas devam ser interpretadas de forma literal ou estrita. É perfeitamente possível realizar-se, aqui, – ao menos em alguns incisos, que se valem de fórmulas redacionais mais "abertas" –, interpretação extensiva ou analógica".

O entendimento acima referido encontra eco no Fórum Permanente de Processualistas Civis - FPPC, que, interpretando o inciso I, do art. 1015, do NCPC, aprovou

---

[7] Enunciado nº 293. (arts. 331, 332, §3º, 1,010, §3º). Se considerar intempestiva a apelação contra sentença que indefere a petição inicial ou julga liminarmente improcedente o pedido, não pode o juízo *a quo* retratar-se. (Grupo: Petição inicial, resposta do réu e saneamento).

[8] CÂMARA, Alexandre Freitas, *op. cit.*, p. 520.

o Enunciado 29, *in verbis*: "A decisão que condicionar a apreciação da tutela provisória incidental ao recolhimento de custas ou a outra exigência não prevista em lei, equivale a negá-la, sendo impugnável por agravo de instrumento".[9]

Ainda a respeito do cabimento do agravo de instrumento, merece destaque a opção feita pelo legislador de incluir, no art. 1015, II do NCPC, aquelas decisões interlocutórias que versam sobre o mérito do processo, pondo fim à discussão doutrinária e à divergência da jurisprudência sobre o recurso cabível em tal situação, se agravo de instrumento ou apelação.

Diferindo dos demais recursos previstos no Processo Civil, o agravo de instrumento pode ser interposto diretamente no tribunal *ad quem*, por meio de petição que deve observar o quanto disposto nos incisos do art. 1016 do NCPC.

Assim como ocorre no Código de Ritos em vigor, o *novel* regramento do agravo de instrumento mantém - salvo quando forem eletrônicos os autos do processo - a exigência da formação do instrumento, ou seja, a juntada de peças obrigatórias elencadas nos incisos I e II (se for o caso) do art. 1017, além do comprovante do pagamento das custas e do porte de retorno dos autos, quando devidos, e a juntada das peças facultativas que o agravante reputar úteis (art. 1017, III).

No que diz respeito à formação do instrumento do agravo, o NCPC traz duas salutares inovações: i) a possibilidade de juntada de declaração do advogado do agravante de inexistência de qualquer dos documentos referidos no inciso I do art. 1017, sob pena de responsabilidade pessoal; e, ii) a necessidade de aplicação do quanto disposto no art. 932, parágrafo único, do NCPC, quando faltar cópia de qualquer peça ou caso exista algum outro vício que comprometa a admissibilidade do agravo de instrumento (§3º, do art. 1017).

A regra do §3º, do art. 1017, aliás, reflete bem um dos nortes principiológicos do NCPC, a saber, o princípio da primazia do julgamento do mérito, e permite, quando possível, a correção de vício que possa levar ao não conhecimento do recurso. Vale anotar, no particular, que, em razão da amplitude do comando normativo, tanto a falta de peça obrigatória (ou facultativa que seja essencial à compreensão da lide), quanto qualquer outro vício sanável que possa comprometer a admissibilidade do agravo de instrumento, reclama a aplicação do quanto disposto no art. 932, parágrafo único, entendimento que, inclusive, é objeto do Enunciado 82 do Fórum Permanente de Processualistas Civis.[10]

Cássio Scarpinella Bueno,[11] em apontamento feito ao §3º do art. 1017, do NCPC, afirma que: "O §3º do art. 1.017 cuida da possibilidade de eventuais vícios na formação do instrumento serem sanados por determinação do relator. É interpretação que decorre do art. 515, §4º, do CPC atual, mas cuja explicitação, com expressa remissão ao parágrafo único do art. 932, é bem-vinda".

Continuando a análise das inovações promovidas pelo NCPC no agravo de instrumento, não se pode esquecer a modificação promovida quanto ao prazo e à forma de interposição do recurso. Conforme dispõe o §2º do art. 1017 do NCPC, o agravo de

---

[9] Enunciados do Fórum Permanente de Processualistas Civis. Vitória 01, 02 e 03 de maio de 2015. *Portal Processual*. Disponível em: <http://portalprocessual.com/wp-content/uploads/2015/06/Carta-de-Vit%C3%B3ria.pdf>. Acesso em: 02 fev. 2016.

[10] Enunciado nº 82. É dever do relator, e não faculdade, conceder o prazo ao recorrente para sanar o vício ou complementar a documentação exigível, antes de inadmitir qualquer recurso, inclusive, excepcionais.

[11] BUENO, Cassio Scarpinella. *Novo Código de Processo Civil anotado*. São Paulo: Saraiva, 2015. p. 655.

instrumento será interposto em prazo mais dilatado do que determina o sistema ainda em vigor, isto é, em 15 (quinze) dias – assim como os demais recursos, salvo os embargos de declaração –, podendo ser protocolado diretamente no tribunal; no protocolo da própria comarca, seção ou subseção judiciária; postado, sob registro e com AR; por fac-símile, na forma da lei;[12] ou interposto sob outra forma prevista na lei.

Uma vez interposto o recurso, dispõe o art. 1018 do NCPC que o agravante poderá requerer a juntada aos autos do processo em primeira instância, de cópia da petição de interposição do recurso, do comprovante de sua interposição e do rol dos documentos que o tenham instruído.

A comunicação da interposição do agravo de instrumento na forma disposta no NCPC, assim como ocorre no atual Código de Processo Civil, possibilita a retratação do Juízo *a quo*, que, se reconsiderar a decisão agravada, comunicará o fato ao relator do recurso, na forma prevista no art. 1018, §1º, ficando prejudicado o recurso.

A despeito de o *caput* do art. 1018 sugerir que a comunicação da interposição do agravo é mera faculdade do agravante, percebe-se que, se o recurso é interposto em processo cujos autos não são eletrônicos, o legislador, norteado pelo princípio da cooperação (art. 6º, NCPC), impõe um ônus ao agravante, que objetiva facilitar a atuação da parte contrária, que disporá, com maior facilidade, dos elementos necessários para elaborar suas contrarrazões ao agravo.

Analisando o §2º do art. 1018 do NCPC, Cassio Scarpinella Bueno[13] pondera que "se a interposição do agravo de instrumento for comunicada 'automaticamente' pelo sistema, disponibilizando as razões recursais respectivas, não há porque exigir que o agravante tome a mesma iniciativa".

A observação do professor Cássio Bueno é absolutamente pertinente, pois, não havendo a automática comunicação da interposição do recurso pelo próprio sistema – e, lamentavelmente, não é incomum que os sistemas de primeiro e segundo graus de um mesmo Tribunal não se comuniquem, ou que, o processo eletrônico esteja implantado apenas em um dos graus de jurisdição, como ocorre no Tribunal de Justiça da Bahia –, justamente por força do já referido princípio da colaboração, subsiste o ônus da comunicação da interposição do agravo de instrumento.

Tratando-se de um ônus processual (art. 1018, §2º), a omissão do agravante em relação à comunicação da interposição do recurso, desde que alegada e provada pelo agravado – e aqui também se impõe um ônus ao recorrido –, importará em inadmissibilidade do agravo, conforme prevê o §3º do mesmo dispositivo legal. Nota-se, quanto ao ponto, que o legislador não deu margem para o conhecimento, *ex-ofício*, do vício, não sendo possível, portanto, inadmitir o agravo de instrumento que não tenha sido comunicado nos autos do processo principal (art. 1018, §2º), quando o agravado não suscitar o vício nas contrarrazões.

Distribuído o recurso no tribunal e designado um relator, caberá a ele (relator) julgar o recurso de forma unipessoal, se verificar que ocorrem as hipóteses previstas no art. 932, III ou IV, do NCPC. A primeira delas cuida da análise da admissibilidade e da regularidade formal do recurso, não se podendo olvidar que, eventual decisão do relator

---

[12] A utilização de sistema de transmissão de dados para a prática de atos processuais é regulamentada pela Lei nº 9.800, de 26 de maio de 1999.
[13] BUENO, Cássio Scarpinella, *op. cit.*, p. 656.

pela inadmissibilidade do agravo de instrumento deverá ser precedida de intimação do agravante para, nos termos do parágrafo único do art. 932, do NCPC, sanar o vício.

A segunda hipótese de julgamento unipessoal, art. 932, IV do NCPC, tem relação direta com a segurança jurídica e valoriza o sistema de precedentes vinculantes que orienta o novo regramento processual civil brasileiro. Percebe-se, contudo, que a alínea *a* do dispositivo em comento permite que o relator negue provimento ao agravo de instrumento quando o recurso for contrário à súmula do STF, STJ ou do próprio Tribunal *ad quem*.

Não sendo o caso de julgamento unipessoal do recurso, poderá o relator, no prazo de 5 (cinco) dias, desde que tenha sido requerido pela parte, conferir efeito suspensivo ao recurso, sobrestando a eficácia da decisão recorrida, podendo, também, se for o caso, antecipar, total ou parcialmente, a pretensão recursal, se o Juízo *a quo* tiver indeferido a providência perseguida pelo agravante. No mesmo prazo, incumbe, ainda, ao relator, determinar as intimações da parte agravada (art. 1019, II) e do Ministério Público (art. 1019, III). A parte recorrida terá 15 (quinze) dias para apresentar contrarrazões e, se desejar, poderá juntar a documentação que entender necessária ao julgamento do recurso.

Decorridos todos os prazos e cumpridas as diligências atribuídas ao relator, prevê o legislador que o recurso deverá ser julgado em prazo não superior a 1 (um) mês da intimação do agravado (art. 1.020), redação esta semelhante ao disposto no art. 528 do Código de Processo Civil em vigor.

5 Embargos de declaração

As novidades do Novo Código de Processo Civil no que toca aos embargos de declaração podem ser vistas já no dispositivo que inaugura o capítulo respectivo, referente às hipóteses de cabimento.

Com efeito, o art. 1.022, *caput*, do Novo Código de Processo Civil, foi explícito ao determinar que os embargos de declaração são cabíveis contra qualquer decisão judicial, enquanto o Código de Processo Civil de 1973, em seu art. 535, I, estabelece que os aclaratórios são cabíveis contra sentença ou acórdão.

A interpretação da disposição do atual Código de Ritos, ensejadora de divergências doutrinárias e jurisprudenciais entre os defensores de uma interpretação literal, gramatical e os defensores de uma interpretação extensiva, conforme a Constituição Federal, levou ao não conhecimento de diversos embargos de declaração opostos contra decisões interlocutórias, de modo que a solução da questão de *lege ferenda* é muito bem vinda, garantindo a segurança jurídica e afastando a jurisprudência defensiva.[14]

Em relação às hipóteses de cabimento propriamente ditas, as novidades estão em:
a) explicitar que a omissão sobre ponto ou questão sobre o qual o juiz devia se pronunciar de ofício (e não apenas a requerimento da parte) é suscetível de aclaratórios (havia divergência doutrinária e jurisprudencial no particular);
b) trazer rol exemplificativo de hipóteses em que se considera haver omissão na decisão, rol este que traz situações que, na égide do Código de Processo

---

[14] WAMBIER, Teresa Arruda Alvim. et al, *op. cit.*, p. 1466.

Civil atual, muito frequentemente ensejam o improvimento dos embargos de declaração justamente sob o fundamento de inexistência de obrigação do magistrado de se manifestar sobre estes pontos ou questões, de modo que é um dispositivo muito bem vindo para os advogados;

c) incluir entre elas (hipóteses de cabimento) a correção do erro material.

É oportuno pontuar, contudo, que, apesar da correção do erro material ter sido incluída entre as hipóteses de cabimento dos embargos de declaração, "a não oposição de embargos de declaração em caso de erro material na decisão não impede sua correção a qualquer tempo", como consta do Enunciado nº 360 do Fórum Permanente de Processualistas Civis,[15] interpretação que se mostra adequada, haja vista que o art. 494 do Novo Código de Processo Civil só admite a alteração da sentença depois da publicação "para corrigir, de ofício ou a requerimento da parte, inexatidões materiais ou erros de cálculo" (inciso I) ou "por meio de embargos de declaração" (inciso II),[16] deixando claro que os erros materiais podem ser apontados por simples petição.

O Novo Código de Processo Civil traz como novidade, ainda, estabelecer, *de lege ferenda*, a obrigatoriedade de o embargado ser intimado para se manifestar caso o acolhimento dos embargos de declaração possa modificar a decisão impugnada (art. 1.023, §2º), haja vista que, no Código de Ritos atual, a necessidade de intimação do embargado nessa hipótese decorre de construção jurisprudencial.

Em sentido diametralmente oposto a essa postura de acolher a jurisprudência dominante, no art. 1.024, §2º, o Novo Código de Processo Civil traz como novidade disposição que contraria a *praxis*, principalmente dos Tribunais Superiores, de não admitir aclaratórios contra decisões monocráticas e, admitindo-os, levar para a apreciação do colegiado os embargos de declaração opostos,[17] isso porque o NCPC estabelece que quando os embargos de declaração forem opostos contra decisões unipessoais (admite-os, portanto), eles devem ser decididos monocraticamente pelo órgão prolator da decisão.

E, ainda na linha de contrariar a *praxis*, inova em benefício dos princípios constitucionais do contraditório e da ampla defesa ao determinar que, se o órgão julgador entender que os embargos de declaração trazem matéria de agravo interno, pode recebê-los como tal, desde que intime o embargante a complementar as razões recursais, ajustando-as às exigências deste outro recurso (agravo interno), o que não é feito pelos Tribunais atualmente, haja vista que hoje o embargante só toma ciência de que os aclaratórios foram recebidos como agravo interno no momento do julgamento.

O Novo Código de Processo Civil segue inovando ao resolver, *de lege ferenda*, questões relativas ao processamento de outros recursos interpostos antes da oposição dos embargos de declaração, estabelecendo que, caso o julgamento dos aclaratórios resulte em modificação do *decisum*, se o recorrido havia interposto outro recurso contra a decisão embargada, tem o direito de alterar suas razões recursais considerando o que foi modificado no *decisum*, enquanto que, se o julgamento dos aclaratórios não resultou

---

[15] Enunciados do Fórum Permanente de Processualistas Civis. Vitória 01, 02 e 03 de maio de 2015. *Portal Processual*. Disponível em: <http://portalprocessual.com/wp-content/uploads/2015/06/Carta-de-Vit%C3%B3ria.pdf>. Acesso em: 02 fev. 2016.

[16] BRASIL, *op. cit.*

[17] WAMBIER, Teresa Arruda Alvim. et al, *op. cit.*, p. 1478.

em modificação alguma, o recurso já interposto não precisa ser ratificado (art. 1.024, §§4º e 5º).

Essa desnecessidade de ratificação dos aclaratórios prevista no art. 1.024, §5º, aliás, está em consonância com previsão constante na parte geral do Novo Código de Processo Civil, que rechaça a intempestividade por prematuridade (art. 218, §4º).

O Código de Ritos atual é silente quanto a esta questão e a jurisprudência predominante é defensiva, exigindo que o recurso interposto antes dos embargos de declaração seja ratificado, mesmo que o julgamento dos aclaratórios não traga modificação alguma. O Superior Tribunal de Justiça, inclusive, tem súmula sobre o assunto, que estabelece que "é inadmissível o recurso especial interposto antes da publicação do acórdão dos embargos de declaração, sem posterior ratificação" (súmula 418), verbete este que não poderá subsistir após a entrada em vigor do NCPC,[18] como muito bem pontuado no Enunciado nº 23 do Fórum Permanente de Processualistas Civis.[19]

Outra novidade do Novo Código de Processo Civil em sede de embargos de declaração é admitir o que a doutrina denomina de prequestionamento ficto, ou seja, o NCPC considera incluídos no acórdão os elementos que o embargante suscitou para fins de prequestionamento, mesmo que os embargos sejam improvidos, desde que o tribunal *ad quem* considere que pelo menos uma das hipóteses de cabimento dos aclaratórios estava presente (art. 1.025).

Os embargos de declaração, seguindo a regra geral do sistema recursal, conforme já detalhado no primeiro item deste trabalho, deixou de ter efeito suspensivo *ope legis*, como entende a jurisprudência predominante sob a égide do Código de Ritos atual, e passou a ter efeito suspensivo *ope judicis*, mantido o seu efeito interruptivo do prazo do recurso subsequente (art. 1.026, *caput*).

Uma observação oportuna está contida no Enunciado 218 do Fórum Permanente de Processualistas Civis: "a inexistência de efeito suspensivo dos embargos de declaração não autoriza o cumprimento provisório da sentença nos casos em que a apelação tenha efeito suspensivo".[20]

E, por fim, majorada um pouco a multa para os primeiros aclaratórios considerados protelatórios (de 1%, fixada no art. 538 do CPC atual, para 2%, fixada no art. 1.026, §2º, do NCPC), estabelecido que as multas para embargos de declaração protelatórios devem incidir sobre o valor atualizado da causa e explicitado que a Fazenda Pública e o beneficiário de gratuidade da justiça não precisam depositá-la previamente para a interposição de outro recurso, na hipótese em que isso é exigido (segundo embargos de declaração protelatórios), a grande novidade nesse particular é que o Novo Código de Processo Civil, em seu art. 1.026, §4º, estabelece que "não serão admitidos novos embargos de declaração se os 2 (dois) anteriores houverem sido

---

[18] BUENO, Cássio Scarpinella, *op. cit.*, p. 661.
[19] *Enunciado nº 23.* (art. 218, §4º; art. 1.024, §5º). Fica superado o enunciado 418 da súmula do STJ após a entrada em vigor do CPC ("É inadmissível o recurso especial interposto antes da publicação do acórdão dos embargos de declaração, sem posterior ratificação"). (Grupo: Ordem dos Processos no Tribunal, Teoria Geral dos Recursos, Apelação e Agravo).
[20] Enunciados do Fórum Permanente de Processualistas Civis. Vitória 01, 02 e 03 de maio de 2015. *Portal Processual*. Disponível em: <http://portalprocessual.com/wp-content/uploads/2015/06/Carta-de-Vit%C3%B3ria.pdf>. Acesso em: 02 fev. 2016.

considerados protelatórios",[21] o que, segundo o Fórum Permanente dos Processualistas Civis, significa que eles não produzirão qualquer efeito (Enunciado nº 361).

O art. 1.026, §4º, está sendo recebido com desconfiança pela doutrina, que o está acusando de exagerado e alertando sobre a possibilidade de ele ser inquinado de inconstitucional. Só o tempo dirá.

6 Recursos especial e extraordinário

Os recursos especial e extraordinário, como não poderia deixar de ser, continuam adstritos às regras constitucionais, figurando o respectivo órgão julgador como uma instância especial cuja função é preservar a ordem jurídica. Alguns ajustes, porém, foram incluídos no procedimento, refletindo as alterações estruturais do NCPC.

Logo no primeiro artigo da seção específica (art. 1.029) já se vislumbra a encampação pelo texto legal de entendimento jurisprudencial dominante, a exemplo da necessidade de demonstrar analiticamente a divergência de decisões a viabilizar o cabimento do recurso especial por este fundamento, bem como a inclusão de novos meios de comprovar a existência da decisão paradigma.

Sobre este mesmo tema, de outra parte, verifica-se que ao julgador não será possível inadmitir este recurso com fundamentação genérica,[22] em observância ao art. 489, §1º, do NCPC, que reflete a exigência de fundamentação substancial e analítica em todas as decisões judiciais.

Ainda neste primeiro artigo, vislumbra-se outra alteração fundante do NCPC, qual seja, a busca da efetiva solução do litígio refletida na possibilidade de sanar vícios não considerados graves (art. 1.029 §3º), visando o enfrentamento do mérito, prestigiando a norma fundamental da primazia da resolução do mérito.[23]

No tocante à eventual atribuição de efeito suspensivo a estes recursos, possibilidade esta prevista no art. 1.029, §5º, do NCPC, necessário destacar a simplificação do procedimento, vez que possibilitada a formulação de tal pedido por requerimento, ao contrário do que ocorre na atualidade, onde, ante a ausência de instrumento processual com esta finalidade no vigente Código de Ritos, se valem os operadores do Direito do manejo de medidas cautelares inominadas, visando a atribuição de efeito suspensivo aos recursos extraordinários, conforme abordado no tópico inicial deste trabalho.

Doutro modo, no que concerne à admissibilidade dos recursos especial e extraordinário, o parágrafo único do art. 1.030 do NCPC, em sua redação original, afirma que a remessa dos autos ao tribunal superior ocorrerá independentemente de juízo de admissibilidade.

Ainda que considerada a intenção do legislador de reduzir um recurso – agravo para dar seguimento ao recurso inadmitido na origem – o efeito prático de levar ao STJ e ao STF a totalidade dos recursos interpostos, sem o filtro do primeiro juízo de admissibilidade do tribunal *a quo*, ensejou, dentre outros motivos, a elaboração do

---

[21] BRASIL, *op. cit.*
[22] Art. 1.029 §2º, do NCPC, dispositivo ameaçado de revogação pelo PLC nº 168/2015.
[23] Art. 4º do NCPC.

Projeto de Lei da Câmara – PLC – nº 168/2015,[24] que deu origem à Lei nº 13.256, de 04 de fevereiro de 2016.

A referida Lei altera e/ou revoga alguns artigos ou parte deles, visando, dentre outras mudanças, o retorno do duplo juízo de admissibilidade, dando nova redação ao art. 1.030 do NCPC, possibilitando ao Tribunal recorrido: i) negar seguimento ao recurso, nas hipóteses elencadas nas alíneas do inciso I; ii) encaminhar o processo ao órgão julgador para realização do juízo de retratação, se o acórdão recorrido divergir do entendimento do Supremo Tribunal Federal ou do Superior Tribunal de Justiça, conforme o caso, em sede de repercussão geral ou de recursos repetitivos; iii) sobrestar o recurso que versar sobre controvérsia de caráter repetitivo pendente de julgamento pelas Cortes Superiores de Justiça; e iv) realizar o juízo positivo de admissibilidade do recurso, desde que configuradas as hipóteses das alíneas do inciso V do referido dispositivo.

A regra veiculada através do artigo 1.034 do NCPC, mais uma vez, prestigia o princípio da efetiva prestação jurisdicional[25] ao, em sendo o recurso especial e/ou o recurso extraordinário admitido por um fundamento, devolver ao tribunal superior o conhecimento dos demais fundamentos suscitados no recurso, inerentes ao capítulo impugnado, visando a solução da lide.

Outra alteração importante, que também reflete o pilar do NCPC, que visa dar efetiva solução aos litígios, é a possibilidade do STJ remeter o recurso especial para o STF quando aquele Tribunal entender que a matéria é constitucional, mediante prévia manifestação do recorrente para que demonstre a repercussão geral, procedendo a uma adaptação do recurso para ser julgado como extraordinário. De outra margem, há também a possibilidade do STF remeter o feito ao STJ, quando considerar reflexa a ofensa à Constituição, "por pressupor a revisão da interpretação de lei federal ou tratado",[26] para ser julgado como recurso especial. Cumpre destacar que este procedimento não se confunde com a prejudicialidade do recurso especial, mantida pelo NCPC no art. 1.031, §§2º e 3º.

O requisito da repercussão geral para conhecimento do recurso extraordinário foi mantido no NCPC, acrescido de nova hipótese de presunção absoluta, qual seja, sempre que o recurso impugnar acórdão que tenha reconhecido a inconstitucionalidade de tratado ou lei federal, nos termos do art. 97 da Constituição Federal.[27]

Ainda inovando quanto à repercussão geral, o NCPC detalha o procedimento, destacando a suspensão de todos os processos, individuais ou coletivos, que versem sobre o tema em todo o território nacional (art. 1.035, §5º), suspensão esta que, agora, será por tempo indeterminado, vez que o art. 1.035, §10º, do NCPC, que estabelecia o prazo de um ano para o julgamento do recurso representativo da controvérsia e, em sendo ultrapassado este lapso temporal, determinava a cessação da suspensão, retomando os processos a seu curso normal, fora revogado pelo art. 3º da Lei nº 13.256, de 04 de fevereiro de 2016.

---

[24] Projeto de Lei da Câmara nº 168, de 2015. *Senado Federal*. Disponível em: <http://www25.senado.leg.br/web/atividade/materias/-/materia/123769>. Acesso em: 21 jan. 2016.
[25] Art. 489 §1º, do NCPC.
[26] Art. 1.033 do NCPC.
[27] Art. 1.035 §3º, III do NCPC.

A razão de ser desta suspensão encontra-se no princípio da isonomia, no sentido de que a orientação do STF deva ser acatada e aplicada pelos demais Tribunais, racionalizando a demanda do Poder Judiciário.

O interessado poderá requerer no tribunal de origem, que exclua determinado processo da decisão de sobrestamento e inadmita o recurso por intempestividade, cuja negativa desafia agravo (art. 1.035 §6º).

Sobre o tema, embora ambos consistam em procedimento de julgamento por amostragem, impende destacar que o fundamento da repercussão geral se distingue daquele dos recursos repetitivos, pois aquela não exige necessariamente a multiplicidade de demandas para ser reconhecida, eis que pode haver uma grande repercussão jurídica, sem abranger um grande volume de processos. Pode-se afirmar que a mera multiplicidade pode revelar a repercussão geral, dado o efeito multiplicador, porém, não há necessidade desta peculiaridade para a sua caracterização.

Havendo, por outro lado, a multiplicidade de recursos, sejam especiais ou extraordinários, com fundamento em idêntica questão de direito, haverá o julgamento pelo procedimento de recursos repetitivos, modalidade já prevista no Código de Processo Civil em vigor, cujo rito foi aprimorado e detalhado no NCPC.

O presidente ou o vice-presidente do tribunal *a quo* selecionará os recursos para fins de afetação, esta escolha não vinculará o relator do tribunal *ad quem* que poderá selecionar outros recursos ou ainda atuar independentemente do tribunal de origem. Compete ao relator do tribunal superior a decisão de afetação do(s) recurso(s) representativo(s) de controvérsia, selecionado(s) entre "recursos admissíveis que contenham abrangente argumentação e discussão a respeito da questão a ser decidida".[28]

A afetação ensejará a suspensão do processamento de todos os processos pendentes, em todo o território nacional, desafiando requerimento dirigido ao juízo onde se encontra o feito, visando demonstrar a distinção entre as questões e afastar a suspensão, pleiteando a retomada do curso normal do respectivo processo.

Poderá, também aqui, o interessado requerer no tribunal de origem que exclua determinado processo da decisão de sobrestamento e inadmita o recurso por intempestividade, cuja negativa desafia agravo.

Havendo mais de uma afetação, será prevento o relator que primeiro proferir a respectiva decisão de afetação, evitando-se, assim, a duplicidade do procedimento e de decisões passíveis, inclusive, de contradição.

Após publicado o acórdão paradigma, cujo conteúdo deve abranger todos os fundamentos da tese jurídica discutida, sejam favoráveis ou desfavoráveis, será aplicado pelos tribunais de origem, negando seguimento aos recursos cujos acórdãos recorridos coincidirem com a orientação do tribunal superior ou, do contrário, reexaminará o processo para aplicar a orientação do paradigma. Os feitos em primeira instância ou em grau de recurso terão seu curso retomado para julgamento e aplicação da tese firmada pelo tribunal superior, facultado à parte a desistência da ação, isentando-a de custas e honorários sucumbenciais, caso o faça antes da contestação (art. 1.040 §2º).

É certo que o julgamento conjunto de recursos repetitivos tem como foco as questões de massa, gerando uma racionalidade no gerenciamento das demandas, tornando a prestação jurisdicional mais eficiente. Nesse sentido, o NCPC determinou a

---

[28] Art. 1036 §6º, do NCPC.

intimação do órgão, ente ou agência reguladora competente para fiscalização da efetiva aplicação sempre que houver decisão relativa a serviço púbico objeto de concessão, permissão ou autorização (art. 1.040, IV).

7 A "supressão" dos embargos infringentes

O art. 994 traz o rol dos recursos previstos no Novo Código de Processo Civil, que não mais inclui os embargos infringentes, previstos, anteriormente, no inciso III, do artigo 496 e 530 do Código de Processo Civil em vigor.

Como destacado por Júlio César Goulart Lanes,[29] na linha de modernização do processo civil brasileiro, ambicionando a simplificação e o incremento da tempestividade da prestação jurisdicional, o NCPC ceifou o preexistente art. 530 do Código de Ritos atual, suprimindo este recurso, que era, como sabido, destinado à rediscussão de acórdão não unânime que, em grau de apelação, reformava a sentença de mérito, ou julgava procedente a ação rescisória.

Ficasse assim, diz o comentarista supracitado, "o desiderato teria sido alcançado. Contudo, como uma reação à supressão do recurso em questão, acabou sendo franqueada à nova legislação processual uma técnica de suspensão de julgamentos não unânimes. Instituiu-se, no art. 942 do NCPC, em título que antecede a parte recursal, técnica baseada na imperativa sistemática de, quando não existir consenso no colegiado, ficar postergado o julgamento para quando possível a participação de outros julgadores, em número capaz de viabilizar a possibilidade de inversão do resultado inicial.

"Desse modo, o prosseguimento do julgamento deverá garantir a hipótese de o voto minoritário acabar preponderante, já que, em tese, poderá ser revigorado por, no mínimo, dois outros votos".

Como acentuado pelo ilustre comentarista do artigo 942 do NCPC,[30] vê-se, de logo, o retrocesso, porquanto, em parte, foi desenterrado o antigo art. 530, legitimador dos embargos infringentes quando detectado julgamento não unânime em apelação e ação rescisória, mas, no que toca à apelação, na sua redação anterior às sensíveis modificações que advieram pela Lei nº 10.352/2001.

No NCPC, como antes da indicada lei, os dois votos contrários ao entendimento minoritário não necessitam estar reformando a decisão meritória de primeiro grau, para que assim seja desafiada a presença de outros julgadores que permitam a reversão do resultado que ficou suspenso.[31] A nova realidade processual, excetuadas as hipóteses elencadas, está fundada na seguinte premissa: nos casos em que haja votação por maioria de votos, será imperativa a continuidade do julgamento mediante convocação de outros juízes.

Sem manejo de qualquer recurso, e, independentemente da vontade das partes, há a suspensão do julgamento e o subsequente envolvimento de outros julgadores.

---

[29] WAMBIER, Tereza Arruda Alvim. et al. *Breves comentários ao Novo Código de Processo Civil*. São Paulo: Revista dos Tribunais, 2015. p. 2103.

[30] WAMBIER, Tereza Arruda Alvim. et al. *Breves comentários ao Novo Código de Processo Civil*. São Paulo: Revista dos Tribunais, 2015. p. 2103.

[31] WAMBIER, Tereza Arruda Alvim. et al. *Breves comentários ao Novo Código de Processo Civil*. São Paulo: Revista dos Tribunais, 2015. p. 2103-2104.

Nesse contexto, prossegue Júlio César Goulart Lanes,[32] que o texto legal não aborda com precisão o número de julgadores a serem envolvidos, mas, ao mesmo tempo, exige um número capaz de fazer a sobreposição do voto vencido.

No que concerne às hipóteses de cabimento, o procedimento aqui enfrentado deverá ser aplicado em todo e qualquer julgamento não unânime que envolva: a) recurso de apelação; b) ação rescisória com resultado favorável à sua procedência; c) agravo de instrumento que reforme a decisão que julga parcialmente o mérito.

A principal mudança, exatamente como já abordado pelo citado autor, está naquilo que envolve a apelação, uma vez que é abandonada qualquer preocupação com a reformulação meritória da causa. Ilustrando tal ponderação, observe-se que, no que diz respeito às sentenças meramente terminativas, é impositiva a aplicação da técnica, independentemente de o Tribunal modificar ou não a sentença, basta a ausência de votação unânime.[33] No tocante ao agravo de instrumento, vale rememorar que as decisões definitivas de mérito que eram discutidas por esse mesmo recurso já desafiavam a interposição de embargos infringentes. Aliás, como preconizava a Súmula 255 do STJ: "Cabem embargos infringentes contra acórdão proferido por maioria, em agravo retido, quando se tratar de matéria de mérito".

Cumpre salientar que a técnica de suspensão de julgamento é desencadeada exatamente pela existência de divergência, aspecto que importa em significativa constatação, a saber, o prosseguimento do julgamento está restrito à matéria objeto da divergência.

Assevera o autor[34] que, ao mesmo tempo, considere-se, por essencial, o fato de que o dispositivo legal é claríssimo ao dispor que o julgamento terá prosseguimento, o que significa compreender que está aberta a possibilidade de toda e qualquer discussão para aqueles julgadores que já votaram. Prerrogativa, aliás, reforçada pelo disposto no parágrafo terceiro de tal dispositivo, uma vez que, como já dito, está garantida a revisão dos votos antes proferidos, sem menção de qualquer ressalva. Ademais, entende-se que, enquanto ausente a proclamação de resultado, julgamento ainda não há.

Não é exagero então imaginar que, por ocasião do julgamento da ação rescisória, da apelação ou do agravo de instrumento, os colegiados, por uma questão de viabilidade dos trabalhos, passem a preferir a prolação de decisões unânimes, ainda que com ressalva de entendimento pessoal diverso, apenas para evitar a necessidade de ampliação do colegiado e postergação do julgamento definitivo.

Finalmente, quanto à baixa utilização dos embargos infringentes,[35] o motivo, ao invés de justificar a manutenção de sua essência, foi razão determinante justamente para sua extinção. A técnica de julgamento, ademais, aparenta trazer ganho mínimo em termos de celeridade (não haverá, apenas, o prazo recursal dos embargos infringentes e

---

[32] WAMBIER, Tereza Arruda Alvim. et al. *Breves comentários ao Novo Código de Processo Civil*. São Paulo: Revista dos Tribunais, 2015. p. 2104-2105.
[33] WAMBIER, Tereza Arruda Alvim. et al. *Breves comentários ao Novo Código de Processo Civil*. São Paulo: Revista dos Tribunais, 2015. p. 2105-2106.
[34] WAMBIER, Tereza Arruda Alvim. et al. *Breves comentários ao Novo Código de Processo Civil*. São Paulo: Revista dos Tribunais, 2015. p. 2106.
[35] BECKER, Rodrigo Frantz; DA NÓBREGA, Guilherme Pupe. Artigo 942 do novo CPC pode massacrar a divergência nos julgamentos. *Consultor Jurídico*. Disponível em: <http://www.conjur.com.br/2015-mar-27/artigo-942-cpc-massacrar-divergencia-julgamentos>. Acesso em: 03 fev. 2016.

nem prazo para contrarrazões), sabido que, de fato, o que consome o tempo do processo é o prazo até que se julgue o recurso com ampliação do colegiado.

Por todas essas razões, o sentimento que fica é que a técnica de julgamento prevista no artigo 942 do NCPC foi solução política que desvirtuou instituto jurídico, desvirtuação essa que tende a trazer novo problema quando o que se esperava é que a novel legislação se prestaria a resolver problemas antigos.

Apenas a título de arremate, esclareça-se que os embargos infringentes continuam a existir no processo das Execuções Fiscais, previstos no art. 34 da Lei nº 6.830/1980.

8 Conclusão

As alterações introduzidas pelo NCPC no âmbito recursal seguem as mesmas orientações ou linhas mestras relativas aos demais temas processuais tratados em seu texto.

Esta coerência é constatada, por exemplo, quando se vislumbra a busca da efetividade da demanda reflexiva, em sede recursal, no regramento dos efeitos dos recursos, eis que a atribuição apenas do efeito devolutivo é a regra, sendo o efeito suspensivo excepcional.

A primazia do julgamento do mérito é depreendida na possibilidade de correção de vícios não graves, prevista no agravo de instrumento, bem como nos recursos especial e extraordinário. Há a permissão legal de adentrar no mérito do recurso de apelação quando a causa já esteja madura. Vislumbra-se, ainda, a possibilidade de conversão de um recurso especial em extraordinário e vice-versa.

Prestigia o gerenciamento das demandas através de uniformização de jurisprudência que, em sede recursal, se evidencia pelo detalhamento do procedimento mais efetivo para julgamento de recursos especial e extraordinário repetitivos.

Foca na solução de divergências jurisprudenciais, pretendendo legalizar o entendimento dominante, refletido, dentre outros aspectos, quando amplia as hipóteses de cabimento de embargos de declaração, visando afastar a discussão acerca do cabimento ou não destes recursos contra decisão interlocutória.

Verifica-se, também, o foco na duração razoável do processo quando, por exemplo, pretende reduzir o número de recursos, suprimindo o juízo de admissibilidade em primeira instância no recurso de apelação, visando a não interposição de recurso contra a respectiva inadmissão.

Foram extintos o agravo retido e os embargos infringentes. As decisões atacáveis por aquele passam a ser combatidas em sede de recurso de apelação ou nas suas contrarrazões. Já as decisões combatíveis por estes, as decisões não unânimes, figuram agora como técnica de julgamento pelos Tribunais, o que pode ensejar mais demora no julgamento do respectivo recurso.

Enfim, as mudanças pretendem melhor gerenciar a imensa demanda que atinge o Poder Judiciário, sem abrir mão do devido processo legal, porém, muitas alterações necessitam da prática para exame dos resultados, se serão positivos ou negativos. O tempo dirá.

Referências

BECKER, Rodrigo Frantz; DA NÓBREGA, Guilherme Pupe. Artigo 942 do novo CPC pode massacrar a divergência nos julgamentos. *Consultor Jurídico*. Disponível em: <http://www.conjur.com.br/2015-mar-27/artigo-942-cpc-massacrar-divergencia-julgamentos>. Acesso em: 03 fev. 2016.

BRASIL. Lei nº 5.869, de 11 de janeiro de 1973. Código de Processo Civil. *Diário Oficial da União* de 17 jan. 1973. p. 1.

BRASIL. Lei nº 13.105, de 16 de março de 2015. Código de Processo Civil. *Diário Oficial da União* de 17 mar. 2015. p. 1.

BRASIL. Lei nº 13.256, de 04 de fevereiro de 2016. Altera a Lei nº 13.105, de 16 de março de 2015 (código de processo civil), para disciplinar o processo e o julgamento do recurso extraordinário e do recurso especial, e dá outras providências. *Diário Oficial da União* de 05 fev. 2016. p. 1.

BUENO, Cassio Scarpinella. *Novo Código de Processo Civil anotado*. São Paulo: Saraiva, 2015.

CAIRO JÚNIOR, José. *Curso de direito processual do trabalho*. 5. ed. Salvador: Juspodivm, 2012.

CÂMARA, Alexandre Freitas. *O Novo Processo Civil Brasileiro*. São Paulo: Atlas, 2015.

DE FREITAS, Andre Vicente Leite; DA SILVA, José Carlos. Recurso de Apelação e o novo Código de Processo Civil. *Jus Navigandi*. Disponível em: <https://jus.com.br/artigos/39950/recurso-de-apelacao-e-o-novo-codigo-de-processo-civil>. Acesso em: 14 jan. 2016.

ENUNCIADOS DO FÓRUM PERMANENTE DE PROCESSUALISTAS CIVIS. Vitória 01, 02 e 03 de maio de 2015. *Portal Processual*. Disponível em: <http://portalprocessual.com/wp-content/uploads/2015/06/Carta-de-Vit%C3%B3ria.pdf>. Acesso em: 02 fev. 2016.

FIGUEIREDO, Simone Diogo Carvalho (Coord). *Novo Código de Processo Civil anotado e comparado para concursos*. São Paulo: Saraiva, 2015.

MANATO, Carlos. Projeto de Lei da Câmara nº 168, de 2015. Senado Federal. Disponível em: <http://www25.senado.leg.br/web/atividade/materias/-/materia/123769>. Acesso em: 21 jan. 2016.

NERY JÚNIOR, Nelson; NERY, Rosa Maria de Andrade. *Comentários ao Código de Processo Civil*. São Paulo: Revista dos Tribunais, 2015.

NEVES, Daniel Amorim Assumpção. *Novo CPC comparado*. 2. ed. São Paulo: Método, 2015.

Projeto de Lei da Câmara nº 168, de 2015. *Senado Federal*. Disponível em: <http://www25.senado.leg.br/web/atividade/materias/-/materia/123769>. Acesso em: 21 jan. 2016.

WAMBIER, Tereza Arruda Alvim. et al. *Breves comentários ao Novo Código de Processo Civil*. São Paulo: Revista dos Tribunais, 2015.

WAMBIER, Teresa Arruda Alvim. et al. *Primeiros comentários ao novo Código de Processo Civil artigo por artigo*. São Paulo: Revista dos Tribunais, 2015.

Informação bibliográfica deste texto, conforme a NBR 6023:2002 da Associação Brasileira de Normas Técnicas (ABNT):

SILVA, Adriano Ferreira da. et al. Principais inovações do Novo Código de Processo Civil no âmbito recursal. In: BRITTO, Alzemeri Martins Ribeiro de; BARIONI, Rodrigo Otávio (Coords.). *Advocacia pública e o novo código de processo civil*. Belo Horizonte: Fórum, 2016. p. 347-364. ISBN 978-85-450-0173-7.

INCIDENTE DE RESOLUÇÃO DE DEMANDAS REPETITIVAS: UMA APRESENTAÇÃO

ANA CELESTE BRITO DO LAGO
FERNANDA DE SANTANA VILLA
JOSÉ CARLOS WASCONCELLOS JÚNIOR
LORENA MIRANDA SANTOS BARREIROS
PALOMA TEIXEIRA REY
PAULO EMÍLIO NADIER LISBÔA

1 Introdução

A Lei Federal nº 13.105, de 16 de março de 2015, instituiu o novo Código de Processo Civil, promovendo significativas mudanças no sistema processual brasileiro.

Dentre as novidades trazidas pelo novo Código, destaca-se o incidente de resolução de demandas repetitivas (IRDR), mecanismo que, em conciliação com os princípios da eficiência e da eficácia processual, busca otimizar a resolução das demandas de massa e, assim, contribuir para desafogar a estrutura do Poder Judiciário.

Dado o atual momento de judicialização das relações sociais, reputa-se importante compreender esse novo mecanismo, desde as circunstâncias que levaram o legislador a instituí-lo no sistema processual civil, até os objetivos concretos que se buscam alcançar, analisando o regramento do IRDR, inclusive, de forma sistemática, com atenção para algumas questões que já vêm sendo debatidas pela doutrina acerca desse instituto.

2 A evolução das demandas de massa e o sistema processual civil brasileiro. Instituição de microssistema para tratamento de casos repetitivos no CPC/2015

O Código de Processo Civil de 1973, concebido sob o influxo de ideologia marcadamente individualista, impunha ao Poder Judiciário prestar uma atividade jurisdicional específica para cada demanda proposta, decidindo qual norma jurídica se aplicaria a cada caso concreto.[1]

A partir da Constituição Federal de 1988, instituindo o Estado Democrático de Direito, o acesso ao Poder Judiciário foi ampliado e estimulado no país, sobretudo após a vigência das Leis Federais nº 8.078/90 (o Código de Defesa do Consumidor) e nº 9.099/95 (que implantou o sistema dos Juizados Especiais).

A adoção da figura do contrato de adesão no mercado de consumo, associada às facilidades de acesso à Justiça – com dispensa de pagamento prévio de custas processuais e mesmo de representação por advogado, em causas inferiores a vinte salários mínimos (Lei nº 9.099/95, arts. 54 e 9º, respectivamente) – foram alguns dos fatores determinantes para o atual momento de judicialização das relações sociais.

O mesmo se pode dizer da ampliação das atividades assumidas pelo Poder Público e, pois, do aparelhamento estatal. Com o grande aumento no número de cargos públicos[2] e a necessidade de preenchimento destes, multiplicaram-se as demandas judiciais, seja em torno da participação de candidatos em concursos públicos, seja para reivindicar direitos estatutários.

O cenário judiciário atual destaca-se pela intensa judicialização das relações de consumo, da saúde, dos concursos públicos, das políticas econômicas, dos vínculos estatutários ou REDA, dentre outros conflitos de massa. São inúmeras ações que, embora propostas por indivíduos distintos, apresentam elementos objetivos substancialmente semelhantes e, por vezes, dirigem-se contra o mesmo réu. Em torno de um mesmo contrato-padrão/edital/estatuto, centenas ou milhares de contratantes/candidatos/servidores expõem idênticas pretensões, lastreadas em uma mesma tese jurídica.

A sociedade brasileira potencializou o uso do Poder Judiciário como via para a solução de conflitos. Demandas que antes eram resolvidas em tratativas particulares, mediação ou por meio de órgãos administrativos de fiscalização, passaram a ser dirigidas diretamente ao Poder Judiciário. E em massa.[3]

Sucede que a estrutura do Judiciário não estava preparada para essa nova realidade social. Tampouco a legislação processual. Os órgãos judiciais, a despeito de suas capacidades operacionais limitadas, continuaram a julgar individualmente milhares de litígios repetitivos, como se cada ação fosse única e demandasse do Judiciário uma prestação de atividade jurisdicional específica.

Como consequência desse efeito colateral, passou-se a observar a adoção de medidas tendentes a restringir o acesso às instâncias extraordinárias. Tanto o Supremo

---

[1] Cândido Rangel Dinamarco registra que tal ideologia individualista, que caracterizou o sistema processual estruturado pelo CPC/1973 em sua concepção original, fora herança ainda do Código de Processo Civil de 1939 (DINAMARCO, Cândido Rangel. *Instituições de direito processual civil*. 6. ed. São Paulo: Malheiros, 2009. p. 286).

[2] Pesquisa realizada pelo IBGE, atualizada em 01.09.2015, constatou que, entre 2001 e 2014, a população brasileira cresceu 17,6%, enquanto que o número de servidores públicos municipais no mesmo período sofreu aumento de 66,7% (INSTITUTO BRASILEIRO DE GEOGRAFIA E ESTATÍSTICA. *Perfil dos Estados e dos Municípios Brasileiros 2014*. Disponível em: <http://www.ibge.gov.br/home/estatistica/economia/perfilmunic/2014/>. Acesso em: 25 fev. 2016).

[3] Apenas a título exemplificativo, segundo dados colhidos do relatório intitulado "Justiça em Números", do Conselho Nacional de Justiça, o número de casos pendentes de julgamento aumentou de 59,1 milhões, em 2009, para 70,8 milhões, em 2014. Houve, também, aumento de casos novos (25,3 milhões de novas demandas propostas em 2009 e 28,9 milhões, em 2014), embora tenha havido aumento proporcional de casos baixados nesse intervalo temporal – 24,6 milhões em 2009 e 28,5 milhões em 2014 (CONSELHO NACIONAL DE JUSTIÇA. *Justiça em números 2015*: ano-base 2014. Brasília: CNJ, 2015. p. 34. Disponível em: <http://www.cnj.jus.br/programas-e-acoes/pj-justica-em-numeros>. Acesso em 21 jan. 2016).

Tribunal Federal, quanto o Superior Tribunal de Justiça firmaram entendimentos voltados a obstaculizar o exame do mérito dos recursos, priorizando aspectos excessivamente formais,[4] com o único propósito de impedir que a avalanche de processos que já atravancava os juízos singulares e os tribunais locais os alcançasse.

O uso cada vez mais frequente do que se convencionou chamar de jurisprudência defensiva nunca resolveu, todavia, o problema crônico enfrentado pelo Poder Judiciário, uma vez que os seus efeitos não alcançam as primeiras instâncias, cada vez mais abarrotadas de novos processos e sem estrutura e mecanismos aptos a dar vazão aos que já estão em curso.

O sistema processual, ainda na década de 1990, já revelava sinais de que precisava mudar. Novas regras, institutos e mecanismos haveriam de surgir, voltados ao tratamento adequado às demandas individuais repetitivas ou de massa.[5]

Alterações legislativas tornaram-se, pois, necessárias, até mesmo na Constituição Federal, com a inserção do artigo 103-A pela Emenda Constitucional nº 45/2004, instituindo a Súmula Vinculante. O Código de Processo Civil de 1973 também recebeu sucessivas alterações, tais como a aplicação da jurisprudência impeditiva de recurso, referida no §1º do art. 518 (inserido pela Lei nº 11.276/2006); do julgamento pela improcedência *prima facie*, nos termos do art. 285-A (inserido pela Lei nº 11.277/2006); da regra da repercussão geral prevista no art. 543-A e da técnica de julgamento dos recursos extraordinários repetitivos, estabelecida no art. 543-B (ambos inseridos pela Lei nº 11.418/2006), assim como dos recursos especiais repetitivos na forma do art. 543-C (inserto por força da Lei nº 11.672/2008).

Excetuada a regra do art. 285-A, as demais técnicas de julgamento de demandas repetitivas inseridas no CPC/1973 produzem efeitos que só alcançam os Tribunais, não interferindo nas atividades dos juízos singulares, que, mesmo diante de milhares de ações em torno de uma mesma tese jurídica, permanecem submetidos ao rito comum de julgamento individual das demandas, sem dispor de técnicas próprias ou de ferramentas de gestão do enorme volume de processos que lhes são submetidos.

O Código de Processo Civil de 2015, enfrentando esse desafio, apresenta o que os processualistas já vêm denominando de Microssistema de Solução de Casos Repetitivos,[6] que, nos termos do art. 928 do novo diploma, é formado pelos recursos especial e extraordinário repetitivos e pelo incidente de resolução de demandas repetitivas.

Luiz Guilherme Marinoni, ao tratar do citado art. 928 do Código de Processo Civil de 2015, destaca que os institutos nele relacionados "seguem a sistemática do

---

[4] Sobre a jurisprudência defensiva adotada pelos Tribunais Superiores, com diversos exemplos reveladores dessa prática que, levada às últimas consequências, caracteriza verdadeira denegação de justiça, ver, por todos: AMARAL, Ana Cláudia Corrêa Zuin Mattos do; SILVA, Fernando Moreira. *A jurisprudência defensiva dos tribunais superiores:* a doutrina utilitarista mais viva do que nunca. Disponível em: <http://www.publicadireito.com.br/artigos/?cod=bbc9e48517c09067>. Acesso em: 22 jan. 2016.

[5] Nesse sentido, Flávia de Almeida Montingelli Zanferdini e Alexandre Gir Gomes sustentam que a conformação social como sociedade de massas conduz à necessidade de que sejam pensados meios de criação de mecanismos e de adaptação de regras processuais que viabilizem um adequado tratamento de demandas repetitivas, tanto no âmbito das demandas individuais, quanto das coletivas (ZANFERDINI, Flávia de Almeida Montingelli; GOMES, Alexandre Gir. Tratamento coletivo adequado das demandas individuais repetitivas pelo juízo de primeiro grau. *Revista de processo,* São Paulo, n. 234, p. 181-207, ago./2014. p. 182).

[6] Enunciado nº 345 do Fórum Permanente de Processualistas Civis: "O incidente de resolução de demandas repetitivas e o julgamento dos recursos extraordinários e especiais repetitivos formam um microssistema de solução de casos repetitivos cujas normas de regência se complementam reciprocamente e devem ser interpretadas conjuntamente".

processo-piloto", para concluir serem, assim, "espécies do gênero julgamento de casos repetitivos".[7]

Associado ao sistema de precedentes, também inserido no novo diploma, o microssistema de solução de casos repetitivos deverá ser determinante ao alcance de dois dos principais objetivos do novo sistema: agilizar a prestação jurisdicional, sem a perda de qualidade, e promover uniformidade na jurisprudência.[8]

Embora aprimorada no CPC/2015, a técnica de julgamento dos recursos especial e extraordinário repetitivos não é uma novidade, desde quando já vigente no atual diploma após as alterações sofridas pelas Leis Federais nº 11.418/2006 e 11.672/2008.

O incidente de resolução de demandas repetitivas (IRDR), todavia, é um instituto novo, inserido no sistema processual civil brasileiro somente a partir da Lei nº 13.105/2015 (CPC/2015). Dita inovação inspira-se na técnica do "procedimento-modelo" alemão, denominado *Musterverfahren*, em que se elege um processo-piloto, a partir do qual serão julgadas apenas as questões gerais e comuns a todos os casos semelhantes, cabendo o julgamento de cada caso concreto ao Juízo originário, porém, tomando como premissa a decisão proferida no Incidente.[9]

Trata-se de um procedimento através do qual um Tribunal de segunda instância fixa uma tese jurídica, a partir da controvérsia apresentada em uma causa piloto, estabelecendo um precedente que terá força vinculante para todos os casos idênticos que tramitem ou venham a tramitar nos limites de competência do respectivo Tribunal.

O IRDR possui propósitos semelhantes aos de muitos institutos do CPC/2015: tornar mais célere a prestação da atividade jurisdicional, ajudando a desafogar o Judiciário, e conferir uniformidade de entendimento acerca de determinada tese jurídica, em respeito aos princípios da isonomia e da segurança jurídica.

Paralelamente às discussões acerca da harmonia com as disposições constitucionais, recai grande expectativa sobre o IRDR, na medida em que exsurge como o instituto capaz de solucionar em bloco as ações repetitivas através de um processo-piloto (*leading case*), com fixação de tese jurídica de eficácia vinculativa[10] à resolução dos demais casos, "de forma a preservar os princípios da isonomia, da certeza do direito, da segurança, da previsibilidade e da estabilidade da ordem jurídica".[11]

Com razão, a solução de casos repetitivos através do IRDR tende a pôr um termo final à conhecida jurisprudência lotérica, cujo resultado da ação dependeria,

---

[7] MARINONI, Luiz Guilherme. Comentário ao art. 928. In: WAMBIER, Teresa Arruda Alvim; DIDIER JÚNIOR, Fredie; TALAMINI, Eduardo Ferreira; DANTAS, Bruno (Coord.). *Breves Comentários ao Novo Código de Processo Civil*. São Paulo: Revista dos Tribunais, 2015. p. 2081.

[8] Nesse sentido: WAMBIER, Teresa Arruda Alvim. et al. *Primeiros comentários ao Novo Código de Processo Civil: artigo por artigo*. São Paulo: Revista dos Tribunais, 2015. p. 1396.

[9] CABRAL, Antônio do Passo. A escolha da causa-piloto nos incidentes de resolução de processos repetitivos. *Revista de Processo*, São Paulo, n. 231, p. 201-223, mai./2014. p. 203-204.

[10] Para Bruno Dantas: "É possível conceituar o IRDR como o incidente processual instaurado para, mediante julgamento único e vinculante, assegurar interpretação isonômica à questão jurídica controvertida em demandas repetitivas que busquem tutela jurisdicional a interesses individuais homogêneos". DANTAS, Bruno. Comentário ao Capítulo VIII. In: WAMBIER, Teresa Arruda Alvim (Coord.). et al. *Breves Comentários ao Novo Código de Processo Civil*. São Paulo: RT, 2015. p. 2179.

[11] ZANFERDINI, Flávia de Almeida Montingelli; GOMES, Alexandre Gir. Tratamento coletivo adequado das demandas individuais repetitivas pelo juízo de primeiro grau. *Revista de processo*, São Paulo, n. 234, p. 191, ago./2014.

sobremaneira, do sorteio de distribuição inicial do processo ou do recurso. São diversos e frequentes os casos em que jurisdicionados em situações jurídicas iguais obtêm do Poder Judiciário respostas absolutamente díspares acerca de idênticas pretensões.

Paulo Henrique dos Santos Lucon enfatiza a expectativa construída na doutrina quanto à aplicação do IRDR, instrumento que pretende conferir maior estabilidade e constância na interpretação do direito. Tal medida objetiva tornar mais célere a solução das demandas repetitivas, contribuindo para desafogar o Poder Judiciário, sem descurar da efetivação do princípio da igualdade (na sua perspectiva de igualdade perante as decisões judiciais).[12]

Justamente por se tratar de instituto novo, naturalmente serão identificadas, a partir da prática processual sob a égide do novo Código, lacunas legislativas e/ou necessidades de aperfeiçoamento do procedimento do incidente de resolução de demandas repetitivas, valendo, contudo, reafirmar a forte tendência de se buscar, nas normas de regência dos recursos repetitivos, as diretrizes para a intepretação e a aplicação do IRDR (por serem todos integrantes do mesmo microssistema de solução de casos repetitivos).

3 A constitucionalidade do incidente de resolução de demandas repetitivas (IRDR)

Como toda inovação legislativa, especialmente aquelas que rompem alguns paradigmas existentes na normatização anterior, o incidente de resolução de demandas repetitivas não escapa aos questionamentos em relação à sua conformidade com a ordem legal e constitucional pátrias.

Justamente em decorrência do regramento do IRDR e da finalidade a que se presta, são destacados os vícios de que padeceria esse instituto, a exemplo da ofensa ao direito de ação e ao contraditório e à ampla defesa (art.332, III, CPC/2015); da violação à independência funcional dos Juízes (arts. 927 e 985 do CPC/2015) e da infringência ao sistema dos Juizados Especiais (art. 985 CPC/2015).[13]

Luiz Guilherme Marinoni reconhece que a doutrina não pode se omitir em questionar a constitucionalidade de um instituto, para prestigiar os prováveis benefícios que o mesmo trará à resolução de casos repetitivos. Todavia, pondera que declará-lo inconstitucional é medida extrema e traz, como um dos recursos para dar conformidade constitucional ao IRDR, a regra da ampla divulgação e da publicidade na instauração e no julgamento do incidente, contida no art. 979 do CPC de 2015. Tal regra possibilita a ampla participação de interessados no incidente, suprindo, assim, uma possível

---

[12] LUCON, Paulo Henrique dos Santos. Incidente de Resolução de Demandas Repetitivas no Novo Código de Processo Civil. In: SILVEIRA, Renato de Mello Jorge; RASSI, João Daniel (Org.). *Estudos em homenagem a Vicente Greco Filho*. São Paulo: LiberArs, 2014. p. 473-474. Luiz Guilherme Marinoni aponta que a igualdade perante a jurisdição compreende três aspectos: igualdade das partes no processo (tratamento igualitário, paridade de armas, dentre outros aspectos); igualdade ao processo (igualdade de acesso à jurisdição – de que é exemplo a assistência judiciária gratuita para os que dela dependam –, igualdade procedimental e igualdade de técnicas processuais); e igualdade perante as decisões judiciais (*treat like cases alike*) (MARINONI, Luiz Guilherme. *Precedentes obrigatórios*. 2. ed. São Paulo: RT, 2011. p. 141-144). Essa terceira vertente da isonomia, pouco respeitada no sistema jurídico-processual pátrio, é reforçada pelo advento do IRDR.

[13] Neste sentido: NERY JÚNIOR, Nelson; NERY, Rosa Maria de Andrade. *Comentários ao Código de Processo Civil*. São Paulo: RT, 2015. p. 1966.

ofensa ao direito de ação, da ampla defesa e do contraditório decorrente da aplicação sistemática da tese jurídica aos demais casos.[14]

Quanto ao argumento de que o IRDR violaria a independência funcional dos juízes, fato é que já existem no sistema processual brasileiro outros mecanismos de julgamento de causas repetitivas para formação de precedentes com força vinculante, apontados anteriormente neste estudo, cuja constitucionalidade restou reconhecida. Nessa linha, o IRDR também revelar-se-ia constitucional, indo ao encontro da necessidade premente de racionalização das demandas de massa, ainda que, para tanto, sejam necessários alguns ajustes normativos, notadamente quanto à sua aplicação ao Sistema dos Juizados.

4 Aspectos formais para a propositura do incidente de resolução de demandas repetitivas: requisitos, legitimidade e competência

4.1 Requisitos para utilização do IRDR

Quanto à instauração do IRDR, devem ser preenchidos, simultaneamente, os requisitos dispostos no art. 976 do CPC/2015, a saber: 1) efetiva repetição de processos que contenham controvérsia sobre a mesma questão unicamente de direito;[15] 2) risco de ofensa à isonomia e à segurança jurídica; e 3) inexistência de recurso afetado para definição de tese jurídica repetitiva perante os Tribunais Superiores.

O primeiro dos pressupostos refere-se à existência de pluralidade de processos versando sobre a mesma questão unicamente de direito, sendo que o parágrafo único do art. 928 do CPC/2015 estabelece que o julgamento de casos repetitivos, inclusive através de IRDR, pode ter por objeto questão de direito material ou processual.

Por questão de direito controvertida deve-se entender "o fundamento da ação ou da contestação sobre o qual se instalou uma controvérsia, e que tem em sua essência a análise de um princípio ou de uma regra jurídica". A identidade de processos exigida no texto normativo encartado no art. 976 do CPC/2015 consiste na identidade da tese subjacente à demanda.[16]

Tem-se, ainda, a necessidade de que exista efetivamente a repetição de processos versando sobre questão jurídica idêntica, o que exclui a possibilidade de propositura

---

[14] Para Luiz Guilherme Marinoni: "Essa 'ampla e específica divulgação e publicidade' deve dar aos vários legitimados à tutela dos direitos em disputa, nos termos da Lei da Ação Civil Pública e do Código de Defesa do Consumidor, a possibilidade de ingressar no incidente para a efetiva defesa dos direitos. Cabe-lhes, afinal, a tutela dos direitos dos membros dos grupos, ou seja, dos direitos daqueles que têm casos pendentes que reclamam a solução de 'questão idêntica'". (MARINONI, Luiz Guilherme. O "problema" do incidente de resolução de demandas repetitivas e dos recursos extraordinário e especial repetitivos. *Revista de Processo*, São Paulo, n. 249, p. 410, nov./2015).

[15] Quanto a se tratar de questão exclusivamente de direito, é válida a ponderação de que toda demanda encerra em si matéria de fato e de direito (salvo as ações diretas de inconstitucionalidade e de constitucionalidade), decorrente da conformação do caso concreto à norma jurídica, portanto, questões tidas como unicamente de direito são, em verdade, predominantemente de direito, uma vez que não há necessidade de discussão sobre os fatos, seja porque documentalmente comprováveis, seja porque os mesmos já estão comprovados (WAMBIER, Teresa Arruda Alvim et al. *Primeiros comentários ao Novo Código de Processo Civil*: artigo por artigo. São Paulo: Revista dos Tribunais, 2015. p. 1397).

[16] DANTAS, Bruno. Comentário ao art. 976. In: WAMBIER, Teresa Arruda Alvim (Coord.). et al. *Breves Comentários ao Novo Código de Processo Civil*. São Paulo: RT, 2015. p. 2181.

de IRDR com caráter preventivo. Corrobora referida conclusão o fato de haver sido suprimida do Projeto de Lei do CPC de 2015, a referência ao cabimento do incidente quando houvesse potencial repetição de processos.

O quantitativo de processos versando sobre a mesma questão que embasará o ajuizamento de IRDR deve ser suficiente para demonstrar o risco à isonomia e à segurança jurídica, não havendo necessidade de que se trate de volume expressivo de demandas.[17]

O risco à isonomia e à segurança jurídica, segundo requisito legal para instauração do IRDR, contido no inciso II do art. 976 do CPC/2015, advém da existência de decisões divergentes sobre a mesma questão jurídica, oriundas de qualquer instância, de natureza liminar ou definitiva.

Há, ainda, um pressuposto negativo, qual seja, a inexistência de recurso afetado para definição de tese jurídica repetitiva perante os Tribunais Superiores (art. 976, §4º, CPC/2015). Esse requisito reforça a existência do microssistema de solução de casos repetitivos, já analisado adrede, na medida em que compatibiliza a utilização do novel instituto trazido pelo CPC/2015 com aqueles já existentes no CPC/1973 e encartados no novo Código.

Se da decisão que julga o IRDR cabe(m) recurso(s) especial e/ou extraordinário, conforme o caso, a ser(em) processado(s) pela sistemática dos recursos repetitivos, não há sentido em se permitir a instauração do incidente, perante a segunda instância, para julgar questão jurídica que já está sendo enfrentada sob tal sistemática no âmbito dos Tribunais Superiores.

Para fins de verificação desse requisito, entende-se que há tese jurídica repetitiva pendente de julgamento no STJ e no STF a partir da decisão de afetação do recurso-piloto pelo relator, definindo-o como paradigma, nos termos do art.1.037 do CPC/2015.[18]

O juízo de admissibilidade do incidente de resolução de demandas repetitivas perpassa pela verificação do atendimento dessas três exigências legais, de forma simultânea e integrativa. Eventual inadmissão do IRDR, por ausência de qualquer delas, não impede que, uma vez suprida a falta do requisito, o incidente venha a ser novamente suscitado, como expressamente autoriza o art. 976, §3º, do CPC/2015.

Apesar de se tratar de um incidente processual, o escopo do IRDR transborda o interesse das partes da causa-piloto, daí porque é vedada a cobrança de custas processuais (art. 976, §5º, CPC/2015). Pela mesma razão, a desistência ou o abandono da causa-piloto não impede o prosseguimento e o julgamento do mérito do incidente, devendo o Ministério Público assumir a sua titularidade. Também em função da relevância do julgamento do IRDR e da extensão dos seus efeitos, o *Parquet* deverá intervir obrigatoriamente no incidente, como *custos legis*, à exceção da hipótese de ter sido ele o requerente da medida judicial (art. 976, §§1º e 2º, CPC/2015).

---

[17] Enunciado nº 87 do Fórum Permanente de Processualistas Civis: "A instauração do incidente de resolução de demandas repetitivas não pressupõe a existência de grande quantidade de processos versando sobre a mesma questão, mas preponderantemente o risco de quebra da isonomia e de ofensa à segurança jurídica".

[18] DANTAS, Bruno. Comentário ao art. 976. In: WAMBIER, Teresa Arruda Alvim. (Coord.). et al. *Breves Comentários ao Novo Código de Processo Civil*. São Paulo: RT, 2015. p. 2183.

4.2 Legitimidade para instauração do incidente

O rol de legitimados para formular pedido de instauração do IRDR, a ser endereçado ao presidente do respectivo tribunal, encontra-se previsto no art. 977 do CPC/2015, cabendo ao Juiz ou ao Relator (de uma causa-piloto) fazê-lo através de ofício; ao passo que as partes (de uma causa-piloto), o Ministério Público e a Defensoria Pública deverão propor o incidente por petição, sendo que, quanto ao Ministério Público, a sua legitimidade para propor cinge-se às hipóteses que envolvam interesse social, é dizer, relacionadas ao seu fim institucional. Do contrário, atuará nos incidentes como *custos legis*, como pontuado supra.

Qualquer dos legitimados deverá instruir o ofício ou a petição com os documentos necessários à demonstração do preenchimento dos pressupostos para a instauração do incidente, o que, a depender de cada caso, deverá se dar com a cópia das principais peças do processo piloto, cópia de decisões divergentes acerca da questão jurídica a ser decidida pelo IRDR, cópias de petições iniciais de outras ações que tratem de questão idêntica, dentre outros (art. 977, parágrafo único, CPC/2015).

4.3 Competência para processamento e julgamento do IRDR

A competência para processar e julgar o incidente de resolução de demandas repetitivas será do órgão indicado pelo regimento interno do respectivo tribunal, dentre aqueles responsáveis pela uniformização de jurisprudência da Corte, por força do art. 978 do CPC/2015.

O parágrafo único do art. 978 do CPC/2015 estabelece que o órgão colegiado incumbido de julgar o incidente e de fixar a tese jurídica julgará igualmente o recurso, a remessa necessária ou o processo de competência originária de onde se originou o incidente. As interpretações dadas a essa norma ensejam duas das principais controvérsias doutrinárias sobre o incidente de resolução de demandas repetitivas, intrinsecamente relacionadas, a saber: se o órgão colegiado que julgar o IRDR deve decidir também o caso concreto; e se o IRDR só pode ser instaurado a partir de processo pendente perante o tribunal.

Alexandre Freitas Câmara defende que a referida norma legal deve ser interpretada como exigência de que o tribunal não se limite a fixar a tese, devendo julgar também o caso concreto, e, a reboque de tal afirmação, registra a necessidade de que haja pelo menos um processo em trâmite no tribunal, para que nele se dê o julgamento do IRDR e do caso concreto, sob pena de promover uma indevida supressão de instância.[19]

Nesse sentido, foi editado o Enunciado nº 344 do Fórum Permanente de Processualistas Civis, dispondo que "a instauração do incidente pressupõe a existência de processo pendente no respectivo tribunal", trazendo, pois, um novo requisito para a propositura do IRDR que seria decorrente do próprio sistema, e não de expressa previsão legal.

Paulo Henrique dos Santos Lucon, ao discorrer sobre o IRDR antes da versão final do Código de Processo Civil, quando então havia no projeto dispositivo expresso de que o incidente só poderia ser instaurado se uma das demandas repetitivas estivesse

---

[19] CÂMARA, Alexandre Freitas. *O novo processo civil brasileiro*. São Paulo: Atlas, 2015. p. 479.

pendente de julgamento no tribunal, introduzido em versão aprovada pela Câmara dos Deputados, já criticava tal exigência. Segundo o autor, ela reduziria o potencial do instituto para trazer benefícios ao sistema e criaria um estado de insegurança jurídica até que adviesse a condição para a instauração do IRDR.[20]

O fato de a imposição de existência de processo pendente de julgamento no tribunal ter em algum momento constado do Projeto de Lei de que se originou o CPC/2015 e de não ter sido mantido em sua versão final já demonstra a clara intenção do legislador de não estabelecer tal restrição. Em verdade, essa exigência é uma construção daqueles doutrinadores que defendem que o tribunal deve julgar o caso concreto,[21] entendimento que se revela equivocado, tanto mais quando, da mesma forma, o julgamento do caso concreto chegou a constar do projeto, mas não persistiu no texto final.

A aceitação de que no incidente se julgue também o caso concreto, além de impor a "criação" da regra de que ele deve se dar em um processo que esteja no tribunal, já que não há previsão legal nesse sentido, contraria algumas das normas expressas sobre o IRDR, a exemplo da que legitima o juiz de primeiro grau a propor o IRDR.

Que sentido haveria em se permitir que o julgador de 1º grau pudesse requerer a instauração do incidente em processo sob a sua competência, se ele tivesse de ser instaurado em processo diverso, em trâmite no Tribunal? Além disso, a propositura do IRDR estaria obstada acaso já houvesse sido julgado o recurso, a remessa necessária ou a causa originária pelo Tribunal, ainda que justamente tal decisão colegiada venha a instaurar a divergência jurisprudencial?

Como se vê, essa tese não sobrevive à própria sistemática expressamente prevista no diploma processual, sendo certo que a melhor interpretação que se dá ao tema é no sentido de que o IRDR implicaria uma cisão de competência, à semelhança do que ocorre no incidente de arguição de inconstitucionalidade e diferentemente do que sucede no julgamento de recursos especial e extraordinário repetitivos.[22]

Portanto, o tribunal deverá fixar a tese jurídica a ser aplicada nos casos semelhantes, cumprindo aos julgadores dos processos pendentes que versem sobre tal tese tê-la como premissa para decidir o caso concreto, o que, inclusive, mitiga a suscitada inconstitucionalidade por violação à independência funcional do Juiz.

O teor do art. 978, parágrafo único, do CPC/2015 deve ser interpretado como uma regra de atração de competência, originária ou recursal, conforme o caso.

Tem-se que ressaltar a necessidade de se dar ampla e específica divulgação e publicidade à instauração e ao julgamento do IRDR, por meio de registro eletrônico no Conselho Nacional de Justiça. Os tribunais deverão manter banco eletrônico de dados atualizados com informações específicas sobre questões de direito submetidas

---

[20] LUCON, Paulo Henrique dos Santos. Incidente de Resolução de Demandas Repetitivas no Novo Código de Processo Civil. In: SILVEIRA, Renato de Mello Jorge; RASSI, João Daniel (Org.). *Estudos em homenagem a Vicente Greco Filho*. São Paulo: LiberArs, 2014. p. 476.

[21] Para Nelson Nery Jr. e Rosa Maria de Andrade Nery: "Nota-se, a partir do dispositivo, que a competência do órgão colegiado não fica restrita ao julgamento do incidente, mas estende-se para o julgamento do caso concreto, a exemplo do que já acontece atualmente no julgamento de recursos repetitivos. Isso é o que expressamente constava do RFS-Senado, p. 184/185". NERY JÚNIOR, Nelson; NERY, Rosa Maria de Andrade. *Comentários ao Código de Processo Civil*. São Paulo: RT, 2015. p. 1970.

[22] WAMBIER, Teresa Arruda Alvim. et al. *Primeiros comentários ao Novo Código de Processo Civil: artigo por artigo*. São Paulo: Revista dos Tribunais, 2015. p. 1396.

ao incidente, comunicando-o imediatamente ao CNJ, para inclusão no cadastro, sendo que tal registro deverá conter, no mínimo, os fundamentos determinantes da decisão e os dispositivos normativos a ela relacionados. Todas essas regras se aplicam também ao julgamento de casos repetitivos e de repercussão geral (vide art. 979, *caput* e §§1º, 2º e 3º do CPC/2015).

Tais imposições se apresentam em razão do alcance das decisões proferidas no bojo do IRDR e para resguardar o objetivo do instituto, que é conferir segurança jurídica e racionalização de julgamentos, de molde que a ampla divulgação viabiliza a participação de eventuais interessados no julgamento do IRDR, contribuindo para o amadurecimento da tese jurídica, bem como para evitar a propositura de mais de um incidente sobre a mesma questão.

5 Procedimento do incidente de resolução de demandas repetitivas (IRDR)

5.1 O juízo de admissibilidade do IRDR

Proposto o incidente de resolução de demandas repetitivas (IRDR), que deverá ser dirigido ao Presidente do tribunal correspondente, será ele distribuído a relator que componha o órgão colegiado competente para o seu julgamento. Cabe ao referido órgão colegiado proceder ao juízo de admissibilidade do incidente, aferindo o atendimento dos pressupostos instituídos nos arts. 976 a 979 do CPC/2015.

O juízo de admissibilidade de que trata o art. 981 deve ocorrer na primeira sessão após a distribuição do incidente ao relator. O acórdão que vier a ser prolatado na realização desse juízo servirá tanto de marco temporal para o início do fluxo do prazo de um ano de que trata o art. 980 (prazo para julgamento do IRDR), quanto de propulsão da projeção da tese jurídica a ser examinada, restringindo eventual repetição de incidente sobre o mesmo tema. Para o alcance de tais finalidades, há de ser resguardada a ampla publicidade a que alude a norma extraída do art. 979 do CPC/2015.

Nessa mesma sessão em que apreciado o juízo de admissibilidade do IRDR, em sendo este positivo, recomenda-se que o relator, ato contínuo, proceda à suspensão dos processos pendentes, individuais ou coletivos, que tramitem no Estado ou na região, conforme previsto no art. 982, I, do CPC/2015. Tal medida possibilitará que sejam publicados, conjuntamente, o acórdão de admissão do IRDR e a decisão de suspensão dos feitos pendentes, unificando-se a contagem de prazos. Trata-se de temática a ser disciplinada no regimento interno dos tribunais.

Há quem cogite que o juízo de admissibilidade do incidente teria um aspecto político a ser considerado. Bruno Dantas, por exemplo, defende que "além do exame técnico sobre a existência da questão de direito repetitiva, o tribunal realiza juízo político consistente em avaliar a conveniência de se adotar naquele momento cronológico, a decisão paradigmática".[23] A efetividade do novel microssistema impõe que o atendimento aos pressupostos processuais seja o aspecto sobre o qual deverá cingir-se a

---

[23] DANTAS, Bruno. Comentário ao art. 976. In: WAMBIER, Teresa Arruda Alvim (Coord.). et al. *Breves Comentários ao Novo Código de Processo Civil*. São Paulo: RT, 2015. p. 2180.

decisão colegiada, eis que a demora na suspensão do curso de processos repetitivos só aumenta a insegurança jurídica e a proliferação da já referida jurisprudência lotérica.

5.2 O processamento do IRDR

A agilidade no processamento do incidente coloca-se como premissa na opção política do legislador ao criar o instituto e de lhe atribuir todas as preferências legais e efeitos vinculativos da tese jurídica que vier a ser fixada, a que deverão se adequar os tribunais, tanto regimental, quanto operacionalmente.

A publicação do acórdão que admitir o incidente é o termo inicial da contagem do prazo de um ano previsto no art. 980 do CPC/2015 para julgamento do IRDR, que poderá ser renovado mediante decisão fundamentada do relator (art. 980, parágrafo único, do CPC/2015). A busca pela segurança jurídica e pelo tratamento isonômico dos jurisdicionados não deve ser afastada, ainda que a celeridade fique, de certo modo, comprometida, mesmo em se tratando de medida excepcional.

A decisão de admissibilidade do incidente se apresenta irrecorrível[24] (arts. 981 e 982 do CPC/2015), seja porque a inadmissão não implica preclusão nem impede a renovação do pedido (§3º do art. 976 do CPC/2015), seja porque o seu processamento diz respeito, apenas, à fixação da tese jurídica em abstrato pelo tribunal, dado o fracionamento da cognição, já explicitado. No julgamento da causa-piloto será aplicada a tese jurídica que venha a ser fixada no IRDR, preservando-se para esta oportunidade a eventual interposição dos recursos cabíveis.

Pode-se afirmar existir uma espécie de autonomia do IRDR em relação ao processo que o originou, este que poderá nem vir a ser julgado, mas que servirá para fixação da tese jurídica, prática já adotada pelo STF e pelo STJ em julgamento de recursos afetados como repetitivos, quando os recorrentes desistem do recurso após a afetação. Em havendo desistência do IRDR, deverá o Ministério Público assumir o incidente.

A suspensão dos processos pendentes que versem sobre a questão jurídica objeto do incidente, ainda que parcialmente, é ato vinculado do relator (art. 982, I, do CPC/2015), assim como o são a comunicação da suspensão aos órgãos jurisdicionais competentes (§1º do art. 982 do CPC/2015) e a prática do ato de suspensão pelo juiz ou relator competente para julgamento dos processos repetitivos.

A suspensão dos processos decorrentes da admissibilidade do IRDR abrangerá toda a área de jurisdição do tribunal, promovendo o IRDR, nessa base territorial, a uniformização da jurisprudência, ao subordinar o julgamento dos casos repetitivos à observância da tese jurídica fixada no incidente. Em razão dessa premissa, ficam comprometidas as teses que pretendem excluir os processos dos juizados especiais da disciplina e dos efeitos do IRDR.[25] Observe-se que, na hipótese de a tese jurídica

---

[24] Nesse sentido, Bruno Dantas pondera que: "A decisão proferida no juízo de admissibilidade do IRDR é irrecorrível, seja ela positiva ou negativa. Essa irrecorribilidade, evidentemente, não se estende à oposição dos embargos declaratórios, que visam a aperfeiçoar a decisão, tornando-a mais clara e inteligível". DANTAS, Bruno. Comentário ao art. 981. In: WAMBIER, Teresa Arruda Alvim (Coord.). et al. *Breves Comentários ao Novo Código de Processo Civil*. São Paulo: RT, 2015. p. 2188.

[25] Enunciado nº 93 do Fórum Permanente de Processualistas Civis: "Admitido o incidente de resolução de demandas repetitivas, também devem ficar suspensos os processos que versem sobre a mesma questão objeto do incidente e que tramitem perante os juizados especiais no mesmo estado ou região";

extravasar a jurisdição do tribunal para alcançar o território nacional, a suspensão será igualmente estendida, sendo determinada pelos tribunais superiores (§3º do art. 982 c/c §4º do art. 1.029 do CPC/2015).

As partes deverão ser intimadas da decisão de suspensão de seu processo, a ser proferida pelo respectivo juiz ou relator quando informado da decisão do inciso I do art. 982 do CPC/2015, na forma do seu §1º. No particular, deve ser aplicada analogicamente aos processos suspensos por força da admissão do IRDR, a regra estabelecida no art. 1.037, §8º, do CPC/2015, que prevê tal intimação. Referida regra, por integrar o microssistema para tratamento de casos repetitivos, aplica-se à hipótese em apreço.

Caberá à parte que tiver o seu processo equivocadamente suspenso, demonstrar a distinção entre a questão jurídica objeto do incidente e aquela objeto de sua demanda, postulando a retomada do curso processual, conforme previsão do §9º do art. 1.037 do CPC/2015. A distinção pode ser requerida por simples petição, dirigida à autoridade competente para o julgamento do processo, na forma do §10 do art. 1.037 do CPC/2015, não tendo sido fixado prazo preclusivo para a adoção da medida. Contudo, há previsão expressa de recursos contra a decisão que resolver o requerimento, consoante §13 do art. 1.037 do CPC/2015.[26]

O relator do incidente poderá, ainda, requisitar informações aos órgãos onde tramitam os processos repetitivos que originaram e justificaram a propositura do incidente, e deverá intimar o Ministério Público, que atuará como fiscal do ordenamento jurídico.

A instrução do incidente deverá ser a mais ampla possível, sempre pautada no princípio do contraditório, havendo referência expressa à possibilidade de designação de audiência pública para depoimento de pessoas com experiência e conhecimento da matéria (art. 983 do CPC/2015). De se notar que a ouvida das partes e demais interessados pelo relator do IRDR far-se-á no prazo de 15 (quinze) dias, ocasião em que lhes serão facultados a juntada de documentos e o requerimento de diligências. O elevado interesse público subjacente ao incidente afasta a peremptoriedade do prazo legal fixado, que poderá ser prorrogado pelo relator, havendo necessidade.[27]

O julgamento do incidente tem preferência legal e deve acontecer em até um ano após a sua instauração. Está assegurada a participação das partes, do Ministério Público e de interessados, inclusive para realização de sustentação oral (art. 984 do CPC/2015).

Reforçando a norma fundamental prevista no art. 489, §1º, IV, do CPC/2015, o art. 984, §2º do mesmo Código expressamente exige que o acórdão que decidir o IRDR examine "todos os fundamentos suscitados concernentes à tese jurídica discutida, sejam favoráveis ou contrários", tratando-se de requisito de validade do julgado a ser proferido.

Caberá a interposição de recurso extraordinário e/ou especial contra o acórdão de julgamento de mérito do incidente. Os recursos terão efeito suspensivo e o extraordinário terá presumida a repercussão geral da questão constitucional (§1º do art. 987 do CPC/2015).

Enunciado nº 470 do Fórum Permanente de Processualistas Civis: "Aplica-se, no âmbito dos juizados especiais, a suspensão prevista no art. 982, I";
Enunciado nº. 471 do Fórum Permanente de Processualistas Civis: "Aplica-se, no âmbito dos juizados especiais, a suspensão prevista no art. 982, §3º".

[26] Enunciado nº 481 do Fórum Permanente de Processualistas Civis: "O disposto nos §§9º a 13 do art. 1.037 aplica-se, no que couber, ao incidente de resolução de demandas repetitivas".

[27] WAMBIER, Teresa Arruda Alvim. et al. *Primeiros comentários ao Novo Código de Processo Civil:* artigo por artigo. São Paulo: Revista dos Tribunais, 2015. p. 1408.

A disciplina conferida a estes recursos excepcionais ajusta-se perfeitamente ao microssistema criado, dada a necessidade de se alcançar a maior segurança jurídica possível com o resultado do incidente, além de promover diretamente a redução da litigiosidade. Dado o efeito vinculante da decisão de IRDR (§2º do art. 987 do CPC/2015), haverá uma natural inibição de interposição de recursos nas causas repetitivas que vierem a ser resolvidas com a aplicação da tese jurídica fixada, eis que já apreciada esta pelas instâncias superiores.

6 A aplicação do precedente decorrente do julgamento do IRDR

Prolatado o acórdão de julgamento do IRDR, impende perquirir quais seriam seus efeitos e extensão. O tema está tratado basicamente no art. 985 do CPC/2015, o qual guarda coerência com o espírito que norteia a inserção do instituto na nova legislação adjetiva civil, de resguardo à isonomia e à segurança jurídicas.

Sendo assim, todos os processos – individuais ou coletivos – afetos à competência territorial do Tribunal que julgar o IRDR terão a si compulsoriamente aplicada a tese jurídica fixada no acórdão. Esta, por seu turno, possui o condão de aplicar-se não apenas aos casos em curso, mas também àqueles que venham a ser propostos e que versem sobre idêntica questão de direito (art. 985, I e II, do CPC/2015).

O IRDR terá origem sempre perante um Tribunal de Justiça ou perante um Tribunal Regional Federal. Não obstante o julgamento neles se inicie, não terão, obrigatoriamente, fim nestas Cortes, uma vez que do acórdão que julgar o IRDR caberá a interposição de Recurso Especial ou Extraordinário, conforme o caso (art. 987, do CPC/2015).

Tem-se, pois, que os acórdãos em IRDR proferidos pelos Tribunais de Justiça ou pelos Tribunais Regionais Federais fixam tese jurídica vinculante apenas aos processos que tenham curso nos juízos que integrem as respectivas jurisdições. Já no caso de o acórdão de mérito vir a ser proferido pelo STF ou pelo STJ, a tese jurídica fixada vinculará, em todo o território nacional, os processos individuais ou coletivos que versem sobre a mesma questão de direito (art. 987, §2º, do CPC/2015).

Não é demais registrar que, para a hipótese em que a última instância de julgamento do IRDR seja um Tribunal de Justiça ou um Tribunal Regional Federal, não se sujeitarão à aplicação da tese apenas os processos em curso perante as Varas e Câmaras/Turmas (uma vez que apenas destes, são instância recursal), mas também àqueles que tenham curso perante os Juizados Especiais e Turmas/Colégios Recursais, sejam comuns, da Fazenda Pública ou Federais, havendo expressa previsão legal nesse sentido (art. 985, I, do CPC/2015).

A lógica do efeito compulsório, vinculante ou obrigatório se compatibiliza também perfeitamente com a regra disposta no §4º do art. 976, do CPC/2015, o qual cria um requisito de admissibilidade negativo ao IRDR (inexistência de recurso afetado por Tribunal Superior ao rito de julgamento de recursos repetitivos).

Considerando que o art. 927, III, do CPC/2015 dispõe que os juízes e os tribunais observarão os acórdãos proferidos em sede de recursos repetitivos e representando o julgamento perante os Tribunais Superiores economia de tempo (eis que o IRDR ainda estaria em Tribunal Ordinário, passível de recurso Especial ou Extraordinário futuros), "desnecessário outro segmento recursal tirado do próprio incidente (art. 987) para atingir o mesmo objetivo".[28]

Compulsória a aplicação da tese jurídica fixada (salvo revisão), sua inobservância enseja a propositura de reclamação, consoante dispõe o art. 985, §1º, do CPC/2015.

A revisão noticiada, a seu turno, está prevista de forma lacônica no art. 986 do CPC/2015, apenas dispondo que poderá ser promovida de ofício, pelo mesmo Tribunal que julgou o incidente, ou por provocação dos legitimados mencionados no art. 977, III, do CPC/2015 (Ministério Público e Defensoria Pública). Nada tratou do procedimento de revisão em si.

Há quem defenda que essa restrição dos legitimados para o pedido de revisão do IRDR padece de vício de inconstitucionalidade formal, já que não foi aprovada por ambas as Casas do Congresso Nacional.[29] Na redação anterior, as partes também figuravam como legitimadas para formular tal pedido.

O precedente formado no âmbito do IRDR deve ser dotado de razoável estabilidade, a fim de que sejam resguardadas a isonomia e a segurança jurídicas. No entanto, tal estabilidade não deve ser confundida com imutabilidade,[30] admitindo-se a revisão da tese jurídica fixada, com a superação (parcial ou total) do precedente anterior, em respeito à busca da justiça e ao princípio da razoabilidade. A alteração de "circunstâncias fáticas e/ou jurídicas subjacentes à decisão proferida" justificará, assim, o *overruling* do precedente antes estabelecido.[31]

Efeitos outros ainda podem ser extraídos do acórdão proferido em IRDR, dentre eles, a saber, o disposto no art. 332, III, do CPC/2015, que impõe o julgamento liminar de improcedência de pedido que contrariar entendimento firmado em IRDR.

Por fim, considerada uma "iniciativa importante que ao estabelecer indispensável *cooperação* entre o órgão jurisdicional e as pessoas, os entes e/ou órgãos administrativos, criam condições de *efetividade* do quanto decidido no âmbito jurisdicional",[32] apresenta o IRDR peculiaridade para a hipótese do incidente ter que versar sobre prestação de serviço concedido, permitido ou autorizado (art. 985, §2º, do CPC/2015).

Na mesma linha, portanto, do disposto no art. 1.040, IV, do CPC/2015 - que versa sobre os acórdãos proferidos em sede de recursos especial e extraordinário repetitivos sobre questão relativa à prestação de serviço público objeto de concessão, permissão ou autorização, em sendo o tema jurídico fixado no IRDR enquadrado na hipótese de prestação de serviço concedido, permitido ou autorizado, do resultado do julgamento, o Tribunal comunicará ao órgão, ente ou agência reguladora responsável pela fiscalização da efetiva aplicação da tese adotada pelos entes submetidos à regulação. É de todo

---

[28] BUENO, Cássio Scarpinella. *Novo Código de Processo Civil anotado*. São Paulo: Saraiva, 2015. p. 615.
[29] BUENO, Cássio Scarpinella. *Novo Código de Processo Civil anotado*. São Paulo: Saraiva, 2015. p. 630.
[30] DANTAS, Bruno. Comentário ao art. 986. In: WAMBIER, Teresa Arruda Alvim (Coord.). et al. *Breves Comentários ao Novo Código de Processo Civil*. São Paulo: RT, 2015. p. 2195.
[31] BUENO, Cássio Scarpinella. *Novo Código de Processo Civil anotado*. São Paulo: Saraiva, 2015. p. 630. Também tratando do assunto, afirma Bruno Dantas: "pode ocorrer que, transcorrido o tempo, a decisão paradigmática anterior já não se apresente com aderência aos novos valores da sociedade, ou que tenha havido mudança normativa a acarretar reflexos que tornem o entendimento solidificado no passado incompatível com a ordem jurídica vigente". (DANTAS, Bruno. Comentário ao art. 986. In: WAMBIER, Teresa Arruda Alvim (Coord.). et al. *Breves Comentários ao Novo Código de Processo Civil*. São Paulo: RT, 2015. p. 2195-2196).
[32] BUENO, Cássio Scarpinella. *Novo Código de Processo Civil anotado*. São Paulo: Saraiva, 2015. p. 629.

aconselhável e consentâneo com a busca da eficiência da decisão proferida que seja incluída também no rol dos comunicados à pessoa – física ou jurídica – que detenha a concessão, a permissão ou a autorização.

7 Conclusão

As reformas empreendidas no Código de Processo Civil de 1973, em particular aquelas decorrentes do advento das Leis nº 11.276/2006 e 11.418/2006, representaram importantes contribuições para a criação de ambiente jurídico-cultural receptício à previsão, no CPC/2015, do instituto do IRDR.

A paulatina valorização dos precedentes no sistema jurídico brasileiro e a constatação de que as demandas de massa haveriam de ser tratadas em microssistema específico, capaz de racionalizar os julgamentos e garantir isonomia e segurança jurídicas aos jurisdicionados, igualmente favoreceram a inserção do novel instituto no CPC/2015.

O exame *prima facie* do IRDR pela doutrina brasileira já suscita uma série de discussões e debates, inclusive quanto à sua constitucionalidade, defendida neste artigo. Seus requisitos formais e procedimento hão de ser interpretados e aplicados de modo a conferir ao instituto a máxima efetividade possível, sem descurar, porém, da necessidade de resguardo à independência funcional dos magistrados, premissa basilar no Estado Democrático de Direito.

Ainda não submetido às vicissitudes e questões que somente a vivência prática do instituto permitirão conhecer, o IRDR já é considerado um importante instrumento para racionalização da atividade jurisdicional, um contributo para tentar mitigar as mazelas decorrentes de uma prestação jurisdicional lenta e insatisfatória (inefetividade de decisões judiciais, injustiça decorrente do largo tempo de tramitação do processo, aumento dos custos com o instrumento processual, abarrotamento dos cartórios, dentre outras).

Trata-se, enfim, de mecanismo que busca conferir ainda maior efetividade ao julgamento de casos repetitivos. Em sintonia com as linhas mestras que regem o CPC/2015 (modelo cooperativo de processo, eficiência, fixação de um sistema de precedentes e racionalização da litigância de massa), o IRDR ocupará, decerto, uma posição de revelo no ordenamento jurídico-processual pátrio.

A sua utilização demandará, não obstante, que se continue a construir uma nova cultura judiciária, capaz de pensar o processo acima e além das demandas individuais, como instrumento de justiça social e de resguardo da isonomia e da segurança jurídicas.

Referências

AMARAL, Ana Cláudia Corrêa Zuin Mattos do; SILVA, Fernando Moreira. *A jurisprudência defensiva dos tribunais superiores:* a doutrina utilitarista mais viva do que nunca. Disponível em: <http://www.publicadireito.com.br/artigos/?cod=bbc9e48517c09067>. Acesso em: 22 jan. 2016.

BUENO, Cássio Scarpinella. *Novo Código de Processo Civil anotado*. São Paulo: Saraiva, 2015.

CABRAL, Antonio do Passo. A escolha da causa-piloto nos incidentes de resolução de processos repetitivos. *Revista de Processo*, São Paulo, n. 231, p. 201-223, mai./2014.

CÂMARA, Alexandre Freitas. *O novo processo civil brasileiro*. São Paulo: Atlas, 2015.

CONSELHO NACIONAL DE JUSTIÇA. *Justiça em números 2015:* ano-base 2014. Brasília: CNJ, 2015. Disponível em: <http://www.cnj.jus.br/programas-e-acoes/pj-justica-em-numeros>. Acesso em 21 jan. 2016.

DANTAS, Bruno. Comentário ao Capítulo VIII. In: WAMBIER, Teresa Arruda Alvim (Coord.). et al. *Breves Comentários ao Novo Código de Processo Civil.* São Paulo: RT, 2015.

DANTAS, Bruno. Comentário ao art. 976. In: WAMBIER, Teresa Arruda Alvim (Coord.). et al. *Breves Comentários ao Novo Código de Processo Civil.* São Paulo: RT, 2015.

DANTAS, Bruno. Comentário ao art. 981. In: WAMBIER, Teresa Arruda Alvim (Coord.). et al. *Breves Comentários ao Novo Código de Processo Civil.* São Paulo: RT,.2015.

DANTAS, Bruno. Comentário ao art. 986. In: WAMBIER, Teresa Arruda Alvim (Coord.). et al. *Breves Comentários ao Novo Código de Processo Civil.* São Paulo: RT, 2015.

DINAMARCO, Cândido Rangel. *Instituições de direito processual civil.* 6. ed. São Paulo: Malheiros, 2009.

INSTITUTO BRASILEIRO DE GEOGRAFIA E ESTATÍSTICA. *Perfil dos Estados e dos Municípios Brasileiros 2014.* Disponível em: <http://www.ibge.gov.br/home/estatistica/economia/perfilmunic/2014/>. Acesso em: 25 fev. 2016.

LUCON, Paulo Henrique dos Santos. Incidente de Resolução de Demandas Repetitivas no Novo Código de Processo Civil. In: SILVEIRA, Renato de Mello Jorge; RASSI, João Daniel (Org.). *Estudos em homenagem a Vicente Greco Filho.* São Paulo: LiberArs, 2014.

MARINONI, Luiz Guilherme. *Precedentes obrigatórios.* 2. ed. São Paulo: RT, 2011.

MARINONI, Luiz Guilherme. O "problema" do incidente de resolução de demandas repetitivas e dos recursos extraordinário e especial repetitivos. *Revista de Processo,* São Paulo, n. 249, p. 399-418, nov./2015.

MARINONI, Luiz Guilherme. Comentário ao art. 928. In: WAMBIER, Teresa Arruda Alvim (Coord.). et al. *Breves Comentários ao Novo Código de Processo Civil.* São Paulo: Revista dos Tribunais, 2015.

NERY JUNIOR, Nelson; NERY, Rosa Maria de Andrade. *Comentários ao Código de Processo Civil.* São Paulo: RT, 2015.

WAMBIER, Teresa Arruda Alvim. et al. *Primeiros comentários ao Novo Código de Processo Civil:* artigo por artigo. São Paulo: Revista dos Tribunais, 2015.

ZANFERDINI, Flávia de Almeida Montingelli; GOMES, Alexandre Gir. Tratamento coletivo adequado das demandas individuais repetitivas pelo juízo de primeiro grau. *Revista de processo,* São Paulo, n. 234, p. 181-207, ago./2014.

Informação bibliográfica deste texto, conforme a NBR 6023:2002 da Associação Brasileira de Normas Técnicas (ABNT):

LAGO, Ana Celeste Brito do. et al. Incidente de resolução de demandas repetitivas: uma apresentação. In: BRITTO, Alzemeri Martins Ribeiro de; BARIONI, Rodrigo Otávio (Coords.). *Advocacia pública e o novo código de processo civil.* Belo Horizonte: Fórum, 2016. p. 365-380. ISBN 978-85-450-0173-7.

O NOVO CÓDIGO DE PROCESSO CIVIL E O PROCESSO DO TRABALHO

ANA PAULA TOMAZ MARTINS
GUSTAVO LANAT PEDREIRA DE CERQUEIRA FILHO

1 Introdução

O advento do novo Código Processo Civil, instituído pela Lei nº 13.105, de 16 de março e 2015, e já alterado pela Lei nº 13.256, de 04.02.2016, traz por si só grande inquietação ao processo do trabalho, na medida em que atinge o equilíbrio estabelecido ao longo da coexistência por décadas havida entre a Consolidação das Leis do Trabalho e o Código de Processo Civil anterior, a partir da subsidiariedade deste diploma em relação às normas de processo previstas na CLT e na legislação processual trabalhista extravagante, conforme preceitua o art. 769 consolidado:

> Art. 769 - Nos casos omissos, o direito processual comum será fonte subsidiária do direito processual do trabalho, exceto naquilo em que for incompatível com as normas deste Título.

Desde a edição do CPC atual, a Lei nº 5.869, de 11 de janeiro de 1973, foi sendo construída a tormentosa tarefa de conciliar as disposições da legislação processual trabalhista com a disciplina prevista no código de processo comum, identificando-se o que era ou não subsidiário, e antes o que era ou não lacuna, que silêncio seria eloquente, quais os complementos que as normas processuais trabalhistas precisariam encontrar no CPC.

Por intermédio da doutrina, das postulações dos advogados, dos debates nos processos e, finalmente, pelas decisões judiciais, ao longo de pouco mais de quatro décadas de convivência entre o atual CPC e a CLT, foram estabelecidas interpretações fixando, com razoável estabilidade e segurança, quais os limites da aplicação subsidiária no CPC no processo trabalhista, identificando-se o que do código processual comum incidiria, mas também o que não se aplicaria ao processo do trabalho.

A edição de um novo CPC, contudo, altera este equilíbrio, demandando o refazimento da interpretação destas subsidiariedade e supletividade que haverá de ocorrer na vigência concomitante dos dois diplomas legais, exigindo dos protagonistas, esforço e dedicação à altura da tarefa.

O grande risco desta nova realidade surge quando ela ameaça a segurança jurídica, na medida em que interpretações destoantes, sobretudo entre quem pede e quem decide, podem implicar na perda ou na limitação de direitos, no cerceamento de defesa e mesmo no retardamento da resolução do litígio.

Exigir-se-á de todos, neste momento, certamente mais dos magistrados, o pleno exercício do bom senso, da razoabilidade e da tolerância, de modo que, enquanto não construídos consensos mínimos, não se restringir direitos das partes, facultando-lhes de modo mais generoso a postulação, a produção de provas, a interposição de recursos, dentre outros atos, sem que as dúvidas acerca da aplicabilidade no novo CPC lhes causem lesões processuais.

Evidente que as atuais definições acerca da aplicabilidade do CPC em vigor podem servir de guia, sempre também levando em conta o norte fornecido a partir da necessidade de sua compatibilização com os específicos princípios do direito processual do trabalho.

Todavia, como as novidades trazidas pelo NCPC são muitas, alterando, em certos casos, substancialmente, institutos e procedimentos do processo, certamente o debate será intenso, imprescindindo das mais diversas contribuições, a tarefa de compatibilizar o NCPC e a CLT.

Como já sinalizado, esta compatibilização deverá observar, inicialmente, os vazios da legislação processual trabalhista, sejam os assim identificados atualmente, e que são e serão completados pelo CPC, mas também os disciplinados no novo Código, como, por exemplo, o Incidente de Assunção de Competência (IAC – art. 947) e o Incidente de Resolução de Demandas Repetitivas (IRDR – arts. 976-987).

Por outro lado, deve seguir uma lógica, um rumo, fornecido pela aplicação de um princípio processual extremamente caro ao processo do trabalho, qual seja, o da celeridade, que informa, por sua vez, outros atributos que também lhe são relevantes, como a simplificação de procedimentos e a oralidade.

Decerto, ainda que no direito processual vigore a regra da isonomia de tratamento às partes, não se pode olvidar que o processo laboral tem por objeto a resolução de conflitos oriundos de relação de trabalho, onde se discute o direito a créditos alimentares, a acentuar a necessidade de um fluxo processual mais rápido, livre de maiores entraves.

Nesta ordem de ideias, sem que se pretenda, evidentemente, esgotar a tarefa, em seguida passa-se a tratar da aplicabilidade ou não de institutos e/ou procedimentos do novo CPC ao processo do trabalho, em particular, de pontos considerados mais relevantes.

2 Das normas processuais civis

O NCPC inicia sua parte geral com Livro em que prevê normas fundamentais do processo, mas também disciplina a aplicação das normas processuais.

No primeiro quesito, incorpora expressamente ao Código, princípios e regras gerais ao sistema e que possuem matriz constitucional, já que instituídas como normas fundamentais no art. 5º da Constituição Federal.

Assim, o pleno acesso das pessoas de direito à Justiça, é combinada no art. 3º com a busca por soluções consensuais, de modo a que se conjugue a regra constitucional prevista no art. 5º, inciso XXXV, com meios de se obter solução mais rápida e que desonere o Judiciário de maior esforço.

Neste mesmo sentido caminha a busca por decisão que resolva o mérito, art. 4º, para a qual se direciona também a incorporação ao código do princípio da colaboração, art. 6º, onde todos os sujeitos do processo são instados a ensejar a obtenção de decisão de mérito em tempo razoável, e com maior grau de justiça e eficácia.

Importa a tanto, do mesmo modo, que as partes atuem sempre com boa fé, motivo pelo qual tal princípio foi expressamente incorporado ao NCPC, no art. 5º.

Ao direito processual do trabalho converge a imposição do NCPC para que o Juiz observe os fins sociais, as exigências do bem comum e a dignidade do ser humano, todos princípios caros não somente ao Direito Processual, mas também ao Direito Material Trabalhista.

Não há maiores dúvidas da aplicabilidade destes dispositivos ao processo do trabalho, e não somente porque o art. 15 assim prevê, em similitude com o art. 769 da CLT, mas também porque não se chocam com dispositivos da legislação processual trabalhista, completando-a e enriquecendo sua interpretação.

A propósito, vale destacar que a menção do art. 15 à aplicação supletiva e subsidiária implica em se reconhecer diferença entre ambas. Diz-se que a subsidiariedade ocorre diante da omissão da norma trabalhista, enquanto que a supletividade ocorre quando, inobstante inexista omissão, a norma processual trabalhista possa ser adornada por influxo de regras do processo civil.

O desafio da aplicação supletiva ou subsidiária, neste sentido, é logo posto à prova a partir das previsões dos arts. 9º e 10º, que, sob a clara influência do princípio constitucional do contraditório, vedam a decisão surpresa, determinando ao Juiz que antes de proferir julgamento, conceda, fora parte exceções ali previstas, oportunidade a que as partes previamente se manifestem sobre a questão.

Ocorre que, neste caso, a lei apenas regulamenta o direito assegurado constitucionalmente. Já antes da vigência do NCPC, é difícil conciliar o princípio do contraditório com a decisão surpresa, que não permite à parte se pronunciar sobre a matéria específica antes da prolação do julgado, razão pela qual também o processo do trabalho haverá de observar tal regra.

Finalmente, a organização cronológica das prioridades de julgamento, prevista no art. 12, moldada a evitar privilégios não previstos em lei, atende a um só tempo, as exigências dos princípios da igualdade e da celeridade, contribuindo, assim, ao processo laboral.

Observa-se, pois, que estes capítulos da parte geral possuem plena incidência no processo do trabalho, salvo pequenas ressalvas, como, por exemplo, quando da referência à arbitragem, de polêmica aplicação no Direito Material e Processual do Trabalho.

3 Dos sujeitos do processo

Embora contenha previsão específica cerca de partes e procuradores, arts. 791 a 793, bem como de como se dará a representação em audiência, arts. 843 e 844, a CLT não possui disciplina para uma série de situações reguladas no NCPC, como a relativa à representação de incapazes, de pessoas jurídicas de Direito Público e de Direito Privado que não sociedades comerciais, intervenção de terceiros e outras já tradicionais à aplicação subsidiária.

Merecem destaque, contudo, novidades do CPC futuro, seja para descartar, seja para realçar sua aplicabilidade do NCPC.

De logo, o NCPC resolve questão que atormenta a representação de autarquias e fundações de Direito Público, ao permitir, no art. 75, inciso VIII, que sejam representadas em Juízo por quem a lei do ente federado determinar, abrindo caminho para que leis estaduais, distrital e municipais atribuam a suas Procuradorias Gerais ou a órgão jurídico diverso, a representação judicial de tais entidades, tal como ocorre na União com a Procuradoria da Fazenda Nacional.

Isso porque, diante da competência reservada à União para legislar sobre regra de direito processual, art. 22, inciso I, da CF/88, somente com dispositivo como o anteriormente citado, presente no novo CPC, poderão os entes federados organizar a representação de suas autarquias e fundações.

Mas não foi só neste quesito que o NCPC trouxe benefícios à Fazenda Pública Estadual e do Distrito federal, no campo da representação, já que no mesmo art. 75, §4º, permitiu a estes "ajustar compromisso recíproco para prática de ato processual por seus procuradores em favor de outro ente federado, mediante convênio firmado pelas respectivas procuradorias", providência extremamente útil e econômica a tais entes.

Ambos os novos dispositivos aplicam-se ao processo do trabalho, como tradicionalmente ocorre em tais matérias.

No capítulo dos deveres das partes e Procuradores, como já ocorria no CPC antigo, possuem plena incidência no direito processual do trabalho as regras ali previstas, excluindo disposições relativas a honorários advocatícios, despesas processuais e gratuidade de justiça, com regulação própria na CLT e leis extravagantes.

Garantida a possibilidade de mandado tácito e preservado o *jus postulandi* das partes, as garantias concedidas aos advogados pelos arts. 103 a 107 do NCPC são conquistas também indispensáveis à atuação no processo do trabalho.

Talvez a maior dificuldade no particular seja o incidente de Desconsideração da Personalidade Jurídica. O NCPC, além de também permitir a hipótese de desconsideração inversa da personalidade jurídica, traz luz e orientação ao que se fazia ao arrepio de ordenação legal, e que seguia tão somente a autorização concedida pelo art. 50 do Código Civil para desconsideração da personalidade jurídica.

Agora, o NCPC institui procedimento para tanto, o que, diante da absoluta omissão da CLT quanto ao tema, se aplica ao processo do trabalho. Embora tenha sido bastante utilizada neste, tal ocorria sem norma própria, por construção jurisprudencial, encontrando, agora, disciplina específica.

4 Dos atos processuais

Embora mais econômica, a legislação processual trabalhista possui previsão acerca dos atos processuais, suas forma, tempo e lugar, assim como prazo, comunicação, etc.

Óbvio que pertence ao Direito Processual comum definir conceitos como os relativos aos atos dos sujeitos processuais, muito embora também a CLT traga disposições sobre os agentes públicos da estrutura do Judiciário Trabalhista. Nesse sentido, pois, sobreleva destacar nas ovas definições sobre atos dos Juízes, o que no processo do trabalho não encontra tanta relevância, diante da irrecorribilidade das decisões interlocutórias.

Porém, questões novas surgem, a merecer a devida atenção.

Por exemplo, a referente aos negócios jurídicos processuais, permitidos em geral, mas vedados pelo art. 190 a quem esteja em condição de vulnerabilidade, como de regra está o empregado litigante. Todavia, não se pode olvidar da hipótese em que sindicatos litigam na justiça do trabalho, para defender direito próprio ou de seus representados, o que afasta o óbice da condição vulnerável de uma das partes. Até mesmo a assistência sindical poderia permitir a celebração de negócio jurídico processual, talvez ancorada em prévia norma coletiva disciplinadora das situações em que tal poderia ocorrer.

De outra forma, a possibilidade de ampliação de prazos pelo Juiz e a contagem em dias úteis atentaria sobre regulamentação expressa da legislação trabalhista, que não as autoriza.

As regras de comunicação dos atos às partes permanecem as da CLT, mas específicos dispositivos podem contribuir ao processo do trabalho, como os que asseguram a validade da notificação apenas quando realizadas observando as exigências do art. 272 e em nome dos advogados indicados para este fim.

5 Da tutela provisória

No presente capítulo, o NCPC concentra o que o antigo código dispunha espaçadamente, juntando num único Livro o que antes tratava como processo cautelar e antecipação de tutela, ao qual agrega também uma nova modalidade, a tutela de evidência.

O direito processual do trabalho tem se servido largamente da antecipação de tutela prevista no art. 273 do CPC atual, sendo este um mecanismo de enorme utilidade, sobretudo aos reclamantes. Também as medidas cautelares do atual CPC, com as adequações necessárias, sempre foram aplicadas ao processo laboral, mas agora estas tutelas de urgência ganharam novo formato, todas aptas à aplicação na seara judicial trabalhista.

Com efeito, em sua sistematização, o novo Código dividiu as tutelas provisórias em de urgência e de evidência. Aquelas foram subdivididas em tutela cautelar ou antecipada, de caráter incidental ou antecedente, fixando-se procedimento próprio para esta última hipótese. Significa, portanto, que podem ser requeridas e concedidas no curso de um processo, mas também formuladas antes de sua propositura.

No geral, perduraram as características e os requisitos para as tutelas cautelares, fumaça do direito e perigo da demora, o que agora o NCPC denomina "probabilidade do direito e o perigo de dano ou o risco ao resultado útil do processo".

As cautelares deixaram de possuir regulamentação específica para medidas que eram antes enumeradas, ainda que não taxativamente. O NCPC, embora no art. 301 mencione espécies de cautelares, o faz como que a ilustrar o cabimento de toda e qualquer medida que sirva para a asseguração do direito.

Já a tutela de urgência antecipada equivale ao próprio pedido principal, mas a ser concedida quando houver perigo de dano ou risco ao resultado útil. A grande novidade dela está na possibilidade não somente de formulação anterior à propositura propriamente dita da ação, mas do deferimento da tutela antecipada se estabilizar diante da ausência de recurso à decisão que a conceder, muito embora possa ela ser revista, reformada ou invalidada em até dois anos de sua concessão.

Como no direito processual do trabalho não cabe agravo de instrumento contra decisões interlocutórias, sendo este o recurso previsto pelo art. 1.015, inciso I, no NCPC, o instituto seria aplicável no processo do trabalho se fosse possível a impugnação por meio de recurso ordinário. Esta questão de tormentosa resolução poderia afastar do direito processual trabalhista a tutela antecipada de caráter incidental, somente possível com uma interpretação mais ousada, como a ora proposta.

Já a tutela de urgência cautelar antecedente, como que equivalente ao processo cautelar atual, se mostra plenamente aplicável, em molde muito semelhante ao do que hoje é praticado.

A tutela de evidência, por sua vez, é cabível, nos termos do art. 311, quando:

> I - ficar caracterizado o abuso do direito de defesa ou o manifesto propósito protelatório da parte;
> II - as alegações de fato puderem ser comprovadas apenas documentalmente e houver tese firmada em julgamento de casos repetitivos ou em súmula vinculante;
> III - se tratar de pedido reipersecutório fundado em prova documental adequada do contrato de depósito, caso em que será decretada a ordem de entrega do objeto custodiado, sob cominação de multa;
> IV - a petição inicial for instruída com prova documental suficiente dos fatos constitutivos do direito do autor, a que o réu não oponha prova capaz de gerar dúvida razoável.

Observa-se que guarda alguma semelhança com a tutela antecipada do art. 273 do atual CPC, mas não exige risco de dano irreparável ou de difícil reparação. Basta a evidência do direito, desprezando-se a necessidade de risco de lesão.

Manifesto que a concessão incidental não desafia agravo de instrumento no processo do trabalho, podendo ser impugnada por mandado de segurança, tal como se dá atualmente, salvo quando for concedida em sentença, quando desafia recurso ordinário.

A execução também há de correr segundo as regras trabalhistas, ainda que possa o Juiz, tal como ocorre atualmente, adotar meios que instem diretamente o obrigado a cumprir a condenação.

6 Do processo de conhecimento e do cumprimento de sentença. Do processo de execução

Os procedimentos do processo de conhecimento e da execução das decisões proferidas em ações trabalhistas estão, em linhas gerais, previstos na CLT, a partir do art. 770, sendo aplicáveis diversos dispositivos do código de processo comum, com o fito de completar a disciplina de alguns institutos e procedimentos não pormenorizados no texto consolidado.

Não sendo possível destacar todos, alguns merecem atenção, seja pela sua importância, pela nova disciplina, de modo a se definir por ser aplicável ou não ao processo do trabalho.

No que tange ao pedido, embora a CLT seja menos rígida quanto à descrição da causa de pedir, art. 840, ainda são aproveitáveis as exigências de pedido certo e determinado e também a possibilidade de pedidos alternativos, subsidiários, cumulados, como ainda as hipóteses de indeferimento da inicial, inclusive por inépcia. Nesse caso, é válida a hipótese de retratação do Juiz, art. 331 do NCPC, já que a CLT não a veda, nem disciplina especificamente de modo diverso a matéria.

Nesta mesma linha, cabível é a improcedência liminar do pedido, prevista no art. 332, salvo no que tange à decretação por ofício da prescrição, já que ainda é dominante a ideia de que o princípio da proteção o impede, embora a dissidência venha ganhando corpo na jurisprudência.

A dúvida seria se, ante a falta de menção no texto do Código a enunciados e acórdãos do TST e dos TRT's, poderia o Juiz deles se valer para julgar improcedente de logo o pedido. Numa visão mais exegeta, não poderia, porém, a fim de adequar o texto do NCPC ao processo trabalhista, é possível que, por analogia, enunciados e acórdãos do TST e dos TRT's sejam utilizados como modelo para tanto.

A audiência de conciliação ou mediação, por sua vez, embora pareça inspirada no processo do trabalho, aqui segue outra lógica e procedimentos, sendo descabida a incidência do art, 334.

No que se refere à contestação, merece louvor a concentração nela de todas as matérias de defesa, inclusive, incompetência relativa, mas no processo trabalhista ela permanece arguível por meio de exceções em petição à parte, art. 799 da CLT. O processo civil, no caso, avançou além do trabalhista.

Novidade de profunda relevância surgida no NCPC ocorre quando autoriza ao Juiz que inverta o ônus da prova, art. 373, §1º, desde que observada a limitação do §2º:

> Art. 373 [...]
> §1º. Nos casos previstos em lei ou diante de peculiaridades da causa relacionadas à impossibilidade ou à excessiva dificuldade de cumprir o encargo nos termos do *caput* ou à maior facilidade de obtenção da prova do fato contrário, poderá o juiz atribuir o ônus da prova de modo diverso, desde que o faça por decisão fundamentada, caso em que deverá dar à parte a oportunidade de se desincumbir do ônus que lhe foi atribuído.
> §2º. A decisão prevista no §1º deste artigo não pode gerar situação em que a desincumbência do encargo pela parte seja impossível ou excessivamente difícil.

A técnica de inversão do ônus da prova é útil e justa, mas somente é válida, até por conta dos princípios do devido processo legal, do contraditório e da ampla defesa, inspiradores do conteúdo das normas processuais civis presentes na introdução do NCPC, se não impor surpresa às partes, que deverão adentrar a fase instrutória com a ciência do ônus que lhes cabe, sobretudo quando distribuído de modo diverso da clássica regra do art. 373, *caput*, pela qual os fatos constitutivos do direito devem ser provados pelo autor, enquanto que os impeditivos, modificativos ou extintivos, pelo réu.

O mesmo não vale para convenção sobre prova, art. 373, §3º, diante do caráter indisponível dos direitos objeto do processo do trabalho.

No que tange à prova, merecem destaque a possibilidade do uso de ata notarial como um de seus meios, art. 384, assim como a regulamentação de documentos eletrônicos, arts. 439 a 441, e ainda a possibilidade da perícia ser substituída pela prova técnica simplificada, por meio de inquirição de especialista em audiência, art. 464, §§4º, 5º e 6º.

Em relação à sentença, mantidas em linhas gerais as hipóteses de extinção com e sem resolução de mérito, destaca-se, neste último caso, a retirada da hipótese relativa à falta das condições da ação, embora mantidas a ilegitimidade e a ausência de interesse como motivos ensejadores da extinção.

Como reflexo do art. 9º, o art. 493 impõe que o Juiz ouça as partes sobre fato novo que possa influir no desate da causa, tudo de modo a evitar a decisão surpresa.

No capítulo da coisa julgada, passará a ostentar sua força e autoridade a questão prejudicial decidida expressa e incidentemente no processo, se, art. 503, §1º:

> I - dessa resolução depender o julgamento do mérito;
> II - a seu respeito tiver havido contraditório prévio e efetivo, não se aplicando no caso de revelia;
> III - o juízo tiver competência em razão da matéria e da pessoa para resolvê-la como questão principal.

Observando-se, porém, a ressalva do §2º do mesmo dispositivo:

> §2º. A hipótese do §1º não se aplica se no processo houver restrições probatórias ou limitações à cognição que impeçam o aprofundamento da análise da questão prejudicial.

Já a fase de execução encontra a devida previsão no processo do trabalho, pelo que não se aplicam o procedimento geral de cumprimento de sentença e de execução de títulos extrajudiciais do NCPC.

Contudo, pela sua singularidade, e diante da forma especial prevista no art. 100 da Constituição Federal, incidentes no processo trabalhista são as disposições referentes ao cumprimento de sentença contra a Fazenda Pública, arts. 534 e 535.

Também, diante da omissão da CLT, aplicam-se as normas sobre embargos de terceiro, arts. 674 e seguintes; impenhorabilidade de bens, art. 833; ordem preferencial de penhora, art. 835; sua modificação, art. 847; penhora em dinheiro, art. 85; e penhora de crédito, art. 855, dentre outros de menor destaque.

7 Dos processos nos tribunais

A nova ordem processual civil instaurada em 2015 regulamentou, mais pormenorizadamente, instrumentos capazes de prevenir e buscar eliminar posicionamentos desarmônicos na jurisprudência, sem o risco de decisões contraditórias, de forma mais ágil. Decidiu-se por regulamentar a formação e a obediência ao quanto decidido em precedentes obrigatórios e na resolução das causas repetitivas.

A opção legislativa caminhou, assim, para a introdução de forma plena da teoria dos precedentes judiciais e a sua força obrigatória, aproximando-se ao sistema do *common low*.[1] Estes novos instrumentos adotados no sistema de precedentes leva a uma maior

---

[1] O que se tem constatado, na realidade, é que tem havido diálogo entre as tradições do *Common Law*, por conta das consequências jurídicas da globalização, com as frequentes controvérsias transnacionais e a tendência à

eficiência e economia processual, na medida em que a sua adoção gera o julgamento de grande número de processos.[2]

Nasce, assim, com o Novo CPC, o chamado "microssistema de formação concentrada de precedentes obrigatórios", descrito por Leonardo Carneiro da Cunha e Fredie Didier.[3] Nele, o incidente de uniformização de jurisprudência, previsto no art. 476 a 479 do CPC-1973, desdobrou-se, no CPC-2015, no *incidente de resolução de demandas repetitivas* e *no incidente de assunção de competência*.

Neste microssistema, as normas de aplicação são intercomunicantes, servem para diversos institutos, ou seja, a criação, a aplicação e a superação de formação de precedentes observarão normas comuns procedimentais, tanto no incidente de resolução de demandas repetitivas, quanto no incidente de assunção de competência, por exemplo. Tudo isso a *dar unidade e coerência sistêmicas, determinando a ampliação da cognição, com qualificação do debate para a formação do precedente, com a exigência de fundamentação reforçada e de ampla publicidade*.[4]

8 Incidente de assunção de competência

A aplicação do incidente de uniformização de jurisprudência nos Tribunais Regionais do Trabalho é obrigatória e tem previsão de aplicação supletiva do regramento do CPC-1973 (CLT, no seu art. 896, §3º). Esta obrigatoriedade encontra amparo no disposto no §3º do art. 896 da CLT que assim dispõe:

> §3º. Os Tribunais Regionais do Trabalho procederão, obrigatoriamente, à uniformização de sua jurisprudência e aplicarão, nas causas da competência da Justiça do Trabalho, no que couber, o incidente de uniformização de jurisprudência previsto nos termos do *Capítulo I do Título IX do Livro I da Lei nº 5.869, de 11 de janeiro de 1973 (Código de Processo Civil).*

Assim, com o advento do Novo CPC, o processo do trabalho passará a adotar no lugar do incidente de uniformização de jurisprudência, o *incidente de assunção de competência* e o *incidente de resolução de demandas repetitivas.*

O art. 947 do CPC de 2015, de forma mais ampla e detalhada que o art. 555 do CPC-1973, trata dos requisitos para instauração e processamento do *incidente de assunção de competência (IAC).*

Este instrumento tem o objetivo de uniformizar a jurisprudência em torno de questões relevantes, com repercussão para a sociedade, demandas de interesse público significativo, sem que haja repetição em múltiplos processos, pois neste caso, o CPC de 2015 previu outro instrumento para o caso de demandas ou recursos repetitivos.

---

uniformização cultural, fortemente potencializada pela ideologia dos direitos humanos. (Cf. REIS, Sérgio Cabral dos. *Da Recepção do Sistema de Precedentes do CPC 2015 ao fortalecimento das ações coletivas rumo a uma tutela jurisdicional eficaz*: Encontros e desencontros dos sistemas de resolução de litigância de massa no Brasil. Processo do Trabalho. Salvador: Juspodivm, 2015. p. 512. (Coleção Repercussões no Novo CPC)).

[2] BRANDÃO, Cláudio. *Incidente de Julgamento de Recursos de Revista Repetitivos.* Salvador: Juspodivm, 2015. p. 610. (Coleção Repercussões do novo CPC).

[3] CUNHA, Leonardo Carneiro da; DIDIER, Fredie. *Incidente de Assunção de Competência e o Processo do Trabalho.* Salvador: Juspodivm, 2015. p. 588. (Coleção Repercussões do novo CPC).

[4] *Idem*, p. 594.

O IAC visa racionalizar a prestação jurisdicional nos tribunais e impor a observância da jurisprudência firmada por ele, já que a decisão vinculará os juízes e os órgãos fracionários do respectivo tribunal em decisões futuras, exceto se houver revisão de teses, a partir de certos limites, nos termos do §3º do art. 947, sem risco, portanto, do engessamento da jurisprudência.

A instituição do incidente em tela trouxe de importante o estabelecimento do respeito às teses de órgãos hierarquicamente superiores, já que formadas com ampliação do debate acerca do tema, com a possibilidade de audiências públicas, a interveniência do *amicus curiae*, com a participação do Ministério Público, bem como com fundamentação reforçada de sua decisão.

De reconhecida aplicação no processo do trabalho, conforme enunciados 335 e 167 do Fórum Permanente de Processualistas, o IAC poderá ser instaurado em qualquer tribunal, a partir de qualquer recurso, remessa necessária ou processo de competência originária, desde que se esteja diante de questões onde o firmamento de tese a respeito tenha grande significado para a sociedade, a política, a economia, a cultura, evitando-se que esta grande questão seja julgada e firmadas várias teses diferentes, ou seja, quando seja conveniente a prevenção ou a composição de divergência entre câmaras ou turmas do tribunal, nos termos do §4º do art. 947 do Novo CPC.

Assim, diante de uma relevante questão de direito, com grande repercussão social, o relator proporá, de ofício ou a requerimento das partes, do Ministério Público ou da Defensoria Pública, a instauração do IAC, remetendo o recurso, a remessa necessária ou o processo de competência originária para ser julgador pelo órgão colegiado que o regimento interno do tribunal indicar.

O órgão colegiado deve ser um órgão superior às turmas ou câmaras encarregadas de julgamentos ordinários, como por exemplo, os órgãos especiais e as sessões especializadas dos tribunais, vez que o §3º do art. 947 fala em vinculação de órgãos fracionários, como bem chamou atenção Osmar Mendes Paixão Cortês.[5]

Do acórdão que julga o IAC cabem recurso de embargos de declaração, recurso especial e extraordinário, recurso ordinário e recurso de revista, a depender do Tribunal que o julgou.

Uma vez formado o precedente obrigatório num IAC, os juízes e os tribunais devem segui-lo, aplicando o seu entendimento para:

> i) julgar improcedente, liminarmente a ação, aplicando o art. 332, III do CPC-2015, ou seja, nas causas que dispensem a fase instrutória, o juiz, independentemente da citação do réu, julgará liminarmente improcedente o pedido que contrariar entendimento firmado em incidente de resolução de demandas repetitivas ou de assunção de competência, de forma fundamentada, nos termos do §1º do art. 489 do CPC-2015, e observando o art. 10 do CPC-2015, ou seja, dando às partes a oportunidade de se manifestar, ainda que se trate de matéria sobre a qual deva decidir de ofício;
>
> ii) dispensar a remessa necessária, nos casos em que a sentença estiver fundada em entendimento firmado em incidente de assunção, competência e incidente de resolução de demandas repetitivas e nos casos do inciso III do §4º, do art. 496 do CPC-2015;

---

[5] CORTÊS, Osmar Mendes Paixão. *Breves comentários do Novo Código de Processo Civil*. (Coordenado por Teresa Arruda Alvim Wambier e outros). Ed. Thomsom Reuters Revista dos Tribunais, 2015. p. 1112.

iii) julgar monocraticamente o relator, dando provimento ao recurso que for na mesma linha de entendimento de decisão firmada em IAC ou negando provimento ao recurso que for contrário à decisão firmada em IAC, nos termos do art. 932 do CPC-2015;

iv) julgar o relator, de plano, o conflito de competência, quando sua decisão se fundar em tese firmada em julgamento de incidente de assunção competência e incidente de resolução de demandas repetitivas, nos termos do parágrafo único do art. 955 do CPC-2015.

Caso os juízes e os tribunais não apliquem, ou apliquem indevidamente, o precedente obrigatório, num incidente de assunção de competência, o novo Código prevê a interposição, pela parte interessada ou pelo Ministério Público, de reclamação para garantir sua observância, antes do trânsito em julgado da decisão e instruída com prova documental, dirigida ao presidente do tribunal, que será, após recebida e autuada, remetida, quando possível, ao relator da causa principal.

O julgamento da reclamação compete ao órgão jurisdicional cuja competência se busca preservar ou autoridade se pretenda garantir (arts. 985 e 988).

Havendo mudanças das condições sob as quais foi tomada a decisão vinculativa no IAC, ocorrerá a possibilidade de revisão da tese firmada (art. 947, §2º), sem risco, como dito acima, do engessamento da jurisprudência.

Nesse caso, o tribunal, para rever a sua tese, submeterá estes novos paradigmas ao pleno debate, com participação de pessoas, órgãos ou entidades, com possíveis audiências públicas, adotando o mesmo procedimento do IAC, de ofício ou a requerimento da parte, do Ministério Público ou da Defensoria Pública.

Em caso de alteração da jurisprudência dominante do STF e dos Tribunais superiores, ou daquela oriunda de julgamento de casos repetitivos, pode haver modulação dos efeitos da alteração no interesse social e no da segurança jurídica, nos termos do §3º do art. 947.

A nova ordem processual expressa, com este instituto, a importância da estabilidade das decisões, da unidade do sistema, na medida em que vincula qualquer modificação de enunciado de súmula, de jurisprudência pacificada ou de tese adotada no julgamento de casos repetitivos à necessidade de observação da necessidade de fundamentação adequada e específica, considerando os princípios da segurança jurídica, da proteção da confiança e da isonomia, como estabelecido no §4º, art. 947.

A publicidade dos precedentes, com a divulgação das teses firmadas pelos tribunais, organizadas por questões jurídicas decididas, inclusive da rede mundial de computadores, é um dos requisitos de validade previstos no novo Código (§5º, art. 947).

9 Incidente de resolução de demandas repetitivas (IRDR)

O *incidente de resolução de demandas repetitivas* (IRDR) surgiu com o objetivo de enfrentar a litigiosidade de massa e buscar a racionalização das decisões para casos semelhantes por meio do sistema de precedentes.

Ele visa racionalizar a prestação jurisdicional nos tribunais e impor a observância da jurisprudência firmada por ele, já que a decisão vinculará os juízes e os órgãos fracionários do respectivo tribunal em decisões futuras, exceto se houver revisão de teses, sem risco do engessamento da jurisprudência, como no IAC.

Com a fixação de teses dos órgãos hierarquicamente superiores e a obrigatoriedade de segui-las, instituída na norma que rege o IRDR, diminuem-se as incertezas jurídicas, no entanto, pode se afastar do bom modelo de justiça, ao esquecer-se da distinção qualitativa caso a caso.

No incidente de resolução de demandas repetitivas observa-se, também, a ampliação da cognição, com qualificação do debate para a formação do precedente, com a exigência de fundamentação reforçada e de ampla publicidade.

Nele, como no IAC, vê-se a busca pelo estabelecimento do respeito às teses de órgãos hierarquicamente superiores, já que formadas com ampliação do debate acerca do tema. Esta ampliação está prevista através da possibilidade de audiências públicas, interveniência do *amicus curiae*, com a participação do Ministério Público.

Para instruir o IRDR, o relator poderá designar data para, em audiência pública, ouvir depoimentos de pessoas com experiência e conhecimento na matéria, ouvir partes e os demais interessados, inclusive pessoas, órgãos e entidades com interesse na controvérsia, que, no prazo comum de 15 (quinze) dias, poderão requerer a juntada de documentos, bem como as diligências necessárias para a elucidação da questão de direito controvertida, e, em seguida, manifestar-se-á o Ministério Público, no mesmo prazo.

O julgamento do *incidente de resolução de demandas repetitivas* caberá ao órgão indicado pelo regimento interno dentre aqueles responsáveis pela uniformização de jurisprudência do tribunal. O órgão colegiado incumbido de julgar o incidente e de fixar a tese jurídica julgará igualmente o recurso, a remessa necessária ou o processo de competência originária de onde se originou o incidente.

É incabível o incidente de resolução de demandas repetitivas quando um dos tribunais superiores, no âmbito de sua respectiva competência, já tiver afetado recurso para definição de tese sobre questão de direito material ou processual repetitiva.

Como requisito para o cabimento de incidente de resolução de demandas repetitivas, fixa o art. 976 do CPC-15, a necessidade de, simultaneamente, haver:

i) efetiva repetição de processos que contenham controvérsia sobre a mesma questão unicamente de direito;
ii) risco de ofensa à isonomia e à segurança jurídica.

A inadmissão do incidente de resolução de demandas repetitivas por ausência de qualquer de seus pressupostos de admissibilidade não impede que, uma vez satisfeito o requisito, seja o incidente novamente suscitado.

Preenchidos os requisitos de admissibilidade, o exame de mérito do IRDR deve ser apurado, mesmo que a parte requerente desista ou abandone o processo. Se não for o requerente, o Ministério Público intervirá obrigatoriamente no incidente e deverá assumir sua titularidade em caso de desistência ou de abandono. (§§2º e 3º do art.976).

Não serão exigidas custas processuais no incidente de resolução de demandas repetitivas. O pedido de instauração do incidente será dirigido ao presidente de tribunal: i) pelo juiz ou relator, por ofício; ii) pelas partes, por petição; iii) pelo Ministério Público ou pela Defensoria Pública, por petição, sempre instruídos com os documentos necessários à demonstração do preenchimento dos pressupostos para a instauração do incidente. (art. 977).

Na mesma linha de entendimento que o IAC, a instauração e o julgamento do incidente serão sucedidos da mais ampla e específica divulgação e publicidade, por meio de registro eletrônico no Conselho Nacional de Justiça, e ainda, os tribunais manterão banco eletrônico de dados atualizados com informações específicas sobre questões de direito submetidas ao incidente, comunicando-o imediatamente ao Conselho Nacional de Justiça para inclusão no cadastro.

Para possibilitar a identificação dos processos abrangidos pela decisão do incidente, o registro eletrônico das teses jurídicas constantes do cadastro conterá, no mínimo, os fundamentos determinantes da decisão e os dispositivos normativos a ela relacionados.

O Novo Código estabelece que o IRDR será julgado no prazo de 1 (um) ano e terá preferência sobre os demais feitos, ressalvados os que envolvam réu preso e os pedidos de *habeas corpus* (art. 980). Superado este prazo, cessa a suspensão dos processos prevista no art. 982, salvo decisão fundamentada do relator em sentido contrário.

Após a distribuição, o órgão colegiado competente para julgar o incidente procederá ao seu juízo de admissibilidade, considerando a presença dos pressupostos da efetiva repetição de processos que contenham controvérsia sobre a mesma questão unicamente de direito e o risco de ofensa à isonomia e à segurança jurídica.

Admitido o incidente, o relator suspenderá os processos pendentes, individuais ou coletivos, que tramitam no Estado ou na região, conforme o caso (art. 982). Essa suspensão será comunicada aos órgãos jurisdicionais competentes.

Admitido o incidente, o relator poderá requisitar informações a órgãos em cujo juízo tramita processo no qual se discute o objeto do incidente, que as prestarão no prazo de 15 (quinze) dias; intimará o Ministério Público para, querendo, manifestar-se no prazo de 15 (quinze) dias.

Durante a suspensão, o pedido de tutela de urgência deverá ser dirigido ao juízo onde tramita o processo suspenso. Cessa a suspensão dos processos pendentes, individuais ou coletivos, que tramitam no Estado ou na região, se não for interposto recurso especial ou recurso extraordinário contra a decisão proferida no incidente.

Como instrumento de "garantia da segurança jurídica", o CPC-2015, art. 982, 3º, prevê que as partes, o Ministério Público ou a Defensoria Pública, requerentes do IRDR, independentemente dos limites da competência territorial, poderão requerer ao tribunal competente para conhecer do recurso extraordinário ou especial, a suspensão de todos os processos individuais ou coletivos em curso no território nacional que versem sobre a questão objeto do incidente já instaurado.

A parte no processo em curso no qual se discuta a mesma questão objeto do incidente de resolução é legitimada para requerer a suspensão de todos os processos individuais ou coletivos em curso no território nacional.

No julgamento do incidente, observar-se-á a seguinte ordem: I - o relator fará a exposição do objeto do incidente; II - poderão sustentar suas razões, sucessivamente: a) o autor e o réu do processo originário e o Ministério Público, pelo prazo de 30 (trinta) minutos; b) os demais interessados, no prazo de 30 (trinta) minutos, divididos entre todos, sendo exigida inscrição com 2 (dois) dias de antecedência (art. 984).

Prestigiando o primado da fundamentação, expressamente prevê o Código que o conteúdo do acórdão abrangerá a análise de todos os fundamentos suscitados concernentes à tese jurídica discutida, sejam favoráveis ou contrários. (§2º, do art. 984).

Julgado o incidente, a tese jurídica será aplicada: i) a todos os processos individuais ou coletivos que versem sobre idêntica questão de direito e que tramitem na área de jurisdição do respectivo tribunal, inclusive, àqueles que tramitem nos juizados especiais do respectivo Estado ou região; ii) aos casos futuros que versem sobre idêntica questão de direito e que venham a tramitar no território de competência do tribunal, salvo revisão na forma do art. 986 (art. 985).

Não observada a tese adotada no incidente, caberá reclamação, ou seja, para o caso dos juízes e dos tribunais não aplicarem, ou aplicarem indevidamente, o precedente obrigatório num incidente de resolução de demandas repetitivas, o CPC-2015, expressamente prevê a interposição de reclamação para garantir sua observância.

Se o incidente tiver por objeto questão relativa à prestação de serviço concedido, permitido ou autorizado, o resultado do julgamento será comunicado ao órgão, ao ente ou à agência reguladora competente para fiscalização da efetiva aplicação, por parte dos entes sujeitos à regulação, da tese adotada.

Do julgamento do mérito do incidente caberá recurso extraordinário ou especial, conforme o caso. O recurso tem efeito suspensivo, presumindo-se a repercussão geral de questão constitucional eventualmente discutida.

Apreciado o mérito do recurso, a tese jurídica adotada pelo Supremo Tribunal Federal ou pelo Superior Tribunal de Justiça será aplicada no território nacional a todos os processos individuais ou coletivos que versem sobre idêntica questão de direito. (art. 987, §§1º e 2º).

A revisão da tese jurídica firmada no IRDR far-se-á pelo mesmo tribunal, de ofício ou mediante requerimento do Ministério Público ou da Defensoria Pública, seguindo as mesmas normas da revisão nos casos do incidente de assunção de competência, acima citadas. A mesma lógica de formação, aplicação e revisão do IAC é aplicada no IRDR.

10 Recursos repetitivos na justiça do trabalho. Recursos de revista repetitivos

Desde 21 de julho de 2014, com a alteração da CLT, *a sistemática do recurso repetitivo* tem previsão no processo do trabalho, com a observância da garantia de que a decisão firmada em recurso repetitivo não será aplicada aos casos em que se demonstrar que a situação de fato ou de direito é distinta das presentes no processo julgado sob o rito dos recursos repetitivos (art. 896-C, §16).

O incidente de julgamento do recurso repetitivo no processo do trabalho nasce e se processa no TST e no processo civil pode originar-se nos Tribunais de Justiça e Regionais Federais e, por isso, algumas regras não são compatíveis.[6]

Prestigiando a formação de teses jurídicas, no processamento do recurso repetitivo de revista, o relator poderá admitir manifestação de pessoa, órgão ou entidade com interesse na controvérsia, inclusive, como assistente simples, na forma do CPC-73.

A mudança de eixo com o objetivo de se buscar soluções para os casos de demandas de massa, com a formação de teses jurídicas, ficou evidenciada no país desde 2006, com a Lei nº 11.418, disciplinando as situações envolvendo multiplicidade de recursos extraordinários e com a regulamentação da exigência de repercussão geral, para fins de recurso extraordinário e, em 2008, com a Lei nº 11.672, que regulamentou o modo de se processar os recursos especiais repetitivos.

---

[6] BRANDÃO, Cláudio. *Incidente de Julgamento de Recursos de Revista Repetitivos*. Coleção Repercussões do Novo CPC. (Coordenador geral Fredie Didier Jr.). Editora Juspodivm, 2015. p. 626.

No âmbito da Justiça do Trabalho, esta tendência de aproximação com o sistema de precedentes também se manifestou previamente à entrada em vigor do Novo CPC. A Lei nº 13.015, de 21.07.14, introduziu na CLT mudanças significativas fixando parâmetros procedimentais para dar efetividade à sistemática de recursos repetitivos, posteriormente regulamentada pelo TST através do Ato nº 491/2014.

A Consolidação das Leis do Trabalho regulou, assim, o julgamento de recursos de revista repetitivos, nos casos em que houver multiplicidade de recursos fundados em idêntica questão de direito.

Vale a pena observar que o papel dos recursos como instrumento de formação de precedentes festejados pelo CPC-2015 já vinha sendo apropriado pelo STF e Tribunais Superiores, CNJ, com normas regulamentando repercussão geral e recursos repetitivos.

Na Justiça do Trabalho não foi diferente, a Lei nº 13.015, de 21.07.2014, que alterou a CLT, aproximou-a de vez da nova ordem processual civil, prevendo afetação para julgamento representativo da controvérsia e formação de precedente obrigatório, sempre que se estiver diante de multiplicidade de recursos extraordinários, especiais, de revista com fundamentos em idêntica questão de direito. Diz ela:

> *Art. 896-C.* Quando houver multiplicidade de recursos de revista fundados em idêntica questão de direito, a questão poderá ser afetada à Seção Especializada em Dissídios Individuais ou ao Tribunal Pleno, por decisão da maioria simples de seus membros, mediante requerimento de um dos Ministros que compõem a Seção Especializada, considerando a relevância da matéria ou a existência de entendimentos divergentes entre os Ministros dessa Seção ou das Turmas do Tribunal.

Dada a importância da formação da tese paradigmática e prestigiando o princípio da celeridade, transcorrido o prazo para o Ministério Público de 15 (quinze) dias e remetida cópia do relatório aos demais Ministros, o processo será incluído em pauta na Seção Especializada ou no Tribunal Pleno do TST, devendo ser julgado com preferência sobre os demais feitos.

Publicado o acórdão do Tribunal Superior do Trabalho, os recursos de revista sobrestados na origem:

> I - terão seguimento denegado na hipótese de o acórdão recorrido coincidir com a orientação a respeito da matéria no Tribunal Superior do Trabalho; ou
> II - serão novamente examinados pelo Tribunal de origem na hipótese de o acórdão recorrido divergir da orientação do Tribunal Superior do Trabalho a respeito da matéria.

Diante da competência constitucional conferida ao STF, caso a questão afetada e julgada sob o rito dos recursos repetitivos também contenha questão constitucional, a decisão proferida pelo Tribunal Pleno do TST não obstará o conhecimento de eventuais recursos extraordinários sobre a questão constitucional. (art. 896-C, §13, CLT).

Aos recursos extraordinários interpostos perante o Tribunal Superior do Trabalho será aplicado o procedimento previsto no art. 543-B do CPC-1973, cabendo ao Presidente do TST selecionar um ou mais recursos representativos da controvérsia e encaminhá-los ao Supremo Tribunal Federal, sobrestando os demais até o pronunciamento definitivo da Corte, na forma do CPC-1973.

O Presidente do Tribunal Superior do Trabalho poderá oficiar os Tribunais Regionais do Trabalho e os Presidentes das Turmas e da Seção Especializada do Tribunal para que suspendam os processos idênticos aos selecionados como recursos representativos da controvérsia e encaminhados ao Supremo Tribunal Federal, até o seu pronunciamento definitivo.

Como no Incidente de Assunção de Competência e no Incidente de Resolução de Demandas Repetitivas, existe a previsão para *superação do precedente* já em vigor no processo do trabalho.

Assim, caberá revisão da decisão firmada em julgamento de recursos repetitivos trabalhistas, quando houver alteração da situação econômica, social ou jurídica, caso em que será respeitada a segurança jurídica das relações firmadas sob a égide da decisão anterior, podendo o Tribunal Superior do Trabalho modular os efeitos da decisão que a tenha alterado.

Tratou a legislação processual trabalhista de ir além da processual civil, aceitando como razão de revisão de decisão, em precedente obrigatório de recursos repetitivos, a alteração econômica e social.

Estes instrumentos processuais surgidos com o CPC-2015 buscam, como dito acima, previsibilidade nos julgados, sem o risco de decisões contraditórias, e eliminar a divergência jurisprudencial e dar maior isonomia e segurança jurídica aos jurisdicionados, no entanto, estes instrumentos não podem se afastar do controle social, pois o desenvolvimento da agilidade no julgar ou a criação de precedentes desconectados com o Bom Direito em nome da efetividade do processo, com o dever de serem seguidos em causas semelhantes pode trazer consequências piores que a demora do julgar.

A própria regulamentação pormenorizada do incidente de assunção de competência e do incidente de resolução de demandas repetitivas se apresentou como instrumento de controle social, de segurança, na medida em que garantem a participação dos interessados, da sociedade em audiências públicas, do Ministério Público.

Não há maiores dúvidas da aplicabilidade dos dispositivos que regulam o IAC e o IRDR ao processo do trabalho, e não somente porque o art. 15 assim prevê, em similitude com o art. 769 da CLT, mas também porque complementam a legislação processual trabalhista, completando-a e enriquecendo sua interpretação.

É importante que se diga que a norma processual trabalhista que regula os processos de recursos repetitivos e recursos repetitivos de revista incorporou do Novo CPC seus instrumentos, em quase sua totalidade, avançando em alguns aspectos. Dentre os avanços se observa a ampliação da cognição, com qualificação do debate para a formação do precedente, a exigência de fundamentação reforçada e a ampla publicidade, enfim, mecanismos para o enfrentamento da litigiosidade de massa e racionalização das decisões para casos semelhantes por meio do sistema de precedentes.

O certo é que os instrumentos de enfrentamento de demandas cada dia mais volumosas e repetitivas encontraram no NCPC, na CLT e em outras normas esparsas, o regramento pormenorizado dos institutos que visam racionalizar a prestação jurisdicional nos tribunais e impor a observância da jurisprudência firmada por eles, já que a decisão vinculará os juízes e órgãos fracionários do respectivo tribunal em decisões futuras, exceto se houver revisão de teses - também prevista e regulada, sem risco do engessamento da jurisprudência, como no IAC, IRDR, Recurso de Revista Repetitivo, demonstrando, assim, amadurecimento do processo enquanto instrumento de resolução de conflitos.

11 Conclusão

O advento do Novo Código de Processo Civil por si só já exige de todos aqueles que com ele operam profissionalmente, como Advogados, Procuradores, Magistrados, Integrantes do Ministério Público, Defensores Públicos, e também dos estudiosos que se dedicam a pesquisar e a entender o novo diploma, a árdua e permanente tarefa de, com a máxima rapidez e clareza possíveis, interpretar seus dispositivos e compreender o alcance e o sentido de suas normas.

Se esta tarefa já é penosa no âmbito do Direito Processual Civil, será muito mais tormentosa em outros sistemas processuais onde o novo CPC informa possuir aplicação subsidiária e supletiva, como no Direito Processual do Trabalho, campo onde certamente muitas dúvidas e resistências ao NCPC vicejarão por ainda bastante tempo.

O presente trabalho, apresentado ao final do Curso "O Novo Código de Processo Civil: estudo comparado com o CPC de 1973", promovido pela Procuradoria Geral do Estado da Bahia em conjunto com a Pontifícia Universidade Católica de São Paulo, ainda em momento anterior à vigência do NCPC e sem maior balizamento doutrinário e jurisprudencial acerca de sua aplicabilidade ao processo do trabalho, visa oferecer uma modesta contribuição acerca dos reflexos do novo Código na seara processual trabalhista, como consequência de estudos apenas preliminares de seus autores e a partir da experiência de ambos na sofrida militância diária junto ao foro trabalhista, prestada em prol do Estado da Bahia na incessante busca da preservação do Erário.

Referências

BRANDÃO, Cláudio. *Incidente de Julgamento de Recursos de Revista Repetitivos*. Coleção Repercussões do Novo CPC. (Coordenador geral Fredie Didier Jr.). Editora Juspodivm, 2015.

CORTÊS, Osmar Mendes Paixão. *Breves Comentários da Novo Código de Processo Civil*. (Coordenado por Teresa Arruda Alvim Wambier e outros). Ed. Thomsom Reuters Revista dos Tribunais, 2015.

CUNHA, Leonardo Carneiro da; DIDIER, Fredie. *Incidente de Assunção de Competência e o Processo do Trabalho*. Coleção Repercussões do Novo CPC. (Coordenador geral Fredie Didier Jr.). Editora Juspodivm, 2015.

FREIRE E SILVA, Bruno. *O Novo CPC e O Processo do Trabalho, I*: parte geral. São Paulo: LTr, 2015.

REIS, Sérgio Cabral dos. *Da Recepção do Sistema de Precedentes do CPC 2015 ao Fortalecimento das Ações Coletivas Rumo a Uma Tutela Jurisdicional Eficaz*: Encontros e Desencontros dos Sistemas de Resolução de Litigância de Massa no Brasil. Processo do Trabalho, Coleção Repercussões no Novo CPC. (Coordenadores Cláudio Brandão e Estêvão Mallet). Editora Juspodivm, 2015.

TARTUCE, Flávio. *O Novo CPC e o Direito Civil. Impactos, Diálogos e interações*. Rio de Jaeiro: Editora Forense, 2015.

TEIXEIRA FILHO, Manoel Antônio. *Comentários ao Novo Código de Processo Civil Sob a Perspectiva do Processo do Trabalho*. LTr, 2015.

Informação bibliográfica deste texto, conforme a NBR 6023:2002 da Associação Brasileira de Normas Técnicas (ABNT):

MARTINS, Ana Paula Tomaz; CERQUEIRA FILHO, Gustavo Lanat Pedreira de. O novo Código de Processo Civil e o Processo do Trabalho. In: BRITTO, Alzemeri Martins Ribeiro de; BARIONI, Rodrigo Otávio (Coords.). *Advocacia pública e o novo código de processo civil*. Belo Horizonte: Fórum, 2016. p. 381-397. ISBN 978-85-450-0173-7.

SOBRE OS AUTORES

Adilson Brito Agapito
Procurador do Estado da Bahia. Bacharel em Direito. Especialista em Processo Civil.

Adriano Ferreira da Silva
Bacharel em Direito pela Universidade Federal da Bahia. Procurador do Estado da Bahia.

Aline Solano Souza Casali Bahia
Procuradora do Estado da Bahia desde 2005. Mestra em Direito Público pela Universidade Federal da Bahia.

Almerinda Liz Fernandes
Procuradora do Estado da Bahia.

Ana Celeste Brito do Lago
Procuradora do Estado da Bahia.

Ana Cristina Barbosa de Paula Oliveira
Procuradora do Estado da Bahia.

Ana Paula Tomaz Martins
Economista. Advogada. Graduada em Ciências Econômicas - Universidade Federal da Bahia (UFBA). Graduada em Direito pela Universidade Católica de Salvador. Pós-Graduada em Direito Tributário - Fundação Faculdade de Direito - Universidade Federal da Bahia (UFBA). Especialização em Direito Processual Civil, *Latu Sensu* - Fundação Faculdade de Direito, Universidade Federal da Bahia (UFBA). Pós-Graduação, *Latu Sensu*, de 2 (dois) anos, em Direito do Trabalho, na Fundação Faculdade de Direito (UFBA/BA). Curso de Extensão Universitária - Bahia - PUC/PGE-CEA.

André Luiz Rodrigues Lima
Procurador do Estado da Bahia e advogado.

André Monteiro do Rego
Procurador do Estado da Bahia e advogado. Especialista em Direito Administrativo e Processual pela Universidade Federal da Bahia (UFBA).

Andréa Gusmão
Procuradora do Estado da Bahia. *E-mail*: <andrea.santos@pge.ba.gov.br>

Andréa Maria Batista Burgos
Procuradora-Chefe da Fundação de Hematologia e Hemoterapia da Bahia (HEMOBA).

Andréa Sento-Sé Valverde
Procuradora do Estado da Bahia.

Ângela Soraya Bezerra de Mello Nascimento
Graduada em Direito pela Universidade Católica do Salvador (2013). Pós-graduada em Direito Tributário pela Universidade Católica do Salvador (2015). Analista de Apoio Jurídico na Procuradoria Geral do Estado da Bahia. *Curriculum Lattes* disponível em: <http://lattes.cnpq.br/1956905706928672>.

Antenógenes Farias Conceição
Procurador do Estado da Bahia. Ex-Professor de Direito Tributário, Financeiro e Econômico da UESC.

Antônia Oliveira Boaventura Martins
Procuradora do Estado da Bahia.

Antônio Cesar Magaldi
Procurador do Estado da Bahia. Advogado.

Aurivaldo José Moreira de Carvalho Filho
Servidor Público na Procuradoria Geral do Estado da Bahia. Bacharel em Direito pela Faculdade UNIME de Ciências Jurídicas.

Ayrton Bittencourt
Advogado. Procurador do Estado da Bahia.

Cândice Ludwig Romano
Procuradora do Estado da Bahia.

Carlos Ahringsman
Procurador do Estado da Bahia.

Céli Guimarães Marques
Procuradora do Estado da Bahia. *E-mail:* <celi.guimaraes@pge.ba.gov.br>

Cinthya Viana Fingergut
Procuradora do Estado da Bahia desde 2000. Especialista em Direito Processual Civil pela PUC-SP. Especialista em Direito Tributário pela Fundação Faculdade de Direito.

Claudia Magalhães Guerra Attinã
Procuradora do Estado da Bahia. Mestre em Direito Tributário pela PUC/SP.

Cláudia Souza Aragão
Procuradora do Estado da Bahia. *E-mail:* <claudia.aragao@pge.ba.gov.br>

Cláudio Cairo Gonçalves
Procurador do Estado da Bahia. Mestre em Direito pela UFBA. Advogado.

Cristiane de Araújo Góes Magalhães
Bacharel em Direito pela Universidade Católica de Salvador. Mestre em Direito pela Universidade Federal da Bahia. Procuradora do Estado da Bahia.

Cristiane Guimarães
Procuradora do Estado da Bahia. Mestranda pela Columbia University. Advogada.

Cristiane Nolasco Monteiro do Rego
Procuradora do Município de Salvador e advogada. Especialista em Direito Empresarial, Direito Administrativo e Processual pela Universidade Federal da Bahia.

Cristina Sacramento Barros Silva
Procuradora do Estado da Bahia desde 2000.

Daniel Silva Costa
Bacharel em Direito pela Universidade Católica de Salvador. E-mail: <danielsilva.costa@pge.ba.gov.br>

Daniel Viana de Castro Oliveira
Bacharel em Direito pela Universidade Federal da Bahia (UFBA) (1992-1996). Advogado da União (Advocacia-Geral da União). Especialista em Direito do Estado pela Universidade Federal da Bahia (2008).

Danielle Cintra
Especialista em Políticas Públicas e Gestão Governamental do Estado da Bahia.

Deraldo Dias Moraes Neto
Procurador do Estado da Bahia. Doutor em Direito Público pela UFBA. Mestre em Direito Econômico pela UFBA. Professor da UCSAL e da UFBA.

Deyse Deda Catharino Gordilho
Procuradora do Estado da Bahia. E-mail: <deyse.gordilho@pge.ba.gov.br>

Edmilson Santos Galiza
Advogado. Auditor Estadual de Controle Externo do Tribunal de Contas do Estado. Pós-Graduado em Gestão Pública Organizacional pela UNEB. Pós-Graduando em Direito Processual Civil.

Eduardo Maia Carneiro
Analista de Procuradoria-PGE-BA.

Elisa Lopes Barreto
Advogada. Bacharel em Direito pela Universidade Federal da Bahia (UFBA). Assessora do Ministério Público de Contas do Estado da Bahia (MPC) em atuação junto ao Tribunal de Contas do Estado da Bahia (TCE/BA). Currículo Lattes: <http://Lattes.cnpq.br/7834135985127829>.

Érica Oliveira
Graduanda em Direito pelo Instituto Baiano de Ensino Superior (IBES). Servidora Pública na Procuradoria-Geral do Estado da Bahia.

Eugênio Kruschewsky
Advogado. Procurador do Estado. Professor Efetivo de Direito Civil da UFBA. Mestre pela UFBA. Membro da Academia de Letras Jurídicas.

Fabiana Araújo Andrade Costa
Bacharel em Direito pela Universidade Federal da Bahia. Especialista em Direito Público pela UNIFACS. Procuradora do Estado da Bahia.

Fabiana Maria Farias Santos Barretto
Procuradora do Estado da Bahia. Especialista em Direito de Infraestrutura pela FGV/SP.

Fábio Rogério França Souza
Juiz Federal. Pós-Graduado em Direito Processual Público pela Universidade Federal Fluminense. Pós-Graduado em Direito Civil e Direito Processual Civil pela Universidade Estácio de Sá.

Fernanda de Santana Villa
Especialista em Direito Público pela UNIFACS. Procuradora do Estado da Bahia.

Fernando José Silva Telles
Advogado. Procurador do Estado da Bahia. Especialista em Direito Tributário pelo Instituto Brasileiro de Estudos Tributários (IBET).

Fernando Pereira Lima
Bacharel em Direito pela Faculdade Maurício de Nassau. Advogado. Pós-graduando em Direito e Magistratura pela Escola de Magistrados da Bahia. Coordenador III da Procuradoria Geral do Estado da Bahia.

Francisco Bertino Bezerra de Carvalho
Doutor, Mestre e Graduado em Direito pela Universidade Federal da Bahia. Especialista em Direito Processual Civil e em Direito Tributário. Advogado. Sócio no Escritório de Advocacia Barachisio Lisboa desde 1996. Procurador do Município de Salvador. Professor adjunto da UFBA. Professor convidado do Programa de Pós-Graduação em Direito da UFBA, em Cursos de Especialização *lato sensu* do Centro de Cultura Jurídica da Bahia. Também lecionou em faculdades privadas (FIB, UNIME e RUI BARBOSA). Conselheiro Estadual da OAB/BA, triênio 2016-2018, nomeado Procurador-Geral da OAB/BA. Foi Conselheiro Estadual da OAB também nos períodos de 2001-2003 e 2007-2009. Foi Conselheiro da ABAT no período de 2011-2012, e representante da ABAT na ABRAT no período de 2013-2014. Foi Presidente da Associação de Procuradores do Município de Salvador no período de 2014-2015, tendo presidido esta Associação profissional anteriormente, por duas outras vezes, e, também, ocupado o cargo de vice-presidente. Foi eleito Coordenador da Faculdade de Direito da UFBA para o biênio de 2016-2018. Membro do Instituto Brasileiro de Direito Público e autor de artigos jurídicos, inclusive, apresentados em congressos nacionais e internacionais de pesquisa em Direito. Associado do CONPEDI. Colaborador das Revistas Interesse Público e JAM Jurídica da Editora Fórum. É parecerista da Revista RDA/FGV. Currículo Lattes: <http://lattes.cnpq.br/9036009093334779>.

Frederico Magalhães Costa
Advogado e assessor do Ministério Público de Contas do Estado da Bahia. Mestrando em Direito pela Universidade Federal da Bahia (UFBA). Pós-graduando em Teoria do Direito pela Pontifícia Universidade Católica de Minas Gerais (PUC Minas). Especialista em Direito Civil e do Consumidor pela Faculdade Baiana de Direito (JUSPODIVM). Graduado pela Universidade Federal da Bahia (UFBA). Currículo Lattes: <http://lattes.cnpq.br/4976306055086320>.

George Antonio Vilas Boas Santiago
Graduando em Direito pela Universidade Federal da Bahia (UFBA). Membro e atual Tesoureiro do Centro de Estudos e Pesquisa Jurídica da UFBA (CEPEJ). Tem experiência na área de Direito, com ênfase em Sociologia Jurídica e Teoria Geral do Direito. Currículo Lattes: <http://Lattes.cnpq.br/8922737162576706>.

Giani Santos Cezimbra
Graduada em Humanidades pela Universidade Federal da Bahia (2013). Graduanda em Direito pela Universidade Federal da Bahia. Pós-graduanda em Direito Penal e Processual Penal pela Universidade Estácio de Sá. *Curriculum lattes* disponível em: <http://lattes.cnpq.br/3382620051135135>.

Gilberto Bahia
Juiz de Direito. Assessor da Presidência do TJ Bahia. Juiz Coordenador do Centro de Precatórios do TJ Bahia no biênio 2014/2015.

Guilherme Santana de Brito
Bacharel em Direito pela Faculdade Baiana de Ciências. Advogado. Assessor Técnico da Procuradoria Geral do Estado da Bahia.

Gustavo Lanat Pedreira de Cerqueira Filho
Advogado. Graduado em Direito - Universidade Federal da Bahia (UFBA).

Hélio Veiga
Advogado. Procurador do Estado da Bahia. Especialista em Direito Tributário pela IBET/BA.

Hugo Coelho Régis
Procurador do Estado-BA.

Isabela Moreira de Carvalho
Procuradora do Estado da Bahia.

Jailton Azevedo Câncio
Bacharel em Direito pela Universidade Federal da Bahia (UFBA). Especialista em Processo Civil e Penal. Procurador Federal vinculado à Procuradoria da Federal Especializada em Cobrança e Recuperação de Créditos. Instrutor com ênfase em segurança pública (combate a crimes comuns, financeiro e organizado) e criação desistemas de segurança e inteligência fiscal. Possui curso superior de Polícia pelaAcademia de Polícia Militar do Estado da Bahia/UFBA.

Jorge Salomão O. dos Santos
Advogado. Procurador do Estado da Bahia. Especialista em Direito Tributário Estadual pela UFBA.

José Carlos Wasconcellos Júnior
Procurador do Estado da Bahia. Advogado.

José Eduardo Chaves Rebouças
Procurador do Estado da Bahia. Especialista em Direito Processual Civil pela UNIFACS - Universidade Salvador.

Júlia Querol Boto Magalhães
Graduada em Direito pela Universidade Federal da Bahia (2014). Coordenadora Executiva da Procuradoria Fiscal – Procuradoria Geral do Estado da Bahia. *Curriculum lattes* disponível em: <http://lattes.cnpq.br/4156302982391166>.

Juliana Lima Damasceno
Procuradora do Estado da Bahia. *E-mail:* <juliana.damasceno@pge.ba.gov.br>

Juliana Mendes Simões
Procuradora do Estado da Bahia desde 2006.

Leila Ramalho
Procuradora do Estado da Bahia.

Leonardo Sérgio Pontes Gaudenzi
Graduado em Direito pela Universidade Federal da Bahia (2000). Pós-graduado em Processo Civil pela Faculdade Jorge Amado/Juspodivm (2007). Pós-graduado em Direito Público pelo Instituto Excelência/Juspodivm (2011). Procurador do Estado da Bahia. *Curriculum lattes* disponível em: <http://lattes.cnpq.br/6905670045921707>.

Lerroy Barros Tomaz dos Santos
Graduando em Direito pela Faculdade Ruy Barbosa | DeVry Brasil, previsão de conclusão: 2017.1. Assistente de Procuradoria na PGE/BA, com atuação nas áreas de Contratos Administrativos, Licitações, Recursos Humanos, etc.

Lilian de Novaes Coutinho Fiuza
Procuradora do Estado da Bahia. *E-mail:* <lilian.fiuza@pge.ba.gov.br>

Lílian Pereira Gomes Moraes
Graduada em Direito pela Faculdade Projeção. Pós-graduada em: Direitos indisponíveis pela Faculdade Projeção. Servidora Pública Federal.

Liliane Mattos Ferreira Albiani Alves
Graduada em Direito pela Universidade Federal da Bahia (UFBA). Especialista em Direito Civil, Processo Civil e Direito do Estado (Universidade Estácio de Sá). Delegada de Polícia (1996 a 2000). Advogada da União lotada na PU/BA, desde 2000 até os dias atuais.

Lorena Miranda Santos Barreiros
Mestre e Doutoranda em Direito Público pela Faculdade de Direito da Universidade Federal da Bahia. Especialista em Direito Processual Civil pela UNIJORGE, em parceria com o Curso JusPodivm. Procuradora do Estado da Bahia.

Luís Geraldo Martins da Silva
Graduado em Direito pela Universidade Federal da Bahia (1986). Advogado daUnião - Categoria Especial da Advocacia da União. Possui experiência na áreade Direito, com ênfase em Direito Público.

Luiz Cláudio Guimarães
Procurador do Estado da Bahia e advogado. Especialista em Direito Tributário pela Fundação Faculdade de Direito da UFBA.

Luiza Leal Lage
Graduada em Direito pela Faculdade Baiana de Direito. Possui curso de aperfeiçoamento em Gestão Estratégica de Pessoas pelo Serviço Nacional de Aprendizagem Comercial/SENAC. Curso de Extensão em Direito Processual Civil, denominado "O Novo Código de Processo Civil: Análise Comparativa com o Código de Processo Civil de 1973" pela Pontifícia Universidade Católica de São Paulo (PUC-SP).

Manuela Portugal Correia Meira
Procuradora do Estado da Bahia. *E-mail:* <manuela.correia@pge.ba.gov.br>

Marcia Sales Viera
Procuradora do Estado da Bahia. Especialista em Direito Processual Civil pela Fundação Baiana de Direito da UFBA.

Marcos Vinícius Caminha
Procurador do Estado da Bahia e advogado. Especialista em Direito Processual Civil pelo JusPodivum (UNIJORGE) e Especialista em Direito Público pela Fundação Faculdade de Direito da Bahia (UFBA).

Maria Amélia Maciel Machado
Procuradora do Município de Salvador/Bahia, ex-Procuradora da Fazenda Nacional e advogada. Especialista em Direito Público pela Fundação Faculdade de Direito da UFBA.

Maria da Conceição Gantois Rosado
Bacharel em Direito pela Universidade Federal da Bahia. Especialista em Direito Público pela Faculdade Maurício de Nassau. Procuradora do Estado da Bahia.

Maria das Graças Farias
Procurador do Estado da Bahia. Bacharel em Direito. Especialista em Processo Civil.

Maria Eloy Allegro Andrade
Graduada em Direito pela Universidade Federal da Bahia (2011). Pós-graduada em Direito de Estado pelo Instituto JusPodivm em parceria com a Faculdade Baiana de Direito e Gestão (2012). Analista de Apoio Jurídico na Procuradoria Geral do Estado da Bahia. *Curriculum Lattes* disponível em: <http://lattes.cnpq.br/5340134589750015>.

Maria Laura Calmon de Oliveira
Procuradora do Município de Salvador. Coordenadora da Procuradoria do Meio Ambiente, Patrimônio, Urbanismo e Obras. Membro da Comissão de Meio Ambiente da OAB, Seção Bahia. Pós-graduada em Direito Ambiental e Gestão Estratégica da Sustentabilidade pela Pontifícia Universidade Católica de São Paulo (PUC-SP) e pelo Centro de Estudos Socioeconômicos de Salvador (CESEC-BA). Aprovada no Curso Intensivo realizado na Universidade de Roma, Tor Vergata, sobre "European Law, Human Rigths and Harmonization of Law", com visitas técnicas em Roma, Bruxelas e Haia. Pós-graduada em Direito Tributário pelo Instituto Brasileiro de Estudos Tributários (IBET), sob a coordenação do Professor Paulo de Barros Carvalho. Pós-graduada em Processo pela Universidade Salvador (UNIFACS), sob a coordenação do Professor JJ. Calmon de Passos. Graduada em Direito pela Universidade Federal da Bahia (UFBA).

Mariana Tannus Freiras
Procuradora do Estado da Bahia. *E-mail:* <mariana.tannus@pge.ba.gov.br>

Mário César Lima
Procurador do Estado da Bahia.

Maurício Luiz Britto da Motta
Graduado em Direito pela Universidade Católica de Salvador. Pós-graduada em Direito Processual Civil pela Unyahna/Juspodivm. Procurador Federal. Coordenador do Núcleo de Matéria Finalística da Procuradoria Federal do Estado da Bahia.

Morgana Bellazzi de Oliveira Carvalho
Doutoranda em Direito Público pela Faculdade de Direito de Coimbra, Portugal. Mestre em Direito Público pela Universidade Federal da Bahia (UFBA). Especialista em Direito Processual Civil pelo Centro de Cultura Jurídica e em Direito do Estado com enfoque na Responsabilidade Fiscal pelo Centro de Pesquisa da Faculdade Visconde de Cairu. Graduada em Direito pela UFBA. Advogada. Autora do livro "Jurisdição no estado do bem-estar e do desenvolvimento", premiado pelo Selo Editorial Ministro Aliomar Baleeiro, e de artigos jurídicos publicados em revistas com conselho editorial, periódicos e em anais de congressos científicos. Servidora concursada

do Tribunal de Contas do Estado da Bahia (TCE/BA), atualmente lotada no Ministério Público Especial de Contas na qualidade de assessora jurídica. Professora de Direito Administrativo em cursos de graduação em Direito e em cursos de especialização junto à UFBA e UCSAL. Membro da Diretoria do Instituto Brasileiro de Direito Público. Membro da Comissão Julgadora do Prêmio Selo Aliomar Baleeiro e Osvaldo Velloso Gordilho do TCE/BA, da Comissão de Regulamentação da Implantação do Processo Eletrônico no TCE/BA, e da Comissão de Combate à Corrupção da OAB/BA, em 2015. Associada do Conselho Nacional de Pesquisa e Pós-Graduação em Direito (CONPEDI). Coordenadora do curso de licitações e contratos da Escola Superior de Advocacia (ESA). Currículo Lattes: <http://Lattes.cnpq.br/1586707016325531>.

Nacha Guerreiro Souza Avena
Procuradora do Estado da Bahia. *E-mail*: <nacha.souza@pge.ba.gov.br>

Naildes Rios Alves
Procuradora do Estado da Bahia. Bacharel em Direito. Especialista em Processo Civil e Direito Tributário.

Paloma Teixeira Rey
Especialista em Direito Público pela Fundação Faculdade de Direito da UFBA. Procuradora do Estado da Bahia.

Paula Fernanda Silva Fernandes
Procuradora do Estado da Bahia. Especialista em Direito Processual Civil pela UEFSC/UFPI.

Paula Morris Matos
Procuradora do Estado da Bahia. *E-mail:* <paula.morrismatos@pge.ba.gov.br>

Paulo César Ribeiro dos Santos
Procurador do Estado da Bahia. Bacharel em Direito. Especialista em Processo Civil.

Paulo Emílio Nadier Lisbôa
Especialista em Direito Ambiental pela Fundação Faculdade de Direito da UFBA. Procurador do Estado da Bahia. Advogado.

Raimundo L. de Andrade
Advogado. Procurador do Estado da Bahia. Especialista em Direito Tributário Estadual pela UFBA. Mestre e Doutorando em Direito Tributário pela PUC/SP. Professor da Universidade Católica do Salvador, Bahia.

Ricardo José Costa Villaça
Procurador do Estado da Bahia.

Rodrigo Moura
Procurador do Estado da Bahia.

Rogério Leal Pinto de Carvalho
Procurador do Estado da Bahia. Advogado.

Rosana Jezler Galvão
Procuradora do Estado da Bahia desde 1997.

Rosana Passos
Procuradora do Estado da Bahia.

Selma Reiche Bacelar
Licenciada em Matemática (UFRJ/UFBA/1982). Bacharéu em Direito (UCSAL/1993.2). Mestre em Direito Econômico (UFBA/1998/2001). Especialista em Processo pela Fundação Faculdade de Direito/UFBA/1997. Especialização em Direito Tributário Estadual pela Fundação Faculdade de Direito/UFBA/1997. Procuradora do Estado da Bahia. Professora da Universidade Estadual do Estado da Bahia (UNEB).

Simone Silvany de Souza Pamponet
Procuradora do Estado da Bahia. Graduada em Direito pela Universidade Católica de Salvador (UCSAL). Especialista em Direito Civil pela Faculdade Jorge Amado (FJA). Extensão universitária em curso sobre a Lei de Responsabilidade Fiscal pela ATRICON. Extensão universitária em curso de Atuária-Tribunal de Contas pelo TCE. Extensão universitária em curso de Hermenêutica Jurídica pela Universidade Federal da Bahia (UFBA).

Sissi Vega
Procuradora do Estado da Bahia.

Ueslei Michael Araújo Marques de Souza
Bacharel em Direito pela UCSal. Advogado. Pós-Graduando em Direito Público. Servidor da Procuradoria Geral do Estado da Bahia.

Verônica S. de Novaes Menezes
Procuradora do Estado da Bahia. *E-mail:* <veronica.novaes@pge.ba.gov.br>

Verônica Silva Brito
Bacharel em Direito pela Universidade Estadual de Santa Cruz. Procuradora do Estado da Bahia.

Vicente Buratto
Advogado. Procurador do Estado da Bahia.

Wendel Régis Ramos
Advogado. MBA em Auditoria, Controladoria e Gestão Financeira pela FGV. Pós-Graduado em Comércio Exterior pela Universidade Pomeu Fabra- Espanha. Doutorando do Programa de Direito do Comércio e Contratação Internacional pela Universitat Autónoma de Barcelona – Espanha. Chefe da Assessoria Técnico-Jurídica do Tribunal de Contas do Estado da Bahia.

Zuleik Carvalho Oliveira
Procuradora Jurídica do Estado da Bahia - Junta Comercial do Estado da Bahia. Bacharel em Direito. Especialista em Direitos Humanos, Direito Eleitoral e Processo Civil.

Esta obra foi composta em fonte Palatino Linotype, corpo 10
e impressa em papel Offset 75g (miolo) e Supremo 250g (capa)
pela Gráfica e Editora O Lutador, em Belo Horizonte/MG.